L'Abbé PAUL PISANI

DOCTEUR ÈS LETTRES

LA

DALMATIE

De 1797 à 1815

ÉPISODE

DES

CONQUÊTES NAPOLÉONIENNES

OUVRAGE ACCOMPAGNÉ DE 3 HÉLIOGRAVURES
ET DE 10 CARTES EN COULEURS

PARIS

ALPHONSE PICARD ET FILS, ÉDITEURS

82, RUE BONAPARTE, 82

1893.

LA DALMATIE

De 1797 à 1815

MACON, PROTAT FRÈRES, IMPRIMEURS

Heliog Dujardin

LE MARÉCHAL MARMONT

Fac simile d'une estampe du temps

L'Abbé PAUL PISANI

DOCTEUR ÈS LETTRES

LA

DALMATIE

De 1797 à 1815

ÉPISODE

DES

CONQUÊTES NAPOLÉONIENNES

OUVRAGE ACCOMPAGNÉ DE 3 HÉLIOGRAVURES
ET DE 10 CARTES EN COULEURS

PARIS

ALPHONSE PICARD ET FILS, ÉDITEURS

82, RUE BONAPARTE, 82

1893

PRÉFACE

S'il est une branche du savoir où l'on ne trouve plus guère que des sentiers battus, c'est assurément l'histoire, et en particulier l'histoire moderne : il n'est pas de période un peu importante, pas de personnages ayant joué, même modestement, un rôle historique, qui n'aient appelé l'attention et n'aient donné lieu à de laborieuses recherches, à d'intéressantes publications et souvent à des controverses ardentes.

Ce n'est donc pas sans éprouver quelque étonnement que j'ai constaté qu'un chapitre de l'épopée napoléonienne n'avait jamais encore été raconté. Ce chapitre est des moindres, il est vrai, mais ce n'est pas seulement son peu d'importance qui l'a fait laisser de côté jusqu'à ce jour.

Quoique située au centre de l'Europe, la Dalmatie est regardée comme un pays lointain parce qu'elle est difficilement accessible; la langue qu'on y parle, en dehors des grandes villes du littoral, est un idiome slave peu connu des savants eux-mêmes dans les pays latins et germaniques. Enfin, quand les hommes du Nord s'en vont vers les pays que baigne la Méditerranée, ils subissent irrésistiblement l'attraction de l'Italie. Touristes, ils trouveront à admirer des curiosités cataloguées d'avance, et cela au milieu d'un confort qui contraste avec l'hospitalité cordiale mais primitive des Dalmates; artistes, ils seront entraînés vers les célèbres gale-

ries de Milan, de Bologne, de Venise, de Florence, de Rome
et de Naples; ou bien, voyageant à petites journées, ils sau-
ront découvrir, dans de modestes églises, des tableaux, des
sculptures, des motifs de décoration qui feraient l'orgueil d'un
musée; quant à l'historien, il trouvera des trésors dans les
bibliothèques, il visitera des archives inépuisables et même,
sans feuilleter un volume, sans consulter un manuscrit, il
trouvera la vie de l'humanité écrite dans les monuments
sans nombre qui enrichissent la moindre bourgade; il lui
suffira d'ouvrir ses yeux et son esprit pour apprendre ce
qu'il ignorait et comprendre ce qu'il croyait savoir.

Et cependant, sur l'autre rive de l'Adriatique, se trouve un
pays qui lui aussi a son histoire; la France a été mêlée aux
évènements qui s'y sont déroulés, le sang français a coulé
sur cette terre, et personne n'avait entrepris d'écrire ces
quelques pages, parfois douloureuses, mais toujours glorieuses de nos annales nationales.

Thiers ne consacre à la Dalmatie que quelques lignes [1]
empruntées le plus souvent à la correspondance de l'Empereur et aux bulletins de ses armées. Marmont, dans ses
Mémoires, consacre un volume presque tout entier [2] aux cinq
années qu'il passa en Illyrie, mais ses récits sont moins une
histoire qu'une autobiographie, j'oserai presque dire un auto-
panégyrique, et ses assertions ne sont pas de celles qu'on
peut accepter sans contrôle. Charles Nodier, qui passa à Laybach l'année 1812 et le commencement de 1813, en a rapporté des impressions pittoresques, des souvenirs pleins de
saveur, mais il les a traduits en romancier et on risquerait
de s'égarer si on le prenait pour guide dans un ouvrage
d'histoire.

1. Thiers, *Histoire du Consulat et de l'Empire*, éd. Paulin, l. XXIV, t. IV, pp. 413,
450-453; l. XXV, p. 397; l. XXVIII, pp. 20-30, 33-35. | 2. Ed. Perrotin, 1857. L. XI
à XIV.

Voilà à quoi se réduisait la littérature franco-dalmate il y a encore vingt-cinq ans, c'est-à-dire plus d'un demi-siècle après la disparition de l'influence française sur la côte orientale de l'Adriatique.

En 1869, M. G. Perrot, au retour d'un voyage chez les Slaves du Sud [1], s'arrêta à Laybach et put constater combien était vivace encore le souvenir de l'occupation des Provinces Illyriennes par les Français; il recueillit pieusement les récits qui constituaient déjà la légende de cette période lointaine, et admira la bonne foi avec laquelle on rendait justice aux intentions bienfaisantes des gouverneurs français.

M. Albert Dumont, en 1871, parcourut le littoral dalmate de Cattaro au Quarnero [2]; en quelques pages, il esquisse à grands traits les destinées de cette province pendant les huit années que dura l'occupation française.

Enfin M. Léger, dans son *Histoire d'Autriche-Hongrie* [3], raconte les principaux évènements qui se sont passés pendant la période qui va de 1806 à 1814, dans un pays où tout, langue, mœurs et littérature, lui est plus familier qu'à aucun de nos compatriotes.

A ces trois éminents écrivains, il n'a manqué que la connaissance des documents positifs pour rendre inutile le travail que j'entreprends; ils ont dû se borner à des aperçus généraux dont la justesse a lieu de surprendre qui songe au petit nombre et au peu de valeur des matériaux qu'ils avaient à mettre en œuvre.

Cette insuffisance des sources se montre tout entière dans le récit que M. Yriarte a publié dans le *Tour du Monde* [4],

1. *Revue des deux mondes*, 1er novembre 1869; *Tour du Monde*, 1870, pp. 241-320. | 2. *Le Balkan et l'Adriatique*, ch. IV, pp. 189-256 et spécialement pp. 217-222. *Revue des deux mondes*, 1er septembre 1872. | 3. L. IV, ch. XXIV. | 4. 1875 et 1876.

après un voyage fait, en 1874, sur les bords de l'Adriatique. Il ne m'appartient pas de critiquer ici une œuvre dont, sous plus d'un rapport, les mérites sont incontestables, mais il faut reconnaître qu'en voulant entrer dans quelques détails sur l'histoire de Dalmatie, M. Yriarte a dû recourir à des traditions peu dignes de foi ou à des ouvrages sans autorité qui l'ont souvent induit en erreur; de plus, en enregistrant un peu hâtivement certaines appréciations, il a eu le malheur de froisser l'amour propre un peu chatouilleux des Dalmates et de déchaîner des rancunes qui sont loin d'être oubliées.

Je m'empresse de dire que M. Yriarte n'a pas eu en cette circonstance la prétention de faire œuvre d'historien; il voulait seulement rappeler en passant les évènements dont avaient été le théâtre les lieux qu'il faisait visiter à ses lecteurs et qu'il a décrits avec une plume aussi élégante que fidèle.

M. Yriarte semble même appeler de ses vœux l'ouvrage historique qu'il n'a eu ni la fortune de trouver composé, ni le loisir de composer lui-même.

« Il y aurait, dit-il [1], un chapitre bien intéressant à écrire « sur l'histoire de la domination française en Dalmatie. » C'est à cet appel que j'ai voulu répondre, car c'est à la lecture de ces lignes, parcourues en 1886 dans une heure de désœuvrement, que me vint la pensée de satisfaire à un désir aussi légitime.

Pour écrire cette histoire, il fallait consulter les archives du gouvernement que les Français avaient établi en Dalmatie, et pour pouvoir les consulter, il fallait savoir où les trouver. Je me garderai bien de faire ici le récit de mes recherches; il me suffira de dire que les Archives de la Lieutenance de

---

1. *Tour du Monde*, 1876, p. 23.

Zara renferment environ 200.000 pièces que j'ai été autorisé à parcourir pendant l'hiver 1888-1889; c'est là que se trouvent la plupart des matériaux utilisés dans cette histoire.

Cependant, si riches qu'elles fussent, les Archives historiques de Zara présentaient des lacunes et des obscurités : pour combler les unes et dissiper les autres, j'ai eu recours à diverses collections : j'ai poursuivi mes recherches à Paris, aux Archives nationales, dans celles des ministères des affaires étrangères, de la guerre et de la marine; à Vienne, aux Archives de Cour et d'État, aux ministères de la guerre et de l'intérieur; à Laybach, aux Archives communales et à celles de l'*Historisches Verein*; à Trieste, aux Archives du Musée; à Zara, à la Bibliothèque Paravia; à Raguse, aux Archives publiques et à celles des Franciscains. Partout j'ai trouvé les portes grandes ouvertes; partout les archivistes ont cherché à faciliter mon travail en mettant même à ma disposition le résultat de leurs recherches personnelles [1].

Enfin, des archives de familles, mises à ma disposition en France et en Dalmatie, m'ont mis en possession de précieux moyens d'information; je me fais un devoir d'exprimer ici ma gratitude à tous ceux qui ont bien voulu me faciliter la tâche que j'avais entreprise.

---

1. J'adresse ici des remerciements bien sincères à M. le baron d'Arneth, à qui je dois d'avoir été introduit dans tous les dépôts d'archives de la monarchie austro-hongroise où m'appelaient mes recherches; à M. le comte Giöry, du *Hof und Stats archiv* de Vienne; à M. le docteur Deschner, de Laybach; à M. Attilio Hortis, de Trieste; à MM. Brunelli, Erber, Böttner et Danilo, de Zara; à Mgr Bulié, de Spalato; à M. Giuseppe Gelcich et au R. P. Provincial des Franciscains de Raguse; aux capitaines Kasnačić et Addobati, du 81ᵉ régiment de Landwehr; à MM. les maréchaux de Blazeković et David, gouverneurs de Dalmatie, et à tous les fonctionnaires placés sous leurs ordres qui, tous sans exception, m'ont témoigné la plus parfaite bienveillance.

Est-il besoin de dire qu'en France je ne pouvais trouver que des encouragements partout où j'avais des recherches à faire? Je me reprocherais cependant de ne pas avoir manifesté ma reconnaissance à MM. Léon Gautier, Girard de Rialle, de Neuville et au colonel Henderson, ainsi qu'à leurs collaborateurs aux bons offices desquels je n'ai jamais recouru en vain.

Outre les documents inédits, je devais consulter les monographies publiées en Dalmatie, au Montenegro, à Trieste, à Laybach; j'aurai l'occasion d'en citer un grand nombre dans le cours de ce travail, mais je ne crois pas qu'il y ait avantage à donner à part une énumération qui serait bien sèche si je me bornais à un simple catalogue, et qui deviendrait encombrante s'il fallait donner sur chaque ouvrage quelques lignes d'analyse et d'appréciation.

Je ne signalerai ici qu'un seul ouvrage : la *Storia della Dalmazia dal 1797 al 1814,* par un historien de grand mérite, collectionneur infatigable de documents, M. Tullio Erber, professeur au Gymnase de Zara [1].

Par son titre et par la période qu'il embrasse, ce travail paraît faire double emploi avec celui-ci; cependant j'ai la prétention d'avoir fait autre chose. La vérité est une, il est vrai, et si les faits n'étaient pas rapportés identiquement dans les deux ouvrages, il faudrait en conclure que l'un des deux au moins est dans l'erreur; je ne pense pas qu'on puisse rencontrer de semblables divergences entre M. Erber et moi; j'ajouterai même que plusieurs mois de travail en commun ont fait naître entre nous non seulement une solide amitié, mais même une certaine conformité dans la manière d'apprécier les évènements; il serait néanmoins fort inexact de dire que nous présentons en langues différentes deux éditions du même travail. Nous examinons les mêmes faits à des points de vue très divers, et nos conclusions sont loin d'être identiques; de plus, certains côtés des questions, négligés par l'un, ont pu être approfondis par l'autre; enfin M. Erber, en sa qualité de fonctionnaire autrichien, était tenu de ne parler de certaines choses que par prétérition : un étranger, sans oublier les devoirs que lui imposent la

1. Publiée dans le *Programme du Gymnase de Zara* (1886-1892).

courtoisie et la discrétion, n'est pas tenu aux mêmes ménagements, et peut s'exprimer plus librement sur les hommes et les choses.

Une fois les matériaux réunis, il ne restait plus qu'à les mettre en œuvre.

J'avais cherché d'abord à ne parler que de la période de l'histoire de Dalmatie, qui va de 1806 à 1814. Cette période de huit années se divise en deux parties égales dont les caractères sont très nettement tranchés. De 1806 à 1809, la Dalmatie est une dépendance du royaume d'Italie; de 1809 à 1814, elle est l'une des Provinces Illyriennes et les deux administrations qui la régissent offrent assez de contrastes pour que chacune des deux époques constitue un tout indépendant.

Mais, alors même que nous n'aurions pas à relever ces contrastes, l'année 1809 n'en est pas moins une année critique dans l'histoire de la Dalmatie. Avant cette date, en effet, Napoléon a sur l'Orient des projets d'invasion et dans chacun de ses plans d'expédition, la Dalmatie joue le rôle de tête de pont et de base d'opérations.

Après 1809, au contraire, les vues de l'Empereur ont changé; il a renoncé à ses idées de conquêtes dans la péninsule balkanique, et le refroidissement graduel de ses relations avec la Russie l'oblige à tourner les yeux dans une autre direction.

Il en résulte que jusqu'en 1809 la Dalmatie est une province qu'il faut conserver à tout prix à raison de son importance stratégique : une véritable armée y est cantonnée, prête à marcher au premier signal. Quant aux habitants, on ne leur demande que de ne pas s'insurger et de payer des impôts qui feront vivre les troupes; on leur laisse donc à peu près toutes leurs anciennes lois, auxquelles on les sait attachés, et on charge de l'administration civile un homme pacifique et bienfaisant, Vincent Dandolo, revêtu du titre de provéditeur général. Pour des considérations stratégiques, on trace et l'on exécute un réseau de routes qui faisait absolument défaut; Marmont attache son nom à une œuvre gigantesque, dont le pays retire sans retard un incontestable profit.

Malheureusement les Dalmates ne savent pas reconnaître ce qu'on fait en leur faveur, et ils se laissent détourner de leurs devoirs envers leur souverain par des excitations étrangères; la mésintelligence qui s'élève entre le général Marmont et le provéditeur Dandolo paralyse les tentatives les plus généreuses, auxquelles répondent les insurrections de 1806, de 1807 et de 1809.

Aussi, après 1809, la situation change : la Dalmatie, qui a perdu toute importance stratégique, n'est plus qu'un appendice encombrant des Provinces Illyriennes; et c'est sur Laybach, Trieste et Fiume que se reporte l'attention du gouvernement; soumise assez brutalement au droit commun, ruinée par les Anglais qui bloquent tous ses ports, la Dalmatie subit le nouvel ordre de choses en attendant le jour où elle pourra s'en affranchir : il suffira de l'apparition de quelques compagnies autrichiennes pour que le pays tout entier se soulève; à partir de l'automne de 1813, les Français ne sont plus maîtres que du pays que dominent leurs canons, et, grâce à la défection des troupes croates, toutes les places fortes sont promptement amenées à capituler. L'empereur d'Autriche est salué comme un libérateur et son autorité acclamée partout sans la moindre résistance.

Ici se pose un problème : les Autrichiens n'occupaient la Dalmatie que depuis huit ans et demi quand le traité de Presbourg les obligea à la céder à Napoléon. Comment, en un temps aussi court, les Dalmates avaient-ils pu s'attacher aussi profondément à la dynastie de Habsbourg?

C'est pour répondre à cette question que j'ai dû faire remonter le début de cette histoire, non à 1806, mais à 1797, au moment où la Dalmatie échappe à la domination vénitienne : il m'a semblé qu'il n'y avait une période historique complète qu'entre les préliminaires de Leoben et les traités de Vienne, et que parler du traité de Presbourg, ce serait représenter un drame en supprimant le premier acte qui contient l'exposition de la pièce.

J'ai, au contraire, cru devoir laisser de côté tout ce qui se rapporte aux îles Ioniennes d'une part, à l'Istrie de l'autre. Les îles Ioniennes, acquises par la France en 1797, perdues en 1799, recouvrées en 1807 par le traité de Tilsitt, ont toujours eu des destinées distinctes de celles du littoral voisin. Quant à l'Istrie, bien qu'elle ait partagé le sort de la Dalmatie, qu'elle soit devenue autrichienne en 1797, italienne en 1805, illyrienne en 1809, elle fut toujours dotée d'une administration propre, et Zara n'eut pas de relations plus étroites avec l'Istrie qu'avec la Pouille ou les Marches.

Quand j'en viendrai à parler de la constitution des Provinces Illyriennes, je serai amené à consacrer quelques pages aux diverses unités qui formeront avec la Dalmatie un tout assez hétérogène; mais je m'en tiendrai là, au moins pour aujourd'hui, et n'entrerai dans aucun détail sur l'histoire intérieure de ces provinces pendant la durée du régime français.

———

Il me reste à terminer cette introduction par une déclaration que je considère comme essentielle.

Le peuple dalmate est aujourd'hui divisé en deux fractions rivales qui se disputent la prépondérance : pour les uns, la Dalmatie est toujours une terre italienne, fière de la civilisation que les Vénitiens y ont apportée; pour les autres, c'est

une terre slave par le sang qui coule dans les veines de ses
habitants, slave par la langue que parle l'immense majorité
de la population, slave par des causes d'ordre purement politique dans l'examen desquelles nous n'entrerons pas.

J'ai vécu assez longtemps au milieu des Dalmates pour
connaître toute l'importance des revendications qui s'élèvent
de part et d'autre, et, spectateur désintéressé, j'ai vu peut-
être plus juste que ceux-là même qu'emporte l'ardeur des
combats; mais, inspiré par le désir chimérique, j'en ai peur,
de voir un jour l'union régner parmi les enfants d'une même
patrie, j'ai toujours évité de me ranger dans l'un ou l'autre
parti.

Dans les deux camps, j'ai connu des hommes que recommandaient leurs vertus, leurs talents, leur science et leur
droiture d'intentions; beaucoup m'ont honoré de leur amitié,
aucun n'a prétendu m'enrôler dans son parti politique;
double titre à ma gratitude. Mais que nul ne cherche dans cet
ouvrage une parole qui ait été écrite pour favoriser l'une ou
l'autre cause : j'ai rapporté les évènements avec la conscience
de l'historien; je ne pense pas qu'on puisse en tirer des conclusions pour ou contre des doctrines qui, au début du siècle,
n'étaient pas encore formulées, en faveur de partis qui n'existaient pas; et celui qui verra dans mes paroles un désir de
flatter quelque passion politique, je le désavoue avec énergie.

Je n'éviterai pas ainsi le sort de ceux qui, avant moi, ont
voulu se tenir en dehors de la lutte; des deux côtés on a dit :
Qui n'est pas avec moi est contre moi, et les deux partis les ont
traités en adversaires, alors même que c'étaient des écrivains
français, dont il ne fallait pas suspecter les intentions, mais
qui avaient mis imprudemment et même inconsciemment le
pied sur un terrain brûlant.

Pour moi, je n'ai pas, je crois, à invoquer ces excuses; étranger aux divisions intérieures des Dalmates, c'est en pleine connaissance de cause que j'ai parlé, et je prends la responsabilité de tout ce que j'ai dit; je le fais avec confiance, car je ne crois pas qu'on puisse de bonne foi tirer de ce livre autre chose que ce que j'ai voulu y mettre.

Six années d'études et de voyages dans ce pays n'ont pu me laisser indifférent à ses destinées. J'ai appris à estimer un peuple brave, loyal, hospitalier, et s'il m'était demandé de résumer en un mot les souhaits que je forme pour lui, je ne pourrais que répéter la parole de l'apôtre : Aimez-vous les uns les autres.

PRINCIPALES ABRÉVIATIONS

EMPLOYÉES POUR INDIQUER LES RENVOIS AUX SOURCES

ARCHIVES

A. N.	=	Paris.	Archives	nationales.
A. E.	=	»	»	du ministère des Affaires étrangères.
A. G.	=	»	»	du ministère de la Guerre.
A. M.	=	»	»	du ministère de la Marine.
W. S.	=	Vienne.	»	de Cour et d'État.
W. S. (Fil.)	=	»	»	» (Succursale.)
W. K.	=	»	»	du ministère de la Guerre.
W. I.	=	»	»	du ministère de l'Intérieur.
Z. L.	=	Zara.	»	historiques (à la Lieutenance).
Z. C.	=	»	»	communales (à la Bibl. Paravia).
R. P.	=	Raguse.	»	publiques.
R. F.	=	»	»	des Franciscains.
L. R.	=	Laybach.	»	de l'*Historisches Verein* (au Musée *Rudolphinum*).
L. C.	=	»	»	communales (à l'Hôtel de Ville).

JOURNAUX

R. D.	=	le *Regio Dalmata*, de Zara.
T. O.	=	le *Telegraphe officiel*, de Laybach.
O. T.	=	l'*Osservatore Triestino*, de Trieste.

REMARQUE SUR L'ORTHOGRAPHE ADOPTÉE

POUR LA TRANSCRIPTION DES NOMS PROPRES

Pour les noms géographiques, je me conformerai à l'orthographe actuelle, telle qu'on peut la trouver dans le *Repertorio geografico-statistico*, publié par M. L. Maschek, en 1888 [1], et dans la carte de l'état-major autrichien ; cependant, quand je citerai un document, j'en reproduirai l'orthographe si elle n'est pas manifestement défectueuse [2].

Les noms propres anciens, étant tous relevés dans les documents, seront transcrits comme on les écrivait au commencement de ce siècle ; quant aux noms des contemporains, on emploiera l'orthographe moderne, et la finale *ić* sera substituée à la forme *ich* pour désigner ceux des auteurs qui ont adopté pour leur nom la notation nouvelle.

---

1. Zara, chez Wodìtzka. | 2. On trouve souvent, même dans les pièces officielles, *Spalatro* pour *Spalato*. C'est une appellation fautive, qui, cependant n'a pas complètement disparu, même aujourd'hui ; quand j'en ai demandé la raison d'être, on m'a répondu : « *C'est une élégance.* » Peut-être l'introduction d'un *r* serait-elle, au contraire, une corruption du nom historique ; n'a-t-on pas dit pendant assez longtemps *Vauvres* pour *Vanves* ?

Je signale aussi le terme : Bouches *du* Cattaro, que Thiers emploie toujours et qui ne s'expliquerait que si le Cattaro était un cours d'eau.

INTRODUCTION GÉOGRAPHIQUE

Avant d'entreprendre l'histoire des évènements qui se sont déroulés en Dalmatie, de 1797 à 1815, il paraît important de donner en quelques pages la description de cette intéressante contrée. Il est en effet peu de pays où l'histoire des hommes soit aussi intimement liée à l'histoire de la terre que ces hommes ont habitée; et, si les Dalmates ont été retardés dans le développement de leur civilisation, si leur nation a longtemps manqué de cette cohésion qui est la vie des peuples, c'est aux formes naturelles de leur pays qu'il convient avant tout de l'attribuer.

La Dalmatie s'étend du nord-ouest au sud-est sur les bords de l'Adriatique pendant près de 500 kilomètres, sur une largeur qui n'est égale, en moyenne, qu'au dixième de sa longueur. Mais cela ne suffit pas, et cette longue bande de terre se trouve encore divisée en deux par des élévations continues, parallèles à la mer, qu'il est difficile de franchir ailleurs que sur un petit nombre de points. D'où il suit que la Dalmatie littorale et la Dalmatie intérieure forment deux régions absolument différentes physiquement, et qu'elles restèrent, pendant longtemps, historiquement étrangères l'une à l'autre : le climat, la végétation ont peu d'analogie dans ces deux districts pourtant si voisins, et pendant que la civilisation italienne réagissait fortement sur une moitié de la population, elle demeurait complètement indifférente à l'autre; les efforts des gouvernements de l'Autriche et de la France sont restés longtemps infructueux quand il a fallu souder ensemble ces deux moitiés d'un même peuple.

§ I. Formes générales de la Dalmatie.

Ses divisions naturelles.

Enfin, en avant du littoral s'étend une longue chaîne d'îles qui constitue la Dalmatie insulaire, aussi différente des deux premières que celles-ci le sont entre elles.

Si nous demandons à la géologie de nous éclairer sur les origines du pays qui nous intéresse, nous nous trouvons en face d'un vaste champ d'hypothèses dont quelques-unes ont été vérifiées par les découvertes récentes.

Géologie de la Dalmatie.

Pendant les temps jurassiques, crétacés et tertiaires inférieurs, la Dalmatie, l'Istrie et l'Adriatique faisaient partie d'une Méditerranée largement ouverte, où dominait un régime pélagique très uniforme, se traduisant par un dépôt à peu près continu de calcaires.

La faune y variait très progressivement, et, par ce fait, il y a en Dalmatie soudure intime entre le crétacé supérieur et le tertiaire, si bien séparés partout ailleurs; de la sorte, les *hippurites* pénètrent dans le tertiaire dalmate, tandis que les *miliolites* descendent dans le crétacé de la même région.

Après le tertiaire inférieur, un changement intervient qui fait évanouir le grand régime pélagique calcaire; des marnes se déposent qui appartiennent à la partie moyenne de ce qu'on a nommé la formation *nummulitique*.

Puis tout le territoire compris au nord de la ligne donnée par les îles de Lagosta, Pelagosa, Tremiti et le mont Gargano émerge et forme un plateau qui va demeurer au dessus des eaux marines jusqu'à la fin des temps tertiaires[1].

Les dépôts tertiaires marins ne vont pas loin en Bosnie, et tout ce qu'on observe de l'Istrie au Montenegro appartient au régime d'eau douce. Les parties du continent situées dans le voisinage des lignes de dislocation, et les nombreuses îles qui bordent le littoral sont entièrement libres de ces dépôts récents, et c'est Stache[2] qui assigne pour limite à l'ancien continent adriatique la chaîne Lagosta, Pelagosa, Tremiti.

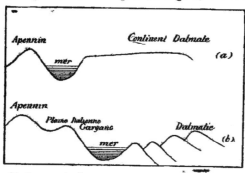

Sur la côte est de l'Italie subsistent des lambeaux de l'ancien plateau : le Monte Conero, près Ancône, le promontoire du Gargano offrent une constitution géologique essentiellement différente de celle des Apennins, et les mollusques du Gargano sont non pas italiens mais dalmates[3].

Enfin, après les temps tertiaires, le continent adriatique s'écroule et, dans la dislocation des couches du terrain, des bandes parallèles, basculant comme sur des charnières, prennent la direction nord-ouest–sud-est en s'inclinant toutes vers le sud-ouest[4].

Les derniers contre-coups de ces mouvements du sol se sont fait sentir à l'époque historique par les tremblements de terre qui ont été éprouvés de Zengg à Raguse jusqu'aux temps modernes.

---

1. Voir la figure ci-dessus, profil *a*. | 2. Stache, *Iahrb. der K. K. Geol. Reichsanstalt*; Gatta : *l'Italia*; *sua formazione*; Milano, 1882. Suss, *Entstehung der Alpen*; *Antlitz der Erde*. | 3. Neumayer et Woldrich ont reconnu récemment à Lesina la présence du cheval, du bison, du bouc et du rhinocéros, et en tirent un argument en faveur de l'ancienne liaison de cette île avec la côte dalmate. | 4. Voir la figure, profil *b*.

Si donc nous voulons nous former une idée générale de la structure de la Dalmatie, nous pouvons la regarder comme composée de quatre terrasses échelonnées les unes au dessus des autres.

Structure générale de la Dalmatie : les quatre terrasses.

A la base, un dédale d'îles formées par la dislocation d'une des tranches du plateau qui s'est écroulée dans la mer. Quand les blocs sont demeurés compacts, ils ont formé les îles qui se succèdent du golfe du Quarnero jusqu'à Raguse. Par endroits, les fragments se sont émiettés et n'ont pas formé d'îles, mais le fond de la mer s'est trouvé sensiblement exhaussé; au contraire, les points de profondeur maxima de l'Adriatique supérieure sont précisément au large des grandes îles de Brazza, Lesina, Lagosta, et de la presqu'île de Sabioncello.

La mer a achevé par son courant l'œuvre de la nature; elle a évidé les intervalles qui séparaient les bancs successifs de rochers tombés à la mer, et a formé cet ensemble de canaux qui fait la beauté et la richesse du littoral.

Dans l'intérieur, là où s'était produite la solution de continuité entre les masses rocheuses, le glissement de la montagne vers la mer a mis à nu les couches de marne argileuse qui constituent la Dalmatie intérieure : ce sont des plaines orientées parallèlement à la mer, où les cours d'eau circulent paresseusement en formant des lacs et des marais jusqu'au moment où une fissure des roches leur permet de gagner la mer en formant des cascades comme celles de la Zermagna à Kravni-Brod, de la Kerka entre Knin et Scardona, de la Cetina à Duare et de la Narenta à Gabela.

Parfois les cours d'eau ne trouvent pas d'issue et se perdent dans des gouffres pour continuer souterrainement leur marche vers la mer. Il arrive même qu'après avoir franchi la muraille calcaire, ils ressortent de l'autre côté au dessus du niveau de la mer, et continuent sous un nouveau nom leur cours aérien. Telle est l'Ombla : elle sort des montagnes qui dominent Raguse, et on pense qu'elle est formée par les eaux sans écoulement apparent de la Trebinjčića, principal cours d'eau du plateau d'Herzégovine.

Voilà donc comment se sont constituées les quatres terrasses qui constituent la Dalmatie. La plus basse, en partie submergée, montre seulement ses points culminants sous forme d'îles régulièrement disposées à peu de distance de la côte. L'humidité très abondante que procure le voisinage de la mer a permis à la végétation de s'y développer : les îles sont couvertes de bois et de vignes partout où l'action des vents froids ne se fait pas sentir. Des portions du littoral participent de la nature des îles. La côte qui va de Traù à Spalato, les environs de Raguse offrent des échantillons de la flore africaine. Les palmiers ombragent les faubourgs de Raguse, les chamærops du jardin Fanfogna à Traù s'élèvent à sept et huit mètres, les haies qui bordent les routes aux environs de Spalato sont formées de lauriers, d'agaves et de grenadiers; mais cette douceur extraordinaire du climat est particulière à quelques petits coins de terre abrités des vents du nord. A quelques pas de là la nature change absolument d'aspect : la terre végétale disparaît pour faire place à des rochers d'où émergent à peine des touffes de broussailles ou tout au plus quelques oliviers rabougris.

Depuis la mer jusqu'aux montagnes qui ferment l'horizon, on ne voit qu'une pente d'abord assez douce, puis tout à coup abrupte et formée par un entassement de blocs calcaires : c'est la limite de la seconde terrasse.

De l'autre côté de ces hauteurs, nous retrouvons la plaine où verdoient les cultures ou les plantes aquatiques ; le sous-sol de marne imperméable retient en effet l'humidité à fleur de terre et forme le fond des vallées où les fleuves dalmates étendent paisiblement leur cours : c'est là la troisième terrasse.

Enfin, vers le nord-est s'étendent des plateaux aux aspects divers ; tantôt ce sont des croupes ou de hautes vallées gazonnées, tantôt c'est la crête dénudée de contreforts jadis boisés, puis paraissent les neiges, et au milieu de ces sommets passe la frontière qui, il y a quinze ans, séparait encore la Dalmatie des possessions ottomanes.

§ II. Orographie et hydrographie de la Dalmatie.

La Dalmatie est un pays essentiellement montagneux ; comme nous l'avons dit plus haut, ces montagnes se divisent en deux chaînes sensiblement parallèles.

Les Alpes Dinariques

Les Alpes Dinariques forment le prolongement des Alpes Juliennes, et relient le massif alpestre au massif balkanique. La face nord-est des Alpes Dinariques regarde la vallée de la Save et de ses affluents de droite ; c'est une région composée de plateaux étagés les uns au dessus des autres, dans la direction nord-ouest-sud-est. La Save coule de l'ouest à l'est et reçoit successivement les rivières qui descendent de la montagne : l'Unna, le Verbas, la Bosna et la Drina.

Vers l'Adriatique, la chaîne présente une disposition moins régulière. Au nord de Trieste, le plateau rocheux du Karst s'étend sur une largeur de près de 40 kilomètres et se divise, en prenant la direction sud-est, en deux lignes parallèles. La première, la plus éloignée de la mer, forme les monts Kapella ; l'autre constitue la péninsule de l'Istrie et la côte de Croatie, le long du golfe du Quarnero : c'est la désarticulation de cette chaîne qui a formé les îles groupées dans le golfe ; la partie de la chaîne qui est restée unie au continent s'appelle le Vellebit : c'est une ligne continue d'une hauteur moyenne de 15 à 1600 mètres ; exposée aux vents froids, elle est couverte de neige pendant une notable partie de l'année.

Entre les monts Kapella et Vellebit s'étend un plateau élevé, froid, aride ; les eaux de la Lika y circulent lentement sans trouver d'issue ; elles s'engouffrent sous terre et s'écoulent vers la mer ; on pense que l'eau du lac de la Veglia vient du plateau de la Lika.

La chaîne intérieure.

La côte de Croatie, orientée du nord-ouest au sud-est, entre Fiume et Zengg, prend ensuite la direction nord-sud, entre Zengg et l'île de Pago, pour s'infléchir de nouveau vers le sud-est, le long du canal en impasse nommé canal de la Morlacca[1] ou de la Montagna; puis le Vellebit s'incline de plus en plus vers l'est et est bordé au sud d'abord par le lac dit mer de Novegrad, puis par le cours de la Zermagna. Au mont Popina, près du plateau de Plavno, le Vellebit rejoint les monts Kapella, et leur réunion forme la chaîne des Alpes Dinariques, qui tire son nom du principal sommet, le mont Dinara, à l'est de Knin (1.900 mètres).

La chaîne Dinarique se poursuit dans la direction nord-ouest-sud-est pendant 150 kilomètres, et s'éloigne de la côte pour s'élargir à la hauteur de Mostar : là s'ouvre en éventail le bassin de la Narenta, qui recueille les eaux d'un périmètre de 200 kilomètres environ en interrompant la ligne continue de la chaîne. Mais le demi-cercle se referme au sud des bouches de la Narenta, et les monts Dinariques se relient aux montagnes de la Krivoscie et du Monténégro.

D'autre part, la chaîne côtière, dont les fragments disloqués ont formé l'Istrie et les îles du Quarnero, se continue au sud-est en constituant le groupe d'îles dit : Scogli di Zara. **La chaîne côtière.**

La partie continentale de cette chaîne se relève doucement au nord-est de Zara, mais assez pour séparer nettement la vallée de la Zermanja de celle de Kerka, rivière qui coule d'abord en plaine aux environs de Knin, puis s'encaisse profondément pour traverser le plateau et ressort vers Scardona après avoir formé une dizaine de cascades dont la dernière est une des principales curiosités du pays.

Au sud de la Kerka, la chaîne s'épanouit pour former le plateau du Monte-Tartaro, qui s'avance en demi-cercle dans la mer sur l'alignement des groupes d'îles, mais reste uni au continent. Si la loi qui a présidé à la formation des îles de Dalmatie n'avait pas subi une dérogation, la côte aurait continué en ligne droite, de Sebenico à Traù, et la presqu'île qui se termine à Rogosnica fût devenue une île presque équivalente en superficie à celle de Brazza.

Après la pointe de Rogosnica, la chaîne donne passage à des bras de mer au milieu desquels émergent les îles du groupe méridional : Solta, Brazza, Lesina, Curzola, Lagosta, Meleda. Sabioncello n'est qu'une presqu'île rattachée à la côte par un isthme large de quelques centaines de mètres. Il est à noter que toutes ces îles, et particulièrement Brazza, Lesina, Curzola et Lagosta, ont subi une action naturelle qui a imprimé à leur axe une déviation vers la direction sud-ouest; elles sont presque exactement orientées de l'ouest à l'est, et l'extrémité de la presqu'île de Sabioncello se recourbe en face de Curzola pour suivre aussi la direction des îles avoisinantes. Meleda, au contraire, reprend la direction nord-est-sud-est normalement à la côte[2].

---

1. Le nom de *Morlaques* est donné encore aujourd'hui aux paysans dalmates. Ce nom vient-il de Mavro-Vlachi (Valaques noirs) ou de More Vlachi (Valaques de la mer)? C'est une question qui ne paraît pas encore parfaitement élucidée. | 2. Voir la carte I.

La chaîne côtière, qui fait suite aux monts Tartares, longe de très près le bord de la mer; entre Traù et Spalato, il reste à peine une étroite bande de terre cultivable au pied des roches à pic que domine le mont Saint-Georges (Sveti Jure, 582 m. d'altitude); mais cette bande de terre, abritée des vents froids, jouit d'un climat délicieux : tout le long de la mer se succèdent des villages, les Castella de Traù et de Spalato; c'est la contrée la plus riche de la province.

A la hauteur de Spalato s'ouvre dans la montagne une étroite déchirure par où passe la route qui mène dans l'intérieur : cette route est gardée par la vieille forteresse de Klissa, que les Vénitiens enlevèrent aux Turcs dès l'année 1647.

Monts Mossor.

Après le passage de Klissa, les montagnes recommencent à côtoyer la mer jusqu'à l'embouchure de la Cetina; c'est le Mossor (Mons Aureus), dont les pentes formaient le comté de Poglizza, habité par ces montagnards jaloux de leur indépendance que nous verrons tenir tête à l'Autriche et à la France.

La Cetina traverse paisiblement la chaîne côtière; après la cascade de Duare elle tourne à angle aigu et aboutit à la mer près de la ville d'Almissa.

Monts Biokovo.

De l'autre côté de la Cetina, la montagne s'élève et change de nom, le Mossor arrivait à l'altitude de 1.327 mètres, le Biokovo atteint 1.765 mètres près de la ville de Makarska; puis les hauteurs diminuent à mesure que la chaîne s'épanouit dans la plaine d'Herzégovine, arrosée par la Narenta et ses tributaires.

Aussitôt après l'embouchure de la Narenta, le sol se relève rapidement et la chaîne suit les bords de la mer jusqu'aux bouches de Cattaro qu'elle enveloppe entièrement dans ses flancs à pic.

Entre les Bouches de Cattaro et le Pachalik de Trebinje s'élève le plateau de Krivoscie; la haute Krivoscie est à l'altitude moyenne de 900 mètres, mais présente des sommets qui atteignent et dépassent 1.800 mètres.

A l'est des Bouches commence le Montenegro qui domine Cattaro : cette ville est en effet au pied d'une montagne haute de 1.000 mètres dont le sommet appartient aux Monténégrins.

Les fleuves.

Les fleuves qui traversent la Dalmatie ont en général peu d'importance; la nature du sol empêche la formation de cours d'eau qui puissent être utilisés avantageusement par l'agriculture, l'industrie et le commerce. Le déboisement presque total des montagnes a transformé en torrents capricieux des rivières qui auraient pu fertiliser le pays et ne font que le dévaster; d'autre part, la très grande pente des cours d'eau ne permet la navigation que sur des tronçons insignifiants.

La Salona, qui se jette dans le golfe de Spalato, l'Ombla, qui débouche aux environs de Raguse, ne coulent à ciel ouvert que pendant quelques kilomètres. Leurs eaux viennent par infiltrations de la plaine en forme de cuvette qui s'étend de l'autre côté de la chaîne côtière.

Il n'y a en Dalmatie que quatre fleuves qui méritent quelque attention, et encore deux d'entre eux ont-ils une grande partie de leur cours hors de la province. La Zermanja vient des montagnes de Croatie d'où elle sort par une gorge que suit la route de Knin à Gospić. Elle entre en Dalmatie à quinze kilomètres environ de Knin, au point dit : Kravni-Brod (Pont des vaches), et là tourne à angle droit vers l'ouest; à Ervenik, elle s'infléchit vers le nord-ouest en suivant la base des monts Vellebit. Elle devient navigable à Obrovać, à huit kilomètres de son embouchure, alors que son eau se trouve assez mélangée d'eau salée pour ne plus être potable. Elle se jette dans la mer de Novegrad, grande lagune salée qui termine le canal de la Morlacca. Elle a parcouru la Dalmatie pendant quarante kilomètres; son cours sinueux est encaissé assez profondément et ses eaux ne fertilisent pas les campagnes qu'elles traversent. La Zermanja.

La Kerka (ou Krka) prend sa source au pied du mont Dinara; elle atteint la plaine à Topolje, en formant une belle cascade. Dans le voisinage de Knin, elle serpente dans une large plaine que souvent elle transforme en marécages, et elle traverse la seconde région montagneuse en formant huit cascades séparées par des bassins où elle élargit son cours en formant des îles, comme celle de Višovać, près la cascade de Roncislap. La Kerka.

En approchant de Scardona, elle reçoit la Cikola, qui a arrosé la plaine de Dernis, et, grossie par cet affluent, elle forme la dernière cascade, qui franchit en sept ou huit échelons une hauteur de 40 mètres sur une largeur de 150 mètres environ.

A partir de Scardona, la Kerka est navigable pendant une dizaine de kilomètres; elle forme et traverse le lac de Zaklian et ensuite le port de Sebenico, vaste bassin long de près de trois kilomètres, qui communique avec la mer par la passe étroite que garde le fort San-Nicolo. Le cours de la Kerka mesure près de 80 kilomètres.

La Cetina descend, comme la Kerka, du mont Dinara, et suit pendant 80 kilomètres la direction du nord-ouest-sud-est; dans la plaine qui s'étend de Sinj à Trilj, elle s'élargit et forme des marécages qui se dessèchent pendant l'été, en répandant des émanations pestilentielles. Vers Duare, la Cetina pénètre dans une fissure qui sépare les monts Mossor et Biokovo, et après les deux cascades de Duare, elle est navigable jusqu'à la mer où elle arrive devant Almissa en suivant exactement, pendant 20 kilomètres, la direction est-ouest. La Cetina.

L'estuaire de la Cetina ne peut pas former de port, à cause de la rapidité du courant; c'est un peu à l'est de l'embouchure que se trouve le petit port d'Almissa.

La Narenta, sur un cours de 250 kilomètres, n'en a qu'une vingtaine en Dalmatie. Elle franchit, à Gabela, en Herzégovine, les dernières assises de la chaîne-littorale et entre en plaine à la frontière dalmate. De Metković à Fort-Opus, elle coule lentement entre deux berges élevées; à Fort- La Narenta.

Opus, elle se divise pour former un delta, la branche principale coule vers l'ouest, la branche qui se dirige vers le sud-ouest est souvent tarie. Le delta de la Narenta est la partie la plus malsaine de la Dalmatie : les attérissements du fleuve sont recouverts tantôt d'eau douce, tantôt d'eau salée ; parfois ils se trouvent à sec sous les rayons d'un soleil brûlant, et une fièvre endémique fort maligne règne dans ce district pendant la plus grande partie de l'année. On poursuit aujourd'hui l'exécution de travaux d'assainissement qui ont déjà très sensiblement amélioré les conditions sanitaires du pays, mais à la fin du siècle dernier l'insalubrité de ce canton était extrême et toute population semblait s'en être retirée. Metković, Fort-Opus et un petit fort, Tor di Norin, avaient de faibles garnisons vénitiennes qu'il fallait relever souvent pour les préserver de la fièvre. Pendant l'occupation française, ces postes furent le plus souvent abandonnés.

III. Les   Les îles qui sont répandues sur la côte de Dalmatie sont au nombre de plus de 600, mais il n'y en a que 60 qui soient de quelque importance et 7 seulement ont une superficie supérieure à 100 kilomètres carrés[1].

Ces îles sont assez escarpées ; les altitudes de 4 à 500 mètres sont communes : le mont Saint-Vito, à Brazza, atteint 778 mètres.

Les îles dalmates peuvent se ranger en trois groupes : le groupe du nord, ou du Quarnero, le groupe central, ou *Scogli* (écueils) de Zara, le groupe des îles orientales[2].

: groupe   Le premier de ces groupes comprend cinq grandes îles : Veglia, Cherso,
Quarne-   Arbe, Lussin, Pago ; les trois premières sont assez élevées et couvertes de bois[3] ; Lussin était enrichie par son commerce, l'ago par ses salines[4].

A côté de ces cinq grandes îles, il faut signaler, tout au sud du groupe, San Pietro de' Nembi, qui devait à sa bonne rade d'être le point de stationnement d'une division navale vénitienne ; un fort défendait cette rade qui constituait une importante position militaire à l'embouchure des routes maritimes de Croatie et d'Istrie.

: scogli   Les îles du groupe central sont des plus nombreuses, mais aucune n'est
ara.   réellement importante. Elles sont alignées sur deux files qui, après être restées parallèles pendant 60 kilomètres se rapprochent : l'île de Melada, en forme de λ, semble le point d'intersection de ces deux lignes.

La ligne extérieure se compose de deux îles seulement : l'île Longue,

1. Veglia, 410, Cherso 400, Brazza 394, Curzola 276, Lesina 233, Pago 194, Lunga 117. | 2. V. Hahn, *Iusel-Studien*, Leipzig, 1883. | 3. Depuis 1811, Veglia, Cherso et Lussin ont été détachées administrativement de la Dalmatie. | 4. Voir sur les îles du Quarnero un mémoire manuscrit du comte de Crenneville, colonel, aide de camp général de l'empereur d'Autriche (Zara, 23 août 1801). Ce mémoire de 20 pages in-4° est déposé aux archives du Ministère de l'intérieur à Vienne, ainsi que plusieurs autres travaux fort remarquables du même auteur.

qui a en effet 50 kilomètres de long sur une largeur moyenne de 2.500 mètres, et l'île Incoronata, qui est le prolongement de la précédente.

La ligne intérieure, séparée de la précédente par le canal di Mezzo, large de 12 kilomètres, et de la terre ferme par le canal de Zara, qui a en moyenne une lieue de large, est formée par deux iles principales, Uljan et Pasman.

Dans l'île d'Uljan, juste en face de Zara, s'élève le mont Saint-Michel, haut de 600 mètres, d'où on distingue la montagne d'Ancône.

Aux deux extrémités de la ligne se trouvent des îles de moindre importance, et dans le canal di Mezzo on voit les éléments d'une troisième ligne interrompue par de longues solutions de continuité.

Le groupe méridional commence au sud-est du promontoire formé par les monts Tartares : d'abord Zirona, Bua et Solta, qui forment comme l'avant-garde, puis quatre grandes îles parallèles qui se développent de l'est à l'ouest et sont séparées entre elles par des canaux qui ont de 4 à 12 kilomètres de largeur. *Les îles orientales.*

Ce sont, en allant du nord au sud, Brazza, île aux contours massifs, située en face de Spalato et d'Almissa ; elle est sillonnée par deux chaînes parallèles entre lesquelles règne la dépression fertile de Neresi.

Lesina, longue de plus de 70 kilomètres, a des formes gracieuses et des paysages pittoresques ; elle est accompagnée, à l'ouest, du groupe des Spalmadori, au sud de Torcola.

Curzola, remarquable par l'escarpement de ses côtes, n'est séparée de la presqu'île de Sabioncello que par un canal de 1.500 mètres.

Lagosta, plus au sud, est moins importante ; elle est de forme presque circulaire.

Plus au large, en avant de cette ligne, on trouve Lissa et les îlots qui en dépendent : le mont Hum au dessus du petit port de Comisa, dépasse l'altitude de 600 mètres.

Enfin à l'est, en face de la partie orientale de Sabioncello, Meleda, île allongée qui, en 1797, appartenait, ainsi que Lagosta, à la République de Raguse.

En continuant à suivre la côte vers le sud, on trouve une rangée de petites îles qui n'auraient aucune importance si, par leur disposition, elles n'encadraient la plus belle rade de l'Adriatique [1].

Prolongement du port de Gravosa, cette rade, préservée du vent de mer par les îles Pettini, Daxa, Calamotta, Mezzo et Giupana, peut donner asile aux flottes les plus nombreuses. Elle a une immense supériorité sur les magnifiques ports de Sebenico et Cattaro, c'est qu'elle présente plusieurs ouvertures diversement orientées et assez distantes les unes des autres ; il devenait ainsi impossible, surtout au temps de la navigation à voiles, de

1. Voir la carte IV.

la bloquer strictement sans un énorme déploiement de forces, et grâce à l'orientation des issues on pouvait y entrer et en sortir par tous les vents. C'est pour avoir ce port que Napoléon voudra posséder Raguse à tout prix.

§ IV. Cli-
mats.

Le sirocco.

Le climat de Dalmatie est subordonné au régime des vents [1]. Le vent dominant est le *sirocco* qui, en Dalmatie, a la direction sud-est-nord-ouest, c'est-à-dire qu'il souffle suivant l'axe de la mer Adriatique en longeant les

RÉGIME DES VENTS EN DALMATIE

D'APRÈS LES OBSERVATIONS FAITES PENDANT 5 ANNÉES PAR LE Dr MENIS, A ZARA

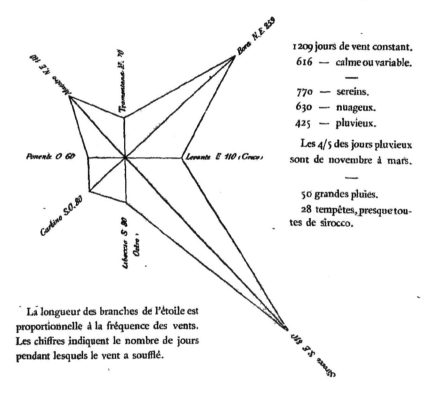

1 209 jours de vent constant.
616 — calme ou variable.

770 — sereins.
630 — nuageux.
425 — pluvieux.

Les 4/5 des jours pluvieux sont de novembre à mars.

50 grandes pluies.
28 tempêtes, presque toutes de sirocco.

La longueur des branches de l'étoile est proportionnelle à la fréquence des vents. Les chiffres indiquent le nombre de jours pendant lesquels le vent a soufflé.

côtes et en enfilant les couloirs qui séparent les îles de la terre ferme : il s'en suit que les plus fortes tempêtes sont soulevées par le sirocco. Ce vent n'est d'ailleurs pas toujours impétueux ; parfois il ride à peine la surface de la mer, mais on n'en constate pas moins sa présence à la chaleur lourde et malsaine qu'il amène. Dans certaines villes, dès que souffle le

1. Voir la figure.

sirocco, les dallages des places et des quais se mouillent comme s'il venait de pleuvoir. En effet, en traversant la mer, le sirocco, vent chaud d'Afrique, s'est chargé d'humidité, et il est rare que lorsqu'il souffle depuis quelques jours la pluie ne se déclare ; c'est au sirocco que le littoral dalmate doit ses hivers tièdes et pluvieux [1].

Le sirocco souffle environ 80 jours par an. La *bora*, vent du nord-est, est moins fréquente ; on la constate 50 jours par an, mais elle est beaucoup moins inoffensive.

La bora, comparable au mistral de Provence, est un vent froid et sec qui vient des plaines de Hongrie ; il traverse les Alpes Juliennes en se refroidissant encore sur les neiges, et vient désoler tout le littoral nord-est de l'Adriatique. De Trieste à Cattaro, il est peu de points qui en soient abrités, et dans l'intérieur des terres, où la bora n'est pas combattue par l'influence du sirocco, elle détermine un climat sensiblement différent de celui du littoral ; la moyenne annuelle de Knin (12°) et de Sinj (13°) ne s'écarte pas beaucoup de celle de Zara (14°) et Raguse (16°) ; mais il s'agit ici de moyennes : les étés de la Dalmatie intérieure sont suffoquants et les hivers sont extraordinairement rigoureux.

La température du littoral est, au contraire, tempérée ; l'hiver il gèle rarement, on voit, il est vrai, pendant cinq mois les montagnes voisines couvertes de neige, mais ce n'est qu'exceptionnellement qu'il en tombe à Zara même, bien que cette ville ne soit pas abritée de la bora.

Dans les mers de Dalmatie, la bora est peu dangereuse, parce que, soufflant perpendiculairement à la côte, elle ne s'engouffre pas comme le sirocco dans les défilés qui séparent les îles du littoral ; dans le Quarnero, au contraire, qui est orienté du nord au sud, elle amène des tempêtes qui rendent ces parages dangereux, même dans la belle saison. Si l'influence de la bora sur mer n'est pas très pernicieuse en Dalmatie, elle l'est au contraire sur terre. Partout où elle souffle habituellement, la végétation disparaît ; sur la terre ferme comme dans les îles, toutes les pentes qui regardent le nord-est sont dénudées et aucun effort ne peut y établir de plantations.

La bora n'est pas d'ailleurs un vent malsain, et le froid sec qu'elle détermine contrebalance les effets désastreux que le sirocco, chaud, humide et énervant, pourrait avoir sur la santé publique.

Des autres vents, le maestro (nord-ouest) est le plus fréquent. Le plus rare et le plus redouté est le vent du sud-ouest qui, lorsqu'il souffle en tempête, lance ses flots perpendiculairement à la côte, sur les quais et les moles, et y cause de gros dommages ; ces tempêtes sont du reste très rares.

En résumé, la Dalmatie présente deux climats très opposés : le long de

La *bora*.

1. L'action du sirocco amène en Dalmatie des pluies abondantes. Voici, d'après les *Mittheilungen* de Petermann (n° 58, p. 54), les quantités d'eau tombées en une année sur le littoral oriental de l'Adriatique : Trieste, 1ᵐ 093 ; Pola, 0ᵐ 711 ; Zara, 0ᵐ 801 ; Lesina, 0ᵐ 791 ; Curzola, 0ᵐ 997 ; Raguse, 1ᵐ 669.

la mer, un climat doux; dans l'intérieur, des extrêmes de chaleur et de froid [1] : c'est une des causes qui ont accentué la différence des mœurs que nous avons signalée entre les Dalmates du littoral et ceux de l'intérieur.

§ V. Étendue et limites de la Dalmatie en 1797.

La Dalmatie, en 1797, n'avait pas les limites qu'elle a aujourd'hui. Les îles du Quarnero en dépendaient; or, depuis 1811, une partie de ces îles a été rattachée à la province de Croatie. Nous regarderons cependant, dans le cours de cette histoire, les îles de Veglia, Cherso et Lussin comme parties intégrantes de la Dalmatie, puisqu'elles n'en ont été distraites que peu avant la rentrée des Autrichiens dans la province.

Le territoire des Bouches de Cattaro était désigné sous le nom d'Albanie vénitienne; ses destinées furent toujours associées à celles de la Dalmatie à laquelle elle a été incorporée par la suite. Nous avons dû faire entrer dans cette histoire les faits relatifs à cette province : ils sont tellement connexes avec ceux qui concernent la Dalmatie proprement dite, qu'il eût été impossible de les écarter du récit sans le rendre inintelligible.

Raguse formait, à la fin du XVIIIe siècle, un état absolument indépendant; mais nous aurons à voir bientôt comment cette petite république perdit son autonomie; nous pouvons donc, par anticipation, la regarder comme appartenant à la Dalmatie dont elle est du reste une partie naturelle.

La Dalmatie s'étendait donc, en 1797, entre le 45° 51' nord (pointe nord de Veglia) et le 42° 12' 16" (Lastua, au sud de Budua), le 11° 54' 07" est de Paris (Ile Unje au large de Cherso) et le 16° 40' 52" (au même point de Lastua).

La plus grande longueur, de Cherso à Lastua, était de 500 kilomètres (66 milles géographiques). La largeur était très variable, 80 kilomètres de Knin à la côte sud-ouest de l'Isola Grossa et quelques hectomètres au sud-est de Raguse.

Possessions ottomanes en Dalmatie.

Sur deux points même, la Dalmatie était interrompue par deux bandes de territoire dépendant de l'Empire ottoman. Le territoire de Neum, au fond du golfe de Klek, au nord de la presqu'île de Sabioncello, et la vallée de Sutorina aboutissant aux Bouches de Cattaro, avaient été laissés à la Turquie par l'article 8 du traité de Carlovitz (1699), grâce aux manœuvres des agents ragusains qui voulaient éviter ainsi tout contact entre les états de Venise et ceux de Raguse. La suzeraineté du sultan sur ces deux territoires était d'ailleurs purement nominale, et si parfois les maîtres de la Dalmatie, en quête d'un prétexte, ont mis en avant la neutralité du terri-

---

1. L'auteur a fait, le 15 janvier 1889, la route de Spalato à Traù par un soleil de printemps; il était en voiture découverte. Le même jour, la diligence qui va de Spalato à Zara par l'intérieur était arrêtée par les neiges, et devait attendre deux jours pour continuer sa route.

toire ottoman, jamais, quand ils ont eu intérêt à le faire, ils n'ont regardé à la violer, et cela sans que les Turcs aient même songé à protester.

La frontière nord-est de la Dalmatie a son histoire qu'il n'est peut-être pas sans intérêt de rappeler en quelques mots.

Au temps de la conquête de la péninsule balkanique par les Turcs, les établissements vénitiens en Dalmatie se bornaient à quelques villes de la côte, qui servaient de comptoirs aux commerçants et de points de relâche aux flottes de la République. L'intérieur appartenait à des petits souverains indigènes qui dépendaient de la Hongrie. Le lien de vassalité, qui n'avait jamais été bien fort, s'était encore relâché lorsque les Turcs se furent avancés jusqu'au Danube et à la Save. Les rois de Hongrie avaient assez à défendre leur couronne, et les petits états slaves et dalmates eurent le sort de ceux de Bosnie. Les Monténégrins se retranchèrent dans leur montagne et défendirent leur indépendance pendant cinq siècles ; il en fut à peu près de même des habitants de la Poglizza, district qui comprend le massif du Mossor, au nord d'Almissa et à l'est de Spalato. Il semble que les gens de Poglizza, moins heureux que les Monténégrins, durent accepter en droit, et peut-être même en fait, la domination ottomane, mais en tout cas ce ne fut pas pour longtemps.

La guerre de Candie eut son contre-coup sur les rives de l'Adriatique ; les Vénitiens furent assiégés dans leurs ports, mais comme ils avaient l'empire de cette partie de la mer, ils purent ravitailler leurs places, et, à la paix de 1635, les plénipotentiaires ottomans reconnurent à Venise la possession de tout le littoral jusqu'à la première chaîne de hauteurs qui courait le long de la mer.

On traça une frontière qui fut désignée dans les actes vénitiens sous le nom de *Linea Nani* [1], du nom du commissaire qui avait été chargé de ce travail concurremment avec les plénipotentiaires turcs.

Les Vénitiens avaient les bords du canal de la Morlacca et de la mer de Karin, une partie du comté de Zara, les villes de Sebenico, Traù et Spalato.

La Poglizza et le littoral compris entre Spalato et l'embouchure de la Narenta n'étaient pas cédés aux Vénitiens, mais s'étaient émancipés en chassant les Turcs qui n'osèrent pas y rentrer. Tout ce territoire, enveloppé par la linea Nani, prit par la suite le nom de *Vecchio Acquisto* : domaine ancien.

A la fin du XVIIᵉ siècle, une nouvelle guerre éclata et eut une issue glorieuse pour les Vénitiens. Outre la conservation de leurs conquêtes en Morée, le traité de Carlovitz leur attribuait la Dalmatie intérieure qu'ils avaient conquise de 1647 à 1699. La nouvelle frontière, dite *Linea Mocenigo*, embrassait, outre l'importante position de Klissa, les forteresses de Knin, Verlika et Sinj sur la rive droite de la Cetina, Duare sur la rive gauche de ce fleuve, Vergorac, Citluk sur la Narenta, avec les bouches de la Narenta jusqu'à Klek. Le tracé de frontière entre les six places cédées

Histoire du confin turco-dalmate.

La Linea Nani.

La Linea Mocenigo.

1. Voir la carte I.

aux Vénitiens, se composait de lignes visuelles menées d'une ville à l'autre sans qu'il fût tenu compte des accidents géographiques.

Enfin, le traité de Passarovitz qui suivit la guerre de Morée, en 1719, donna un nouvel accroissement aux possessions vénitiennes de Dalmatie.

En dédommagement de la perte de la Morée, Venise recevait le district d'Imoski, la rive gauche de la Cetina et le haut cours de la Kerka. Mais en traçant la *Linea Grimani* pas plus qu'en traçant la *Linea Mocenigo*, on ne s'occupa des conditions physiques qu'on est habitué à faire entrer en ligne de compte quand on délimite une frontière. La frontière suit les pentes des Alpes Dinariques, laisse aux Turcs la tour de Prolog, et s'infléchit vers Imoski pour rejoindre Vergorac et l'ancienne frontière, réduite de Citluk, que les Turcs avaient reconquis et qui leur fut laissé en vertu de l'*uti possidetis*, base de la négociation.

La frontière du pays de Cattaro avait également subi des transformations graduelles, avec cette complication que les Monténégrins détenaient quelques territoires que les plénipotentiaires turcs regardaient comme possessions légitimes de leur maître.

Le pays enveloppé par la Linea Mocenigo fut appelé *Nuovo acquisto*, domaine nouveau, et les acquisitions de 1719 prirent le nom de *Nuovissimo acquisto*, domaine très nouveau. Telle est la frontière qui sera conservée jusqu'en 1878, et dont nous aurons à nous occuper pendant toute la période qui nous intéresse.

Il est certain que si la ligne droite est la plus simple des figures de géométrie, elle peut dans certain cas être la plus compliquée des frontières ; elle escalade les montagnes, franchit les torrents, coupe en deux les villages et les cultures, interrompt les routes et peut rendre le transit impraticable ; mais, en Dalmatie, un certain nombre de ces inconvénients ne se présentaient pas : il n'y avait, aux environs de la frontière, ni villages, ni cultures, mais quelques auberges où, dans la pratique, on s'habitua à voir la limite des deux états ; quant à se disputer la possession de montagnes déboisées, on n'y songea pas, et la frontière demeura un siècle durant à l'état théorique. Ce n'est qu'en 1818, quand la peste envahit les états ottomans, que l'établissement du cordon militaire obligea les Autrichiens à tracer la frontière qu'ils devaient garder, sans pouvoir du reste arrêter le fléau qui ravagea la Dalmatie et en décima les habitants.

Cette frontière n'était gardée, en 1797, que par de vieux ouvrages que quatre-vingts ans de paix profonde avaient fait tomber dans un délabrement absolu : Knin, Sinj, Imoski, Fort-Opus, la tour de Norin étaient en ruines, et, à part Knin, que protégeaient des défenses naturelles, pas une de ces places n'eût résisté à une attaque de vive force.

Le littoral était mieux gardé : Zara, fortifiée par Michel Sammicheli, était alors une place de premier ordre. Située dans une presqu'île, elle était pourvue de remparts des trois côtés qui baignent la mer; la quatrième face était séparée de la terre ferme par un double fossé et un ouvrage à cornes qui occupait toute la largeur de l'isthme [1]. La porte était dominée par la citadelle située à l'angle sud de la ville.

Sebenico, située au fond d'un golfe, ne communiquait avec la mer que par un étroit goulet, dont l'entrée était défendue par le fort Saint-Nicolo. Du côté de la terre, Sebenico avait une enceinte continue, et sur trois collines voisines étaient perchés trois châteaux, on dirait aujourd'hui forts détachés : Sainte-Anne, Saint-Jean et le Barone [2].

Traù, peu abordable du côté de la mer à cause des faibles profondeurs, était défendue par une enceinte continue garnie de tours.

Spalato n'avait que sa citadelle.

Entre Traù et Spalato, les Castella avaient perdu l'importance militaire qu'ils avaient au temps des Sarrasins, mais, au dessus de Spalato, Klissa barrait le passage qui conduit à Sinj.

Almissa et Makarska avaient des châteaux; les ouvrages de Stagno gardaient l'isthme de Sabioncello.

Raguse, comme Zara, était une forteresse de premier ordre : une enceinte d'une énorme épaisseur enveloppait la ville et les deux portes étaient défendues par d'importants ouvrages; le port de Gravosa n'était pas fortifié.

L'entrée des Bouches de Cattaro était gardée par un fort à Punta d'Ostro, puis par la ville et le Château Espagnol de Castelnuovo. Cattaro avait une puissante enceinte et une citadelle. Budua était aussi une place forte, mais pas très redoutable.

Dans les îles, Curzola, Lesina, Lissa et Comisa avaient depuis le temps des Sarrasins des tours qui défendaient l'entrée de leurs ports; Lesina avait de plus une vieille enceinte garnie de tours et un château construit par les Espagnols, en même temps que celui de Castelnuovo, pendant la guerre contre les Turcs. L'île de Mezzo avait une forteresse, et à l'entrée du Quarnero, San-Pietro de' Nembi était une position bien défendue et mieux entretenue que beaucoup de celles que nous venons d'énumérer [3].

Tous ces ouvrages avaient perdu de leur importance; les progrès de l'art de la guerre n'avaient pas été suivis par l'administration vénitienne. Marmont devra refaire à peu près complètement toutes les fortifications qu'il voudra utiliser, et, depuis, les Autrichiens ont entièrement renouvelé le système de défense du littoral.

Telle est la configuration du pays dont nous allons étudier l'histoire pendant les dix-huit années qui séparent le traité de Campo-Formio de la

---

1. Voir la carte II. L'enceinte a été détruite et a fait place à de larges quais et à des promenades publiques. | 2. Ce château devait son nom au baron de Degenfeld, chef des mercenaires allemands, qui avaient défendu Sebenico contre les Turcs. | 3. Ces renseignements sont tirés en très grande partie d'articles parus, en 1867, dans l'Œster. militar. Zeitung.

chute de l'Empire napoléonien : nous allons voir comment la nature se join-
dra à la population pour repousser l'invasion des armées et des idées étrangères, et quelles luttes il faudra soutenir pour maintenir les unes et faire
prévaloir les autres.

PREMIÈRE PARTIE

CHAPITRE I

LA DALMATIE EN 1797

I. Population. — II. Administration ; le Provéditeur général ; les Comtes ; l'autonomie communale ; les officiers municipaux ; les paysans ; les confréries ; les districts de l'intérieur. — III. Le clergé : culte, instruction, bienfaisance. — IV. Situation économique : agriculture, commerce, industrie. — V. La loi Grimani ; régime de la propriété foncière. — VI. La domination vénitienne fut-elle utile à la Dalmatie ?

La Dalmatie, qui compte aujourd'hui 480.000 habitants [1], n'en avait, en 1796 [2], que 256.000, et, si l'on y ajoute les 35.000 habitants de la république de Raguse et les 31.000 de l'Albanie vénitienne, nous n'arrivons encore qu'à 322.000, soit les deux tiers environ de la population actuelle.

§ 1. Population.

La population se divisait en trois castes et comprenait : 1.150 familles nobles, 1.916 familles bourgeoises et 40.696 familles plébéiennes.

66.510 individus étaient en état de porter les armes ; on ne comptait que 2.753 ouvriers et 3.541 marins ; c'est dire l'importance de la classe agricole.

Cette population était fort inégalement répartie dans la contrée. Les îles avaient 56.000 habitants (28 par kilom. carré) ; l'intérieur, malgré son étendue, n'en avait que 70.000 (12 par kilom. carré) ; le littoral 130.000, soit plus de la moitié de la population totale [3]. Ces 130.000 habitants résidaient d'ailleurs presque tous dans la campagne, et les villes de Zara, Sebenico, Spalato, Almissa et Makarska n'avaient pas à elles cinq 25.000 habitants [4]. Quant aux villes de l'intérieur, ce n'étaient que des bourgades sans importance.

Fort peu d'étrangers habitaient la Dalmatie : quelques négociants turcs ou italiens, deux ou trois familles suisses, quelques compagnies de soldats italiens et les agents du gouvernement de Venise.

1. Recensement de 1880, cité par Maschek, *Repertorio geografico statistico del regno di Dalmazia*. Zara, 1888. | 2. Le premier recensement officiel fait par les Vénitiens en 1781 donne 263.674 individus, nombre légèrement supérieur à celui qui fut trouvé en 1796. V. Maschek, *op. cit.* | 3. La superficie de la Dalmatie vénitienne étant évaluée en nombres ronds à 11.000 kilom. carrés, on peut dire que les superficies des îles, du littoral et de l'intérieur sont entre elles comme 2, 3 et 6. | 4. Recensement fait par les Français en 1811. Tableau annexé à l'arrêté du 31 octobre 1811. (Télég. off. de Laybach, 1812.)

§ II. Administration

Le gouvernement de la Dalmatie était aux mains d'un nombre restreint de fonctionnaires vénitiens, à la tête desquels se trouvait le *Provéditeur général*, dont la mission durait trois ans; cette charge était une des plus convoitées, car elle procurait honneur et profits; de plus, le provéditeur de Dalmatie était habituellement nommé à sa sortie de charge *Baile* à Constantinople, c'est-à-dire appelé à la plus haute fonction du service extérieur : le baile avait, en effet, entre les mains le soin des intérêts commerciaux de la République dans tout le Levant.

Le Provéditeur général.

La situation faite au provéditeur à Zara était à peu près celle d'un prince absolu ; il était entouré des attributs de la puissance souveraine, il avait sa garde, sa cour, un train luxueux, un costume analogue à celui du doge. Pour les paysans morlaques, il apparaissait comme une manifestation de la divinité sur terre : ils fléchissaient le genou en sa présence.

Les Comtes.

En fait, l'autorité du provéditeur était absolue : tout dépendait de lui en dernier ressort : justice, finances, armée et église. Dans chaque district des îles et du littoral résidait un *comte*, délégué du provéditeur. A Zara, le comte était assisté d'un *capitaine ;* à Spalato, Traù, Sebenico et Lesina, le gouverneur avait le titre de *comte-capitaine ;* à Nona, Almissa, Makarska, dans les îles de Cherso, Veglia, Arbe, Pago, Brazza et Curzola, c'était un simple comte [1].

Le comte était assisté par deux magistrats, le *chancelier* et le *camerlingue*, députés, le premier aux affaires judiciaires, le second aux affaires de finance.

Caractère de l'administration vénitienne.

On voit donc qu'en résumé l'autorité était répartie dans un petit nombre de mains, ce qui présentait tout au moins l'avantage de l'économie, d'autant plus que leurs appointements fixes étaient très modestes. Il est vrai que si, en droit, ils étaient payés par la métropole, en fait ils vivaient du pays, et même grassement, car l'usage imposait à chacun d'eux un train de vie disproportionné avec ses émoluments. Un chancelier, par exemple, recevait un traitement fixe de 60 florins par an et arrivait habituellement à en toucher de 3 à 4.000 ; les comtes et le provéditeur recevaient à proportion. Ces suppléments venaient de redevances consacrées par l'usage et nommées *regalie*, d'une portion des sommes payées à titre d'impôt ou de droit de douane, et de taxes établies sur les actes civils et judiciaires passés devant les chanceliers.

Cet abus, si c'en était un, n'avait rien d'excessif, et l'on doit constater que, si les agents s'enrichissaient, c'était aux dépens de la métropole, en gardant pour eux une partie des sommes qui auraient dû aller dans le

1. Cattalinich, *Memorie degli avvenimenti successi in Dalmazia dopo la caduta della republica veneta con un saggio sull'amministrazione pubblica veneta*. Spalato, 1841. Cap. X. *passim*.

trésor public; mais, malgré les suppléments payés aux fonctionnaires, les impôts n'étaient pas bien lourds : c'était ce que voulait le Sénat de Venise, plutôt par un calcul politique que par une pensée d'humanité. Pour se conformer à cette ligne générale de conduite, les comtes veillaient à ce que le recouvrement se fît avec douceur, et qu'aucune exaction criante ne vînt révolter la conscience publique.

Enfin ce qui était tout à l'avantage des Vénitiens, c'était le voisinage des Turcs : de l'autre côté de la frontière régnaient l'arbitraire et la violence, et, auprès du gouvernement des pachas, toute autorité semblait juste et paternelle.

Une autre cause qui empêchait le mécontentement de se manifester, et que les Vénitiens entretenaient pour cela avec soin, c'était la multiplicité des privilèges. Tous les nobles et un bon nombre de bourgeois étaient déchargés de tout ou partie des contributions; l'Eglise levait des impôts et en payait fort peu; c'était donc la classe populaire qui avait à porter seule la presque totalité des charges, et à cette époque les plébéiens ne savaient pas qu'ils avaient le droit de se plaindre quand ils étaient opprimés. Nous verrons que, lorsque les Français voudront faire régner l'égalité, les classes privilégiées se révolteront, exciteront les paysans contre l'étranger et les soulèveront même contre ceux-là qui voulaient travailler en leur faveur. Ce ne sera pas un des traits les moins caractéristiques de cette histoire.

Le Dr Bidermann a dit avec justesse que la Dalmatie vénitienne était une agglomération d'états quasi autonomes [1], et cette formule donne une idée assez exacte de ce qu'était l'administration communale des villes et districts de Dalmatie en 1797 [2].   *Autonomie communale.*

Il n'y avait pas deux communes ayant les mêmes lois : chacune avait son statut particulier, mélange de lois vénitiennes et romaines; les poids et mesures variaient d'une localité à l'autre [3], et dans presque chacune des villes on trouvait des usages locaux ayant force de loi, mais absolument inconnus dans la localité voisine.

1. Prof. Ign. Biedermann, prof. à l'Un. de Graz. *Die Bestandtheile des heutigen Königreiches Dalmatien.* (*Statistische Monatschrifte*, XI. Iahrg. VIII et IX. Helft.) | 2. Cattalinich, *op. cit.* C. XI. | 3. A Zara, on employait concurremment comme unité de poids la livre de Zara, la *libbra grossa*, la *libbra sottile* de Venise et l'*occue* turque. Mais la livre de Zara était plus légère que celles de Raguse et de Scardona, et plus lourde que celle d'Arbe et celle de Dernis employée aussi à Knin. Pour la mesure des grains, on employait la *quarta*, mais, réduite en livres allemandes (pfund) et 16e de livres, celle de Zara valait 2, $\frac{2}{16}$; celle d'Arbe, o, $\frac{7}{16}$; celle de Sebenico, o, $\frac{9}{16}$; celle de Spalato et Sinj 1, $\frac{4}{16}$; celle de Makarska, o, $\frac{12}{16}$; celle de Lesina, o, $\frac{6}{16}$; celle de Traù 1, $\frac{4}{16}$, et nous négligeons les fractions. Ainsi des autres poids et mesures. (Extrait du *Tableau de réductions* publié par Preschern, à Laybach, en 1812.)

A peu près partout dans les îles et le *vecchio-acquisto* (littoral)[1], les municipalités conservaient la direction des affaires locales, mais cette direction était inégalement partagée entre les deux castes supérieures : noblesse et bourgeoisie.

Les nobles formaient dans chaque ville une corporation qui se dénommait la *magnifica communità nobile* ; le privilège de la noblesse était conservé avec un soin jaloux : un noble qui épousait une plébéienne et même une bourgeoise sans l'agrément de la communauté devenait roturier. Cependant les corps nobles usaient souvent du droit de s'agréger les individus que leur intelligence, leur fortune ou des services rendus semblaient rendre dignes de cet honneur ; certaines communautés vendaient même à prix d'argent la noblesse et les privilèges qui en dépendaient.

La *magnifica communità* tenait des assemblées où tout noble était admis à partir de l'âge de 16 ans : c'est là que se traitaient les affaires communes.

Dans dix des quinze unités communales de Dalmatie, les bourgeois avaient aussi le droit de tenir des assemblées. Il est presque inutile de dire que partout l'assemblée bourgeoise était dans un état d'antagonisme perpétuel vis à vis de l'assemblée noble, et les Vénitiens se gardaient bien de mettre fin à des divisions qui consolidaient leur autorité. Napoléon détruira toute distinction entre citoyens, et les castes, jusque-là divisées entre elles, se réconcilieront pour s'unir contre lui.

C'étaient les corps publics qui élisaient les magistrats municipaux ; nous trouvons dans un rapport demandé en 1802 par le Conseil Aulique de Vienne, et présenté en 1805 par le général Brady, des détails curieux sur la manière dont fonctionnait la vie municipale en Dalmatie sous la domination vénitienne[2].

Aux îles, la noblesse jouissait d'une prépondérance absolue, sauf à Curzola ; dans le Quarnero, à Cherso et Ossero, le seul droit de l'assemblée plénière des bourgeois se bornait à désigner douze *votants* qui concouraient avec les nobles à la nomination des employés publics.

A Almissa, les membres de la caste populaire élisaient deux *procureurs* ou *tribuns* chargés de défendre leurs droits.

Officiers municipaux. Le nombre des officiers municipaux était aussi variable que leur mode d'élection ; il y en avait seulement 7 à Makarska, mais 71 à Lesina, 88 à Spalato, 99 à Zara. Il y avait des *provéditeurs de santé* préposés à la surveillance des caravanes et des navires, des *députés aux marchés*, des *estimateurs* ou experts, des *justiciers*, des *inspecteurs de l'annone* chargés des approvisionnements et de la police des marchés, des *capitaines de port* nommés parfois *sopracomites* (celui de Sebenico se nommait *amiral*) ; des *inspecteurs*

---

1. Voir dans l'introduction l'explication de ce terme. | 2. Z L., 1805, v. 907.

des routes, des *fourriers* ou *quartier-maîtres* chargés du logement des troupes. Il y avait de nombreux agents de finance : caissiers, trésoriers, exacteurs des dîmes ou de la gabelle, des *députés aux rentes,* gérants des patrimoines communaux. A Sebenico, la ville payait un maître de grammaire; à Spalato, deux ouvriers chargés de l'entretien du clocher; venaient ensuite les procurateurs des couvents, des confréries, des hôpitaux, des lazarets.

Chaque ville avait son chancelier et quelquefois un dépositaire des titres où étaient énumérés les privilèges communaux.

Il n'y avait pas partout de corps municipal proprement dit : à Zara, il y en avait un de douze nobles et douze bourgeois; à Traù et à Spalato, il se composait seulement de six nobles. Ce conseil s'assemblait sous la présidence du comte qui dirigeait les débats avec l'assistance du chancelier.

Presque toutes les charges que nous venons d'énumérer étaient gratuites en ce sens qu'aucun traitement fixe n'y était attaché; mais les titulaires tiraient à peu près tous de leurs fonctions des profits légitimes et autres et, dans tous les cas, ils avaient le bénéfice de privilèges et d'exemptions qui rendaient ces places fort avantageuses et fort convoitées.

La justice civile et criminelle était rendue par le comte sur procédure écrite. Les affaires purement municipales et les procès que nous appellerions aujourd'hui de simple police étaient expédiés par des *juges majeurs* ou *mineurs,* choisis au nombre de six ou quatre par la communauté; ces juges siégeaient à tour de rôle pendant une semaine ou un mois, selon les usages locaux. Les plaideurs étaient assistés de procureurs, notaires, taxateurs de procès et autres gens de robe.

Quand il exerçait ses fonctions judiciaires, le comte revêtait la robe de brocard rouge; les juges locaux prenaient place autour de lui, l'épée au côté; ils avaient voix consultative. Bien que la procédure fût écrite, le prononcé du jugement pouvait être précédé de deux harangues, et les parties pouvaient se faire remplacer par des avocats, mais ces plaidoiries ne devaient pas dépasser un temps déterminé [1].

Les paysans du littoral n'avaient pas dans leurs villages d'organisation municipale; le village avait un chef (*capovilla*) à la fois civil et militaire, qui était désigné par le comte et portait le titre d'*arambassa,* souvenir de la domination turque. Mais si les paysans dalmates n'avaient pas d'institutions politiques, ils n'en avaient pas moins de puissantes associations, les *confréries.* Chaque paroisse avait une ou plusieurs de ces confréries, dont le nom officiel était *scuole laiche,* c'est-à-dire assemblées populaires;

Les paysans, les confréries.

1. La Dalmatie avait reçu d'Italie l'usage des loggias, où la justice se rendait en public et presque en plein air. Zara, Sebenico, Traù, Lesina conservent avec orgueil leurs loggias, œuvres remarquables d'architectes illustres de la Renaissance; celle de Lesina a été construite par Sammicheli.

les plébéiens des villes avaient aussi leurs *corporations ;* les nobles et les bourgeois en avaient de leur côté un grand nombre, et toutes étaient pourvues de biens meubles et immeubles.

La confrérie donnait au paysan l'occasion de se retrouver avec ses voisins ; la fête du saint protecteur était célébrée chaque année par des cérémonies religieuses suivies de banquets interminables. Les assemblées ordinaires des confréries permettaient à ceux qui en faisaient partie de se concerter sur les questions d'intérêt commun et de formuler les griefs que les chefs de l'association allaient présenter au comte ; c'est par ce moyen, qui rappelle les assemblées provinciales de l'empire romain, que les villageois faisaient parvenir leurs plaintes contre les vexations des agents du fisc ou des nobles propriétaires de la terre.

Le paysan n'était pas, en effet, propriétaire du sol qu'il cultivait ; il dépendait des maîtres de la terre, et cet antagonisme sourd du tenancier contre le seigneur commençait à créer un foyer d'hostilité qui s'allumera brusquement pendant la période d'anarchie qui va suivre la chute de la république de Venise ; nous assisterons alors à une véritable Jacquerie qui ne prendra fin qu'en présence des baïonnettes autrichiennes.

Les districts de l'intérieur. L'administration des districts de l'intérieur (*nuovo et nuovissimo acquisto*) était toute différente de celle que nous avons trouvée aux îles et sur le littoral. La population était sous la dépendance directe de l'Etat, de qui elle tenait ses concessions de terre ; elle était enrégimentée comme celle des confins militaires autrichiens, mais l'organisation était beaucoup moins savante [1]. Le représentant de la République portait, au lieu du titre pacifique de comte, celui de *provéditeur* : il y avait un provéditeur dans chacun des arrondissements d'Obrovać, Knin, Sinj, Klissa et Imoski.

Les districts de Narenta et de Vergorać étaient gouvernés par des *surintendants* indigènes, choisis héréditairement dans les familles Nonkovich et Deskovich, en souvenir des exploits accomplis par ces familles au temps des guerres contre les Turcs.

La Poglizza avait une organisation à part, sur laquelle nous devrons revenir avec quelques détails dans la suite de cette histoire [2].

Les Pandours. Le service que la République demandait en temps de paix aux paysans de l'intérieur se réduisait à peu de chose : un certain nombre d'entre eux formaient la milice territoriale des *pandours*, ou gendarmes. Ils devaient surveiller la frontière, poursuivre et arrêter les criminels, escorter les caravanes qui venaient de Bosnie ou d'Herzégovine, et qu'il fallait conduire

---

1. Sur l'organisation des régiments frontière voir F. *Vaniček, Specialgeschichte der Militärgrenze ; Schwicker, Geschichte der Militärgrenze ; Marchal, Note sur la Croatie militaire sous l'empire de Napoléon* (dans le T. XV (1848) des Bulletins de l'Académie royale de Bruxelles). | 2. Ch. IV.

aux lazarets de Sebenico ou de Spalato. Pour ce dernier service, les pandours étaient assistés par les soldats de cavalerie italienne (*corrazzieri*), dont les casernes étaient à Demonico, Obrovać, Dernis et Sinj.

Les régiments dalmates, connus sous le nom d'esclavons (*Schiavoni*), étaient recrutés par enrôlements volontaires ; les Dalmates allaient volontiers servir pendant quelques années à Venise. Mais le jour où l'Autriche et la France voudront remplacer les engagements volontaires par la conscription, la population manifestera la plus vive répugnance et se soulèvera chaque fois que sera appelé un contingent.

Si la guerre avait éclaté avec les Turcs, Venise pouvait compter sur 60.000 soldats aguerris et belliqueux, tous disposés à défendre leurs foyers contre l'ennemi héréditaire ; mais si ces hommes s'étaient enrichis, s'ils avaient cherché à améliorer leur sort, il était à redouter que la longue paix dans laquelle ils vivaient depuis 80 ans leur fît perdre leurs qualités guerrières ; aussi ne faisait-on rien pour procurer aux Dalmates le bienfait d'une civilisation qui les eût amollis, tandis que, demi-sauvages comme ils étaient, ils pouvaient tenir en échec une armée turque.

La religion occupait une grande place dans la vie des Dalmates, et le clergé jouissait d'une immense influence ; le catholicisme était la seule religion des insulaires et dominait dans presque tous les districts de terre ferme ; le recensement de 1781 avait donné 212.385 catholiques pour 51.071 grecs orientaux, 218 israélites et quelques calvinistes ; à Raguse aucun culte dissident du catholicisme n'était toléré ; en Albanie, au contraire, les Grecs formaient les deux tiers de la population.

§ III. Le clergé.

Le clergé latin était extrêmement nombreux : 2.404 prêtres séculiers, 885 religieux et religieuses ; le clergé grec se composait de 221 membres.

La haute hiérarchie se composait des deux archevêques de Zara et Spalato et de dix évêques [1], sans compter l'archevêque de Raguse, l'évêque de Cattaro et le siège, supprimé depuis peu, de Stagno. A part les évêques de Scardona et de Makarska, dont les diocèses étaient d'institution récente, les évêques ne recevaient aucune subvention de la République : les revenus des manses suffisaient, et dans certains diocèses largement, à leurs besoins ; les paroisses étaient également dotées de revenus destinés à l'entretien des églises et à la subsistance des curés.

Les religieux franciscains et dominicains avaient des couvents nombreux et riches. C'étaient les Franciscains qui, au XIIIe siècle, avaient été les

Les Religieux.

1. Le diocèse de Veglia ne comptait que 7 paroisses, celui d'Ossero, 4, avec une population de 6.128 habitants.

apôtres de ces contrées encore à demi barbares ; ils jouissaient d'une grande influence due à leur instruction et à la régularité de leur vie, qualités qu'on ne trouvait pas au même degré chez les séculiers ; de plus, sortis de la classe populaire, chargés d'un grand nombre de paroisses rurales, ils formaient comme la démocratie du clergé, et le peuple, qui les aimait, était absolument entre leurs mains.

La formation du clergé séculier était assez négligée : si des sujets choisis allaient étudier au séminaire illyrien de Lorette, et en revenaient capables de remplir des emplois importants, les séminaires de Zara et de Priko, près Almissa, ne donnaient qu'une instruction élémentaire, et beaucoup de prêtres n'avaient même pas passé par là ; ils avaient fait leurs études dans quelque presbytère, sans autre livre que le catéchisme du cardinal Baronius. Ces prêtres observaient le rite illyrien, c'est-à-dire célébraient en langue slavonne, non pas pour affirmer, comme on le fait aujourd'hui, les origines slaves de leur nation, mais parce qu'ils ignoraient absolument la langue latine.

Instruction publique.

Encore qu'ils fussent souvent bien ignorants, les prêtres de Dalmatie étaient seuls chargés de l'instruction publique. Le Sénat de Venise prétendait tirer de Dalmatie des soldats et non des savants : il ne faisait donc rien pour développer l'instruction. Tant que dura la domination vénitienne, il n'y eut pas une imprimerie en Dalmatie et pas une école publique ; les évêques avaient seulement la liberté d'ouvrir des écoles et des séminaires à leurs frais et risques.

Cependant comme le pays avait besoin de médecins et de légistes, l'Université de Padoue était autorisée à délivrer le grade de docteur aux sujets « d'outre-mer » qui présentaient un certificat de capacité délivré par deux médecins ou deux jurisconsultes de leur patrie ; mais ces docteurs ne pouvaient exercer que dans leur pays, et une faveur aussi humiliante était ordinairement dédaignée par les jeunes gens de familles riches qui, pour obtenir un diplôme d'une valeur moins contestable, allaient faire un cours complet d'études en Italie ; il est vrai qu'une fois hors de leur pays ils prenaient goût à une existence moins primitive et revenaient rarement dans leur ville natale.

L'instruction secondaire était donnée dans quelques modestes établissements ecclésiastiques, entre autres le séminaire Zmajevich, fondé par un archevêque de Zara, et le collège Saint-Lazare, à Traù, dirigé par un prêtre savant et zélé, l'abbé Scacoz, qui devint plus tard évêque de Lesina.

Quelques classes primaires existaient dans les couvents et les presbytères, mais en petit nombre ; de plus elles étaient fort peu fréquentées : le peuple ne comprenait pas à quoi peut servir l'instruction, et ceux qui devaient l'éclairer sur ce point ne le comprenaient pas très bien eux-mêmes.

Bien ai-
sance.

Le gouvernement vénitien, qui se désintéressait des questions d'instruction publique, était aussi indifférent à l'égard des institutions de bienfaisance. Seuls les hôpitaux militaires étaient soutenus par le trésor public,
et là où il y avait des hôpitaux civils ou des asiles d'enfants trouvés,
c'étaient des libéralités privées qui les avaient fondés et continuaient à les
entretenir. Ce n'est pas précisément que ces fondations manquassent; il
y en avait même quelquefois trop [1] : chaque confrérie voulait avoir autant
d'œuvres pies que la confrérie rivale, mais, par là même, ces établissements
étaient dépourvus de ressources suffisantes, et la mauvaise gestion des
procureurs les laissait péricliter; nous aurons l'occasion de voir dans la
suite de ce récit l'état épouvantable où l'incurie et parfois l'infidélité des
administrateurs avaient réduit ces fondations.

Les médecins manquaient et les étrangers qui étaient venus s'établir
dans ce pays déshérité ne l'avaient pas fait par amour de l'humanité. La
malpropreté des villes, des habitations et des habitants, l'indifférence des
pouvoirs publics qui, au siècle dernier, n'était pas particulière à la Dalmatie, favorisaient les épidémies : à plusieurs reprises, la peste importée
par les caravanes turques ou les navires venant d'Orient avait fait des
milliers de victimes. Enfin l'action du médecin le plus éclairé était entravée
par les superstitions populaires, et nous verrons quelle persévérance il
faudra pour introduire l'usage de la vaccine.

Telle est, à grands traits, l'administration de la Dalmatie en 1797. Un
pouvoir central qui se soucie peu du bien du pays; satisfait quand l'impôt
est rentré, il n'a pas d'autre préoccupation. Des castes qui se jalousent en
attendant le jour où elles pourront en venir aux mains; l'improbité à tous
les degrés de l'échelle sociale. Et cependant aucun de ces abus ne révolte,
aucun des maux n'est porté à l'excès; l'autorité qui est indifférente sera
dite paternelle parce qu'elle n'est pas tracassière, et pendant un quart de
siècle, les Dalmates regretteront un régime qu'ils appelleront bienfaisant
parce qu'il leur laissait la liberté de végéter à leur guise.

§ IV. Si-
tuation éco-
nomique.

Il y a peu de contrées plus misérables en effet que ne l'était la Dalmatie
à la fin du XVIIIe siècle.

Nous avons vu la part de responsabilité qui revenait au gouvernement

1. Il y avait, en 1808, à Zara : 1º l'hôpital San-Rocco, dirigé par les Frères de Saint-
Jean de Dieu (150 lits), pour les soldats de terre et de mer; 2º l'hôpital dit. dei Condan-
nati (10 lits), pour les forçats; il servait de dépôt du matériel de la marine; 3º l'hôpital
Nassi (30 lits); 4º l'hôpital Santa-Maria (10 lits); 5º l'hôpital Delvico (8 lits); 6º l'hôpital des Capucins (6 lits); 7º l'hôpital San-Crisogono (6 lits); 8º l'hôpital San-Marco
(6 lits); 9º l'hôpital Lanterna (8 lits); 10º l'hôpital Pusmi (10 lits); 11º l'hôpital Calvi
(10 lits), dotés sur des fondations particulières (Z. L., 1808, T. V, Beneficenza, R. 4).

vénitien; il faut en attribuer une aussi, et très large, aux Dalmates imprévoyants et routiniers, et une, qui ne sera pas la moindre, à la terre elle-même qui se montrait avare pour ses enfants.

L'agriculture.

Le sol de la Dalmatie se refuse dans bien des endroits à donner aucun produit; la vigne et l'olivier sont la seule richesse des îles et du littoral. Mais là où les céréales pouvaient réussir, les procédés de culture étaient d'une telle barbarie que les récoltes étaient pauvres; là où le terrain, soigneusement irrigué, aurait pu donner de beaux pâturages, l'incurie des cultivateurs laissait se développer des marais pestilentiels.

Un provéditeur, plus préoccupé que ses prédécesseurs et successeurs du développement de l'agriculture, avait donné aux paysans de l'intérieur de sages prescriptions pour l'amélioration de leurs terres, mais l'obstination des colons et l'incurie des administrateurs avaient laissé les choses revenir à l'état déplorable où François Grimani les avait trouvées.

La loi Grimani[1], faite en 1756, pour règlementer les concessions de terrains en friche dans le *nuovo* et le *nuovissimo acquisto*, contenait en outre des dispositions qui auraient pu faire régner la prospérité; elle resta lettre morte, au moins pour la partie relative à l'économie rurale.

Les terres concédées par la loi agraire devaient être aussitôt mises en culture; toute terre restée deux ans en friche faisait retour à l'Etat (art. 1); or, presque tout le territoire concédé demeura inculte.

Une portion déterminée des terres devait être cultivée en lin et en chanvre, pour que les paysans n'eussent pas à acheter de toile à l'étranger (art. 2), et, en 1797, un seul village du district de Sinj produisait du lin en qualité supérieure à ses besoins.

Les art. 3, 4 et 7 recommandaient l'élevage des abeilles, la culture potagère et la plantation d'arbres fruitiers, mais ces dispositions étaient oubliées.

Pour empêcher le déboisement qui se produisait partout où les animaux allaient pâturer dans les bois, tout concessionnaire devait mettre en pré une partie de sa terre proportionnelle au nombre de ses bestiaux (art. 5 et 6); il était formellement défendu de conduire les animaux dans les bois (art. 19); il était recommandé de planter d'arbres des enclos fermés, de manière à reconstituer le domaine forestier (art. 21), et cependant d'année en année, le déboisement continuait ses ravages en dépit des plus sages dispositions.

L'art. 26 prescrivait l'établissement de chemins carrossables; l'art. 27, l'entretien et le curage des puits et citernes. Et il n'y avait de chemins

---

1. Cette loi est publiée *in extenso* par Cattalinich, *op. cit.*, appendice.

nulle part ; et partout bêtes et gens s'abreuvaient d'eau fétide et malsaine recueillie dans les mares.

Ce mépris de la loi suppose une double responsabilité, tant de la part de ceux qui négligeaient d'y obéir que de celle des magistrats qui ne veillaient pas à ce qu'elle fût observée.

L'agriculture demeurait donc dans un état stationnaire ; les cultivateurs en étaient encore aux méthodes des temps préhistoriques, ils ignoraient l'emploi des amendements, ils usaient d'instruments grossiers, et bien que le pays ne fût pas très peuplé, eu égard à sa surface (17 hab. par kilom. carré), il fallait presque chaque année faire venir de Croatie, de Bosnie et d'Herzégovine le grain nécessaire à la consommation.

Il n'y avait que le bétail qui fût en abondance : un recensement de 1806 accuse un total de deux millions d'animaux [1], dont 700.000 chèvres et plus d'un million de moutons. Mais cette abondance ne procurait pas la richesse : le peu de prairies qu'on avait ne suffisant pas à nourrir tous ces animaux, il fallait les conduire dans les bois : toutes les jeunes pousses étaient dévorées, les branches, les troncs mêmes étaient attaqués, c'était la cause principale du déboisement, l'obstacle absolu au reboisement. Dans la montagne, le mouton, qu'un agronome a rangé parmi les animaux féroces, arrachait les touffes d'herbe au lieu de les tondre, et le sol, n'étant plus défendu par la végétation, perdait rapidement, sous l'influence des pluies, les dernières parcelles de terre végétale et ne présentait plus que des surfaces rocheuses condamnées à une éternelle stérilité. *Le bétail.*

De plus, ces animaux, mal nourris, étaient misérables. Dans le rapport cité plus haut, le provéditeur général Dandolo, compare le produit des troupeaux en Lombardie et en Dalmatie : la laine des moutons de Varese, supérieure en qualité, l'est aussi en quantité, et il relève ce fait que les toisons de 475 mérinos s'étaient vendues à Milan 22.792 l. v. ; pour obtenir une pareille somme en Dalmatie, il eût fallu tondre 11.400 moutons ; la proportion était donc de 1 à 24.

Un remède à cette ruineuse abondance eût été l'exportation en masse : les animaux restants eussent profité de la diminution des consommateurs et fussent devenus plus gras et plus forts. Mais, pour autoriser l'exportation, il eut fallu professer des doctrines économiques tout autres que celles qui étaient en honneur à la fin du siècle dernier. On embarquait bien à Spalato et à Sebenico de grandes quantités de bestiaux destinés à l'Italie, mais ces bestiaux provenaient sans exception des provinces ottomanes.

Le commerce et l'industrie de Dalmatie se réduisaient à bien peu de chose. L'industrie la plus active était la construction des navires : Lussin, *Commerce et industrie.*

1. *Regio Dalmata*, 7 juillet 1807.

Traù et Curzola avaient des chantiers assez importants. Les paysannes fabriquaient elles-mêmes des tissus grossiers qu'elles couvraient souvent de broderies étranges qui dénotaient un certain sens artistique. Les animaux abattus donnaient du suif et des peaux : avec le suif, on faisait des chandelles, mais personne ne savait tanner le cuir, les chaussures des morlaques (*opanke*) étaient en peau fraîche, et les tanneries d'Italie achetaient le surplus.

Avec les ressources du pays, on aurait pu établir non seulement des tanneries, mais des fours à chaux, des briqueteries, des fabriques de papier, de savon ; mais personne n'avait eu l'esprit d'initiative et les capitaux nécessaires. On n'exploitait ni les gisements d'asphalte de Vergoraé, ni les couches de charbon qui affleuraient aux environs de Dernis. On avait des procédés défectueux pour faire le pain, le vin, l'huile et la *slivovitza* (eau-de-vie de prunes).

La seule industrie de luxe était la distillation du *marasquin*, liqueur faite avec les fruits d'un arbuste qui tient du prunier et du cerisier ; et encore n'y avait-il alors qu'une seule fabrique, celle de Drioli, qui obtint en 1799 un privilège du gouvernement autrichien.

Cattalinich nous donne (ch. XIII, p. 237), le tableau des importations et exportations de la Dalmatie vers 1797.

EXPORTATIONS

Huile	40.000	barils à	20	Fl..........	800.000
Vin	300.000	— à	2	Fl. 30 k.......	750.000
Slivovitza	30.000	— à	8	....	240.000
Amandes	20.000	staja à	5	....	100.000
Figues	50.000	— à	1	....	50.000
Poisson salé	15.000	— à	8	....	120.000
Peaux. Suifs. Laines				....	1.100.000
Sel				....	140.000
			TOTAL...............		3.300.000

IMPORTATIONS

Grains	300.000	staja à	2	Fl...........	600.000
Viande	4.000.000	liv. à	0	02 kr.........	133.333
Etoffes.				....	2.000 000
Métaux.				....	130.000
Denrées coloniales.				....	60.000
Fruits et légumes frais				....	20.000
			TOTAL..........................		2.943.333

Les exportations dépassaient les importations; le pays devait donc s'enrichir, c'est du moins la conclusion qu'en tiraient les économistes d'alors.

Ce qui enrichissait réellement les habitants des îles, c'était le commerce maritime. Sans parler de Raguse et de Cattaro, Brazza avait ainsi que Lussin une importante flotte de cabotage et même des bâtiments au long cours : en 1780, Brazza en avait 40, Lussin 100; en 1797, ces nombres avaient doublé. Raguse avait 360 gros navires, et pendant la seconde moitié du xviiie siècle Cattaro avait vu quadrupler sa flotte marchande[1].

L'avenir de la Dalmatie semblait donc clairement indiqué ; le pays étant pauvre en produits naturels, c'était le développement de la marine qui devait l'enrichir. Aussi, quand la Dalmatie sera devenue française et que les Anglais voudront y ruiner le prestige de Napoléon, ils se contenteront de bloquer sévèrement les côtes, et la province, réduite au désespoir par la misère, se jettera dans les bras des ennemis de la France.

Le point le plus curieux de l'organisation intérieure de la Dalmatie sous la domination vénitienne, c'est le régime de la propriété foncière dans le *nuovo* et le *nuovissimo acquisto*. Comme il a été dit plus haut, ces terres étaient revenues à la République par droit de conquête après les traités de Carlovitz et de Passarovitz; il n'y avait pas de titre qui pût être opposé à ceux de l'Etat : les *begs*, ou seigneurs féodaux investis par les Turcs, pour prix de leur apostasie, avaient quitté le pays sans esprit de retour quand les Vénitiens s'y étaient établis; le Sénat fit donc attribution de leurs terres soit aux colons qui avaient cultivé pour le compte des *begs*, soit à des immigrants venus des pays ottomans. Cette investiture fut donnée dans la proportion de deux *campi padovani*[2] par tête pendant toute la première moitié du xviiie siècle; en 1756, toutes les dispositions relatives à ces concessions furent réunies dans la loi connue sous le nom de *loi Grimani*. Nous avons déjà parlé des articles de cette loi qui avaient trait à l'économie rurale; il nous reste à étudier ici la partie qui règlemente le droit même de propriété.

§ V. La loi Grimani.

Les terres concédées par la loi agraire demeuraient à perpétuité terres publiques et les bénéficiaires de concessions n'étaient que des usufruitiers héréditaires. Ils pouvaient cultiver par eux-mêmes ou par autrui, conclure des baux de fermage ou de colonat dans les conditions déterminées par la loi, mais là s'arrêtait leur droit. Les articles 15 et 16 de la loi Grimani interdisaient et déclaraient nulles les aliénations qui auraient été consenties

---

1. Brodmann (K.), *Memorie politico-economiche... della Dalmazia, de Ragusi e dell'Albania fù veneta*. Venise, 1821, *pass.* | 2. Le *campo padovano* équivalait au tiers d'un hectare.

par les concessionnaires, et les officiers publics qui auraient prêté leur ministère à ces transactions prohibées étaient frappés d'une lourde amende.

De plus la concession étant regardée comme la compensation et la rémunération du service militaire imposé au concessionnaire, il s'en suivait que, dans le cas où le concessionnaire mourait sans héritiers mâles, la terre qui lui avait été concédée, à lui ou à ses auteurs, faisait de plein droit retour à l'Etat. Quand, au contraire, il y avait plusieurs héritiers mâles, le bien était partagé entre eux, et en cas d'insuffisance, l'Etat faisait aux héritiers une concession supplémentaire.

La disposition qui excluait les femmes de tout héritage foncier a été vivement critiquée, on y a vu une spoliation inique; d'autres auteurs, il est vrai, ont vu dans cette disposition une mesure fort sage. L'Etat, disent ceux-ci, ayant dès le principe posé cette condition que les terres seraient transmises de mâle en mâle, il n'y avait aucune injustice à l'appliquer, quand l'hypothèse prévue se réalisait; c'était une simple clause résolutoire, et les usages de plus d'un peuple étaient là pour rappeler que cette coutume avait déjà été écrite dans les lois [1].

De plus, les concessions faites moyennant promesse de service militaire avaient pour objet de constituer le long de la frontière une population guerrière destinée à lutter chaque jour contre les incursions des brigands bosniaques; or, des femmes seules ne pouvaient se défendre dans une position aussi menacée, elles auraient attiré plutôt les brigands qui auraient su ne pas devoir rencontrer de résistance.

Enfin, d'après les usages en vigueur en Dalmatie, la femme n'était à aucun point de vue regardée comme l'égale de ses frères; il y eut une protestation universelle quand le gouvernement français voulut introduire la règle du partage égal entre enfants des deux sexes; un paysan qui avait une fille l'employait comme servante jusqu'au jour où il la vendait à celui qui voulait l'épouser; la dot versée entre les mains du père était regardée comme un dédommagement du préjudice qu'il subissait en perdant une de ses servantes. Dans la maison de son mari, l'épouse restait ce qu'elle était chez son père, et jamais elle ne se serait permis de manger à la table commune [2]. Il y avait donc une anomalie, étant données les mœurs du pays, à admettre la fille à prendre sa part de la succession paternelle;

1. Outre la loi romaine et les statuts des barbares (loi salique), ne retrouve-t-on pas des coutumes identiques chez les Kabyles, dont le tempérament et l'histoire présentent de si nombreux points de ressemblance avec ce que nous voyons en Dalmatie. Comme la loi kabyle, la loi dalmate pourrait dériver d'une des législations en vigueur au moment où succombait l'empire romain. (V. Alf. Rambaud, *L'enseignement primaire chez les indigènes, musulmans d'Algérie et notamment dans la Grande Kabylie*. Paris, 1892, p. 29 sqq.) | 2. Cet usage subsiste encore aujourd'hui : la mère même sert ses fils à table, mais ne s'asseoit jamais à côté d'eux.

non mariée, elle devait trouver un mari qui eut les moyens de la nourrir et le droit de la faire travailler ; mariée, elle n'avait pas à apporter à son mari de droits sur des biens que la loi jugeait inutiles à un homme déjà pourvu de ce qui lui était nécessaire.

Il ne manquait cependant pas de publicistes à la fin du XVIIIe siècle pour s'indigner sur le sort dégradant fait à de malheureux paysans attachés à la glèbe, et obligés, sous peine de mourir de faim, de cultiver une terre qui ne leur appartenait pas, et d'où ils pouvaient être expulsés par une sentence arbitraire. Notons cependant que les cas d'éviction étaient fort peu nombreux et appuyés tous sur la non exécution du contrat de la part du concessionnaire. D'ailleurs la situation du Morlaque n'était pas en réalité aussi misérable qu'on voulait la peindre ; sans doute la condition qui lui était faite ne valait pas, à certains égards, celle du propriétaire, mais la stabilité imposée à ces grands enfants les mettait en garde contre leur imprévoyance et leur paresse. Quand le gouvernement français accorda sans transition aux usufruitiers la pleine propriété de leurs terres, avec le droit de les aliéner, ces terres jusque-là insaisissables devinrent le gage des usuriers et la proie des agioteurs; la moitié de la population se vit sans feu ni lieu, et il fallut faire en toute hâte une ordonnance qui palliât les effets désastreux d'une mesure généreuse mais inopportune. Conditions de la propriété dans les districts de l'intérieur.

La concession était faite moyennant une redevance annuelle égale à la dixième partie de la récolte, c'était la dîme, et ce nom seul éveilla la colère des hommes de progrès. Cet impôt fut déclaré immoral : on détourne le paysan de tout désir d'améliorer sa terre en le frappant d'un impôt qui augmente à proportion de la peine qu'il aura prise pour améliorer sa situation ; il faut cependant remarquer que, si la part versée à l'Etat augmente, les neuf dixièmes qui restent au cultivateur suivent la même marche croissante ; d'ailleurs cette règle est commune à tous les contrats de colonat où il est stipulé que le propriétaire des fonds recevra une partie aliquote des produits, seulement cette partie, au lieu d'être le dixième, est souvent le quart, le tiers, sinon la moitié. La dîme.

Nous ne verrons donc pas dans la loi Grimani une loi d'esclavage, mais nous nous garderons bien d'en faire une loi bienfaisante, et il nous suffira pour nous arrêter à cette conclusion de nous rappeler l'esprit qui l'a inspirée. Le Sénat de Venise, qui ne se piquait pas de philanthropie, avait seulement voulu faire garder sa frontière par une population fidèle et guerrière de soldats laboureurs, organisée sur le modèle des régiments-frontière autrichiens. Trop de bien-être eut fait perdre à cette avant-garde sa rudesse qui faisait sa force ; on veillait donc à ce que les Dalmates de l'intérieur pussent vivre en travaillant, mais dussent travailler pour vivre.

§ VI. Jugement sur le gouvernement vénitien en Dalmatie. Le gouvernement de Venise fut-il bon ou mauvais en Dalmatie ? Telle est la question qu'il est permis de se poser au moment où cette contrée va changer de maîtres.

Si nous parcourons les écrits des contemporains, nous trouvons ce problème souvent posé, et toujours résolu, mais dans des sens diamétralement opposés. Les plus nombreux et les plus autorisés, Garagnin, Kreglianovich, Dandolo ne tarissent pas d'invectives contre le gouvernement corrompu et corrupteur de Venise [1]; d'autres regrettent la domination vénitienne et en font un âge d'or [2].

La passion a dicté ces jugements contradictoires : les défenseurs du régime français étaient tenus de décrier tout ce que l'administration nouvelle avaient supprimé, les mécontents vantaient au contraire le régime déchu, lui attribuant même des mérites que naguère personne n'avait su lui trouver.

La vérité, c'est que Venise n'avait jamais éprouvé une grande tendresse pour une colonie qui n'avait pour elle qu'une importance négative. Les Vénitiens occupaient jalousement la Dalmatie, mais seulement pour que d'autres ne vinssent pas s'y installer; si les Turcs ou les Autrichiens avaient pris pied sur l'Adriatique par Zara ou Spalato, c'en était fait du monopole commercial auquel Venise prétendait encore dans cette mer à peu près complètement vénitienne; c'était déjà trop de Trieste et de Raguse. Que le domaine maritime de voisins puissants s'étendît, et Venise voyait ses intérêts commerciaux sérieusement compromis. De là on a pu conclure que, si les Vénitiens entretenaient de parti pris la misère dans la Dalma-

---

1. La situation lamentable de la nation dalmate qui n'était plus qu'un corps sans vie au moment de la chute de Venise est la condamnation de l'absence d'institutions et de l'abandon total auquel elle était condamnée. Le gouvernement était bon, mais faible, timide, dominé par ce principe de fausse politique qu'il fallait abattre, appauvrir, diviser la Dalmatie, l'anéantir par une jalouse raison d'Etat, de peur que des voisins puissants n'eussent le désir de conquérir cet amas de rochers et de ruines. (Kreglianovich Albinoni: *Memorie per la Storia di Dalmazia*, Zara, 1809, ép. XIe, p. 252.) Profondes sont nos plaies ! la famine est chaque jour aux portes de notre infortuné pays. Nous voyons le malheureux paysan réduit à manger un pain détestable, assaisonné d'herbes malsaines, et à languir en proie à de continuelles maladies. Nous voyons le pauvre Morlaque contraint de mettre en vente ces misérables meubles que l'indigence tient en réserve pour l'heure du besoin; il vend les semences, les bestiaux, les instruments agricoles; il vend jusqu'à ses armes ! (J. L. Garagnin, *Reflessioni economico politiche*, Zara, 1806.) | 2. Quelques auteurs ont taxé la République de Venise de stupidité politique pour avoir tenu la Dalmatie sous l'oppression, afin d'être sûre de son obéissance; cette accusation est mal fondée : ne pas encourager le développement de la civilisation qui, chez ce peuple rude mais fidèle, aurait introduit des usages destructeurs de l'antique simplicité, c'était pour Venise le moyen de conserver aux Dalmates ce caractère national qui les avait arrachés à la domination turque, et qui pouvait encore les en préserver pour l'avenir. Tout gouvernement sage n'eût pas hésité dans des circonstances analogues à en faire autant, et l'eût fait peut-être avec moins de succès. (Cattalinich, *op. cit.*)

tie, c'était pour retirer à qui que ce fût la tentation de s'en emparer, il
nous semble douteux que le Sénat ait jamais fait un calcul aussi machiavé-
lique, et il faut chercher au malheureux état de la Dalmatie des causes
différentes.

Les institutions que les Vénitiens avaient laissées aux habitants des îles
et du littoral étaient au fond très sages : les villes et les communautés
homogènes jouissaient d'une indépendance presque absolue ; les privilèges
locaux avaient été respectés partout, et la main de l'Etat ne pesait nulle
part ; le paysan imprévoyant était tenu en tutelle comme un mineur qu'il
était. Le personnel administratif venu de la métropole était peu nombreux,
par suite peu encombrant et peu coûteux ; il suffisait d'ailleurs à faire
fonctionner une machine dont les ressorts étaient peu compliqués. Tel
était le gouvernement des Vénitiens, au moins en théorie ; dans la pratique certains abus s'étaient introduits, il est vrai ; le désintéressement
avait manqué à certains administrateurs et quelquefois aussi la volonté de
bien gouverner ; les lois les plus avantageuses au pays étaient tombées dans
l'oubli parce que les habitants n'en voyaient pas clairement les avantages,
et que les provéditeurs ne voulaient pas entrer en lutte avec leurs sujets
pour faire leur bonheur malgré eux. Si donc la Dalmatie resta un pays à
demi sauvage, il faut bien en accuser un peu les Dalmates qui, rebelles à
toute innovation, enracinés dans des préjugés absurdes, ne voulaient pas
être civilisés.

Là où les Vénitiens avaient fini par renoncer à introduire le progrès, les
Autrichiens essaieront et renonceront à leur tour : viendront les Français
qui, en renouvelant l'épreuve, y apporteront plus de ténacité, mais n'ob-
tiendront pas beaucoup plus. C'est ce que nous allons essayer de faire voir
dans la suite de ce récit.

CHAPITRE II

FIN DE LA DOMINATION VÉNITIENNE

EN DALMATIE

§ I. Décadence économique, politique et morale de Venise. — § II. Venise pendant les campagnes de 1796 à 1797. — § III. Préliminaires de Leoben; renversement du gouvernement oligarchique de Venise (mai 1797). — § IV. L'anarchie en Dalmatie; désordres à Sebenico, Traù, Spalato, Makarska et aux Îles. — § V. Tentative du gouvernement démocratique sur la Dalmatie; les Dalmates se donnent à l'empereur.

La seconde moitié du xviiie siècle marque pour la République de Venise un mouvement de décadence économique, politique et sociale.

§ I. Décadence économique.

Décadence économique. Elle a perdu, une à une, ses riches possessions du Levant, et depuis longtemps a disparu sa prépondérance dans la Méditerranée orientale. Les puissances européennes ont obtenu tour à tour le droit de commercer dans les ports ottomans, et chaque fois est tombée une pierre de l'édifice des privilèges de la Sérénissime République. Cependant Venise n'est pas ruinée : le développement de Marseille, de Livourne et de Trieste n'a porté atteinte à ses droits qu'en tant qu'ils ont cessé d'être exclusifs; de riches cargaisons continuent à arriver dans son port et enrichissent toujours l'État et les particuliers; jamais peut-être la richesse n'a même paru aussi générale; les édifices magnifiques, les palais fastueux annoncent plutôt une époque prospère; mais cependant ces dehors sont trompeurs, et tel patricien qui éclipse par son luxe toute une lignée d'ancêtres n'en est que le descendant dégénéré : il ne fait que dissiper les richesses amassées par cette génération d'hommes laborieux et modestes et la grande fortune qu'ils lui ont léguée fond maintenant entre ses mains prodigues.

Décadence politique.

Décadence politique. Le rôle de la République a été longtemps bien défini en Europe. Les premiers après la catastrophe de 1453, les Vénitiens ont renoué des relations régulières avec les Turcs, au prix de quels sacrifices d'argent et d'amour-propre, ils se gardent de le dire; pendant un siècle les traités si bien nommés *capitulations* ont assuré au Pavillon de Saint-Marc le droit exclusif de visiter les Échelles du Levant; cet Orient fermé aux autres nations chrétiennes, les Vénitiens en avaient la clef, et, qu'on voulût faire la guerre ou la paix avec le sultan, les Vénitiens étaient des intermédiaires presque nécessaires : même après que des états chrétiens, et la France la première, eurent commencé à traiter avec la Porte et à entretenir des représentants auprès d'elle, Venise conserva un crédit qu'elle savait envelopper d'une sorte de mystère, afin de donner le change à des rivaux jaloux. Ainsi, jusqu'au XVIII° siècle, elle garda cette situation qui lui donnait une fonction propre dans le grand organisme européen. Mais enfin le voile se déchira : on vit, après les traités de Carlovitz et de Passarovitz, que le crédit des Vénitiens à Constantinople se réduisait à peu de chose, et dès lors Venise, sortie du nuage dans lequel elle avait longtemps su s'envelopper, ne fut plus qu'une puissance de deuxième ou de troisième ordre comme il n'en manquait ni en Italie, ni en Allemagne ; tout au plus lui garda-t-on quelques égards à cause de son glorieux passé, de ses richesses et des fortes traditions de son gouvernement.

La *décadence morale* venait saper les bases de ce gouvernement compromis à la fois par ce qu'il y avait de suranné dans ses institutions et par l'amoindrissement des vertus politiques chez ceux qui avaient à en assurer le fonctionnement.

Décadence morale.

Le courant d'idées qui traverse la seconde moitié du XVIII° siècle ne pouvait être sympathique à la constitution vénitienne, cette oligarchie répugnait par son absolutisme aux principes libéraux qui pénétraient jusque dans les conseils des rois ; ne parlons pas des récits, dramatiques mais souvent de pure imagination, qui circulaient sur le Conseil des Dix et les Inquisiteurs d'Etat ; mais, quand la Bastille était tombée, les *plombs* du palais ducal devaient être menacés d'une destruction prochaine. Or ces attaques n'étaient pas seulement l'œuvre des philosophes et des publicistes étrangers : les écrits qui se publiaient en France et en Allemagne avaient leurs lecteurs à Venise, ces idées avaient de nombreux partisans, d'abord dans la classe bourgeoise qui, parvenue à la richesse, s'indignait de n'avoir aucune influence, et aussi dans les rangs de la classe noble ; c'est ainsi qu'on peut constater que beaucoup de patriciens fréquentaient les loges maçonniques, par le moyen desquelles se répandaient secrètement les doctrines nouvelles.

La constitution vénitienne était vieille et s'en glorifiait ; elle était vieillie et avait besoin de certaines réformes non substantielles qui auraient pu assurer pour des siècles encore la paix, la gloire et la fortune à la République. Mais ce qui manquait à Venise, c'étaient des hommes : l'énergie et l'abnégation pouvaient tout sauver, mais on ne rencontrait dans le patriciat qu'une complète indifférence aux affaires de l'Etat, même parmi ceux qui redoutaient, qui haïssaient les principes révolutionnaires, nous ne trouvons aucun souci de la chose publique : les séances du Sénat et du grand Conseil sont désertées, les charges publiques dédaignées, l'armée ne se compose que de mercenaires commandés par des étrangers.

Autrefois les jeunes gens allaient chercher les aventures dans quelque expédition militaire ou commerciale, puis ils sollicitaient un poste dans lequel ils s'initiaient à l'art de gouverner; mais tout cela est oublié : le livre des *Consigli* nous apprend qu'il fallait parfois désigner vingt titulaires pour un emploi public avant d'en trouver un qui acceptât; et ainsi, au lieu d'apprendre à conduire les affaires de l'Etat et les leurs, les jeunes patriciens ne songeaient qu'à mener doucement une joyeuse existence dans cette ville qui fut la ville des plaisirs par excellence dans un siècle raffiné. Il ne faut donc pas s'étonner si, lorsque Venise va se trouver mêlée à la politique générale de l'Europe, ses chefs manquent d'énergie, de clairvoyance et tombent en entraînant leur patrie dans la ruine.

§ II. Venise pendant les campagnes de 1796 et 1797

Dès les premières victoires de Bonaparte en Italie, en 1796, il fut aisé de prévoir que la lutte de la France et de la maison d'Autriche allait avoir d'immenses conséquences : d'une part, avec l'armée française marchait l'esprit démocratique au souffle duquel s'évanouissaient les petites souverainetés de l'Italie du Nord; d'autre part, les armées autrichiennes en couvrant Alexandrie, puis Milan, puis Mantoue, semblaient surtout combattre pour sauver l'Europe menacée par la Révolution. La question n'était donc pas de savoir si la maison d'Autriche conserverait ou non la Lombardie; c'étaient les destinées de l'Europe qui se jouaient entre le Pô et les Alpes : pour beaucoup d'hommes d'Etat, il semblait certain que, victorieuse, l'Autriche à laquelle on se plaisait à attribuer, peut-être à tort, des vues désintéressées[1] rétablirait partout l'ancien ordre de choses, en Italie comme sur le Rhin; et, au contraire, si la France l'emportait, c'était le triomphe de la Révolution.

Témoin de ce duel, Venise se devait de prendre parti pour l'un ou l'autre des adversaires : voulait-elle satisfaire les rancunes qu'un long voisinage avait amassées chez elle contre la maison d'Autriche, prévoyait-elle que le génie de Bonaparte aurait raison de la résistance acharnée des Impériaux, elle devait passer par dessus ses préventions contre ce qu'on appelait le *jacobinisme*, se préparer au besoin à faire quelque sacrifice dans son organisation intérieure et se déclarer pour la France; elle expulsait spontanément le prétendant qui tenait sa cour à Vérone, ouvrait ses forteresses aux Français, faisait marcher ses troupes avec les leurs, et, après la victoire, elle se trouvait fortifiée, consolidée par une alliance puissante, elle pou-

---

1. Suivant M. A. Sorel (*l'Europe et la Révolution*, t. I, l. III, ch. VI, § II; t. IV, l. II, ch I, § III, et l. III, ch. II, § V; *Revue historique*, t. XVII, p. 47), l'Autriche aurait eu, dès 1795, et même avant, des vues sur le littoral vénitien, l'Istrie et la Dalmatie (article secret du traité signé le 3 janvier 1795, à Pétersbourg.

vait s'annexer Trieste ou en anéantir le commerce, et commencer une nouvelle partie avec Bonaparte contre les Turcs.

Que si, au contraire, le grand Conseil voulait suivre une politique plus traditionnelle, il fallait s'unir énergiquement aux Autrichiens, fermer la frontière, faire avancer les soldats de la République sur le flanc de l'armée française. Et peut-être la présence de 10.000 Esclavons sur l'un des champs de bataille de 1797 eût-elle modifié l'issue de la campagne.

Entre ces deux partis, s'en présentait un troisième, celui de la neutralité armée : la neutralité d'un petit peuple soucieux de sa dignité, qui tient à faire voir que, s'il veut être en dehors de toute lutte, il ne laissera pas violer sa frontière par les belligérants. Cette attitude fière eût peut-être sauvé Venise, mais pour s'y tenir il fallait plus d'énergie que n'en avaient ceux qui gouvernaient alors la malheureuse République. Neutralité des Vénitiens.

Aux trois partis que nous venons d'énumérer, ils en préférèrent un quatrième, le pire de tous, celui d'une neutralité désarmée et passive : se laissant aller comme un navire désemparé et abandonné par son équipage, Venise passa, au caprice du vent, du parti autrichien au parti français, ou plutôt laissa tour à tour l'un de ces deux partis la compromettre. Les agents de la République commencent par livrer leurs places aux Autrichiens, puis ils y accueillent les Français vainqueurs, mais ils le font de mauvaise grâce et en se laissant arracher les réquisitions que le droit de la guerre permet aux armées de lever en pays occupé. A Venise même, les deux partis, de forces à peu près égales, avaient le dessus l'un après l'autre, suivant qu'on entendait parler des victoires ou des prétendus échecs de Bonaparte : dans le premier cas, le ministre français Lallemand et son entreprenant secrétaire Villetard faisaient la loi et obtenaient du Sénat les réponses les plus dociles aux exigences les plus exorbitantes ; l'étoile de la France semblait-elle pâlir, les émigrés reprenaient le haut du pavé, et distribuaient de l'argent dans les cafés aux soldats esclavons, en les excitant au massacre des Jacobins. Ces excitations furent plus d'une fois suivies d'effet : au printemps de 1797, en particulier, quand l'armée française s'engagea dans les Alpes Carniques, en ne laissant derrière elle que de faibles garnisons, on crut que ce départ était définitif, et des massacres de blessés, de malades et de femmes ensanglantèrent les fêtes de Pâques dans plusieurs villes de la Terre Ferme. Cette dernière perfidie coûta cher à la République ; la nouvelle des Pâques véronaises parvint à Bonaparte au moment où se traitaient les préliminaires de Leoben ; en même temps que le courrier qui annonçait les massacres se présentaient au quartier général les envoyés du Sénat, chargés de féliciter Bonaparte ou l'archiduc, suivant que l'un ou l'autre aurait gagné la dernière bataille.

§ III. Pré-
liminaires
de Leoben.
Dans ces conditions, Venise devait s'attendre à payer les frais de la guerre : l'Autriche n'avait aucun intérêt à la défendre, n'en ayant reçu aucun secours; Bonaparte était lié par ses instructions : il ne devait pas ruiner Venise, mais lui donner une constitution démocratique et en faire la capitale d'une république nouvelle à créer en Italie. Mais les possessions d'outre-mer de Venise ne devaient pas entrer dans la constitution de cette république, et un des articles secrets signés à Leoben en disposa [1]. A la France les îles Ioniennes et les possessions d'Albanie; c'était une escale vers l'Egypte, en attendant Malte, et une tête de pont vers Constantinople pour pouvoir défendre le sultan et, au besoin, réclamer une part dans ses dépouilles. L'Autriche obtenait le littoral de l'Adriatique du Quarnero aux bouches de Cattaro avec la province d'Istrie. Il fut convenu qu'avant que ces stipulations aient pu s'ébruiter, les co-partageants se mettraient en possession sans retard, afin de ne pas laisser aux Turcs, aux Albanais d'Ali-Pacha, aux Anglais ou aux Russes, le temps d'occuper des points d'où on aurait eu grand peine ensuite à les déloger.

Quant aux autres provinces vénitiennes, on attendrait pour la fixation d'une frontière la signature du traité, il n'y avait d'ailleurs aucun péril de les voir envahir, puisqu'elles étaient occupées par l'armée française. Il ne restait qu'une seule résolution à exécuter, la démocratisation de Venise, et ce fut l'affaire de quelques jours. Il se trouvait précisément que le 9 avril, alors que les destinées de l'armée française passaient pour être compromises, un corsaire français, le *Libérateur de l'Italie*, voulant forcer le passage du Lido, avait été reçu à coups de canon, abordé, capturé; dans le combat, le capitaine avait été tué, tout cela constituait un *casus belli* aussi caractérisé qu'on pouvait le demander [2]. Le ministre Lallemand adressa au Sénat les représentations les plus menaçantes, on mit en prison le commandant du Lido, Pizzamano, et les trois Inquisiteurs d'Etat; 10.000 soldats esclavons gardaient la ville du côté de la terre ferme, le
Chute du
gouverne-
ment aristo-
cratique.
3 mai on les envoie à Malamocco et à Choggia, à l'autre extrémité des lagunes; le 10, le Sénat doit les renvoyer dans leur pays. Enfin, le 12 mai, sur un ordre du général Baraguey d'Hilliers, le grand Conseil s'assemble et vote la cessation de ses pouvoirs; une municipalité de 60 membres lui succède, et une brigade française occupe la ville pour y maintenir l'ordre. Ainsi succomba sans gloire un gouvernement plus de neuf fois séculaire.

La municipalité provisoire qui représentait la nouvelle Venise se composait de membres du parti français chez lesquels, pour la plupart, le dévouement à la cause démocratique tenait lieu d'expérience politique.

1. 1er article secret des préliminaires. Cf. Koch et Schoell, *Hist. des tr. de paix*, Paris, 1817, t. V, ch. XXVI, p. 29. | 2. A. E. Venise, 253. Leoben et Campo-Formio, 367.

Sans paraître se douter que leur entrée au pouvoir précédait de peu l'asservissement de leur patrie, ils crurent que rien n'était changé à Venise que la constitution, et demeurèrent persuadés que la République, rajeunie par cette infusion de sang nouveau, allait briller d'un nouvel éclat. De grandes fêtes officielles solennisèrent la régénération de Venise [1]. On démolit en grande pompe le Bucentaure et, grâce aux baïonnettes françaises, la joie populaire se manifesta par des acclamations enthousiastes.

Pendant que les fêtes duraient encore à Venise, les îles Ioniennes étaient occupées par les Français. Le général Gentili, parti de Venise en juin, entrait à Corfou comme représentant du nouveau gouvernement, mais cette fiction ne fut pas de longue durée et, après Campo-Formio, les îles furent déclarées possessions françaises [2].

Quant à la Dalmatie, c'était la plus importante des possessions vénitiennes, et le gouvernement démocratique prit sans retard des mesures pour s'y faire reconnaître.

§ IV. L'anarchie en Dalmatie.

La Dalmatie était administrée par un provéditeur général, André Querini, frère d'Alvise, qui venait de remplir pendant deux ans les fonctions de *nobile*, ou ambassadeur, à Paris. Querini résidait à Zara, place forte de premier ordre défendue par une bonne garnison et armée de 160 pièces de canon. Dans les principales villes résidait un *comte*, représentant du pouvoir central, sous les ordres duquel étaient quelques soldats de la République. Mais ces forces étaient manifestement insuffisantes partout où quelque désordre était à redouter, et bien des raisons autorisaient à croire que l'ordre serait troublé : presque partout de profondes divisions séparaient les diverses classes sociales, les bourgeois étaient pleins de rancune contre les nobles, et les paysans, durement traités par les propriétaires, attendaient avec impatience une occasion de secouer le joug sous lequel ils ne voulaient plus gémir. Comme le reste de la nation, le clergé était désuni, et les Franciscains, ordre essentiellement populaire en Dalmatie comme en bien d'autres pays, n'étaient pas loin de partager les passions de la classe d'où ils sortaient presque tous.

La nouvelle de la Révolution vénitienne s'était rapidement propagée dans toute la province, et, dès le 14 mai, les 10.000 esclavons, renvoyés le 10 par la pusillanimité du Sénat, abordèrent à Zara, sous la conduite

Retour des *Esclavons* en Dalmatie.

---

1. Le Lion, *palladium* de Venise, resta sur les étendards et les monuments : on se contenta de gratter l'inscription qu'on peut lire sur le livre que l'animal tient dans ses griffes ; aux paroles **PAX TIBI MARCE EVANGELISTA MEVS**, qui avaient une senteur ecclésiastique, on écrivit : *Diritti e doveri degli uomini e degli cittadini*, substitution qui échappa à beaucoup de Vénitiens qui ne savaient pas lire. | 2. Cf. *L'expédition turco-russe aux îles Ioniennes en 1798-1799*, article de l'auteur de cette étude paru dans la *Revue d'Histoire diplomatique*, en 1888.

de Nicolo Mocenigo, chargé de procéder à leur licenciement. Querini retint à Zara quelques compagnies qui lui semblaient les mieux organisées; quant aux autres, il s'empressa de les acheminer vers leur pays d'origine, pour ne pas garder près de lui cette milice indisciplinée qui ne lui semblait bonne qu'à causer du désordre. Les volontaires rentrèrent donc chez eux dans les derniers jours de mai et firent partager à leurs compatriotes l'émotion qu'ils éprouvaient tous; ils faisaient des Français, jacobins et athées, le portrait le plus terrible, et ils annonçaient que sous peu on les verrait arriver en Dalmatie et renouveler les atrocités commises en Italie. On écoutait ces récits avec effroi, et un sentiment d'anxiété se répandait dans la masse crédule des classes populaires. Dans les milieux éclairés, le problème se posait aussi, mais dans des termes un peu différents : que devait-on penser des évènements du 12 mai? quelles allaient en être les conséquences? quelle attitude convenait-il de prendre à l'égard du pouvoir nouveau? Presque chaque jour arrivaient de Venise des nouvelles, mais, suivant les opinions du messager, ces nouvelles étaient bonnes ou inquiétantes. Quelques-uns des arrivants, nobles, magistrats ou officiers, ne craignaient pas de dire que la prétendue Révolution n'était qu'une rénovation avantageuse de l'ancienne constitution, et ils conseillaient d'adhérer au gouvernement démocratique; il en était même qui allaient jusqu'à arborer des cocardes tricolores, qui en distribuaient à leurs amis et qui affirmaient que tout retard à se soumettre pleinement serait considéré comme un acte de rébellion et puni comme tel. Mais de tels discours n'étaient pas entendus favorablement; la majorité des Dalmates éprouvait à l'égard de la Révolution une répulsion violente et les propagateurs d'idées nouvelles n'étaient écoutés qu'avec défiance [1].

Les hommes influents s'assemblaient pour délibérer et on chercha longtemps une solution sans pouvoir la trouver; c'est alors que, pour la première fois, il fut question de placer la Dalmatie sous la protection de l'empereur. On n'avait pas oublié que, jusqu'au XVe siècle, la Dalmatie avait dépendu des rois de Hongrie; la cession, survenue en 1419, en faveur de Venise, devenait caduque par suite de la disparition de la cessionnaire; les droits du cédant revivaient et c'était l'empereur, roi de Hongrie, qui les détenait. Cette opinion naquit peut-être spontanément dans l'esprit de quelques hommes instruits; elle fut certainement répandue et accréditée par les agents secrets et officiels de l'empereur, et en parti-

1. Les renseignements qui suivent et remplissent la fin de ce chapitre sont empruntés aux travaux historiques du prof. Erber, de Zara, et à la *Relation des évènements qui se sont passés pendant l'anarchie*, par le comte Rados Vitturi. Ce mémoire, rédigé par un témoin oculaire, souvent acteur dans le drame, a été publié dans le *Bolletino d'archeologia e storia Dalmata*, dirigée par le prof. Bulić, de Spalato.

culier par le comte Gabrielli, consul impérial à Zara; il est même probable que celui-ci fit part confidentiellement au provéditeur Querini des conventions arrêtées à Leoben, et depuis ce jour le provéditeur adopta une ligne de conduite qui serait difficile à expliquer si on ne le savait au courant des destinées du pays.

Les autres autorités, qu'on n'avait pas cru devoir avertir de ce qui avait été arrêté entre la France et l'empereur, cherchaient à gagner du temps en attendant des instructions que personne ne pensait à leur donner.

Le 12 juin, arriva de Venise un membre influent de l'ordre de Saint-François, le P. André Dorotich. Aussitôt débarqué à Spalato, Dorotich convoqua les hommes influents de la ville au couvent de Paludi et il les décida à envoyer une députation à l'empereur pour lui offrir la soumission des Dalmates.

En même temps des mains inconnues répandaient dans tout le pays la proclamation suivante [1] :

Proclama-
tion ano-
nyme au
peuple dal-
mate.

Peuple glorieux, tu as deux grandes vertus caractéristiques : ton énergie naturelle dans l'action et ta fidélité à tenir tes promesses. Ton énergie te vaut d'être craint et honoré de tous les autres peuples; pour ta fidélité, tous aspirent à s'unir à toi. Ces vertus, beaucoup voudraient les avoir qui ne les ont pas; on te les envie, on voudrait te voir les perdre et les mépriser. Courage donc! Sache conserver tes vertus caractéristiques qui sont l'honneur et la gloire de ton nom!

Peuple glorieux, jusqu'à ce jour, tu as été sujet du sérénissime doge de Venise, à qui tu t'es volontairement donné, à condition qu'il te gouverne suivant les règles de la justice et les lois de Jésus-Christ, pour qu'il te conserve dans la foi catholique. Tu as servi loyalement le doge et le gouvernement aristocratique, tu es allé défendre ce qui leur appartenait et des traîtres t'ont chassé ignominieusement de Venise! Puis on a déposé le doge, éloigné les nobles, renversé les images de saint Marc et changé toutes les lois! Ceux qui règnent aujourd'hui sont les jacobins et les juifs [2], et ils veulent faire alliance avec toi! Belle chose en vérité! Ceux-là même qui t'ont trahi recherchent aujourd'hui ton amitié. Peuple glorieux, souviens-toi de tes gloires, souviens-toi que les juifs sont les ennemis de la foi; or ils sont les persécuteurs de ta gloire, et il serait dangereux pour ta foi de faire alliance avec eux.

1. Cette proclamation, imprimée à Venise semble-t-il (ce n'est qu'une conjecture), est rédigée en langue slave; un exemplaire est conservé aux Archives de la Lieutenance à Zara; Rados Vitturi, Cattalinich et le professeur Erber en donnent la traduction italienne. Bien qu'anonyme, elle est généralement attribuée à Dorotich, c'est l'opinion formelle du contemporain Rados Vitturi. Le provéditeur Dandolo le dira aussi expressément dans le *Regio Dalmata* du 7 mars 1807, et l'auteur anonyme d'une *Relation des événements de 1797* conservée à Raguse (16 p. 4°) dit en parlant de cette proclamation que certaines particularités philologiques le portent à penser que la rédaction est l'œuvre d'un Slave de Dalmatie; il ajoute que ce rédacteur ne peut être qu'un Franciscain agissant à l'instigation du consul impérial. | 2. L'expression employée est *čifuti*, terme qui, dans tout l'Orient, est l'appellation la plus ignominieuse dont on se serve à l'endroit des Israélites.

Aujourd'hui, peuple dalmate, tu es indépendant, tu es libre et tu peux choisir les alliances qui te plaisent. Tu peux te gouverner toi-même, te donner des lois, pourvu que tu restes fidèle à la foi catholique, et marcher à la gloire. Regarde dans le passé : comme tes ancêtres se sont gouvernés, tu te gouverneras aussi.

Glorieux peuple dalmate, ne commets pas la faute de t'unir au gouvernement vénitien. Tes frères égarés chercheront à te tromper : ne les crois pas. On te fera mille promesses brillantes, mais pour te tromper ensuite et te trahir, comme tes frères ont été trompés et trahis à Vérone et à Venise. Sache que ceux qui te conseilleront une telle alliance ne veulent pas ton bien, mais recherchent leur propre avantage ; ceux qui parlent ainsi t'ont jusqu'à présent exploité, vivant de toi, en rognant ta paye, en ruinant la nation entière ; aujourd'hui qu'ils ont tout perdu par la permission de Dieu, ils veulent te séduire pour recommencer à tirer de toi de criminels profits. Il y a quelques-uns de tes frères qui veulent devenir tes maîtres, aller comme députés à Venise pour vivre à tes dépens ; pour eux l'alliance avec toi serait le moyen de satisfaire leur orgueil et tous leurs autres vices. Réfléchis donc, peuple dalmate, à ce que je t'ai exposé, et suis le conseil que te donne un frère, un ami qui ne veut que ton bonheur et ta gloire.

La rapidité avec laquelle s'opéra la diffusion de ce document aussitôt après l'arrivée de Dorotich ne permet pas de douter que les Franciscains aient au moins contribué à le répandre ; seulement, s'ils n'ont jamais nié la paternité de cette pièce, ils se sont bien gardés de la réclamer, car cet appel aux armes tombant au milieu d'une population surexcitée eut des effets qui dépassèrent de beaucoup tous ceux que l'auteur croyait pouvoir en attendre. Il ne s'agissait, dans sa pensée, que de répudier toute solidarité avec le gouvernement révolutionnaire ; les paysans dalmates y virent une invitation au meurtre et au pillage, et pendant quelques jours une véritable jacquerie désola le pays.

C'est le jour de la Fête-Dieu que le mouvement, qu'on a appelé l'anarchie, commence dans toute l'étendue du territoire [1].

Troubles de Sebenico.　　A Sebenico, la population était divisée en deux partis ; à la tête des démocrates était Bartolomeo Zulatti qui remplissait les fonctions de consul de France et dont la principale fonction, en cette qualité, était de recevoir et d'expédier par la voie de Bosnie les correspondances destinées à l'ambassade de Constantinople.

Le *recteur* de Sebenico était un patricien de Venise, J.-Fr. Cornaro, qui disposait d'une garnison italienne de 200 hommes.

Le jour de la Fête-Dieu on avait appris que les gens du faubourg et les paysans des environs étaient très surexcités par la proclamation répandue

---

1. Nous nous sommes permis de donner le nom d'*anarchie* non pas à ces quelques journées sanglantes qui commencent au 15 juin, mais à toute la période qui va de la destruction du gouvernement de Venise à l'arrivée des Autrichiens : pendant ces deux mois, en effet, le pays a été sans direction, ἀναρχεία.

la veille; on avait donc fermé les portes de la ville. L'ordre régna pendant
les premières heures du jour, mais dans l'après-midi, pendant que la
population et une partie de la garnison assistaient à la procession, une
troupe de paysans abattit une porte de la ville à coups de hache et pénétra
dans l'enceinte après avoir égorgé le petit détachement qui était de garde.
De là ils se précipitèrent à travers les rues en pente et, poussant des cris
furieux, débouchèrent sur la grande place au moment où s'y déroulait la
procession : ce fut une panique générale; les soldats qui faisaient la haie,
les nobles qui portaient le dais s'enfuirent dans toutes les directions, et
l'évêque Spalatin demeura presque seul, le Saint-Sacrement dans les
mains, en présence des insurgés; sa présence d'esprit et son courage sau-
vèrent la ville ce jour-là; il parla aux émeutiers avec bonté, mais avec
énergie, et les amena à rougir de leur conduite et à se retirer. Le capitaine
du comté, le comte M. Draganich, remplaçant le recteur, homme sans
énergie, organisa avec les soldats italiens et les bourgeois un service de
surveillance aux environs de la ville et on crut tout péril conjuré.

Le dimanche 18 juin, une nouvelle troupe de bandits se présenta et,
pendant que la garde se dispersait, elle entra de nouveau dans la ville et se
rendit droit à la maison du consul de France, qui fut massacré ainsi que
sa femme; puis la maison consulaire fut mise au pillage [1]. Le lendemain,
les mêmes scènes furent sur le point de se reproduire; l'évêque intervint
et put sauver, en payant une grosse somme, dit-on, cinq familles qui
étaient particulièrement menacées, mais les caisses publiques, où il y avait
5.000 sequins, furent pillées. Les paysans voulaient aussi brûler les archives
pour faire disparaître les titres de propriétés des terres dont ils n'étaient
que les détenteurs précaires; seulement il se trouvait parmi les meneurs
quelques propriétaires grâce auxquels les titres furent sauvés.

Pour éviter le renouvellement de ces scènes sanglantes, la population
urbaine prit les armes, et, dans une assemblée générale tenue le 22 juin,
décida de se donner à l'empereur. On arbora les couleurs autrichiennes
en attendant la prise de possession effective.

A Traù, la faiblesse du représentant vénitien Santo Contarini laissa Troubles
arriver de grands malheurs. Plusieurs notables de Traù étaient accusés de à Traù.
complicité avec la Révolution; deux d'entre eux, fils du magistrat municipal André Garagnin, étaient à Venise à la tête du mouvement; les comtes
Paitoni et Califfi, le médecin brescian Dotti, l'abbé Dragazzo, se pronon-
çaient publiquement en faveur des idées démocratiques. Le 13 et le 14 juin,
on avait relevé des signes de grave irritation parmi les paysans qui venaient

1. A. E., Venise, 253.

au marché. Le 15, de grand matin, des bandes entrent dans la ville et se dirigent vers la maison des comtes Garagnin qui est mise à sac[1] ; d'autres se mettent à la recherche de l'abbé Dragazzo qui s'enfuit, et commencent à démolir sa maison ; le Dr Dotti, qui passe, est reconnu et assassiné. Quinze maisons sont successivement dévastées[2]. Pierre Buccareo est massacré, Michel Gattin reste pour mort sur la place, sa sœur réclame son corps pour lui donner la sépulture, elle l'emporte dans ses bras, reconnaît qu'il respire encore, panse ses blessures et le sauve. Le nombre des pillards grossissait à chaque instant : on avait délivré les malfaiteurs enfermés dans la prison, et des villages de la montagne arrivaient sans cesse de nouvelles troupes de paysans qui voulaient avoir aussi leur part des dépouilles. Tout ce qu'on ne pouvait pas emporter était détruit, le vin et l'huile formaient des rivières à travers les rues ; ce fut pour quelques familles un désastre irréparable. Le couvent des Bénédictines était rempli de dames nobles qui étaient venues y chercher un asile : la famille Garagnin était réfugiée chez l'évêque Pinelli ; d'autres s'étaient cachés dans les caves et blottis dans des tonneaux vides.

Le soir enfin, les insurgés, gorgés de vin et chargés de butin, quittèrent la ville pour emporter dans leurs villages le produit de leurs rapines ; le lendemain, 16, il n'en reparut qu'un petit nombre ; on avait fermé les portes et du haut des remparts on leur tira un coup de canon qui les fit disparaître. Le 17 fut, comme à Sebenico, une journée d'accalmie, mais la tempête recommença le 18 ; grâce à des complices qu'ils avaient dans la population, les envahisseurs se rendirent de nouveau maîtres de la ville et se saisirent des deux comtes Califfi : Jacques, ancien magistrat ; François, son neveu, officier de cavalerie ; on arrêta avec eux le serviteur du comte François, dont le crime était d'être Français. Une autre capture importante fut celle de l'abbé Dragazzo : personne n'ayant voulu lui donner asile, il avait dû s'enfuir le 15 dans l'île de Bua, où il avait erré deux jours ; épuisé de fatigue, mourant de soif, il s'était aventuré dans un village où on l'avait reconnu et arrêté. Il fut enfermé avec les comtes Califfi, et, dans la journée du dimanche, il fut soumis avec eux à un simulacre de jugement. L'évêque intercéda pour les malheureux et obtint la grâce du vieux comte Califfi, mais les trois autres accusés furent condamnés à mort et décapités sur la place publique. Ce fut heureusement le dernier acte de violence commis à Traù ; après le pillage des maisons nobles, les maisons des bourgeois devaient avoir leur tour ; c'est ce qui les décida à sortir un peu tard de l'indifférence où une mesquine et coupable jalousie les avait tenus jusque-là. Une garde civique veilla à la défense de la porte et du

1. Z. L., 1797, XIV, 2102. | 2. Z. L., 1797, I, 1193.

pont-levis qui, seul, fait communiquer Traù avec la terre ferme, et une assemblée générale acclama la souveraineté de l'empereur.

C'est à Spalato que résidait le principal agent secret du gouvernement démocratique de Venise, le colonel G. Matutinovich. C'était un homme d'une stature gigantesque, d'une figure martiale et d'un courage à toute épreuve, mais il était détesté de tous ceux qui avaient servi sous ses ordres, tant à cause de son impitoyable sévérité que pour son avarice et sa vénalité. Lorsqu'il s'était arrêté à Zara, en revenant de Venise, il avait fait mettre en liberté un de ses compatriotes, l'*arambassa* Marussich, qui y était en prison par ordre du conseil des Dix. Marussich, dont le physique contrastait avec celui de Matutinovich, était un petit homme à la figure sournoise, qui avait eu, à cause de son caractère intrigant, à encourir les rigueurs de la justice vénitienne. Troubles
à Spalato.

Aussitôt arrivés à Spalato, Matutinovich et son acolyte avaient commencé une propagande active en faveur de la révolution démocratique ; ils tenaient de petits clubs dans quelques maisons mal famées du faubourg ; qui voulait entrait, le café et les liqueurs étaient servis à discrétion et on entendait célébrer les bienfaits de la démocratie. Les membres du parti opposé étaient surveillés et menacés : un groupe de citoyens notables ayant écrit dès les premiers jours de juin au général-baron Knesevich qui commandait les troupes impériales dans la Lika autrichienne, Matutinovich fit savoir aux signataires de cette lettre qu'il en avait une copie et qu'un jour ils auraient à le regretter.

Cependant la population n'était pas profondément ébranlée par toutes ces manœuvres ; il y avait, dans la ville et les faubourgs, un grand nombre d'anciens soldats qui avaient servi sous Matutinovich et combattaient son influence ; bientôt l'agitateur dut se renfermer dans la partie du palais public que son grade de colonel lui donnait le droit d'habiter, et il y transporta avec ostentation des armes et des munitions, comme pour y soutenir un siège. On vit là un signe de découragement et ses ennemis se mirent à garder les alentours de sa retraite.

Le 14 juin, une femme vint dire qu'elle avait vu le colonel s'embarquer et prendre le large ; ce colonel était le colonel Cippico, qui rentrait à Traù où on signalait un commencement d'effervescence. La foule courut à la *Marine*, la barque montée par Cippico était déjà loin, mais à peu de distance on en voyait une autre qui se dirigeait vers l'île de Brazza : on crie que c'est Matutinovich qui prend la fuite ; des hommes armés se mettent à la poursuite de la barque, font feu à quelque distance et tuent un habitant inoffensif de Brazza qui retournait chez lui. Les Spalatins revenaient mécontents de leur expédition, quand Matutinovich paraît à sa fenêtre et leur crie : *Le voilà celui que vous cherchez, il ne s'est pas sauvé!* Sans l'intervention du comte N. Barozzi, représentant vénitien, on en venait aux mains dès ce soir-là. Mais le lendemain une nouvelle provocation fut le signal d'une véritable bataille. Retranché dans le palais, Matutinovich soutint un siège de deux heures, avec un serviteur et sa femme qui chargeait les fusils ; les assaillants finirent par grimper sur le toit en passant par une maison voisine et pénétrèrent ainsi à l'intérieur : au moment où le colonel se retournait pour faire face aux envahisseurs, il tomba mortellement blessé, sa femme et son compagnon furent tués sur son corps, on n'épargna que ses quatre petits enfants[1]. La tête du colonel fut coupée et promenée en triomphe dans les rues de Spalato. Le lendemain, l'arambassa Marussich fut trouvé à Castel Sućurać et fusillé au bord de la mer ; on exposa sa tête à côté de celle de son ami.

Grâce à l'énergie de Barozzi, cette scène sanglante fut la seule qui se produisit à Spalato, les individus que recherchait la populace furent mis en sûreté et une garde bourgeoise écarta à coups de fusil les bandes de pillards qui rôdaient déjà autour de la ville. Le 18 juin, 500 notables réunis dans l'église de Saint-Lazare envoyaient à l'empereur une députation de quatre membres, et l'étendard autrichien était substitué à celui de Venise.

Troubles Makarska et aux îles. A Makarska, le mouvement populaire se borna à de bruyantes manifestations au fond desquelles perçait quelque rancune à l'endroit des nobles. L'évêque Blaskovich, homme d'esprit et de tête, harangua les mutins, leur prêcha la fraternité, et pour leur en donner un gage personnel, il prit une de ces petites calottes rouges qui sont la coiffure nationale du paysan dalmate, et la mit sur sa tête en disant : *Tous ceux qui ne portent pas le bonnet rouge sont des Jacobins.*

Aux îles, la Révolution eut son contre-coup, mais sans gravité. A Lesina, la population s'ameuta à cause de la présence de cinq étrangers, dont quatre étaient des Corses et qu'on accusait, à tort ou à raison, d'être des agents révolutionnaires. L'évêque Stratico les cacha dans son palais, éloigna les mécontents en leur distribuant de l'argent ; puis, quand la nuit fut venue, et avec la nuit une tempête épouvantable, il fit revêtir à ses hôtes des costumes ecclésiastiques et les envoya à quelque distance de la ville s'embarquer sur un navire qui partait pour l'Italie[2].

A Brazza, la révolte eut un caractère exclusivement social à cause des

---

1. Ces enfants furent adoptés par l'empereur d'Autriche qui pourvut à leur éducation, et, en 1807, Napoléon prit cette charge. François Matutinovich, élevé à l'Ecole militaire de Pavie, devint officier français, nous le retrouverons jouant un assez triste rôle à la fin de cette histoire. (Z. L., 1797. — *Regio Dalmata,* 3 janvier 1807.) | 2. *Vie de Mgr Stratico, évêque de Lesina,* par le prof. V. Brunelli. — Zara, 1886.

privilèges excessifs que les nobles s'étaient attribués. Le peuple déclara la noblesse abolie, ses droits éteints, et élut pour chefs deux capitaines de la marine marchande auxquels il fut enjoint de se rendre au plus tôt auprès des autorités autrichiennes pour manifester le désir qu'avaient les habitants de Brazza de devenir les sujets de l'empereur.

La ville de Zara échappa seule à ces convulsions et nous avons vu pourquoi. Le consul autrichien Gabrielli y exerçait déjà en fait l'autorité suprême[1] et le provéditeur Querini s'était montré plus que réservé avec le nouveau gouvernement vénitien, à l'influence duquel il savait que la Dalmatie allait être soustraite.

La municipalité provisoire de Venise, à qui on avait laissé ignorer les dispositions prises à Leoben, trouvait mauvais que le provéditeur différât aussi longtemps de lui envoyer son adhésion. On arma donc, pour aller la chercher, une frégate qui mit à la voile le 16 juin, à destination de Zara; à bord avaient pris passage deux délégués du gouvernement, tous deux Dalmates, le Dr Ange Calafatti, de l'île de Lesina, et le comte Gianluca Garagnin, de Traù, dont le frère Giandomenico était membre du gouvernement démocratique.

§ V. Tentatives des démocrates sur Zara.

La frégate arriva en rade de Zara le 18 juin, et un officier alla à terre pour arrêter, de concert avec le provéditeur, le cérémonial du débarquement des délégués. Querini reçut cet officier avec beaucoup d'égards, mais ne lui dissimula pas que, étant données les dispositions de la population, le débarquement des délégués ne pouvait avoir lieu, au moins pour le moment[2]; pendant ce temps la frégate était accostée par des navires venant de Spalato; les délégués apprenaient une partie des évènements qui s'étaient passés depuis le 14; Garagnin recevait ainsi la nouvelle du pillage de sa maison paternelle et des dangers courus par les siens.

Les mouvements insurrectionnels faisaient naître une situation nouvelle à laquelle les délégués ne pouvaient aviser sans avoir reçu de nouvelles instructions; ils reprirent donc le chemin de Venise, en laissant pour Querini trois lettres : l'une de la municipalité provisoire, l'autre du Comité de Salut public vénitien, la troisième qu'ils lui écrivaient eux-mêmes; par ces trois pièces, il était prescrit au provéditeur de reconnaître sans délai le nouveau gouvernement et d'envoyer à Venise son serment de fidélité ainsi que celui de ses troupes. Querini convoqua sur le champ les officiers, leur donna connaissance des dépêches qu'il avait reçues, et à

Refus de serment de la garnison de Zara.

---

1. W. K., dépêches du comte Gabrielli des 10, 15, 21 juin 1797. | 2. W. K., F. 6, pass.

l'unanimité, les 159 officiers présents refusèrent le serment qu'on leur demandait[1].

Malgré cette manifestation retentissante, Querini n'était pas pleinement rassuré; les agents de la démocratie travaillaient activement la population et les troupes elles-mêmes n'étaient pas sûres; il y avait une fermentation que seule l'arrivée des troupes autrichiennes pourrait calmer, aussi avait-il hâte de les voir venir. On nomma quatre délégués : un prêtre, un noble, un bourgeois et un plébéien qui reçurent l'ordre de partir sur le champ, et d'aller, s'il le fallait, jusqu'au pied du trône impérial. Ils n'allèrent que jusqu'à Zengg, à la frontière croate, où le colonel hongrois Casimir accepta leur serment et leur promit d'envoyer une garnison à Zara dès que la prise de possession de l'Istrie serait terminée.

C'est ainsi que disparut pour toujours de la Dalmatie la domination vénitienne; c'est au milieu des larmes et des cris de désespoir que les Dalmates dirent adieu à l'étendard de saint Marc; des cérémonies émouvantes s'accomplirent presque partout lorsque les troupes se séparèrent de leurs anciens drapeaux. Il n'est désormais plus question de récriminations ; tous les torts de Venise sont oubliés, on ne garde que le souvenir de ses gloires. Venise est morte et, comme tant d'autres morts, elle se trouve avoir toutes les vertus dans son oraison funèbre.

Nous allons maintenant assister à l'entrée des Autrichiens dans leur nouveau domaine.

1. W. K., 1797, dépêche de Gabrielli du 24 juin.

CHAPITRE III

ENTRÉE DES AUTRICHIENS EN DALMATIE

§ I. Occupation de la Dalmatie : Zara, Sebenico, Traù, Spalato. Premières fautes de Rukavina. — § II. Occupation de l'Albanie. Partis en présence aux Bouches; intervention des Monténégrins; arrivée de Rukavina; volte face du Vladika; organisation de l'Albanie par Thurn et Brady. — § III. Le traité de Campo-Formio. Démonstration de Brueys sur Cattaro; signature du traité.

Le peuple dalmate avait unanimement rejeté l'idée d'une reconnaissance du gouvernement démocratique, et les agents de l'Autriche l'avaient amené à acclamer spontanément pour son souverain l'empereur François II, auquel déjà les préliminaires de Leoben avaient attribué leur province; il ne restait plus pour les Autrichiens qu'à prendre possession, et jamais conquête ne se fit d'une manière plus pacifique. §I. Occupation de la Dalmatie.

Nous avons vu que, dans leur impatience, les habitants de Zara n'avaient pu attendre l'arrivée des Autrichiens et qu'ils avaient envoyé au devant d'eux une députation qui fut reçue à Zengg par le colonel Casimir; celui-ci leur avait promis qu'ils recevraient une garnison dès que serait achevée l'occupation de l'Istrie. Or cette province fut occupée du 11 au 17 juin et les îles du Quarnero, qui sont situées entre l'Istrie et la Croatie, le furent quelques jours après. Quant à la Dalmatie, on réunissait les troupes qui lui étaient destinées à Trieste à peine évacuée par les Français.

Ces troupes constituaient une division de 4.000 hommes : cinq bataillons d'infanterie, deux escadrons de cavalerie, de l'artillerie et les services d'état-major, le tout placé sous les ordres du général-major Mathias Rukavina, un vétéran des grandes guerres du règne de Marie-Thérèse [1].

Les troupes s'embarquèrent sur une flottille de 72 bâtiments placée sous les ordres du major Simpson et composée de quelques navires de guerre, dont la corvette Austria, de dix-huit canons, deux chebeks, dix chaloupes canonnières et d'une soixantaine de navires marchands armés en transports.

Parti de Trieste le 25 juin, Rukavina n'était le 26 au matin qu'à la hauteur de Pirano, en Istrie; dans la journée le vent se leva et la flottille, surprise par un ouragan, fut dispersée; le 27, le 28 et le 29 se passèrent à réunir les bâtiments qui avaient été se réfugier dans tous les ports du

1. W. K.-Feldakten, Italie, 1797. F. 13, n. 16 et 23.

littoral istriote ; enfin, le 2 juillet, le beau temps permit de se remettre en route, malgré le vent contraire qui obligeait à louvoyer ; le 3 au soir, on était à la hauteur de San Pietro de' Nembi, où l'on retrouva deux navires de transport que la tempête du 26 avait poussés jusque-là. Le 4 au soir, après une belle journée, on était à Nona, et le lendemain au petit jour toute la flottille arrivait à Zara.

Le colonel Casimir avait réuni pendant ce temps à Zengg un bataillon du régiment « Strassoldo », deux bataillons de croates des Confins militaires et un demi-escadron de hussards « Erdödy », soit environ 2.000 hommes ; il avait quitté Zengg le 29 juin, et dès le lendemain 30 il était à Zara.

Occupation de Zara.

Le dimanche 2 juillet, les citoyens de Zara se réunirent à la loggia pour y prêter serment à l'empereur : clergé, nobles et bourgeois répétèrent à haute voix la formule que lisait l'archidiacre et vicaire général Armàni, ils vinrent ensuite poser la main droite sur la croix et l'Evangile. Pendant ce temps, le peuple, amassé sur la place, poussait des *vivat* en l'honneur de son nouveau souverain [1].

Quand, trois jours après, Rukavina entra dans le port, une députation vint le visiter à bord de sa corvette, puis il débarqua. En mettant pied à terre, il fut reçu par l'archevêque Carsana, le provéditeur Querini et toutes les autorités vénitiennes ; on se rendit à l'église Saint-Siméon où fut chanté un *Te Deum* et au palais du gouvernement où les fonctionnaires présentèrent de nouveau leurs hommages au représentant de l'empereur.

En même temps on publiait la proclamation suivante [2] :

Proclamation du général Rukavina.

Mathias, baron Rukavina de Boynograd, chevalier de l'ordre insigne du Mérite militaire de Marie-Thérèse, général-major au service de Sa Majesté Impériale, Royale et Apostolique, commandant des troupes impériales.

Sa Majesté Impériale, Royale et Apostolique ne peut se dispenser, dans l'état de désordre où sont les provinces vénitiennes, de prendre les mesures les plus efficaces en vue d'assurer la tranquillité des Dalmates. Désireuse de préserver ce pays des funestes conséquences d'une révolution qui a causé ailleurs de si grands malheurs, Sa Majesté a ordonné à ses troupes d'entrer dans cette province pour y rétablir la paix et sauvegarder les droits aussi anciens qu'incontestables qu'Elle a sur ce pays.

Par suite de l'arrivée des troupes impériales et royales, les habitants de la Dalmatie pourront compter sur la paix à l'intérieur ; ils ne manqueront pas d'apprécier les intentions bienfaisantes de S. M., et y répondront en lui montrant soumission et reconnaissance : en échange ils peuvent attendre de nos troupes la plus spéciale et la plus efficace protection, ils peuvent compter sur le maintien inviolable de tous leurs droits, privilèges et immunités.

Nous exprimons donc le vœu que nul ne soit assez oublieux de ses obligations

1. Mgr Bianchi, *Fasti di Zara*, Zara, 1888, t. II, p. 452. | 2. Z. L., 1797. Imprimés.

et assez aveugle sur ses propres intérêts pour tenir une conduite qui ne répondrait pas à nos intentions ; ce serait s'exposer au châtiment prompt et sévère qui est réservé à quiconque se départirait des devoirs de la plus complète obéissance. Nous nous adressons donc au nom de Sa Majesté, et de la manière la plus formelle, aux juges, magistrats et chefs de famille, à tous les évêques, curés, prêtres séculiers et réguliers, et à toutes les personnes qui, en vertu d'un office ou d'une dignité civile ou ecclésiastique, ont charge de veiller sur leurs subordonnés, et, en leur promettant la protection la plus spéciale de S. M., nous les invitons et exhortons à faire en sorte que, par leur vigilance et leur activité, personne ne prête l'oreille aux excitations jalouses des gens mal intentionnés qui ne cherchent qu'à provoquer la guerre civile, la dévastation des propriétés et un bouleversement général. Que chacun fasse son devoir pour le maintien de l'ordre, et que tous s'efforcent d'être dignes des bienfaits de Sa Majesté.

Donné à mon quartier général, le 24 juin 1797.

Les soldats autrichiens, fatigués par une longue et pénible navigation, furent mis à terre et logés « chez l'habitant », la cavalerie seule, forte d'environ 400 hommes, occupa les casernes du grand ouvrage à cornes appelé *le Fort*. Les Zaratins firent le meilleur accueil aux troupes autrichiennes, et ce fut une surprise agréable pour eux de constater que beaucoup de soldats parlaient un idiome slave très analogue au leur; Rukavina lui-même, né dans les Confins militaires, ayant fait toute sa carrière dans les régiments croates, se faisait entendre de tous ; c'était un choix fort adroit qu'on avait fait en le désignant de préférence à un Allemand pour la prise de possession.

Il n'y eut aucune hésitation pour reconnaître l'autorité impériale ; les marins et soldats vénitiens demandèrent en foule à s'enrôler dans l'armée autrichienne, et, dans l'intérieur, le colonel Danese remit immédiatement aux compagnies détachées par le régiment de la Lika les postes d'Obrovac, Novegrad et Knin dont la garde lui était confiée; c'est de ce jour que date l'attachement de Danese à la cause autrichienne ; nous retrouverons ce personnage à chaque page de ce récit.

Avant de prendre parti dans les régiments autrichiens, les officiers et soldats vénitiens demandèrent à faire leurs adieux à l'étendard de saint Marc; après l'avoir fait flotter une dernière fois, on le transporta à la cathédrale, et les colonels P. Aldeman et Michel Vitturi le déposèrent sur le maître-autel. Le sergent général Stratico, montant à l'autel, baisa ce drapeau qu'il avait si longtemps et si fidèlement servi; derrière lui s'avança le corps des officiers, puis vinrent les soldats et le peuple; à la fin de la cérémonie le vieil étendard était baigné de larmes. Rukavina qui était présent, ne put cacher son émotion, mais il prit des mesures pour empêcher le renouvellement de démonstrations qui ne pouvaient qu'ébranler les sentiments de fidélité dans le peuple dalmate.

Bientôt après, Rukavina songea à se remettre en route pour continuer la prise de possession, et nomma le colonel Lusignan gouverneur de Zara. On renonça à opérer par mer le transport des troupes; si défectueuses que fussent les routes, on les croyait encore préférables à la voie de mer, au moins pour l'infanterie. Le colonel Casimir se mit donc en route dès le 5 juillet avec une colonne qui, passant par Knin et Sinj, devait rejoindre Spalato par la trouée de Klissa. Rukavina partit le 6, à bord de l'*Austria*, avec des transports chargés d'artillerie et de cavalerie; une tempête l'obligea à relâcher le 7 à Morter, et ce n'est que le 8 qu'il arriva à Sebenico.

A la hauteur de Vodiče, le général avait reçu à son bord les députés de la communauté noble de Brazza; il leur promit d'aller en personne visiter leur île, et comme ils semblaient craindre de rentrer seuls dans leur patrie, il leur donna comme représentants de l'armée autrichienne quatre hommes et un capitaine de génie.

Occupation de Sebenico.

L'*Austria* jeta l'ancre devant Sebenico vers midi, le 8 juillet; Rukavina reçut à bord une députation à laquelle il adressa quelques paroles affables : il félicitait la ville de Sebenico d'être enfin rentrée sous l'autorité de son ancien maître le roi de Hongrie. Comme à Zara, le général fut reçu par l'évêque, conduit à la cathédrale où fut prêté le serment de fidélité, puis on se rendit au palais épiscopal où les anciens fonctionnaires vénitiens se présentèrent pour recevoir une nouvelle investiture. Revenu à bord, le général reçut la visite de l'évêque et de son collègue de Makarska dont nous avons admiré l'énergie en face de l'émeute.

Occupation de Traù.

Le 9 au matin, Rukavina fit voile pour Traù, où il arriva dans la même journée au milieu des cris de joie de la multitude répandue sur les rivages. Le cérémonial de la réception est connu : c'est à la cathédrale que se fit la prestation du serment; tous les anciens fonctionnaires vénitiens furent rétablis dans leurs charges.

Le général retourna à son bord, salué par les acclamations, mais il y était à peine qu'on vint lui dire que le peuple commençait à s'insurger contre les fonctionnaires qui venaient d'être réintégrés dans leurs postes; ceux que voulait la classe populaire, c'étaient ceux qui avaient été élus pendant les désordres. A ces mouvements Rukavina répondit séance tenante par la proclamation suivante qui fut lue le lendemain sur les places publiques :

En vertu du présent ordre et au nom de S. M. notre souverain et roi de Dalmatie, sont déposés tous les chefs qui se sont immiscés d'une façon illicite et séditieuse dans n'importe quel office ou commandement civil et militaire du comté de Traù. Au cas où quelques-uns de ces intrus voudraient se prévaloir de titres auxquels ils n'ont pas droit, nous ordonnons aux autorités de les faire arrêter et retenir en prison, pour être sans retard poursuivis criminellement et punis de mort comme rebelles à l'autorité unanimement acceptée de S. M. le roi de Hongrie, comme perturbateurs de la paix publique, et comme réfractaires aux ordres des personnes légitimement constituées en dignité. Traù, 9 juillet 1797 [1].

Deux compagnies croates furent débarquées pour seconder les miliciens au cas échéant, et Rukavina, désireux de voir les effets de sa proclamation, différa son départ jusqu'au 12 ; il devait d'ailleurs attendre la colonne du colonel Casimir dont la marche avait été retardée par l'absence de routes. Pendant son séjour à Traù, Rukavina reçut des députations de paysans qui venaient protester contre le rétablissement des fermages ; il les reçut fort durement et, en réponse à leurs réclamations, publia un édit qui portait les peines les plus sévères contre les colons qui se refuseraient à payer les redevances fixées par la coutume ; enfin il fit venir les curés des environs de Traù, leur reprocha vivement la faiblesse dont ils avaient fait preuve pendant les troubles et leur fit comprendre qu'ils seraient rendus responsables des désordres qui pourraient se reproduire à l'avenir.

L'*Austria* partit le 13 de Traù ; en passant à Castelnuovo de Traù, Rukavina fit réunir les habitants à l'église et leur adressa du haut de la chaire un véritable sermon où il leur répéta les reproches faits la veille à leur curé ; ces pauvres gens, fondant en larmes au tableau de leurs fautes, protestèrent à grands cris de leur fidélité à venir, et Rukavina, continuant sa route, était le 13 au soir à Spalato, en même temps que Casimir qui arrivait par terre avec un détachement de fusiliers du régiment « Hohenlohe » et un escadron de hulans.

Occupation de Spalato.

Comme partout la réception fut solennelle ; on remarqua que la députation fut transportée à bord de la corvette sur des barques arborant les couleurs hongroises, et nous devons noter qu'à mesure que Rukavina avance, il se présente toujours plus formellement comme délégué du roi de Hongrie, pendant que les manifestations hongroises deviennent de plus en plus caractérisées.

Députation de Cattaro.

Une députation des communautés catholiques des Bouches de Cattaro attendait le général à Spalato pour le prier de venir prendre au plus tôt possession de l'Albanie vénitienne, mais les rapports des délégués présentaient la situation de cette province comme tellement menaçante que Rukavina trouva imprudent de s'y rendre sans avoir réuni des forces un peu plus imposantes, et, dès le 15 juillet, il partit pour aller chercher à Zara les quelques bataillons dont il pourrait avoir besoin pour tenir les Monténégrins en respect. Cependant, avant de quitter la région, Rukavina alla jusqu'à Makarska où il reçut la soumission de la ville et celle des

1. Z. L. 1797. III.

habitants de la Poglizza; puis il reprit la mer et s'arrêta encore dans son voyage de retour aux îles de Curzola, Brazza, Lesina et Lissa.

Rukavina
à Brazza. Dans l'île de Brazza se produisit un fait qui nous montre Rukavina sous un aspect que nous ne lui connaissons pas encore. Nous avons raconté plus haut[1] que la population de Brazza avait salué assez tumultueusement la chute du gouvernement vénitien et proclamé à cette occasion l'abolition de la noblesse et de tous les privilèges dont jouissaient les nobles : deux capitaines de navire nommés Hranotich et Nikolorich avaient été, un peu à leur corps défendant, investis du pouvoir, avec mandat de se rendre sans délai auprès des autorités autrichiennes et de leur demander de sanctionner les faits accomplis. Les délégués populaires manquèrent de diligence et se laissèrent prévenir par les délégués nobles qui, dès le 8 juillet, avaient vu Rukavina et l'avaient gagné à leur cause. Le 15 juillet, comme Hranotich et Nikolorich se disposaient à partir pour Zara, l'*Austria*, portant le général Rukavina, entra dans le port de Saint-Pierre; les deux députés se rendirent à bord, mais le général, sans vouloir les entendre et sur simple constatation de leur identité, les fit arrêter, mettre aux fers et conduire dans les prisons de Zara où le comte de Thurn les retrouvera un mois plus tard. Rukavina prit terre alors, parla brusquement aux délégués qui venaient le recevoir et laissa dans l'île deux compagnies qui devaient y tenir garnison et réprimer la moindre tentative de rébellion.

Malgré sa hâte de rentrer à Zara, Rukavina ne put effectuer que très lentement son retour à cause des calmes. C'est le 31 juillet seulement qu'il arriva dans la capitale.

Premières
fautes de
Rukavina. La première partie de sa mission était terminée, et si cette campagne fait honneur à la prudence de celui qui l'a conduite, il ne convient pas cependant de prendre trop au sérieux les éloges qu'il se décerne à lui-même dans le rapport qu'il adressa à Vienne à son retour à Zara[2]. Si, en effet, en de nombreuses occasions, Rukavina avait été prudent, en bien d'autres cas il avait été maladroit; sa rudesse avait semé le mécontentement; par des paroles prononcées à la légère, il avait fait plus de concessions que le gouvernement n'avait l'intention d'en accorder, et enfin, cédant à un certain esprit particulariste qu'on avait su réveiller en lui, il avait encouragé chez une partie des Dalmates des tendances séparatistes que devait réprouver sévèrement la politique ultra-centraliste de Thugut; la faction dite le *parti hongrois*, faisant son chef de Rukavina, va créer aux Autrichiens des embarras qui dureront près de deux ans.

On ne peut cependant pas faire trop de reproches au gouvernement de

1. Ch. II, p. 31. | 2. W. K., 1797. F. 23.

Vienne au sujet d'un choix qui était excellent sous bien des rapports, mais il faut constater qu'en moins d'un mois Rukavina avait engagé une foule de questions dans une fausse direction et il sera le premier à en subir les conséquences. Son proconsulat fut d'ailleurs de courte durée ; en rentrant à Zara, il apprit que ses pleins pouvoirs de gouverneur civil et militaire allaient prendre fin : l'administration civile de la Dalmatie était confiée à un conseiller aulique, le comte de Thurn, dont l'arrivée à Zara était imminente. Rukavina, au lieu d'attendre, prétexta la nécessité d'occuper au plus vite les Bouches de Cattaro et s'empressa de hâter les préparatifs de son expédition. De nouvelles troupes étaient arrivées : un bataillon du régiment « Strassoldo » fut dirigé sur les îles, un bataillon du régiment « Reisky » vint d'Obrovać et Novegrad se joindre aux troupes déjà réunies à Zara, et enfin le régiment confinaire de la Lika envoya deux bataillons ; il est vrai que ces deux bataillons étaient loin d'être au complet ; c'est à peine si l'on put en tirer un millier d'hommes prêts à marcher.

Les forces militaires réunies en Dalmatie au milieu de 1797 se montaient à près de 7.000 hommes [1].

Pour transporter aux Bouches le corps qui devait y opérer, il fallut réunir tous les navires de guerre de la division, leur nombre s'élevait à 17 ; c'étaient, pour la plupart, des bâtiments vénitiens trouvés dans les ports d'Istrie et de Dalmatie. Le 10 août tout était prêt, et, malgré le vent contraire, Rukavina se mit en route pour Cattaro.

La population des Bouches de Cattaro, les *Bocchesi* ou *Bocquais*, comme on les appelait, était la plus remuante et la plus difficile à conduire de toutes celles que Venise léguait à l'Autriche. Les Bocquais, pourvus de privilèges qui leur accordaient une indépendance presque absolue, n'avaient jamais voulu voir dans les Vénitiens des maîtres, mais des protecteurs. Loin d'être une population homogène, il y avait parmi eux des divisions profondes : certains districts, peuplés exclusivement de pâtres et d'agriculteurs, étaient en opposition absolue de mœurs et d'intérêts avec les habitants du littoral qui vivaient de pêche et de navigation, voire à l'occasion de piraterie. La division religieuse n'était pas moins grande : pour un tiers de latins, on comptait deux tiers de grecs-orientaux, d'où des conflits continuels, suite des jalousies religieuses ; cependant les Bocquais avaient su tirer parti de ce qui, ailleurs, eût été une cause de faiblesse : le voisinage du Monténégro permettait de peser sur les conseils du Sénat de Venise et d'en obtenir par la peur ce qu'on n'aurait pas gagné par les

§ II. Occupation de l'Albanie.

1. Z. L., 1797. VI, 16 août. *Dislokation der K. K. Truppen in Dalmatien.*

moyens de persuasion. Derrière le Montenegro enfin s'était levé à plusieurs reprises, pendant le XVIIIe siècle, le spectre de la Russie, et, en exploitant les inquiétudes légitimes de Venise, les Bocquais avaient reçu pour prix de leur fidélité les franchises les plus étendues. Venise avait besoin des Bouches, station d'hiver pour sa flotte du Levant ; le droit d'avoir des soldats dans les forteresses, un provéditeur et quelques magistrats vénitiens, c'était tout ce que demandait le Sénat, et, pour le reste, il laissait aux Bocquais une autonomie à peu près absolue.

Bien que les Bocquais sussent fort bien recourir au *Vladika* du Montenegro qui, pour un grand nombre d'entre eux, était un chef spirituel, ils ne se montraient pas désireux de devenir ses sujets ; ils craignaient ces montagnards indomptés et à demi sauvages dont trop souvent ils avaient dû subir les rapines, et la suzeraineté presque nominale de Venise leur procurait de ce côté une sécurité à laquelle ils étaient peu désireux de renoncer.

Assemblées tenues aux Bouches. — Aussi quand, le 20 mai, on apprit à Cattaro la chute du gouvernement vénitien, ce ne fut pas sans une grande émotion [1]. Le comte Soranzo, provéditeur extraordinaire, fut invité à convoquer une assemblée générale des délégués de toutes les communes. Cette assemblée, tenue les 22 et 23 mai, décida que rien ne serait changé à la forme actuelle du gouvernement tant qu'on ne serait pas exactement renseigné sur la portée et les conséquences des évènements survenus à Venise. On déclara seulement que jamais on n'accepterait la domination française.

Les Grecs de Risano, venus en grand nombre à la suite de leurs délégués, manifestèrent le désir de savoir où en étaient les approvisionnements militaires de vivres et de munitions ; on leur donna satisfaction, sans toutefois les autoriser à contrôler de leurs yeux les dires des officiers publics ; on avait quelque raison de penser que cette vérification se terminerait par un pillage. Les Risanotes demandèrent alors à rester pour défendre la ville ; on leur dit qu'elle ne courait aucun danger pour le moment. Comme ils insistaient, le provéditeur autorisa dix hommes de chaque commune à demeurer en armes à Cattaro pour y tenir garnison avec les troupes italiennes. Perasto fut également mise en état de défense et des embarcations furent préparées pour défendre les détroits.

A la fin de mai, l'arrivée des Esclavons licenciés avant l'entrée des Français amena une nouvelle effervescence ; une deuxième assemblée fut tenue à Cattaro ; les délégués arrivaient suivis de fortes bandes armées. Le

---

1. Pour tout ce qui va suivre, nous nous sommes servis avec profit d'une relation manuscrite et anonyme, conservée à Raguse, et qui a pour titre : *Evènements survenus aux Bouches du Cattaro du 20 mai au 7 septembre 1797.*

comte Soranzo ne les autorisa pas à pénétrer dans la ville; les ponts-levis furent relevés, on les abaissait pour laisser passer les délégués, et les escortes devaient demeurer en dehors de l'enceinte.

La deuxième assemblée décida que le nouveau gouvernement de Venise ne devait pas être reconnu; on écrivit au *Vladika* ou prince-évêque du Montenegro pour lui demander, au cas échéant, son assistance contre les Français. L'assemblée eut aussi à prendre des mesures d'ordre jugées nécessaires; le vent de liberté qui soufflait avait monté les têtes; les colons prétendaient, comme en Dalmatie, ne plus payer leurs fermages, les rixes, les assassinats se multipliaient et un gros bâtiment turc richement chargé avait été capturé par des barques risanotes. On prit des mesures énergiques pour rétablir l'ordre et le bâtiment turc fut remis en liberté.

Le 20 juin, on apprit l'occupation de l'Istrie par les Autrichiens et leur marche sur la Dalmatie; il fallait renoncer au dernier espoir de voir rétablir l'ancien gouvernement vénitien et songer à choisir un nouveau maître.

Trois partis se trouvaient en présence : les uns, c'est-à-dire presque tous les Grecs-orientaux, appelaient les Monténégrins vers lesquels ils se sentaient attirés par la communauté de race et de foi; d'autres, voyant dans l'Autriche l'héritière légitime de Venise, ne demandaient qu'à vivre sous un gouvernement autrichien comme ils avaient vécu sous l'autorité vénitienne. Enfin des agents de la municipalité démocratique de Venise étaient venus prêcher les doctrines nouvelles et une partie des populations simples et crédules des Bouches s'était laissé séduire. *Partis en présence.*

La Turquie espérait tirer quelque parti de ces révolutions : elle avait envoyé un émissaire à Cetinje pour offrir au Vladika de reconnaître l'indépendance du Montenegro sur le pied de celle de Raguse, et de lui abandonner une partie des Bouches, à la condition de pouvoir s'emparer de l'autre[1]. Deux aventuriers, un Prussien du nom de Witsch et un Italien, qui se faisait appeler le comte Gaspari, eurent un moment, comme agents de la Porte, une influence sérieuse sur le prince de Montenegro; mais leur action ne tarda pas à être contrecarrée par l'arrivée d'un nommé Jovovich, délégué de la municipalité vénitienne, qui remit au Vladika la lettre suivante[2]:

LIBERTÉ   EGALITÉ

La Municipalité provisoire de Venise au citoyen Pierre Petrovich, archevêque de Montenegro.

C'est pour procurer la félicité publique, autant que pour suivre l'exemple d'autres nations européennes, que le ci-devant Grand Conseil a résigné ses pouvoirs le 12 mai dernier et rendu au peuple de Venise la souveraineté qui, depuis cinq siècles, était absorbée par les patriciens.

1. Zinkeisen, *Geschichte der Osmanen*, VII, 22 sqq. | 2. Z. L. 1797-98, VI. 1029.

Aussitôt entré en fonctions, le gouvernement provisoire tourne les yeux vers les personnages éminents qui protègent la religion, la vertu et la science et fait appel à leurs lumières pour travailler, d'accord avec eux, à procurer la félicité universelle.

Parmi ces personnages éminents, il vous a spécialement distingué, citoyen Archevêque, vous qui, nouvel Aaron, avez mission de gouverner et d'instruire le troupeau que Dieu vous a confié, et qui, comme Moïse, êtes le chef respecté des généreuses phalanges de vos concitoyens, vous qui, sous le précédent gouvernement, avez donné des preuves éclatantes de votre amitié pour la République de Venise.

Citoyen Archevêque, si la Venise aristocratique a eu le bonheur et la gloire de vous compter parmi ses amis, avec quelle confiance Venise démocratisée ne viendra-t-elle pas à vous? Rentrée en possession de ses anciens droits, composée d'hommes libres, comme le sont vos fils, vouée au culte de la vertu, elle s'adresse à vous, citoyen Archevêque, et vous annonce par notre collègue et concitoyen Jovovich la proclamation de notre gouvernement; elle vous demande votre amitié, votre amour, en vous promettant en échange amitié et respect.

Venise, 9 juin, l'an I de la Liberté italienne.

Intervention des Monténégrins.

On croira difficilement que cette lettre ait amené un revirement dans la politique du Vladika; il en fut cependant ainsi. Le Vladika sentit en homme avisé qu'entre la Turquie et la France, qui était derrière les démagogues phraseurs de Venise, la partie n'était pas égale, et devina sans peine laquelle des deux influences devait devenir prépondérante. D'autre part, un agrandissement de la Turquie était une menace pour le Montenegro, tandis que l'action lointaine de la France ne pouvait lui donner d'ombrage. Enfin, comme il s'agissait avant tout de faire échec à l'Autriche, puissance catholique, il y avait une collaboration beaucoup plus efficace à attendre de la part des Jacobins que de celle des Janissaires. En conséquence, le Vladika, évoluant vers le parti des démocrates, autorisa leurs agents à révolutionner l'Albanie avec son appui. Quant aux émissaires ottomans, certains d'être désavoués à Constantinople, ils cherchèrent à regagner Raguse, et, pris par un navire autrichien, livrèrent le secret de leurs intrigues[1].

En encourageant la propagande révolutionnaire en Albanie, le Vladika n'était pas sans prévoir ce qui allait se produire : au bout de peu de jours, les habitants du canton nommé la Zupa, entre Cattaro et Budua, étaient en insurrection, le provéditeur, hors d'état de pouvoir rétablir l'ordre, était bien heureux de pouvoir garder Cattaro et les villes du golfe. Les Monténégrins entrèrent en libérateurs dans la Zupa, occupèrent au sud les communes de Maini, Pobori, Braiče, Budua, pour y établir l'ordre, disaient-ils, et avec le secret dessein de s'y installer définitivement[2].

On apprit presque au même moment que les Français venaient d'oc-

1. Z. L., 1798, VI. | 2. Kovačić, les Bouches de Cattaro, II, p. 4 sqq.

cuper les îles Ioniennes : de Corfou à Antivari et à Cattaro il n'y avait qu'un pas ; les Français n'étaient plus les protecteurs lointains dont on n'a rien à craindre et tout à espérer, c'étaient maintenant des voisins puissants et ambitieux dont il fallait se défaire à tout prix. Dès lors le parti démocratique et français cessa d'exister ; les Monténégrins abandonnèrent cette cause aussi vite qu'ils l'avaient adoptée, et les habitants des Bouches, voyant des bandes de montagnards venir les menacer jusque sous les murs de Cattaro, se retournèrent vers l'Autriche qui, seule, pouvait les défendre contre des voisins aussi envahissants. Une troisième assemblée fut tenue au commencement de juin à la Madonna del Scarpello, près Perasto, et chaque commune s'imposa de trente thalers pour les frais d'une députation qui fut envoyée au général Rukavina à Spalato. Rukavina n'était pas alors en mesure de tenter une entreprise qui l'eût mis en face de toute l'armée monténégrine ; nous l'avons vu retourner à Zara, d'où il repart le 10 août avec une petite flotte et quelques milliers d'hommes.

On l'attendait avec impatience : à Cattaro, la petite garnison italienne était sans cesse sur le qui-vive, les navires vénitiens, canons chargés et mèche allumée, étaient en observation sur tous les points de la côte. Les désordres se multipliaient : les habitants de Risano et de Perasto en étaient venus plusieurs fois aux mains, les montagnards de Krivoscie venaient ravager les environs de Castelnuovo ; il était temps que les étrangers vinssent rétablir l'ordre.

Rukavina envoya quelques jours avant son départ un agent porteur d'une proclamation du 1er août [1] où il déclarait agréer la soumission des Bocquais, il garantissait leurs biens et leurs personnes et leur promettait le maintien de leurs privilèges. Cette nouvelle fut accueillie avec des transports de joie ; après avoir enterré sous le maître-autel de l'église de Perasto [2] le drapeau de Saint-Marc, ils arborèrent les couleurs autrichiennes dont la vue seule fit reculer les Monténégrins. Dans leur enthousiasme, les Cattarins accordèrent des lettres de noblesse à l'agent de Rukavina, Voinovich, à l'intervention duquel ils attribuaient le succès de leur négociation.

Le 20 août, vers midi, la flottille autrichienne jetait l'ancre devant Castelnuovo, et une compagnie croate prenait possession du Fort Espagnol [3]. Le magistrat municipal qui vint à bord remit à Rukavina un sabre d'honneur, présent que la coutume voulait qu'on fît à tout nouveau provéditeur arrivant en Albanie.

Le 21, Rukavina débarqua et alla recevoir le serment de la population

Arrivée de Rukavina.

1. Z. L., 1797, II. 17. | 2. Girolamo Dandolo, *Sulla Caduta della Republica Veneta.* Venise, 1859, p. 26. | 3. Les renseignements qu'on va lire sont tirés d'un manuscrit anonyme conservé à Raguse, et qui a pour titre *Sull' acclamazione ed accoglienza fatta alle Truppe di S. M. I. è R. Francesco II da tutti gli ordini della Città di Cattaro.*

d'abord à l'église grecque, puis à l'église latine. Les cloches et le canon mêlaient leurs voix aux cris d'allégresse de la foule, et envoyaient jusqu'au sommet des montagnes l'annonce de la bonne nouvelle.

Le 22, l'*Austria* s'avança lentement à cause du calme jusqu'au détroit des Catene; le soir elle était à Lepetane; chemin faisant, Rukavina avait reçu la soumission des communautés de Lustiča et Kartole.

Le 23, le général entra dans le bassin intérieur du double golfe de Cattaro. « C'était, dit le manuscrit cité plus haut, un imposant spectacle;
« sur l'une et l'autre rive se trouvent les trois importantes communes de
« Perasto, Perzagno et Dobrota qui, réunies par une ligne de bourgs et
« de villas, s'étendent sans interruption sur une longueur de plus de neuf
« milles d'une part, et douze de l'autre, jusqu'aux portes de Cattaro.
« Les clochers étaient pavoisés; des fenêtres des maisons pendaient de
« riches tentures et des festons aux couleurs éclatantes. Plus de cent
« navires pavoisés étaient disposés le long du rivage, ayant tous au grand
« mât les couleurs impériales; la mer était couverte de chaloupes conduites
« par des rameurs vêtus de riches et élégants costumes; ces chaloupes
« conduisaient à bord de la corvette les chefs de communautés qui appor-
« taient leur soumission au général; enfin la fusillade et la canonnade ne
« cessaient pas de faire retentir de leurs détonations pacifiques les échos
« des montagnes escarpées qui plongent dans le golfe. » Si l'on ajoute à ce tableau un soleil radieux, un ciel qui est déjà celui de la Grèce et de l'Orient, il ne sera pas possible de concevoir un spectacle plus merveilleux.

Ce n'est que le 24 au matin que les Autrichiens atteignirent Cattaro; des arcs de triomphe étaient préparés sur leur passage, l'évêque latin, Rikamarich, vint recevoir le général à la tête de ses quatorze chanoines en ornements de fête, et le conduisit à l'Eglise sous un baldaquin; la haie était formée par trois compagnies de soldats croates; les maisons sur le chemin de l'église étaient tendues d'étoffes sur lesquelles on lisait ces inscriptions et ces poésies que les Dalmates savent improviser encore aujourd'hui, avec plus d'à propos peut-être que de goût, dans toutes les circonstances joyeuses ou lugubres. Après la cérémonie du serment dans l'église catholique, on en fit une semblable dans l'église grecque, on offrit à Rukavina de superbes armes : une longue arquebuse (*zaffardar*) avec ses trois gibernes plaquées d'argent, un sabre recourbé (*palosso*) et une paire de pistolets ornés comme les autres pièces de riches ciselures. Cette journée se termina par un banquet et une illumination.

Le Vladika avait perdu la partie, il fut beau joueur. Quand, trois jours après[1], Rukavina se mit en route pour conduire une compagnie à Budua

---

1. Kovačić, *o. c.*, Milaković, *Storia del Montenero*, p. 163 sqq.

où elle devait tenir garnison, il rencontra à mi-chemin, au petit port de Iassi, le Vladika lui-même venu à sa rencontre[1]; on monta sur un navire qui avait été préparé, et c'est par mer que le général entra à Budua. « Là, « écrit-il[2], l'évêque me remit les clefs de la ville, m'assurant ne l'avoir « occupée qu'au nom de S. M. l'Empereur, dans la crainte que, jusqu'à « mon arrivée, le peuple y causât quelque désordre, ou que les parti- « sans des Français y commissent quelque dégât au préjudice de la « cour impériale. » Dans la ville, on ne voyait que des banderoles por- tant ces mots : « *Vive François II*, » et dans l'église, le Vladika renouvela publiquement ses déclarations. Rukavina qui s'attendait à un tout autre genre de réception se confondit en témoignages de gratitude : « Je l'ai « remercié respectueusement, écrit-il, de la fidélité qu'il avait témoignée, « et je lui jurai de faire connaître ses loyaux services à S. M. l'Empereur. »

Volte-face du Vladika.

Le serment fut prêté solennellement et les villages de Pobori, Maini et Braiče furent occupés avec le même cérémonial et au milieu du même enthousiasme. Pierre I de Montenegro ne pouvait faire avec plus d'osten- tation sa volte-face : ce ne devait pas d'ailleurs être la dernière.

Rukavina, après avoir été rendre visite au Vladika dans le couvent de Stanjević, voisin de la frontière, rentra à Cattaro où il devait s'occuper de donner une administration provisoire au pays.

Il s'occupa avant tout d'établir ses troupes dans les points fortifiés, de faire restaurer les ouvrages défensifs et établir des dépôts de vivres. Les galères vénitiennes furent mises en réparation pour pouvoir à l'occasion tenir la mer; en tout cela, Rukavina se montra soldat expérimenté, mais il ne déploya pas la même habileté quand il dut organiser une administra- tion provinciale.

Organisa- tion de l'Al- banie.

Budua avait été pourvue d'un gouvernement composé de trois nobles et de trois plébéiens, que devait présider le capitaine commandant de la garnison. A peine quelques jours s'étaient-ils écoulés que les rivalités de caste se réveillèrent : un des conseillers nobles, Bubich, avait toujours été partisan de l'Autriche, et ce choix avait déplu au Vladika dont l'influence était aussi puissante à Budua le lendemain que la veille de la comédie qu'il avait jouée au crédule Rukavina. Oubliant tous leurs serments, les habitants de Budua firent dire à Rukavina que si Bubich n'était pas desti- tué, ils rappelleraient les Monténégrins; Rukavina obéit à cette somma- tion irrespectueuse, il alla même plus loin et fit mettre en prison l'ennemi du Vladika pour le remplacer par un de ses plus chauds partisans, un nommé M. Zanovich, qui avait été l'un des propagateurs des idées révolu- tionnaires; en plusieurs circonstances, les faveurs et les sévérités du

1. Z. L., 1767-98, VI. | 2. W. K. F. 23.

gouvernement furent aussi malheureusement distribuées. Rukavina, par son absence totale de sens politique, encourageait tous ceux qu'il fallait contenir et intimidait tous ceux dont le dévouement était acquis à l'Autriche.

La présence d'un homme de gouvernement, comme était le comte de Thurn, était bien nécessaire, mais, arrivé seulement le 14 août à Zara, Thurn avait dû y passer la fin du mois pour mettre ordre aux affaires générales; il partit pour Cattaro au commencement de septembre et fut encore retardé par les vents contraires; enfin, en arrivant à Curzola, il n'y avait pas trouvé les dépêches que Rukavina devait lui faire parvenir. Un navire envoyé en reconnaissance parvint à Cattaro, d'où Rukavina envoya la meilleure des galères au devant de Thurn, sous la conduite du comte Voinovich, qu'il n'était pas fâché de mettre en évidence pour qu'il entrât dans les bonnes grâces du gouverneur civil.

Voinovich parvint rapidement à Curzola, mais le vent de sirocco, grâce auquel il était si vite arrivé, obligea la flottille à différer son départ de plusieurs jours.

Le comte de Thurn à Cattaro.

Pendant ce temps, Rukavina attendait à Castelnuovo l'arrivée de Thurn; au bout de douze jours, ne voyant rien arriver et obligé de rentrer à Zara, où d'importants travaux l'appelaient, heureux peut-être aussi d'esquiver encore une fois la rencontre peu désirée de Thurn, dont les dispositions à son égard ne lui étaient pas inconnues, il mit à la voile le 3 octobre. Mais à peine eut-il doublé la Punta d'Ostro, qu'on vit à quelques milles toute la flottille de Thurn qui avançait péniblement en luttant contre le vent. Rukavina rentra donc à Castelnuovo où, le lendemain 4, Thurn débarquait à son tour. Le 5, Rukavina prit congé de son successeur et s'en alla débarquer aux bouches de la Narenta d'où, en visitant Fort-Opus, Imoski, Vergorać, Sinj, Verlika, il arriva à Knin le 22 octobre. Dès lors il ne joue plus qu'un rôle effacé et muet. Simple commandant militaire, il est systématiquement tenu en dehors de toute question politique ou administrative.

Le comte de Thurn amenait avec lui le général Brady, nommé gouverneur civil et militaire de la province d'Albanie. Tous deux reçurent les nouveaux serments de Cattaro et de Budua, le 13 octobre, moyennant la promesse du maintien des privilèges locaux [1].

Par une proclamation en date du 15 octobre [2], le comte de Thurn annonça qu'il prenait possession officielle des Bouches au nom de l'Empereur et notifia la nomination du général Brady. Bien que dépendant du

1. Z. L., 1797-98, II, 840, 849, 850, 875, 887. | 2. Z. L., 1797. Imprimés.

gouvernement de Zara, le général Brady devait correspondre directement avec Vienne.

Le nouveau gouverneur modifia beaucoup l'organisation établie par Rukavina, et, en particulier, montra beaucoup de décision en face des mécontents. Bubich, tiré de prison, fut nommé surintendant de Budua [1], et quelques autres actes énergiques firent rentrer partout le calme et l'obéissance, mais, avant d'en jouir, les Bouches de Cattaro durent traverser encore une tempête.

Pendant que se passaient les évènements que nous venons de raconter, les plénipotentiaires assemblés à Udine et Passeriano discutaient les clauses d'un traité de paix définitif; le gouvernement impuissant de Venise assistait à l'occupation des anciens domaines de la République et ne pouvait qu'émettre d'inutiles protestations : des délégués furent envoyés au général Bonaparte, et tout ce qu'ils obtinrent au milieu de réponses évasives fut le vague espoir d'une compensation en Italie. §III. Le traité de Campo-Formio.

Quant à la tentative de prise de possession faite en juin par Calafatti et Garagnin, nous avons vu qu'elle avait échoué par suite de l'attitude du provéditeur Querini, manifestement acquis à la cause autrichienne, et dont la conduite avait amené la défection de toutes les autorités de la province. Querini quitta Zara aussitôt après l'arrivée de Rukavina, il se rendit à Fiume d'où il adressa au comité de Salut public une sorte de mémoire justificatif [2]; la réponse fut un décret du 5 août, l'invitant à comparaître en personne, dans un délai de quatre semaines, pour avoir à expliquer ses actes. Comme on le suppose, Querini se garda bien de déférer à cette invitation, et se plaça sous la protection autrichienne : de Fiume, il se met en correspondance avec le comte de Thurn qui attendait ses dernières instructions à Goritz et lui fournit de nombreux renseignements sur l'état de la Dalmatie [3]; puis il se rend à Vienne et il rentrera à Venise en avril 1798 comme directeur de l'arsenal et de la marine autrichienne [4], situation qu'il échangera un an après pour celle de directeur des finances.

Ne pouvant atteindre la personne de Querini, le comité de Salut public décréta la saisie des biens de tous les ex-employés vénitiens qui restaient au service de l'Autriche [5]. L'Autriche répondit en faisant établir un inventaire de tous les biens appartenant à des Vénitiens en Dalmatie, biens qui devaient être séquestrés si la menace du comité de Salut public était mise

1. Z. L., 1797, VI, 1029. | 2. Venise. Archives d'Etat. F. « *Municipalité provisoire.* » | 3. Z. L., 1797-98, I, 660. | 4. *Ibid.*, VIII, 3572, 4546. | 5. *Ibid.*, XVI, 625.

à exécution[1]. Le consul impérial à Venise, comte de Homburg, notifia cette mesure à la municipalité qui dut renoncer à poursuivre sa vengeance. Dans toutes ces négociations, le gouvernement nouveau de Venise est traité, tant par la France que par l'Autriche, avec un mépris que n'atténuent même pas les formes courtoises employées d'habitude dans les relations internationales. Venise paye bien cher ses heures de faiblesse!

Cependant, quand Bonaparte parlait aux délégués vénitiens de la possibilité d'une compensation territoriale, il ne les trompait pas. Les articles signés à Leoben en avril précédent avaient réservé la question de Venise et l'intention du Directoire était alors de réunir aux débris des états vénitiens les duchés situés au sud du Pô, les Marches et la Romagne pour former de tous ces territoires une République transpadane ayant pour capitale Venise ou Bologne, et pour villes principales : Ancône, Modène et Padoue. Les négociations de Passeriano vinrent mettre obstacle à l'exécution de ce projet.

L'Autriche ne se contentait pas de la ligne de la Brenta, ou même de celle de l'Adige ; elle voulait pour frontière le Mincio, ce qui lui assurait la possession du quadrilatère, c'est-à-dire une forte position défensive du côté où pouvait venir le danger. Dans un projet de traité du 6 vendémiaire an V (25 septembre 1797)[2], les Autrichiens émettaient des prétentions qui allaient plus loin encore; l'article 8 accordait à l'Empereur le pays compris entre la Valteline, l'Adda, le Pô et l'Adriatique, et de plus les légations de Ferrare, Ancône et Bologne et le duché de Modène.

Le projet adopté le 26 vendémiaire (17 octobre) ramena les prétentions autrichiennes au lac de Garde et au Mincio[3], mais, pour en venir là, il fallut à Bonaparte toute son habileté et toute son énergie. Nous n'avons pas à raconter ici les négociations qui ont préparé la signature du traité de Campo-Formio, les ruses et les accès de colère par lesquels Bonaparte cherchait à duper ou à intimider ses adversaires; nous ne rapporterons . ici qu'un incident, le seul qui ait une relation directe avec l'histoire que nous avons à écrire.

Pour mettre un terme aux réclamations toujours renaissantes des plénipotentiaires autrichiens qui s'efforçaient de regagner quelques-uns des avantages abandonnés par les préliminaires, Bonaparte résolut de riposter en prenant l'offensive et en contestant l'interprétation de celles des clauses de Leoben qui favorisaient ses adversaires.

Le bruit s'était répandu que les Autrichiens, au lieu de respecter la neutralité de Raguse, avaient occupé le territoire de cette petite Répu-

Négociations de Passeriano.

1. Z. L., I, 1181. | 2. A. E., Leoben et Campo-Formio, 367. | 3. A. E. Corr. de Napoléon, 1769.

blique. Cette nouvelle erronée procura à Bonaparte une occasion de contester l'extension des concessions faites aux Autrichiens en Dalmatie. Dans un projet de note du 5e jour complémentaire de l'an V (21 septembre)[1], il s'exprime ainsi : « Le Directoire n'a aucun engagement de céder à « l'Empereur les îles de l'Adriatique qui bordent l'Istrie et la Dalmatie jus- « qu'à Raguse ; il n'est question dans l'article I des préliminaires secrets que « de l'Istrie et de la Dalmatie ; ces îles sont un objet qui devrait être « compris nominativement dans l'article ; elles ne le sont pas, donc le « Directoire ne les remettra point à l'Empereur. »

Cette réclamation paraît bien illogique à qui sait à quel point les îles dalmates forment partie intégrante et même essentielle de la province, aussi cette note ne fut-elle même pas présentée, et nous ne la citons ici que pour faire juger des dispositions d'esprit où était Bonaparte.

Un autre point touché dans la même note avait un peu plus l'air d'être fondé. Par une habile confusion, la division de l'Albanie en deux régions distinctes était oubliée : les ports situés en face des îles Ioniennes : Prevesa, Parga, Butrinto, Vonizza étaient expressément cédés à la France, sous le nom d'Albanie vénitienne ; or Cattaro et son district étaient aussi en Albanie, donc Cattaro revenait aussi à la France, et ce qui donnait quelque apparence de vraisemblance à cette équivoque, c'est que dans les préliminaires, où l'Istrie et la Dalmatie vénitiennes étaient formellement indiquées, il n'était pas parlé de Cattaro. Bonaparte se crut donc en droit de revendiquer les Bouches comme dépendances de Parga et de Prevesa, bien qu'il fût singulier que, dans le cas, l'accessoire eût une valeur infiniment supérieure au principal.

Une note fut adressée dans ce sens aux négociateurs autrichiens le 2 vendémiaire, et les Autrichiens y répondirent de leur mieux le 4[2].

Les plénipotentiaires de S. M. l'Empereur et Roi ont l'honneur de répondre au citoyen général en chef, plénipotentiaire de la République Française, relativement à la note concernant les Bouches de Cattaro qu'il leur a fait celui de leur adresser :

Que les Bouches de Cattaro ont dans tous les temps de la République de Venise fait partie du gouvernement de la Dalmatie ; les habitants du pays parlent la même langue, et si, dans les préliminaires de Leoben, il n'a pas été fait mention des Bouches de Cattaro, c'est qu'il n'a pas été possible d'y exprimer séparément et nominativement chacune des parties constituantes, appartenances et dépendances qui y ont été stipulées. Au total, les réclamations contre les droits de S. M. sur les Bouches de Cattaro doivent causer d'autant plus de surprise que, de la part de la cour de Vienne, l'on a passé même jusqu'ici sous silence l'occupation par les troupes françaises des îles Vénitiennes du Levant, bien autre-

1. A. E., l. c. | 2. A. E., l. c.

La Dalmatie de 1797 à 1815.   4

ment importantes, et qui paraît n'être justifiée par aucun rapport même éloigné avec les préliminaires [1].

Bonaparte, désireux de frapper un grand coup, agissait pendant ce temps auprès du Directoire et se faisait donner de pleins pouvoirs pour disposer de l'escadre que Brueys venait d'amener à Venise [2]. Les dépêches des 6, 8 et 19 vendémiaire lui donnent les autorisations qu'il réclame et, présumant ce consentement, le général en chef avait fait venir l'amiral à Passeriano les 1er et 2 vendémiaire, pour lui donner des ordres dont Brueys rend compte au ministre de la marine dans sa dépêche du 12 vendémiaire, datée de Venise [3].

(marginal note: Démonstration de Brueys sur Cattaro.*)*

... Je dois m'arrêter à Raguse pour faire connaître à cette République l'intérêt que prend à elle le Directoire exécutif de la République française, et la volonté qu'il a de la protéger contre quel ennemi que ce fût qui voudrait se l'approprier et garantir son indépendance [4].

Je prendrai des renseignements sur la situation des Bouches de Cattaro, et, s'il est vrai que les Autrichiens s'en soient emparés, je dois déclarer à l'officier qui les commande qu'il n'a pu les occuper sans violer un des articles principaux des préliminaires. Je le sommerai dès lors d'évacuer sur le champ les Bouches de Cattaro, le menaçant, s'il s'y refusait, d'occuper toutes les îles de Dalmatie et d'agir hostilement contre les troupes de S. M. I., de m'emparer des bâtiments qui servent au transport de leurs vivres, ainsi que de leur convoi. Je conduirai ces bâtiments à Corfou où ils resteront sous séquestre jusqu'à ce que le commandant autrichien ait évacué un territoire qu'il n'aurait pas dû occuper.

Le départ de Brueys fut retardé jusqu'au 20 vendémiaire (11 octobre), mais sa traversée fut rapide. Cependant les Autrichiens avaient été mis sur leurs gardes; c'est peut-être là une des raisons qui avaient porté Rukavina à partir avec tant de hâte. Quand les Français arrivèrent à Raguse le 29 vendémiaire (20 octobre), l'occupation de Cattaro par Rukavina était terminée, et depuis quinze jours ce général avait regagné la Dalmatie en laissant à Cattaro le gouverneur civil, comte de Thurn, et le général Brady, nommé commandant de l'Albanie.

Le 23 octobre, l'abbé Milissich, consul impérial à Raguse, annonçait au comte de Thurn qu'une escadre de neuf navires français était à Calamotta [5]. Quel était le but de cette démonstration navale?

Thurn et Brady l'apprirent le lendemain en recevant la sommation suivante [6] :

1. Ces îles du Levant ne peuvent être que les îles Ioniennes, mais alors on ne comprend pas la réclamation, puisque les îles Ioniennes figurent expressément à l'art. secret n° 2 des préliminaires. | 2. A. E., Venise, 367. | 3. A. M. Campagnes. 1797, BB4, n° 115. | 4. Voir ch. VII, la réponse donnée par le Sénat aux offres de Brueys. | 5. Z. L., 1797-98, VI, 1111, 1290. | 6. Z, L., 1797-98, VI, 1290. — R. P., 1797. — A. M., 1797, BB4, n° 115.

LIBERTÉ   ÉGALITÉ

A bord du *Guillaume Tell*, le 30 vendémiaire an VI républicain.

Le contre-amiral Brueys, commandant les forces navales de la République dans la Méditerranée,

Au commandant des troupes impériales à Cattaro.

Monsieur le Commandant, je viens d'apprendre avec surprise que vous vous étiez emparé des Bouches de Cattaro.

Vous ne devez pas ignorer que vous ne pouvez les occuper sans violer un des articles principaux des préliminaires de paix qui existent entre S. M. I. et la République française.

Je vous somme donc..., etc. (le texte de la sommation reproduit identiquement les termes de la dépêche citée plus haut).

J'attends une réponse prompte, catégorique et positive.

Salut et considération.

Thurn et Brady furent très intimidés par une mise en demeure aussi menaçante. Résister était impossible; que pouvaient faire une corvette et quelques galères contre une flotte comme celle de Brueys? Il fallait avant tout gagner du temps et déposer la peau du lion pour prendre celle du renard.

Cavallar, consul impérial à Ancône et secrétaire du gouvernement de Cattaro, partit sur l'heure pour Calamotta; il était porteur de la lettre suivante [1] :

A bord de la *Zaïre*, ce 24 octobre 1787.

Le général baron de Brady au contre-amiral Brueys.

Monsieur l'Amiral, je viens de recevoir dans ce moment votre lettre du 30 vendémiaire dans laquelle vous me mandez qu'en occupant les Bouches de Cattaro, j'ai violé un des articles principaux des préliminaires de paix qui existent entre la République Française et S. M. I., et vous me sommez de les évacuer sur le champ.

J'ai l'honneur de vous assurer, Monsieur, que je suis très éloigné de violer le moindre de ces articles secrets dont le contenu ne m'a jamais été communiqué.

L'occupation des Bouches de Cattaro par les troupes de S. M. I. était simplement un effet de la sollicitation de la nation qui, selon ses anciens privilèges ratifiés par le ci-devant gouvernement de Venise, possède le droit de se mettre sous la protection de telle puissance qui lui plairait; c'est pour vous en convaincre que je vous envoie les statuts authentiques pour constater ce fait, de même que la proclamation du général commandant le corps d'armée, à l'époque

1. Z. L., *l. c.* — A. M., *l. c.*

de son entrée dans cette province, qui prouve d'avoir simplement cédé aux sollicitations et vœux de la nation.

Mais, en cas que vous regarderiez cette occupation provisoire comme une violation des articles préliminaires de la paix, qui me sont inconnus, et que vous insistiez sur l'évacuation de cette province, je demande dix jours pour l'effectuer en conformité de l'article préliminaire que vous m'avez communiqué.

J'ai l'honneur...

P. S. — M. Cavallar, commissaire du gouvernement de Sa Majesté à Ancône, est chargé de vous remettre cette lettre et de vous communiquer les documents en question.

Les raisons que donnait Brady ne furent pas agréées; Cavallar l'annonça à Brady dans une dépêche du 25, écrite à bord du *Guillaume Tell*, mais Brueÿs accorda le délai de dix jours demandé par Brady, et le lui notifia en ces termes [1] :

> 5 brumaire an VI (26 octobre).

Je compte si positivement sur la parole que vous me donnez d'évacuer sous dix jours, au plus tard, les Bouches de Cattaro, que je mets en liberté les bâtiments que j'avais provisoirement arrêtés en attendant votre réponse, et je vous promets de ne commettre aucun acte d'hostilité contre les troupes de S. M. I. à moins qu'il y eût une nouvelle rupture ou que vous manqueriez (ce que je suis bien éloigné de croire) à la promesse que vous me faites de vous retirer de cette province.

Les ordres que j'ai reçus du général Bonaparte étant précis sur l'évacuation des Bouches de Cattaro par les troupes impériales, je ne puis que vous réitérer ce que j'ai eu l'honneur de vous dire à ce sujet. J'ose vous garantir, au surplus, que les Français n'ont aucune intention de les occuper.

Je vais continuer ma route dès que le vent me le permettra, en laissant seulement ici une frégate pour m'instruire du moment où vous aurez évacué les Bouches de Cattaro, afin de pouvoir en rendre compte au général en chef.

Croyez, Monsieur, au désir sincère que j'ai de voir consolider l'amitié qui existe entre nos deux nations par une paix durable que tout semble présager.

Cavallar, porteur de cette réponse, rentra à Castelnuovo, et voici comment il traduit à ses chefs ses impressions sur les projets des Français [2] :

Le général français part pour Corfou; il n'a aucune intention d'entrer en hostilités et de débarquer à Cattaro, car il regarde la paix comme très prochaine. J'ai vu les ordres dont il est porteur, ils sont conformes au texte de la sommation; il ne doit réclamer qu'une chose : l'évacuation des Bouches par nos troupes. Quant à lui, il n'a pas l'intention d'y mettre le pied, et le voudrait-il

---

1. Z. L., 1797-98, II, 1430. | 2. Z. L., 1797-98, VI, 1104.

qu'il ne le pourrait pas, car il ne dispose, en fait de troupes de débarquement, *que de 1.200 cispadans* [1], force insuffisante pour tenter la conquête des Bouches.

Brueys a pris comme argent comptant la parole d'honneur du général Brady, et, par suite, il a mis aussitôt en liberté les navires qu'il avait saisis ; si on lui manquait de parole, il serait disposé à occuper les îles Dalmates.

Thurn profita du rétablissement des communications pour gagner Zara, où il serait plus près de Vienne et de Passeriano ; pour plus de sûreté, il fit sa traversée sous pavillon turc.

En quittant Cattaro, Thurn avait laissé des instructions et de pleins pouvoirs à Brady et au comte Voïnovich ; ce dernier, voulant aider les Autrichiens à sortir de la position fâcheuse où ils se trouvaient, écrivit au nom de Thurn au Vladika Pierre de Monténégro [2] :

Illustrissime et Révérendissime Seigneur Archevêque, ami pour lequel je suis plein d'estime.

Voici l'occasion de donner une preuve éclatante du dévouement et de l'amitié dont Votre Seigneurie Illustrissime et Révérendissime fait profession envers notre très auguste Empereur.

Le général Brueys, commandant de la flotte française, est dans les eaux de Raguse et m'a fait aujourd'hui sommation d'évacuer sans retard les Bouches de Cattaro.

La sainte religion que nous professons et qui nous unit en frères, l'amour de notre commune patrie, l'intérêt du bonheur de l'Etat ne me laissent nul doute sur l'assistance efficace que je me crois en droit d'attendre de la valeureuse nation monténégrine. J'ai la confiance que Votre Seigneurie Illustrissime et Révérendissime nous permettra d'éprouver par les actes la mesure de son amitié et qu'elle s'unira à nous pour organiser ensemble la résistance à l'ennemi commun, destructeur de la religion et des lois les plus saintes de la société.

La lettre se terminait par une invitation faite au nom du comte de Thurn à se concerter avec le général Brady, gouverneur de Cattaro.

Cette démarche tentée auprès du Vladika n'était pas isolée ; de tous côtés, les agents de Voïnovich se répandirent en annonçant que les Français allaient débarquer, mettre le pays à feu et à sang, si on laissait les garnisons autrichiennes se retirer. Il en résulta des manifestations populaires qui permirent à Brady de donner à Brueys, le 4 novembre, les explications embarrassées qu'on va lire [3] :

Monsieur l'Amiral, aussitôt après avoir reçu votre réponse, en date du 26 octobre, je me suis empressé, pour remplir mes engagements, de mettre en

---

1. Il y a dans le texte original *1.200 einfacher cispadaner*, que le prof. Erber traduit : *1200 seiocchi cispadani*, 1.200 imbéciles cispadans. Il nous semble que la version donnée plus haut est plus exacte. | 2. Z. L., 1797-98, II, 1091. | 3. Z. L., 1797-98, IV, 1091. — A. M., *l. c.*

marche les troupes de S. M. placées sous mes ordres, de les embarquer et de prendre les mesures nécessaires pour évacuer les Bouches de Cattaro.

A peine le peuple de cette province s'est-il aperçu que mon intention était de l'abandonner, qu'il a pris les armes, et, accourant en foule, m'a déclaré que les troupes de S. M. devaient rester avec lui, ou que nous serions tous les victimes de sa fureur et de son attachement au nouveau souverain qu'il a appelé en usant d'un privilège incontesté.

Dans cette circonstance critique, craignant d'éluder la promesse que je vous ai donnée et de violer l'article préliminaire que vous m'avez communiqué, et exposé à la fureur d'une nation nombreuse, grossière et pleine de ressources, à laquelle s'est jointe la population du Montenegro, j'ai convoqué les députés des différents comtés et districts, je leur ai rappelé que, lorsque le général Rukavina était arrivé dans l'Albanie avec les troupes de S. M. I., ce n'avait été qu'à leur sollicitation, et pour maintenir leur repos et calme intérieur; je leur communiquai en même temps la lettre que vous m'avez fait l'honneur de m'écrire, et je cherchai à les convaincre qu'un retard, en me faisant manquer à ma parole, me rendrait coupable vis à vis de vous et serait une transgression à l'article préliminaire dont vous m'avez fait part, mais qui d'ailleurs m'est tout à fait inconnu.

Tous les moyens de persuasion que j'employai vers cette nation déterminée furent inutiles, et pour vous donner une preuve authentique de tous les ressorts que j'ai mis en usage pour tenir ma parole, je vous envoie quatre députés de cette province qui seront l'organe de leurs concitoyens vis à vis de la nation française, et vous feront part de leur résolution qu'ils veulent soutenir à tout prix. Ces députés sont chargés de s'adresser même personnellement au général Bonaparte, et, à cet effet, je vous prie de vouloir bien leur faire donner les passeports et sauf-conduits pour assurer leur voyage.

Veuillez, Monsieur l'Amiral, jeter un coup d'œil sur ma position et la juger en militaire. Habitué à regarder ma parole comme sacrée, et l'ayant toujours remplie d'après ce principe, je me vois forcé d'en arrêter l'effet pour sauver les troupes de S. M. I., qu'un signe ferait toutes massacrer; la nation au milieu de laquelle je me trouve ne connaît d'autre raisonnement que sa propre force, ses armes, son opiniâtreté à soutenir une résolution, et son naturel qui la porte à sacrifier tout ce qui lui porte ombrage. Mes dispositions pour évacuer la province ont éveillé leur attention, et, m'étant rendu suspect à toute la nation, il ne me reste dans ce danger d'autre parti à prendre que de rester où je suis et d'attendre les évènements en soldat, vous promettant de ne pas commencer les hostilités et bien persuadé en outre que cette circonstance forcée et cette occupation provisoire ne porteront aucun empêchement à l'amitié que vous présagez devoir bientôt réunir les deux nations, puisque, je le répète, bien loin de vouloir conquérir cette province, nous nous sommes simplement rendus à sa sollicitation. Dans cette position critique, à laquelle se joint mon éloignement et l'impossibilité de recevoir les ordres de S. M. I. et de mon commandant en chef, il ne me reste d'autre adoucissement, Monsieur l'Amiral, que l'espérance d'avoir mérité par ma conduite l'estime d'un militaire aussi distingué.

Les choses en étaient là quand arriva de Zara un courrier porteur de la nouvelle officielle de la paix. La paix est signée.

Brady fut félicité de la façon adroite dont il était sorti d'un aussi mauvais pas. Il nous sera difficile de ne pas apprécier différemment sa conduite et de ne pas juger sévèrement un soldat qui fait aussi bon marché de sa parole d'honneur.

La paix avait été signée à Campo-Formio dans la nuit du 17 au 18 octobre 1797 (27 vendémiaire an VI)[1]. L'article 6 reconnaissait à l'Empire la possession en toute souveraineté et propriété des pays ci-après : l'Istrie, la Dalmatie, les Bouches de Cattaro, la ville de Venise, ses lagunes et le pays de terre ferme jusqu'au lac de Garde et à l'Adige, en laissant à la République cisalpine Mantoue et Peschiera, deux des places qui constituaient le quadrilatère.

1. Koch et Schoell, o c., p. 50.

CHAPITRE IV

LA QUESTION DES PRIVILÈGES

§ I. Thurn et Rukavina; les privilèges. — § II. La Poglizza; son passé; sa constitution; résistance aux Autrichiens. — § III. Le parti hongrois; son origine; sa composition; ses manœuvres. La police autrichienne. Défaite du parti hongrois.

§ I. Thurn et Rukavina

Nommé dès les derniers jours de juillet 1797 au poste de gouverneur civil de la Dalmatie, le comte Raymond de Thurn avait attendu à Goritz les instructions de Thugut, son supérieur et en même temps son ami, et c'est seulement le 8 août qu'il s'embarqua à Trieste pour se rendre dans sa province.

Les vents contraires, qui semblaient s'acharner contre les Autrichiens, le retinrent six jours entiers en route, et c'est le 14 seulement qu'il put débarquer à Zara [1]. « J'ai enfin mis pied à terre, » écrit-il à Thugut le lendemain [2], « nous avons eu à lutter six jours contre un sirocco obstiné, et, « après six jours d'une fastidieuse navigation, je suis arrivé hier, à quatre « heures de l'après-midi..., je prévois que je devrai m'arrêter ici plus long-« temps que je ne l'avais pensé : une foule d'affaires me réclament; il « faudra organiser ce que l'on fera dans l'avenir et désorganiser ce qui a « été mal fait jusqu'ici. »

Premiers actes de Thurn.

Ses premières plaintes.

En parlant de *désorganiser ce qui avait été mal fait,* Thurn faisait aussi bien allusion aux vices essentiels de l'ancienne administration vénitienne qu'aux irréparables maladresses du général Rukavina. Peut-être le témoignage d'un adversaire politique est-il suspect, mais il est impossible de ne pas constater que, dès le premier jour, Thurn s'élève avec indignation contre la conduite de son prédécesseur; il l'accuse à la fois d'avoir été faible et violent; faible en ne châtiant pas les véritables auteurs du mouvement anarchique, violent en traitant durement des citoyens inoffensifs dont les réclamations étaient pour lui déplaire; les plaintes affluaient : curés et magistrats, malmenés par les soldats, individus arrêtés sans qu'on sût le motif de leur détention, députés venus pour apporter la soumission de

1. Z. L., 1797, II, 24. | 2. W. S., Août 1797.

leurs compatriotes et frappés, comme ceux du district de Narenta, ou jetés en prison, comme ceux de l'île de Brazza [1].

Des réparations éclatantes furent accordées immédiatement, et une enquête fut faite le 20 août dans les prisons de Zara [2]; voici comment Thurn en rend compte dans une lettre à Thugut :

« Depuis l'installation du gouvernement militaire, aucune affaire n'a « été instruite ; sur trente-six prévenus, huit n'ont pas encore été interro- « gés, même sommairement; contre quatre, il n'existe même aucune « plainte. J'en ai fait élargir trente-deux, entre autres les malheureux « députés de Brazza [3]. »

« Parmi plus de deux cents condamnés, il y en a peut-être cinquante « qui ont fini leur peine, l'un d'eux depuis cinq ans [4]. »

Mais Thurn avait deux griefs autrement graves contre Rukavina. Le premier était d'avoir accordé partout, aveuglément, sans restriction aucune, le maintien de tous les privilèges : le gouvernement se trouvait lié, et il n'était pas de ceux qui reprennent d'une main ce qu'ils ont donné de l'autre, même s'ils ont donné à tort. Nous verrons les conséquences de cette concession irréfléchie. *Deux griefs importants.*

Enfin ce qu'on reprochait le plus amèrement à Rukavina, c'est que, Hongrois de cœur, il s'était fait le chef du parti qui, au nom du droit historique, demandait l'annexion de la Dalmatie aux pays de la couronne de Saint-Etienne.

Ainsi Rukavina avait déterminé deux courants qui allaient retarder, on ne savait pour combien de temps, l'incorporation intime de la Dalmatie aux pays autrichiens. Qu'ils restassent attachés à leurs privilèges, réclamant une quasi-autonomie, qu'ils se tournassent du côté de ces Hongrois remuants dont on commençait à voir se prononcer les intentions sépara- tistes, les Dalmates se préparaient à devenir pour l'empereur des sujets indociles, peut-être rebelles. Quelles que dussent être les suites de cette mauvaise entrée en campagne, il en résultait une désunion profonde entre les deux hommes chargés d'assurer la paix dans le pays.

Thurn triompha de la première difficulté, celle qui résultait de la recon- naissance des privilèges, à force d'habileté, et, disons le mot, à force de faiblesse : cette question des privilèges va se retrouver à chaque page de *Les pri- vilèges.*

1. Z. L., 1797-98, XVI, 417, 518, 636. | 2. Z. L., 1797-98, XIV. | 3. W. S., 1797, 5 août. | 4. Le comte de Thurn ignorait la cause de ce qu'il attribuait à la négligence de l'administration. Le gouvernement allouait aux prisonniers, pour leur nourriture, une somme manifestement insuffisante, et le gardien fournissait le surplus ; mais quand un condamné avait fini sa peine, il devait indemniser le gardien, et s'il ne pouvait le faire, il restait en prison, non plus comme condamné, mais comme débiteur, aussi longtemps qu'il n'avait pu rembourser ses frais de nourriture.

cette étude; c'est par une reconnaissance de privilèges que l'empereur François Ier rétablira le calme aux Bouches de Cattaro en 1815, et de 1797 à 1815, nous verrons les intérêts de quelques privilégiés influer sur toutes les affaires qui attireront notre attention; l'histoire de la Dalmatie pendant ces dix-huit ans pourrait s'appeler : *Une lutte pour les privilèges*, et la politique autrichienne consistera à vivre en bonne harmonie avec eux, tout en cherchant à les faire disparaître.

Nous ne pouvons cependant entreprendre ici l'historique et l'énumération de tous ces droits revendiqués à tort ou à raison par chacun des habitants de la Dalmatie; nous nous bornerons à étudier ici les privilèges d'une communauté, d'une des mieux partagées, il est vrai, du Comté ou République de Poglizza, et cet exemple suffira pour faire comprendre l'étendue du mal qui dévorait le pays et entravait son développement économique et social; nous serons ensuite à même de mesurer l'étendue des difficultés que rencontreront les intentions bienfaisantes d'hommes éclairés, comme furent le comte de Thurn, le comte de Goëss et plus tard le provéditeur Dandolo.

§ II. La Poglizza.

La Poglizza (ou mieux Poljiča) est une région montagneuse nettement délimitée par la dernière partie du cours de la rivière Cetina[1]; elle forme un triangle : deux côtés de ce triangle sont constitués par la rivière qui tourne suivant un angle aigu à Duare, avant d'aller se jeter dans la mer à Almissa; une ligne menée de Salone à Klissa et à Sinj constitue le troisième côté de la figure. Le massif montagneux a nom le Mossor (*Mons Aureus*), il est formé de plusieurs chaînes entre lesquelles coulent de petites rivières qui ont grand'peine à se frayer un chemin pour gagner la mer.

En 1797, la Poglizza se composait d'une douzaine de bourgades peuplées par environ 6.000 habitants. Nous n'aurions rien à dire de ce petit coin de terre si son passé historique, ses traditions et ses futures destinées ne nous invitaient à l'étudier avec quelque attention[2].

Son passé.

La Poglizza devait à sa configuration géographique d'avoir toujours conservé son unité au milieu des révolutions dont la succession constitue toute l'histoire ancienne de la Dalmatie[3]; ce district aux pentes abruptes s'était trouvé protégé contre les invasions qui submergeaient autour de lui les plaines et le littoral, et ainsi les habitants ont conservé dans leur pureté tous les caractères ethnographiques, auxquels on les reconnaît encore aujourd'hui parmi les autres Dalmates. Obligés à n'avoir que le minimum

---

1. Voir la carte n° III. | 2. Dans cette brève étude nous suivons, en l'analysant, le savant travail du prof. T. Erber, *la Contea di Poglizza*, Zara, 1888. | 3. Il est curieux de remarquer les analogies de toute sorte que la Poglizza présente avec la Kabylie.

de relations nécessaires avec leurs voisins, les Poglizzains étaient devenus industrieux, ils avaient défriché leurs terres, d'un sol moins ingrat peut-être qu'ailleurs, et de ces efforts était née une civilisation qui, pour être primitive, ne manquait pas cependant d'originalité.

Sans vouloir rapporter les vieilles légendes qu'il faudrait ensuite interpréter, nous dirons seulement qu'au début du xvᵉ siècle, la Poglizza formait un petit état féodal dépendant des rois de Hongrie. Les premiers membres de son aristocratie territoriale et militaire se disaient d'origine bosniaque; à côté d'eux s'étaient établies postérieurement des familles nobles hongroises (ou pour parler exactement esclavonnes) qui, grâce sans doute à l'influence du suzerain, le roi de Hongrie, avaient obtenu des privilèges égaux à ceux des nobles bosniaques.

Le milieu du xvᵉ siècle vit s'écrouler la domination hongroise au sud de la Save et du Danube, et les Vénitiens, maîtres du littoral en profitèrent pour faire accepter aux Poglizzains leur protectorat; c'est ainsi que pendant quarante ans (1444-1483), un comte vénitien gouverna la Poglizza au nom de la République; mais ce régime ne dura pas, le comte vénitien fut éconduit et les Poglizzains commencèrent à se gouverner eux-mêmes; il n'y eut cependant pas une rupture proprement dite avec Venise, ou, s'il y en eut une, elle ne fut pas de bien longue durée, car nous voyons le Comte-Grand de Poglizza conduire un contingent au secours de Venise pendant les guerres de la ligue de Cambrai (1509-1512); il est traité par le Sénat comme prince allié de la République.

Si les Vénitiens n'avaient pas témoigné de rancune aux Poglizzains, à cause de leurs visées indépendantes, c'est que les Turcs avançaient vers l'Ouest et que des rigueurs eussent jeté ces sujets seulement insubordonnés dans le parti des infidèles; au contraire, ménagés par Venise, les Poglizzains combattirent les Turcs à côté des Vénitiens aussi longtemps que la lutte fut possible, c'est-à-dire jusqu'en 1541. A cette époque, les Vénitiens durent abandonner le littoral aux Turcs, en s'enfermant dans quelques villes maritimes, et les Poglizzains, enveloppés par les possessions ottomanes, durent se résoudre à faire leur soumission. On leur fit les conditions réservées aux braves et, moyennant le paiement d'un tribut, on leur laissa leur autonomie, le droit de choisir leurs chefs comme par le passé et celui de s'administrer selon leurs coutumes.

Ils vécurent ainsi un peu plus d'un siècle, sous la dépendance nominale du *sandjak* de Klissa, défendant avec âpreté leurs privilèges et le plus souvent en révolte contre leurs nouveaux maîtres. En 1647, la guerre éclata entre le sultan et Venise, les Vénitiens recouvrèrent une partie de la Dalmatie, et, bien qu'elle fût formellement exclue de la zone rétrocédée par les Turcs, la Poglizza ne s'en regarda pas moins comme émancipée.

Les Turcs pensèrent judicieusement que cela leur coûterait bien cher de se mettre en campagne pour reconquérir cette ombre de suzeraineté, ils se crurent peut-être même vengés en pensant que leurs ennemis les Vénitiens allaient avoir à gouverner ces tribus inquiètes et, tout en déclarant solennellement qu'ils réservaient leurs droits, ils ne prirent aucune mesure pour appuyer leur protestation.

Les Vénitiens ne pouvaient demander à des sujets qui se donnaient librement plus que les Turcs n'en avaient pu imposer à des vassaux assujettis par le droit de la guerre. Ils confirmèrent tous les privilèges de la Poglizza, se contentèrent d'un tribut modique, qui fut rarement payé, et créèrent deux compagnies de gardes poglizzains qui devaient servir sous des officiers de leur race sur la portion de frontière limitée, au nord, par la Kerka, et, au sud, par la Narenta. L'appel des jugements rendus par les juges poglizzains devait être porté devant le comte de Spalato, mais ce signe de vasselage déplaisait aux Poglizzains, et ils inventèrent mille moyens d'éluder cette obligation qu'ils regardaient comme attentatoire à leurs droits.

Constitution de la Poglizza.   La Poglizza demeura donc en possession de sa vieille constitution que nous essayerons de résumer en quelques lignes. L'autorité suprême était confiée au *Comte-Grand*, élu pour un an, et responsable, à sa sortie de charge, des actes de son administration; les pouvoirs du comte étaient illimités. Il devait visiter trois fois dans l'année de sa magistrature le pays tout entier et juger tous les procès civils et criminels qui lui seraient soumis; il recevait à chacune de ses tournées trente moutons qui, avec la moitié des amendes et des frais de justice, constituaient l'émolument attaché à ses fonctions.

Le *voïvode* était le lieutenant du Comte-Grand; si celui-ci représentait le pouvoir législatif et judiciaire, le voïvode était détenteur du pouvoir exécutif, c'était à lui de faire rentrer les impôts et exécuter les sentences.

Enfin quatre *procureurs* élus partageaient avec le Comte-Grand le souci du gouvernement, et un *chancelier*, nommé à vie, tenait la plume; le chancelier était ordinairement un prêtre, et presque toujours il était le seul qui sût lire et écrire. La réunion de ces sept fonctionnaires constituait ce qu'on appelait la *Banca*.

Le pays était divisé en douze comtés, et chacun de ces comtés était gouverné par un *Comte-Petit*.

Les élections annuelles se faisaient le 23 avril, jour de saint Georges; les nobles se réunissaient dans un pré voisin de Gradać : c'était l'assemblée nationale ou *Sbor*. Les nobles bosniaques et les nobles hongrois formaient deux collèges électoraux séparés; les bosniaques choisissaient parmi les hongrois le Comte-Grand et deux procureurs; le voïvode et les deux autres procureurs étaient nommés par les hongrois parmi les bosniaques. Quand le résultat était connu, le nouveau Comte-Grand revêtait les insignes de son rang : la *jacerma*, ou tunique en velours violet brodé d'or, le dolman à boutons d'argent ciselé, le *kalpak* de velours noir et le grand manteau (*kjurak*) de drap rouge ; on lui remettait la cassette où étaient renfermés les lois, statuts et privilèges de la République[1] et l'assemblée se séparait aux acclamations du peuple réuni sur les hauteurs voisines.

C'est ainsi que les choses se passaient en théorie, mais souvent l'assemblée électorale était tumultueuse, et l'on ne se séparait qu'après une bataille en règle.

Un personnage qui n'appartenait pas à la Banca, mais dont l'influence était immense, était le *vicaire*, ou représentant de l'archevêque de Spalato ; dans ce pays où les prêtres étaient fort nombreux et très supérieurs à leurs concitoyens par le niveau intellectuel, le clergé jouissait d'une autorité presque absolue, et si le vicaire n'avait en droit que le privilège de départager par son vote les assemblées où les voix se divisaient également, en fait, c'était lui qui dirigeait par ses conseils le comte et ses coadministrateurs.

Au dessous de la classe noble venaient les *paysans libres* qui n'avaient aucun droit politique, mais pouvaient posséder des biens fonds, se livrer au commerce ou à l'industrie.

Les *colons*, descendants d'immigrés arrivés après la division du sol, étaient attachés à la terre qu'ils devaient cultiver pour le compte des propriétaires en versant une contribution déterminée par des usages locaux et qui variait suivant la situation du domaine et la nature des cultures. Les colons pouvaient délaisser leurs terres, mais à condition d'abandonner le pays, et la loi ne leur permettait d'emporter autre chose que ce que la pitié de leurs maîtres leur donnait à titre d'aumône ; par compensation le propriétaire ne possédait le droit d'éviction que dans le cas de non payement des fermages. C'était la seule garantie accordée à la classe des colons.

Enfin aucun droit n'était accordé aux *esclaves* qui descendaient probablement de prisonniers faits à la guerre ; ils rentraient dans la catégorie des choses plutôt que dans celle des personnes.

Les *étrangers* pouvaient résider en Poglizza, mais seulement comme serviteurs d'un indigène ; si celui-ci cessait de les employer, ils devaient sortir immédiatement du pays.

Telle était l'organisation de cette petite République aristocratique lors-

---

1. Cette précieuse cassette fut emportée par le Comte-Grand Zovich, quand il partit, en 1807, pour se réfugier en Russie. Si l'on venait à la retrouver, on y découvrirait de bien curieux documents historiques.

qu'elle se plaça, en 1647, sous la protection des Vénitiens; telle elle était encore, cent cinquante ans plus tard, quand la Dalmatie passa des Vénitiens aux Autrichiens.

On s'explique sans peine comment la Poglizza resta paisible pendant la période anarchique. L'autorité était forte, et, si malheureuse que fût leur situation, les colons ne songèrent pas à se révolter; tout au plus quelques-uns se joignirent-ils aux bandes qui essayèrent, à la faveur des désordres, de piller les maisons riches de Spalato.

Marc Zulievich, Comte-Grand récemment élu, envoya une députation au général Rukavina, qui reçut l'hommage de fidélité des Pogglizzains, et leur promit formellement le maintien de tous leurs privilèges.

La Po-
glizza et les
Autrichiens.
En novembre, le Comte-Grand se rendit à Zara avec le voïvode et plusieurs membres de la Banca pour prêter serment entre les mains du comte de Thurn; en échange on garantissait à la Poglizza une complète autonomie : le tribut fut fixé à 300 realï, soit 3.000 livres dalmates ou 600 florins autrichiens [1].

C'est alors seulement que les Autrichiens reconnurent que les concessions accordées étaient exorbitantes : il restait enclavé dans les possessions impériales un territoire qui ne reconnaîtrait aucun droit au gouvernement ni dans l'ordre administratif, ni dans l'ordre judiciaire, ni dans l'ordre financier; moyennant un impôt dérisoire de six kreuzers par tête et par an, les 6.000 habitants de la Poglizza jouissaient du droit d'importer et d'exporter en franchise toutes les marchandises soumises ailleurs à de gros droits de douane; de plus, ce district, soustrait à toute surveillance, allait devenir plus que jamais un repaire de bandits qui y trouveraient l'impunité et un refuge certain après avoir commis leurs exploits.

Lutte de
Thurn con-
tre les privi-
lèges de la
Poglizza.
Le comte de Thurn, voulant mettre fin à une situation qu'il jugeait d'un mauvais exemple pour tout le pays, se résolut donc à faire un coup d'éclat : il profita de la venue à Zara d'une nouvelle députation de la Poglizza, et rendit, le 21 juin 1798, un décret où, tout en protestant de son respect pour les privilèges de cette contrée, il s'arrangeait de manière à les anéantir : la Banca restait en possession de toutes ses attributions mais il lui était adjoint un fonctionnaire impérial qui, avec le titre de secrétaire, avait à contrôler la marche des affaires. Le tribunal de Zara devait recevoir les appels, et pour que ses membres pussent se prononcer sur les litiges qui leur seraient soumis, toutes les pièces de procédure devaient être rédigées en italien. Le séminaire de Priko, où soixante jeunes gens faisaient leurs études ecclésiastiques, était placé sous la direction du gouvernement. Enfin, pour mettre un terme aux désordres qui avaient si

1. Z. L., Nov. 1797.

souvent troublé et ensanglanté les assemblées électorales, toute distinction entre nobles bosniaques et hongrois était désormais supprimée.

Le comte de Thurn sut présenter son décret aux intéressés avec tant de dextérité que pas un ne vit le piège, et que tous prêtèrent serment sans soupçonner qu'ils souscrivaient à la ruine de leur indépendance.

Mais quand ils furent rentrés chez eux, et que commencèrent à s'appliquer les innovations, ils constatèrent que leur autorité était anéantie, et le comte de Thurn s'aperçut qu'il s'était réjoui trop tôt de sa victoire.

Le 24 janvier 1799, une troisième députation se présentait à Zara, non plus pacifique et confiante comme les deux précédentes, mais inquiète et presque menaçante : supprimer les abus, ils étaient tous disposés à s'y prêter, mais toucher à leurs droits, c'est ce qu'ils ne permettraient à aucun prix. Ils reprirent alors un à un tous les articles du décret du 17 juin et montrèrent que chacun d'eux attentait à quelqu'un des privilèges reconnus solennellement par Rukavina.

Or, en ce moment, la guerre allait éclater de nouveau entre la France et l'Autriche; indisposer une tribu puissante, riche et belliqueuse, c'était s'exposer à mettre la Dalmatie en feu : telles furent les conclusions du rapport présenté le 9 février par le Conseiller Pasquali[1] et, le 13 avril, paraissait un nouveau décret où, au milieu de formules enchevêtrées, il était dit clairement, pour qui savait lire entre les lignes, que toutes les réformes tentées par le comte de Thurn étaient abandonnées. Les Poglizzains ont gain de cause

Les Poglizzains avaient remporté une victoire; ils en abusèrent avec insolence, et, profitant des embarras toujours croissants de l'Autriche, ils se montrèrent intraitables; ils amassaient ainsi sur leurs têtes les nuages orageux d'où devaient tomber les foudres de Napoléon.

Un décret de 1798, concernant le monopole des tabacs, interdisait la libre culture : les Poglizzains exigèrent et obtinrent que cette interdiction ne s'appliquât pas à leur territoire, et ils purent impunément se livrer à la contrebande.

Les privilèges de la Poglizza étaient personnels, et tous les nobles poglizzains domiciliés, même de temps immémorial, hors de leur patrie déclarèrent qu'ils devaient participer à toutes les immunités dont jouissaient leurs compatriotes restés en Poglizza : on dut leur céder, et l'on ne put que mettre une digue à ce flot de revendications; le 21 mai 1799, le Comte-Grand promit de faire dresser la liste complète de tous les nobles poglizzains établis en Dalmatie; on empêcherait ainsi beaucoup d'individus de se soustraire aux charges publiques en se donnant une qualité à laquelle ils n'avaient nul droit.

1. Z. L. 1799.

En 1800, les Poglizzains établis dans l'île de Brazza obtinrent de se faire reconnaître exempts des corvées auxquelles tous les habitants de l'île, même les nobles, étaient soumis en temps de guerre.

A partir de 1801, le Comte-Grand Zovich refusa de rendre le pouvoir et se fit maintenir en charge d'année en année jusqu'en 1807. Ces réélections successives ne se firent pas sans querelles et sans effusion de sang, mais la minorité opprimée préféra subir le joug d'un compatriote ambitieux, plutôt que de demander aux Autrichiens d'intervenir; la Poglizza fut donc pendant six ans en proie à la guerre civile.

Enfin, un droit que Venise avait toujours exercé, c'était celui de lever des soldats en Poglizza. En 1798, quand se firent les premières levées régulières, le recrutement fut arrêté en Poglizza par les privilèges locaux : le service n'était dû qu'en temps de guerre. En 1799, la guerre avait éclaté et le prétexte n'avait plus de valeur; mais les Poglizzains prouvèrent que leurs privilèges leur donnaient le droit de ne partir que les derniers, sous la conduite de leurs propres chefs, et que, de toute façon, ils avaient le droit de ne pas servir hors de la zone bornée par la Kerka au nord et la Narenta au sud : c'était cette ligne de frontières dont le Sénat de Venise leur avait confié la garde; c'était encore celle-là qu'ils prétendaient défendre. On leur représenta que les ennemis de Venise étaient les Turcs, et que ceux de leur nouveau maître étaient les Français; que le théâtre de la guerre ne serait pas l'Herzégovine, mais la vallée du Pô. Ils se retranchèrent derrière l'interprétation pharisaïque de leurs privilèges, et ne sortirent pas de chez eux.

La Poglizza fut donc pour le gouvernement impérial une possession ingrate d'où l'on ne put tirer, en huit ans, ni impôts ni soldats ; où l'autorité fut perpétuellement bafouée, et d'où partaient des exemples continuels de rébellion qui ne pouvaient que détruire, chez les autres Dalmates, le respect des pouvoirs constitués.

Voilà, en abrégé, l'histoire de la Poglizza jusqu'en 1805, et, par là, il sera permis de juger dans quel dédale de privilèges et de droits exceptionnels s'aventurait l'administration du comte de Thurn, le jour où elle voulait mettre un peu d'uniformité dans le gouvernement du pays ; et comme il fallait un bouc émissaire qu'on pût rendre responsable des insuccès au devant desquels on avait marché, ce fut le général Rukavina qui fut choisi, pour cette raison seule qu'en prenant possession il avait parlé un peu trop vite du maintien des privilèges.

§ III. Le parti hongrois.
Un autre grief mis en avant contre Rukavina était qu'il s'était fait ou laissé faire le champion du « parti hongrois » qui prétendait rattacher la

Dalmatie non aux domaines héréditaires de l'empereur, en tant que prince de la maison de Habsbourg, mais aux possessions qui relevaient de la couronne de Saint-Etienne.

Sans vouloir prendre la défense de Rukavina, nous hésitons à le croire aussi coupable qu'on l'écrivit à Vienne. Nous l'avons vu à l'œuvre : c'était un brave soldat, un peu fanfaron, mais ce n'était pas un profond politique[1] et, mis aux prises avec des diplomates comme Thurn et Thugut, il était condamné à avoir le mauvais rôle.

Cette question était d'ailleurs grosse de difficultés : ce serait la défigurer que d'y montrer seulement la conséquence des menées de quelques officiers plus zélés qu'adroits. Les adhésions provoquées dans le pays n'étaient pas l'effet d'un entraînement irréfléchi; elles avaient leur raison d'être dans l'état même des partis en présence, non seulement en Dalmatie mais dans toute la monarchie austro-hongroise. Aussi, quand on étudie cette question un peu plus à fond, est-on surpris de lui voir prendre une ampleur qu'on était tout d'abord loin de lui soupçonner.

En 1797, le parti de l'autonomie hongroise existait déjà et luttait avec énergie, sans se figurer peut-être l'étendue de la victoire que sa persévérance lui assurerait 70 ans plus tard. Pour le moment, il n'était pas en faveur, et le premier ministre Thugut, élève de Kaunitz, était, comme son maître, un « centraliste » déterminé. Cependant, quand les troupes autrichiennes entrèrent en Dalmatie, les Hongrois ne négligèrent rien pour amener la reconstitution du « Royaume tri-unitaire » de Croatie, Esclavonie et Dalmatie. C'était donc au nom du droit historique qu'ils entraient en campagne. *Origine de la question.*

Il se trouva que le général Rukavina, chargé de procéder à la prise de possession, était un austro-serbe, ancien colonel d'un régiment croate dépendant de la Hongrie, et que le colonel Casimir, son principal lieutenant, était un Hongrois; de plus, le Comte Georges Voinovich, que son influence à Cattaro avait fait devenir le bras droit de Rukavina, était gagné aux mêmes idées.

Dans le pays, un parti important était prêt à arborer le drapeau hongrois.

Nous avons eu l'occasion de se voir manifester les tendances communistes des paysans, qui n'avaient vu dans la révolution de 1797 qu'une occasion de secouer le joug des propriétaires et de détruire les titres qui consacraient les privilèges dont ils se disaient avec assez de raison les vic- *Composition du parti.*

---

1. « Von kurzem politischen Bild, » dit le Prof. Krones, dans son travail « *Ungarn und Dalmatien* » paru dans la « *Neue Freie Presse* » des 15 et 16 déc. 1885. Nous ferons de notables emprunts au Prof. Krones dans la dernière partie de ce chapitre.

times. Par suite, les propriétaires se trouvaient jetés dans le camp opposé, et attendaient du régime féodal hongrois la conservation de leurs droits. Les communautés nobles, dont les intérêts étaient en opposition avec ceux des paysans et des bourgeois, attendirent donc de l'union avec la Hongrie le triomphe de leur cause.

Si les nobles aspiraient à prendre le rang et le titre de magnats, les évêques n'étaient pas sans sympathies pour un état de choses qui leur eût donné une situation analogue à celle des évêques de Hongrie, et les franciscains dalmates voyaient aussi d'un bon œil une combinaison d'où ils n'auraient tiré que des avantages.

Les tenants ecclésiastiques de la Hongrie avaient d'ailleurs une autre raison, d'un ordre moins matériel, pour combattre l'influence autrichienne. Le mouvement des idées philosophiques de la deuxième moitié du xviiie siècle avait provoqué, dans une grande partie de l'Europe, un esprit d'hostilité contre l'Église. L'expulsion, puis la suppression des Jésuites avaient été le signal de mesures qui avaient atteint l'autorité des évêques, et gravement menacé tous les ordres religieux ; or, si Venise avait suivi le mouvement, c'était l'Autriche qui l'avait dirigé, et c'était un Habsbourg qui avait donné son nom au Joséphisme. Par suite, une administration autrichienne, s'établissant en Dalmatie, était suspecte parce qu'on en redoutait les idées joséphistes ; les Hongrois, au contraire, n'avaient jamais donné avec suite dans cette politique, et le clergé de Hongrie avait gardé et ses richesses et sa prépondérance. C'était assez pour que les évêques et les religieux prissent rang dans le parti hongrois.

Voilà quel était le parti. Ses chefs étaient le comte Draganich, de Spalato ; l'archevêque Cippico, de Spalato ; l'évêque Blaskovich, de Makarska, et le Père Dorotich, dont nous avons déjà vu l'activité se déployer en faveur d'une autre cause pendant l'anarchie.

Manœuvres hongroises. Il est inutile de raconter de nouveau ici la campagne menée par Rukavina, Casimir et Voinovich, en juillet et août 1797 ; on se souvient que, s'ils écoutèrent avec impatience les réclamations populaires, ils furent soutenus partout par les nobles, qui voyaient en eux les défenseurs de leurs privilèges et les partisans déclarés de l'union avec la Hongrie. A Spalato, ils trouvèrent le drapeau hongrois arboré sur le château, et c'étaient les trois couleurs hongroises que déployaient les barques amenant des députations. On faisait fête aux soldats des régiments croates, tant parce qu'ils parlaient une langue analogue à celle des Dalmates, que parce qu'ils appartenaient à l'armée hongroise. Il y eut donc un moment où Rukavina crut avoir du premier coup gagné la partie. Pour remercier ses alliés, il déclara solennellement, et à plusieurs reprises, que toutes les concessions arrachées aux nobles pendant l'anarchie étaient nulles[1], et il appuya cette décision de menaces énergiques qui reçurent même un commencement d'exécution : c'est alors qu'il fit arrêter les députés populaires de Brazza[2]; et les députés de la Narenta, ayant formulé des réclamations importunes, furent traités si brutalement que l'un d'eux resta un mois malade à Makarska, à la suite des coups qu'il avait reçus[3]. Rukavina, ne se doutant même pas que sa politique serait mal appréciée à Vienne, écrivait à Thugut, en rentrant à Zara, le 31 juillet[4]:

« Cette province est animée des sentiments du plus loyal attachement envers le roi de Hongrie; pour faire régner l'ordre et la tranquillité, il suffit de régler les détails de l'administration, car j'ai déjà reçu leur serment de foi et hommage au monarque hongrois.....

« Je le répète ici, comme je l'ai dit dans mes précédents rapports ; toutes les classes, en particulier, et la population, en général, ont prêté le serment de fidélité à notre auguste souverain, le roi de Hongrie. J'ai mis toute mon activité à instruire ce peuple : j'ai expliqué du haut de la chaire au peuple rassemblé dans les églises que S. M. l'empereur était aussi roi de Hongrie, Croatie et Dalmatie; j'ai protesté avec serment que j'étais l'envoyé du roi de Hongrie, porteur des ordres et pouvoirs de ce prince, et c'est aussitôt après avoir été convaincu de la vérité de mes assertions que le peuple a prêté serment, mais il s'y serait refusé, s'il n'avait reconnu en moi un compatriote, et si mon nom de famille n'avait été connu dans la province. En conséquence, j'ai assuré aux Dalmates que l'administration hongroise serait établie dans la province, comme elle avait fonctionné du temps de leurs ancêtres, sujets de la couronne hongroise, et cela conformément aux droits de S. M. sur cette province, et au désir unanime exprimé par toute la population. »

Le ministre Thugut fut médiocrement satisfait de cette communication, et écrivit à Thurn[5] : « Vous aurez à combattre le désir inopportun des « Dalmates en faveur d'une réunion à la Hongrie; pour le moment, il ne « peut être question d'aucune innovation. »

Le manifeste de Rukavina n'était pas le seul brûlot lancé par le parti hongrois contre la politique centraliste. Le 10 juillet, l'archevêque, le chapitre et la municipalité de Spalato signaient une pétition demandant l'annexion au royaume hongrois; cette pétition et une pétition analogue venue de Makarska, transmises d'abord au Ban de Croatie, comte Erdödy, furent présentées ensuite par la chancellerie hongroise à l'empereur.

1. Z. L. 1797. I. 6. seq. Traù, 9 juillet. | 2. W. S. Thurn à Thugut, août 1797. | 3. Z. L. 1797. XVI. 417, 518, 636. | 4. Z. L. 1797. VI. 16. | 5. W. S. Thugut à Thurn sept. 1797.

Thugut résuma ses observations dans un rapport du 19 août [1], où il conteste la spontanéité de ces manifestations; il y rappelle, avec quelque
aigreur, que les députés de Zara, partis pour porter la soumission de la
province à Vienne, avaient été arrêtés à Zengg par le colonel Casimir, qui
les avait renvoyés après leur avoir fait prêter serment au roi de Hongrie;
il concluait à un blâme sévère contre Casimir : quant aux pétitions, il
demandait qu'on n'en tînt pas compte. La réponse impériale ne se fit pas

Décision
impériale. attendre. « Serva di notizie e passi *ad acta* », ce qui, dans les formules de
la chancellerie viennoise, signifiait que la pièce serait « classée » et qu'il
n'y serait pas donné suite. « La question d'incorporation, » ajoutait l'empereur pour motiver sa décision, « est prématurée; il n'y a pas à prendre
« de résolution à ce sujet ni maintenant, ni aussi longtemps que le pays
« sera en état d'occupation. Je laisse la direction de toute cette affaire à
« mon ministre des affaires étrangères, et cela jusqu'à ce que je trouve
« bon de prendre une nouvelle décision; la chancellerie hongroise aura
« donc à rapporter directement ces sortes de pétitions à la Chancellerie
« de Cour et d'État [2]. »

La chancellerie hongroise revint cependant à la charge; l'archiduc palatin Joseph, en présentant les pétitions de l'île de Veglia, transmises par le
comte Pazstory, gouverneur de Fiume, y joignit une remontrance de la
lieutenance hongroise conçue en termes assez tranchants : il rappelait « que
« l'empereur, dans la cérémonie de son couronnement comme roi de
« Hongrie, avait juré de reconquérir la Dalmatie et de la faire rentrer
« dans les possessions hongroises [3] ».

Thugut s'en tira en opposant une résistance passive à toutes les entreprises de ses adversaires; il donna de nouvelles instructions à Thurn [4]
plus nettes que les précédentes, arrêta les pétitions à mesure qu'elles lui
étaient présentées, ainsi qu'il y était autorisé par l'empereur, et se promit
de faire expier à Rukavina et à Casimir leur fâcheuse intervention.

L'incendie qu'une imprudence avait allumé, il fallait l'éteindre; une
réaction se produisit contre tous les actes de Rukavina; les gens contre
qui il avait sévi, à tort ou à raison, reçurent des dédommagements; les
officiers contre qui des plaintes furent portées furent sévèrement punis [5];
les malheureux soldats croates furent englobés dans la disgrâce de leur
chef. Thurn, en demandant le maintien en Dalmatie de deux bataillons du
régiment allemand « Hohenlohe » qui étaient désignés pour partir, dit
qu'ils sont aimés dans le pays, « compliment qu'il m'est impossible de
faire aux troupes croates [6]. »

---

1. W. S. Août 1797. | 2. W. S. Octobre 1797. | 3. W. S. Nov. 1797. | 4. W. S.
Août 1797. | 5. Z. L. 1797. VI. 199. | 6. W. S. Sept. 1797.

Tous les rapports adressés par Thurn à Vienne sont remplis de récriminations contre le général Rukavina, accusé tour à tour de violence et de faiblesse, de nullité complète et de profond machiavélisme[1].

Rukavina laissait dire : ce n'est qu'en 1798 que, dans un rapport à Thugut[2], il résume un à un les griefs des Dalmates contre le gouvernement de Thurn et expose à ce sujet des vues sages, mais qui avaient le tort d'être celles d'un homme qui avait perdu tout crédit. Confiné dans le gouvernement militaire de Zara, il attendra longtemps la fin de son exil ; le titre de maréchal-lieutenant qu'il espérait recevoir en revenant de sa première campagne de Dalmatie, en août 1797, il ne l'obtiendra qu'en 1801, grâce à l'archiduc Charles qui ne méconnaissait pas ses services militaires, et il restera en Dalmatie, sans faire parler de lui, jusqu'en 1802, époque où il reçoit le commandement du corps d'armée concentré à Padoue.

Thurn poursuivit les vaincus avec acharnement ; un certain nombre de soi-disants agents du parti hongrois étaient sous l'œil d'une police active que de curieux rapports nous montrent à l'œuvre[3].

Le chef du parti des nobles dévoués à la Hongrie, ou du moins le plus remuant d'entre eux, était le comte Micislas Zanovich. Signalé par Vienne, en juin, il est le mois suivant l'objet d'un long rapport. Son père, le comte Antoine, avait vécu à Venise d'où il avait été expulsé pour le scandale qu'il donnait ; il avait quatre fils : Premislas, Étienne, Annibal et Micislas, qui avaient mené comme leur père une existence agitée ; ils avaient parcouru l'Europe, se faisant remarquer par l'assiduité avec laquelle ils fréquentaient les maisons de jeu, et la régularité avec laquelle ils y gagnaient. L'aîné dut à cette circonstance d'être longtemps emprisonné en Finlande ; le second mourut en prison à Amsterdam, après des aventures incroyables ; il avait notamment essayé de soulever le Montenegro et les Bouches de Cattaro, en se faisant passer pour le tsar Pierre III. Annibal et Micislas étaient venus à Budua, en 1797 ; ils étaient alors jacobins, et avaient distribué les proclamations du gouvernement démocratique de Venise ; puis ils avaient renoncé à introduire la République dans leur pays et faisaient, pour le moment, de la propagande hongroise[4].

Un autre émissaire était parti de Fiume déguisé en capucin ; on le disait tantôt agent hongrois, tantôt espion français, et même général français ; son signalement fut répandu de tous côtés et amena l'arrestation d'un vrai capucin, le P. Crescentino, qui venait prêcher en Dalmatie ; pour plus de sûreté, on le renvoya en Italie.

La police autrichienne.

1. W. S. Thurn à Thugut. 1798. 30 mars, 1er avril, 10 mai, 10 juin, 17 août. — Thugut à Thurn. 2 août. | 2. W. S. Sept. 1798. | 3. Z. L. 1798. I. 5632 à 5653. | 4. V. 1re partie, ch. III, p. 45. — Nous retrouverons au ch. I de la 3e partie le comte M. Zanovich, membre de la députation illyrienne qui fut envoyée à Paris en 1810.

Un abbé Bujanovich était plus suspect; ce n'était cependant qu'un savant naïf et imprudent, venu de Hongrie avec des papiers en règle; il était descendu à Spalato chez le comte Tartaglia; on le voyait en conférences avec les comtes Draganich, Cindri, Alberti, Milesi et le P. Dorotich, tous partisans de la Hongrie; ce prétendu conspirateur se contentait d'étudier, dans les archives de famille, l'histoire de la Dalmatie pendant le moyen âge. Au moment où on allait l'arrêter, il passa à Raguse; deux agents l'y suivirent, et leur rapport le présenta comme un homme dangereux.

Un médecin de Livourne, qui allait s'établir en Bosnie, fut aussi signalé comme agent français ou hongrois.

Enfin les frères Garagnin, que nous avons vus l'un membre, l'autre délégué de la municipalité provisoire de Venise, eurent l'honneur d'attirer l'attention de la police autrichienne. En 1798, les Autrichiens firent entendre à tous les anciens membres du gouvernement démocratique qu'ils eussent à s'éloigner de Venise. J.-D et J.-L. Garagnin avaient leur vieux père à Traù, de grandes propriétés à gérer, une demande d'indemnité à présenter et à suivre pour le pillage de leur maison en juin 1797; ils demandèrent donc à retourner dans leur patrie. Un rapport fut présenté à leur sujet en juillet 1798[1], et comme ils ne semblaient pas dangereux, on leur accorda des passeports. Leur passage à Zara, le 17 septembre, fut annoncé par une lettre du général Wallis, gouverneur de Venise, au général Rukavina[2]; l'autorité, toujours vigilante, les recommanda à la Supériorité de Traù, et ordonna qu'on surveillât leur conduite. Rentrés chez eux, ils s'occupèrent de leur famille, de leurs terres, de leur procès, et surent rester en dehors de toute intrigue. C'étaient deux hommes de grande valeur, qui auraient marqué même dans un pays où les hommes de mérite eussent été moins clairsemés qu'en Dalmatie. Napoléon, qui se connaissait en hommes, fera appel à leur dévouement, en 1806, et n'aura pas à le regretter.

Défaite du parti hongrois.

On voit, par les quelques exemples qui précèdent, combien était vigilante la police autrichienne et avec quel soin on surveillait les actions de quiconque était suspect; les mécontents furent discrètement avisés d'avoir à mesurer leurs paroles et se le tinrent pour dit; quant aux tenants du parti hongrois, leur levée de boucliers resta sans résultat. Thugut, en août 1798[3], invitait Thurn à empêcher l'agitation de renaître. Mais, en ce moment, les évènements extérieurs vinrent en aide aux Autrichiens : la guerre se rallumait en Europe; les îles Ioniennes étaient attaquées par les Russes; un corps turc se massait à la frontière, et ces préoccupations firent oublier le serment prêté au roi de Hongrie.

1. Z. L. 1798. V. 5933. | 2. Z. L. 1798. V. 3517. | 3. W. S. 1798. 1 et 17 août.

D'autre part, les derniers partisans que la démocratie avait dans le peuple et la bourgeoisie virent leur nombre se réduire à mesure qu'on apprenait de nouveaux échecs de la France. Ainsi la guerre générale eut pour conséquence de ramener la paix en Dalmatie et de désarmer les partis.

Cependant la question de principe, concernant les tendances hongroises, ne fut résolue qu'en mai 1802. Une décision de la chambre aulique est ainsi conçue[1] :

« L'idée d'une réunion de la Dalmatie à la Hongrie n'a jamais compté que peu de partisans : en première ligne l'archevêque Cippico de Spalato, qui depuis est mort ; l'archevêque de Makarska, homme à tendances subversives, et quelques nobles de Sebenico. Les Dalmates sont restés trop longtemps sous la domination italienne pour désirer rentrer dans la monarchie hongroise, dont, par ailleurs, ils n'ignorent pas la mauvaise organisation financière.

« L'acquisition de la Dalmatie, par le traité de Campo-Formio, a le caractère incontestable d'une compensation donnée à l'Autriche pour les territoires abandonnés en Italie et aux Pays-Bas, et, comme d'autre part la Hongrie ne dispose pas de forces suffisantes pour protéger le pays, l'empereur n'est pas lié par le serment qu'il a prêté comme roi de Hongrie. »

« C'est ainsi, fait remarquer le Prof. Krones[2], qu'alors comme aujour-
« d'hui, le droit historique est obligé de faire des concessions à l'idée d'op-
« portunité. On le laisse dogmatiser, et les faits suivent leur chemin[3]. »

---

1. W. S. 1802. 13 mai. | 2. Krones, *op. cit.* | 3. Cette question du « Parti Hongrois » a repris de l'actualité dans ces dernières années, et on a voulu, en la rajeunissant, la transformer complètement pour en tirer des armes en faveur d'une faction politique.
Pendant longtemps, la Dalmatie avait été traitée par le gouvernement autrichien comme une province italienne, et, en effet, si la population était en grande majorité slave, la langue parlée dans les villes était alors la langue italienne ; l'italien était aussi la langue officielle de l'administration et de la justice. Après les événements de 1859, qui annonçaient ceux de 1866, l'Autriche modifia du tout au tout son attitude à l'endroit de la Dalmatie, et rangea ce royaume parmi ses États slaves. Ce changement d'orientation de la politique du gouvernement ne se fit pas sans blesser quelques intérêts et beaucoup d'amours propres, mais il serait inexact de croire qu'elle ait jeté les Italiens de Dalmatie dans le camp de l' « Irrédentisme ». Les Slaves, qui devenaient prépondérants après avoir été tenus longtemps étrangers aux affaires publiques, sentirent qu'ils ne conserveraient les fruits de leur victoire que s'ils savaient les défendre ; il s'en est suivi parmi eux, et notamment dans le clergé, presque tout entier acquis à l'idée slave, un mouvement d'activité intellectuelle, qui s'est porté du côté de toutes les branches du savoir, et, en première ligne, vers les sciences historiques. Mais, quand l'histoire n'est que l'auxiliaire de l'esprit de parti, elle est exposée à recevoir la direction qu'elle devrait donner, et l'on en a vu plusieurs exemples.
En ce qui concerne le « Parti Hongrois », on a voulu y voir l'aurore du « Parti Slave ». Rukavina, Dorotich et leurs partisans étaient, dit-on, des Slaves, et ne pouvaient travailler à consolider la puissance des Hongrois oppresseurs (depuis 1867) des provinces slaves de Transleithanie. C'est cette théorie, qui est développée dans un article du « *Narodni List* »

du 31 déc. 1887, qui juge et critique un peu amèrement le premier fascicule publié par le savant Professeur Erber, de Zara, sur l'histoire de Dalmatie.

Il semble que l'auteur de cet article ait oublié que l' « idée slave » n'était pas encore née en 1797 ; le souvenir du Royaume tri-unitaire était bien loin, et ce n'eût pas été le moyen de le ressusciter que d'arborer en toute occasion, comme le faisait Rukavina, les trois couleurs hongroises. Enfin, l'examen impartial des documents de Vienne ne nous permet aucunement de nous rattacher, si grand désir que nous en ayons, à l'opinion du « *Narodni List* » ; les Slaves ne figurent nulle part dans les pièces du procès, et partout c'est des Hongrois et des ambitions hongroises qu'il est question.

Entre les deux partis qui déchirent aujourd'hui la Dalmatie, nous n'avons pas à faire un choix ; témoin impartial, nous nous contentons de déplorer cette lutte fraternelle, quelles que soient nos sympathies personnelles et nos obligations de gratitude envers les uns et les autres des combattants. Mais, dans ce cas particulier, nous estimons qu'on s'est grandement mépris sur le sens d'une agitation qui aurait probablement eu la tendance qu'on lui attribue si elle s'était produite un siècle plus tard, mais qui, en 1797, n'avait d'autre signification que celle que nous avons cru devoir lui donner.

CHAPITRE V

L'ADMINISTRATION AUTRICHIENNE

DE 1797 A 1801

I. Coup d'œil général sur l'administration autrichienne en Dalmatie. — § II. Le comte de Thurn (août 1797-juin 1799); organisation provisoire (janvier 1798) : conseil de gouvernement ; justice ; finances ; bienfaisance ; instruction ; affaires ecclésiastiques. — § III. La deuxième coalition ; gouvernement militaire de l'Archiduc Charles ; recrutement du régiment dalmate ; corsaires ; administration civile ; travaux publics.

Nous avons vu la Dalmatie passer de la domination des Vénitiens à celle de la maison d'Autriche ; nous nous sommes arrêtés un moment à étudier les difficultés d'ordre général que rencontrait l'administration autrichienne. Nous allons examiner maintenant comment l'Autriche organisera sa nouvelle province, quel parti elle tirera des ressources qu'elle y rencontre, quels remèdes elle cherchera à apporter aux abus qu'elle y aura trouvés si fortement enracinés.

Entre 1797 et 1806, l'administration autrichienne passe par quatre phases successives, dont chacune a un caractère bien déterminé.

§ I. L'administration autrichienne de 1797 à 1806.

Après les premières semaines consacrées à l'occupation, le comte de Thurn arrive comme gouverneur civil et reste en fonctions deux ans. La chute du ministère Thugut amène la retraite de Thurn, et, jusqu'à la paix de Lunéville, la province se trouve placée sous la haute direction de l'archiduc Charles : c'est la période des guerres de la deuxième coalition ; il est facile à comprendre qu'une province acquise depuis peu et voisine du théâtre de la guerre soit placée sous le contrôle direct du généralissime. A la paix, l'élément civil reprend la prépondérance et des Conseillers auliques viennent présider le Conseil de gouvernement qui siège à Zara ; ces Conseillers sont le comte de Carnea-Stefaneo et le comte de Goëss, et nous verrons qu'il s'en fallut de beaucoup que la direction donnée par ces deux hommes politiques ne fût uniforme. Enfin, en 1804, les militaires retrouvent leur crédit ; le général Brady, qui avait succédé comme gouverneur militaire au maréchal Rukavina, réunit dans ses mains les pouvoirs civils et militaires et les garde jusqu'au traité de Presbourg.

Tous ces changements de direction ne furent pas sans causer quelque préjudice au bon ordre de l'administration ; un pays ne subit pas impunément quatre et même six fois en moins de dix ans un bouleversement total de son gouvernement : la direction des affaires publiques devient incertaine, aucun projet de réformes n'aboutit, ou si quelqu'une de ces réformes est introduite, ce n'est pas celui qui l'a conçue qui est chargé de l'appliquer, elle est donc condamnée à disparaître sans avoir porté ses fruits.

§ II. Le comte de Thurn.

Le comte de Thurn, à peine arrivé à Zara, avait très vite constaté les vices de l'organisation vénitienne : d'abord la multiplicité des privilèges, puis le désordre de la législation. Il était impossible de prendre une mesure quelconque d'intérêt général sans porter atteinte à quelqu'un de ces usages dont les Autrichiens avaient eu l'imprudence de jurer le maintien ; l'administration, la justice, les finances ne pouvaient sortir du chaos sans une véritable révolution ; or le gouvernement autrichien était peu révolutionnaire de sa nature, et de plus il ne se sentait pas alors assez chez lui dans le pays pour risquer de soulever par des innovations radicales une population dont les dispositions étaient encore mal connues. On s'en tint donc aux demi-mesures et à un provisoire qui devait durer autant que le séjour des Autrichiens en Dalmatie.

Les évènements politiques avaient eu pour effet de suspendre le cours de la justice ; les magistrats avaient sans doute été maintenus ou rétablis dans leurs fonctions, mais leur autorité était mal acceptée des populations, et les commandants militaires eux-mêmes ne paraissaient pas en tenir grand compte. Ce qui déconsidérait ces magistratures, ce n'était pas l'indignité des titulaires ; tout au contraire, nous avons vu que partout, ou peu s'en faut, les comtes vénitiens avaient fait preuve d'habileté et d'énergie pendant la période anarchique ; ce qu'on leur reprochait, c'était d'être les agents d'un gouvernement déchu. Quelques-uns, parmi les hommes dont l'esprit était ouvert aux études de droit public, trouvaient condamnable l'institution de fonctionnaires d'ordre à la fois administratif et judiciaire, réunissant des attributions incompatibles, et appelés à prononcer comme juges, et juges uniques, sur les conflits qu'ils avaient fait naître comme détenteurs du pouvoir exécutif. La théorie de la séparation des pouvoirs avait été préconisée assez haut depuis quelques années pour qu'il en fût parvenu un écho jusqu'en Dalmatie et l'autorité autrichienne dut ouvrir les yeux sur la nécessité d'une réforme.

En attendant, on passa six mois à consolider ce qui existait : les seules innovations qui furent introduites eurent pour objet des affaires de police, et la main de l'autorité militaire ne fut pas légère. Dès son arrivée,

Rukavina avait interdit les réunions dans les cafés et lieux publics[1], où les « oisifs » avaient coutume d'aller apprendre et commenter les nouvelles; le 10 juillet[2], les badauds et les mécontents qui persistent à se réunir sont avertis que leurs agissements seront poursuivis conformément à la loi martiale; le 7 août[3], la connaissance de toutes les affaires criminelles est retirée aux juges locaux par un arrêté du général-major Knesevich; l'autorité militaire se déclare le droit « d'arrêter et de tenir en prison quiconque « sera accusé d'un crime ou d'un délit, et cela sur simple vu d'un procès-« verbal dressé par un officier public ».

Le commandant militaire prit en outre une foule d'arrêtés de police et dans le nombre, bien peu méritent d'être signalés : il y en eut un qui organisa le service des postes, un autre qui fixa le tarif des monnaies. Les règlements relatifs aux impôts furent confirmés, et comme, pendant l'anarchie, il avait été introduit du sel en franchise, les détenteurs furent invités à verser sans délai les droits que les caisses publiques n'avaient pas encaissés; toute tentative de fraude devait être réprimée sévèrement[4].

Le comte de Thurn, en arrivant le 15 août, apporta des promesses d'organisation stable. La Dalmatie relevait dorénavant de la chancellerie aulique de Vienne, département d'Istrie, Dalmatie et Albanie[5].

Obligé de partir presque immédiatement pour Cattaro, Thurn ne prit, pendant son premier séjour à Zara, que des mesures provisoires ou urgentes; parmi les dernières se range celle qui restitua aux juges civils la connaissance des affaires criminelles, que l'arrêté Knesevich leur avait retirée sans justes raisons; Thurn ordonna en partant d'interroger tous les détenus et d'élargir tous ceux contre lesquels aucune charge sérieuse ne serait relevée[6].

Aussitôt après son retour d'Albanie, Thurn se remit résolûment à l'œuvre : sa première création fut celle du Conseil de gouvernement[7] qui devait l'assister dans ses fonctions, et réunir les attributions administratives, judiciaires et financières des anciens magistrats vénitiens. Ce Conseil fut composé, au début, de six membres : trois indigènes, le comte Tr. Pasquali, le comte Gr. Stratico et le comte Riva; trois Autrichiens de langue italienne, Rinna, Suppé et Wrachien; ce dernier, bien qu'ancien employé autrichien, était originaire de Cattaro.

Organisation provisoire.

Le conseil de Gouvernement

Toutes les affaires de la province, excepté les affaires militaires, arrivaient en dernier ressort à ce conseil qui avait à examiner annuellement huit à dix mille requêtes, donnant presque toutes lieu à une enquête, ou tout

---

1. Z. L., 1797. Juin. | 2. *Ibid.*, 1797. Juillet. | 3. *Ibid.*, 1797. Août | 4. *Ibid.*, 1797. Juin. | 5. Plus tard ce département devait être réuni à celui de l'Italie, et, après 1802, le département dalmate devait former de nouveau une section indépendante. | 6. Z. L., 1797. Août. | 7. *Ibid.*, 1797. Octobre.

au moins à un rapport; c'est ce qui résulte de l'examen des registres de ce Conseil conservés aux Archives de Zara; on peut évaluer la prodigieuse somme de travail qui incombait à chacun des Conseillers, et les objets de ces requêtes étaient aussi variés que leur nombre était considérable; les Autrichiens étaient revenus, en effet, au système de la confusion des pouvoirs, avec ce seul correctif qu'au lieu d'être attribués à un juge unique ils étaient confiés à un corps de magistrats.

Le même moyen terme fut appliqué pour les autorités locales, les fonctions des anciens comtes vénitiens furent données presque partout à un tribunal composé d'un juge dirigeant et de deux assesseurs.

Les supériorités locales.

Le système adopté en principe le 17 décembre 1797 fut promulgué dans un décret [1] qui devait avoir force de loi le 1er janvier 1798, et vingt-deux décrets rendus pour chacune des circonscriptions [2] y organisèrent les *supériorités locales* avec de légères modifications pour chacune de ces circonscriptions. Il y eut quinze tribunaux : à Zara, Sebenico, Scardona, Nona, Trau, Spalato, Almissa, Makarska; dans les îles de Cherso, Veglia, Arbe, Pago, Brazza, Lesina et Curzola; dans l'intérieur, Knin, Klissa, Sinj et Imoski reçurent une organisation moitié civile, moitié militaire; le district de Narenta jouissait d'une organisation particulière; quant à la Poglizza nous avons vu déjà ce qui y fut fait.

Au dessous des « Supériorités », on plaça des juges de paix établis dans les localités de moindre importance. Les justices de paix devaient soulager certains tribunaux qui eussent été, sans cela, trop chargés, et en même temps, elles évitaient aux parties des déplacements difficiles et coûteux quand il s'agissait d'affaires de minime importance.

Deux chambres fiscales, à Zara et à Spalato, devaient juger les contestations survenues entre l'Etat et les contribuables en matière de finances.

Quant à l'Albanie, qui n'était pas encore entièrement pacifiée, elle resta sous le régime militaire.

Le décret d'organisation mettait en vigueur le code de procédure autrichien; il contenait de plus un grand nombre d'articles étrangers à l'administration de la justice. Nous reviendrons sur quelques-unes de ces dispositions.

Organisations judiciaires.

Les nouvelles « Supériorités locales » commencèrent à fonctionner au fur et à mesure de l'apparition des décrets les organisant. Elles devaient juger conformément aux lois et usages en vigueur dans le pays; la procédure seule devait être conduite d'après le Code Léopold, et encore, par la suite, y apporta-t-on les modifications que l'expérience démontra utiles.

1. Z. L., décr. du 17 déc. 1797. | 2. Z. L., décr. des 9 janvier... 14 février 1798.

Pour compléter l'édifice judiciaire, on donna au Tribunal Suprême institué à Venise en 1798 le droit de révision sur les procès terminés en dernière instance par les tribunaux dalmates.

Enfin, pour ne pas perpétuer le souvenir des désordres auxquels l'arrivée des troupes impériales avait mis fin, une amnistie fut accordée à tous ceux qui s'étaient compromis en juin et juillet 1790 [1]; on autorisa seulement les victimes de l'anarchie à intenter des procès civils en dommages et intérêts à ceux qui passaient pour avoir organisé le pillage et l'assassinat. Beaucoup de ces procès furent entamés, peu aboutirent. Les frères Garagnin poursuivirent celui qui avait présidé au sac de leur maison de Traù, et, en 1815, ils n'avaient pas encore obtenu de sentence définitive.

En matière législative, les Autrichiens eurent surtout à cœur de ne pas trop innover : nous ne trouvons sous cette rubrique aux archives de Zara que des ordonnances de police ; mais là l'administration se donne libre cours, on voit que la police autrichienne n'avait pas encore perdu la réputation d'être la plus tracassière de l'Europe. Nous ne faisons qu'énumérer au hasard : précautions pour éviter les incendies [2]; règlement sur la propreté et l'éclairage des rues [3]; deux arrêtés contre les fumeurs, la personne qui fumerait dans la rue verrait sa pipe cassée [4]; une loterie fut autorisée à Zara, sous la condition que celui qui la tiendrait devrait entretenir chaque nuit cent lanternes allumées dans les rues [5]; règlement sur les théâtres [6]; règlement sur les auberges, avec obligation de signaler à la police toutes les personnes qui viennent y loger [7]; règlement sur les coups de feu tirés pendant les réjouissances publiques [8]; règlement sur les chiens [9], sur les étalages débordant sur la rue [10], sur les pots de fleurs placés aux fenêtres et menaçant la sécurité des passants [11], sur les jeux de

1. Z. L., décr. du 21 nov. 1797. | 2. Ibid., 13 nov. 1798. | 3. Ibid., 22 mai 1798. | 4. Ibid., 18 juin 1797 et 3 juillet 1798. — Les fumeurs n'avaient pas encore droit de cité en pays autrichien, et ne l'obtiendront pas vite. Citons comme document curieux l'arrêté du baron Codelli, maire de Laybach, pendant la domination française :

« L'usage de fumer du tabac dans les rues et places de la ville et des faubourgs est devenu
« depuis quelque temps une mode générale. Le plaisir de fumer du tabac que les amateurs
« peuvent se donner suffisamment dans leurs logements, dans les auberges et dans les
« champs, leur fait oublier toute bienséance, outre qu'ils ne regardent pas le péril qu'il y a
« relativement aux incendies, surtout quand les pipes ne sont pas fermées. Plusieurs incen-
« dies, résultat de cet usage contraire aux lois de police, ne suffisent pas à les ramener aux
« égards et précautions qu'ils doivent aux biens et propriétés de leurs concitoyens.

« Pour satisfaire à la bienséance et à la police relativement aux incendies, il est défendu
« de fumer du tabac, surtout des cigares dans les rues et places de cette ville et des fau-
« bourgs, sous peine de perdre la pipe quand, l'ayant en bouche, on sera attrapé par les
« agents de police ; dans les cas réitérés, la peine sera plus grave.

(Laybach, Arch. communales, 1813, 12 mai. F. LXXI.)

5. Z. L. 21 juillet 1798. | 6. Ibid., 14 septembre 1798. | 7. Ibid 1er octobre 1798. | 8. Ibid., 2 mars 1798. | 9. Ibid., 5 février 1799. | 10. Ibid., 31 mars 1798. | 11 Ibid., 4 juillet 1798.

hasard, toujours proscrits et toujours florissants[1]; règlement sur l'application de la bastonnade[2]. On fit également des règlements de police rurale sur les dégâts commis par les animaux qu'on laissait pâturer sans surveillance[3] et un curieux règlement sur les vols commis à la campagne[4] : au bout de six semaines, si les recherches étaient infructueuses, les habitants du village où le vol avait été commis étaient rendus civilement responsables, solidairement; c'était un moyen d'intéresser les paysans au maintien de l'ordre et de la sécurité, c'était les encourager à assister la police pour découvrir le coupable.

Les Pandours. Le corps des Pandours fut réorganisé et destiné à assister l'administration pour l'application des lois[5]. Les Pandours, dont nous avons déjà dit quelques mots plus haut[6], formaient une sorte de milice nationale, constituée cinquante ans auparavant par le provéditeur Angelo Diedo; on n'eut qu'à adapter leurs cadres aux nouvelles circonscriptions territoriales remplaçant les anciens comtés. En haut de la hiérarchie étaient dix colonels, et sous chaque colonel de un à quatre *sardars* (capitaines); c'était sous la responsabilité du colonel et des sardars qu'était placée la sécurité du district. « Le colonel, » dit le décret du 16 juin 1798, « est la personne en qui se concentre l'autorité exécutive en matière économique, civile et criminelle. » Le colonel jugeait sans appel toutes les contestations entre paysans dont le montant ne dépassait pas cinq florins. Chaque sardar était assisté d'un *arambassa* et avait sous ses ordres quatre Pandours.

Dans chaque village, il y avait un arambassa, un sergent et un ou deux *tchaouchs*, plus un *subassé*, spécialement chargé de l'établissement des rôles d'après lesquels étaient payées les dîmes.

Tous ces fonctionnaires avaient le droit de requérir les hommes âgés de 16 à 60 ans pour ce qu'on appelait les *fazioni* : rondes de police, poursuite de criminels, escortes, travaux publics, corvées qui n'auraient pas été bien lourdes s'il n'y avait eu un nombre exagéré de dispenses, ce qui rendait le service onéreux pour ceux qui n'avaient pu s'y soustraire.

Malgré tous les défauts que le décret du 16 juin fit disparaître et ceux qu'il laissa subsister, l'organisation des Pandours avait de grands avantages : d'abord celui de ne rien coûter, puis celui de ne pas être odieux à la population, comme l'est toute police; en effet, sardars, arambassas, sergents et pandours étaient du pays et avaient intérêt à ménager leurs compatriotes. On a dit que le Pandour, c'était le Morlaque apprivoisé, l'autorité qu'on lui donnait le relevait à ses propres yeux, et le sentiment de l'honneur le portait à faire fidèlement son devoir; son bon sens lui

---

1. Z. L., 5 févr. 1799. | 2. *Ibid.*, 6 mars 1798. | 3. *Ibid.*, 6 févr. 1798. | 4. *Ibid.* 21 janvier 1798. | 5. Décr. du 16 juin 1798. | 6. 1re partie, ch. I, p. 6.

tenait lieu d'instruction, il arrangeait les procès avant qu'ils eussent eu le
temps de s'envenimer, et, intéressé au même titre que les autres paysans à
la paix publique et au respect de la propriété, il apportait une grande
diligence dans l'accomplissement de ses multiples fonctions.

Le grand mérite du comte de Thurn et de ses successeurs fut de ménager les Pandours qui, dès le premier jour, servirent avec dévouement
l'Autriche et empêchèrent toute fermentation dans les campagnes; leur
fidélité survécut même à la domination autrichienne : nous verrons les
gouverneurs français, et Dandolo surtout, remanier leurs règlements, leur
donner une paye et un uniforme, en établir dans les parties du pays où il
n'y en avait jamais eu, parce que le besoin ne s'en faisait pas sentir. Ce
furent peines perdues et jamais on ne put tirer parti de ces hommes qui
avaient engagé leur foi et qui, en dépit des traités, n'entendaient pas y
manquer.

Après le fonctionnement de la justice, le Conseil de gouvernement
devait surveiller un autre service, non le moins important, la perception
des impôts. *Les finan-
ces.*

En juillet 1797, les habitants avaient pu se croire libérés de toute obligation envers le fisc, mais ils ne tardèrent pas à être détrompés. Dès le
10 juillet, une proclamation du général Lusignan[1] rappelait à ceux qui
auraient pu l'oublier qu'aucun impôt n'était supprimé; cet avis fut renouvelé le 3 août avec menaces pour les récalcitrants[2], et sans retard on s'occupa de remettre en vigueur les anciennes lois financières.

Les principales sources du revenu des Vénitiens étaient (nous l'avons
dit plus haut) la *dîme* et l'*erbatico*; ces impôts étaient généralement affermés, et, depuis 1796, le bail était au nom d'un nommé Démétrius
Mircovich pour une somme annuelle de 28.600 sequins (la valeur du
sequin était variable, elle oscillait entre 11 et 12 francs). Quand les Autrichiens arrivèrent, Mircovich leur représenta que les malheurs des temps
avaient rendu la situation très difficile : la levée de 10.000 hommes faite
l'année précédente avait laissé beaucoup de champs en friche; bref il ne
pouvait offrir que 22.500 sequins; les Autrichiens avaient besoin d'argent,
l'époque de la moisson était prochaine; il fallut accepter ces conditions,
quoiqu'on les crût avec raison très désavantageuses. On renouvela les
marchés de l'erbatico, du sel, du tabac, du salpêtre et de la poudre; on
ne changea rien au régime des douanes, et l'on s'occupa de dresser un état
des terres et maisons dépendant du domaine public, dans la gestion
desquels les camerlingues vénitiens avaient introduit de graves abus.

1 Z. L. 1797. Juillet | 2. *Ibid.* Imprimés 1797.

Il fallait enfin faire disparaître certains usages tolérés par les Vénitiens au grand détriment du trésor ; tels étaient les *profitti e regalie* des employés. Nous avons dit que ces employés étaient misérablement payés, mais savaient cependant se faire de gros émoluments. Voici, à titre d'exemple, ce que percevait, en 1796, le camerlingue de Sebenico [1] :

Traitement fixe............................	L. vénit.	1.562 8
4 soldi par sequin sur la solde des troupes		1.092 17
—　　　　sur les traitements civils		1.228 12
Gratification pour la rentrée des impôts........		539 18
Confection des matrices de la dîme		416 4
Présentation des rôles militaires.............		24
Indemnités pour pertes de change.............		115 2
Frais d'employé.		1.080
	L. v.	6.058 13

Ce qui faisait 12.000 livres dalmates de profits avouables et légalement autorisés ; il convenait d'y ajouter les *regalie*, prélèvement fait en nature sur les denrées, ou impôt supplémentaire perçu, à la façon des centimes additionnels, sur une foule de contributions.

Partout le comte de Thurn substitua aux camerlingues des caissiers à traitement fixe, soumis à de minutieuses règles de comptabilité.

On eut beau faire : les *regalie* étaient tellement entrées dans les mœurs que, peu de mois après la réorganisation, les abus avaient insolemment repris leur cours, et ce fut Thurn qui dut céder ; dans une circulaire du 23 novembre[2], il expliqua sa précédente ordonnance : les seules *regalie* qu'il avait entendu proscrire étaient celles qui étaient perçues par extorsion : on respecterait celles qui dérivaient d'un usage immémorial ; et, par cette porte, les abus rentrèrent ; en 1806 les Français eurent grand'peine à les extirper.

Un autre danger pour les finances fut l'avidité des gens qui se croyaient ou feignaient de se croire des droits à une pension. Venise n'en était pas avare, et un décret du 27 novembre 1798[3] consacra l'obligation que prenait l'Autriche de servir toutes les pensions accordées par Venise. Mais, derrière les pensionnaires ayant des titres en règle, vinrent les anciens fonctionnaires vénitiens dont l'emploi avait été supprimé, ceux qui n'avaient pas voulu conserver le leur sous le gouvernement nouveau, puis ceux à qui le nouvel ordre de choses était préjudiciable, et enfin la légion des victimes du gouvernement déchu. Submergé par ce flot de réclama-

1. Z. L., 1797, II, 1313. | 2. *Ibid.* 1797, IX, 2654. | 3. *Ibid.* 1798. VIII, 4207. .

tions, Thurn remit de pleins pouvoirs au conseiller Pasquali, qui se défendit par les armes de la temporisation ; puis le gouvernement, éclairé par des enquêtes sur les droits de chacun, put accorder ou refuser les pensions en connaissance de cause.

Il ne s'ensuit pas cependant que toutes les concessions aient été faites d'après la seule règle de l'équité : la raison politique dicta quelquefois d'étranges compromis. Il y avait, par exemple, à Traù un comte Rados Vitturi, qui avait fondé, il y avait bien longtemps, une société d'économie rurale, dite *Académie des georgophiles* ; le but était louable et le gouvernement vénitien avait accordé à l'académie un subside annuel de 1500 livres. L'académie périclita et se trouva réduite à un membre, son fondateur, qui continuait à percevoir la rente et y avait joint le titre d'inspecteur général de l'agriculture, mais il n'inspectait rien et se contentait de publier de temps à autre des mémoires assez vides sur des questions agronomiques. En 1798, Rados Vitturi demanda à être confirmé dans ses fonctions et émoluments : il n'avait aucun titre sérieux, mais il appartenait à l'aristocratie ombrageuse de Spalato ; son frère était un des meilleurs colonels du pays : un décret lui accorda la confirmation de son titre et un traitement de 150 sequins. En 1806, il représentera sa demande à Molitor qui, pour les mêmes causes, maintint ce qui s'était fait ; ce sera Dandolo qui mettra fin à cette fiction en supprimant l'emploi [1].

Dandolo dira, en 1807, dans une de ses diatribes contre les administrateurs qui l'avaient précédé, que les douanes de Dalmatie avaient été organisées avant lui comme pour rendre tout commerce impossible. Il y a quelque chose de vrai dans cette accusation. Voici, par exemple, ce qu'avait à supporter la ville de Zara [2] :

Les douanes.

1° Un droit d'un trentième sur toutes les marchandises entrant et sortant, quelles que fussent leur origine ou leur destination. Etaient exemptes les marchandises qui transitaient dans certaines conditions et celles qui figuraient sur un tarif spécial ;

2° L'impôt dit *nouveau* qui grevait d'un droit fixe, en sus du trentième, les fromages, poissons secs, peaux, laines, suifs, miels, cires et poix ;

3° Le vin étranger payait 7 *soldi* par *secchio* (20 litres environ) ;

4° Le bois, un quinzième de sa valeur ;

5° Le poisson frais, un huitième ;

6° Les chevaux, bœufs, vaches, etc., 6 livres par tête ;

7° La viande, un tiers de soldo par livre ;

8° Le pain, un dixième de sa valeur ;

---

1. Z. L., 1806, Rapport présenté à Molitor par le Conseiller Ismaelli. | 2. R. D., Mémoire de Dandolo sur les douanes.

9° Le vin du pays, un quinzième de sa valeur;

10° Pour entrer dans la ville et en sortir, on payait le *barcagno* : 1 soldo par personne, ¹/₃ de soldo pour les animaux.

De plus, presque tous ces impôts étaient grevés d'une surtaxe de 5 %
pour frais de perception; un certain nombre était affermé, le reste, perçu
en régie.

Ce n'était pas tout : il fallait encore payer les *regalie* en argent ou en
nature : un fonctionnaire avait, par exemple, pour sa part les langues de
tous les animaux introduits pour la consommation; un autre un tant
pour cent sur telle ou telle espèce de poissons que les pêcheurs venaient
vendre. Certains particuliers et presque tous les couvents étaient également
autorisés à faire des prélèvements. Par contre, certaines personnes, tous
les nobles, par exemple, ne payaient rien pour ce qu'elles introduisaient :
cette faveur était ordinairement réduite aux besoins de la consommation;
parfois elle s'étendait à une partie, à la totalité même des produits de leurs
domaines.

Thurn et Pasquali essayèrent de faire régner dans ce chaos un peu
d'ordre et d'équité, mais il fallait compter avec les intérêts et les passions,
avec les droits des traitants, avec la rapacité des intermédiaires de toute
sorte, avec les privilèges et avec l'orgueil des nobles, et enfin avec l'apathie de ceux-là mêmes pour le bien desquels on travaillait.

Tout ce que put obtenir Pasquali, ce fut de faire entrer dans les caisses
publiques pour 7.400 liv. de *regalie* revenant à des fonctionnaires dont
l'emploi était supprimé.

Le budget de la Dalmatie ne fut cependant jamais en déficit et la province ne coûta pas à la couronne; mais la raison en est bien triste : on
recevait peu et l'on ne dépensait rien; on ne chercha à améliorer aucun des
services publics et les 150 sequins payés chaque année à Rados Vitturi
représentent la totalité de ce qu'on dépensa pour l'agriculture.

En Albanie, la situation était franchement mauvaise : on n'y percevait
que des impôts indirects, et en mettant ensemble les douanes de Cattaro et
de Castelnuovo et l'impôt du sel, on arrivait à 43.000 l., somme insuffisante pour payer les fonctionnaires.

Confréries et bienfai-sance.

Le désordre des finances publiques avait pour pendant celui des finances
des corporations et confréries. Pasquali donna l'ordre à tous les administrateurs de biens de cette nature de lui remettre une situation des recettes
et dépenses ¹; il espérait pouvoir, avec les excédents de recettes, constituer
un fonds pour doter les institutions de bienfaisance; mais les confréries

1. Z. L., 3 juin 1798.

soupçonnèrent ses projets et lui opposèrent une résistance passive dont il ne put avoir raison, parce qu'il avait reçu l'ordre de n'user que des moyens de persuasion, sans recourir jamais à la contrainte. Faute de ressources pour l'amélioration des hôpitaux et asiles d'enfants trouvés, on dut se contenter de faire des règlements fort sages, qui, bien que fréquemment renouvelés, demeureront lettre morte jusqu'à la venue des Français.

Il était difficile de faire quelque bien au pays sans argent; on le vit pour l'instruction publique. Dès le 17 décembre 1797, Thurn prescrivit l'ouverture dans chaque localité d'une école publique (*scuola triviale*), et le 23 mars suivant il publie le règlement de ces écoles; il ne sera peut-être pas sans intérêt d'en faire l'analyse : Instruction publique.

La fréquentation de l'école est obligatoire pour les enfants de 6 à 12 ans; les supériorités locales doivent veiller à ce que les parents se conforment à la loi; des dispenses d'assiduité pourront être accordées dans un certain nombre de cas limitativement énumérés.

L'enseignement est donné pendant deux heures le matin et deux heures le soir; il comprend, le matin, une heure consacrée à la lecture et une autre à l'étude de la religion; le soir, on enseignera aux plus avancés l'écriture et l'arithmétique.

Il y aura des examens semestriels, des distributions de récompenses.

Les devoirs des élèves sont ainsi résumés : ordre, silence, obéissance, attention et décence; ceux du maître : vigilance, patience et douceur; jamais il ne doit frapper les écoliers, mais les avertir paternellement de leurs manquements et les amener à s'en repentir.

Ce beau règlement ne put malheureusement pas être mis en pratique : on n'avait pas d'argent, pas de locaux, pas de maîtres, et aurait-on eu de tout cela, il n'est pas sûr qu'on aurait eu des élèves. Dans quelques presbytères et couvents, il continua d'exister de petites écoles relevant de la juridiction épiscopale; il s'en ouvrit même de nouvelles, mais le gouverneur ne l'apprit que par la commune renommée, et les évêques se réservèrent avec un soin jaloux la charge de pourvoir à l'instruction de la jeunesse, sauf à ne pas faire tout ce qui était nécessaire pour obtenir des résultats satisfaisants.

Le clergé redoutait, en effet, le contrôle d'une administration dont les tendances lui avaient paru suspectes, et notamment à l'occasion des relations de Thurn avec les Grecs orientaux et avec les Israélites. Spalato était avec Raguse la seule ville de Dalmatie possédant une communauté israélite. C'étaient, comme partout, des marchands, des courtiers, infatigables manieurs d'argent, riches, disait-on, et certainement jalousés par une population à laquelle ne manquait aucun préjugé. En Affaires ecclésiastiques. Les Israélites.

février 1798 [1], ils introduisirent une demande à l'effet d'être admis à participer aux avantages accordés à leurs coreligionnaires des états héréditaires; cette requête était sur le point d'aboutir quand un violent mouvement d'opinion publique se déclara : Thurn répondit donc aux israélites de Spalato en confirmant les privilèges qu'ils tenaient des Vénitiens, mais sans leur accorder rien de plus.

Les Grecs. Les Grecs orientaux demandaient, eux aussi, une extension de privilèges. Aussi longtemps qu'avait duré le régime vénitien, ils avaient vainement réclamé la reconnaissance légale de leur Eglise; plusieurs fois ils avaient été sur le point d'obtenir la nomination d'un évêque de leur confession, mais chaque fois les représentations des évêques catholiques avaient empêché le Sénat de sanctionner le choix fait par les Synodes. En 1797, les chrétiens de rit grec-oriental étaient encore sous la juridiction effective de l'Eglise romaine; un *modus vivendi* s'était seulement établi, avec l'assentiment du Sénat, et peut-être aussi celui de Rome [2] : les Grecs étaient libres de professer leur religion, mais le Sénat devait ignorer leur séparation d'avec l'Eglise romaine; en conséquence, leurs curés devaient demander leurs pouvoirs à l'évêque catholique, et renonçaient, en faveur des curés latins, à la perception de certaines taxes. Il y avait cependant 50.000 Grecs en Dalmatie; ils formaient la moitié de la population dans les diocèses de Scardona et Sebenico, les deux tiers aux Bouches de Cattaro, mais aux yeux de l'Etat, ils ne formaient qu'une confession séparée des latins par une simple différence de rits extérieurs.

Les Grecs étaient nombreux, ils étaient riches, et surtout ils étaient habiles : aussi, lors de l'entrée des Autrichiens, se présentèrent-ils à Thurn avec l'espoir d'exploiter l'ignorance où ils le croyaient des choses du pays. Ils lui envoyèrent une députation pour lui représenter que le siège épiscopal de Dalmatie s'étant trouvé vacant, leur communauté avait élu comme évêque l'archimandrite Siméon Ivcovich, personnage prudent et instruit, estimé de tous, grecs et latins; ils demandaient au gouverneur de daigner confirmer leur choix [3]. Ils avaient trouvé là un moyen de brusquer le dénouement : une fois le résultat obtenu, on se retranchait derrière le fait accompli, on invoquait les précédents et l'autonomie de leur communauté était assurée pour l'avenir.

Il se trouva que Thurn avait été mis au courant de la situation des Grecs; il ne le laissa pas ignorer aux délégués, mais, d'autre part, pénétré qu'il était des idées de tolérance qui s'étaient répandues à la fin du XVIIIᵉ siècle, il trouvait bien fondée la demande des Grecs et se déclara

1. Z. L., 1798, IV, 1314. | 2. Comm. B. Cecchetti. *La Republica di Venezia e la Corte di Roma*, Ven., 1874, t. I, pp. 463 sqq. 3. Z. L., 1797, octobre.

prêt à la soutenir devant la chancellerie de Vienne. En effet, il rédigea un long rapport sur la question [1]. D'après lui, le principe ne paraissait pas même avoir besoin d'être mis en délibération; il n'y avait à régler que les questions d'ordre secondaire : dans quelle ville fixer la résidence de l'évêque, quel traitement lui allouer, quelles limites fixer à sa juridiction ? Fallait-il le laisser dépendre du métropolite d'Ipek, en Bosnie? le mettrait-on sous la juridiction de celui de Carlovitz, ou enfin, si l'on redoutait l'action des Turcs ou celle des Hongrois, ne pourrait-on pas établir à Venise un métropolitain de qui dépendrait la Dalmatie?

Quand on connut les dispositions de Thurn à l'égard des Grecs, il se produisit un vif mécontentement; non seulement les évêques catholiques protestèrent contre ce qu'ils appelaient une entreprise schismatique, mais dans le Conseil de gouvernement lui-même, la majorité des conseillers repoussa le principe même de la reconnaissance de l'autonomie des Grecs. L'affaire traîna donc en longueur et finalement fut enterrée.

L'Eglise catholique eut d'ailleurs à se demander quelles étaient les intentions du gouvernement autrichien à son égard; un conseiller aulique, le marquis Ghislieri, poursuivait une enquête sur la situation morale et économique du clergé tant séculier que régulier. Ce que l'enquête fit savoir, nous l'avons déjà dit, nous aurons à le redire encore; la conclusion était que certaines réformes étaient nécessaires : réduction du nombre des diocèses, suppression de couvents réduits à deux ou trois religieux ou religieuses, remaniement de l'organisation des confréries dégénérées ; il en résulterait qu'après avoir pourvu à tous les besoins du clergé, il resterait disponible le capital nécessaire pour doter des fondations d'utilité publique, par exemple des séminaires où le clergé recevrait l'instruction indispensable qui trop souvent lui faisait défaut.

Mais, pour accomplir ces réformes, il fallait l'assentiment des évêques, si on ne voulait pas provoquer un conflit, et les évêques n'en voyaient pas la possibilité, peut-être même pas la nécessité, et surtout ils redoutaient l'immixtion du pouvoir civil dans les affaires ecclésiastiques ; la crise du joséphisme était encore bien récente, et il n'était même pas bien certain qu'elle fût complètement terminée; aussi, au lieu de se prêter à des accommodements dans lesquels leurs droits eussent été respectés, ils préférèrent se retrancher dans une abstention voisine de l'hostilité, refusant toute concession, même la plus légitime. L'autorité militaire avait par exemple demandé à occuper, pour loger les troupes, certains couvents abandonnés ou réduits à deux ou trois religieux : les évêques s'y opposèrent. Le gouvernement porta alors la question à Rome et l'ambassadeur,

Les catholiques.

1. Z. L., 1798, mars, XIII, 235.

comte Strassoldo, obtint, par l'intermédiaire du cardinal Caraffa, un bref pontifical qui autorisait l'occupation des couvents toutes les fois que le nombre des religieux serait descendu au dessous de huit[1]. C'est grâce à cette décision qu'on put vaincre les scrupules des évêques : en mars 1798, les trois clarisses de Zara furent réunies à la bénédictine du couvent de Sainte-Marie et une partie de la garnison s'installa au couvent de Sainte-Claire ; il en fut de même dans plusieurs autres villes.

Les évêques avaient cédé, mais devant la force ; les Franciscains ne cachèrent pas leurs dispositions malveillantes et l'on voit le remuant Père André Dorotich toujours en correspondance avec le gouverneur, soit pour réclamer quand on méconnaissait les privilèges de son ordre, soit pour se plaindre quand on ne lui en accordait pas de nouveaux.

En résumé, le comte de Thurn n'obtint aucun résultat, ni pour les affaires religieuses, ni sur les autres questions concernant l'administration ; il semble bien probable qu'il avait apporté en Dalmatie un vaste plan de réformes de tous genres, mais il se heurta à tant de difficultés que, de quelque côté qu'il se tournât, il trouvait des obstacles insurmontables.

L'expérience parut concluante au gouvernement de Vienne : il en viendra, pour quelques années, à la méthode du « laissez faire » et, à part la période brillante du gouvernement du comte de Goëss, on renoncera provisoirement à introduire des améliorations qui ne seraient pas appréciées. Les Français, se trouvant en face des mêmes résistances, voudront en avoir raison, ils n'arriveront qu'à déchaîner contre eux les rancunes populaires et à jeter les Dalmates dans les bras de l'Autriche.

Retraite de Thurn.

La chute de Thugut devait avoir pour conséquence la retraite du comte de Thurn : celui-ci obtint, en juillet 1799, d'être déchargé de ses fonctions. Il invoquait la raison de santé, et ce n'était pas un vain prétexte : il avait été réellement éprouvé par un climat énervant et par les fatigues extraordinaires qu'il avait dû s'imposer pour bien remplir son mandat. L'absence de routes faisait du moindre déplacement un voyage long et pénible, et l'absence de tout confort augmentait encore pour ce grand seigneur les inconvénients d'un séjour prolongé en Dalmatie. Déjà, en 1798, après une tournée de deux mois à travers la province, il avait dû aller passer un long congé sur ses terres patrimoniales ; au commencement de l'été 1799, il ne se sentit pas la force d'affronter la saison des chaleurs et obtint la permission de se retirer définitivement.

A la fatigue physique se joignait, il est vrai, une certaine lassitude morale ; depuis deux ans, il luttait pour mettre un peu d'ordre dans

1. Bref en date du 9 décembre 1797. Z. L., 1797-98, VII, 3058, VI, 2407.

l'administration ; il se heurtait soit aux résistances de ses administrés, soit au mauvais vouloir de ses collaborateurs, soit à des ordres venus de la chancellerie viennoise, qui redoutait de soulever les populations en mécontentant les classes privilégiées par des réformes imprudentes. Le comte de Thurn avait vu avorter toutes ses entreprises réformatrices : dans ces conditions, il n'avait plus qu'à se retirer, et c'est ce qu'il fit.

Les évènements politiques avaient marché d'ailleurs depuis le traité de Campo-Formio. Dès la fin de 1797, les Français avaient occupé Rome : la proclamation de la république romaine et l'enlèvement du Pape, en février 1799, avaient révélé aux puissances les plans du Directoire ; l'intervention en Suisse, à Naples, la surprise de Malte et la descente en Egypte avaient rendu la guerre inévitable sur toute l'étendue du continent. L'incident Bernadotte avait interrompu les relations diplomatiques entre Vienne et Paris, et le guet-apens de Rastadt avait précipité le dénouement. En mai 1799, les armées autrichiennes, victorieuses à Stokasch et à Magnano, avaient été rejointes par les Russes; Suvarov avait gagné les batailles de Cassano et de la Trébie, et les alliés étaient maîtres de presque toute la Haute-Italie.

§ III. La deuxième coalition.

La Dalmatie s'était donc trouvée province frontière : du côté de la terre ferme, elle était exposée dans le cas d'un retour offensif des armées françaises ; du côté de la mer, elle était menacée à toute heure par les corsaires sortis de tous les ports du littoral italien ; peut-être même un débarquement était-il à redouter.

Aussi, pendant presque toute la durée des guerres de la deuxième coalition, la Dalmatie fut-elle sous l'autorité immédiate de l'archiduc Charles, lequel correspondait directement avec les autorités locales, le général Rukavina pour les affaires militaires, et le conseiller de gouvernement Rinna pour les affaires civiles.

Gouvernement de l'archiduc Charles.

La Dalmatie avait été occupée, en 1797, par un peu plus de 7.000 hommes et, à la fin de l'année, quand la tranquillité eut été rétablie, on y laissa environ 6.000 hommes d'infanterie et 500 cavaliers [1]. Dans ce nombre figuraient, il est vrai, les soldats vénitiens qu'on avait trouvés dans le pays et qui, pour la plupart, étaient passés au service de l'Autriche; on avait de plus incorporé pendant les premiers mois de 1798 environ 600 hommes provenant de la garnison vénitienne de Corfou et que le général Gentili avait congédiés en prenant définitivement possession des Sept-Iles [2].

1. Z. L., 1797, VI, 55. *Dislokation der K. K. Truppen in Dalmatien.* | 2. Z. L., 1798, II, 2860, 3017, 3164, 3259, 3706, 3828. — Voir aussi l'article que nous avons publié dans la *Revue d'histoire diplomatique* (1888) sur l'occupation des îles Ioniennes en 1797.

Comme armée de mer, les Autrichiens avaient l'ancienne flottille vénitienne de Dalmatie, soit une quarantaine de bâtiments grands et petits, portant 264 canons et tous en fort mauvais état [1]. On les avait réparés et ils pouvaient, à la rigueur, concourir à la défense des ports et des côtes, mais à part quelques chebeks, chargés du service des dépêches, pas un n'était capable d'aller en haute mer et surtout de soutenir un combat même contre un corsaire bien armé [2].

Le régiment dalmate.

Au moment où la guerre éclata en Italie, le gouvernement autrichien décréta la formation d'un régiment dalmate, mais la levée des recrues rencontra des obstacles imprévus.

Il est permis de s'étonner en constatant la résistance que trouvèrent les officiers autrichiens quand ils durent lever 3.000 hommes pour ce régiment. Les Dalmates avaient passé pour un peuple belliqueux ; en 1796, ils avaient envoyé 12.000 volontaires à Venise, et les Autrichiens se figuraient qu'ils n'auraient aucune peine à en trouver 3.000. Il n'en fut rien et cette répugnance du Dalmate pour le service militaire deviendra un des traits distinctifs de son caractère. Quelle fut la cause de ce revirement ? Est-ce parce que la paie était moins forte ? Est-ce parce que le nouveau corps ne devait avoir qu'un petit nombre d'officiers indigènes ? Est-ce parce que l'ardeur guerrière des Dalmates s'était épuisée dans la malheureuse campagne de 1797 ?

Toujours est-il qu'en 1799 les hommes qui devaient être incorporés passèrent en grand nombre en Turquie ; ceux qui furent amenés au lieu de rassemblement se mirent à déserter, et il fallut user de tous les moyens inscrits dans le code militaire, depuis l'amende jusqu'au bâton, pour les conserver au corps [3]. On finit cependant par former un régiment qui s'achemina vers le théâtre de la guerre : c'était au commencement de 1800, alors que Bonaparte, premier consul, allait venger les insuccès de 1799.

Les contingents dalmates ne rendirent pas de grands services ; ils ne firent parler d'eux qu'une seule fois : le 13 juin 1800, veille de Marengo, ils étaient à Venise et se mutinèrent contre leurs officiers ; ils furent sur le point de s'emparer de l'arsenal par surprise, et ce fut seulement la présence d'esprit d'un sous-officier qui fit échouer cette tentative. La répression fut extrêmement douce : sur une centaine d'hommes déférés à un conseil de guerre, douze seulement furent condamnés à une peine

1. W. K., 1797, F. VIII. | 2. Z. L., 1798, II, 3705, 4044, 4061. Voir aussi : Rechberger von Rechkron; *Geschichte der K. K. Kriegsmarine* p. 283 sq. | 3. Z. L., 1799, IV, pass.

d'emprisonnement variant de huit mois à trois ans ; quarante-huit, reconnus fautifs, furent cependant absous ; les autres furent déclarés innocents [1].

Le régiment dalmate restera en Italie, à Vérone et à Padoue, jusqu'en 1805, et, malgré un essai de réorganisation fait par le général Brady, ne sera jamais qu'un corps assez mal noté. En 1806, il fournira le noyau du régiment dalmate créé par Napoléon.

La défense de la Dalmatie pendant la guerre était confiée aux généraux Rukavina et Brady dont les troupes avaient été réduites à 4.000 hommes, ce qui était bien peu pour garder plus de cent lieues de côtes et une frontière terrestre de même développement. Mais les Français ne cherchèrent pas à débarquer, les Turcs qui étaient toujours aux prises avec Karageorges, respectèrent la frontière ; les Autrichiens étaient, du reste, les alliés du sultan, mais, étant données les habitudes des begs bosniaques, cette raison n'était pas suffisante pour assurer la paix aux confins.

Si la Dalmatie souffrit, et cruellement, de la guerre, c'est par les corsaires d'Ancone et de Pouille qui capturèrent un grand nombre de bâtiments et paralysèrent complètement le commerce avec l'Italie, réduisant une partie des habitants à la misère. Les premiers pourparlers de Lunéville, qui remontent au commencement de l'hiver 1800-1801, rendirent pour un moment quelque liberté au cabotage, mais quand ces négociations échouèrent au printemps 1801 (campagne de Moreau jusqu'à l'armistice de Steyr), les corsaires recommencèrent à désoler le littoral jusqu'à la conclusion de la paix. Et alors un nouveau danger fut à craindre : l'Autriche avait promis, à Lunéville, de fermer ses ports aux navires et aux marchandises de l'Angleterre ; n'était-il pas à redouter que les corsaires anglais traitassent en ennemis les bâtiments dalmates ? Le gouvernement autrichien sortit adroitement de cette impasse. Par une circulaire du 24 juin [2], destinée à être communiquée aux agents français, il prescrit la fermeture rigoureuse de tous les ports aux couleurs anglaises ; puis, le 25 juillet suivant [3], une circulaire interprétative, communiquée aux agents anglais, vint expliquer et considérablement atténuer la rigueur de la précédente.

Les corsaires.

L'administration civile avait été remise, par le comte de Thurn, à l'un des membres du Conseil supérieur de Zara, le conseiller Rinna. Il semble que la consigne donnée à ce fonctionnaire se résumait en ces mots : *Nihil innovetur.* En fait, les conseillers de Zara travaillèrent avec une grande régularité à tenir à jour les affaires courantes, mais aucune des réformes ou améliorations nécessaires ne fut même discutée.

Administration civile

1. Z. L., 1801, 5722, 6055. | 2. W. S. (Fil.), 1801. F. 90. | 3. *Ibid.*

Le commerce continua à languir tant à cause de la guerre que grâce au maintien des tarifs de douane et à la prohibition absolue d'exporter aucun produit alimentaire; les bestiaux continuèrent à pulluler, et malgré les mesures prises, avec timidité d'ailleurs, par le comte de Thurn, le déboisement total des montagnes continua sa marche.

Les seules entreprises industrielles introduites depuis l'arrivée des Autrichiens étaient une imprimerie, une brasserie et une fabrique de drap. En 1798, un spéculateur offrit de construire des moulins à vent; s'il est un pays où les moulins à vent pouvaient réussir, c'est la Dalmatie, car assurément le vent n'y fait pas défaut, et la force motrice fournie par les cours d'eau manque à la fois de puissance et de régularité. Le conseil décida qu'une autorisation ne saurait être donnée sans l'assentiment préalable des supériorités locales auxquelles une circulaire fut adressée à ce sujet. Les réponses furent presque partout défavorables; n'avait-on pas les moulins à eau qui avaient suffi jusque-là? Quel besoin donc de changer?... Et le solliciteur fut éconduit.

La commission des mines de Styrie envoya un délégué pour étudier les ressources du pays; son attention avait été attirée par un mémoire d'un individu qui signalait l'existence de mines d'or. L'ingénieur visita le prétendu gisement et reconnut que le précieux minerai n'était autre chose que du talc, commun dans les schistes, dont les menus fragments ont, en effet, un chatoiement qui rappelle celui des paillettes d'or [1]. L'inventeur de la mine d'or ne se rendit pas à l'évidence et revint plusieurs fois à la charge : il mystifiera également le gouvernement français en 1808. L'ingénieur autrichien fut donc réduit à visiter le banc de charbon de terre qui affleure à Siverić, près Dernis, et les gisements d'asphalte de Vergoraç qui furent affermés en 1800 pour la somme de 600 florins [2].

Travaux publics.   Les travaux publics furent un peu moins négligés et cela grâce à la présence dans le pays d'un ingénieur de grand mérite, qui sut, en dépit de tous les obstacles, imprimer à son service une courageuse impulsion. François Zavoreo, d'une famille de Spalato, avait été capitaine du génie sous les Vénitiens, et avait été chargé en cette qualité de lever une carte de Dalmatie dont la première édition est de 1787 [3].

Zavoreo passa, en 1797, au service de l'Autriche, et l'on ne tarda pas à l'apprécier hautement : suffisamment pourvu de connaissances techniques,

1. Z. L., 1798, II, 2296. | 2. Z. L., 1800, XXIII, 350. | 3. W. K. Cette carte est dédiée au provéditeur Angelo Emo. La 2e édition, dédiée au prince Eugène Napoléon est relativement assez commune; la 3e édition, dont un exemplaire est conservé à Vienne aux archives géographiques de la guerre, est datée de septembre 1814; elle est dédiée au général-major baron Tomassich; un mémoire géographique fort important y est annexé.

homme d'une probité scrupuleuse, il se distinguait surtout par une activité qui contrastait avec la nonchalance de beaucoup de ses compatriotes; il devint bien vite sous les Autrichiens ce qu'il avait été sous les Vénitiens : le directeur général des travaux publics. Pendant les quatre premières années, nous le trouvons chargé : comme architecte, de réparer les bâtiments du palais de Zara, le Lazaret de Spalato, le pont de Traù; comme ingénieur, de protéger les poudrières en y installant des paratonnerres, et d'étudier un plan de dessèchement des marais insalubres des vallées de la Kerka et de la Cetina.

Zavoreo avait surtout à cœur la question des routes, et il élabora un vaste projet, envoyé à Vienne [1], où nous trouvons toutes les routes qui ont été exécutées depuis par Marmont. Ce qui fait la gloire de Marmont, c'est d'avoir fait passer dans l'ordre des réalités les plans élaborés depuis de longues années par Zavoreo; mais, sous le régime autrichien, de telles entreprises étaient impossibles; les Autrichiens avaient le préjugé de croire que la justice les obligeait à payer les ouvriers et à indemniser les propriétaires à qui l'on prenait du terrain; par suite l'exécution rapide des routes exigeait de grosses dépenses, supérieures de beaucoup à celles qui étaient permises avec les finances obérées de la Dalmatie. On chicanait l'infortuné Zavoreo pour les moindres dépenses, et on eut même l'air à un moment de mettre son intégrité en doute; le malheureux ingénieur, qui était la probité même, n'eut pas de peine à se défendre, et au lieu de se tenir désormais sur la réserve, il écrivit des lettres suppliantes qui lui valurent quelques maigres subsides. Avec ces ressources insuffisantes, il arriva à faire, en 1797, le tronçon qui va de Zvonigrad en Croatie, à Knin; en 1798, le tronçon Knin, Ostroviča, Benkovać et Demonico, où commençait la route vénitienne allant à Zara; en 1799, le tronçon Ostroviča-Scardona [2]. Après la guerre, il recevra quelque argent et pourra, de 1800 à 1803, terminer les routes de Sebenico à Scardona, de Knin à Dernis et de Sebenico à Traù, en jonction avec la route existant de Traù à Spalato [3].

L'amélioration des communications rendit possible l'organisation des postes. On put mettre toute la partie septentrionale de la province en relations régulières avec l'Empire; pour le reste, on établit des courriers à cheval qui portaient les dépêches de Knin à Sinj, Vergorać et Imoski. Cette organisation, créée en 1799, fut placée sous la haute surveillance du directeur des finances de Venise, qui était l'ancien provéditeur André Querini [4].

---

1. W. K., 1802, F. 2. | 2. Z. L., 1797, XI pass.; 1798, XI pass.; 1800, XX, 6008. | 3. Voir la carte n° VII. | 4. W. S., 1799, nov.

Tel fut le sort de la Dalmatie pendant les guerres de la deuxième coalition : province pauvre, elle avait paru ne devoir être autre chose qu'une pépinière de soldats; les évènements firent voir que cette espérance n'était pas fondée, et ce fut une grande désillusion pour l'Autriche. Va-t-elle négliger cette province déshéritée et l'abandonner à son malheureux sort? L'administration du comte de Goëss nous fera voir le contraire en nous montrant ce qui fut fait pour donner quelque prospérité à la Dalmatie.

CHAPITRE VI

L'ADMINISTRATION AUTRICHIENNE
(1801-1805)

L'année 1801 vit le rétablissement de la paix en Europe ; le traité de Lunéville réconcilia l'empereur et le premier consul, et, après dix années de guerres, l'Autriche put songer à panser ses blessures. La sollicitude du gouvernement pouvait se porter du côté de la Dalmatie.

La chancellerie d'Italie fut réorganisée en 1801 (avril) sous le comte de Colloredo, et quand celui-ci devint premier ministre, en décembre de la même année, le département d'Italie fut le lot du comte de Carnea Stefaneo. Sous cette direction, la section du conseil aulique chargée de la Dalmatie élabora divers projets relatifs à l'organisation définitive de cette province, et on travailla en même temps à exécuter les réformes dont une expérience de quatre années avait montré l'urgence.

§ I. Le comte de Carnea Stefaneo (avril 1801-mai 1802).

Le comte de Carnea Stefaneo connaissait la Dalmatie ; il l'avait visitée en 1798 quand il procédait à la première enquête sur les affaires ecclésiastiques ; il était donc à même de donner, en connaissance de cause, une direction générale aux affaires de la province.

Le conseil du gouvernement de Zara continua à fonctionner, sous la direction du conseiller Rinna, en réunissant, comme par le passé, la compétence financière et judiciaire aux attributions administratives ; on lui adjoignit seulement quelques membres nouveaux pour lui permettre de suffire à la multiplicité des affaires. On ne crut pas devoir augmenter le personnel des tribunaux de première instance : on voulait attendre l'organisation définitive, et la bonne administration de la justice en souffrit beaucoup ; les juges n'arrivaient pas à épuiser les causes civiles et, ce qui est plus grave, les causes criminelles s'accumulaient sans qu'on pût songer à en hâter la solution ; d'où les plaintes de malheureux qui restaient des mois entiers en prison sans même être interrogés, et aussi, l'absence d'une prompte répression ressemblant à l'impunité, la multiplication excessive des crimes.

Missions de conseillers auliques.

Des conseillers auliques furent expédiés en mission temporaire pour étudier sur place les projets de réformes[1]. Le marquis Ghislieri, qui était déjà venu en Dalmatie en 1798, y fit un assez long séjour, de septembre à décembre 1802; le comte de Maylath y passa l'hiver 1802; le Conseiller Valeri y remplit une mission qui dura près d'un an en 1804-1805. Le comte de Carnea Stefaneo vint lui-même, en octobre 1801, et resta jusqu'en mai 1802.

§ II. Le comte de Goëss (juillet 1802-juin 1804).

En mai 1802, le comte de Goëss vint remplacer Carnea Stefaneo à Zara, et, quelques mois après, un décret aulique du 1er juillet[2] lui conféra le titre de gouverneur. L'installation du comte de Goëss fut l'occasion d'un remaniement complet de l'administration provisoire.

Remaniement du personnel.

Les Conseillers Rinna et Stratico furent retraités; Retzer fut envoyé à Goritz; Wrachien et Riva furent appelés au conseil aulique, à Vienne; on fit entrer dans le conseil de Zara cinq nouveaux membres, tous indigènes : Grisogono, Marinovich, Verigo, Ismaelli et d'Alughera. Le général Rukavina, nommé maréchal l'année précédente et envoyé à Padoue, avait eu pour successeur le général Brady, gouverneur de l'Albanie. Les fonctions de Brady avaient été partagées entre un gouverneur civil, le comte Rosetti, et un gouverneur militaire, le colonel Gauss de Starnberg; en juillet et en août 1802, ils sont remplacés tous les deux : Gauss, par le général-major Nicoletti; Rosetti, par le comte Baroni Cavalcabò.

Cette petite révolution, car c'en était réellement une, fut le point de départ d'une grande campagne pour réformer, en Dalmatie, tout ce qui demandait à l'être. Au bout de deux ans d'efforts, Goëss abandonnera l'entreprise : la réaction qui l'avait porté au pouvoir aura été suivie d'une réaction qui amènera la restauration d'un gouvernement militaire, dont le titulaire sera le général Brady.

L'œuvre du comte de Goëss.

Dans les deux années que dure le gouvernement du comte de Goëss, on distingue deux périodes : délibération et exécution. Pendant la première, on se borne aux enquêtes et aux projets de règlements; pendant la seconde,

1. Z. L., 1802, II, 416. V. 215, 1803, IX, 69. | 2. Z. L., 1802, II, 6036.

on en vient aux expériences pratiques, aux essais d'application partielle de réformes qu'on se réserve d'étendre si on les voit réussir.

Pendant la première période, on sent encore l'action de Carnea Stefaneo, théoricien indifférent aux besoins urgents d'un peuple tout entier. Goëss est au contraire un homme pratique, doublé d'un homme de cœur. Vivement ému par le spectacle des misères accumulées sous ses yeux, il veut y apporter un remède à n'importe quel prix. Il ne faut donc pas s'étonner si, pendant le passage assez court d'ailleurs de Carnea Stefaneo à Zara, nous n'avons signalé aucune réforme utile. L'ancienne organisation avait été maintenue intacte dans toutes ses parties; aucun remède n'avait été trouvé ni cherché aux difficultés de la situation, et la routine avait régné : à l'industriel qui demandait à créer un établissement, au commerçant qui sollicitait des facilités pour exporter quelque produit national, on faisait invariablement la même réponse : Attendez! Quand nous serons sortis de la crise présente, ce qui ne peut tarder, nous verrons s'il convient de vous accorder le privilège que vous demandez, et si nous pouvons modifier, en votre faveur, la législation douanière actuelle, mais attendez! on ne répare pas une maison la veille du jour où on va la démolir.

Les enquêtes qui se multipliaient n'étaient cependant pas inutiles. Celle que fit le marquis Ghislieri sur les affaires ecclésiastiques servit de base aux réformes que l'Autriche allait appliquer lorsque le traité de Presbourg lui fit perdre la Dalmatie, et qu'elle appliquera plus de vingt ans après, d'accord avec le Saint-Siège (Bulle *Locum Sancti Petri*); l'enquête du comte de Crenneville, sur la marine marchande, devait préparer des modifications notables de la législation commerciale [1]. Mais, de toutes les enquêtes, la plus importante de beaucoup est celle qui avait pour objet la question agraire. Le dossier que nous avons pu consulter à Vienne [2] est beaucoup trop considérable pour que nous en puissions donner ici même l'analyse : nous nous contenterons d'en tirer les pièces les plus importantes.

Les enquêtes.

---

1. Les rapports du comte de Crenneville, conservés au ministère de l'intérieur, à Vienne, sont les suivants :
1° Observations générales sur la Dalmatie. Vienne, 14 octobre 1801, 23 p.;
2° Remarques sur les îles du Quarner. Zara, 23 août 1801, 20 p.;
3° Villes et ports de l'Istrie. Fiume, 3 août 1801, 26 p.
Aux mêmes archives se trouvent divers autres rapports et mémoires qui contiennent de précieux renseignements sur le commerce de la Dalmatie.
Nous sommes heureux de remercier ici M. le prof. Aug. Fournier, de Prague, à l'obligeance duquel nous avons dû la connaissance de ces pièces.
2. W. S., 1803, Fasc. 92 entier.

   Cette enquête avait été provoquée par des causes étrangères au fond de la question. En 1800, le gouvernement de Berlin avait adressé, par la voie diplomatique, aux états européens, une circulaire faisant appel aux émigrants qui voudraient coloniser les provinces orientales de la Prusse; des concessions de terrains, des immunités et des subsides étaient offerts aux familles qui répondraient à ces propositions. L'archiduc Charles saisit cette idée au passage pour en faire profiter la Dalmatie; cette province était très vaste, sa population clairsemée : c'était là, et non en Prusse, que les provinces autrichiennes devaient envoyer le trop plein de leur population. Ces colons, par leur civilisation, leur ardeur au travail, leur attachement à la maison de Habsbourg, donneraient aux Dalmates des exemples précieux, et amèneraient bientôt ces derniers venus à se fondre dans la masse compacte des sujets fidèles de l'Empereur.

On écrivit dans ce sens, au nom de l'archiduc Charles, au conseil de gouvernement de Zara ; on lui demandait son avis non sur le projet lui-même, mais sur les voies et moyens propres à le réaliser. La réponse ne se fit pas attendre, mais elle était absolument défavorable. Le Conseiller Rinna, sur le rapport du Conseiller Stratico[1], déclarait que la colonisation projetée était impossible.

   « L'État ne disposait d'aucun territoire propre à la culture, où l'on aurait pu créer des villages de colons, et, aurait-on les terrains nécessaires, les matériaux manqueraient pour leur bâtir des maisons. Les terrains sur lesquels l'Etat avait le haut domaine étaient occupés, soit à titre de concession indéfinie, soit à titre d'investiture provisoire, par des familles indigènes; d'autres terrains, il est vrai, étaient occupés sans titre, mais la possession de la terre avait toujours été garantie par les lois vénitiennes à celui qui la mettait en culture, on ne pouvait donc révoquer ces privilèges sans indisposer gravement les habitants, et sans provoquer un mécontentement qui pouvait devenir un danger public. En dépouillant les possesseurs actuels, on les réduirait au désespoir.

« D'autre part, les biens domaniaux étaient trop divisés et trop peu considérables pour servir à une création quelconque.

« Il ne restait de disponibles que les parties marécageuses de la plaine intérieure, mais, pour pouvoir les donner en concessions, il faudrait préalablement exécuter des travaux de desséchement, affaire longue et coûteuse.

« Et, d'ailleurs, quel serait le sort de ces malheureux étrangers, jetés au milieu d'une population grossière, brutale, jalouse ? Pourquoi leur demander de s'expatrier pour trouver une terre avare, des ressources insuffisantes et des voisins menaçants? Un seul établissement était possible : à Nona, le marquis Jérôme Manfrin possédait un vaste domaine où l'on pourrait, à la rigueur, installer quelques immigrants, avec le consentement du propriétaire, qui habitait Venise.

1. Remarquons que Rinna et Stratico sont les deux conseillers mis à la retraite quelques mois après (v. p. 94); ce n'est peut-être qu'une coïncidence.

Seulement on se trouverait en face d'une nouvelle difficulté : il ne fallait pas songer à demander aux colons de s'établir dans des maisons construites à la mode du pays; or, pour bâtir de vraies maisons, il fallait tout faire venir du dehors, matériaux et ouvriers.

« Pour la même raison, des artisans étrangers ne trouveraient pas de moyens d'existence : leurs industries étaient inconnues et personne n'en avait besoin ; on trouvait dans quelques villages des forgerons pour réparer les grossiers instruments agricoles, mais, quant au reste, les Morlaques se suffisaient à eux-mêmes, tant pour les objets de première nécessité que pour ce qui constituait leur luxe.

« En somme, concluait le rapport, le gouvernement se rendra compte que le projet est irréalisable, parce qu'il suppose des conditions autres que celles du pays; la grossièreté des habitants, les usages introduits par l'ancien gouvernement s'y opposent; il faudrait, avant tout, donner à ces pauvres gens le goût de tout ce qui assure le bien-être de populations plus civilisées; c'est à espérer, parce qu'ils ne manquent ni de bon sens ni de perspicacité, et un jour viendra où ils sentiront le prix de ce qu'on leur offre. »

Cette réponse était une fin de non recevoir et dénotait chez ses auteurs un parti pris bien arrêté de s'opposer à toute innovation. Mais l'archiduc se montra persévérant et voulut faire un nouvel effort.

Le comte de Carnea Stefaneo était en route vers la Dalmatie pendant les derniers mois de 1801; il reçut en Istrie une lettre du comte de Colloredo l'invitant, au nom de l'archiduc, à provoquer une enquête dans tous les districts de Dalmatie. De plus, il fallait se mettre en relations avec le marquis Manfrin, et obtenir qu'il reçût, dans son domaine de Nona, une colonie d'émigrants.

Carnea Stefaneo ne pouvait manquer de déférer à une invitation venue de si haut, et il fut d'ailleurs pressé, à différentes reprises, de donner une prompte réponse. Il rédigea donc un rapport qu'il expédia à Vienne, de Presbourg, à son retour de Dalmatie, le 21 mai 1801.

« Il constate d'abord deux faits : la Dalmatie contient une population très peu considérable, proportionnellement à son étendue; et la terre, cultivée par des procédés moins primitifs, pourrait nourrir un beaucoup plus grand nombre d'habitants. *Rapport Carnea Stefaneo.*

« Il ne revient pas sur les arguments juridiques invoqués par Rinna pour prouver que les concessions sont impossibles; il semble les admettre.

« Il n'a pas visité la propriété Manfrin, à Nona, mais il en a découvert une autre, à Vrana, qui semble dans des conditions analogues. » Vrana était, dit-il, « soigneusement cultivée par les Turcs qui en avaient « fait un véritable paradis terrestre; aujourd'hui, la contrée est déserte. « Les propriétaires sont les comtes Galbiani et Borelli : le comte Galbiani « m'a reçu lui-même à Vrana, et il a paru tout disposé à prêter les mains « à la réalisation du projet : il a même déjà fait un essai de colonisation

« avec des émigrants venus du Frioul, mais il ne peut rien conclure sans
« l'assentiment de son copropriétaire, le comte Borelli, qui est absent. »

Les résultats annoncés par Carnea Stefaneo n'étaient pas ceux qu'attendait l'archiduc : il ne s'agissait pas d'acquérir à grands frais une ou deux propriétés pour y installer quelques familles; c'était dans toute l'étendue du pays qu'il voulait éparpiller des travailleurs habiles et laborieux, qui devaient servir d'éducateurs à tout le peuple dalmate. Il revint donc à la charge, en juin 1802, et fit écrire à la fois par Wrachien, maintenant conseiller aulique, et par le ministre Cobenzl. Le comte de Goëss avait pris possession depuis peu du gouvernement de la Dalmatie, et il mit toute son autorité au service de la cause pour laquelle combattait le frère de l'empereur; toutefois, malgré sa diligence, il ne put envoyer son rapport que le 10 octobre 1803; il avait mis quinze mois à en réunir les éléments. Ce rapport forme, avec ses annexes, un volume de 298 pages; en voici le résumé et les conclusions :

Rapport
Goëss.

« Dans les îles de *Veglia* et *Arbe*, ainsi qu'à *Cherso*, ce ne sont pas les agriculteurs qui manquent, mais bien le terrain cultivable. On verrait d'un bon œil s'établir des ouvriers tisserands, tanneurs et chapeliers, faute desquels des sommes considérables passent chaque année à l'étranger.

« *Pago* accueillerait des immigrants, ce qui permettrait d'augmenter le rapport des salines, mais, en raison des défiances des habitants, ces immigrations devraient se faire petit à petit.

« *Zara* accepterait volontiers les colons, mais il faut d'abord réformer les conditions dans lesquelles se font les concessions de terres. Tant que la *Loi Grimani* subsistera, l'État ne pourra pas disposer d'une parcelle de terrain; la réforme permettrait de répartir 400.000 campi [1] de prairies et de broussailles qui sont actuellement soumises à la servitude de pâturage.

« Les supériorités de *Sebenico*, *Traù*, *Almissa*, *Imoski*, *Narenta*, *Lesina*, *Brazza* et *Curzola* répondent qu'on ne pourrait doter les immigrants sans déposséder les détenteurs actuels du sol. A *Imoski*, la pauvreté du pays détermine déjà un courant régulier d'émigration vers la Turquie. Les habitants de *Lesina* emploieraient volontiers des journaliers étrangers, bien au courant des méthodes de culture perfectionnées; on pourrait y créer aussi une fabrique de tuiles et de briques.

« A *Spalato*, on a répondu que le Morlaque ne travaillera jamais que sous l'empire de la nécessité : ni les instructions des théoriciens, ni les règlements administratifs n'auront raison de son obstination et de ses préjugés. Il faut donc abolir la *Loi Grimani*, et encore, après cela, faudra-t-il compter avec les habitudes morales du pays, avec la mauvaise volonté, non seulement de la basse classe, mais encore des classes supérieures; aucun propriétaire riche n'a consenti à se prêter à l'exécution du projet colonial.

« A *Makarska*, on propose de dessécher un lac marécageux, d'une contenance

1. Environ 130.000 hectares.

de 1.800 perches. La vente d'une partie des terrains couvrirait la dépense, et le reste pourrait être distribué aux immigrants.

« Knin offre une partie des biens communaux; les habitants seraient indemnisés de cette perte par les enseignements que leur donneraient des cultivateurs expérimentés, à qui seraient distribuées les terres.

« Sinj demande le dessèchement des marais de la Cetina, et la révision des titres de propriété; le pays ne saurait qu'y gagner. L'augmentation de la population déterminerait l'accroissement des produits agricoles et, par suite, de la prospérité générale.

« Le marquis Manfrin offre de vendre sa propriété de Nona; les comtes Galbiani et Borelli n'ont pas donné suite aux pourparlers entamés avec le comte Carnea Stefaneo.

« Conclusions : 1° Est-il possible de créer des colonies en Dalmatie ?

« R. Dans l'état actuel de la législation agraire, ce n'est possible qu'en introduisant des familles isolées sur les terres qui reviendront à l'État, par application de cette loi, et, dans ce cas, les familles établies au milieu de populations hostiles seront exposées à des persécutions. De plus, elles risquent de perdre leurs bonnes habitudes pour prendre celles des gens au milieu de qui elles vivront.

« 2° Le projet est-il réalisable si on abolit la Loi Grimani ?

« R. Oui, mais il faut remplacer la Loi Grimani par une législation qui garantisse la sécurité des biens et des personnes, qui crée des titres de propriété, et facilite la transmission des biens. En attendant, il faut surseoir à la création de colonies.

« 3° Y a-t-il d'autres moyens de procurer la réalisation du projet?

« R. Oui, il y en a deux : l'industrie et le commerce qu'il convient d'encourager de toute manière, et surtout en accordant la plus grande liberté à la marine marchande. »

Ce rapport si précis et si pratique fut présenté, le 15 décembre 1803, au conseil aulique : on recula devant la solution radicale consistant en l'abolition de la loi agraire; on s'étendit sur les nombreuses causes physiques et morales qui condamnaient la province à la misère, et, devant le mauvais vouloir manifesté par les nobles eux-mêmes, on prit le parti d'abandonner le pays à son malheureux sort.

Si nous nous sommes étendus, avec trop d'ampleur peut-être, sur cette question particulière, c'est que, trois ans après, le problème se posera de nouveau pour l'administration française. Nous verrons comment Napoléon crut le résoudre en signant un décret de quelques lignes, mais cette solution précipitée fut loin d'être satisfaisante, parce qu'elle ne fut ni précédée d'un examen sérieux de la question, ni accompagnée de mesures devant ménager la transition. Les Autrichiens sont tombés dans l'excès contraire; ils ont trop réfléchi et n'ont pu se décider à agir. Il reste à savoir de quel côté on s'est le plus trompé.

Travaux
de Goëss.

Le comte de Goëss n'était pas, comme nous l'avons dit, un théoricien comme son prédécesseur; il ne considérait pas la charge de gouverneur de Dalmatie comme un titre destiné à flatter l'orgueil d'un grand seigneur et à récompenser les services d'un courtisan.

On ignorait encore sa présence en Dalmatie qu'il était déjà à Spalato, visitant incognito le lazaret, la prison, l'hôpital et l'asile des enfants trouvés[1]. Tous ces établissements étaient dans un état scandaleux d'abandon et

Bienfai-
sance.

d'insalubrité; le lazaret était tellement délabré que les caravanes de Bosnie commençaient à n'y plus venir, et préféraient faire une plus longue route pour aller à Raguse où, du moins, elles recevaient une hospitalité décente; la prison manquait d'air et de lumière; à l'hôpital, les soins donnés aux malades étaient absolument insuffisants; les enfants trouvés mouraient tous par suite d'une mauvaise hygiène et du manque de nourriture.

Déjà, en 1798, il avait été pris des mesures à ce sujet : le traitement de la Prieure ou directrice avait été augmenté, mais depuis deux ans elle n'avait rien reçu[2]. En août 1800, on avait promis une allocation de 4 L. par enfant, mais le décret était inexécuté, faute de ressources disponibles, et, chaque année, sur une centaine d'enfants déposés à l'établissement, l'immense majorité mourait presque immédiatement.

Une enquête permit de constater que la situation était exactement la même à Zara et à Sebenico[3]. Les hôpitaux manquaient de tout; les malades, hommes et femmes, gisaient pêle-mêle sur d'immondes grabats, privés même des médicaments indispensables. Le sort des fous était particulièrement digne de pitié. Un soldat fou était, en 1798, à l'hôpital militaire, et, comme il incommodait les autres malades, on décida de l'enfermer dans un des cachots de la Tour de Zara[4]. L'histoire du moine de Krupa est encore plus terrible : c'était un religieux grec du nom de Kovačevich; l'igoumène du couvent de Krupa adressa au gouvernement une supplique où il disait que le fou était tellement furieux qu'il brisait la chaîne avec laquelle on l'attachait; il demandait donc qu'on voulût bien le recevoir à la prison de Zara. On répondit négativement, et l'on ajouta que si une chaîne ne suffisait pas, il fallait en mettre deux. Quelques mois après, le fou s'échapppait en volant deux chevaux, et passait en Croatie; poursuivi, il entrait en Turquie, puis revenait en Dalmatie : on le signale rôdant entre Knin et Dernis; on organise une battue; on le reprend, on le réintègre dans sa prison, mais il s'enfuit de nouveau et disparaît[5].

Des mesures furent prises d'urgence par Goëss; à force d'instances, il obtint de Vienne un subside de 600 florins pour les enfants trouvés[6], et la

1. Z. L., 1802, VIII, pass. | 2 Z. L., 1799, XXXIII, 531. | 3. Z. L., 1802, VIII, 6737. | 4. Z. L., 1798, V. 749. | 5. Z. L., 1798, V. 1712, 2057, 2533. | 6. Z. L., Att. Pres., 1802.

somme nécessaire pour ouvrir, à l'hôpital de Zara, une salle réservée aux femmes[1].

Il s'occupa aussi de procurer aux prisonniers et aux forçats la nourriture et les vêtements indispensables[2] ; mais, pour subvenir aux besoins de toutes les fondations existantes et de celles qu'il était urgent de créer, il fallait trouver des ressources. Pour cela, Goëss proposa de réunir toutes les fondations faites en faveur des œuvres pies, et d'en confier l'administration à des commissions de charité qui seraient établies dans les principaux centres. La commission devait avoir à sa disposition, non seulement les capitaux et fonds de terre consacrés à des fondations de bienfaisance, mais aussi une partie des revenus des confréries et corporations dont il existait un si grand nombre[3] ; beaucoup de ces confréries jouissaient de revenus supérieurs à leurs besoins, il n'était donc qu'équitable d'en affecter le surplus au soulagement des malades, des captifs et des abandonnés.

La commission du comté de Zara fut nommée en juillet 1802 ; elle se composait de cinq membres : le vicaire capitulaire, *sede vacante*, un membre du tribunal, un noble, un bourgeois et un jurisconsulte ; peu après, le comte V. Benvenuti accepta la charge de Tuteur des Enfants abandonnés.

La commission se mit au travail et élabora plusieurs projets[4] : réforme de la maison des Enfants trouvés, nouveaux règlements pour l'hôpital, assistance des pauvres honteux, des vieillards, des aveugles, des infirmes, des femmes en couches et des orphelins.

Une commission de charité fut aussi créée à Sebenico, en 1804, mais ailleurs des questions d'étiquette, des rivalités d'influence, des compétitions mesquines entravèrent ces fondations. Goëss écrivait, en avril 1804 : Je n'ai encore pu créer que deux commissions de charité.

Une question se rattachant de près à l'assistance publique était celle de l'hygiène ; or les premières années du XIXe siècle furent signalées par l'apparition de deux fléaux : la peste, arrivée d'Asie avec les troupes appelées par le sultan pour combattre Karageorges, et la fièvre jaune, importée d'Amérique par des bâtiments anglais : deux ports de la Méditerranée, Malaga et Livourne, furent très sérieusement éprouvés par cette dernière épidémie. Cette circonstance permit à Goëss de développer la plus grande activité pour perfectionner le régime de l'administration sanitaire, tant dans les ports de mer que sur les confins terrestres, et la frayeur que causaient ces maladies donna aux habitants quelque ardeur pour seconder les vues du gouverneur[5]. Mais là où rien ne put vaincre l'apathie des gens du peuple,

Hygiène.

1. Z. L., 1803, XVIII, 426. — Att. Pres., Nov. | 2. Z. I., Att. Pres., 1802, 11 juillet. | 3. Cent aux îles du Quarnero. | 4. Z. L., 1803-1804 pass. | 5. Z. S., 1803, VI, 1805, II.

c'est quand on voulut introduire l'usage de la vaccine : tout ce qu'il y avait de préjugés populaires se souleva, et le clergé lui-même, faisant preuve en cette occasion d'une fâcheuse étroitesse d'esprit, se mit à la tête des opposants. En vain le comte de Goëss et son principal auxiliaire, le Dʳ Horace Pinelli, usèrent-ils de tous les moyens de persuasion; les résultats obtenus furent tout à fait hors de proportion avec leurs efforts[1].

Justice. · Ce qui pourrait rentrer encore dans la catégorie des œuvres pies, ce sont les tentatives pour améliorer l'administration de la justice : on aura une idée de l'étendue du mal en lisant les fragments suivants d'une circulaire que Goëss adressait, le 12 novembre 1802, aux supériorités locales :

« L'autorité s'inquiète, dans sa sollicitude, de la façon dont est rendue la justice, tant civile que criminelle : c'est un de ses principaux devoirs que d'y veiller; or, elle a appris, tant par les enquêtes faites par les conseillers que par les réclamations écrites ou orales qui lui parviennent en grand nombre, que, dans beaucoup de localités, il y a un grand retard dans l'administration de la justice..... Il convient donc de voir à expédier, dans le plus bref délai possible, les procès criminels actuellement pendants; pour les affaires graves, il sera utile de ne pas poursuivre l'enquête au delà du temps nécessaire pour constater les faits délictueux, et la sentence ne devra être ajournée que dans le cas où un supplément d'instruction devrait amener la constatation de circonstances aggravantes, ou la découverte de complices; pour les délits de moindre importance, il faut songer que la détention préventive ne doit pas durer plus longtemps que la peine prévue par la loi. Il faut, dans ce cas, surtout procéder sommairement et *renoncer au formalisme mal entendu* qui, en retardant la punition, a pour effet d'affaiblir l'impression que produit la sanction, et d'encourager les criminels par l'espoir de l'impunité.

« Les affaires civiles doivent, sauf demande formelle des deux parties, être expédiées sur procédure orale et expéditive; si les titres allégués par le demandeur ne sont pas contestés, il convient d'user de la procédure la plus sommaire (*in via summarissima*); il faut agir de même pour les procès pour injures verbales et autres causes d'importance minime.

« En cas d'encombrement, les tribunaux sont autorisés à s'adjoindre des hommes probes et éclairés qui les assisteront dans leur tâche.

« Chaque mois, les tribunaux enverront une statistique des causes appelées et terminées, ainsi que de celles qui sont en retard. »

Cette circulaire fait toucher du doigt les vices de l'organisation : il est impossible d'admettre que vingt tribunaux fussent hors d'état de suffire à rendre la justice à 250.000 individus; le mal venait de l'inexpérience des magistrats qui, choisis pour administrer le pays, devaient cumuler les fonctions politiques avec celles de l'ordre judiciaire. Beaucoup manquaient

1. Z. L., 1804, VI, 1805, VI.

des connaissances théoriques requises pour un juge, aucun n'était familier avec les complications de la procédure autrichienne, et enfin, chez quelques-uns, l'activité faisait défaut.

Goëss fait un coup d'État en sacrifiant les droits de la procédure, et en engageant les magistrats à secouer ce joug routinier pour juger d'après les lumières du simple bon sens. Mais on n'aimait pas les coups d'État à Vienne, et Goëss dut en grande partie sa disgrâce à cette circulaire. Après lui, la procédure reprendra ses droits, là où elle les avait perdus, et nous verrons quel effrayant arriéré d'affaires les Français trouveront en entrant en Dalmatie.

En même temps qu'il essayait de réformer les institutions judiciaires, Finances. Goëss donnait son attention aux affaires de finances, mais là il n'y avait pas besoin de réformes profondes. Le Procureur fiscal, Triphon Pasquali, et le Conseiller Verigo étaient aussi remarquables par leur intégrité que par leurs connaissances financières. On n'eut qu'à rattacher les finances de Dalmatie à celles de l'Empire, en les faisant dépendre de la Chambre aulique des finances de Vienne [1] ; par suite, les écritures furent passées en florins, dont la valeur était moins inconstante que celle de la livre dalmate.

Voici, d'ailleurs, un aperçu de la situation établie pour l'an 1804. Recettes :

Dîme dans le *Nuovo* et le *Nuovissimo acquisto*, perçue en régie		222.000 Fl.
Erbatico (droit de pâturage)	—	11.500
Dîme ecclésiastique	—	5.300
Sels	—	25.900
Prairies du domaine public	—	3.500
Douanes, en partie affermées, en partie en régie........		86.000
Revenus du domaine............................		8.000
Droits de transit........		42.000
Régales perçues depuis 1798 pour le compte de l'État....		12.000
Divers..		13.800
		430.000
Les dépenses étant évaluées à.............		300.000
Il restait disponible un excédant de recettes de........		130.000

En général, les finances de Dalmatie, conduites avec prudence, donnèrent des résultats assez satisfaisants; sans être très productive, la pro-

1. W. S. Décret du 22 avril 1803. — Z. L., 1803, XIII, 2543.

vince arriva à suffire largement à ses besoins, et ne fut pas, comme l'Albanie, une source de dépenses continuelles. Mais Goëss ne se contentait pas de ce résultat; il voulait que la Dalmatie devînt riche, et pût, avec ses excédents de recettes, entreprendre tout un ensemble de travaux publics. L'ingénieur Zavoreo avait, sur la demande de Goëss, préparé un plan de travaux très vaste qui comprenait, outre les routes, le dessèchement des marais, la régularisation du lit des fleuves et l'utilisation des chutes d'eau[1]. Les premiers travaux devaient fournir les ressources nécessaires pour en faire d'autres, à mesure que se développerait la prospérité de la province.

Ce qui manquait, c'était le premier capital, mais Goëss ne désespérait pas de le trouver : il suffirait de donner une vigoureuse impulsion au commerce et à l'industrie[2]; pour cela il attire des ouvriers italiens qui fondent, avec les avances qu'il fournit, des fabriques de tuiles, de briques et de poteries; il encourage les teinturiers rebutés par son prédécesseur, vient en aide aux fermiers qui exploitaient la concession d'asphalte de Vergorać. L'imprimeur Battara, qui s'était établi en 1798, ne faisait pas ses affaires : Goëss procure à un Vénitien, nommé Fracassa, le moyen de relever cette industrie.

L'agriculture est encouragée, et une campagne de propagande est faite pour développer la culture, jusque-là ignorée, des pommes de terre.

Le commerce devait, lui aussi, fournir des ressources, et Goëss entreprend de lui donner une expansion nouvelle en encourageant l'exportation et en réduisant les droits de douane; mais là il trouva des résistances insurmontables. La théorie de la libre circulation des marchandises était alors une nouveauté suspecte, et ce n'était pas en Dalmatie, ni même en Autriche, qu'elle pouvait compter sur quelques faveurs. En dehors de la raison économique, il y en avait une autre plus grave, parce qu'elle était personnelle : la liberté commerciale eût été la destruction du privilège de tous ceux qui jouissaienr, à titre d'exception, de quelque droit de franchise. Or, le nombre des privilégiés était énorme : les nobles, les couvents, les églises, les corporations en possédaient tous, et, pour mener à bonne fin son entreprise, Goëss devait commencer par attaquer cette hydre; ses prédécesseurs n'avaient pas même osé l'essayer; lui, voyant la difficulté, ne recula pas, mais, procédant avec circonspection, il voulut bien déterminer la nature des privilèges, avant d'en commencer le siège. Il adressa donc à tous les corps moraux une circulaire où il demandait une énumération de leurs privilèges; il les priait d'y joindre l'indication du titre en vertu duquel ce privilège était exercé; c'était le moyen de faire

1. Z. L., 1803, V; 6597, VII; 3972, XII; 209, 425. | 2. Z. L., 1803, V, pass.

disparaître au moins ceux qui n'existaient que parce que les bénéficiaires avaient cru bon de se les octroyer.

Mais on vit le piège, et personne ne répondit. Goëss en fut réduit aux données fournies par les enquêtes faites avant lui, et dont il possédait les dossiers.

Pour les affaires ecclésiastiques, par exemple, il y avait des inégalités criantes : les prêtres séculiers des campagnes n'avaient souvent pour vivre que les honoraires de leurs messes, 12 *gazettes* (25 centimes) par jour, et certains chanoines avaient 1.000 et 2.000 livres. L'archevêque de Zara avait 7.000 livres de revenu, l'évêque de Lesina 70.000. Il fallait procéder à une nouvelle répartition des revenus ecclésiastiques, et commencer par réduire le nombre des sièges épiscopaux : c'était trop de douze diocèses pour 200.000 catholiques; on pouvait les réduire à quatre : Zara, Cherso, Spalato et Makarska; même en conservant encore Lesina et Sebenico, on pouvait donner un traitement de 8.000 florins aux archevêques, 6.000 aux évêques, 480 et 360 aux chanoines, et réaliser une économie annuelle de 300.000 florins, qui aurait servi à doter les établissements de charité, et à créer ceux d'instruction qui n'existaient pour ainsi dire pas. Une pareille somme pouvait être mise de côté sur les revenus des confréries, en les réunissant sous la tutelle administrative ; mais les confréries avaient un caractère religieux et se placèrent derrière les évêques : ceux-ci, effrayés de l'attitude prise par Goëss, se concertèrent pour résister à ses empiètements.

La question d'enseignement était aussi un terrain de conflits avec le clergé. Goëss créa à Zara un Gymnase, qui ne fut ouvert qu'après son départ, le 26 novembre 1804; on y devait enseigner la grammaire, les belles-lettres et la philosophie; mais, en dehors de cet essai dont on ne trouve nulle part les résultats pratiques, les écoles de tout degré étaient exclusivement tenues par des prêtres, et l'autorité ecclésiastique se refusa toujours à subir aucun contrôle. Le prélat dominicain Stratico, évêque de Lesina, fonda un séminaire en 1803, mais de sa propre initiative et sans demander en rien l'assistance du pouvoir civil.

Le comte de Goëss manqua-t-il de mesure dans ses entreprises réformatrices ? Devons-nous lui reprocher de ne pas être resté dans l'ornière où s'étaient embourbés ses prédécesseurs ? Toujours est-il qu'au bout de deux ans il n'avait obtenu d'autre résultat que d'être universellement détesté : les magistrats, dont il avait voulu secouer la torpeur, les nobles, dont il avait essayé de saper les privilèges, les corporations et le clergé, sur les biens desquels il avait prétendu porter une main téméraire, étaient en lutte ouverte avec lui; l'autorité militaire, tenue systématiquement en dehors de l'administration, le jalousait et lui prouvait son mauvais vou-

Disgrâce
de Goëss.

loir par mille tracasseries ; il n'y avait pas jusqu'aux paysans qui ne fussent exaspérés contre cet étranger qui, non content de persécuter leurs prêtres, les molestait aussi, sous prétexte de reboisement, de vaccine ou de pommes de terre !

Enfin, nous avons donné à entendre que la nomination de Goëss, en 1802, avait eu pour cause initiale une intrigue de cour ; il ne fut pas difficile à ses adversaires d'exploiter la situation tendue que son zèle, peut-être imprudent, avait créée. Une réaction, que tant de personnes avaient intérêt à déterminer, ne pouvait pas se faire beaucoup attendre. Un décret aulique du 24 mars 1804[1] rappela aux autorités de tout ordre qu'elles n'avaient le droit d'introduire aucune innovation sans l'assentiment formel de la chancellerie. Goëss comprit qu'en lui liant les mains, on lui signifiait sa défaite ; il donna sa démission qui fut acceptée, et, revenant à un régime dont on avait eu le temps d'oublier les vices, l'Empereur lui donna pour successeur le général Brady, qui devait réunir les pouvoirs civils et militaires, tant en Dalmatie qu'en Albanie[2] :

Goëss obtint cependant de sortir avec les honneurs de la guerre : Brady, en notifiant sa nomination au conseil de Zara, annonça qu'il allait partir pour Cattaro et qu'il priait le comte de Goëss de vouloir bien conserver, jusqu'à son retour, la présidence du gouvernement[3]. Mais les privilégiés n'avaient plus rien à craindre ; ils se croyaient assurés que personne ne toucherait plus désormais à l'arche sainte de leurs immunités.

§ III. Le général Brady (juillet 1804-février 1806).

La nomination d'un général comme gouverneur civil et militaire de la Dalmatie n'était pas simplement l'effet d'une révolution de palais ; sans doute, l'influence du parti militaire y était pour beaucoup, mais l'ensemble de la politique extérieure y avait contribué. La guerre avec la France semblait inévitable ; l'arrestation du duc d'Enghien (nov. 1803) avait été un grave motif d'irritation, et, du jour où Napoléon s'était fait proclamer empereur, un traité secret avait été signé entre l'Autriche et la Russie. Il fallait donc préparer la guerre, et si, dans cette éventualité, la Dalmatie était capable de fournir quelques ressources à la monarchie, c'était un général seul qui pouvait les en tirer : Brady eut donc comme mission principale d'organiser la défense de la province et de former les troupes qui devaient concourir à une action commune sur les grands champs de bataille de l'Europe centrale. En ce qui concernait l'administration civile, il n'y avait pas à toucher à l'organisation actuelle, quels que fussent ses défauts, puisqu'elle était appelée à disparaître prochainement.

1. Z. L. 1804. I. 1554. | 2. W. S. Décret aulique du 21 juillet 1804. — Z. L. 1804. IX. 5260. | 3. Z. L. 1804. IX. 5387.

Depuis le commencement de 1804 jusqu'à la déclaration de guerre, il *Organisa-*
y eut en Dalmatie un corps autrichien de 5 à 6.000 hommes prêts à se *tion mili-*
mettre en marche et, pour cette raison, on le concentra entre Zara, Knin *taire.*
et Sebenico ; or, comme pour loger toutes ces troupes il fallait des casernes,
des magasins et des hôpitaux, on profita de l'imminence de la guerre
pour occuper un certain nombre d'établissements religieux ; les franciscains durent à leur grande influence sur le peuple d'échapper presque
complètement à cette mesure.

Après le départ des soldats réguliers, la garde du pays devait être
remise aux colonels qui commandaient les districts de Knin, Sinj et
'Imoski. Danese, ancien officier vénitien, reçut une autorité absolue sur le
corps des pandours ; il méritait d'ailleurs cette confiance, car depuis sept
ans il avait donné la mesure de sa fidélité et de son intelligence ; on chargea de plus Danese d'organiser un corps de soldats indigènes, au moyen
desquels on pourrait reconstituer le Régiment Dalmate, qui avait fait si
triste figure pendant la guerre de 1800 ; on se procura à cet effet les
nouveaux règlements mis en vigueur en Italie pour le recrutement,
et on étudia le moyen de faire profiter la Dalmatie des heureuses réformes
militaires introduites par les Français dans leurs nouvelles possessions [1].

Brady fit mettre en état de défense les places du littoral : à Zara, deux
batteries rasantes furent ajoutées à l'ensemble déjà formidable des fortifications ; le fort San-Nicolo, qui garde la passe du port de Sebenico, fut réparé,
ainsi que l'enceinte de Castelnuovo et la batterie de Punta d'Ostro, aux
bouches de Cattaro. Par contre, comme aucune attaque n'était à craindre
du côté de l'intérieur, on désarma et l'on abandonna les vieux forts de la
frontière ottomane [2]. Une nécessité stratégique était la construction des
routes, et l'on s'en était préoccupé. Comme le tracé des routes suppose une
connaissance bien exacte du terrain, on avait chargé une brigade d'officiers topographes de revoir et de corriger la carte de Zavoreo [3] ; ces officiers avaient même obtenu du Sénat de Raguse la permission de prendre
quelques points géodésiques sur le territoire de la République, ce qui avait
permis de relier pour la première fois par des triangles les Bouches de
Cattaro à la Dalmatie. On pouvait donc commencer les routes sans
s'exposer à des mécomptes, et un premier règlement fut publié, non pas,
comme on pourrait le croire, pour décréter l'ouverture des chantiers,
mais pour défendre aux communes de faire des travaux de viabilité avant
la publication du plan général, qui aurait été approuvé par l'autorité cen-

1. Z. L. 1804. Imprimés. | 2. W. S. 1805 déc. Brady au comte de Maylath. | 3. Z. L.
XV. 679, 1915.

trale; on voulait éviter la construction de chemins faisant double emploi; ce n'était pas par cet excès-là que la Dalmatie avait péché jusqu'alors.

La route que Brady jugeait la plus importante était celle qui devait conduire de Zara à Gospić en Croatie, sans faire le long détour de Knin; mais, pour cela, il fallait franchir la chaîne abrupte du Vellebit. Brady se transporta sur les lieux pour étudier un projet qui fut soumis au conseil aulique et adopté[1], mais que les circonstances ne permirent d'exécuter qu'en 1823.

Troubles
à Cattaro.

Au moment où les Autrichiens étaient tout à leurs préparatifs contre la France, leur attention fut détournée par des troubles qui se produisirent aux Bouches de Cattaro.

Le temps n'était plus où Brady écrivait « que la fidélité des Bocquais n'était comparable qu'à celle des Tyroliens »; depuis longtemps on avait dû revenir sur cette appréciation.

Le gouverneur civil Baroni Cavalcabò écrivait, le 2 juin 1804, au Conseiller aulique Maylath[2] :

« L'indiscipline et la désobéissance se sont développées dans ce pays à tel point que sans beaucoup d'énergie on ne pourrait même pas assurer la paix publique. Voici deux ans que Kartóle et Lustizza sont en révolte ouverte; à Castelnuovo, la population tient tête aux employés publics, les lois ne sont pas observées, et nos arrêtés demeurent lettre morte; à Pastrovicchio, il se commet beaucoup d'homicides que nous devons laisser impunis; une affaire de *vendetta* a allumé une espèce de guerre civile, et nous avons dû faire donner la troupe pour séparer les deux partis. Risano est paisible, mais la Krivoscie est en état d'effervescence; des détenus échappés se sont réfugiés en Turquie, où ils ont formé une bande qui vient ravager les environs de Perasto. Le comté de Zuppa est insurgé depuis deux ans. Partout les catholiques sont soumis et tranquilles, mais les grecs, exaltés et soutenus par les Monténégrins, sont en état de révolte permanente. »

Le rapport concluait à une demande d'autorisation de procéder contre les rebelles par voie sommaire, et Brady vint, un mois après, avec deux bataillons, pour faire rentrer les Bocquais dans les voies de la soumission et de la paix.

Les Mon-
ténégrins et
les Russes.

La source de tout le mal était bien celle que pensaient les Autrichiens : c'est du Montenegro que partaient toutes les excitations, et cela, très vraisemblablement, à l'instigation des agents français Berthier et Pouqueville, établis à Raguse. Depuis la mort de l'empereur Paul, la

1. Z. L. 1804. XII. 2059, 2473, 2550, 3389, 6740, 7956. | 2. Z. L. 1804. Att. Pres. Cattaro.

Russie semblait avoir oublié les Monténégrins : depuis trois ans, le subside de 1.000 sequins n'était plus payé, et le consul français de Raguse en avait profité pour agir sur le Vladika. Un prêtre ragusain, l'abbé Dolci, était devenu l'inspirateur de la politique monténégrine, et on l'accusait d'être à la solde de la France[1]. Si donc on voulait pacifier les Bouches, il fallait d'abord arracher le Montenegro à l'influence française, et pour cela faire disparaître Dolci ; or, en novembre 1804, Dolci disparut. Fonton, consul de Russie à Raguse, se rendit près du Vladika, au couvent de Stanjević et demanda à faire une perquisition dans les papiers de Dolci ; le refus de celui-ci fut déjà regardé comme compromettant, Fonton voulut procéder de vive force à son investigation, et Dolci lui sauta à la gorge ; on dut le maîtriser pendant qu'on fouillait sa correspondance, où on trouva la preuve de ses relations avec les Français. Si le Vladika ne voulait pas être compromis à son tour, il n'avait qu'à désavouer au plus tôt son confident ; c'est ce qu'il fit avec éclat : il montra une violente exaspération contre Dolci, et, après l'avoir menacé de lui faire couper les oreilles, il se radoucit, lui fit seulement donner cent coups de bâton, puis le fit enfermer dans un couvent ; il fut question d'instruire son procès et de le pendre, mais on craignait qu'au cours des débats il fit des révélations compromettantes ; on se contenta de le garder en prison, mais bientôt il y mourut, et les gens qui paraissent bien renseignés disent qu'il fut empoisonné. Les Autrichiens le regrettèrent peu, et Brady annonce sa mort en ces termes : « Dolci a terminé sa carrière d'impostures et d'intrigues[2]. »

La disgrâce et la fin violente de Dolci étaient dues à l'action commune de la Russie et de l'Autriche réconciliées contre l'ennemi commun, Napoléon. Un agent russe, le maréchal-lieutenant Ivelich, originaire de Risano, avait été expédié, en août 1804, au Vladika, et lui avait signifié les volontés de l'empereur ; peu après le Conseiller Sankovski était arrivé porteur de 3.000 sequins pour les trois annuités arriérées du subside ordinaire[3], et le Montenegro avait recommencé à graviter dans l'orbite de la Russie ; on comprend dès lors pourquoi le malheureux Dolci avait été immolé.

La réconciliation des Russes et des Monténégrins ne permettait plus à ceux-ci de se montrer ouvertement hostiles à l'Autriche, alliée de la Russie ; ils s'asbstinrent donc de soutenir ouvertement les insurgés de Cattaro qui, abandonnés par leurs coreligionnaires, n'eurent plus qu'à

1. W. S. 1804. Instructions données à J. Timoni, consul à Raguse. | 2. W. S. Brady à Maylath, déc. 1804, janvier-octobre 1805. | 3. Milaković, *Histoire du Montenegro*, p. 180, sqq.

se soumettre : les troupes régulières et un corps de pandours conduit par le colonel Danese parcoururent les districts insurgés et s'emparèrent de la personne des meneurs qui furent gardés comme otages : on les envoya dans les casemates du fort San-Nicolo de Sebenico, puis à Knin, quand on voulut rendre ces casemates disponibles pour y mettre les prisonniers français qu'on devait faire.

Les bons offices rendus par les Russes aux Autrichiens ne firent cependant pas régner entre eux une harmonie très apparente aux Bouches ; en 1805, alors que la guerre allait éclater, de nombreuses difficultés s'élevèrent entre le gouverneur Baroni Cavalcabò d'un côté et les agents russes de l'autre. Par là même qu'ils étaient venus pour reprendre autorité sur les Monténégrins, Ivelich, Sankovski et le consul Mazurevski devaient en même temps se faire leurs protecteurs, et les Monténégrins étaient souvent des protégés compromettants. Une fois, c'est un individu poursuivi pour crime, et réfugié au Montenegro, qui se laisse arrêter à Cattaro : il faut le réclamer comme protégé russe, et l'arracher à la justice autrichienne ; tantôt c'est une rixe qui éclate sur le marché de Cattaro entre Monténégrins et soldats autrichiens : le sang coule, et les Russes sont obligés de démontrer que les soldats autrichiens ont été les agresseurs ; pendant ce temps, les ennemis des Russes prétendent avoir la preuve que Sankovski a excité les Monténégrins à causer du désordre[1].

Il n'y a rien de surprenant à ces insinuations, vu la surexcitation que causaient dans tous les esprits les bruits de guerre et les nouvelles contradictoires que la police la plus vigilante ne pouvait empêcher de circuler. Au fond, les agents russes étaient parfaitement d'accord avec les autorités autrichiennes, et ces incidents n'eurent jamais la gravité que les dépêches du consul français à Raguse s'efforçaient de leur attribuer.

Pendant que Brady était à Cattaro, ou en tournée dans la chaîne du Vellebit, les affaires générales étaient en souffrance : les finances, si bien conduites jusque-là, étaient en désarroi par suite de l'augmentation des dépenses militaires. Brady reçut, à trois reprises, de Vienne, de sévères avertissements[2] ; mais il se disculpa en rejetant la faute sur la négligence des employés civils, et surtout en invoquant le surcroît de préoccupations que lui donnait la préparation de la guerre. D'ailleurs, on était encore dans le provisoire : des institutions définitives allaient sous peu être données au pays, et l'on verrait alors à imprimer à tous les services un cours régulier.

1. Z. L. Att. Pres. 1805, 136, 145, 298, 2007, 2842, 2051. | 2. Z. L. Att. Pres. 1805, 5 août, 7 et 12 nov.

Et, en effet, ce plan d'organisation, dont il avait été tant parlé, était prêt[1]. Il comportait un gouverneur général à Zara, qui devrait faire dans tout le pays des tournées périodiques; il était assisté de six conseillers : deux pour les affaires administratives, deux pour les affaires judiciaires (ce serait le tribunal d'appel), et deux pour les affaires fiscales. Les anciens tribunaux de première instance étaient maintenus au nombre de dix-neuf. § IV. Le plan d'organisation définitive.

Cinq cercles, Veglia, Zara, Spalato, Makarska et Cattaro, seraient formés, et placés sous l'autorité de capitaines de district; chacun de ces cercles comprendrait, autant que possible : des îles administrées par des magistrats locaux munis de pouvoirs étendus, une portion de littoral placée sous l'autorité directe du capitaine, et une portion de pays continental administrée militairement par un colonel indigène.

Tout en relevant du gouverneur, les capitaines devraient avoir une grande liberté d'initiative et seraient autorisés à correspondre directement avec la chancellerie aulique.

Le centre de l'administration financière devait être à Vienne; un remaniement des circonscriptions ecclésiastiques, une centralisation des biens et revenus des confréries devaient, conformément aux plans du comte de Goëss, fournir les ressources nécessaires pour donner à tous les membres du clergé un traitement convenable, pourvoir à l'entretien des fondations d'assistance publique et créer des établissements d'instruction, des séminaires pour l'éducation du clergé, et, pour commencer, un au moins à Zara; on ouvrirait, à Zara, Sebenico, Spalato, Makarska, et dans les principales îles, des écoles élémentaires où on donnerait, pour les fils de marins, des cours de nautique et de mathématiques; à Zara et à Spalato, des gymnases où l'on enseignerait les belles-lettres et la philosophie; à Zara, une école de droit. Partout on encouragerait la création d'académies agronomiques, littéraires et scientifiques. On établirait la tenue des registres de l'état civil, et on en chargerait les curés.

Cette organisation était complétée par une foule de prescriptions de détail, dans lesquelles nous ne pouvons entrer; elle devait être mise en vigueur à la paix. Mais le sort des batailles devait amener en Dalmatie des modifications autrement profondes que celles que les hommes d'État avaient préparées.

En septembre, la guerre commença en Italie et en Allemagne. Le 31 octobre, un bâtiment français, qui portait des malades à Ancône, est § V. La guerre.

1. Z. L. Att. Pres. 1805, 5 octobre.

jeté à la côte près de Zara ; l'équipage et les passagers sont retenus comme prisonniers de guerre [1]. En novembre, quatre bâtiments passent à Zara, chargés de prisonniers français envoyés à Cattaro. La flotte russe de l'amiral Siniavin croise dans les parages de la Dalmatie et n'empêche pas les corsaires français de prendre de nombreux bâtiments qu'ils vont désarmer et vendre à Raguse. Dans cette dernière ville, César Berthier, neveu du maréchal, et le médecin Pouqueville entretiennent parmi les habitants une agitation que le consul Timoni présente comme très favorable à la France [2].

Personne ne reçoit de nouvelles : le gouverneur est au courant par des dépêches officielles qu'il se garde bien de publier ; on renouvelle les ordonnances de 1797 sur les « oisifs » qui colportent des nouvelles. Le public finit par savoir que les Français sont entrés à Trieste, puis le bruit vague de désastres commence à circuler malgré les précautions de la police ; mais le gouvernement se tait et les archives sont muettes. L'année 1806 succède à l'année 1805 sans que la situation ait changé. Le 9 janvier, arrive la nouvelle de la conclusion de la paix ; Brady seul en connaît les conditions et envoie Danese à Knin pour une mission dont l'objet reste inconnu : c'était pour y recevoir les troupes françaises qui allaient entrer dans la province. Jusqu'au 27 janvier, on ne sut rien des conditions de la paix de Presbourg ; ce jour-là, le marquis Manfrin, adjudicataire des tabacs, ose le premier sortir de la réserve, en vue d'une entrée éventuelle des Français. Le 29 janvier, des nouvelles sont arrivées de Trieste, Brady n'est plus tenu à la discrétion et, tout en s'occupant d'organiser le service des vivres pour la division française qu'on attend de jour en jour, il publie la proclamation suivante [3] :

Adieux de Brady aux Dalmates.

Chers et fidèles Dalmates, chers et fidèles Bocquais,

Quand vous vous êtes donnés spontanément à S. M. l'empereur François II, vous avez écrit une page glorieuse dans l'histoire de votre nation. La constance avec laquelle vous n'avez pas cessé de tenir le serment de fidélité que vous avez prêté honore grandement votre caractère. Vous vous êtes rendus dignes de la confiance d'un grand prince qui, vous regardant comme ses fils plus encore que comme ses sujets, n'a jamais ménagé les ressources du Trésor public pour vous venir en aide dans les moments difficiles.

Toute sa sollicitude a été tournée du côté des moyens d'assurer votre bonheur. Des circonstances impérieuses réunissent votre pays au royaume d'Italie et tranchent les liens qui vous rattachaient à l'empereur. Tel est l'obstacle qui empêche l'accomplissement des vœux les plus chers au cœur de Sa Majesté.

1. Z. L. 1805. II. 9024. | 2. W. S. Corr. Timoni, déc. 1805. | 3. Z. C. 1806. Imprimés.

Pour accomplir jusqu'au bout la tâche qui m'est imposée, je dois vous exprimer ici le profond chagrin que j'éprouve au moment où je dois me séparer de vous. Témoin pendant plusieurs années de votre fidélité, de votre dévouement, de votre inaltérable attachement à mon maître, j'ai pu reconnaître et apprécier les qualités distinctives de votre caractère national. C'est au milieu de vous que j'aurais aimé à vivre jusqu'au terme de ma carrière.

Les destinées s'y opposent; je vous adresse donc encore une fois l'expression de ma gratitude et de l'admiration que je professerai pour vous jusqu'au dernier jour de ma vie.

BRADY
G. M.

Zara, 28 janvier 1806.

CHAPITRE VII

RELATIONS DE L'AUTRICHE

AVEC LES TURCS ET AVEC RAGUSE (1797-1805)

§ I. Les Autrichiens et les Turcs; bruits de guerre; émins; relations avec les pachas; commerce; émigration; déserteurs. — § II. Le passé de Raguse. *Sette Bandiere*; Constitution ragusaine; corps diplomatique. — § III. Les Autrichiens et Raguse. Prêt aux Français. Insurrection de Canali ; Raguse et le général Brady. — § IV. Le consul impérial Timoni. — § V. Le consul français Bruère. — § VI. Le consul russe Fonton.

Nous avons étudié l'histoire de la Dalmatie sous la domination autrichienne et les nombreuses transformations que l'organisation de cette province subit sans pouvoir atteindre sa forme définitive. Pour que le tableau que nous avons essayé de tracer soit complet, il nous reste à parler des relations de la Dalmatie autrichienne avec les Etats voisins : l'Empire ottoman et la République de Raguse.

§ I. Les Autrichiens et les Turcs.

L'annexion de la Dalmatie à l'Autriche était, par certains côtés, un présent perfide que la France faisait à son ennemie; en effet, par suite du traité de Campo-Formio, les Autrichiens se trouvaient acquérir cent lieues de frontières avec les Turcs, ce qui doublait l'étendue de leur ligne de contact avec des voisins dangereux. Encore sur la Save et l'Unna, la frontière naturelle marquait-elle la limite des deux empires; de plus les populations, groupées sous la puissante organisation des régiments-frontière, opposaient un rempart vivant aux velléités agressives des Turcs. Mais du côté de la Dalmatie, il n'y avait rien de semblable : la frontière déterminée par une série de lignes droites allant d'un village à l'autre et traversant en chemin des vallées profondes et des chaînes escarpées, ne pouvait former une limite; quant à la population, elle était belliqueuse, il est vrai : pour elle, le Turc était l'ennemi héréditaire, mais on ne savait pas encore quels sentiments elle professerait à l'égard de son nouveau maître.

Bruits de guerre.

Aussi y eut-il un certain émoi à Zara, en octobre 1797, quand on apprit qu'une armée turque se réunissait en Bosnie; des lettres venues de Travnik annonçaient que c'était contre la Dalmatie qu'étaient dirigés ces armements : le Grand Seigneur songeait à faire valoir ses droits sur cette province qu'il considérait comme une dépendance de la Bosnie; ces droits étaient moins anciens que ceux du roi de Hongrie et, par là même, devaient primer, puisqu'il y avait moins longtemps qu'ils étaient abandonnés.

Tout semblait donner de la vraisemblance à ces nouvelles : le général Aubert-Dubayet, ambassadeur à Constantinople, avait réussi à relever le prestige de la France auprès du divan et il se pouvait fort bien que ce fût lui qui eût excité les Turcs à envahir la Dalmatie.

En fait, il se trouva que toutes ces suppositions n'étaient pas fondées : les Turcs avaient à combattre l'insurrection serbe, et ne firent aucune tentative pour troubler les Autrichiens dans la paisible possession de leur nouvelle province.

De 1797 à 1805, les relations de la Dalmatie et de l'Empire ottoman furent donc pacifiques, sans être amicales, et les Autrichiens eurent tout au plus quelques alertes. Périodiquement, en effet, des rapports venus de Knin, d'Imoski ou de Metković annonçaient que les Turcs allaient passer la frontière, puis d'autres rapports démentaient les premiers : il ne s'agissait que d'une expédition d'un beg contre un autre ; parfois c'étaient les pachas qui se faisaient la guerre, notamment ceux de Travnik et de Scutari ; ou bien encore, le sultan venait d'ordonner une levée extraordinaire pour réduire quelque révolté ou s'emparer enfin de l'imprenable Widin. Or, chaque fois qu'une prise d'armes s'effectue en pays mahométan, il y a des désordres et des violences; les premières victimes de ces violences sont les chrétiens, et comme les Franciscains étaient les principaux agents de renseignements de l'Autriche au delà de la frontière, il n'est pas étonnant que chaque fois que le fanatisme des musulmans se réveillait, les rapports fussent conçus en termes très alarmants; mais d'ordinaire l'effervescence se calmait et les menaces n'étaient suivies d'aucun effet. C'est ce qu'il est permis de constater par l'examen de nombreuses pièces des archives de Zara et de Vienne [1].

En novembre 1798, ce mouvement des Ottomans était déterminé par la guerre qui venait d'éclater à la suite de l'occupation de Malte par les Français et du débarquement de Bonaparte en Egypte. Une escadre russo-turque avait chassé les Français des îles Ioniennes, et Ali de Tebelen, pacha de Janina, avait, de son côté, enlevé les postes que les Français occupaient sur la côte d'Albanie. Le bruit avait couru alors d'un débarquement des Français à Raguse et les pachas avaient reçu l'ordre de se concentrer sur la frontière. Mais ce débarquement ne fut pas effectué.

Il en fut ainsi jusqu'en 1806 et jamais les troupes de l'Empereur n'eurent à en venir aux mains avec celles du sultan.

1. Z. L., 1798, I, 5540, 5542; XII, 4564, 4700, 4721. 1799. III, 389, 2637, 6391; IV, 7123, VI, 7056 ; XII, 4638. — W. S., 1798 sept. et nov. Rinna à Thugut, 1802 avril, mai. Rinna à Colloredo. Nov. Goëss à Majlath.

Le seul terrain sur lequel une lutte s'engagea entre les Autrichiens et les Turcs fut celui des coutumes abusives qui s'étaient introduites sous le gouvernement vénitien, coutumes que les pachas ne demandaient qu'à voir maintenues et développées même, dans le sens de leurs privilèges, mais que l'Autriche entendait supprimer à la première occasion.

Les Emins. La principale de ces coutumes consistait en la présence à Spalato d'un *Emin*[1] turc, chargé, en exécution de l'article 25 du traité de Passarovitz, de percevoir le droit de 3 °/₀ sur les marchandises qu'apportaient ou qu'emportaient les caravanes de Bosnie[2]. En 1799, l'émin de Spalato s'adjoignit un collègue, et la présence de ces deux agents de perception fut cause, paraît-il, d'une augmentation de frais et *bakchichs*. Le gouvernement intervint et fit supprimer ce fonctionnaire dont l'existence n'était pas prévue par les traités; l'Autriche pouvait alors parler haut, car ses armées étaient victorieuses en Italie. Mais en 1800, après Marengo, le gouvernement de Bosnie envoya à Zara un nommé Laljich Agha pour y remplir les fonctions d'émin; la lettre du pacha visait les capitulations vénitiennes, l'article 33 du traité de Carlovitz et l'article susmentionné du traité de Passarovitz[3]. On commença par répondre à Laljich Agha que le poste d'émin à Zara était abandonné depuis douze ans et qu'il fallait une décision souveraine pour le rétablir; puis, quand la paix européenne fut sur le point de se consolider, Thugut se décida à répondre catégoriquement que l'Autriche tenait pour caducs les engagements des Vénitiens, que ce qui faisait sa loi, c'était le traité de Sistova et que, dans le traité de Sistova, il n'était pas question des émins; que, si le pacha voulait donner suite à cette affaire, il devrait demander au divan d'en saisir l'internonce impérial[4]. Laljich rapporta en ce moment la preuve que depuis 1797 un émin avait résidé, assez inaperçu, il est vrai, à Zara : on lui répondit que le débat était clos, et il dut s'en retourner à Travnik, regrettant sans doute l'argent qu'il avait donné au pacha pour obtenir un titre dont il espérait tirer autre chose que des avanies[5].

En 1802, l'émin de Spalato fut attaqué dans l'usage de ses prérogatives et dut se restreindre aux droits qui résultaient formellement des traités, en renonçant à tous ceux qui s'étaient introduits dans le courant du XVIIIᵉ siècle[6].

Relations avec les pachas. D'autres abus à supprimer étaient relatifs au cérémonial qui présidait aux relations officielles entre Zara et Travnik. Les dépêches vénitiennes

---

1. On remarquera cette appellation qui se rapproche de l'arabe : *amin*; et en général il est curieux de constater combien de mots turcs avaient subsisté dans le vocabulaire administratif de la Dalmatie. | 2. Z. L., 1799, XII, 2075. | 3. W. S., 1800, juill. et nov. Rinna à Thugut. | 4. W. S., 1800, déc. Thugut à l'internonce. | 5. Z. L., 1800, XIV, 2184. | 6. Z. L., 1802, XIX, 3983; 1803. Att. Pr. 1383.

étaient portées par un drogman, accompagné d'une escorte, qui se grossissait à la frontière d'un certain nombre de janissaires. La remise du pli était accompagnée de cadeaux au pacha, à ses officiers et à sa suite; les cavaliers de l'escorte comptaient aussi sur l'inévitable *bakchich*, et tous les frais de voyage et de séjour étaient à la charge de la République. Lorsqu'au contraire c'était le pacha qui avait une communication à faire au provéditeur, il envoyait des *tchaouchs* qui, depuis la frontière, devaient être défrayés de tout par les Vénitiens, et, à leur départ, des usages très précis réglaient le nombre de coupons de velours, de pains de sucre et de pots de thériaque auquel chaque membre de l'ambassade avait droit[1]. Il y avait même à Spalato un véritable magasin de denrées destinées aux officiers turcs; les livres de comptabilité-matières du drogman Calavrò Imberti, pour les dernières années du gouvernement vénitien, attestent de l'activité des relations entre la Bosnie et la République de Venise[2].

Les Autrichiens, en prenant la succession de Venise, commencèrent par se conformer aux usages existants, en puisant dans le magasin dont le drogman Calavrò avait la garde. En 1797, Thugut écrit au comte de Thurn d'envoyer au pacha de Bosnie une ambassade et des cadeaux. « Il faut ménager les Turcs, » dit il[3]. En mai 1799, le conseiller Rinna avait signalé les abus auxquels cette coutume donnait lieu[4] : on lui répondit de prendre patience. En 1800, trois pachas se succédèrent à Travnik en moins de quatre mois[5]. Pour chacun des nouveaux titulaires, il y avait eu des ambassades de part et d'autre et la provision de cadeaux s'était réduite à peu de chose. Au commencement de 1801, Rinna dut écrire à Vienne pour avoir l'autorisation de renouveler l'approvisionnement, mais il proposait en même temps de restreindre les distributions pour les rendre moins dispendieuses[6]. Le ministre Colloredo, successeur de Thugut, répondit : « Il ne s'agit pas de restreindre, mais de supprimer[7], » et il en fut fait comme il l'avait ordonné, sans que les Turcs songeassent à réclamer : ce qui les avait étonnés, c'est que les Autrichiens n'eussent pas pris plus tôt cette mesure radicale.

Deux ans après, le comte de Goëss, en visitant la douane de Spalato, découvrit quelques pièces de brocard et de velours, avec des miroirs encadrés, des montres d'argent et des fleurs artificielles. Il distribua le tout aux églises pauvres, en sorte qu'il ne resta plus de vestige ailleurs que dans les archives de cet usage disparu.

---

1. W. S., 1799, mai. Rinna à Thugut. | 2. Ces registres sont à Venise aux Archives d'Etat (Frari). | 3. W. S., 1797, sept. Thugut à Thurn. | 4. W. S., 1799, mai. Rinna à Thugut. | 5. W. S., 1800, 15 mai, 27 juin, 17 août. Rinna à Thugut. | 6. W. S., 1800, fév. Rinna à Colloredo. | 7. W. S., 1800, mars. Colloredo à Rinna.

En résumé, aucun fait notable ne signale les relations de la Turquie avec la Dalmatie pendant cette période. Vienne et Constantinople se contentaient de recevoir et d'expédier des notes au sujet des violations de frontières inévitables dans un pays où la frontière n'était indiquée par aucun signe apparent.

Navigation et commerce.

L'Autriche réclama également à propos des corsaires barbaresques qui poursuivaient les bâtiments dalmates [1]. Les Tripolitains et les Tunisiens promirent de respecter le pavillon impérial; mais, pour empêcher toute fraude, la Porte exigea et obtint que l'Autriche admettrait le droit de visite.

Sur terre, le commerce était fort actif, et régulièrement, deux fois par semaine, les caravanes de Bosnie arrivaient, escortées par la force armée, dans les lazarets de Spalato et de Sebenico. Le principal article d'échanges était la viande sur pied; les troupeaux arrivant des pays ottomans étaient embarqués à destination de Bari, d'Ancône ou de Venise, et nous avons déjà signalé ce fait surprenant que la Dalmatie, où le bétail était en abondance, ne faisait pas pour son compte l'exportation et se contentait de modestes droits de transit. C'est la conséquence de doctrines économiques sur lesquelles nous aurons à revenir.

Les précautions dont on entourait les caravanes étaient d'une grande sévérité, et cette sévérité était pleinement justifiée par le mauvais état sanitaire des provinces ottomanes [2]. Tantôt c'était de Sarajevo que venait la nouvelle d'une épidémie, tantôt de Bihać en Croatie, tantôt c'était en Albanie que « le mal contagieux » avait fait une apparition. L'administration devait être sans cesse sur le qui-vive, et d'un moment à l'autre se trouver prête à établir un cordon sanitaire comme on l'avait fait à diverses reprises au XVIIIe siècle, comme on devait le faire, infructueusement d'ailleurs, en 1815.

L'émigration.

Une occasion de relations fréquentes entre les deux puissances était l'émigration. Il y avait entre les deux pays un courant régulier d'émigration temporaire : ouvriers qui allaient se louer pour une saison, bergers qui pendant l'été faisaient transhumer leurs troupeaux dans les hauts pâturages de l'Herzégovine. Ces derniers avaient à payer une faible taxe aux autorités turques; parfois le *Defterdar* élevait des prétentions exorbitantes; d'autres fois les bergers cachaient une partie de leurs bêtes dans une vallée écartée le jour où l'on devait percevoir la taxe calculée à tant par tête; de là des contestations, des rixes qui se terminaient toujours par un arrangement à l'amiable négocié par les officiers de pandours.

1. Z. L., 1798, VII, 653, 852, 3917, 3919. 1799; XI, 660, 2448; XV, 2419. 1801, V, 3819, 3931, 5101. | 2. Z. L., 1799, XII, 431, 1362, 5921.

Les années où la Dalmatie souffrait de la disette, un courant d'émigration plus fort se dessinait vers les pays limitrophes; c'est ce qui arriva dans le courant des années 1797, 1801 et 1803 [1]. L'administration vénitienne avait vu le cas se produire maintes fois; elle avait simplement statué qu'au bout de trois ans les terres des émigrés reviendraient à l'Etat; pour entraver l'émigration pendant les années de famine, elle autorisait alors les magasins de la dîme à faire des avances de grains qui devraient être restitués en nature (*biada per biada*) dans un délai de trois années. C'est ce que firent aussi les Autrichiens par la suite, mais en 1797, ne connaissant qu'imparfaitement les mœurs du pays, ils furent très effrayés en apprenant que des centaines de familles quittaient la province. On voulut voir dans ce mouvement d'émigration une manœuvre des Turcs et l'on s'émut outre mesure d'un fait malheureusement trop commun, dans lequel l'intervention étrangère n'était pour rien. Les explications que Thurn reçut alors des officiers de pandours ne tardèrent pas à le rassurer, et il s'empressa d'en faire part à la chancellerie de Vienne dans une dépêche du mois de novembre.

Enfin nous devons dire un mot de la question des déserteurs. Nous avons pu déjà constater et nous constaterons encore la profonde répulsion que le service militaire inspirait aux Dalmates. Quand les Autrichiens voulurent lever des soldats en Dalmatie, un grand nombre de jeunes gens émigrèrent en Bosnie, et, ne se sentant pas encore à l'abri contre les recherches, beaucoup s'étaient fait musulmans. Le pacha ne pouvait plus livrer ses coreligionnaires à une puissance infidèle.

Les déserteurs.

L'internonce à Constantinople eut à demander l'extradition des fugitifs, et, après de longues démarches, il obtint un *firman* par lequel le pacha de Travnik était requis de livrer les déserteurs, même s'ils avaient embrassé l'Islamisme [2].

Armé de cette pièce, le général Rukavina envoya un commissaire à Travnik; le pacha ouvrit une enquête, et cette enquête amena à constater que pas un déserteur autrichien ne résidait en Bosnie; le commissaire, hors d'état de contrôler cette affirmation, dut s'en contenter. Le pacha ne manqua pas d'ajouter force promesses pour le cas où l'hypothèse prévue par le firman impérial viendrait à se réaliser; on lui donna acte de ses déclarations, et peut-être lui sut-on gré de ses obligeantes déclarations. L'affaire en resta là.

---

1. Z. L., 1797, XV, 119, 273, 592, 668, 727, 818, 992, 1032, 1037, 1332, 1528, 1708, 1792, 2050, 2161, 2404. 1798, XII, 2550, 2707, 2887, 3614; XVI, 3055. — W. S., 1797, nov. Thurn à Thugut. 1798, janvier, Thurn à Thugut. 1802, nov. Goëss à Majlath. — Z. L., 1803, IV, 1300, 1386. | 2. Z. L., 1801, III, 385.

Ainsi, malgré les précédents incommodes créés par les Vénitiens, malgré les inquiétudes que l'attitude des Turcs avait inspirées à la première heure, la paix ne fut pas une seule fois troublée sérieusement dans l'espace de huit ans.

La raison qu'on peut en donner, c'est que l'immense majorité des habitants de la Bosnie et de l'Herzégovine, que nous avons appelés Turcs pour nous conformer à l'usage, était composée de Slaves, de même race que les Dalmates; en Bosnie, il n'y avait en fait de Turcs que des marchands et les hauts fonctionnaires, et encore pas tous. Or ce n'était qu'aux Turcs que les Dalmates avaient juré une haine éternelle, et les Slaves de Bosnie et de Croatie, même musulmans, n'avaient pas contre eux la même animosité que contre les Allemands et les Hongrois, leurs voisins du côté de la Save et du Danube. Au contraire, les voyant parler leur langue et pratiquer leurs mœurs, ils les regardaient comme des frères, les secouraient à l'occasion, et prenaient sous leur protection les jeunes gens qui ne voulaient pas devenir soldats allemands.

Il y eut bien des querelles et du sang versé, mais pas plus entre la Dalmatie et les provinces ottomanes qu'entre deux cantons limitrophes d'un pays où les voies de fait étaient l'unique procédé de discussion.

Les Autrichiens eurent la sagesse de ne pas garnir la frontière de soldats de l'armée régulière et d'en laisser la garde aux pandours; c'est à cette précaution qu'ils durent de rester toujours en relations pacifiques avec leurs turbulents voisins.

Pas plus qu'avec les Turcs, les Autrichiens n'eurent de rapports hostiles avec les Ragusains.

L'Autriche avait affaire avec un petit Etat jaloux de son autonomie, et, en agissant avec correction, on ne pouvait avoir avec lui que des relations faciles.

§ II. Le passé de Raguse. — Mais il convient ici de nous arrêter un moment sur le passé et la constitution de la République de Raguse, et d'en étudier l'histoire pendant la période qui correspond à la domination autrichienne en Dalmatie. C'est ainsi seulement que nous arriverons à comprendre les graves évènements qui s'y dérouleront ensuite de 1806 à 1815.

La République de Raguse n'était pas, à proprement parler, limitrophe de la Dalmatie; elle en était séparée par deux étroites bandes de terre laissées à l'Empire ottoman, à la paix de Passarovitz, sur les instances des Ragusains.

Raguse avait traversé, en dix siècles, de nombreuses vicissitudes; passant de la suzeraineté byzantine à celle des Vénitiens, des Croates, des Vénitiens encore et des Hongrois, elle avait fini par se rendre petit à petit indépendante, sauf, quand il était besoin, à se dire vassale du sultan à qui elle payait, depuis le temps du sultan Orkhan II, un tribut annuel, devenu trisannuel après le tremblement de terre de 1667 [1].

Les Ragusains donnaient aussi de grosses sommes aux Barbaresques, mais cet impôt leur valait le droit de naviguer librement dans toute la Méditerranée, de commercer avec toutes les provinces turques, et, rien qu'avec le monopole du sel en Herzégovine, ils s'indemnisaient des sommes qu'ils avaient à payer aux musulmans.

Les Ragusains étaient beaucoup trop habiles pour se dire en toute occasion tributaires du sultan; il y avait des cas où ils préféraient se souvenir qu'ils avaient relevé de la couronne de Saint-Etienne, et payé tribut aux archiducs d'Autriche, héritiers des droits de la Hongrie; ce tribut, il est vrai, n'avait été payé que rarement, mais jamais les Ragusains ne nièrent leur obligation quand ils virent avantage à en rappeler le souvenir.

De même ils envoyaient, chaque année, au *capitaine du golfe*, à Venise, une pièce d'argenterie; au roi des Deux-Siciles, douze *astori* (oiseaux de chasse), avec une lettre très respectueuse [2].

Le Pape recevait aussi un présent annuel comme protecteur de Raguse, qui, toute vassale du turc qu'elle fût, se disait, pour cette circonstance : le Boulevard avancé du Christianisme du côté des infidèles.

L'étendard de Raguse représentait son patron le grand saint Blaise d'Arménie, accosté des lettres S. B. (saint Blaise); mais on traduisait : *Sette Bandiere* (sept drapeaux), pour exprimer la facilité avec laquelle les Ragusains se disaient les amis de tout le monde, sans d'ailleurs le croire.

Sette Bandiere.

Ainsi, grâce à cette extrême souplesse, Raguse, moyennant tant par an, vivait en bonne harmonie avec le grand Turc, le Pape et l'Empereur; cela lui évitait l'entretien d'une armée qui lui aurait sans doute coûté plus cher, et lui permettait de commercer paisiblement de Barcelone à Constantinople, et même jusqu'aux Antilles et aux Indes orientales.

---

1. On a donné les évaluations les plus diverses du tribut à la Porte par les Ragusains, un témoin bien informé nous apprend que le tribut lui-même s'élevait à 12.500 sequins; avec les cadeaux à faire aux membres du divan, et les frais de voyage, la République déboursait 16.000 sequins tous les trois ans. *Lettere informative delle cose de Turchi per Piero Busenello, secretario del Senat o di Venezia.* Ce ms. est conservé à Venise au Museo-Civico (Misc. Correr, vol. LXXVIII, 2647). | 2. On trouve aux archives de Raguse le texte de cette lettre qui fut reproduite sans variante chaque année au mois d'octobre, de 1777 à 1806, et rien ne prouve que la formule ne fût pas déjà en usage depuis longtemps. (R. P. Ponente.)

Sa flotte commerciale se composait, en 1797, de 363 navires au dessus de 15 tonneaux, valant 16 millions de piastres, qui, au taux usuel de 15 %, donnaient un revenu annuel de 2.400.000 piastres aux armateurs, et payaient à la République 152.000 piastres pour droits de navigation [1].

Le petit cabotage employait 80 navires valant 400.000 piastres; la seule taxe sur l'huile donnait à l'Etat un produit de 27.000 piastres; le bénéfice des armateurs était au moins égal. Le commerce d'exportation par mer s'élevait à 420.000 piastres; celui d'importation, à 1.800.000. Le commerce par terre avec l'Albanie et la Bosnie se montait pour les exportations à 1.500.000; pour les importations, à 900.000 piastres, et donnait un bénéfice de 300.000 piastres.

Le revenu total que le commerce procurait, tant à l'Etat qu'aux particuliers, était évalué à 1.700.000 piastres ou 700.000 florins, équivalant à 8.400.000 livres dalmates.

L'agriculture était très perfectionnée dans le petit territoire de Raguse; pas un pouce de terrain n'était perdu et, sur les coteaux, des terrasses en maçonnerie soutenant les terres augmentaient la surface cultivable. Les paysans vivaient dans une condition analogue au servage [2], mais, jusqu'aux dernières années du XVIIIe siècle, ils ne payaient à leurs maîtres qu'une redevance fixe très modérée : envers l'Etat, ils n'avaient d'autre obligation que celle d'acheter chaque année une certaine quantité de sel dans les magasins publics.

Un Etat de 35.000 habitants qui voit augmenter sa fortune de 700.000 florins chaque année doit vivre dans le luxe, et, quand on songe qu'un vingtième de la population était à peu près seul à profiter de cet enrichissement, il ne faut pas s'étonner de voir la ville de Raguse s'embellir et s'orner de somptueux monuments. Ravagée en 1520 et en 1667 par deux tremblements de terre, chaque fois elle sortit rapidement de ses ruines. Ses édifices publics, ses nombreuses églises en firent une des villes les plus curieuses de la Méditerranée [3]. Les familles nobles se construisirent dans la cité de luxueux palais remplis de meubles précieux et de tableaux de maîtres, et, dans les environs de la ville, à Santa Croce, aux Platanes de Cannosa, aux moulins de Breno ou dans la merveilleuse vallée d'Ombla, d'élégants *casinos* où, pendant l'été, on trouvait la fraîcheur à l'ombre des plantes de la zone tropicale.

---

1. Ces renseignements et ceux qui suivent sont tirés de l'ouvrage de Brodmann déjà cité au ch. I. | 2. Ant. degl' Ivellio. *Saggio sulla Colonia e sul Contadinaggio nel territorio di Ragusa*. Raguse, 1873. | 3. G. Gelcich, professeur à l'Ecole nautique et conservateur des Archives publiques de Raguse : *Dello sviluppo civile di Ragusa considerato ne' suoi monumenti istorici ed artistici*. (Ouvrage aussi savant qu'intéressant.) Raguse, 1884.

Les fondations pieuses participaient de cette magnificence ; les couvents étaient richement dotés, les institutions de bienfaisance se multipliaient, le mont de piété était à la fois une banque, une caisse d'épargne, une société de secours mutuels et une caisse qui dotait toutes les filles, nobles ou bourgeoises, dont les parents étaient ragusains.

Pour l'instruction de la jeunesse, il y avait un collège, aux bâtiments grandioses, qui était très fréquenté ; pendant longtemps, il avait été dirigé par les jésuites, et ceux-ci avaient été remplacés, en 1770, par les religieux de Saint-Joseph Calasanz, nommés en italien *Scolopi*, en français piaristes ou clercs des écoles pies. Après leurs études élémentaires, les jeunes gens étaient envoyés dans les Universités étrangères, et cet usage devait remonter fort loin, car les deux factions de la noblesse se désignaient sous les noms de *Salmanticesi* et de *Sorbonesi*, sans doute parce que les deux groupes s'étaient composés dans le principe de ceux qui avaient étudié les uns en Espagne, les autres en France [1].

Nous trouvons des Ragusains célèbres parmi les savants, les artistes et les littérateurs : Ghetaldi, mathématicien fameux qui continua l'œuvre de Viète en appliquant l'algèbre à la géométrie [2]; le jésuite Boscovich, illustre astronome ; Gondola, auteur de poésies slaves ; Bona et Bubali qui ont composé de remarquables poèmes italiens ; l'historien et l'architecte Banduri ; le théologien De Dominis qui fut légat au Concile de Trente [3].

Ainsi, sur la côte aride de Dalmatie, s'était développée une oasis où la richesse, la science et la civilisation de nouveaux Athéniens florissaient à deux pas de provinces misérables, incultes, ignorantes et presque sauvages.

Le gouvernement de Raguse était aristocratique et il avait été organisé au XIVᵉ siècle sur le modèle de celui de Venise. Ses principaux organes étaient : le grand Conseil, le Sénat et le *Minor consiglio*.

Constitu- tion de Ra- guse.

Le grand Conseil se composait de tous les nobles qui avaient accompli leur 18ᵉ année. C'était le tribunal suprême ; il faisait les lois, et, chaque année, le 15 décembre, désignait les nouveaux fonctionnaires qui devaient entrer en charge le 1ᵉʳ janvier.

Le Sénat ou « *Pregadi* » (*Rogati* en latin), composé de 45 membres qui devaient avoir plus de 40 ans, était le tribunal d'appel ; il avait la direction des affaires extérieures, divisées en deux sections : *Ponente* et *Levante* ; mais les décisions graves devaient être ratifiées par le Grand Conseil.

1. Marmont, Mémoires L., XI, p. 116. | 2. Maximilien Marie, *Histoire des sciences mathématiques*, t. III, p. 141. | 3. Le P. Dolci, dans les *Fasti Letterarii di Ragusa*, donne plus de trois cents biographies d'écrivains, de poètes, d'orateurs originaires de Raguse.

Le *Minor consiglio*, composé de sept membres, exerçait le pouvoir exécutif.

Le chef de l'Etat, ou Recteur, était élu pour un mois seulement; il présidait les conseils et assistait aux cérémonies revêtu d'une toge de damas rouge, avec une bande de velours noir; les autres sénateurs devaient porter dans la ville la toge noire et la grande perruque frisée.

Les magistrats subalternes étaient les juges « majeurs » et « mineurs », ils avaient la connaissance des causes civiles et criminelles; il y avait, pour juger les nobles, une chambre et une procédure spéciales.

Au dessous des juges étaient les agents du fisc, de la santé et du commerce.

La hiérarchie ecclésiastique se composait de l'archevêque et de ses suffragants, les évêques de Stagno et de Mercana; le clergé était nombreux, instruit, respectable et considéré.

Raguse, qui avait fait tant de concessions aux pouvoirs étrangers, s'était toujours montrée intraitable sur la question de l'unité religieuse. Les Grecs étaient simplement tolérés dans la ville, mais le Pouvoir ne leur accordait « ni une église pour les vivants, ni une sépulture pour les morts ».

Le corps di-
plomatique.
Raguse entretenait à l'étranger tout un corps diplomatique : François d'Ayala, ambassadeur à Vienne, s'était retiré en 1784 et avait fait nommer à sa place son neveu. Sébastien d'Ayala, appartenant, comme son oncle, à une famille princière de Sicile, avait commencé par être jésuite, et, en cette qualité, il avait été professeur au collège de Raguse; à la dispersion de la Compagnie de Jésus, il avait été trouver son oncle à Vienne et s'était fait initier aux affaires; en 1784, il lui avait succédé, mais depuis dix années déjà, c'était lui qui rédigeait les correspondances, comme on peut s'en assurer en parcourant la volumineuse collection de ses dépêches qui est aux Archives publiques de Raguse.

La République ne donna d'abord à Sébastien d'Ayala que le titre de chargé d'affaires [1]. L'Empereur était en guerre avec les Turcs, et les Ragusains devaient provisoirement donner un peu moins d'éclat à leurs relations avec lui. En 1793, un ambassadeur extraordinaire, de la famille des comtes Zamagna, alla à Vienne porteur des félicitations du Sénat à l'occasion de l'heureuse conclusion de la paix de Sistova [2].

A Rome, le représentant de la République était un prélat ragusain, Mgr B. Staj, secrétaire des Brefs de S. S., philosophe et poète, émule de

1. W. S., Lettres de créances de d'Ayala. | 2. W. S., Pièces relatives à l'ambassade du comte Zamagna.

Lucrèce, a-t-on dit, auteur d'une réfutation du cartésianisme en vers hexamètres.

A Paris, les intérêts de Raguse étaient gérés par Fr. Favi, secrétaire de la légation de Toscane, qui avait succédé, en 1774, à son oncle l'abbé Nicoli. Favi avait quitté la France à la fin de la Terreur et était revenu prendre son poste dès le mois de février 1796 ; on sait, en effet, que la Toscane fut un des premiers États, sinon le premier, qui renouèrent les relations avec la France révolutionnaire ; en mars 1797, Favi reçut et présenta au Directoire les lettres de créance qui l'accréditaient comme chargé d'affaires [1].

La République avait un très grand nombre d'agents consulaires dans les ports de l'Adriatique et de la Méditerranée. Lallich, consul à Venise, Caracciolo, agent à Naples, et Fr. Kiriko, consul à Constantinople, étaient en même temps des agents politiques par les mains desquels passaient souvent des affaires de grande importance.

En 1797, quatre puissances européennes avaient seules des représentants à Raguse ; le consul napolitain et le consul russe étaient des citoyens de Raguse qui s'occupaient des affaires commerciales et qui, pour le reste, jouaient le rôle de personnages muets. Le consul autrichien, l'abbé Milissich, était un excellent homme qui n'avait ni la clairvoyance, ni l'activité nécessaires ; mais il était *persona grata* près du Sénat ; quand il mourut, en 1799, on eut de grandes difficultés pour lui trouver un successeur et le poste demeura vacant jusqu'en 1805. Pendant l'intervalle, l'Autriche dut recourir à des agents secrets pour savoir ce qui se passait à Raguse ; c'était, d'ailleurs, ce qu'elle faisait déjà avant la mort de Milissich.

La France avait pour consul Bruère, sur lequel nous aurons à revenir plus loin avec quelque détail [2].

§ III. Les Autrichiens et Raguse en 1797.

L'entrée des Autrichiens en Dalmatie détermina une inquiétude bien facile à comprendre dans le Sénat de Raguse. Sans doute, la ruine de la puissance de Venise était pour réjouir son ancienne rivale, mais le voisinage d'un Etat puissant, comme était l'Autriche, était bien dangereux. Il fallait faire cependant bonne mine à mauvais jeu et, dès le mois de juin 1797, des protestations de dévouement furent adressées à Vienne, puis à Zara et à Cattaro, quand les Autrichiens s'y présentèrent.

Ces démarches n'étaient pas inutiles, et les Ragusains avaient su que le général Rukavina avait eu l'intention de violer la neutralité de leur territoire ; c'est ce que nous voyons dans une dépêche de Thugut au comte

1. La correspondance de Favi, avant et pendant la Révolution, forme plusieurs grosses liasses contenant une foule de détails curieux sur les évènements contemporains. La publication qu'on en ferait serait une œuvre utile. | 2. Page 136.

de Thurn, en date du 27 août 1797 [1]. Le ministre fait part à son agent de la nouvelle qu'il a reçue que des mouvements révolutionnaires se préparent à Cattaro et à Raguse. « Je sais, ajoute-t-il, le général
« Rukavina disposé à entrer dans le pays de Raguse, pour prévenir les
« désordres, mais, en agissant ainsi, il pourrait exciter le vif mécontent-
« tement des Turcs, sous la protection desquels sont les Ragusains; il est
« donc de la plus grande importance d'éviter tout ce qui pourrait causer
« le plus léger malentendu avec la Porte. En conséquence, je vous prie de
« veiller avec la plus grande attention à ce que ledit général n'entre sous
« aucun prétexte sur le territoire ragusain, à moins que le Sénat de cette
« République, menacé par quelque trouble intérieur, ne l'invite sponta-
« nément et par écrit à venir rétablir l'ordre. »

Le Sénat eut sans doute connaissance de ces instructions, et, pour donner plus d'importance à son agent à Vienne, il lui conféra, le 14 octobre, le caractère d'ambassadeur [2]. L'abbé d'Ayala présenta ses nouvelles lettres de créance. « Il aura l'honneur, y était-il dit, de confirmer à
« Votre Majesté impériale et royale les sentiments inaltérables de respect
« et de dévouement que notre République est jalouse de témoigner à
« votre auguste maison [3]. »

Le Sénat avait profité de cette circonstance pour faire des avances à Thugut. « L'apparition des étendards autrichiens dans la Dalmatie et les
« Bouches de Cattaro, provinces voisines de notre territoire, a fait naître
« dans nos âmes les mouvements de la joie la plus vive, et les sentiments
« sincères qu'un aussi heureux évènement nous inspire, nous tenons à
« vous les exprimer en témoignage du dévouement que nous professons
« envers la très auguste maison d'Autriche [4]. »

L'empereur répondit en assurant que l'Autriche serait pour les Ragusains une protectrice désintéressée; il ajouta que leur commerce serait favorisé et défendu par les agents impériaux [5].

Thugut témoigna à l'ambassadeur un peu moins de bienveillance; il lui dit qu'il n'ignorait pas que Raguse fût un foyer d'idées révolutionnaires: des correspondances saisies à Venise lui en avaient fourni la preuve [6].

Le Sénat répondit à ces accusations par des dénégations formelles et se tint pour averti qu'il ne fallait compter qu'à demi sur les bonnes dispositions de Thugut.

Vers la fin d'octobre, l'escadre de Brueys parut devant Gravosa; c'est de là que l'amiral français eut avec le général Brady la correspondance dont

1. W. S. (Fil.) F. 2. | 2. R. P. Pregadi. | 3. W. S. Lettres de créance. | 4. W. S., juillet 1797. | 5. R. P. Corr. d'Ayala. | 6. Ibid.

il a été parlé au chapitre III. Pendant que se poursuivaient les négociations, Brueys débarqua à Raguse : il fut reçu par le Sénat et eut avec les magistrats de nombreuses conférences. Conformément à ses instructions[1], il offrit au Sénat les bons offices de la République française ; à quoi il fut répondu que « la République, étant vassale du Grand Seigneur, ne pouvait recourir à la protection d'un autre gouvernement sans l'assentiment de la Sublime Porte ». Brueys se retira[2]. On a écrit qu'il avait levé une contribution dans la République : cette assertion est inexacte, et le livre du Pregadi ne porte à cette date mention que de fournitures de vivres faites aux Français[3].

La première moitié de l'année 1798 se passa sans qu'aucun incident vînt troubler la paix dont jouissaient les Ragusains. En thermidor an VI (août 1798), le citoyen Comeyras, commissaire de la République française dans les îles Ioniennes, eut à se plaindre de mauvais procédés à l'égard d'une frégate française et il reçut aussitôt des excuses[4]. En mars, la France avait demandé quelques services aux Ragusains : il s'agissait de leur louer des transports pour les troupes destinées à l'expédition d'Egypte : on en fournit quelques-uns, ce qui attira au Sénat une lettre fort sévère du général Brady, qui commandait à Cattaro[5] ; cette lettre taxait les Ragusains d'ingratitude et leur rappelait que, peu avant, l'internonce avait été prié de prendre sous sa protection à Constantinople des Ragusains molestés par des marins grecs au service de la Porte[6]. L'affaire se termina par un prêt de 12.000 florins fait à la caisse militaire autrichienne[7].

C'est peu après qu'on vit passer à Raguse Hompesch, le dernier grand maître de Malte ; le Sénat envoya une députation pour le saluer à bord du navire qui le conduisait à Trieste[8].

Peu de jours après, deux navires français, une frégate et un chebeck, jetèrent l'ancre à Calamotta et mirent à terre un agent nommé Briche, qui eut avec le Minor consiglio une longue conférence laquelle fut suivie d'une séance nocturne du Sénat.

Les Autrichiens craignaient quelque nouvelle tentative des Français dans l'Adriatique ; pour être renseignés, ils auraient eu besoin d'un agent sûr et habile, ce qui n'était pas le cas de Milissich ; deux hommes de confiance furent donc envoyés, l'un à l'insu de l'autre, l'un de Curzola, l'autre de Spalato, qui devaient, sous prétexte d'affaires personnelles, passer quelques jours à Raguse et savoir ce qu'était venu faire l'agent fran-

1. A. M., 1797. Division Brueys, BB⁴ 115. | 2. A. M., *ib.* Rapport de Brueys au ministre Truguet, 8 brumaire. Réponse du ministre Pléville à Brueys, 29 frimaire. | 3. R. P. Pregadi, octobre 1797. | 4. R. P. Pregadi, 1798, août. | 5. R. P. Corresp., 1798. | 6. W. S. (Fil.), 1798, mars. | 7. *Ibid.*, 1798, mai. | 8. R. P. Pregadi, juillet.

çais. Leurs rapports furent présentés en août[1]. La jeune noblesse ragusaine y était représentée comme absolument dévouée à la France, mais ce
n'était pas pour des vues politiques qu'était venu le commissaire français :
il ne s'agissait que d'un emprunt, fort considérable, il est vrai, puisqu'il
avait été question d'un million de livres. Devant les tergiversations du
Sénat, Briche avait déclaré qu'il lui fallait une réponse par oui ou par non
dans les 24 heures, une réponse dilatoire devant être regardée comme un
refus; et le Sénat s'était exécuté : 400.000 francs avaient été comptés
séance tenante, et 200.000 francs souscrits en deux traites à l'échéance de
trois mois.

Aussitôt après le départ des Français, les Ragusains, un moment intimidés, retrouvèrent leur présence d'esprit. On écrivit à Vienne[2] pour
dénoncer les agissements des Français vis à vis d'une république placée sous
la protection de l'empereur, et à Constantinople pour protester contre
ce qui était un attentat aux droits du Grand Seigneur. Dans une dépêche
chiffrée, adressée au comte Zamagna, qui était à Constantinople pour le
payement du tribut, le Sénat dit : « L'unique moyen de procurer la tran-
« quillité de l'Adriatique est d'obtenir du gouvernement anglais l'envoi
« de trois ou quatre vaisseaux qui nous mettront à l'abri de nouveaux
« brigandages. »

Caracciolo, agent à Naples, est chargé d'agir dans le même sens près du
commandant des forces anglaises.

Enfin Favi, l'agent à Paris, fut prié de s'entremettre pour obtenir l'annu-
lation des deux traites de 100.000 francs et le remboursement immédiat
des 400.000 francs qui avaient été versés. Favi présenta un mémoire auquel
Talleyrand fit la réponse la plus gracieuse et la moins concluante du
monde[3], et, comme les Ragusains ne se déclaraient pas satisfaits, Favi
leur envoya sa démission, en les accusant de ne pas vouloir faire honneur
à leur signature; on ne le décida à reprendre ses fonctions qu'en lui promettant une augmentation de traitement qu'il avait souvent réclamée[4].

Si les réclamations présentées à Paris eurent un effet, ce fut de faire
savoir que les Ragusains n'avaient pas envie de payer; aussi, en septembre,
avant même l'expiration des trois mois, Dubois, successeur de Comeyras,
se présenta pour toucher le reliquat de l'emprunt. Avant de s'exécuter, le
Sénat voulut risquer certaines observations de forme sur les termes dans
lesquels étaient rédigés les reçus. Dubois n'accepta pas la discussion :
« personnellement, il ne tenait nullement à toucher les 100 ou 200.000
« francs qu'on l'avait envoyé chercher; puisqu'on refusait de les lui don-

Le prêt aux
Français.

« ner, il s'en allait; mais le jour où le gouvernement en aurait besoin, il
« enverrait un vaisseau de guerre les réclamer et on verrait alors si le
« Sénat croirait de son intérêt de nier sa dette. » Après cette algarade,
il sortit. Le Sénat, épouvanté par les réticences de Dubois, fit courir après
lui : un secrétaire du Sénat le rejoignit sur son bâtiment « par une mer
affreuse », ajoute le pauvre homme en faisant son rapport, et arriva à
faire accepter les 200.000 fr. à ce créancier récalcitrant[1]. La scène jouée
par Dubois avait fait impression, paraît-il, car le Sénat lui écrivait quelques
jours après une lettre d'excuses[2] : « Rien n'a pu et ne pourra jamais
« diminuer en nous les sentiments de profond dévouement que dans toute
« affaire publique ou particulière nous devons témoigner à la grande
« nation française, à tous ses respectables représentants, et tout parti-
« culièrement à vous, monsieur, à votre vénérée personne. »

Ceci était écrit quand les Français occupaient Corfou et étaient encore
à craindre; quelques semaines après, Dubois est bloqué dans Corfou par
la flotte russo-turque d'Uchakov, et les Ragusains envoient une députation
à l'amiral russe pour lui porter leurs félicitations, des vivres frais et un
présent particulier de la valeur de 500 ducats[3].

Presque au même moment, un autre orage se déchaîna contre les *Affaire*
finances de Raguse. La République avait placé une très forte somme à la *de la Banc*
banque de Vienne; or, l'Empire, se disposant à faire la guerre, eut besoin *de Vien*
d'argent, et la banque fit un appel de 30 % du capital de ses actionnaires.
Les Ragusains, dévoués ou non à la France, se souciaient peu de donner
leur argent pour la combattre, et d'Ayala présenta à la chancellerie d'Etat
un long mémoire où il énonçait les raisons de tout ordre pour lesquelles
les capitaux de Raguse ne devaient pas être soumis à l'appel de fonds[4] :
Il est à peine nécessaire de dire que les conclusions de ce mémoire ne
furent pas acceptées.

Pour réparer les brèches faites à son épargne, la République eut la
fâcheuse inspiration d'augmenter les impôts en les faisant peser surtout
sur les classes populaires qui en avaient été à peu près exemptes jusque-là.
Toute transmission de biens immeubles était frappée d'un droit de 6 %;
les droits d'importation subissaient une majoration qui variait de 50 à
400 %; les *carats*, ou parts de navires, payaient 2 % seulement du
revenu; mais les oliviers des paysans étaient imposés de 12 karantani le
pied, le vin de 10 k. le baril, les animaux de 12 k. par tête. De plus, on
éleva énormément le prix du sel et tout paysan dut en prendre immédiatement : les hommes pour 20 k., les femmes pour 6.

---

1. R. P. Pregadi. | 2. R. P. Correspondance. | 3. R. P. Pregadi. | 4. W. S. (Fil.) F. 2.

La population se révolta contre ces impôts écrasants; les habitants du comté de Canali déclarèrent qu'ils ne payeraient pas; ils s'assemblèrent, se lièrent par serment à la résistance et les parjures devaient avoir leurs maisons brûlées [1].

Huit sénateurs, choisis parmi les plus riches propriétaires du comté, essayèrent en vain de faire entendre raison aux insurgés.

Le Sénat écrivit alors au pacha de Trebinje, près de qui se trouvait précisément un envoyé extraordinaire de la République, et lui demanda [2] de placer en observation sur la frontière un corps de 1.000 à 2.000 hommes pour intimider les mutins et les empêcher de s'enfuir sur le territoire ottoman; mais il était bien spécifié que, dans aucun cas, ces postes ne devraient mettre le pied sur le territoire ragusain.

En même temps on écrit au général Brady pour le prier de venir rétablir l'ordre : on lui demandait [3] d'amener 150 soldats « allemands », commandés par des officiers « allemands » et non pas par d'anciens officiers vénitiens.

Or il se trouvait qu'à cette époque la Dalmatie et l'Albanie étaient à peu près dégarnies de troupes; Brady, qui n'avait que fort peu de monde déjà pour tenir en respect les Monténégrins, répondit par deux lettres [4] où il disait « que sans doute toute révolte était un acte coupable, que les auteurs devaient en être châtiés, mais que, pour entrer sur le territoire ragusain, il devait passer par le territoire turc, ce qu'il ne pouvait faire sans y avoir été autorisé; que d'ailleurs, n'ayant pas d'instructions, il devait de toute manière en référer au général Rukavina à Zara ». Entre temps, Brady reçut une députation que lui envoyaient les insurgés : il apprit de quelles vexations les *Canalesi* étaient victimes, de quels impôts on avait voulu les écraser « et tout cela, disaient les paysans, parce qu'ils ne voulaient pas suivre les nobles dans les voies du jacobinisme ». Avec ce mot-là, on arrivait à tout. Brady autorisa les plus compromis des révoltés à se réfugier sur le territoire autrichien et écrivit au pacha de Trebinje pour le prier de donner asile à quelques familles qui demandaient à aller s'établir en Herzégovine. Enfin, le 15 juillet, il écrivit au Sénat une troisième lettre dans laquelle, changeant absolument de ton, il disait que le sort des Canalesi était digne de compassion, qu'ils méritaient plutôt la pitié que les rigueurs, et que des concessions, légitimement réclamées, mettraient fin à cette mutinerie.

Les Ragusains répondirent en exigeant un secours de 500 hommes et, pour éviter le territoire ottoman, on les ferait passer par mer; Brady fit la

1. W. S., 1799, Juillet. Rinna à Thugut. | 2. Z. L., 1799, III, 4309. | 3. R. P. Corresp. 6 juill. | 4. W. S. (Fil.) F. 2. Brady au Minor consiglio. 8 et 11 juillet.

sourde oreille, et, pendant ce temps, les révoltés allaient annonçant que, si les Autrichiens venaient, ce serait pour se joindre à eux ; la supériorité de Lesina écrit à Zara [1] : les Canalesi se sont donnés à César ; ils préparent des quartiers pour 1.000 soldats autrichiens.

Le Sénat, abandonné par Brady, recourut, selon sa coutume, à ses hauts protecteurs. Kiriko eut ordre d'avertir le Reis Effendi[2] que l'Autriche avait des projets de conquête sur un territoire ottoman[3]. En même temps, deux ambassadeurs partaient pour Vienne : c'étaient Orsato Ragnina et Bernardo-Biaggio Caboga : ils partirent le 2 août et furent reçus par l'empereur le 9 septembre, leurs lettres de créance disaient : « Dans les circon- « stances critiques où se trouve notre République, nous ne savons à qui « nous adresser avec plus de confiance qu'à Votre Sacrée Majesté impé- « riale, royale et apostolique qui peut seule nous accorder secours et protec- « tion[4]. » Les ambassadeurs étaient porteurs d'un mémoire où Brady était représenté comme le complice des Turcs et des schismatiques, et comme le protecteur des révoltés.

La cour de Vienne n'avait pas besoin de ce mémoire ; elle était fort bien au courant de ce qui s'était passé : dès le 28 juillet, le conseiller Rinna avait fait l'historique du soulèvement et donné des renseignements précis sur les mesures fiscales qui l'avaient fait éclater[5].

Le 3 septembre, il écrivait encore : « Le gouvernement de Raguse a « mécontenté ses sujets ; la partie méridionale de ce territoire, qui est la « plus opprimée, est la plus excitée, ainsi qu'il résulte des doléances que « j'ai l'honneur de transmettre à la cour. Si ces réclamations sont fondées, « elles dépassent les limites de ce qu'il est permis d'imaginer[6]. »

Voici le texte de la supplique adressée à l'Empereur par les paysans ragusains :

Le peuple des comtés de Canali et Vitalina, toujours fidèle à ses maîtres, en fut traité avec affection jusqu'à ces cinquante dernières années ; nos charges étaient modérées, levées avec indulgence et payées de bon cœur. Depuis 1750 environ, notre sort a commencé à changer, le joug est allé s'alourdissant d'année en année et a fini par devenir tyrannique et intolérable. Il y a cinquante ans, le produit de la terre restait au cultivateur moyennant une redevance de quelques *iperpere*[7] ; maintenant c'est plus de cent piastres par an que nous devons verser ; la terre, arrosée des sueurs de l'agriculteur, ne rapporte plus que pour le propriétaire ; à peine le tiers de la récolte reste-t-il à celui qui l'a semée.

Mais ce n'est pas tout ; nos maîtres nous imposent le joug le plus odieux : non contents de nous écraser de redevances, ils nous prennent nos enfants. Dès qu'un jeune garçon est capable de travailler, il est embarqué sur les bâtiments du

1. Z.L., 1799, III, 5406. | 2. C'est le titre du membre du divan chargé des affaires étrangères. | 3. R. P. Pregadi. Juillet. | 4. W. S. (Fil.). F. 2. | 5. W. S. *Ibid*. F. 3. | 6. W. S. *Ibid*. F 3. | 7. L'*Iperpera* est une monnaie ragusaine équivalant à cinq sous dalmates.

maître et navigue ainsi plusieurs années sans aucune rétribution. Et cela ne suffit pas ! Quand nos filles grandissent, elles nous sont enlevées sous prétexte d'aller comme domestiques chez nos maîtres, mais, en réalité, pour servir à leurs honteux plaisirs ; puis, quand elles sont déshonorées, on les abandonne et elles tombent dans le plus vil désordre.

Il faut aller chez les Turcs et les Barbares pour assister à de pareilles abominations. Et les crimes des maîtres ne sont pas réprimés par le gouvernement.

Nous avons tout supporté jusqu'à ce jour avec résignation, dans l'espoir que nos malheurs prendraient fin. Vaines illusions ! Aujourd'hui le gouvernement aristocratique veut dépouiller ses sujets fidèles et loyaux ; il prend prétexte des dépenses qu'a occasionnées la venue des Français pour multiplier encore les charges publiques ; on a élevé immodérément le prix du sel, en nous obligeant à en acheter des quantités bien supérieures à ce que nous en pouvons consommer, on impose les loyers, les fenêtres des maisons, jusqu'à l'air que nous respirons.....!

Notre patience est à bout : nous ne ferons plus de pacifiques représentations puisque nos délégués ont été maltraités et mis en prison pour avoir porté nos prières aux tyrans. Ce n'est donc pas l'esprit de rébellion qui nous excite, mais la barbarie de nos maîtres qui nous pousse à bout.

Les chefs soussignés de Vitalina et Canali recourent donc très humblement au plus juste, au plus clément, au plus bienfaisant des souverains, ils lui demandent de les délivrer du joug intolérable sous lequel ils succombent, et de les recevoir pour ses sujets. Ils demandent à vivre sous son autorité paternelle pour échapper à la tyrannie de maîtres barbares.

Illustrissime Seigneur Conseiller, soyez l'interprète de nos vœux, racontez nos tribulations, dites à votre maître adoré que nous demandons à Dieu d'écouter nos prières et de faire de nous les sujets de l'Empereur. Nous irons, s'il le faut, peupler les terres les plus désolées, mais nous nous laisserons exterminer plutôt que de rester plus longtemps sous un joug odieux et infâme !

L'empereur n'agréa pas la demande des paysans de Raguse, mais, avant même que l'ambassade du Sénat fût arrivée à Vienne, il avait envoyé les ordres nécessaires pour obtenir et imposer au besoin la pacification.

Les ambassadeurs ragusains se croisèrent avec les dépêches donnant à Brady l'ordre de calmer, sans déploiement de forces, l'émotion des mécontents [1] ; le Sénat comprit que la cour avait donné raison à Brady, il fit les réformes que la justice demandait, et tout rentra dans l'ordre.

Ignorant cette solution amiable, Kiriko jetait des cris d'alarme à Constantinople et annonçait que Brady avait occupé Raguse. L'internonce n'eut pas de peine à démontrer que cette assertion était inexacte. Quant à Ragnina et Caboga, ils furent reçus par l'Empereur, et se répandirent en plaintes sur la conduite de Brady ; mais on sut bientôt que tout était fini, que Brady s'était réconcilié avec la République, et le Sénat leur infligea,

1. W. S. (F.) F 2.

ainsi qu'au résident d'Ayala, un blâme sévère pour avoir essayé de desservir un officier à l'intervention duquel on était redevable du rétablissement de la paix [1].

Les *Canalesi* rentrèrent donc dans l'ordre; plus tard, le Sénat fit voir qu'il n'avait rien oublié, et ceux qui passaient pour avoir été les meneurs furent poursuivis sous différents prétextes, ce qui rallumera les haines et préparera les évènements de 1806 [2].

Quant au vide qui restait dans les caisses publiques, on s'avisa d'un autre moyen de le combler. Mgr Marotti, qui venait de remplacer à Rome Mgr Staj, décédé, obtint la suppression de la riche abbaye bénédictine de Lacroma; ses biens servirent à réparer largement, dit-on, le préjudice que la République avait retiré de ses relations avec la France [3].

En 1800, la prospérité ne tarda pas à renaître, et la période qui va de 1800 à 1805 est une des plus florissantes de l'histoire de Raguse; jamais peut-être ses flottes n'avaient été plus nombreuses, jamais ses ressources aussi abondantes. Alors que les Etats maritimes de la Méditerranée étaient éprouvés par les guerres et les révolutions, Raguse jouissait d'une paix profonde et rendait à tous les autres Etats des services largement rémunérés. Venise n'existait plus comme place commerciale; Gênes, Livourne, les ports du royaume des Deux-Siciles étaient occupés tour à tour par les belligérants, les corsaires anglais poursuivaient les pavillons français et espagnols, les musulmans ne respectaient aucun navire chrétien, et les Russes croisaient dans la Méditerranée avec des projets dont on ne connaissait pas le fond.

Raguse, fidèle aux traditions de sa politique, ne faisait mauvais visage à personne, mais s'éloignait un peu de l'Autriche pour se rapprocher de la Turquie; en 1801 et en 1804, elle envoya des ambassades à Constantinople pour porter le tribut; les nobles, chargés de cette mission, étaient désignés un an d'avance pour pouvoir laisser croître leur barbe, et se parer de cette partie essentielle du costume oriental quand ils se présenteraient à la Porte. Ce n'était pas, d'ailleurs, par le sultan qu'ils étaient reçus, mais par le grand vizir; indépendamment de la règle relative au costume long qu'ils devaient porter en cette circonstance, il y avait encore dans le cérémonial beaucoup de points qui devaient les humilier fort; mais à ce prix les Ragusains obtenaient de naviguer en sécurité dans le Levant, et ce

Périod prospérit

1. W. S. F. 90. | 2. Mangourit, ex-consul à Ancône, dans sa : *Défense d'Ancône aux années VII et VIII*, (2 vol. Paris. an X), consacre plusieurs chapitres à la constitution ragusaine et au soulèvement des Canalesi en 1799; selon lui, ce seraient les Autrichiens qui auraient provoqué l'insurrection; mais il faut se défier de ses renseignements qui ne sont pas toujours exacts; ajoutons que ce livre, écrit dans un style prétentieux, est d'une lecture très fatigante. | 3. R. P. Corresp. Ponente, 1799.

n'était pas payer trop cher une faveur aussi lucrative que de jouer pendant une heure le rôle de sujets du sultan.

Depuis les incidents relatés plus haut, les relations entre Raguse et Vienne étaient courtoises, sinon cordiales; on avait avec le gouvernement de Zara les inévitables contestations que fait naître le voisinage : violations de frontière, contrebande; les Autrichiens se plaignaient fort de voir donner l'hospitalité aux corsaires qui venaient vendre leurs prises à Gravosa. Mais aucun de ces incidents ne s'envenima, grâce à la grande habileté du Minor consiglio qui savait toujours donner des réponses satisfaisantes aux réclamations des fonctionnaires autrichiens.

§ IV. Le consul impérial Timoni.

Le poste de consul impérial à Raguse était vacant depuis la mort de Milissich, en 1799, et le remplacement du défunt donna lieu à d'interminables négociations : la candidature du Français Devoulx avait été écartée, grâce aux instances de l'ambassadeur d'Ayala; les sujets de la République avaient été prévenus qu'il leur était interdit, sous peine de la vie, d'accepter le titre de consul impérial; enfin, le Sénat avait déclaré qu'il n'agréerait jamais pour consul un ancien sujet de Venise, et cela à cause des rancunes mal éteintes encore entre les deux villes; or, tous les sujets autrichiens qui parlaient la langue italienne étaient d'anciens sujets de Venise. Ce n'est qu'en 1804 que l'accord se fit sur la personne d'un levantin, J. Timoni, qui avait été consul à Iassi en Moldavie. C'était un homme de talent, et, de plus, un parfait honnête homme; ses correspondances sont conservées à Vienne, aux Archives de Cour et d'Etat [1]; elles sont d'une lecture attrayante, et, bien que Timoni parlât et écrivît facilement l'italien, ses dépêches adressées à Vienne sont rédigées en français, et même dans un assez bon français du XVIIIe siècle.

Les instructions qui lui furent remises sont datées du 22 décembre 1804. On lui recommandait d'abord de veiller aux intérêts commerciaux des sujets de l'empereur, et notamment à l'observation des traités conclus en 1684 et 1772, entre l'empereur et le Sénat de Raguse.

Quant à son attitude politique vis à vis du Sénat, voici comme il devait la régler : « M. Timoni s'appliquera à inspirer aux membres qui composent le Sénat de Raguse la plus grande confiance sur les sentiments « loyaux et généreux de la Cour impériale, et à les tranquilliser complè- « tement sur des prétentions d'occupation entièrement destituées de « fondement, protestant, au contraire, dans toutes les occasions, de

1. Ces dépêches, au nombre de 178, vont du 22 mai 1805 au 18 mai 1809; elles forment un dossier spécial qui est déposé à la *Filiale* (succursale) des Archives de Cour et d'Etat de Vienne.

« l'intention invariable de l'auguste cour de conserver intact le territoire
« de cette république..... Aussi, par ses manières honnêtes et préve-
« nantes, M. T. tâchera-t-il de contraster, à son avantage, avec le consul
« russe dont les hauteurs et les exigences déplaisent infiniment dans ce
« pays-là. » Le consul devait garder la plus grande réserve sur la
question de la redevance annuelle payée autrefois par les Ragusains à
l'empereur; il ne devait ni la réclamer, ni donner à croire que l'Autriche
y eût renoncé, et il devait en être de même de l'hommage rendu à la
république de Venise : l'empereur, héritier des droits de cette république,
voulait que le principe fût réservé, mais ne demandait pas autre chose.

Enfin Timoni recevait de précieuses indications sur la situation et le
caractère de ses futurs collègues de Russie et de France; on lui traçait la
conduite à tenir avec eux et avec le Montenegro.

Du mois de juin au mois d'octobre 1805, Timoni se contenta d'observer ce qui se passait autour de lui. La nouvelle de la déclaration de
guerre, arrivée à Raguse le 20 octobre, l'amena à tenter une première
démarche près du Sénat pour savoir quelles étaient ses véritables dispositions. Il rédigea donc une note pour demander le droit d'asile en faveur
des bâtiments autrichiens qui ne manqueraient pas d'être poursuivis dans
les eaux ragusaines par les corsaires français. Le Sénat répondit qu'il
garderait en tout la plus stricte neutralité : c'était une défaite, car les
sympathies de Raguse en faveur de la France n'étaient pas dissimulées.
Timoni en rend compte dans ses dépêches. Voici ce qu'il écrivait le
20 décembre 1805 :

Il est très douloureux pour moi de devoir soumettre à V. Exc. le penchant
très décidé d'une bonne partie de ces sénateurs pour la France; à l'arrivée des
nouvelles sinistres (Austerlitz), ils n'ont pas caché leur joie, et, malgré le lien
d'un serment qui devait les empêcher de publier les nouvelles qu'ils reçoivent,
un quart d'heure après la place était remplie, non de ce qui était vrai, mais de
faits exagérés par des commentaires absurdes contre l'empire d'Autriche. Au
ressentiment que M. le Consul général de Russie et moi avons témoigné au Sénat,
nous sommes parvenus à la fin à faire prohiber de parler de ces nouvelles aux
cafés et apothiqueries publics, mais j'avoue respectueusement n'avoir pas par là
étouffé le penchant des malintentionnés....... Je regarde comme un devoir de
porter à la connaissance de V. Exc. des appréhensions qui ne me paraissent
respectueusement pas destituées de fondement, d'autant plus qu'ayant observé
tout cela à mes confidens les Sénateurs qui nous sont de cœur et d'âme attachés,
comme le marquis Bona, les deux frères comtes Caboga, je les trouve pénétrés
de douleur et abattus au point de n'oser articuler leurs craintes au Conseil, et,
d'après leurs réponses vagues et indécises, des *cosa si vuol fare*, il semble que ce
gouvernement dont l'apathie, le relâchement des rênes et la vénalité sont à leur
comble, subira le sort qui lui est destiné.

Tel est, Monseigneur, l'état de choses parmi ces sénateurs qui, du nombre des 45 qui composent le Sénat, sont au moins la moitié, sans compter la jeunesse, du parti de la France. Je suis respectueusement persuadé, que, si la paix ne se fait pas, les Français tâcheront de s'emparer de cette république et d'y former des troupes pour fondre sur les Bouches de Cattaro. L'unique moyen qui pourrait prévenir cet accident, et que j'ose soumettre aux lumières supérieures de V. Exc., est celui, pour le cas de reprise des armes, de faire mettre une garnison dans Raguse, jusqu'à la paix, sans se mêler des affaires du gouvernement.

Le conseil était bon, mais arrivait trop tard : nous verrons que les Français ne laisseront pas échapper l'occasion perdue par les Autrichiens.

§ V. Le consul français Bruère.

A côté du consul impérial, il y avait le consul français.

François Bruère des Riveaux résidait à Raguse depuis 1772; il fut d'abord, comme ses prédécesseurs, un simple agent commercial ; mais, en 1776, à la suite du traité négocié par l'amiral d'Estrées, il avait été élevé aux fonctions d'agent politique [1]. Pendant la Révolution, il devint le citoyen Bruère et resta à son poste; il présenta, en 1797, de nouvelles lettres de créance, signées par Delacroix et Laréveillère-Lépeaux [2].

Bruère était un homme d'esprit qui jouissait d'une énorme influence, bien que sa conduite privée jetât un certain discrédit sur sa personne auprès d'une partie des citoyens de Raguse [3].

Comme beaucoup de ses contemporains, il était poète : on conserve de lui un certain nombre de pièces : sonnets sacrés et profanes, bouts-rimés, fables et épigrammes en français, en latin, en italien et même en slave (ces dernières signées Bruerovich). Ces poésies, sans être d'un mérite transcendant, montrent un esprit délicat et cultivé, et l'on s'explique comment ce séduisant Français avait formé dans la jeune noblesse de Raguse un parti tout dévoué à sa personne et aux idées dont il était le propagateur [4].

Les relations entre Raguse et la France étaient rares, comme on peut le comprendre : en 1801, Murat envoya de Bari un officier chargé de se procurer à Raguse des vivres et des munitions : le Sénat ne se souciait pas de rentrer en relations d'affaires avec d'aussi mauvais payeurs que les Français; le Minor consiglio répondit donc par un refus formel enveloppé dans d'humbles protestations d'amitié :

1. R. P. Archives diplomatiques. Sa nomination, signée : Sartines. | 2. R. P. *Ibid.* | 3. W. S. Instructions données à Timoni. Déc. 1804. | 4. Après l'incorporation de Raguse à l'Empire français, Bruère fut nommé consul en Albanie, puis à Tripoli de Barbarie, où il mourut en 1823, fidèle serviteur de la Restauration. La rue où était située sa maison au Borgo Pile s'appelle maintenant Ulica Bruerovića, c'est-à-dire rue Bruère.

Nous sommes très heureux de reconnaître dans le général français notre plus
glorieux bienfaiteur et notre plus puissant appui; nous ne respirons que pour
le désir de mériter sa bienveillance. Jamais nous n'avons été plus heureux que
lorsque les ordres de la République française et de ses représentants nous ont
fourni une occasion de lui manifester notre respect et notre reconnaissance, en
lui donnant, par tous les moyens possibles, des preuves de notre bon vouloir. Mais
l'envoi qu'on nous demande de deux bâtiments chargés de munitions de guerre
et de bouche, nous est physiquement impossible. Vous aimez la vérité, général,
et vous nous saurez gré de vous la dire avec franchise, quoique avec une extrême
confusion. Dans ce pays, nous n'avons ni boulets, ni fusils, ni aucune autre
espèce de munitions : ces choses sont à peine connues dans une république que
son exiguïté dispense de recourir à de pareils moyens. Quant aux provisions de
bouche, notre pays ne produit rien, et nous devons nous fournir de tout dans les
pays étrangers : pour s'en convaincre, il suffit de voir notre pays qui consiste en
une chaîne de rochers inaccessibles. Nous produisons un peu de vin, mais nous
en exportons la plus grande partie après la récolte et nous ne conservons que ce
qui doit servir à notre consommation annuelle [1].

Il est difficile d'être plus gracieux, mais impossible de mentir plus
effrontément que le faisaient les sénateurs; ils avaient pour excuse le souvenir récent du prêt de 600.000 francs, prêt dont ils s'efforçaient sans succès
d'obtenir le remboursement. Favi, leur agent à Paris, devint aveugle en
1802 et, au mois de septembre de cette année, offrit à la République de
mettre ses intérêts aux mains d'un homme d'affaires. Cet homme
d'affaires, nommé Tirlet d'Herbourg [2], fut mis en possession des titres originaux qui avaient été expédiés à Favi en 1798, mais l'affaire n'avança pas
pour cela, même quand le Sénat se fut décidé, en mars 1805, à envoyer
un Ragusain, Daniel Bracevich, pour suivre l'affaire [3].

Pour ne pas compromettre le succès de cette négociation, le Sénat se
montrait plein de respect pour le premier consul et les ministres; il y a,
aux archives de Raguse, un carton rempli des minutes des lettres adressées
à ces personnages; lorsque Napoléon devint empereur, il reçut une lettre
de félicitations qui fut renouvelée peu après, quand il eut été proclamé roi
d'Italie, et Napoléon leur fit adresser deux lettres où il les appelait « chers
et bons amis » et dont les formules sont copiées sur celles qu'employaient
Marie de Médicis et Louis XIV, quand ils écrivaient à la République [4].

Bruère avait aussi sa part dans les démonstrations d'amitiés du Sénat;
lorsque le 9 fructidor, an XII (27 août 1804), il lui notifia sa nomination
dans la Légion d'honneur, une députation fut envoyée pour le haranguer

---

1. R. P., 6 mai 1801. | 2. M. Tirlet d'Herbourg, homme de loy à Paris, rue Cerutti, 33,
Chaussée d'Antin, section du Mont Blanc. | 3. R. P. Pregadi, 1805. | 4. Les archives de
Raguse contiennent de très nombreuses lettres des rois de France, la plus ancienne est de
Louis XII, datée de 1501.

et prendre part à la fête que le nouveau légionnaire donnait pour célébrer cet évènement; mais, au fond, les dispositions du Sénat lui étaient hostiles; en voici une preuve :

En 1801, Bruère s'était fait donner comme adjoint son fils Marc, né de son mariage avec une Ragusaine; le Sénat prend, le 15 décembre, la délibération suivante : *Sous serment* [1]; le Minor consiglio communiquera « au S^r Fr. Kiriko, notre consul à Constantinople, les vives appréhensions « que nous donne la nomination du Sr Marc Bruère au poste de sous-com- « missaire près de nous, sous la dépendance de son père. On nous a pré- « senté ses patentes qui ne contiennent pas la mention *cum spe futuræ* « *successionis*. Il faut éviter le malheur de l'avoir comme successeur de « son père : pour cela, le consul agira auprès du général Sebastiani, ou de « toute autre personne, pour que le Sr Marc Bruère soit désigné pour un « autre poste. Le Sr Kiriko recevra une gratification de 1.000 piastres, la « chose faite. Voté par dix-neuf voix contre une [2]. » On remarquera en passant que le Sénat usait d'un tout autre style, selon qu'il écrivait à un de ses subalternes ou à un général victorieux.

§ VI. Le consul russe Fonton.

Timoni était un homme honnête et pacifique; Bruère était un personnage aimable et discret, quoique fort intrigant au fond; Fonton, le consul russe, était un brutal. Ce n'est pas que ce fût un rustre, comme on sera tenté de le croire en lisant ce qui va suivre : loin de là; mais il avait reçu l'ordre de rendre la vie dure au Sénat de Raguse et il exécutait ponctuellement sa consigne.

Il n'est peut-être pas inutile de rappeler ici que, depuis un quart de siècle, la Russie cherchait à prendre pied sur quelque point des côtes de la Méditerranée, afin de pouvoir, à l'occasion, attaquer à revers les Dardanelles et Constantinople. Sous Catherine II, Alexis Orlov était venu soulever les populations chrétiennes de la Morée : cette tentative n'avait pas eu de grands résultats; Orlov détruisit ensuite la flotte turque à Tchesmé, mais il ne sut pas tirer parti de sa victoire et échoua en voulant forcer le passage des Dardanelles. Pendant que se négociait la paix de Kutchuk-Kainardji, il alla hiverner à Livourne.

Il paraît qu'Orlov avait constaté la présence d'un contingent ragusain parmi les défenseurs des places de Modon et Coron : il en manifesta la plus violente exaspération contre la République et annonça qu'au printemps 1775, avant de rentrer dans la Baltique, il irait bombarder Raguse.

1. Cette formule signifie que la délibération doit être tenue absolument secrète par tous ceux qui en ont connaissance; des peines très graves étaient édictées contre ceux qui auraient violé un pareil secret. | 2. R. P. Pregadi. déc. 1801.

Épouvantés, les Ragusains mirent en mouvement toutes les influences dont ils disposaient, et, grâce à l'intervention du pape Clément XIV, ils obtinrent que le grand-duc de Toscane interposerait sa médiation. Les négociations aboutirent à un traité, signé à Livourne en juin 1775. Nous aurons à revenir sur certaines clauses de ce traité.

Pendant la guerre d'Égypte, l'empereur Paul, réconcilié avec les Turcs, faisait d'accord avec eux la conquête des îles Ioniennes, et débarquait une armée dans le royaume de Naples; il envoyait la flotte d'Uchakov participer au blocus de Malte, il subventionnait les Monténégrins et obtenait du pape Pie VI un remaniement des statuts de l'ordre de Malte, remaniement qui lui permettrait d'en devenir le chef et d'occuper Malte, ce qui donnerait à la Russie le point d'appui qu'elle cherchait dans la Méditerranée.

Pendant le blocus de Malte, les Français avaient été ravitaillés par des bâtiments ragusains, et l'empereur Paul en ressentit le plus grand mécontentement; il résolut de ramener le Sénat de Raguse aux dispositions qu'il attendait d'eux. Le consul Gzizka, homme insignifiant, fut remplacé par un homme de combat, et la mort du tsar n'empêcha pas l'exécution de cette résolution, car, le 22 décembre 1801, le Conseiller de cour Charles Fonton était nommé consul général à Raguse.

« La famille Fonton de Vaugelas est originaire du Dauphiné. Joseph « Fonton était secrétaire de l'ambassade de France à Constantinople sous « Choiseuil Gouffier et passa au service de la Russie sous les ambassadeurs « Tomara et Kotschubey. Joseph Fonton a recommandé chaudement à « ce dernier son neveu, Charles Fonton, qui, après avoir été consul à « Smyrne, vient d'être nommé consul à Raguse[1]. »

Tels sont les renseignements que l'abbé d'Ayala donne dans sa dépêche du 31 mai 1802; il ajoute : « Fonton a été choisi dans un moment où « le prince était mal disposé, et même très irrité contre Raguse, et ses « instructions doivent se ressentir de ces sentiments, car lorsque l'em- « pereur Paul était en colère, il vomissait du feu (*spirava fuoco*). On « m'assure que l'empereur actuel et son ministre n'ont pas cru devoir « modifier les instructions données par le gouvernement précédent... le « ministère actuel nous est hostile, et je n'en sais pas la cause... il serait « possible que M. de Tomara ait été influencé par le baron Herbert « Ratkul[2] qui, dans une dépêche venimeuse à Thugut, nous représente « comme dévoués à la Porte au delà de nos devoirs. »

1. L'auteur est l'arrière-petit-fils de ce Joseph Fonton, et par conséquent le parent de Charles Fonton, ce qui ne l'empêchera pas de juger sa conduite avec impartialité; les souvenirs de famille dépeignent bien Charles Fonton tel qu'il s'est montré à Raguse.
| 2. Internonce impérial à Constantinople.

Fonton n'arriva à Raguse que le 8-20 septembre 1802, et dès le
4 octobre le Minor consiglio était édifié par lui-même sur les intentions
de l'agent russe : tout prétexte lui était bon pour faire naître un conflit,
et il faudrait un volume pour raconter les persécutions qu'il fit endurer au
gouvernement de Raguse[1].

En arrivant, Fonton avait prétendu que le Sénat devait lui fournir un
logement : on eut beau lui répondre qu'aucun de ses prédécesseurs et
aucun de ses collègues n'avait réclamé un pareil privilège; ce fut peine
inutile. On lui offrit donc une maison, mais il la trouva incommode ; une
autre était trop éloignée de la ville : « c'est qu'on voulait l'exiler et le
« priver de toutes relations avec ses semblables. » Cette querelle durait
encore en 1804, et nous reproduisons ici, pour montrer le ton de la
discussion, la lettre que Fonton écrivit au « plus jeune membre du
Minor consiglio », le 17-29 mars 1804 :

J'ai cru que le Sénat, après m'avoir fait éprouver, depuis près de deux ans,
tout ce que peut endurer un honnête homme pour l'objet urgent d'un logement,
aurait pris à tâche de ne pas lasser davantage ma patience, et de faire disparaître
le souvenir de tout ce qu'il est de son intérêt de faire oublier. Cependant,
d'après ce que je viens d'apprendre de MM. les conservateurs de la maison que
le gouvernement m'avait destinée, il paraît que l'opinion du Sénat, son système
et son opiniâtreté en tout ce qui peut concerner le consul de Russie sont toujours
les mêmes, et ne font que se reproduire sous d'autres formes.

Permettez donc, monsieur, que je me montre de mon côté sous celle (sous la
forme) que je n'ai jamais quittée, et que je vous répète ici la profession des sentiments qui me dirigent. Je sais, monsieur, que vous possédez au suprême
degré l'art de persuader ; veuillez employer ce talent pour inculquer au Sénat que
je suis toujours ce qu'il m'a connu, le très fidèle serviteur de mon auguste
maître, quoi qu'il m'en coûte dans ce pays, toujours prêt à faire prendre au
Sénat l'attitude qui lui convient vis-à-vis de ma cour, et jamais disposé à laisser
passer la moindre injure. Or, c'en serait une que de me laisser ballotter plus
longtemps pour l'abri que je n'ai pas encore trouvé dans la capitale de cette
République, ou d'en accepter un qui, dans l'état où il se trouve, ne servirait à
MM. les Sénateurs que pour loger leurs servantes (allusion peu voilée aux
harems que la malignité publique prêtait aux nobles ragusains). Vous voudrez
bien leur dire que les nouvelles entraves qu'on met à rétablir la maison sur un
pied décent sont dictées par le même esprit qui les a inspirés quand on persis-
tait à m'en refuser une, et que le prétexte dont on se sert aujourd'hui ne tend
qu'à éloigner, je ne sais dans quelle espérance, le moment où le représentant de
la Russie pourra enfin se voir logé comme il convient à son rang et à son caractère. Je vous prie d'ajouter encore au Sénat que si, dans un excès de bonté qui
peut passer même pour de la faiblesse, j'ai d'abord consenti à sacrifier de ma

_____

1. Pregadi et corresp. pass. 1802-1805.

bourse la somme non indifférente de 1.000 piastres, pour achever tout ce qu'il manque à cette maison pour être logeable, je me rétracte dans ce moment-ci de mon consentement, puisque l'on n'a pas assez su l'apprécier, et que je prétends entrer dans la maison dans l'état où elle doit être pour me recevoir.

Que le Sénat, au reste, ne s'effarouche pas de ma détermination, si elle lui présente pour un instant l'apparence d'une charge qui doit peser sur lui ; je vais lui prouver que mon intention est de la lui rendre très légère. Il trouvera donc la ressource qui manque pour achever toutes les réparations nécessaires à ladite maison, dans les 800 sequins qu'il a destinés pour un cadeau à mon épouse, et qui sont dans la Trésorerie. Le Sénat voudra bien en disposer autrement parce que je n'accepte point ce cadeau, et il peut en appliquer une petite portion à un usage plus utile, pour sa tranquillité et la mienne.

Je n'ai pas besoin de vous dire, monsieur, que les moments pressent, et qu'en tarissant ainsi la source des embarras du Sénat, je taris également celle de ses prétextes.

Je terminerai cette lettre en vous faisant observer, monsieur, que quoiqu'elle ne soit pas rédigée dans la forme d'une note, elle en a cependant l'importance et la force, et que, devant l'envoyer à ma cour, il est à désirer que la réponse soit telle qu'elle puisse être au moins lue sans étonnement par le ministère impérial [1].

Cette pièce donne le diapason ordinaire de la correspondance échangée entre Fonton et les Ragusains : mépris, sarcasmes, allusions perfides, sous-entendus blessants, il ne leur faisait grâce de rien, et ce qui n'est que risible quand il s'agit de l'aménagement d'une résidence consulaire devenait fort inquiétant quand des intérêts plus graves étaient en jeu.

Nous avons dit que les Ragusains étaient demeurés très fermes sur la question de l'orthodoxie religieuse : ils ne toléraient pas la présence sur leur territoire de prêtres du rite grec-oriental. L'article III du traité de Livourne portait, il est vrai, que le consul aurait le droit d'avoir dans sa maison une chapelle où il ferait célébrer le service divin selon le rite grec, tant pour lui que pour les autres sujets de S. M. Impériale.

Bien qu'excellent catholique, Fonton exigea impérieusement l'exécution de cette clause jusque-là inobservée : il fallut lui concéder une chapelle abandonnée qui se trouvait au faubourg Ploče [2], et malgré la résistance désespérée du Sénat, obtint qu'un pope monténégrin, Lazare Ljubibratich, reconnu sujet russe pour la circonstance et placé sous la dépendance du consul de Russie y exerçât les fonctions ecclésiastiques ; le pope obtint successivement le droit de séjourner dans la ville, d'entrer dans l'hôpital et de présider aux obsèques de ses coreligionnaires décédés dans un cimetière

---

1. R. P. Corresp. 1804. | 2. R P. Note du 17 octobre 1803.

situé à côté de la chapelle dite « del Fossato » affectée de 1803 à 1877 au culte grec [1].

Le Sénat, épouvanté des violences de Fonton, fit à la cour de Pétersbourg toutes les soumissions qu'on lui demanda. Mgr Alvisini, auditeur et agent pontifical en Russie, fut chargé de présenter les excuses du Sénat au ministre Worontzov ; on recommandait en même temps à Alvisini de glisser discrètement quelques doléances à propos des procédés de Fonton. Kiriko fut chargé d'agir dans le même sens près de l'ambassadeur de Russie à Constantinople : s'il réussissait, on lui promettait une gratification de 6.000 piastres. Enfin, l'abbé d'Ayala qui, par sa situation à Vienne, se trouvait placé au milieu de l'échiquier européen, eut mission de procurer, par n'importe quel moyen, le déplacement de Fonton [2].

Toutes ces manœuvres ne furent pas, sans doute, exécutées avec une parfaite discrétion ; Fonton ne tarda pas à apprendre par ses chefs ce qui se tramait contre lui, mais ils lui disaient en même temps que, ne faisant que se conformer à leurs instructions, il ne pouvait qu'être encouragé.

Le Sénat vit ses batteries démasquées, et, pour éviter les fâcheuses conséquences que pouvaient avoir des explications avec Fonton, il prit bravement son parti : d'Ayala fut choisi comme bouc émissaire, désavoué et disgracié avec éclat.

Le 12 novembre 1803, le secrétaire du Sénat Bettera partit secrètement pour Vienne, et, à son arrivée, présenta à d'Ayala la lettre suivante :

Le Sénat n'a pas oublié qu'à plusieurs reprises vous lui avez offert votre démission ; il se décide enfin à vous l'accorder. A cet effet, nous vous envoyons le secrétaire Bettera, à qui vous voudrez bien remettre séance tenante tous les papiers relatifs à vos fonctions d'agent et de ministre.

M. Bettera est porteur de trois lettres adressées à S. M. Impériale, au chancelier et au premier ministre, dans lesquelles nous leur faisons part de votre retraite : vous aurez à les faire parvenir à Sa Majesté et à ses ministres, pour qu'ils soient informés de nos résolutions.

N'ayant rien de plus à vous communiquer par les présentes, nous en venons à vous assurer de notre estime distinguée [3].

C'est dans ces deux lignes que se trouvent tous les remercîements dus pour plus de trente ans de loyaux services [4]. Nous l'avons déjà vu : les faibles sont durs pour plus faibles qu'eux.

---

1. Ces lignes seront lues avec profit par les personnes qui accusent le Gouvernement français d'avoir été le premier à protéger le « grécisme » à Raguse. Quand les Français devinrent les maîtres à Raguse, il y avait quatre ans que le « grécisme » y était reconnu en droit et en fait. | 2. R. P. Prégadi 1803. Corresp. | 3. Non rimanendoci altro da parteciparle colle presenti, con distinta stima passiamo a protestarci... — R. P., la minute de cette lettre. | 4. Tout le dossier de cette affaire est réuni à Raguse. Arch. du Sénat.

D'Ayala répondit par une lettre très digne et très fière[1] : il avait pour lui l'estime générale des Viennois, qui lui en donnèrent de nombreuses preuves ; il resta à Vienne, travaillant à composer une merveilleuse collection de médailles, qui est passée à sa mort dans le musée de la Burg. En 1814, les nobles ragusains ne rougiront pas d'aller le trouver pour lui demander d'intriguer avec eux contre le gouvernement autrichien, mais il laissera leurs avances sans réponse, et avec justice.

L'agent Bettera reçut au contraire un accueil assez froid ; il était porteur de lettres de créance en blanc, et devait les offrir à Schuller, banquier de la République, pour lui ou pour son fils. Sur leur refus à tous deux, il obtint l'assentiment d'un autre banquier, J.-B. de Puthon ; mais, voulant pouvoir continuer ses opérations de banque, Puthon n'accepta que le titre de chargé d'affaires ; il refusa tout traitement et, en reconnaissance de son désintéressement, le Sénat le nomma colonel[2].

Fonton s'était vengé : il se donna le malin plaisir de reprocher au Sénat sa lâcheté, dans une lettre insidieuse dont nous donnons ici quelques fragments[3] :

« Monsieur le Sénateur (cette lettre est adressée, selon l'usage, « au plus jeune « des membres » du Minor consiglio), je ne saurais vous dissimuler la peine que « j'ai ressentie en apprenant, par le billet dont vous m'avez honoré, que le Sénat « a jugé à propos de donner à M. le comte d'Ayala la démission de sa place. Il ne « m'appartient pas de vouloir approfondir les motifs qui ont dirigé le Sénat dans « cette détermination...

Il parle ensuite des excès de zèle, seul crime d'Ayala à ses yeux, et ajoute : Je ne puis m'empêcher de reconnaître, dans la mesure que vient d'adopter le Sénat, une sévérité extrême que sa générosité aurait pu épargner à un vieux serviteur.

Le sénateur annonçait à Fonton, dans le même billet, que le Sénat avait le désir d'offrir un cadeau à Mme Fonton : « Je serais indigne, réplique Fonton, « de la confiance dont daigne m'honorer ma cour, si « j'étais capable de souiller la conduite pure et sans tache qui me vaut « l'approbation de S. M. l'Empereur, par le mélange de mon intérêt per- « sonnel avec ceux que ma cour m'a confiés. Le Sénat voudra bien ne « pas trouver mauvais que je n'accepte pas son présent. »

Le seul homme capable de tenir tête à Fonton, dans la ville de Raguse, était César Berthier, neveu du maréchal. Pendant que Timoni se voilait la

1. R. P. Corresp. La lettre de d'Ayala est datée du 21 déc. 1803. | 2. R. P. Corres. Puthon. 1804. | 3. Cette lettre, conservée aux Archives de Raguse, est du 31 octobre-10 novembre 1803 ; elle est donc de deux jours antérieure au départ de Bettera pour Vienne.

face devant les violences de son collègue, que Bruère réservait ses appréciations pour les entretiens confidentiels qu'il avait avec la jeune noblesse, César et son ami le médecin Pouqueville se montraient partout dans les lieux publics, joyeux buveurs, brillants danseurs, joueurs infatigables, chantant partout la grandeur de Napoléon et la gloire des armées françaises. On laissait alors le bilieux Fonton décocher sournoisement ses épigrammes empoisonnées, et l'on regardait si ce n'était pas du côté de la France que viendrait le salut pour Raguse, objet des convoitises de la Russie.

La cour de Pétersbourg s'était crue autorisée à traiter en pays conquis un territoire où ses soldats n'avaient pas encore débarqué : quand Russe et Français se présenteront chacun à une des portes de Raguse, on laissera entrer le Français pour ne pas avoir à recevoir le Russe.

c-apres un portrait contemporain

CONTE VINCENZO DANDOLO
già
Provveditore generale di Dalmazia
e Senatore del Regno d'Italia,
Cavaliere di seconda Classe della Corona di Ferro,
Cav. della Legione d'Onore, e de SS. Maurizio e Laz-
zaro Membro dell'Istituto, della Società Italiana,
e di varie Accademie.

DEUXIÈME PARTIE

CHAPITRE I

ENTRÉE DES FRANÇAIS EN DALMATIE

(Février 1806.)

§ I. Le traité de Presbourg. — Projets de Napoléon sur l'Orient. — § II. Occupation de la Dalmatie par Molitor. — § III. Administration provisoire. Le conseil; les finances; affaires diverses. — § IV. Organisation militaire.

La victoire d'Austerlitz avait mis l'empereur François de Habsbourg à la discrétion de Napoléon, et le vainqueur n'avait qu'à dicter ses volontés.

C'en était fait du Saint-Empire romain et, quelques mois plus tard [1], François II devait abandonner son titre d'empereur allemand pour devenir François Ier, empereur d'Autriche.

De nouveaux États indépendants étaient créés en Allemagne, destinés à graviter dans l'orbite de la France. A la Bavière, le traité de Presbourg accordait le Tyrol et le Vorarlberg, enlevés à l'Autriche; c'était une pomme de discorde jetée entre les deux principaux États de l'Allemagne du Sud, pour empêcher toute velléité de réconciliation ultérieure contre l'ennemi commun.

Pour lui-même, Napoléon se contenta des États italiens de la maison d'Autriche, Frioul et Vénétie : ainsi, après trois siècles de luttes, était réalisé le rêve de François Ier; le successeur de Charles-Quint n'avait plus un pouce de territoire dans la péninsule, et le royaume d'Italie s'étendait, par la cession de Goritz, Gradisca et Monfalcone, au delà de ses limites naturelles. Enfin, en vertu de l'axiome « *Accessorium sequitur principale* », les anciennes possessions vénitiennes d'Istrie et de Dalmatie suivaient les destinées de Venise elle-même; elles étaient réunies au royaume italien, quoique matériellement elles en fussent séparées par le littoral croate, de Fiume à Carlopago, qui restait aux Autrichiens.

Mais ce n'était pas au nom de la seule logique que Napoléon s'était fait attribuer le littoral oriental de l'Adriatique. Pour lui, la Dalmatie n'était pas seulement une dépendance historique de Venise, c'était autre chose et beaucoup plus : c'était une porte et même toute une ligne de portes

---

1. 6 août 1806.

Projets de
Napoléon
sur l'Orient. ouvertes sur la péninsule des Balkans. Par le Nord, il se mettait en contact avec l'insurrection serbe de Karageorges, en traversant la Bosnie, facile à soulever; par le Sud, on passait de Cattaro en Albanie; prises à revers, les îles Ioniennes retombaient sans lutte sous la domination française, et Corfou devenait la rivale redoutable de Malte; de là il était facile de tendre la main aux Hellènes et de hâter leur émancipation. Enfin de tous les points de la Dalmatie pouvaient partir des routes conduisant à Constantinople. Devenu le voisin de l'Empire ottoman, Napoléon renouait en Orient les traditions de la politique française; ses ambassadeurs reprenaient le rôle de conseillers attitrés du sultan; les ports du Levant se fermaient aux Anglais, et les Russes étaient tenus en respect par la menace d'une descente des Turcs en Crimée. Au besoin même, au cas où la guerre éclaterait de nouveau avec la Russie, une armée française pourrait tourner par le Danube et la mer Noire les positions qu'une autre armée attaquerait de front par l'Allemagne.

Enfin, pour l'éventualité où l'Empire ottoman s'écroulerait, victime de désordres intérieurs ou d'une entente des puissances européennes, Napoléon se trouvait placé de manière à pouvoir intervenir avec efficacité, et à se tailler une large part dans les dépouilles du vaincu.

Ce qui précède nous explique pourquoi Napoléon attachera une grande importance à la Dalmatie, aussi longtemps qu'il verra la possibilité d'en faire une base d'opérations vers Constantinople, et ne lui témoignera plus que de l'indifférence le jour où ce rêve se sera évanoui. C'est pour les mêmes raisons que nous verrons les Russes s'opposer de toutes leurs forces à l'établissement des Français et entretenir, pendant près de deux ans, l'esprit de rébellion parmi les Dalmates.

§ II. Oc-
cupation de
la Dalmatie. C'est au royaume d'Italie que le traité de Presbourg avait cédé la Dalmatie, et c'est en effet une administration italienne, relevant du gouvernement royal de Milan et arborant les couleurs italiennes, qui y sera installée. Mais si l'Italie pouvait se charger de l'administration civile, c'était la France qui devait fournir les commandants militaires et les troupes d'occupation. L'armée de Napoléon fut toujours l'armée française, lors même que des régiments italiens, allemands, hollandais ou espagnols furent encadrés dans ses divisions. Il sortira donc de là une résurrection du dualisme dont nous avons vu déjà les fâcheux effets pendant la période précédente, et cette rivalité du civil et du militaire, doublée de la rivalité de races entre Français et Italiens, aura les conséquences les plus funestes.

Jusqu'en juillet 1806, cependant, époque de l'arrivée du provéditeur

Dandolo et du général Marmont, nous traverserons une période intérimaire, pendant laquelle tous les pouvoirs seront réunis aux mains du général Molitor.

Molitor avait été désigné par l'empereur pour commander les troupes envoyées en Dalmatie, et gouverner provisoirement la province ; à côté de lui, le général Lauriston était chargé, comme commissaire impérial, de prendre possession du pays, que devaient lui remettre officiellement les commissaires autrichiens : le général Brady et le marquis Ghislieri. Nous connaissons déjà le général Brady. Ghislieri était de Bologne ; lors de l'occupation de la Romagne par les Français, il avait été l'un des organisateurs de la résistance, puis il était passé en Autriche et était devenu conseiller aulique attaché à la section italienne de la chancellerie impériale ; nous l'avons vu deux fois, en 1798 et en 1802, chargé de missions en Dalmatie. Ghislieri était hostile aux Français, qui l'avaient banni de sa patrie, mais il dissimulera sa haine sous les apparences les plus amicales, jusqu'au jour où, donnant satisfaction à ses rancunes, il livrera Cattaro aux Russes, et déterminera ainsi une crise qui ne prendra fin qu'à la paix de Tilsitt.

Le traité de Presbourg avait déterminé les dates où s'effectuerait la consignation des provinces cédées au royaume italien. C'était le 30 janvier, pour Venise ; et, pour le littoral dalmate, les délais s'échelonnaient du 9 février (Zara), au 28 février (Cattaro). Molitor quitta donc le Frioul dès le milieu de janvier, avec trois régiments, les 5e, 23e et 79e de ligne, et le 31 de ce mois il était à Trieste, attendant Lauriston qui devait venir l'y rejoindre, après avoir reçu Venise des mains du marquis Ghislieri.

Marche des troupe françaises.

A Trieste, Molitor apprit que la prise de possession de Cattaro souffrirait probablement quelques difficultés : les Albanais et les Monténégrins s'agitaient et menaçaient de défendre l'entrée des Bouches ; il fallut compléter les approvisionnements de munitions[1]. De plus, une croisière anglo-russe rendait impossible la traversée du Quarnero ; il ne fallait donc pas songer à arriver par mer en Dalmatie : restait la voie de terre, qui obligeait à traverser la province autrichienne de Croatie. Molitor prépara donc un projet de route d'étapes, et le soumit à Ghislieri, en lui demandant l'autorisation de faire passer 6.000 hommes par Fiume, Lippa et Gospić, pour déboucher en Dalmatie par Knin et la vallée de la Kerka[2]. Ghislieri refusa d'abord, alléguant qu'il n'avait pas les pouvoirs pour accorder cette autorisation ; il se décida cependant à la donner[3], et, le 6 février, Molitor

1. A. G. Molitor au vice-roi. 2 et 5 février 1806. | 2. *ibid.* | 3. A. G. Le texte de la Convention signée le 3 février entre Ghislieri et le général Dumas f. f. de commissaire impérial jusqu'à l'arrivée de Lauriston resté à Venise. Z. L. 1806, XVI, rub. 1; XVII, rub. 26.

se mit en route, en laissant derrière lui son artillerie qui n'était pas encore en état de se mettre en marche [1].

Il écrivait, le 2 février, au vice-roi qu'il serait le 15 à Knin, le 16 à Verlika et Sinj, le 17 à Spalato, le 18 à Makarska, le 19 à Raguse et le 20 à Cattaro. De Knin, un régiment se dirigerait vers le littoral : Zara serait occupée le 16, Sebenico le 18 [2]. Ce plan eût été exécutable dans un pays plat, pourvu de bonnes routes, et encore fallait-il des troupes bien aguerries pour faire cent vingt-cinq lieues en six jours. Mais Molitor paraissait ignorer que le pays qu'il allait avoir à traverser était hérissé de montagnes et que les routes y faisaient complètement défaut. Il admettait de plus que Raguse accorderait sans difficulté le passage à travers son territoire, et que les Bouches seraient occupées sans résistance, hypothèses qu'il était loisible de faire, mais sur lesquelles il n'était pas permis de compter.

Aussi bien Molitor ne tarda pas à concevoir des doutes sur la possibilité d'une entrée pacifique à Cattaro ; il écrivit de Fiume [3] pour demander l'envoi aux îles du Quarnero d'un régiment, le 81e, dont le général Serras n'avait pas besoin, l'Istrie étant déjà occupée et paisible ; il pouvait ainsi se dispenser de diminuer les forces de sa colonne en semant des garnisons sur sa route, et il pouvait arriver à Raguse en forces. Dans une lettre au consul Bruère, il lui demande de faire préparer des rations pour quatre mille hommes [4].

Une question qui préoccupait beaucoup Molitor, et bien inutilement, était le passage à travers les deux bandes de territoire ottoman, au nord et au sud de l'État de Raguse ; il écrit, le 2 février, pour que les autorisations nécessaires soient demandées à Constantinople [5].

La marche à travers la Croatie s'effectua sans autres obstacles que ceux que présentait un pays absolument dénué de ressources [6]. A Knin, première localité dalmate, où son avant-garde arriva le 16, Molitor trouva des guides que lui envoyait le général Brady : c'étaient les colonels de pandours Danese et Paolucci [7]. Sur leur conseil, le général modifia son plan primitif, et, au lieu de faire passer sa principale colonne par l'intérieur, il la dirigea sur Dernis et Sebenico, pour gagner de là Traù, Spalato, Makarska, passer la Narenta et arriver à Cattaro. Un simple détachement composé de trois compagnies du 23e, sous la conduite du colonel du génie Poitevin de Maureillan, longea la frontière turque en prenant possession de Sinj, Verlika, Vergorac et Imoski. Enfin, le général Dumas, avec un

Entrée à Knin. (margin note)

---

1. A. G. Molitor au vice-roi, de Trieste, 5 février. | 2. A. G. Molitor au vice-roi, de Fiume, 10 fév. | 3. A. G. Molitor au vice-roi, de Fiume, 10 fév. | 4. A. G. Molitor à Bruère, 18 fév. | 5. A. G. Molitor au vice-roi, 2 fév. | 6. A. G. Molitor au vice-roi, 18 fév. | 7. Z. L. Molitor, 18 fév. — Arch. secrètes autrichiennes 310 et 449.

autre détachement, prit par Obrovac, Karin et Novegrad, et fit son entrée,
à Zara, le 18 février[1].

Le 19, Dumas fit publier à Zara une proclamation où il annonçait qu'il
prenait possession de la Dalmatie, au nom de S. M. l'Empereur et Roi[2].
Molitor arriva à son tour le 20, et, conformément aux instructions qu'il
avait reçues, déclara maintenir jusqu'à nouvel ordre les lois et règlements
en vigueur sous les Autrichiens[3].

Prise de possession. de Zara.

Lauriston, conduisant le gros des troupes, eut quelque peine à avancer
dans la direction du sud-est, et, malgré tous ses efforts, il ne put atteindre
Makarska avant le 8 mars; il renonça à aller plus loin par la voie de terre.
Molitor avait écrit à Bruère pour lui annoncer qu'il ferait embarquer ses
troupes le 3 mars, à Spalato, pour les transporter à Stagno, en territoire
ragusain, au fond du long golfe de Sabioncello; il y avait donc au moins
cinq jours de perdus, et cependant il fallait se hâter d'arriver à Cattaro;
Ghislieri écrivait que le temps pressait, que les Russes devenaient de plus en
plus menaçants. Malgré les croisières ennemies, on allait se mettre en mer,
quand on apprit que, le 7 mars, Ghislieri avait abandonné aux Russes tous
les forts des Bouches de Cattaro, et revenait avec 2.400 hommes de troupes
autrichiennes, qui n'avaient pas même fait un simulacre de résistance[4].

Désormais il ne s'agissait plus d'une prise de possession pacifique; c'était
les armes à la main qu'il fallait entrer à Cattaro, et cette opération fut
différée jusqu'à l'arrivée de renforts sans lesquels il était impossible de
rien tenter : or ces renforts se firent attendre, et c'est pour avoir voulu
s'en passer que Lauriston essuya, au mois de mai suivant, l'échec dont
nous aurons à parler dans le prochain chapitre.

Molitor dispersa ses troupes pour qu'elles pussent trouver les logements
et les vivres dont elles avaient besoin, pour se refaire. A la date du
15 mars, le corps d'occupation français était ainsi réparti : le 5e à Makarska,
avec des compagnies détachées à Imoski et Fort Opus, sur la Narenta; le
23e à Spalato, avec quatre compagnies détachées dans l'intérieur, entre
Knin et Sinj; le 79e à Zara, avec un bataillon à Sebenico et deux compagnies à San Pietro de' Nembi, forte position à l'entrée du Quarnero; le
81e, que le général Guillet venait d'amener d'Istrie, était à Traù et dans les
villages voisins, pour se reposer des fatigues d'une longue marche[5].

Molitor renonce à dépasser Makarska.

L'occupation des îles de Brazza, Lesina et Curzola avait été différée
parce qu'on voulait conserver le plus grand nombre possible de troupes
pour l'expédition de Cattaro. Brady avait demandé à plusieurs reprises[6]

1. A. G. Dumas au major général, 18 février. | 2. A. G. mars. — Z. L. Imprimés. |
3. Molitor au vice-roi, 22 fév. de Zara. | 4. Nous revenons avec quelques détails sur ces
événements dans le chapitre suivant. | 5. A. G. mars. | 6 Z. L. Molitor. Corr. Lettres de
Brady des 5 et 8 mars. A. G. Molitor au vice-roi, 12 mars.

qu'on relevât les deux compagnies autrichiennes qui y étaient stationnées. Quand Lauriston eut connaissance des évènements de Cattaro, il s'empressa d'envoyer 450 hommes du 81ᵉ, pour s'assurer de la possession de ces trois grandes îles qui couvraient les communications maritimes entre Spalato et le fond du golfe de Sabioncello.

§ III. L'administration provisoire sous Molitor.

Molitor, qui s'était rendu à Spalato pour suivre les opérations de Lauriston, et qui avait laissé le général Delgorgue à la tête du gouvernement à Zara, rentra au milieu de mars dans la capitale, pour mettre ordre aux affaires administratives, qui étaient en souffrance depuis six semaines.

On a dit que Molitor manquait des qualités nécessaires à un administrateur, que c'était un brave soldat, ne sachant rien en dehors de son métier de soldat. Le général Danthouars, alors simple colonel, qui était en Dalmatie avec la mission spéciale d'en étudier les ressources stratégiques, et aussi pour renseigner le vice-roi, dont il était l'aide de camp, sur tout ce qui se passait dans la province, écrivait, le 19 mai, au prince[1] :

« Le général Molitor était l'homme qu'il fallait pour entrer en Dalmatie « et y donner une bonne opinion des Français; mais il n'avait pas « l'habitude de conduire le civil, il ignorait l'inertie des habitants, la « nullité des lois, la paresse et la mauvaise conduite des fonctionnaires. Il « leur a donné trop de confiance, il en résulte qu'ils n'ont rien fait. »

Ce jugement paraît sévère et même injuste : Molitor avait reçu pour instructions de maintenir toutes les institutions qu'il trouverait organisées; la réforme ne devait être accomplie que par le gouverneur que l'empereur désignerait ultérieurement. Il n'y a rien à reprocher à son activité : les archives en font foi; elles contiennent un millier de pièces relatives à sa courte administration, et il en est bien peu sur lesquelles on ne lise une annotation de sa main ou de celle du général Delgorgue[2].

Le Conseil de gouvernement.

Le conseil de gouvernement créé par les Autrichiens s'était trouvé disloqué par suite du départ des membres qui étaient sujets autrichiens ou qui ne voulaient pas servir la France. Les conseillers Suppé et Mainati, le secrétaire général, chevalier de Rechkron, se retirèrent[3]; mais il resta encore sept des anciens membres du conseil : Grisogono, Riva, d'Alughera,

1. A. G. Danthouars au vice-roi, 19 mai. | 2. Les Archives « Molitor » sont dans un assez grand désordre. Il y a d'abord les pièces classées par ordre de date, et suivant l'ordre du protocole; puis 15 liasses classées par ordre méthodique, mais sans grand souci de l'ordre chronologique, et 8 liasses où les documents, rangés par ordre de date, ne sont plus disposés par ordre de matières. | 3. Z. L. Molitor, mars.

Marinovich, Verigo, Ismaelli et le procureur fiscal Tr. Pasquali. Ces trois derniers étaient notamment des hommes de grande valeur, pleins d'activité et bien disposés en faveur du nouveau gouvernement.

Molitor se fit remettre par les conseillers des rapports sommaires sur l'organisation des services; la collection de ces rapports, rapprochés de ceux qui furent demandés par Dandolo, quatre mois plus tard, constitue une excellente source d'informations sur l'administration autrichienne; c'est de là que sont tirés beaucoup de détails donnés dans la première partie de cette étude.

Le conseil, réduit à sept membres, continua à expédier les affaires courantes; l'avocat Michel Spalatin succéda au secrétaire Rechkron. En mai, nous voyons siéger, pendant huit jours, un Français ayant le titre de commissaire royal; mais il ne tarde pas à disparaître, sans être remplacé[1].

L'objet le plus urgent qui devait attirer l'attention du conseil était la question financière. Les troupes n'avaient apporté que peu d'argent comptant; les Autrichiens avaient consommé, vendu ou exporté tout ce qu'il y avait de munitions de bouche et de guerre; le règlement de comptes, dressé le 16 février, entre les agents français et autrichiens, se soldait par une différence de 200.000 francs, au préjudice des Français; les caisses publiques étaient vides, et Brady avait résilié tous les baux passés avec les fermiers d'impôts[2]. Telle est la situation dont il est fait part à Molitor dans le rapport où sont énumérées les ressources financières de la Dalmatie. Il fallait trouver des recettes immédiates, et cela ne se fit pas sans compromettre les intérêts du Trésor. Nous connaissons déjà le spéculateur Demetrius Mircovich, le fermier d'impôts de l'administration autrichienne; disposant de gros capitaux, il avait peu à peu réussi à éliminer ses concurrents et avait fini par demeurer maître de la position; aussi arrivait-il, à chaque renouvellement de bail, à diminuer le prix qu'il versait au Trésor. Le comte de Goëss avait voulu entamer la lutte et, pour plusieurs impôts, avait substitué la régie à la ferme; mais l'absence d'un personnel expérimenté et sûr avait fait que les résultats avaient été médiocres. Brady s'était empressé, en succédant à Goëss, de revenir au système de l'adjudication. En 1806, Mircovich était adjudicataire de tous les impôts, sauf les tabacs, affermés au marquis Manfrin, de Venise.

De plus, Mircovich était soumissionnaire des subsistances militaires et, quand Molitor arriva, il trouva des marchés provisoires passés par Brady avec Mircovich pour l'entretien des soldats français. Mircovich se montra d'abord rempli de prévenance et de bonne volonté; mais, peu après, il

Les Finances.

1. Z. L. Molitor, avril. | 2. Z. L. Molitor. Rapport Pasquali.

sollicita un fort à-compte, et, comme on ne pouvait le lui donner, il annonça que, le 15 mars, il suspendrait le service des vivres ; puis, profitant de l'impression produite, il se radoucit, et suggéra qu'au lieu de réclamer de l'argent, il pourrait bien avoir à en donner si on l'autorisait à conserver la ferme des dîmes. C'était la carte forcée : il posa des conditions léonines qu'il fallut bien accepter, il y eut un semblant d'adjudication et Mircovich eut en sa possession un contrat qui lui assurait un bénéfice de beaucoup supérieur à ce qu'il avait jamais gagné sur les Autrichiens[1].

Au mois d'avril, Mircovich revint à la charge pour obtenir le bail de la taxe sur les bestiaux : c'était le 23 avril, jour de saint Georges, que se faisait le recensement des animaux, recensement qui servait à établir l'impôt pour l'année entière ; si on laissait passer la saint Georges, on perdait une année de revenus, et Mircovich était seul à disposer du personnel nécessaire pour ce travail : il demanda donc une concession pour trois ans, et offrit 12.000 florins ; il en payait 17.000 aux Autrichiens. Ismaelli et Pasquali représentèrent au spéculateur que ses offres étaient dérisoires, et que le général n'avait pas de pouvoirs lui permettant d'engager les finances pour plusieurs années ; ils traitèrent donc pour un an sur le pied de 14.000 florins[2]. En juin, on mit en adjudication les revenus du domaine public et les douanes de Spalato, mais, cette fois, Ismaelli avait eu le temps de susciter à Mircovich des concurrents qui l'obligèrent à payer une somme supérieure à celle qu'il avait donnée les années précédentes. Enfin le bail des dîmes fut cassé pour irrégularités, et renouvelé dans des conditions moins onéreuses pour l'administration. Restait la question des sels ; il y avait à Pago de belles salines si mal exploitées qu'elles ne fournissaient que le tiers du sel nécessaire à la consommation et au trafic ; pendant huit mois, il fallait faire venir le sel d'Istrie ; or, l'année précédente, la guerre avait empêché la récolte du sel en Istrie ; cette province n'avait aucun excédent de production à exporter, et Pago n'avait pas de quoi satisfaire aux demandes pour plus de deux mois[3]. Il fallut traiter avec des saulniers italiens, à des conditions très désavantageuses. Nous verrons comment Dandolo reprendra cette affaire et fera des salines une des principales branches de revenus de la Dalmatie. Le sel n'était d'ailleurs pas la seule denrée qu'il fallut faire venir d'Italie : on dut y acheter pour les troupes une foule d'objets de première nécessité et jusqu'à la toile nécessaire pour confectionner des paillasses sur lesquelles coucheraient les malades des hôpitaux militaires. Quant au coucher des soldats valides, on ne pouvait encore y songer.

Enfin, même pour le vin et la viande qu'on trouvait dans le pays en

1. Z. L. Molitor, mars. | 2. Z. L. Molitor. F. Erbatico. | 3. Z. L. Molitor. F. Sels.

abondance, l'armée faillit en manquer subitement, par suite d'une mesure relative au change des monnaies.

Nous exposerons plus loin la situation monétaire de la Dalmatie[1] ; qu'il suffise de dire ici qu'il n'y circulait que des billets autrichiens et des monnaies de bas aloi, dont le cours était réglé par les agioteurs. En attendant qu'on pût faire disparaître ce numéraire déprécié, on en réduisit la valeur; mais les fournisseurs, se disant lésés, refusèrent d'accepter l'or au nouveau taux du change : on dut en passer par des transactions ruineuses, et la réforme monétaire ne s'accomplit pas[2]. *La crise monétaire.*

On ajourna aussi la suite à donner à un grand nombre de pétitions demandant la réforme de prétendus abus; de toutes les parties de la province arrivaient des demandes, fondées ou non, portant sur des réformes utiles, des réclamations abusives et des requêtes oiseuses : tout détenteur d'un privilège en demandait la confirmation, toute victime du privilège d'autrui en demandait l'abolition. Quatre liasses énormes ne contiennent que des offres de services et des demandes d'emplois[3]. Les communautés et les villes se mettaient au rang des solliciteurs en faisant entendre que leur fidélité serait le prix des complaisances du gouvernement. Les Grecs reprirent la campagne qui avait failli leur réussir neuf ans auparavant, pour obtenir un évêque de leur rite. Le clergé catholique fit aussi des avances; sauf l'évêque de Makarska, qui n'était pas un courtisan et l'avait bien fait voir aux Autrichiens, tous les évêques firent leur soumission; quelques-uns, comme l'évêque de Nona, allèrent un peu plus loin. Il convient de dire que, les Autrichiens étant partis au moment où ils allaient confisquer les biens des couvents et confréries, il fallait essayer d'empêcher les Français de s'engager dans la même voie[4]. *Les pétitions.*

On laissa sans réponse la plupart de ces pétitions et requêtes; on mit à part, cependant, celles qui étaient relatives à l'administration de la justice. Plusieurs personnes se plaignaient d'être détenues arbitrairement; on fit des enquêtes qui aboutirent à établir le mal fondé d'un grand nombre de plaintes. Une femme expose en termes pathétiques que, sur une dénonciation calomnieuse, elle a été arrêtée et mise en prison : depuis vingt-cinq mois, elle demande à être mise en liberté; renseignements pris, on découvrit que, peu après son arrestation, elle avait été jugée et condamnée sur ses aveux; si elle était en prison depuis vingt-cinq mois, c'est qu'elle avait à subir un emprisonnement de trois ans. Et ainsi des autres. Nous ne rapporterions pas ces faits sans intérêt si, par la suite, Dandolo ne les avait recueillis et, croyant sur parole toutes ces réclamations de mauvaise *La justice.*

---

1. P. II, ch. IV, § V. | 2. Z. L. Molitor. F. Monnaies. | 3. Z. L. Molitor, FF. 12-15. | 4. Z. L. Molitor. F. Affaires ecclésiastiques.

foi, n'y avait pris la matière des fougueux réquisitoires qu'il lance contre la justice autrichienne.

Là où le désordre existait réellement, c'était pour les affaires civiles. Le conseil de gouvernement chargé de les juger, dès que l'objet du litige avait quelque importance, avait en outre à s'occuper de toutes les questions administratives et financières, et ne suffisait pas à tant de travail. Il y avait 385 procès en souffrance, et quelques-uns remontaient à 1801. Une commission de trois conseillers fut chargée de terminer, par procédure expéditive, toutes les causes qui comportaient une semblable terminaison.

§ IV. Organisation militaire.

Pendant que l'administration civile languissait dans le provisoire, l'autorité militaire recevait ses règlements définitifs et s'installait en cherchant à tirer parti des modestes ressources du pays.

Un décret du 24 mars[1] avait déterminé l'organisation de la Division de Dalmatie. La province devait former trois subdivisions : Zara, avec Cherso et Sebenico ; Spalato, avec Makarska ; Cattaro, avec Budua et Castelnuovo.

Le commandant en chef résiderait à Zara, ainsi que le général de division, le commissaire ordonnateur et les directions d'artillerie et du génie. Aux quatre régiments qui occupaient le pays s'en adjoindrait un autre, le 18e léger. Un camp devait être établi avec les baraquements nécessaires et quelques ouvrages qui permettraient de s'y concentrer et de s'y défendre en cas de soulèvement ou d'invasion. Trois des cinq régiments, et deux bataillons de chacun des deux autres devaient y être réunis habituellement, ce qui permettrait de réduire les garnisons et les logements militaires. L'artillerie se composerait de deux compagnies françaises et deux compagnies italiennes ; le génie aurait deux compagnies de sapeurs ; le 19e régiment de chasseurs à cheval enverrait un escadron en Dalmatie, le 24e de la même arme, deux; et ces trois escadrons se remonteraient en chevaux bosniaques[2].

Le camp de Dernis.

Molitor se mit en devoir d'exécuter le décret impérial, et fit choix, pour le camp retranché, de la plaine de Dernis, qui se trouvait au centre du pays, et au nœud des routes stratégiques, lorsqu'on en pourrait construire; le colonel Poitevin de Maureillan fut chargé des travaux ; mais des difficultés sans nombre se présentèrent : on n'avait ni matériaux ni ouvriers : il fallut faire venir des planches de Croatie, et les baraquements pour un bataillon coûtèrent 24.000 francs; pendant ce temps, on avait

1. A. G. mars. | 2. Les difficultés de la remonte, l'insuffisance des fourrages, et l'impraticabilité du pays pour la cavalerie firent que, dès le mois de mai, l'escadron du 19e retourna à Vicence, et bientôt on ne garda qu'un escadron du 24e, pour les services d'estafettes.

remis en état une vieille caserne turque, qui avait servi à la cavalerie vénitienne[1], et on constata que, vu l'abondance de la pierre et la rareté du bois, il serait plus économique de construire des casernes que des baraques. Provisoirement on fit ce que l'empereur avait voulu éviter : on dispersa les troupes, au grand préjudice de leur discipline et de leur instruction, on les logea chez l'habitant, ce qui mécontenta fort, ou dans les couvents, ce qui mécontenta encore plus. Il fallut aussi occuper quelques couvents pour y installer des hôpitaux ; la fatigue, la mauvaise nourriture, l'absence de matériel de couchage, le séjour dans des localités malsaines, et probablement le manque de prévoyance chez le général Molitor avaient déterminé de graves épidémies. En avril, il y eut 750 malades, en mai, 1740 ; les décès s'élevèrent à 76 et 151. En juin, les chaleurs intenses portèrent le nombre des malades à 2.450, et, pour les soigner, il n'y avait que trois médecins et onze chirurgiens militaires[2]. Quelle que soit la part de responsabilité de Molitor dans cette lamentable situation, il faut reconnaître que, dès l'arrivée de Marmont, les réformes introduites dans la nourriture, le logement et l'hygiène des troupes firent immédiatement le vide dans les hôpitaux.

(marginal note: Les logements militaires.)

(marginal note: Mauvais état sanitaire.)

Pendant ces quelques mois, les officiers de l'état-major et du génie faisaient une reconnaissance rapide du pays ; quatorze ingénieurs revisaient la carte autrichienne, et envoyaient à Paris de nombreuses rectifications[3]. Danthouars et Maureillan, répondant directement aux intentions de l'empereur, faisaient une étude des routes qui donnaient accès dans les provinces ottomanes de Bosnie et d'Herzégovine. Dès le 26 mai, ils rédigeaient un rapport détaillé[4] : suivant eux, il y avait entre la Dalmatie et Sarajevo cinq routes, ou du moins cinq passages où l'on en pourrait créer : de Knin et de Sinj par Travnik, d'Imoski et de Vergorac par Mostar, de Raguse par Trebinje ; mais, pour le moment, il n'y avait que des sentiers où l'on pourrait à peine s'aventurer avec de l'artillerie de montagne.

(marginal note: Reconnaissance du pays par l'état-major.)

Zavoreo, l'ingénieur vénitien passé au service de l'Autriche, n'aurait pu quitter un pays pour lequel il avait déjà tant fait. Maureillan se l'attacha et conçut bien vite une grande estime pour cet homme modeste et dévoué qui connaissait à fond son métier, et qui était au courant de toutes les questions relatives aux travaux de défense, aux voies de communication et aux édifices publics ; lui seul pouvait dire le prix et la valeur des matériaux, les conditions de la main-d'œuvre et les ressources

---

1. C'est cette caserne dont le dessin figure dans le *Tour du monde* sous le titre de caserne construite par les Français. | 2. A. G. Rapports de santé, juillet. | 3. A. G. juin et juillet. | 4. A. G. juin.

très limitées que pouvait donner le pays pour les travaux publics. Dandolo et Marmont se disputeront ce précieux auxiliaire.

Enfin, en l'absence d'officiers de marine, le génie eut à s'occuper de réparer quelques barques oubliées par les Autrichiens, modeste flottille d'un prix inestimable dans un pays dépourvu de routes et bordé par une infinité d'îles. Nous verrons quels services rendirent, en août 1806, les barques armées par les soins de Maureillan; c'est grâce à elles que Curzola put être enlevée aux Russes.

Le provisoire subsistait dans l'administration civile, cependant un décret rendu le 28 avril permettait d'en entrevoir la fin prochaine; la Dalmatie allait passer sous l'autorité d'un provéditeur général, mais auparavant elle allait avoir une crise à traverser et, pendant deux mois, l'attention sera détournée des questions administratives par les graves évènements survenus à Cattaro et à Raguse.

CHAPITRE II

LES RUSSES A CATTARO — SIÈGE DE RAGUSE

Nous avons vu que, d'après son ordre de marche établi à Trieste, le général Molitor comptait arriver le 21 février à Cattaro.

La difficulté des chemins avait fait perdre du temps à ses colonnes, l'artillerie et les munitions avaient dû rester en arrière[1], et comme, à à mesure qu'il avançait, Molitor était mieux renseigné sur les dispositions hostiles des habitants des Bouches, il comprenait chaque jour davantage la nécessité d'arriver à Cattaro avec un effectif important, du canon, et beaucoup de munitions.

Or ces canons et ces munitions n'avançaient que très lentement à travers la Croatie; d'abord Molitor avait envisagé ce contre-temps sans beaucoup d'inquiétude, parce qu'il pensait trouver de l'artillerie dans les places de Dalmatie : en effet, dans une convention militaire annexée, le 5 janvier, au Traité de Presbourg, il avait été stipulé que les Autrichiens laisseraient en Dalmatie tout le matériel de guerre qui leur appartenait et qu'en échange on leur rendrait une partie du matériel conquis sur eux à Venise et en Allemagne; on évitait ainsi, de part et d'autre, des transports coûteux. Mais il se trouva que cette convention n'avait pas été exécutée, et quand Molitor visita les arsenaux, il les vit à peu près vides; il y avait seulement de vieux canons vénitiens; les boulets n'étaient pas de calibre; et, en fait de poudre, les Autrichiens n'en avaient laissé que de fort petites quantités. Tout le reste avait été embarqué et transporté à Fiume. On crut d'abord à un regrettable malentendu; par la suite, les généraux français, aigris par leurs mécomptes, prétendirent tirer de ce fait la preuve

1. A. G. Molitor au vice-roi, de Fiume, 10 fév. 1806.

d'un accord entre les Autrichiens et les Russes pour paralyser l'action des troupes françaises; mais cette interprétation ne vint que plus tard : au début, on ne vit là qu'une conséquence toute naturelle de la communication tardive de cette convention au général Brady, et les relations entre les deux états-majors n'en furent aucunement refroidies. Au contraire, Brady et Ghislieri étaient dans les termes d'une touchante cordialité avec les officiers français.

Ghislieri et les généraux français.

En février, Ghislieri qui avait consigné Venise aux mains de Molitor, écrivait à celui-ci, déjà en route pour Zara : « Mon cher Général, « je suis cloué dans mon fauteuil pour expédier mon courrier dans les « quatre parties du monde, avant de partir moi-même pour la « cinquième, puisque les Bouches de Cattaro ne ressemblent à rien en « ce monde et font une partie du monde à part... J'espère et je suis « intimement persuadé que, si le commandant en chef a quelquefois « attaqué le commissaire, le général Molitor n'a jamais méconnu Ghislieri « ni les sentiments avec lesquels je suis à jamais votre, etc... [1] »

Dans une autre lettre, Ghislieri disait : « Connaissez donc, mon cher « ami, que les Autrichiens sont de braves gens... et envoyez-moi le « courrier avec deux lignes amicales, outre la réponse *ex officio* [2]. »

Arrivé à Zara avant Molitor, Ghislieri lui annonce son départ pour Cattaro le 17 février, et lui donne rendez-vous dans le pays [3]. Le 21, il lui écrit de Makarska pour lui conseiller de prendre la voie de mer [4]; le 21, de Zaostrog, il le prévient que le passage de la Narenta est difficile [5]; le 27, de Raguse, il lui écrit encore en termes amicaux et lui annonce qu'il va prendre les devants et négocier avec les Russes : « la prise de « possession se fera, dit-il, paisiblement [6]. »

La lettre suivante est plus pressante [7]. « Mon cher général, venez donc « et venez vite, puisque, par votre présence, tout petit désordre que les « Monténégrins se permettent encore cessera d'abord ; et, d'ailleurs, la « reddition de la province aura lieu dans toutes les formes et sans la « moindre opposition. »

Il lui donne ensuite de minutieux détails sur la route à suivre, sur les points où une embuscade est à craindre, sur l'effectif des garnisons qu'il faudra établir : « 120 hommes à Castelnuovo ; 800 à Cattaro ; 30 au fort de « la Trinité, « les Thermopyles des Bouches, » 150 à Budua. Si vous dou- « blez ces postes et que vous mettiez 200 hommes à Risano, vous n'en « ferez que mieux pour la tranquillité de cette province. Enfin venez, mon

---

1. A. G., fév. 1806. | 2. A. G., *l. c.* | 3. A. G., *l. c.* | 4. A. G., *l. c.* | 5. A. G., *l. c.* | 6. A. G., *l. c.* | 7. A. G. La lettre n'est pas datée, mais ne peut être que des derniers jours de février.

« cher, une bonne fois, et, dès que vous aurez touché nos frontières, tout
« ira bien. Vous reconnaîtrez, j'espère, dans mon empressement pour
« que tout danger pour vos troupes soit prévenu une nouvelle preuve de
« mon attachement pour votre personne. »

Le 1ᵉʳ mars, il écrit un billet adressé « au général Molitor ou au com-
« mandant de l'avant-garde » : « Cher ami, venez vite et venez en
« colonnes bien serrées, sans qu'aucun détachement s'éparpille; on vous
« attend à bras ouverts ici, mais sur la route on vous tend des pièges.
« Votre ami. G. [1] »

Ces protestations répétées d'amitié étonnent de la part d'un homme qui
avait jusque-là fait profession de détester la France, et qui, il faut être
juste, avait de bonnes raisons pour cela. Devons-nous croire, comme on
l'a dit depuis, que sous toutes ces caresses il y avait une trahison ?

Tout en répétant dans chacune de ses lettres : « Venez, cher ami, »
Ghislieri n'encourageait guère « son ami » à venir : « la voie de mer est
« la seule praticable, écrit-il, mais toutes les barques sont aux mains des
« Russes. » Il fallait se hâter, mais avancer avec prudence. Molitor, qui
n'avait pas assez de troupes, ni assez de munitions, n'osa pas se lancer dans
cette aventure; on lui en fera un crime, mais, peut-être, en avançant trop
vite, eût-il conduit ses soldats à l'extermination. Bref, il resta à Spalato,
pendant que son avant-garde était à Makarska, et c'est là qu'il apprit que
Ghislieri avait livré aux Russes la province qu'il était chargé de remettre
aux Français.

Pendant la guerre de 1805, les Russes avaient envoyé des forces considérables de la Baltique dans la Méditerranée. D'après une dépêche du
commandant de Cattaro, du 23 septembre [2], ils avaient à cette époque
9.000 hommes à Corfou, 3.000 dans les îles voisines, et une flotte de
16 vaisseaux; on attendait une seconde flotte de 26 bâtiments portant 7 à
8.000 hommes; ces troupes étaient destinées à opérer dans le royaume de
Naples. D'une autre dépêche du 3 décembre [3] résulte qu'une escadre
destinée à Corfou était entrée à Messine au mois de novembre.

Les Russes
dans l'Adria-
tique.

L'agent français à Venise, Rostagny, donne dans ses dépêches des renseignements analogues [4] : le 25 vendémiaire an XIII, il signale les rassem-
blements russes et l'agitation des Monténégrins; le 19 brumaire, il évalue
les forces russes à 45.000 hommes, plus 7 à 8.000 indigènes [5] sous les
généraux Lasci, Andreïef et Bachanatief.

A la nouvelle de la bataille d'Austerlitz et du traité qui mettait l'Au-

1. A. G., mars. | 2. Z. L., 1805, Cattaro. | 3. Z. L., l. c.. | 4. A. E., Venise, 254.
| 5. « Il fit des levées considérables, attirant des Maïniotes, des Albanais, des Souliotes
par l'espoir de grosses étraines d'enrôlement. » Corr. Timoni, 15 janvier (W. S., 1805).

triche en dehors de la lutte, l'amiral russe Siniavin renonça à ses projets sur le royaume de Naples et concentra ses forces à Corfou [1]. C'est là qu'il reçut l'invitation à venir occuper les Bouches de Cattaro.

Le commandant autrichien avait publié, le 10 février, une proclamation annonçant la venue des Français [2], et cette nouvelle avait causé une grande émotion. Depuis longtemps, le pays était travaillé par des agents russes que nous avons vus à l'œuvre ; les deux tiers des Bocquais étaient de religion grecque, et de tout temps ils avaient sympathisé avec les Monténégrins. Il fut facile de les soulever en leur montrant d'une part la liberté, s'ils appelaient les Russes, et d'autre part la ruine sous les Français incapables de protéger leur commerce maritime.

Agitation des Monténégrins.

Le 27 février, le vladika du Montenegro tint à Risano une assemblée générale [3] dans laquelle il annonça l'arrivée des Russes et promit sa protection aux Bocquais.

« Non seulement, dit-il, je suis prêt à combattre les Français, mais je « saurai bien éloigner les Autrichiens avant l'arrivée des troupes « françaises. ».

§ II. Les Russes occupent les Bouches.

Le 28 février, arriva une escadre russe qui entra dans la baie de Porto Rose, dont la batterie venait d'être désarmée en vue de l'évacuation prochaine ; les Russes s'emparèrent d'un corsaire français qui était à l'ancre devant la batterie [4].

Le 5 mars, on vit paraître une nouvelle division de la flotte russe et les Monténégrins, massés aux frontières, se précipitèrent sur le territoire des Bouches, occupant tous les points qui n'avaient pas de garnisons autrichiennes. Cattaro et Budua furent investies et deux colonnes de 1.500 hommes se dirigèrent, l'une sur Risano, l'autre sur Porto Rose, pour de là se réunir devant Castelnuovo ; les Russes s'établirent sous la place et envoyèrent à Ghislieri une sommation de se retirer ; on lui donnait un quart d'heure pour répondre. Ghislieri se rendit à bord du vaisseau amiral, et, quelques heures après, il envoyait au commandant militaire l'ordre d'ouvrir les portes : les troupes devaient être conduites par les Russes à Trieste, et les canonnières devaient être envoyées à Fiume pour y être désarmées [5].

Retraite des Autrichiens.

Ghislieri fut transporté à Raguse d'où il écrivait le 7 mars à Molitor : « Mon cher ami, après avoir risqué même la vie pour procurer l'occupa-« tion paisible des Bouches, j'ai dû enfin céder à la violence, et les troupes

Explications de Ghislieri.

1. Z. L., arch. secr. et aussi dépêche russe interceptée le 18 janvier. | 2. Z. L., imprimés. | 3. Z. L., Cattaro. — W. S. Corr. Timoni, 5 mars. | 4. W. S. Corr. Timoni. 5 mars. | 5. W. S. Corr. Timoni, 12 mars. Milaković : *Storia del Montenero*, trad. Kasnačić (G.-A.), Raguse, 1877, p. 134 sqq.

« russes ont relevé hier, dans les trois places de Castelnuovo, Cattaro et
« Budua, les troupes autrichiennes. Quand vous saurez le détail, vous
« direz qu'un commissaire français n'aurait pu se conduire différemment
« de ce que je me suis conduit, moi, commissaire autrichien [1].

Tout le monde ne donna pas à Ghislieri le témoignage qu'il s'accordait
à lui-même avec un peu trop de complaisance. Les officiers du régiment de
« Thurn », qui auraient voulu au moins se défendre avant de capituler, accu-
sèrent très haut Ghislieri de lâcheté et peut-être de trahison. Ghislieri
sentit le besoin de se justifier; voici la lettre qu'il écrit à un officier autrichien, en français, l'allemand ne lui étant pas familier :

« Monsieur, dans les circonstances difficiles où je me suis trouvé, rien ne me
tenait à cœur comme de ne prendre un parti qui pût déplaire à une garnison
aussi brave que celle de Cattaro ; or, d'après ce que M. le lieutenant d'Ehrenberg
vient de me dire, j'ai lieu de craindre de ne pas avoir entièrement rempli mon
but; je profite donc de la connaissance personnelle que j'ai eu l'honneur de
faire de vous, Monsieur, pour vous faire amicalement deux observations seulement et de vous prier de les communiquer à MM. vos camarades :

« 1º Ce n'est pas à la sommation d'une puissance ennemie de notre auguste
Souverain, et moins encore à la demande des Monténégrins, avec lesquels je ne
suis pas même entré en pourparlers, mais bien à la sommation réitérée d'un
commandant russe que j'ai pris le parti de retirer les troupes de S. M. de cette
province ; et par conséquent ce n'est qu'à la volonté expresse d'une cour alliée et
amie de la nôtre, et contre laquelle les ordres supérieurs sont bien précis de ne
point se permettre d'autres moyens que ceux des déclarations et des protestations, et jamais des moyens de défense armée.

« 2º Je ne suis venu avec le commandant russe à aucune capitulation, que je
n'aurais jamais conclue qu'avec l'assentiment du militaire, mais je me suis borné à
lui faire les protestations et déclarations nécessaires, pour mettre notre cour à
couvert de tous griefs de la part des Français et pour assurer les égards dûs en
toute circonstance au pavillon et aux troupes de S. M. [2] »

Restait à expliquer le motif qui l'avait amené à céder aux injonctions de
l'amiral russe : la raison qui fut mise en avant, c'est que, le délai fixé pour
la consignation de la province étant écoulé, les Autrichiens n'avaient plus
aucun droit pour occuper un territoire qui ne leur appartenait plus ; que
les Russes avaient le droit de regarder Cattaro comme possession française, et que, n'ayant pas fait la paix avec la France, ils avaient le droit
d'y entrer comme ennemis, sans que les Autrichiens pussent s'y opposer.

On objectera que, tant que la consignation n'avait pas été faite par le
commissaire spécialement désigné à cet effet, les Autrichiens restaient responsables; que le retard apporté à la prise de possession était imputable à

1. A. G., mars 1806. | 2. A. G., Ibid.

des cas de force majeure, l'impraticabilité des routes sur terre, les croisières ennemies sur mer; on dira que 2.500 hommes de troupes, commandées par des officiers ayant fait leurs preuves, n'évacuent pas trois places fortes en se contentant d'une protestation platonique; qu'enfin les Russes n'auraient jamais ouvert les hostilités, et qu'on avait assisté à une comédie arrangée par Ghislieri et Siniavin.

C'est ce que Molitor déclara en termes indignés à Ghislieri dans une dépêche du 8 mars à laquelle Ghislieri fit, le 17, une réponse fort entortillée [1].

Molitor rompit toute relation avec les Autrichiens. Brady, resté à Zara pour l'échange du matériel, reçut son passeport le 21 [2], et l'ambassade de France à Vienne reproduisit les réclamations de Molitor avec une grande énergie [3]. Enfin Napoléon déclara que les Autrichiens, s'étant engagés à lui livrer les bouches de Cattaro, auraient à exécuter leur engagement, dussent-ils envoyer une armée pour les reprendre aux Russes; qu'en attendant, il n'évacuerait pas le cercle de Braunau que ses troupes réoccupèrent. La cour de Vienne céda devant l'orage; nous verrons qu'elle enverra un corps de troupes devant Cattaro; Ghislieri, à son arrivée à Vienne, fut fort mal reçu, arrêté, dit une dépêche de La Rochefoucault, ambassadeur à Vienne [4], interné, suivant l'historien Botta, dans une forteresse de Transylvanie [5].

Le lendemain de la capitulation de Castelnuovo, le Vladika, accompagné des agents russes Radonich, Sankovski et Ivelich, se rendit à bord du vaisseau amiral russe pour rendre visite à l'amiral Siniavin et au capitaine Bailie.

Le Vladika aux Bouches. Ils revinrent à terre en ramenant une compagnie de marins qui prit possession de Castelnuovo; une compagnie de grenadiers alla occuper Budua [6] et un fort détachement se rendit à Cattaro. Le Vladika célébra, à Castelnuovo, un office solennel pendant lequel il bénit les étendards blancs à croix bleues qui devaient être arborés sur les forteresses; puis, prenant la parole, il prononça une longue harangue qui se terminait ainsi : « Voilà donc accompli, valeureux Slaves, le plus cher de vos désirs. Les « voilà donc arrivés, après une longue attente, ceux qui sont nos frères « par le sang, la foi, la bravoure et la gloire. Le très puissant monarque

---

1. A. G., mars. | 2. Z. L., Arch. secr., 1806, 679. | 3. A. E., Autriche, 379. | 4. A. E., ibid.; R. P. Dépêche de Puthon, chargé d'aff. à Vienne, 2 mai 1806. | 5. En 1808, Napoléon ayant menacé de confiscation les Italiens qui ne résidaient pas en Italie, Ghislieri se hasarda à rentrer à Bologne; il fut aussitôt arrêté et enfermé à la citadelle de Mantoue. Il en sortit pour jouer un rôle important dans la révolution de 1814 et les scènes qui ensanglantèrent Milan pendant les derniers jours de la domination napoléonienne. | 6. Kovačić, Mémoires historiques, Raguse, 1878 (en slave).

« des Russes vous admet au nombre de ses enfants. Béni soit le
« Seigneur [1] ! »

Le peuple prêta serment, les drapeaux russes furent arborés sur les
forts et salués par 101 coups de canon.

Le Vladika retourna au Montenegro, laissant les Bocquais un peu surpris de ce qui s'était passé ; on leur avait promis de les délivrer des
Français, de les arracher à la domination autrichienne, et c'était pour
faire d'eux des Russes ! Que restait-il des belles paroles d'indépendance
qu'on avait fait sonner à leurs oreilles ?

Mais ils n'eurent pas le loisir de revendiquer leurs libertés ; le 25 mars,
des bâtiments russes débarquaient à Castelnuovo deux bataillons d'infanterie avec quatre canons, sous les ordres du général-major Puschkin [2]. Le
1er mai, Siniavin arriva à son tour avec d'autres troupes destinées à mettre
les Bouches à l'abri de toute tentative que feraient les Français pour s'en
emparer [3]. D'ailleurs, l'amiral russe, prenant l'offensive, était allé déjà
plusieurs fois chercher un ennemi qui ne venait pas à lui.

Molitor, en apprenant, dans les premiers jours de mars, l'entrée des
Russes à Cattaro, avait protesté, mais n'avait pas essayé de s'emparer de
vive force d'une position qu'il savait dangereuse à attaquer. En attendant
de nouvelles instructions, il avait éparpillé ses troupes dans les cantonne-
ments où elles allaient prendre un repos de quelques semaines qui leur
était bien nécessaire ; la fatigue, la mauvaise nourriture, les nuits de février
passées sans abri, avaient développé des épidémies dans ces braves régiments. A la fin de mars, il y avait déjà un grand nombre de malades ; dans
certains régiments, on en comptait 35 par compagnie [4].

§ III. Les Russes attaquent les îles dalmates.

Pendant que les Français se reposaient, les Russes commençaient à
paraître devant les îles dalmates. Le 30 mars, un bâtiment russe entra
dans le port de Lissa et somma les autorités de reconnaître comme souverain l'Empereur de Russie ; sur le refus des magistrats, la ville sans
défense fut bombardée, et, le lendemain, deux détachements allèrent
enlever les vieux canons vénitiens qui garnissaient la tour ; ils firent
de même dans le port de Comisa, à l'ouest de l'île [5].

Occupation de Lissa.

Le 10 avril, trois navires bombardèrent la ville de Curzola, où se trouvait une garnison française composée de 250 hommes du 81e de ligne ; le
lendemain, treize navires russes se joignirent aux trois premiers et débarquèrent quelques centaines de soldats de marine qui investirent la place et
l'obligèrent à se rendre [6]. Cinquante Français et un officier avaient pu

Prise de Curzola.

1. R. P., Rapport, 4 mars. | 2. Z. L., 1806, Cattaro, XII, 827. | 3. Z. L., Rapp. de
Porto Rose, 12-14 mars, XII, 1020. | 4. A. G., mars ; Z. L., XX, 1689. | 5. Journal
du chanoine Doimi (Bibl. du gymnase de Zara). | 6. A. G., Molitor à l'empereur, 19 avril.

s'éloigner à temps et avaient gagné l'intérieur de l'île ; les autres furent pris par les Russes. Si la garnison n'avait pas fait une défense sérieuse, c'est que les boulets manquaient et que la poudre laissée par les Autrichiens était avariée [1]. La position de Curzola était fort importante, car cette ville garde un détroit de quelques centaines de mètres, par où doivent passer tous les bâtiments qui se rendent de Spalato à Raguse. Siniavin occupait ainsi la route que les Français devaient prendre pour aller vers Cattaro.

Démonstration sur Lesina.

En prévision d'une attaque sur Lesina, Molitor y envoya le général Guillet avec des renforts : les Russes se présentèrent, en effet, le 20 avril, et furent repoussés [2] ; le 29, Guillet, profitant de l'éloignement de la flotte russe, prit avec lui 150 hommes du 5e de ligne, passa de Lesina à Curzola, rentra dans la ville et fit prisonnière la petite garnison que les Russes y avaient laissée [3] ; mais cette réoccupation ne fut que momentanée : peu de jours après, les Russes reparurent en forces, et les Français n'eurent que le temps de franchir le détroit pour se retirer dans la péninsule de Sabioncello ; ce n'est qu'en août, après l'arrivée de Marmont, que la ville de Curzola fut définitivement occupée par les troupes françaises ; alors seulement on y établit une garnison permanente et l'on travailla à y remettre en état les fortifications, de manière à conserver cette position qui avait une grande valeur stratégique.

Au moment où le général Guillet réoccupait pour la première fois Curzola, les Russes revenaient à la charge sur Lesina [4] ; la garnison se composait de forts détachements des 23e et 81e de ligne, sous les ordres du capitaine Guyard du 23e. Dès le 30 avril, les ennemis débarquèrent de l'artillerie et commencèrent à tirer sur l'enceinte ; dans la nuit du 1er au 2 mai, ils établirent une batterie sur un îlot qui ferme en partie l'entrée du port, et qui n'est pas à plus de 300 mètres du quai ; pendant que cette batterie bombardait la ville, 400 hommes tentèrent un débarquement et donnèrent l'assaut à l'enceinte ; mais ils furent repoussés en perdant 30 tués et 106 prisonniers, sans compter les blessés ; les Français n'eurent que 5 tués et 10 blessés.

Le 3, le bombardement recommença pour durer quatre jours en causant de gros dégâts aux édifices et des pertes cruelles aux assiégés : un seul projectile tua 3 hommes et en blessa 12. Le 6, un convoi de secours, venant de Spalato, prit terre à Sokolica, au nord de l'île, à un endroit qui échappait à la surveillance des Russes, et les Français purent introduire pendant la nuit à Lesina des vivres, des munitions et six pièces de 18 qui furent aussitôt

1. Z. L., Molitor. A. G., Lauriston à l'Empereur, 20 avril. | 2. A. G., Guillet à Molitor, Molitor au vice-roi, 20 avril. | 3. W. S. Corr. Timoni, 11 et 14 mai ; Z. L., Molitor, avril. | 4. A. G., Guillet à Molitor, mai ; Molitor au vice-roi, 7 mai. R. D.

mises en batterie et ouvrirent le feu le 7 ; les bâtiments russes ne pouvaient lutter avec des pièces aussi puissantes ; au deuxième coup, le vaisseau amiral l'*Asie* [1] leva l'ancre et disparut suivi de tous les autres bâtiments russes [2].

Le 16 avril, les Russes reparurent devant Lesina ; la garnison opposa une résistance énergique, si bien que, le 18, quand le général Teste arriva pour la secourir avec 800 hommes, les assaillants s'étaient retirés [3].

Malgré ces succès, le général Molitor était fort inquiet ; il ne recevait aucun ordre de l'Empereur et le bruit courait que les Russes se disposaient à débarquer en Dalmatie, pendant qu'une armée, venant de Valachie, passerait par la Bosnie et la Croatie pour lui couper la retraite. Dans une dépêche au vice-roi, Molitor communique ses plans de défense établis en vue des cinq hypothèses qui pouvaient se produire : attaque par la rive gauche de la Cetina, par la rive droite de cette rivière, par la vallée de la Kerka, par la mer au nord et au sud ; il avait, dans chacun de ces cas, un plan de rassemblement de ses forces ; il indique l'endroit où, quel que soit le parti que prennent les Russes, se livrera l'action décisive [4].

Mais Molitor n'eut pas à expérimenter la valeur de ses combinaisons stratégiques ; aucune armée russe ne passa le Danube et Siniavin se borna à intercepter les communications maritimes entre la Dalmatie et le reste de l'Europe.

Les ordres attendus arrivèrent enfin : on annonçait l'arrivée du 60e régiment de ligne, ce qui permettrait de dégarnir pour un moment le nord de la province et de confier les 5e et 23e régiments au général Lauriston, qui devait se rendre aux Bouches de Cattaro en traversant l'État de Raguse.

Nous connaissons déjà les mœurs politiques des Ragusains et la facilité avec laquelle ils protestaient de leur attachement inviolable pour toutes les têtes couronnées de l'Europe sans exception. La nouvelle du traité de Presbourg les avait mis en grand émoi [5], car les Français étaient pour eux des voisins plus dangereux que les pacifiques Autrichiens ; aussi, pour se faire bien venir, écrivirent-ils dès le 13 janvier à Napoléon et à Talleyrand, des lettres qui font pendant à celles qui furent adressées, en 1797, à François II et à Thugut [6] : ce sont les mêmes transports de joie, les mêmes

[marginal notes:] Molitor s'attend à un débarquement.

Manœuvres des Ragusains.

---

1. Vaisseau se dit en russe короабѣ (*Korabl*) et les Français, entendant les prisonniers donner ce nom à l'*Asie*, crurent que le vaisseau se nommait la *Korablia* ; Botta, dans son histoire, a été le premier à reproduire cette erreur, et, depuis quatre-vingts ans, il y a peu d'écrivains français, allemands ou italiens qui, en racontant ce fait d'armes, ne fassent intervenir le vaisseau la *Korablia*, donnant ainsi une preuve du lien de filiation médiate ou immédiate qui relie leurs travaux à ceux de Botta. | 2. A. G., mai. Z. L., Molitor, mai. | 3. A. G., mai. | 4. A. G., Molitor au vice-roi, 14 mai. | 5. W. S., Corr. Timoni, 13 janv. | 6. R. P., 1806.

élans de reconnaissance « pour le plus glorieux des empereurs » et « le plus vertueux des ministres » ; nous avons déjà fait remarquer que la chancellerie de Raguse ne dédaignait pas les formules clichées.

Le 1ᵉʳ février, à l'annonce de l'entrée prochaine des troupes françaises en Dalmatie, de nouvelles protestations de dévouement et de fidélité furent adressées à l'Empereur et à son ministre [1], et le général Dumas, en entrant à Zara, trouva deux sénateurs venus pour le complimenter et aussi pour savoir si on avait l'intention de faire passer par Raguse les troupes destinées à Cattaro. Le Sénat y comptait si bien que le consul Timoni rend compte à son gouvernement des mesures prises en prévision de cette éventualité [2] : on devait recevoir les Français à Stagno, au fond du golfe de Sabioncello et les transporter par mer jusqu'à Ragusa-Vecchia, au besoin même jusqu'à Porto-Rose ; on évitait ainsi l'entrée des Français à Raguse, et on leur rendait service en leur évitant une longue marche dans un pays complètement dépourvu de routes ; une somme de 30.000 piastres était destinée à pourvoir aux frais de transport et de nourriture des troupes pendant la traversée [3].

Cette décision était à peine prise que les Russes en étaient avisés par leurs partisans. C'est à ce moment là même que la flotte se présentait à Castelnuovo ; le conseiller Sankovski fit savoir au Sénat que si telles étaient ses intentions, il se verrait dans la nécessité de faire occuper Ragusa-Vecchia, et, pour donner plus de poids à sa menace, il insinua que les occupants seraient les Monténégrins, qu'il savait ennemis mortels des Ragusains.

Négocia-
tions avec
les Russes.

L'effet attendu ne tarda pas à se produire ; le 4 mars on écrivait à Sankovski [4] :

Votre lettre a plongé le Gouvernement dans la consternation ; il recourt à votre bonté, à votre sagesse, et vous conjure de porter attention à quelques réflexions dont la portée ne vous échappera pas.

Quand nous avons fait des offres de services aux Français, il ne s'agissait que d'occuper une province cédée par un traité de paix ; maintenant, les circonstances ont changé, et il est probable que les Français resteront dans les positions qu'ils occupent devant les énergiques représentations des deux sénateurs que nous leur avons envoyés, et à cause de l'insuffisance des troupes dont ils disposent... Et s'ils se permettaient de passer, vous auriez facilement raison de cette poignée d'hommes, sans avoir besoin de venir au devant d'eux sur notre territoire.

Aux demandes de vivres que faisait le Commissaire russe, le Sénat

1. R. P. Corr. 1806 | 2. W. S. Corr. Tim., 26 février. | 3. R. P., Pregadi, février. | 4. R. P., Pregadi, mars.

répondait qu'il n'y en avait pas, et pour terminer, il déclarait à Sankovski que, s'il passait outre aux représentations qui lui étaient faites, la République recourrait à l'Empereur de Russie, « son bien aimé protecteur ;» et, sans même attendre la réponse, un courrier était dépêché à Vienne avec des mémoires destinés à l'empereur Alexandre et à son ministre le prince Czartoryski [1].

Le 4 mars, une frégate russe amena à Raguse le comte Voïnovich, qui demanda à avoir une conférence avec le *Minor consiglio*, qui, on le sait, exerçait le pouvoir exécutif [2]. Voïnovich dicta aux Ragusains les conditions de Siniavin : le Sénat s'engageait à garder une neutralité absolue ; les barques et provisions préparées pour les Français à Stagno devaient être ramenées au sud de Raguse ; le Sénat s'obligeait à renseigner le commandant russe sur l'emplacement des troupes françaises. Un délai de 48 heures était accordé pour répondre, et, faute d'un assentiment complet et sans réserves, ordre était donné aux Monténégrins massés à Castelnuovo, de marcher sur Ragusa-Vecchia [3].

C'est pendant que courait ce délai qu'on apprit à Raguse la capitulation de Ghislieri, et le Sénat souscrivit au pacte honteux qui l'obligeait à faire de l'espionnage pour le compte des Russes. Des ordres furent envoyés dans ce sens à Slatarich et Bassegli, les deux sénateurs qui étaient en mission près de Molitor à Spalato [4]; on leur exposait le détail des pourparlers avec les officiers russes, et on leur demandait d'agir de tout leur pouvoir pour empêcher les Français d'avancer ; il fallait leur dire que les Russes avaient des navires postés sur tous les points du littoral, qu'ils arrêtaient tous les bâtiments et étaient au courant de toutes les manœuvres des troupes françaises ; tenter un passage à travers l'État de Raguse était une témérité sans exemple ! Et d'ailleurs, en avançant, le général exposait les Ragusains à d'inexprimables catastrophes ; « les Monténégrins ne sont pas constitués en armée régulière : c'est une multitude barbare, féroce, indisciplinée, qui attend avec impatience la moindre occasion ou le moindre prétexte pour se ruer sur le territoire de la République, saccager, détruire, massacrer. Non ! plutôt que de subir un pareil sort, les Ragusains aimeraient mieux abandonner le sol de leur patrie et aller chercher refuge dans un pays lointain ! L'Empereur des Français, auquel nous avons témoigné la plus profonde vénération, ne consentira pas à exposer à un tel danger un peuple qui s'est toujours fait gloire de son attachement à sa personne sacrée [5] ! »

Bassegli et Slatarich répondirent aussitôt de Makarska [6] que Molitor

Négociations avec les Français.

1. R. P., Secretario Levante, mars. | 2. W. S. Corr. Tim., 7 mars. | 3. R. P., Pregadi. | 4. W. S. Corr. Tim. 14 mars. | 5. R. P., Pregadi. | 6. R. P., Corresp. du Sénat.

renonçait à une marche en avant, mais laisserait le colonel Teste en observation sur la frontière; de plus, Molitor, fort à court d'argent, renouvelait une demande d'emprunt antérieurement faite et demandait 300.000 fr.
Le 17, le Sénat répondait, au sujet de cette affaire, par une longue et
curieuse dépêche, dont nous regrettons de ne pouvoir donner ici que des
extraits [1] :

Tout d'abord, c'est avec Molitor qu'il faut traiter, et non avec Teste, qui est
un homme de relations difficiles; il faut par tous les moyens esquiver une conférence avec lui, à cause des mauvaises dispositions dont il est animé à notre
égard.

Il faut dire au général que sa demande d'emprunt nous jette dans une profonde
consternation : les caisses publiques ne contiennent pas pareille somme, et si
elles la contenaient et que les Russes vinssent à apprendre que nous l'avons
envoyée aux Français, ils y verraient une violation de neutralité : « Vous lui
« direz, et vous lui affirmerez au besoin, sous les serments les plus solennels, que
« nos finances sont tellement épuisées par nos dernières infortunes, qu'il nous
« reste à peine de quoi suffire à nos dépenses courantes, et vous lui rappellerez
« que cette situation a pour origine le prêt de 600.000 francs que nous avons dû
« faire à la France en 1798, et dont nous poursuivons sans succès le rembour-
« sement. »

Il n'y a pas à songer à se procurer la somme en levant une contribution
extraordinaire sur nos populations à moitié ruinées; et, si on l'essayait, les Russes
ne manqueraient pas de le savoir et d'envahir le pays.

De plus, une somme aussi exorbitante ferait un énorme poids d'argent, et
les Russes qui gardent le littoral intercepteraient la caravane chargée de ce
transport.

Molitor se paya de ces raisons et abandonna le projet d'emprunt; il eut
bien tort, car voici ce que portait en substance la suite des instructions :

« Si ces arguments ne touchent pas le général, il faut lui dire que tout d'abord
« il n'avait parlé que de 12.000 sequins (140.000 fr.), que cette somme est déjà
« très considérable, et vous tacherez de l'amener à se contenter de 6.000 sequins;
« cependant, s'il insiste, vous céderez, et vous êtes autorisé à consentir le prêt de
« la somme qu'il faudra accorder, en cherchant à ce qu'il se contente du moins
« possible. Vous lui donnerez la somme convenue en lettres de change sur la
« banque Schuller, de Vienne, à qui nous envoyons les instructions nécessaires.
« Le prêt sera fait en votre nom sur le Sr Balthazar Troiani, car il ne faut pas que
« le Sénat figure dans l'affaire, pour des raisons qu'il est inutile d'indiquer. »

Peut-être, quand Molitor fut entré à Raguse, la minute de cette dépêche
lui est-elle tombée sous les yeux, et il a dû se trouver édifié sur la valeur
des serments du Sénat de Raguse.

1. R. P., *ibid.*

Fiers de leur succès diplomatique, les députés ragusains restèrent en Dalmatie, les yeux grands ouverts, comme on le leur avait recommandé, mais ils constatèrent que les troupes françaises ne bougeaient pas; dans leurs dépêches, ils se vantent d'amuser le général et essaient même de s'amuser à ses dépens : pour le cas où Molitor aurait persisté à marcher sur Cattaro, ils avaient entrepris de lui persuader que la voie la plus courte, la plus commode et la plus sûre était celle qui traversait l'Herzégovine; pour qui connaît ce chaos de montagnes inaccessibles, pareil conseil semble une bouffonnerie, et il fallait tenir compte encore des complications diplomatiques qui n'auraient pas manqué de se produire du côté de Constantinople.

Molitor les laissait dire, et probablement ne les écoutait même pas, car nous savons quelles étaient ses préoccupations. Les députés rentrèrent à Raguse au commencement d'avril seulement, et Timoni nous apprend [1] qu'ils se déclarèrent très satisfaits du résultat de leur mission.

Pendant ce temps, les Russes perdaient un temps précieux; parce qu'ils avaient canonné quelques îles, parce que leurs vaisseaux croisaient en vue des côtes, ils se croyaient assez forts pour enlever aux Français l'idée même de marcher en avant; ce qu'ils auraient dû faire dès les derniers jours de mars, c'était de débarquer un millier d'hommes à Raguse et autant à Stagno : de cette façon, ils étaient à l'abri de toute surprise.

Une fois même, le 15 mai, il y eut une tentative d'occupation du fort San-Lorenzo de Raguse [2], mais les protestations de dévouement du Sénat, ses arguments sonnants, sa platitude, avaient donné le change à Siniavin qui eut le tort de prendre au sérieux de bruyantes manifestations d'attachement.

D'autre part, n'ayant pas d'instructions formelles, Siniavin se faisait scrupule d'occuper un État qui se disait bien haut lié avec la Russie par des traités en bonne forme. En un mot, les Ragusains, après avoir trompé Molitor, trompèrent Siniavin : c'était le chant du cygne de leur diplomatie.

§ V. Marche de Lanriston sur Raguse.

Siniavin avait croisé pendant deux mois entre Cattaro et Lesina; il avait essayé sur les îles quelques coups de main plus ou moins heureux, il avait capturé un bon nombre de navires dalmates; il ne lui restait plus rien à faire : les Français s'étaient fortifiés aux îles, les navires marchands s'étaient mis à l'abri. Le 18 mai, il quitta Raguse; on le vit passer au large de Curzola [3] et il se rendit à Trieste où il espérait pouvoir inquiéter les Français et capturer quelques bâtiments. Il laissait une petite escadre en

---

1. W. S , Corr. Tim., 6 avril. | 2. Makuchev, *op. cit.*, p. 140. Mém. Stulli. | 3. Z. L., Rapp. de Spalato, 20 mai.

observation : à Raguse, il y avait une frégate sous les ordres du capitaine Snaksaref.

Aussitôt après l'arrivée tant attendue des ordres de l'Empereur, Lauriston s'était rendu à Makarska et avait commencé à y concentrer ses troupes : le 5ᵉ et le 23ᵉ de ligne, composés d'excellents soldats aguerris et fidèles, mais dont les effectifs étaient très réduits ; ils avaient fait à Caldiero, l'année précédente, de grandes pertes_ et, depuis, les vides faits dans leurs rangs n'avaient pas été comblés. En outre, Lauriston avait à sa disposition une compagnie d'artilleurs français et une compagnie d'artilleurs italiens [1].

Le 23 mai, la petite colonne se mettait en route, et le 24 elle arrivait à Slano, à une journée de marche au delà de la frontière [2]. Le Sénat apprit que le Rubicon était franchi et entra en délibérations. Il ne reste aux archives de Raguse aucune pièce établissant qu'une décision ait été prise dans cette grave circonstance, mais il semble résulter de ce que disent Timoni, Stulli et l'auteur anonyme d'un journal conservé à Raguse, que la discussion fut longue et orageuse. Tant qu'on avait pu tenir à distance les deux partis ennemis, on avait été d'accord pour temporiser ; mais c'était fini : les Français allaient arriver dans quelques heures ; fallait-il appeler les Russes et les prier d'occuper la ville ? Raguse n'y gagnait rien, et, maîtres pour maîtres, les Français paraissaient moins à redouter que les Russes et surtout que leurs alliés, les terribles Monténégrins. Nous avons vu d'ailleurs que les partisans de la France étaient nombreux dans le Sénat ; le consul Bruère n'avait que des amis et le consul russe Fonton avait exaspéré tout le monde par ses exigences et ses façons hautaines. On se résigna donc à subir l'alliance des Français plus doux, plus conciliants, plus besoigneux, et par conséquent plus faciles à désarmer moyennant quelques sacrifices d'argent, pleins de loyauté, et par conséquent plus faciles à duper.

On a dit que, dans cette séance mémorable, le comte J. Caboga mit en avant le projet d'émigrer en masse en emportant les objets les plus précieux, et d'aller demander asile au sultan dans une île de la mer Égée. Cette résolution extrême était bien en dehors du caractère temporisateur des patriciens de Raguse ; ce sacrifice était bien peu conciliable avec leur avarice. Il est possible que la motion ait été présentée ; il est certain qu'elle ne réunit pas les suffrages [3].

Entrée de Lauriston à Raguse.

Lauriston, reparti de Slano le 24 mai au soir, pensait arriver à Raguse le 26 de grand matin ; mais, lorsqu'il fut à Cannosa, il vit deux bâtiments russes qui se disposaient à lui barrer le passage à Malfi ; il fallut faire un

1. A. G., Lauriston à Molitor, 14 mai. | 2. A. G., Laur. à Mol., 25 mai. | 3. Cattalinich, op. cit., c. IV, p. 77.

long détour pour éviter le rivage de la mer ; ce ne fut donc que vers le soir du 27 que Lauriston parut devant Raguse avec 800 hommes qui venaient de faire sans arrêt une marche de vingt heures. Les portes de la ville étaient fermées et le pont-levis relevé ; deux sénateurs se présentèrent au général, et, tout en le complimentant de son arrivée, l'invitèrent à ne pas entrer dans la ville. Cette protestation semble n'avoir été faite que pour la forme, car, de documents qui sont entre les mains du capitaine Kasnačić, de Raguse, il résulte que Tomà Bassegli et Carlo Natali, les deux sénateurs qui se présentèrent à Lauriston, avaient eu, pendant la nuit du 26 au 27, une conférence avec le général français au lieu dit Ljubać : c'est là qu'avait dû être arrêté le programme de l'entrée des Français à Raguse. Bassegli et Natali étaient deux des membres actifs du parti français ; le premier avait été élevé à Genève, il avait vécu à Paris ; le second fut magistrat sous la domination française.

Lauriston demanda seulement qu'on donnât à boire à ses soldats exténués, puis, en compagnie du consul, venu à sa rencontre, il se rendit au palais où le Minor consiglio était assemblé : là, il déclara sans ambage qu'il avait l'ordre d'occuper les points fortifiés de l'État de Raguse, en respectant toutefois la liberté de la République, les personnes et les propriétés ; en échange, il offrait la protection de son maître l'Empereur et Roi. Il ajoutait qu'au moment où l'empereur d'Allemagne et d'Autriche venait de déclarer ses ports fermés aux flottes anglo-russes, il devenait d'autant plus nécessaire que Raguse ne restât pas le seul port de l'Adriatique ouvert aux ennemis de la France [1].

Pendant ce temps, le colonel Teste entrait tambours battants dans la ville et plaçait des postes aux portes, sur les murs et au Fort Saint-Laurent.

Prise de possession de Raguse par les Français.

La consternation fut grande à Raguse, car l'entrée des Français allait amener des représailles de la part des Russes qui déjà capturaient les vaisseaux marchands ancrés dans la rade de Gravosa ; or, à part un petit nombre de propriétaires fonciers, tous les Ragusains vivaient du commerce maritime ; en outre, il fallait s'attendre à voir les Russes déchaîner les Monténégrins, au seul nom desquels tout le monde tremblait.

Un des premiers actes de Lauriston fut de signifier à Fonton, consul de Russie, l'ordre de quitter Raguse dans les vingt-quatre heures : sur ses instances, on lui en accorda quarante-huit, et, le 29 mai, il s'embarquait pour Fiume sans laisser de grands regrets derrière lui [2].

---

1. A. G., Lauriston à l'empereur. Molitor au vice-roi, mai. | 2. C. Fonton mourut ministre de Russie à Naples vers 1820.

Le 29 mai parut une proclamation de Lauriston imprimée dans les trois langues, française, italienne et slave.

✗ Des concessions multipliées faites aux ennemis de la France avaient placé la République de Raguse dans un état d'hostilité d'autant plus dangereux qu'il se déguisait sous des formes d'amitié et de neutralité. L'entrée des troupes françaises dans la Dalmatie, loin d'empêcher une pareille conduite, n'a été qu'une occasion pour nos ennemis d'exercer davantage leur influence dans l'Etat de Raguse, et quels qu'eussent été les motifs de la condescendance des magistrats de cet Etat, l'Empereur a dû s'en apercevoir; il lui importait de mettre fin à des menées aussi contraires aux lois de la neutralité.

En conséquence, au nom et par les ordres de S. M. l'Empereur et Roi d'Italie, je prends possession de la ville et du territoire de Raguse.

Je déclare néanmoins que l'intention de S. M. I. et R. est de reconnaître l'indépendance et la neutralité de cet Etat aussitôt que les Russes auront évacué l'Albanie ex-vénitienne, l'île de Corfou et les autres îles ex-vénitiennes, et que l'escadre russe laissera libres les côtes de Dalmatie.

Je promets secours et protection à tous les Ragusains; je ferai respecter les lois et coutumes actuelles et les propriétés; enfin, d'après la conduite que tiendront les habitants, je ferai qu'ils n'auront qu'à se louer du séjour de l'armée française dans leur pays.

Le gouvernement existant est maintenu, il remplira les mêmes fonctions, il aura les mêmes attributions; ses relations avec les Etats amis de la France et neutres resteront sur le même pied.

M. Bruère, commissaire des relations commerciales [1], remplira auprès du Sénat les fonctions de commissaire impérial.

Raguse, le 28 mai 1806.

Alex. LAURISTON [2].

La prise de possession de Raguse par Lauriston était un coup habilement préparé et hardiment exécuté; il avait fallu, pour déjouer la vigilance et faire échouer les calculs des Russes, une grande décision dans le chef et une extrême puissance de résistance dans les soldats; cette marche et ce coup de main resteront une des plus belles pages de notre histoire militaire [3]. Mais Raguse n'était qu'un point intermédiaire dans le plan adopté par Lauriston; de Raguse, il fallait atteindre Castelnuovo, puis Cattaro, obliger les Russes à se retirer sur leur flotte, refouler les Monténégrins

1. Tel était, en effet, le titre officiel des consuls depuis la publication de la constitution consulaire. | 2. R. P. Imprimés. | 3. Les évènements qui se déroulent de mai à juillet 1806 à Raguse, sont racontés au jour le jour dans deux journaux manuscrits qui sont conservés à Raguse, et dont l'un est attribué à B. Stulli dont le *Diario* sera largement utilisé dans la 3e partie de cette histoire. Le capitaine Kasnačić nous a aussi communiqué copie d'un intéressant mémoire rédigé par D. Michel Radilović, curé de Valdinoce de 1804 à 1856, sur dix feuillets du registre des baptêmes de sa paroisse.

dans leurs montagnes et recevoir la soumission des Bocquais. Cette partie du programme ne fut pas exécutée, et au lieu de continuer sa marche en avant, Lauriston va se trouver arrêté, rejeté dans Raguse, où il soutiendra un siège de vingt jours.

Le siège de Raguse est une des périodes de cette histoire sur lesquelles il y a le plus de documents, mais il s'en faut de beaucoup que ces documents soient d'accord, car ils n'ont pas tous la même origine. Ainsi l'effectif dont disposait Lauriston dans Raguse a été calculé d'une manière toute différente selon ce que l'auteur avait l'intention de démontrer. De l'examen attentif des sources, il paraît résulter que les forces françaises ne s'élevaient pas à 2.000 hommes [1].

§ VI. Siège de Raguse.

Il en est de même du nombre de soldats qu'amènera Molitor pour débloquer la place. Cattalinich, pour augmenter le mérite de ses amis, compte 1.000 hommes; les Monténégrins, pour le diminuer, vont jusqu'à 3 et 4.000.

Enfin, les forces des assiégeants sont estimées de 1.000 à 3.000 pour les Russes, de 3.500 à 20.000 pour les Monténégrins, et ce sont naturellement cette fois les auteurs russes et monténégrins qui donnent les évaluations les plus faibles.

Si nous trouvons de tels écarts sur une question de chiffres, les appréciations sont encore plus divergentes, et, si Lauriston a voulu masquer ses fautes, si Marmont a voulu les souligner, si les Monténégrins ont voulu s'attribuer toute la gloire de la campagne, il est cependant un témoin impartial, dont le récit nous guidera au milieu de ce dédale d'appréciations contradictoires, c'est le consul d'Autriche, J. Timoni, qui, nous l'avons vu, était un homme calme et loyal, et qui, dans cette circonstance, était absolument désintéressé, puisque son gouvernement semblait n'avoir aucune raison de favoriser l'un des partis belligérants [2].

1. L'historien monténégrin Milaković évalue les forces françaises à 7.000 hommes, dont 2.000 auraient été tués pendant le siège (op. cit., p. 196); le traducteur de Milaković, l'Autrichien G.-A. Kasnačić, réduit l'effectif des troupes françaises à 800 hommes (ibid., p. 196, note 2), plus une ou deux compagnies de garde nationale. Marmont, qui voulait démontrer l'incapacité de Lauriston, lui attribue 4 ou 5.000 hommes (Mémoires L. IX), parmi les autres historiens, Cattalinich, dalmate, admirateur des Français, dit 1.000 (op. cit., c. IV, p. 78); Skurla, ragusain (Ragusa. Cenni storici. Zagabria, 1878, p. 28), et Chiudina, dalmate (Storia del Montenero, Spalato, 1882, p. 79), impartiaux tous deux, disent 1.200. Le journal anonyme, conservé à la Bibliothèque des Franciscains de Raguse et publié par Makuchev (op. cit., p. 141), donne 1.500, nombre adopté par M. Erber; le consul Timoni 1.600 (W. S. Corr. Tim. 9 juillet et 27 sept.). Aux Archives de la guerre Paris se trouve une dépêche de Molitor du 23 mai qui donne le chiffre de 1.100 d'abord, puis de 1.730; enfin Lauriston lui-même, dans son rapport du 14 juillet, dit 1.900 hommes.

2. C'est une précieuse source d'informations pour l'histoire des dernières années de Raguse que la correspondance de Jean Timoni, consul autrichien. Très mesuré dans ses apprécia-

A peine arrivé à Raguse, Lauriston avait occupé les positions voisines de la ville, et, quelques jours après, son avant-garde s'établissait à Ragusa-Vecchia, qui semblait indiquée comme point d'appui de la résistance ; cette ville était située sur un promontoire sous lequel deux îlots formaient un petit port ; à 1 k. à l'est, le petit village d'Obod, adossé à la frontière turque, forme avec Ragusa-Vecchia[1] une ligne de défense qui, du promontoire aux montagnes, mesure 2 k. et demi[2]. En arrière de cette ligne, trois autres points sont d'une défense facile ; à 3 k. de Ragusa-Vecchia, la hauteur que couronne le village de Smokomenać[3] : en cet endroit, la distance entre la frontière et la mer n'est pas d'un kilomètre ; 1.500 mètres plus loin, la position de Breno où étaient les moulins qui alimentaient la ville[4], et enfin à 5 k. de Breno, et à moins de 4 k. de Raguse, le plateau Gornji-Bergat (haut Bergatto) qui se développait sur une largeur de 2 kilomètres entre la frontière et la montagne à pic qui domine la mer ; le plateau était coupé longitudinalement par une arête rocheuse, qui laissait à droite et à gauche deux passages tout indiqués pour la création d'une ligne de défense[5].

C'est en s'appuyant sur ces diverses positions défensives que Lauriston se prépara à tenir tête aux Russes, en attendant l'arrivée du reste de ses troupes ; il avait, en effet, dû laisser en arrière la moitié de son effectif, et ce n'est pas avec 800 hommes qu'il pouvait songer à se porter en avant. Un bataillon du 23e était encore à Spalato, les artilleurs ne paraissaient pas, et dès le 29 mai, Lauriston écrit à Molitor : « Mes troupes ! mes canonniers ! mes canons ! mes sapeurs ! mes outils ![6] »

Molitor expédia le 30 mai le 23e, conduit par le général Launay, et 2.000 paires de souliers ; le 31, il lui annonce le départ du général Ledée

tions, quand il sait que ses lettres risquent d'être ouvertes par la poste, Timoni n'en est pas moins très clairvoyant, et le montre toutes les fois qu'il trouve une occasion sûre d'envoyer directement ses correspondances en Autriche ; alors, tout en conservant une forme académique et cérémonieuse, il communique à Vienne de curieuses révélations : c'est ainsi que, le 27 sept. 1806, il donne sur le siège de Raguse un rapport extraordinaire, devant compléter le journal du siège expédié le 9 juillet, et dans lequel il énumère les fautes commises par Lauriston et met son gouvernement au courant de la manière dont Molitor appréciait la stratégie de son collègue. Rien dans les archives de la guerre de Paris ne fait soupçonner la querelle terrible qu'eurent les deux généraux au lendemain du déblocus, et si Marmont en dit quelques mots, c'est en termes voilés et inintelligibles pour qui n'a pas la clef du mystère.

1. En slave Cavtat (*Civitas Epidaurieusis*). | 2. Voir carte V, la position marquée A. | 3. Position marquée B. | 4. Position marquée C. | 5. Position marquée D. Voir aussi la carte n° V *bis* qui reproduit cette position d'après un levé fait sur place. | 6. Pour ne pas multiplier indéfiniment les renvois, nous indiquerons ici tous les documents des archives de la guerre qui sont relatifs aux opérations du siège de Raguse : rapport de Lauriston à l'empereur, 14 juillet ; Lauriston à Molitor, 29, 30 mai, 3, 6, 9, 17, 20 juin ; Molitor au vice-roi, 5, 14, 16, 23, 26 juin ; Molitor à Lauriston, 5, 7, 9, 14 juin ; Molitor à Guillet, 9, 18, 30 juin.

avec trois compagnies d'artillerie, du général Delgorgue, chargé d'organiser la garde nationale de Raguse; mais il ne peut lui envoyer d'argent et l'engage à vivre aux frais de la République.

Lauriston travaillait avec ardeur à mettre Raguse en état de défense; il avait trouvé de vieux canons, et, en attendant qu'on eût fait des affûts, on les avais mis en batterie sur rouleaux; il y avait des boulets qui étaient à peu près de calibre; mais la poudre manquait : il n'y en avait en tout que sept barils. Par bonheur on découvrit qu'un navire turc, à l'ancre à Gravosa, était précisément chargé de poudre à destination de la Bosnie. Lauriston s'empara de cette précieuse cargaison, après avoir écrit au pacha qu'il lui restituerait tout ce qu'il aurait brûlé, aussitôt que son convoi serait arrivé.

Molitor, accablé de demandes par Lauriston, lui répond qu'il fait son possible, mais lui reproche amicalement ses récriminations :

J'ai fait preuve, écrit-il le 9 juillet, d'une grande bonne volonté : le 23ᵉ avait quitté Spalato avant l'arrivée de votre lettre; je vais encore vous envoyer les compagnies de ce régiment qui sont à Lesina; vous demandez douze milliers de poudre, je vous en envoie soixante; vous voulez une troisième compagnie de canonniers, je dégarnirai Knin pour vous envoyer la compagnie qui s'y trouve. J'apprends à l'instant qu'il va m'arriver une espèce de bataillon grec (les chasseurs d'Orient), fort de cent hommes; je vais l'envoyer à Spalato; si vous le voulez, écrivez au général Guillet qui vous l'enverra de suite. Je voudrais donner des ailes à tout ce que je vous envoie; je ne puis y donner que mes soins, et vous pouvez croire que je ne les épargne point.

Molitor donnait de plus à Lauriston une bonne nouvelle : les négociations poursuivies à Vienne avaient amené le gouvernement autrichien à reconnaître qu'en remettant Cattaro aux Russes, Ghislieri avait agi contrairement aux articles du traité de Presbourg; le maréchal Bellegarde était envoyé avec 3.000 hommes pour reprendre, au besoin par la force, possession de l'Albanie et la remettre aux Français. Bellegarde avait écrit lui-même à Molitor pour le lui annoncer[1] et se préparait à quitter Trieste sur une escadre commandée par M. de l'Epine; ainsi, suivant Molitor, les craintes de Lauriston étaient vaines : les Russes, attaqués par les Autrichiens, abandonneraient l'Albanie ou la défendraient; mais, dans aucun des deux cas, ils ne s'aventureraient du côté de Raguse. En communiquant cette nouvelle à Lauriston, dans une dépêche du 14, Molitor y joignait quelques paroles assez dures sur le mal fondé de ses plaintes; il n'y avait aucun danger à redouter, et il suffisait de rester sur la défensive.

1. A. G. Bellegarde à Molitor, 6 juin.

Lauriston ne voyait pas les choses sous un jour aussi favorable; selon lui, les Russes, obligés d'évacuer Cattaro, chercheraient à s'indemniser en prenant Raguse. Il n'y avait pas, d'ailleurs, à se méprendre sur les intentions des Russes, puisque les hostilités avaient commencé.

Marche en avant des Monténégrins. Appelés par leur évêque à la guerre sainte, les Monténégrins s'étaient réunis à Castelnuovo où les avaient rejoints de nombreux contingents venus des villages grecs des Bouches, et un certain nombre de paysans ragusains, toujours prêts à prendre les armes contre leurs maîtres. Tous ces combattants prêtèrent solennellement serment au milieu des pompes d'une cérémonie religieuse présidée par le Vladika, et aussitôt se répandirent dans le pays de Canali où le pillage commença [1]; de là, ils cherchèrent à déborder les avant-postes français; un fort parti s'avança par terre, pendant que 500 hommes étaient débarqués près de Ragusa-Vecchia. Les 200 Français qui défendaient la ligne Ragusa-Vecchia-Obod les repoussèrent, mais ils se sentaient en nombre manifestement insuffisant, et pouvaient être coupés si les Russes débarquaient à Breno; ils se retirèrent donc sur ce dernier point [2].

Le 5 et le 7 juin, les Monténégrins attaquèrent Breno et furent repoussés, mais l'affaire avait été chaude; les soldats français remarquèrent que leurs adversaires avaient l'habitude de couper la tête aux cadavres ennemis et même aux blessés qui restaient en arrière pendant les mouvements de retraite : ce procédé barbare, mais usuel en Orient, étonna nos soldats et mit un peu d'hésitation dans leurs manœuvres.

La position de Breno, étant exposée au feu des navires russes, fut encore abandonnée, et les Français se retranchèrent à Bergatto. Le village de Haut-Bergatto (Gornji Bergat) est sur le penchant d'une vallée dont la partie supérieure s'arrondit en croupe du côté de la baie de Raguse et dont la pente est dirigée vers Breno : à droite, les Français avaient la chaîne côtière qui les mettait à l'abri du canon des Russes; à gauche, la frontière turque s'avançait en formant un éperon couronné par un fortin abandonné; au pied de cet éperon et parallèlement à la position des Français, mais un peu en avant, s'enfonçait la vallée que suit aujourd'hui la route de Trébinje et dont on avait négligé la reconnaissance parce qu'elle se terminait en impasse sur le territoire ottoman réputé neutre [3].

Lauriston envoya à Bergatto la grosse moitié de son effectif sous les ordres du général Delgorgue, le reste de ses troupes était dans la place, dans l'île de Lacroma et à Gravosa; le général en chef se trouvait à Raguse, centre de ses opérations. Le 17, les Russes avaient passé la jour-

---

1. R. F. Manuscrit anonyme du siège de Raguse. | 2. Voir la carte V *bis*. | 3. Voir la carte V *bis*.

née à tirer sur Lacroma : le même jour, vers 4 heures, Lauriston recevait à la Porte Ploče l'aide de camp de Delgorgue, qui lui faisait son rapport sur les opérations de la journée; l'ennemi s'était contenté de tirailler tout le long du jour, et le général se proposait de faire avancer ses troupes avant la nuit pour obliger les Monténégrins à reculer et à se tenir à distance jusqu'au lendemain. « Pendant que cet officier me parlait, dit Lauriston dans son rapport général du 14 juillet, je levai les yeux et vis la montagne qui domine Raguse au levant couverte de soldats français en retraite, » et cette retraite était une débandade. Qu'était-il arrivé ?

Tout le jour, les avant-postes s'étaient fusillés sans relâche, et Delgorgue, constatant l'impression démoralisatrice de cette guerre contre un ennemi insaisissable qui se lève un moment derrière une roche, tire et disparaît, avait voulu rendre confiance à sa troupe en lui permettant d'aborder l'ennemi à l'arme blanche. A 3 heures 1/2, on avait donné l'ordre d'avancer; les Monténégrins, se sachant soutenus par les compagnies de débarquement russes qui étaient à Breno, avaient reculé doucement; mais, quand la ligne française eut dépassé la vallée latérale qui se dirige vers le territoire turc, il en sortit un gros détachement qui y était resté caché toute la journée : les retranchements français, gardés par une faible réserve, furent envahis et, de là, les Monténégrins commencèrent à tirer sur les Français qui se trouvèrent pris entre deux feux. Heureusement, comme nous l'avons fait remarquer, la vallée de Bergatto est divisée longitudinalement par une sorte d'arête abrupte, et les Français purent battre en retraite par la moitié méridionale de la vallée que l'ennemi n'avait pas encore occupée; mais ce ne fut pas sans des pertes cruelles : Delgorgue lui-même tomba, frappé d'une balle, et ne voulut pas qu'en l'emportant ses compagnons s'exposassent à tomber aux mains d'un ennemi qu'on savait impitoyable; il resta donc sur le champ de bataille, et, en se retirant, les Français virent leur chef atteint par les Monténégrins et décapité.

La retraite devint une panique : les fuyards ne s'arrêtèrent que derrière l'enceinte de la ville; pendant ce temps, les Russes entraient en ligne, et, par une marche de flanc, occupaient la montagne de Saint-Serge qui domine la ville, et de Saint-Serge un détachement redescendait sur Gravosa dont les défenses furent occupées sans coup férir. Les habitants de Gravosa et ceux des faubourgs rentrèrent en toute hâte dans Raguse où se trouvaient déjà réfugiées un grand nombre de familles de Canali, de Breno et d'Ombla. Tous ces malheureux portaient avec eux leurs objets les plus précieux, sachant bien que leurs maisons allaient être livrées au pillage.

La ville était désormais bloquée et menacée de la famine, car les approvisionnements n'étaient pas calculés en prévision d'un pareil nombre

Combat de Bergatto.

Mort du général Delgorgue.

Investissement de Raguse.

de réfugiés. Le blé ne manquait pas, mais l'évacuation de Breno avait laissé les moulins au pouvoir de l'ennemi ; il ne restait qu'un petit nombre de moulins à bras fort primitifs. L'eau allait manquer, car dès le premier jour les paysans insurgés avaient été couper l'aqueduc ; on était réduit au contenu des citernes qui, heureusement, étaient vastes et pleines. Il fallait loger les réfugiés, et Lauriston les installa dans des couvents qui n'étaient occupés que par un petit nombre de religieux et religieuses ; d'autres couvents furent transformés en casernes et en magasins militaires. L'ancien collège des jésuites, occupé par les Pères des écoles pies, devint l'hôpital militaire [1].

Siniavin, tirant parti de la défaite des Français, avait essayé, dans la nuit du 17 au 18 juin, d'enlever par surprise l'île de Lacroma : 900 hommes furent débarqués et attaquèrent énergiquement la garnison française composée de 300 hommes, mais ceux-ci se défendirent assez longtemps pour permettre à Lauriston de leur envoyer du renfort et les Russes furent repoussés.

Le bombardement commença dès le 19 : à grands renforts de bras, on avait monté sept pièces sur le Mont Saint-Serge, à plus de 400 mètres au dessus du niveau de la mer, et de là tombèrent sur la ville des boulets et des bombes qui, à vrai dire, ne causèrent pas de grands dégâts, mais répandirent la terreur dans la population civile. Entre le 19 juin et le 6 juillet, cette batterie envoya, dit-on, dans la ville 3.374 projectiles de tout calibre, et cette pluie de fer ne fit que 23 victimes. Les Français, qui tiraient dans de meilleures conditions, firent essuyer aux assiégeants des pertes beaucoup plus considérables.

Pillage et incendies.

Ce qui faisait, plus que le bombardement même, le désespoir des Ragusains, c'était de voir chaque nuit la lueur des incendies allumés autour de la ville. De Breno à Ombla, et jusqu'à Stagno, pas une chaumière ne fut respectée et 363 maisons furent brûlées. Les fastueuses villas des nobles furent méthodiquement dépouillées de leurs objets les plus précieux ; par ordre des officiers russes, les meubles artistiques, tableaux, miroirs, cristaux, statues, étaient transportés avec précaution dans des barques pour être conduits à bord des navires ; le reste était livré aux Monténégrins et aux Bocquais, derrière lesquels venaient les paysans ragusains, heureux de se venger de leurs maîtres, des Grecs de Bosnie et des Turcs même, attirés par l'appât du butin. Après le pillage, l'incendie, et, pendant que les maisons brûlaient, on coupait les arbres et les arbustes pour les jeter dans le brasier ; puis on remuait les cendres pour y trouver encore quelques morceaux de métal. Les habitants, qui n'avaient pu se

1. Il l'est encore.

réfugier à temps dans Raguse, furent massacrés et quelques-uns atrocement torturés[1].

Le 22 juin, il y eut une suspension d'armes : le cadavre décapité de Delgorgue fut rendu aux Français qui lui firent de solennelles funérailles. Le consul Timoni profita de l'interruption des hostilités pour aller demander à Siniavin la permission de faire sortir du port deux bâtiments autrichiens, et à Timoni se joignit M. de Lagrange, secrétaire de l'ambassade de France à Vienne, qui était arrivé le 16, veille de l'investissement, porteur d'une dépêche où l'on annonçait que la Cour impériale de Russie avait promis l'évacuation des Bouches de Cattaro ; le maréchal Bellegarde devait en prendre possession au nom de l'empereur d'Allemagne et d'Autriche. Lagrange communiqua cette dépêche à Siniavin, qui répondit n'avoir reçu aucune instruction à ce sujet, et, en fait, s'il y eut une convention passée au sujet de Cattaro, on ne connaît que celle qui fut signée le 20 juillet suivant par M. d'Oubril, et qui resta sans effet parce que l'empereur Alexandre ne la ratifia pas. Siniavin ne voulut donc pas même entrer en pourparlers sur cet objet, mais il pria Timoni et Lagrange de dire à Lauriston qu'il était disposé à accorder une capitulation, menaçant, en cas de refus, de prendre la ville d'assaut et de la livrer aux Monténégrins. Timoni rentra sans avoir rien obtenu, même le passeport que Lagrange demandait comme agent diplomatique; il ajoute, dans son journal du siège, que l'amiral lui avait paru préoccupé de l'arrivée prochaine de Bellegarde et semblait vouloir brusquer les choses à Raguse pour avoir les mains libres quand arriveraient les Autrichiens.

La population civile apprit avec douleur l'insuccès de la mission que Timoni s'était donnée, et les nobles s'imaginèrent qu'ils amèneraient Lauriston à capituler s'ils lui faisaient part de leurs terreurs; ils lui adressèrent donc le message suivant[2] :

Pressés par les remontrances réitérées de toutes les classes de notre peuple, nous ne pouvons nous dispenser, Excellence, de vous présenter respectueusement leurs prières, et de vous supplier de vouloir bien les accueillir avec humanité. La crainte et la consternation de ce peuple sont extrêmes, Excellence, après avoir perdu dans un instant la navigation, après avoir vu sous ses yeux brûlées ses maisons, pillés ses biens et ravagées ses campagnes, dernière ressource de sa malheureuse subsistance, il se consolait jusqu'à présent par le sentiment de son innocence et de la sûreté de sa vie qui lui était garantie par l'asile de sa patrie. Mais l'assemblage des circonstances les plus alarmantes lui fait appréhender que sa vie même est en danger ! N'osant pas apprécier par soi-même les raisons de

1. Aujourd'hui, il y a encore dans la campagne de Raguse plus de ruines que de maisons reconstruites. | 2. L'original français de cette requête est aux Archives publiques de Raguse.

sa crainte, il se fait un devoir de les soumettre avec confiance à la considération de V. E. La position extraordinaire de cette ville qui est dominée et veillée de tout côté par la hauteur d'une montagne qui se trouve au pouvoir de l'ennemi, les batteries qui se multiplient tous les jours au sommet de la montagne d'où elles offensent à chaque moment la ville, sans pouvoir en être offensées, les mouvements de l'ennemi qui tous les jours nous menacent par terre et par mer, sans que nous voyions le moyen de les empêcher, le siège qui nous presse, la pauvreté et la multiplicité des réfugiés qui nous inquiètent, les besoins de l'intérieur qui commencent à se faire sentir, avec tous les maux dont le nombre et la pesanteur s'augmentent en raison de la durée du siège, voilà les véritables motifs de l'appréhension qui oblige notre peuple à recourir à la magnanimité paternelle de V. E. pour en implorer au plus tôt quelque remède et quelque soulagement.

Nous joignons nos prières et nos larmes aux siennes (de leur peuple, dont ils ne se souciaient probablement guère). Excellence, accablés de malheurs, entourés de nouveaux dangers décisifs, nous ne connaissons plus de moyens d'encourager ni le peuple, ni nous-mêmes. Convaincus cependant de la grandeur de vos sentiments, nous osons vous supplier de vouloir par justice et par générosité sauver cette République innocente qui a la gloire d'être protégée par S. M. I. et R., au nom de laquelle V. E. a eu la bonté de promettre secours et protection à nos vies et à nos propriétés sous la foi d'une proclamation publique et de votre parole sacrée. Nous nous croirons fort heureux si V. E. voudra bien nous honorer de quelque réponse consolante. Nous avons l'honneur d'être, avec le respect le plus distingué, etc. Le Recteur et les Conseillers de la République de Raguse.

Lauriston fit répondre aux signataires de cette suppliante requête qu'ils s'exagéraient le danger, mais qu'il consentirait à donner un asile dans les casemates à ceux qui auraient peur. Une demande analogue, présentée le 5 juillet, reçut la même réponse.

Pendant que le bombardement se poursuivait, on regardait avec un œil anxieux du côté de la mer pour voir arriver Bellegarde dont la seule présence suffirait, pensait-on, pour faire lever le siège. Le 26, parut un brick autrichien, qu'on supposa détaché de l'escadre de M. de l'Epine : on le vit s'approcher et jeter l'ancre devant Breno, à peu de distance du vaisseau amiral russe, et la journée du 27 se passa sans qu'on eût de nouvelles. Le 28, une embarcation apporta un parlementaire qui remit à Lauriston une sommation d'avoir à remettre Raguse aux Russes, la garnison devait être prisonnière de guerre : la sommation faisait valoir la position déplorable de la ville, dominée par le canon de l'assiégeant et insuffisamment pourvue de moyens de défense, les pertes déjà faites par la garnison, la destruction des maisons d'un peuple innocent et le peu d'espoir d'être secourus.

Négociations.

Sans accepter les conditions qu'on lui proposait, Lauriston envoya cependant son aide de camp près de Siniavin, en lui recommandant de chercher à avoir un entretien particulier avec M. de l'Epine, commandant des forces navales autrichiennes, qu'on pensait bien être à bord du brick arrivé l'avant-veille. L'officier fut introduit en présence de l'amiral et, en effet, M. de l'Epine était avec lui, mais pendant toute la durée de l'entrevue, on ne les laissa pas communiquer. Le Vladika prit aussi part à la conférence ou plutôt y assista; un officier russe lui traduisait tout ce qui se disait; les pourparlers s'engagèrent.

L'envoyé de Lauriston offrit de remettre les choses dans l'état où elles étaient le jour où les troupes françaises étaient entrées dans l'Etat de Raguse; ces troupes poursuivraient leur marche vers Cattaro, que les Russes consigneraient aux Autrichiens, lesquels le remettraient au même instant aux Français. Les Russes retourneraient à Corfou, et les Autrichiens mettraient une garnison dans Raguse. On donna acte à l'officier français de ses propositions et on le congédia sans lui donner de réponse.

Le 29, le brick autrichien leva l'ancre et alla rejoindre Bellegarde qui était avec ses troupes à Lesina; les Russes recommencèrent le bombardement.

Dans la nuit du 29 au 30, une sortie fut tentée sans succès sur la batterie russe.

Le 30, les Monténégrins s'avancèrent dans les faubourgs et mirent le feu à un grand nombre de maisons : une sortie les obligea à la retraite.

Le corps de place tirait faiblement sur l'ennemi; n'ayant que peu de poudre, Lauriston avait recommandé d'en user avec économie; les Russes ne manquaient pas de munitions, mais il fallait des efforts immenses pour monter les gargousses et les projectiles jusqu'au sommet de la montagne; le feu n'était donc d'aucun côté très nourri, ni très meurtrier et le siège tournait au blocus.

Le 6 juillet, vers 6 heures du soir, les assiégés virent une agitation insolite du côté des ennemis, qui descendaient avec précipitation vers la mer en emportant leur artillerie : peu après, on vit arriver, du côté de Breno, des soldats revêtus de l'uniforme français, et un officier vint jusqu'à la porte Ploče demander si la ville était toujours occupée par le général Lauriston : on attendait si peu la délivrance, et l'on pensait surtout si peu à voir les libérateurs venir de la direction opposée à la Dalmatie, qu'on crut d'abord à quelque ruse de guerre; à la fin, l'officier se fit reconnaître; on lui ouvrit une poterne et il raconta que, par une marche audacieuse, Molitor venait de surprendre les Russes et qu'il était en train de les poursuivre. Peu après, Molitor lui-même faisait son entrée dans la ville au milieu de l'enthousiasme universel.

§ VII. Délivrance de Raguse.

Voici ce qui s'était passé : au moment de la déroute de Bergatto, le 17 juin, Lauriston avait eu le temps d'expédier à Molitor un courrier porteur d'une dépêche, où la situation était présentée comme extrêmement critique. Cette dépêche avait déterminé une immense émotion non seulement à Zara, mais dans l'Europe entière. Marmont, nommé le 12 juin au commandement de l'armée de Dalmatie, avait reçu de l'empereur l'ordre de hâter son départ et de prendre avec lui autant de troupes qu'il le croirait nécessaire.

Pendant ce temps, Molitor s'était hâté de réunir tout ce qu'il avait de soldats disponibles. Dès les premiers jours de l'occupation, on avait eu le 5e, le 23e et deux excellents bataillons du 79e qui venait de faire la campagne désastreusement terminée à Trafalgar [1]. Peu après, le général Guillet avait amené d'Istrie le 81e ; le vice-roi, aux premières nouvelles d'hostilités à Raguse, avait envoyé le 60e, annoncé depuis deux mois; le 8e léger était arrivé, on attendait le 18e léger et le 84e de ligne [2]. On parlait aussi de la venue de troupes italiennes : un bataillon de carabiniers et un bataillon de vélites de la garde royale, et le bataillon des chasseurs de Brescia.

Laissant à Spalato le 60e, fatigué par une longue marche, Molitor ne prit avec lui que les deux bataillons du 79e et les compagnies d'élite du 81e. Les chasseurs d'Orient étaient joints à l'avant-garde; c'était un corps franc, formé en Égypte de Grecs, d'Albanais et de Syriens; il était réduit à peu de chose et comptait plus de gradés que de soldats, mais c'étaient des gens braves qui valaient mieux que leur réputation. Enfin Molitor prit 600 hommes de garde nationale dalmate, recrutés par les soins du colonel Danese, et mis sous les ordres du colonel Nonkovich ; nous ne les indiquons que pour mémoire, car, sauf les officiers et le chapelain, ils disparurent tous au premier coup de fusil.

Molitor quitta Makarska le 7 juillet, il avait avec lui le général Delzons, et le colonel Minal, du 79e, commandait l'avant-garde; le 4, on arriva à Stagno où un détachement monténégrin fut mis en fuite; le 5, l'avant-garde était à Cirne près de Malfi, à une lieue de Gravosa, à vol d'oiseau. Mais, pour atteindre Raguse, il fallait contourner la rivière d'Ombla, dont la source est au pied de la montagne du *Golubov-Kamen* : de ce point, on est à égale distance, une lieue environ, de Gravosa et de Bergatto ; Raguse est plus près, mais on en est séparé par la montagne Saint-Serge [3]. Molitor choisit la voie de Bergatto et, pour arriver à Rožato, entra résolument sur

1. Le 3e bataillon du 79e avait eu 600 hommes faits prisonniers au Ferrol et n'était pas encore reconstitué. | 2. Le 84e de ligne reçut contre-ordre quand on apprit la levée du siège de Raguse, et il retourna en Frioul. | 3. Voir la carte IV.

le territoire ottoman; il pensait ainsi surprendre les Russo-Monténégrins et couper la retraite à une partie des forces assiégeantes.

Il n'avait avec lui que 2.000 hommes, 1.670 d'après son rapport, 2.200 au plus, et eut recours à un stratagème qui, pour ne pas être nouveau, n'en semble pas moins ingénieux : il expédia à Lauriston une dépêche où il lui annonçait son arrivée à la tête de 10.000 hommes et s'arrangea pour que le messager se fît prendre par les Russes; comme complément de sa ruse, il inventa autre chose : il y avait au delà de la rivière d'Ombla une partie découverte qu'on voyait très distinctement des positions russes, et le chemin suivait le pied d'une muraille de rochers derrière laquelle on pouvait passer sans être vu. Il donna à deux compagnies l'ordre de défiler en colonne allongée dans ce passage, puis, dès que les soldats seraient hors de la vue de l'ennemi, ils rebrousseraient chemin, reviendraient au point de départ en se dissimulant derrière le mur de rochers et repasseraient de nouveau. Ce manège dura plusieurs heures, et les officiers russes, qui observaient les mouvements des Français, purent constater le passage de plusieurs régiments.

L'état-major averti n'attendit pas une attaque et donna l'ordre d'évacuer immédiatement les batteries de Saint-Serge. Pendant ce temps, l'avant-garde de Molitor donnait à l'improviste sur les postes de Bergatto et y déterminait une panique : Russes et Monténégrins se précipitèrent du côté de la mer pour s'embarquer au plus vite[1]; si Lauriston avait profité de cette déroute pour se porter vers Gravosa, il eût pu ramasser plusieurs milliers de prisonniers, mais, en cette occasion, il fit preuve d'une véritable incapacité et prêta le flanc aux accusations que Marmont ne se fera pas faute de lancer contre lui[2].

Quant à Molitor, il fut pendant quelques jours le héros de l'Europe; il rentra en Dalmatie et, chemin faisant, fut l'objet d'ovations enthousiastes et de discours dithyrambiques[3], mais il n'arriva à Zara, le

1. Sur la levée du siège de Raguse, voir A. G. Rapport de Molitor au vice-roi, 8 juillet. | 2. Ces accusations, formulées dans le livre IX des Mémoires de Marmont, ont provoqué une réplique plus violente que démonstrative du fils de Lauriston (Paris, 1857). Le consul Timoni, dans sa dépêche secrète du 27 septembre 1806, énumère les griefs que tout le monde avait contre la conduite militaire de Lauriston. | 3. Z. L., 1806, XX, 73 et 165. — Regio Dalmata.

Voici une poésie (?) faite en l'honneur de Molitor par quelque Tyrtée de Spalato :

> Le Fils de Mars, les Français et la Gloire,
> Des Spalatins animent chaque cœur.
> Ils voudraient tous célébrer la victoire
> De Molitor, héros toujours vainqueur,
> Et pour louer de si hauts faits
> Avoir chacun des pinceaux ragusais.
> Bon général, sur ta tête foisonnent

31 octobre, que pour remettre la Dalmatie à Marmont, son successeur; rappelé auprès de l'empereur, il quitta Zara le 14 octobre [1].

Lauriston resta à Raguse pour suivre les négociations relatives à l'occupation de Cattaro par Bellegarde et à la rétrocession éventuelle de l'Albanie vénitienne à la France.

Bruère n'occupa que d'une façon transitoire les fonctions de commissaire près du Sénat de Raguse; le 23 juillet, M. Raymond se présenta au Minor consiglio pour lui notifier sa nomination; il fit savoir aux sénateurs que toutes les affaires traitées soit au Minor consiglio, soit dans l'assemblée plénière des *Pregadi*, devaient lui être préalablement communiquées et qu'aucune décision ne pourrait avoir de suite sans son assentiment. Il se réservait le droit d'assister quand bon lui semblerait aux séances. Enfin, vu l'état de délabrement où les Ragusains disaient qu'étaient leurs finances, aucun payement ne pourrait être effectué sans avoir été ordonnancé par lui [2]. Raymond fut bientôt remplacé par un auditeur au Conseil d'Etat, M. Bouvier du Molart, qui resta en fonctions du 1er au 5 septembre et donna sa démission pour cause de santé, après une vive altercation et des coups échangés avec l'ordonnateur Noury [3]. Les fonctions de commissaire furent remplies, dès lors, par le chef d'état-major de Lauriston.

Les mesures de rigueur prises par les Français avaient pour cause les agissements secrets du Sénat : un émissaire, envoyé à Constantinople, avait été trouvé porteur d'un réquisitoire d'une violence inouïe contre les Français [4]; le consul de Raguse à Trieste avait été chargé de porter lui-même à Pétersbourg une longue dépêche pour le prince Kourakin, à qui

> Lauriers touffus et myrthes verdoyants.
> L'amour, la gloire et l'hymen te couronnent!
> Vive Molitor et ses guerriers vaillants!
>
> [A. G. Juillet 1806.]

1. Molitor, né à Hayange en 1770. Engagé en 1791 aux volontaires de la Moselle. Capitaine en 1792. Chef de brigade en 1794, sert sur le Rhin dans les armées de Pichegru, Moreau et Jourdan. Général de brigade en 1797. Fait, en 1799, la campagne d'Helvétie et tient tête dans les Grisons à Suvarov; général de division en 1800 et commandant de la division militaire de Grenoble. Après la campagne de 1805 est envoyé en Dalmatie. En 1806, il est fait grand officier de la Légion d'honneur et est nommé gouverneur de la Poméranie suédoise. Après la campagne de 1809, est gouverneur des villes Hanséatiques, puis de la Hollande après l'abdication du roi Louis (1811-1813). Reconnaît Louis XVIII, mais défend l'Alsace pendant les Cent Jours. Exclu momentanément de l'armée, il est bientôt fait inspecteur général. Commande une division en Espagne en 1823, est fait maréchal et pair de France. Il sert le Gouvernement de Juillet, devient gouverneur des Invalides (1847), et grand chancelier de la Légion d'honneur (1848). Meurt en 1849. | 2. R. P. juillet. | 3. A. G. sept. | 4. R. P. Papiers Lauriston. juillet.

il devait demander de vive voix d'intervenir en faveur de l'indépendance de Raguse; ce même envoyé devait, en passant à Vienne, aller exposer la situation aux ministres et faire son possible pour arriver jusqu'à l'Empereur. Enfin, un troisième agent était parti pour Paris, avec la double [1] mission de présenter à l'Empereur une lettre du Sénat, et de demander à l'ambassadeur ottoman, Mahib-bey, de protester contre l'occupation d'une république vassale de la Turquie [2].

Les recherches des commissaires avaient fait découvrir une partie des pièces établissant la situation financière de la République. Il avait été fait à la banque Schuller de Vienne un dépôt de 700.000 florins; sur cette somme, 365.700 avaient été retirés en mars et juin, sans qu'on pût savoir quel emploi en avait été fait; restaient encore 240.000 florins qu'il fallait empêcher de disparaître et qui furent frappés d'opposition.

Nous verrons plus loin la suite des luttes du Sénat de Raguse contre l'autorité française, et le dénouement de ce drame sera la transformation de l'occupation en prise de possession définitive le 30 janvier 1808.

1. R. P. Pregadi, délibérations secrètes. | 2. Ibid.

CHAPITRE III

PROVÉDITEUR ET GÉNÉRAL EN CHEF

§ I. Le provéditeur Dandolo; son origine; sa nomination. — § II. Malentendus avec le vice-roi et Marmont. — § III. Le général Marmont ; causes du conflit avec le provéditeur.

Voici que vont entrer en scène les deux personnages qui rempliront tout le cadre de cette histoire pendant la période qui va de 1806 à 1809. Nommés l'un le 28 avril par le vice-roi[1], l'autre le 12 juin par l'Empereur[2], Dandolo et Marmont vont apporter en Dalmatie une activité qui justifiera amplement le choix de l'Empereur : l'un dans l'ordre administratif, l'autre dans les affaires militaires, ils se montreront à la hauteur de ce qu'on attendait d'eux. Pourquoi faudra-t-il que de mesquines rivalités d'influence soient venues jeter la discorde entre ces deux hommes et compromettre sans remède le succès d'une commune entreprise ? Il semble que la faute, s'il en fut commis une, pourrait être rejetée sur l'Empereur lui-même. Le fait est qu'il se produisit dès l'origine un fâcheux malentendu qu'on ne sut pas dissiper lorsqu'il en était temps encore.

§ I. Le provéditeur.

Napoléon, quand il dut désigner le chef de l'administration civile en Dalmatie, décida de donner à ce chef le titre de provéditeur général. Bien qu'elle n'eût pas une population supérieure à celle des départements créés en Italie, la Dalmatie était beaucoup plus étendue qu'aucun département italien : un titre un peu plus sonore que celui de préfet convenait donc à ce pays à qui les Autrichiens avaient conservé le nom de royaume. Or, de tous les titres qu'on pouvait donner à cet administrateur, celui de provéditeur était sans doute le mieux choisi, parce que c'était celui que portaient les administrateurs vénitiens, et l'on savait que, dans toute l'étendue de la Dalmatie, la domination de Venise était unanimement regrettée; c'était donc préparer un bon accueil au gouverneur que de lui donner un titre qui était encore aimé et respecté.

Quand il fallut choisir celui qui occuperait le poste de provéditeur général, l'Empereur se souvint d'un homme qu'il avait connu à Venise,

1. Décret de Milan. | 2. Décret de Vienne.

en 1797, qu'il avait traité alors en ennemi, mais auquel il n'avait pu refuser son estime : c'était Vincent Dandolo.

Vincent Dandolo[1] ne descendait pas du grand Henri Dandolo qui, octogénaire et aveugle, donna à Venise la possession d'une partie de l'empire d'Orient. Son grand-père était un juif vénitien qui se fit baptiser en 1740, et qui, ayant eu un Dandolo authentique pour parrain, prit, suivant l'usage vénitien, le nom de cette famille[2]. Né à Venise le 26 octobre 1758, Vincent fut envoyé très jeune à l'Université de Padoue; son père, qui s'occupait de chimie, lui avait donné le goût de cette science, aussi le jeune étudiant passa-t-il les examens de pharmacien à vingt ans, avec dispense d'âge. Les registres du Collège des Pharmaciens de Venise[3] nous apprennent qu'il s'établit dès l'année 1778; son établissement à l'enseigne *Adamo et Eva* devint rapidement prospère[4]; il fabriquait de la thériaque selon une formule renommée, dont le secret était conservé à Venise; il avait aussi créé des préparations à base de mercure, dont il exportait de grandes quantités à Genève et surtout en Orient. Il fit ainsi une fortune rapide, et quand, vingt ans après, il dut s'expatrier, il emporta avec lui un million en espèces.

Outre ses travaux industriels, Dandolo s'occupait de science pure; il se mit en relations avec les grands chimistes français et se fit le propagateur de leurs découvertes; il traduisit en italien les œuvres de Lavoisier, de Guyton de Morveau, et la « *Philosophie chimique* » de Fourcroy; c'est lui qui introduisit en Italie la nouvelle nomenclature chimique, et en créa le vocabulaire. Enfin il publia un traité de chimie original et rédigea plusieurs mémoires sur les moyens de rendre potable l'eau des puits de Venise.

Ce n'était pas seulement le mouvement scientifique de la France que Dandolo suivait avec enthousiasme : les idées politiques d'où est sortie la Révolution avaient à Venise un petit nombre de fervents adeptes, et

1. La biographie de Dandolo a été écrite, en 1820, par son ami Compagnoni. C'est de là que nous tirons les renseignements qu'on va lire; c'est au même ouvrage que nous avons emprunté le portrait placé en tête de la seconde partie de ce travail, où Dandolo figure au milieu d'attributs rustiques. Un Français, Math. Bonnafous, a publié, en 1840, chez Bouchard-Huzard, à Paris, un éloge historique de Dandolo, qui n'est qu'une mauvaise traduction de Compagnoni, mais le nom de ce dernier a été à peu près passé sous silence par l'adaptateur peu délicat. Enfin nous citerons beaucoup de lettres publiées par le fils de Dandolo dans ses *Ricordi*. | 2. C'est ainsi que Daniel Manin, le dictateur de 1849, était non le parent, mais le filleul d'Alvise Manin, dernier doge de Venise, qui lui avait donné son nom en le tenant sur les fonts baptismaux. | 3. Les registres sont conservés chez M. Galvani, pharmacien au Campo San-Stefano, qui a bien voulu nous les communiquer, en 1888, à la demande du regretté commandeur Cecchetti. | 4. On voit dans une petite rue voisine du *Ponte dei barcaroli* la modeste boutique où était la pharmacie *Adamo et Eva*, mais aujourd'hui l'établissement est transporté près de là, au *Campo San-Fantin*, presque en face du théâtre de la *Fenice*.

Dandolo en était un. C'est dans son arrière-boutique que se tenaient, à l'abri des sbires, les mystérieuses assemblées des partisans de la liberté ; c'est là que se préparaient les mouvements populaires qui aboutirent à la chute du gouvernement oligarchique, en mai 1797.

Dandolo fut un des premiers membres de la municipalité provisoire, qui reçut du Sénat déchu le dépôt du pouvoir suprême, et plusieurs fois il fut élu membre du Comité de Salut Public qui exerçait le pouvoir exécutif. Il fut, en cette qualité, délégué au quartier général français [1] pour plaider la cause très compromise de sa patrie, et le fit avec une telle chaleur que Bonaparte pleura. C'est Marmont lui-même, l'ennemi de Dandolo, qui nous raconte cette scène émouvante dans ses Mémoires [2]. Cette impression passagère n'empêcha pas Bonaparte de donner suite à tous ses projets, mais il resta dans son esprit un souvenir de cette émotion, et le jour où il retrouva celui qui la lui avait fait éprouver, il lui témoigna d'une façon éclatante l'estime qu'il lui portait.

Quand les Autrichiens entrèrent à Venise, Dandolo, ancien membre du gouvernement révolutionnaire, dut s'exiler ; c'est à Varese, en Lombardie, qu'il alla s'établir ; il acheta un petit bien qu'il se mit à cultiver, mais les honneurs vinrent le tirer de sa retraite, et peu après il connut de nouveau l'épreuve de l'exil. Membre du Grand Conseil de la République cisalpine, il lui fallut fuir l'Italie en 1799 ; il passa un an à Paris, dans l'intimité des savants, dont il était connu depuis longtemps par ses travaux. En 1800, après Marengo, Dandolo, retourné à Varese, se marie, et, tout en préparant une traduction de Berthollet, s'occupe d'agriculture théorique ; il publie successivement huit volumes sur des questions agricoles et économiques, et, joignant la pratique à la théorie, crée à Varese une bergerie modèle, où il introduit la race des mérinos ; ce sera pour lui, dorénavant, une importante source de revenus [3].

A la fondation du royaume d'Italie, Napoléon l'avait retrouvé, reconnu, distingué : il l'avait appelé à faire partie, dès l'origine, de l'Institut italien. Comme membre du Collège des « Dotti », Dandolo appartenait à ce corps électoral choisi, où se rencontraient tous ceux que distinguaient la fortune, la fidélité ou le savoir ; il jouissait à Varese des loisirs que lui laissaient les

1. A. N. AFIII, 89. Lettres de créance sur parchemin, en date du 8 brumaire (29 octobre 1797. V. S.) de l'an II de la Liberté italienne. L'ambassade, composée de six membres, devait aller à Paris, et c'est au Directoire et à Talleyrand que sont adressées ces lettres ; mais Bonaparte ne les laissa pas sortir d'Italie ; rejoints à Turin par Duroc, ils durent revenir à Milan où ils furent reçus par le général en chef. | 2. Marmont, Mém., L. II, pp. 306-307. | 3. L'auteur a pu visiter à Varese la maison de Dandolo ; elle a conservé tous les motifs de décoration dont elle avait été ornée vers 1800, et présenterait déjà un grand intérêt au point de vue de l'histoire de l'architecture privée ; de plus, on y trouve de curieux portraits, bustes et gravures.

fonctions honorifiques dont il était revêtu, lorsque le décret du 28 avril vint le désigner pour les fonctions de provéditeur général en Dalmatie.

Cette nomination était l'œuvre de Napoléon ; le vice-roi n'avait pas les mêmes raisons que l'Empereur pour estimer Dandolo, et il ne l'aimait pas ; invité à lui trouver une place dans l'administration du royaume d'Italie, il avait répondu : « Ce Dandolo est une tête bizarre et un intrigant. » L'Empereur avait insisté, et voici ce que lui répond le prince Eugène, dans une lettre du 19 avril[1] : « Votre Majesté connaît Dandolo mieux que moi ; « pense-t-elle qu'il réunisse les connaissances et les qualités nécessaires, je « suis prêt à le nommer, à moins que V. M. ne veuille lui faire l'honneur « de le nommer Elle-même. » Après cette soumission, Eugène revient cependant à la charge ; il doute que Dandolo soit disposé à accepter, et il conclut ainsi : « Je ne puis le dissimuler à V. M. : Dandolo est un « homme d'esprit et de caractère ; cependant, s'il eût été appelé à Venise « à une fonction publique, il s'en faut de beaucoup que sa nomination « eût été agréable à tout le monde ; cela prouve peut-être pour lui, au « lieu de prouver contre, mais mon devoir est de vous le dire. »

Nomina-
tion de Dan-
dolo.

Napoléon ordonna, Eugène obéit malgré ses répugnances ; les ouvertures faites à Dandolo furent accueillies et, le 28 avril, son décret de nomination était signé par le vice-roi. Dans sa lettre de remerciements, datée du 4 mai[2], le nouveau provéditeur, après avoir montré l'étendue du sacrifice qu'il fait en quittant sa chère solitude de Varese, se croit obligé d'exposer ses vues sur la manière dont il comprend ses fonctions. « Jadis, « dit-il, la charge de provéditeur était remplie avec le plus brillant « appareil extérieur, de manière à faire impression sur un peuple grossier ; « mais aussi la provéditure était un foyer de corruption. S'il importe de « conserver la pompe, sans laquelle on n'obtiendra pas le respect du « peuple, il faut qu'on trouve la pratique des vertus les plus austères, non « seulement chez le provéditeur, mais aussi chez tous ses subordonnés. » Il en déduit qu'il a besoin d'un pouvoir absolu sur tous les fonctionnaires, afin qu'il puisse ne nommer que des hommes honorables, et qu'il ait le droit d'enlever leurs fonctions à tous ceux qui ne se montreront pas dignes de sa confiance.

Dandolo se montre tout entier dans ces quelques lignes, ainsi que nous allons avoir l'occasion de le voir ; mais le vice-roi ne comprit pas ou ne voulut pas comprendre où cherchait à en venir le provéditeur. Le 17 mai, il écrit à l'Empereur[3] pour lui annoncer que Dandolo accepte et se dispose à partir après qu'il aura reçu ses instructions et que sa situation aura été bien définie. Quelles devaient être, en effet, les limites de son pouvoir ?

1. A. N. AFiv. 1713. | 2. Tullio Dandolo, *Ricordi.* | 3. A. N., *loc. cit.*

En quoi les attributions du provéditeur devaient-elles différer de celles d'un préfet ? Napoléon ne répondit rien, et Dandolo ne chercha pas à faire restreindre son autorité ; il se contenta de faire fixer le montant de ses appointements, auxquels il fit ajouter une indemnité d'installation de 50.000 l. ; il fit choix du personnel qu'il devait conduire en Dalmatie, et soumit à l'approbation du vice-roi un projet d'organisation des bureaux de la provéditure ; pour le reste, n'ayant vu son autorité restreinte par aucune réserve, il se crut en droit de conclure qu'elle n'était limitée que par celles de l'Empereur et du vice-roi, et qu'une fois à Zara il exercerait, comme les anciens provéditeurs, une autorité souveraine. Voilà la source du malentendu, et c'est dans ces dispositions qu'il partit pour Zara, le 12 juin 1806.

§ II. Le malentendu entre Dandolo et le vice-roi.

C'est un caractère curieux que celui de Dandolo. Tout d'abord et avant tout, il est vertueux, d'une vertu austère et incorruptible, à la façon des héros de Plutarque, modèles de tous les hommes de bien à la fin du dernier siècle. Il sera juste, intègre, bienfaisant, et travaillera avec ardeur à améliorer le sort des populations qu'il aura à gouverner. Mais, d'autre part, il sera vaniteux et despote.

Il y avait loin de la petite boutique du Ghetto de Venise, où était né son père, de l'obscure pharmacie du Pont des Barcaroli, au palais provéditorial de Zara, et la Révolution était encore trop récente pour que tous, et Dandolo le premier, ne fussent pas surpris de voir un homme d'humble origine élevé à une charge qui avait toujours passé pour l'une des premières de la République de Venise ; il y avait là de quoi faire tourner la tête la plus solide, et Dandolo n'échappa pas au vertige. Cet appareil extérieur qu'il eût méprisé chez les autres, il stipule qu'il aura à le faire revivre à son profit ; il verra donc des gardes marcher à ses côtés, les paysans fléchiront le genou devant lui, il sera le maître absolu de 250.000 sujets. Et ce n'est pas seulement la populace qui s'inclinera devant lui : tous les fonctionnaires seront dans sa main, et il pourra les briser au moindre signe de résistance. Ce sera, sans doute, pour établir le règne de l'intégrité et de la justice, mais il n'en est pas moins curieux de constater avec quelle facilité un tribun devient un autocrate.

Emporté par ses illusions, Dandolo ne voyait pas qu'il faisait un grave anachronisme. Napoléon, avec une grande adresse, avait ressuscité le titre de provéditeur, et Dandolo se croyait le légitime successeur des Mocenigo et des Morosini, mais la Sérénissime République avait vécu, et l'empire guerrier de Bonaparte n'entendait pas lui rendre l'existence. Jadis les généraux de la République étaient sous la dépendance du Sénat, sous la surveillance des provéditeurs, et un rapport de ceux-ci pouvait les faire passer de leur quartier général dans les prisons d'Etat. Or, Dandolo s'imagina qu'il avait la préséance sur les Marmont, les Lauriston, les Maureillan, et crut devoir exiger d'eux la subordination que les généraux vénitiens devaient au provéditeur général. Il en résultera une situation fausse, qui amènera une guerre ouverte et implacable, et cette guerre stérilisera les efforts généreux faits pour le bien du pays tant par le général que par le provéditeur.

Ajoutons, pour achever le portrait de Dandolo, qu'il était nerveux, impressionnable, irritable; qu'il manquait du sang-froid et de la possession de soi-même qui sont indispensables pour gouverner; enfin, pour cette cause et parce qu'il était avant tout un théoricien habitué à traiter les questions abstraites et à les résoudre par des principes *à priori*, il manquait de cette clairvoyance qui fait les hommes d'État; sur toute chose, il avait des préjugés, des idées toutes faites, bien absolues et bien carrées, qui ne pouvaient entrer dans le cadre souvent très difforme des réalités. Il en résultera que, n'ayant à aucun degré cette espèce de discernement qu'on appelle la connaissance des hommes, il se trompera quand il aura à placer sa confiance, et se trouvera, bien à son insu, à la tête du parti anti-français.

Mais, quelles que fussent les illusions de Dandolo, elles ne tardèrent pas à être sinon détruites, au moins très malmenées. En arrivant à Zara, il put constater que la situation prise par les militaires ne lui laissait qu'une place de second rang; il dénonce ce qu'il regarde comme un abus, dans une de ses premières lettres au vice-roi qui, voyant l'orage au moment d'éclater, s'adresse à l'Empereur, le 14 juillet[1], et lui demande de vouloir bien définir exactement les attributions du provéditeur.

Nous n'avons pas la dépêche de Napoléon, arrivée à Milan le 2 août, mais voici comment le prince Eugène y répond[2] :

« Dandolo m'accablait de lettres et de demandes : je n'aurais pu tenir à cette correspondance, mais je ne voulais la repousser avant d'avoir connu la volonté de V. M. V. M. s'est expliquée, elle veut que Dandolo soit traité comme le préfet de Bologne, et je lui ai écrit pour lui tracer la nature et les termes des rapports qu'il doit avoir avec moi. Dans cette lettre, je n'ai pas écrit : « Vous n'êtes qu'un préfet, » c'eût été convenir que je l'avais d'abord considéré comme autre chose, c'eût été lui donner le droit de croire qu'à un moment j'avais partagé les idées qu'il s'était faites lui-même de la provéditure, et, je dois le dire, ces idées étaient un peu exagérées. Je crois cependant en avoir assez dit pour renverser, sans le blesser, les illusions qu'il s'était faites. »

1. A. N. AFiv., 1713. | 2. A. N. *ibid.*

Il ne serait pas juste de croire que le vice-roi eût mis, dans toute cette affaire, quelque rancune à l'égard de Dandolo, qu'il avait dû nommer contraint et forcé; il s'empresse, dans la suite de la lettre, de rendre justice aux qualités exceptionnelles du provéditeur, et voici comment il termine sa lettre :

Au reste, à ces illusions près, V. M. aura à s'applaudir du choix qu'Elle a fait : Dandolo est plein de zèle et d'activité, il connaît un peu le pays, et je vois par sa correspondance qu'il prend tous les moyens de le connaître à fond. Il fera, je crois, autant de bien qu'il le pourra, mais j'aurai quelquefois à l'empêcher de le faire trop vite.

Le vice-roi joignait à cette dépêche le double de la lettre adressée à Dandolo; nous la citerons, car elle est curieuse, et on verra que le prince était non seulement un vaillant soldat, mais un assez fin diplomate [1] :

Je vois avec peine les plaintes que vous élevez en général contre l'autorité militaire, et en particulier sur l'exiguïté de votre logement [2]. Je voudrais qu'il fût possible de satisfaire toutes vos demandes, toutes me paraissant justement fondées, si vous étiez placé où vous êtes dans des conditions ordinaires; mais, en réfléchissant, et j'espère que vous l'avez déjà fait, vous serez le premier à sentir que, dans l'état de choses actuel, l'autorité militaire étant le premier besoin du gouvernement, on ne peut ni ne doit exiger de cette autorité que ce qu'elle peut accorder sans nuire à l'exercice et au développement de tous ses moyens.

Maintenant, pour mettre plus de célérité dans la marche de votre administration, je vous invite à commencer le plus tôt possible votre correspondance avec les divers ministres. Obligé de porter mon attention sur toutes les parties de l'administration du royaume d'Italie, la Dalmatie souffrirait de l'impossibilité où je serai de répondre à toutes vos dépêches; ne pouvant d'ailleurs statuer sur vos demandes que sur le rapport des ministres, il suit qu'en vous adressant directement à moi, vous prenez, sans le vouloir, le chemin le plus long. Et, par exemple, vous m'avez demandé de l'argent, un nouveau crédit de 60.000 l. pour frais d'aménagement du palais; je ne puis statuer sur cette demande que lorsque vous aurez adressé au ministère de l'intérieur un état de vos besoins de chaque mois pour toutes vos dépenses administratives et judiciaires.

Dandolo fit la sourde oreille à cette invitation formelle de rentrer dans le droit commun et de correspondre avec les ministres comme faisaient les préfets. A de nombreuses reprises nous rencontrerons les lettres qu'il adresse au vice-roi et à l'Empereur, poursuivant toujours, et toujours avec le même insuccès, son idée fixe qui était la destruction de l'autorité des militaires sur la Dalmatie.

1. A. N. AF IV. 1713. | 2. L'autorité militaire avait occupé la moitié du palais de la provéditure.

Le rival de Dandolo était Marmont, le compagnon d'armes de Napoléon à Toulon, en Italie, en Egypte, à Marengo et en Allemagne. Sa nomination ne donna lieu à aucun pourparler : l'empereur le désigna pour commander l'armée de Dalmatie, et il partit pour aller rejoindre son poste. Il partit joyeux, parce que c'était un poste d'honneur : l'occupation de Cattaro par les Russes, le siège de Raguse, dont on ignorait l'issue quand il fut nommé, attiraient les yeux de l'Europe entière sur ce littoral reculé de l'Adriatique ; plus tard, il y aurait un rôle important à jouer, peut-être à commander l'avant-garde ou l'aile droite, dans une grande marche vers l'Est...; enfin, et dans tous les cas, il y aurait à prendre possession d'un pays neuf, situé aux confins de l'Orient et de l'Occident, à lui donner une organisation, à exploiter ce qu'on croyait alors une mine inépuisable de vaillants soldats.

§ III. Le général Marmont.

C'était un brillant officier que Marmont, et de plus un homme de grand mérite ; ses façons d'homme bien élevé, qu'il devait à son éducation première, le faisaient remarquer au milieu de l'État-major impérial, rempli de gens braves et fidèles, mais trop souvent grossiers et incapables de de faire autre chose que la guerre. Marmont avait au contraire des talents de diplomate et d'organisateur, dont il avait déjà eu, à plusieurs reprises, l'occasion de donner les preuves.

Cependant, pas plus que personne, il n'était exempt de défauts ; son orgueil, comme celui de Dandolo, était sans bornes ; il était avide de gloire, mais aussi de vaines satisfactions d'amour-propre ; il aimait à parader, à se faire applaudir et acclamer. Pour grossir ses mérites, il ne se faisait aucun scrupule de défigurer la vérité, soit qu'il racontât ses exploits, soit qu'il parlât de ceux des autres ; si une mesure sage ou une action d'éclat méritaient l'attention, il en revendiquait le mérite :

Me, me adsum qui feci...

les faiblesses, les imprévoyances étaient toujours le fait de ses lieutenants ; aussi Marmont était-il détesté de ses camarades et de ses subordonnés immédiats, mais il avait pour lui le troupier, auprès duquel il soignait sa popularité. Quand il paraissait sur le front de bataille, revêtu d'un uniforme étincelant, sa belle prestance, ses formes athlétiques, sa parole vibrante enflammaient les soldats, qui croyaient voir autour de ce beau général un reflet de l'auréole de l'Empereur[1].

Tel que nous le dépeignons, Marmont n'était pas homme à laisser

---

1. Voir le portrait placé en tête du volume ; c'est une reproduction d'une estampe de la Bibliothèque Nationale de Paris.

diminuer son autorité par un autre, surtout quand cet autre était un civil et un Italien.

Causes du
conflit entre
le général et
le provédi-
teur.
   Encore, sur les questions d'ordre purement administratif, le proconsul militaire aurait-il laissé faire le proconsul civil ; mais il subsistait entre eux deux une source inépuisable de conflits : d'abord il y avait la direction générale des affaires où chacun revendiquait le droit d'avoir, et au besoin d'imposer son opinion ; ensuite les relations avec les voisins, autrichiens et turcs ; puis venaient en foule les questions mixtes, occasion nécessaire de froissements réciproques : le logement et la nourriture des troupes, le corps des pandours à la fois gendarmes et agents du pouvoir judiciaire, et surtout la conscription. Ce sont autant de terrains clos sur lesquels s'ouvrira le tournoi des civils et des militaires.

Du choc de deux volontés énergiques, de deux vanités rivales, et aussi de deux amours-propres chatouilleux, sortira une furieuse tempête, qui durera jusqu'à ce que l'un des adversaires abandonne le champ de bataille. En assistant à cette lutte, nous chercherons à ne prendre parti pour aucun des deux combattants ; spectateurs impassibles, mais non désintéressés, nous aurons à compter les coups échangés, à relever les fautes commises de part et d'autre. Nous n'oublierons cependant jamais que Dandolo et Marmont ont toujours cru agir pour le service de l'Empereur, la gloire de la France et le bien de la province qu'ils avaient tous deux reçu mission de rendre heureuse et prospère.

Mais, hélas, les bonnes intentions ne suffisent pas pour que le bien se fasse, et le conflit de ces deux hommes de bien sera l'un des facteurs qui amèneront la désaffection des Dalmates et la ruine de l'influence française.

CHAPITRE IV

ADMINISTRATION DE DANDOLO

(1806-1809)

§ 1. Arrivée de Dandolo (juillet 1806). Premiers travaux ; suppression du conseil ; le *Regio Dalmata*. Arrivée de Marmont ; conflit. La conscription ; mécontentement ; menaces d'insurrection. — § II. Voyage de Dandolo à Sebenico, Scardona, Traù et Spalato (septembre). — § III. Organisation générale. La Provéditure ; les délégués ; les pandours. L'assemblée provinciale ; députation envoyée à Paris ; le résident à Milan. — § IV. La justice ; les tribunaux , la législation ; les décrets du 4 septembre 1806 ; introduction partielle du Code Napoléon ; fonctionnement de la justice ; les rescrits. — § V. Les finances. La question monétaire ; les budgets ; dépenses et recettes ; la dîme, l'erbático, les monopoles, les salines, les douanes, et les domaines.

Dandolo arriva à Zara le 3 juillet 1806. Bien que le général Molitor eût laissé, avant son départ pour Spalato et Raguse, des instructions très formelles pour que son arrivée fût saluée par des décharges d'artillerie [1], Dandolo préféra garder l'*incognito* et pendant plusieurs jours demeura enfermé au Palais du Gouvernement en étudiant la situation. Il se dispensa ainsi de toute réception officielle, dans laquelle il eût pu se trouver exposé à dire quelque parole imprudente sur laquelle il serait ensuite difficile de revenir.

§ I. Arrivée de Dandolo.

Ce n'est qu'au bout de trois jours qu'il fit annoncer officiellement son arrivée et lança une proclamation où il exposait ses vues sur l'administration de la Dalmatie. Dans ce long document [2], rédigé dans une langue un peu emphatique, mais élégante, Dandolo commence par dénoncer les abus des régimes déchus, « la corruption, l'ignorance, la cupidité de ses prédé- « cesseurs » ; il annonce que tous ces maux vont prendre fin, grâce aux pou- voirs discrétionnaires dont il est investi ; il fait appel « à la fidélité et la bonne volonté de tous, du clergé en particulier, sur le concours duquel il se croit autorisé à compter. » Voici sa conclusion : « La vie me serait « désormais à charge, si je ne pouvais travailler à votre bonheur, et je « termine en déclarant que si l'Empereur pouvait faire choix d'un « homme pourvu de lumières supérieures aux miennes, il n'en pouvait « trouver un qui fût animé de meilleures dispositions à votre égard. »

La pre- mière pro- clamation

Aussitôt après cette prise de possession, Dandolo se mit à l'œuvre. Dans sa proclamation, il annonçait son intention de partir sous peu de

Premiers travaux.

1. A. G., 1806, 19 juin. Molitor au général Jalras. — Molitor à Dandolo. | 2. Z.L., Imprimés. — Z. C., Imprimés. — R. D., 12 juillet 1806.

jours pour visiter toute la province : auparavant, il voulait avoir renouvelé l'administration centrale, et ce fut par la Commission de gouvernement qu'il débuta.

Suppres-
sion du con-
seil du Gou-
vernement.

Aux yeux de Dandolo, c'était une monstruosité que ce conseil qui cumulait les fonctions administratives, judiciaires et financières [1], et dans tous les cas, rien n'était plus contraire au principe de la séparation des pouvoirs. Les conseillers en fonctions furent donc pourvus de postes, les uns dans l'administration financière, les autres dans le nouveau tribunal d'appel, et le 20 juillet, Dandolo déclara que, tous les membres de l'ancien conseil de gouvernement ayant été appelés à d'autres fonctions, ce conseil avait cessé d'exister [2]. Dandolo prépara également la suppression des « supériorités locales » et la séparation des fonctions administratives et judiciaires partout où elles étaient réunies.

A la place de ce qu'il avait supprimé, Dandolo établit à la provéditure une organisation dont les grandes lignes avaient été soumises au vice-roi et dont le règlement constitutif parut le 12 juillet [3]. Les hauts fonctionnaires étaient le secrétaire général Scupoli, que Dandolo avait amené avec lui, et cinq chefs de division chargés de départements ainsi qualifiés : administration, instruction publique, justice, finances et comptabilité.

Il y avait de plus un inspecteur de la police et un inspecteur des affaires militaires. Tous ces services furent mis immédiatement en activité.

La municipalité de Zara reçut pour chef l'ex-conseiller Tr. Pasquali [4], qui fut de plus nommé conseiller fiscal, c'est-à-dire directeur des finances de la province, pendant que les conseillers Verigo et Ruggieri devenaient directeurs, l'un des contributions directes, l'autre des contributions indirectes [5]. Comme ses deux collaborateurs, Pasquali était un financier de mérite; il avait déployé un zèle infatigable au service de l'Autriche, et déjà Dandolo avait pu apprécier son activité et sa puissance de travail : il lui avait demandé, le jour de son arrivée, un mémoire général sur l'organisation présente de la Dalmatie, et, au bout de vingt-quatre heures, Pasquali lui faisait remettre un travail contenant tous les renseignements demandés. Pour compléter ces indications sommaires, il avait été demandé des rapports plus étendus à Pasquali lui-même, au conseiller Ismaëlli, au docteur Battisti, à l'ingénieur Zavoreo, qui tous rivalisèrent d'ardeur pour répondre aux désirs du provéditeur. Ces mémoires, dispersés dans les archives, constituent la meilleure source d'informations sur l'histoire de l'administration de la Dalmatie au moment de l'entrée des Français, et pendant les quelques années qui précèdent.

1. Z. C., Rapport de Dandolo à l'Empereur pour l'année 1806. | 2. R. D., 2 août 1806. | 3. Z. L., 1806, Magisrati, Rub. 4. | 4. R. D., 1806, 12 juillet. | 5. Z. L., 1806, Finanze, Rub. L.

Dès son entrée en fonctions, Dandolo voulut doter la Dalmatie d'un Le *Regio*
Dalmata. journal, et, le 12 juillet, sortait des presses de l'imprimeur Battara le premier numéro du *Regio Dalmata*, en slave *Kraglski Dalmatin*, le *Royal Dalmate*. Ce journal, dont on trouvera par la suite d'importantes citations, était rédigé en italien et en slave; il portait en épigraphe ces vers de Virgile [1] :

> *Dii maris et terræ, tempestatumque potentes,*
> *Ferte viam vento facilem et spirate secundi !*

Les dieux devaient être sourds et déchaîner sur Dandolo toutes les fureurs d'Éole! mais en lisant les premiers numéros, on ne voit encore qu'un ciel pur et une mer tranquille. Les colonnes du journal sont remplies du récit des réceptions officielles où le Provéditeur se fait présenter les chefs des administrations, la municipalité, la commission des œuvres pies, la commission de la santé, le tribunal d'appel, la commission des travaux publics, le tribunal de première instance, le corps des inspecteurs de police. Chacune de ces réceptions donne lieu à des discours jetés dans le moule destiné de tout temps à ce genre d'exercices oratoires [2]. Dandolo répondait à chacun avec grâce, savait dire à chacun une parole bienveillante, tout en stigmatisant avec virulence les fautes du gouvernement dont il haranguait les anciens serviteurs; en quelques paroles, il indiquait brièvement les réformes à entreprendre, et, en annonçant avec conviction l'avènement d'une ère nouvelle, il savait faire apparaître, comme dans une apothéose, la figure radieuse du grand Napoléon, génie bienfaisant qui allait répandre sur le monde, et sur la Dalmatie en particulier, la paix et la prospérité !

Ces premiers jours furent les plus beaux de la vie de Dandolo ; le 12 juillet, il écrit au vice-roi [3] :

Je m'empresse de rendre compte à V. A. I. de toutes mes opérations jusqu'à ce jour : j'ai reçu d'abord toutes les autorités civiles et militaires et les ecclésiastiques constitués en dignité ; j'ai versé dans tous les cœurs les principes les plus propres à consoler et à ramener les esprits depuis longtemps abattus et opprimés... Après avoir réglé les affaires les plus urgentes, j'ai pensé que la ville de Zara devait me fournir tous les moyens pour introduire dans le système de gouvernement les grands changements invoqués par la philosophie, par la politique et par les vrais intérêts du peuple, pour parvenir à renverser, avec l'assentiment des citoyens, un système politique consacré par des siècles d'habitude et fondé sans contredit sur des principes contraires au bien national. Il fallait, j'ose le dire, beaucoup d'intelligence et les forces physiques que la nature m'a données pour ce travail.

1. Æn. III. 528-529 | 2. R. D., 1806, 12, 19, 26 juillet. | 3. Z. L. L'original est en français.

Les conseils des ordres des premier et second ordre [1] n'existent plus et toutes les autorités qui en dérivaient ont disparu avec eux. A tout cela, j'ai fait succéder d'abord un conseil municipal composé des personnes les plus distinguées dans toutes les classes, sans en excepter celle des négociants, lesquels ne pouvaient entrer autrefois dans les conseils... Ce que j'ai dit aux hommes les plus respectables des conseils les a convaincus que je parlais en père de leurs véritables intérêts ; j'en ai eu la preuve dans l'attention qu'ils portaient au développement que je leur faisais des idées régénératrices sur lesquelles est basé le plan de la nouvelle administration, et dans la reconnaissance et la joie qu'ils ont manifestées en acceptant ce plan,

J'ai sous les yeux en ce moment un cathécisme (sic) pour le peuple consacré d'après les principes relatifs aux devoirs de l'homme envers Dieu, son prince, la société et lui-même ; cet ouvrage, simple et à la portée de tout morlaque, sera adressé le plus tôt possible à tous les curés et surtout à ceux de la montagne ; il répandra quelques lumières parmi ce peuple.

Et après de longs détails sur les réformes qu'il a commencé à réaliser, il termine ainsi :

Voici le neuvième jour que je suis à Zara. V. A. I. aura de la peine à concevoir comment un homme peut avoir opéré tant de choses en aussi peu de temps : vingt heures de travail par jour, une activité qui multiplie les ressources, des collaborateurs dont le zèle et les lumières me secondent jour et nuit, toutes les autorités locales qui satisfont à mes demandes avec l'empressement qui dérive de cette impulsion que j'ai donnée à toutes les choses neuves et d'une importante utilité ; la nécessité où je suis de surprendre, pour ainsi dire, les riches et les pauvres, les amis et les ennemis du gouvernement par un mouvement de choses utiles et propres à inspirer le respect, l'amour et la plus haute idée du souverain que je représente, sont les puissants motifs qui me portent à ne prendre aucun repos... Mes idées ont pris un essor plus étendu, mon cœur est sans cesse animé de l'amour que je porte à mon souverain et à mon prince ; mon activité est quadruplée, qui ne voit que S. M. et V. A. I., et l'idée même de cesser de vivre à votre service ne m'inspire que des pensées dignes de moi et de mon attachement pour l'un et l'autre.

Le même jour, Dandolo écrivait à l'Empereur :

Sire, c'est pour faire chérir le nom de V. M. en soulageant les maux de ce peuple et en lui faisant le plus de bien possible, que j'ai accepté de devenir Provéditeur général en Dalmatie ; je ne pouvais avoir d'autres projets : ce peuple l'a senti, et il me regarde comme un messager envoyé du ciel pour remplir ses vues bienfaisantes ; l'enthousiasme a été général, et la confiance attentive qu'on m'a témoignée est digne du but précieux que je poursuis [2].

Le bonheur sans mélange de Dandolo dura quinze jours, et le 21 juillet

---

1. C'est-à-dire des nobles et des bourgeois. | 2. Tullio Dandolo. *Ricordi.*

commencèrent pour lui les épreuves qui devaient durer trois ans et demi.
Marmont, nommé le 14 juin général en chef de l'armée de Dalmatie, fit
son entrée à Zara le 21 juillet et fut reçu par les autorités militaires. Le
Provéditeur ne crut pas avoir à aller à sa rencontre, et, sur son ordre, le
corps municipal s'abstint également de paraître : Dandolo entendait affirmer ainsi sa supériorité sur le général en chef et bien marquer la prépondérance de l'élément civil sur l'élément militaire.

Marmont alla occuper, dans le Palais de la Provéditure, les appartements
de Molitor et ne fit pas à Dandolo la visite que celui-ci se croyait le droit
d'attendre ; mais il convoqua la municipalité et lui reprocha avec une certaine vivacité les lenteurs apportées à l'établissement des logements militaires. Averti de ce qui venait de se passer, Dandolo écrivit à Marmont
pour lui contester le droit de donner directement des ordres aux autorités
civiles, et les relations se poursuivirent ainsi par correspondance, mais non
sans acrimonie, entre deux hommes qui logeaient sous le même toit. Le
dialogue ne fut pas long d'ailleurs, car, dès le lendemain de son arrivée,
Marmont partait pour Raguse.

Dandolo déclare dès lors une guerre sans pitié aux militaires ; il accable
le vice-roi et ses ministres de lettres indignées où il énumère les manques
d'égards dont il est, ou dont il se croit victime de la part des officiers.
Souvent ses griefs sont mesquins : on a mis des chevaux dans une écurie
à son usage ; les officiers sont allés dans sa loge au théâtre ; le commandant de place lui a refusé un tambour pour la publication d'un décret, etc. [1].
C'est jusqu'à l'Empereur que Dandolo fait parvenir ses doléances ; il lui
écrit le 27 août :

Il paraît, Sire, que l'affection des Dalmates, ainsi que les moyens que j'ai pris
pour l'obtenir et l'augmenter, ont donné de l'ombrage à des personnages puissants. J'aime à supposer que leur inquiétude vient de ce qu'ils ne savent pas que
V. M. a choisi l'homme qu'il fallait à ce peuple, non seulement par la droiture
de ses principes, mais encore plus par la nature de ses connaissances et par la
ferme résolution de ne s'épargner ni peine ni travail pour faire le bien.

Sire, vous le savez, je ne souhaitais rien ; j'étais heureux dans mon obscurité ;
mes actions ont assez honoré ma vie, et c'est de votre propre mouvement que
vous avez voulu la combler de vos dons... J'ose dire qu'en très peu de temps
j'ai beaucoup fait, mais combien d'obstacles m'ont opposé les caprices militaires !
Ah ! Sire, il y a des instants où, me voyant en butte aux plus pénibles contra-
riétés, j'ai dû tourner les yeux vers votre image pour y puiser la force dont j'ai
besoin... Pardon, Sire, de ces élan que je n'ai pu retenir ! Malgré tout, je n'en
remplirai pas moins mon devoir le mieux qu'il me sera possible, d'autant plus
que ce pays bien gouverné gagnera en peu d'années en population et déploiera

1. Tullio Dandolo. *Ricordi.*

de grandes ressources morales et physiques. J'ajoute librement, Sire, que si du
Provéditeur général vous faites un ou plusieurs préfets, l'on perdra beaucoup de
cette influence efficace sur l'esprit des habitants qu'un Provéditeur général peut
employer utilement.

Cette lettre et les précédentes montrent la vanité profonde, mais naïve
et peut-être inconsciente, de Dandolo, qui voulait faire placer Marmont
sous sa dépendance. L'Empereur ne l'entendait pas ainsi, et dans une lettre
écrite le 9 août de Schœnbrunn au prince Eugène, il avait rendu un arrêt
qui ne donnait à Dandolo qu'une demi-satisfaction :

> Dandolo a eu tort de ne pas rendre visite à Marmont ; je ne sais où il va
> chercher ses prétentions... je loue Dandolo des mesures qu'il a prises en
> faveur de la population. Vous écrirez à Marmont qu'au fond les réclamations de
> Dandolo viennent d'un bon principe ; dites-lui d'avoir des égards pour le Pro-
> véditeur et de soutenir son autorité, car c'est un homme sur le dévouement et
> la probité duquel je puis compter. En même temps, recommandez à Marmont
> de ménager le pays [1].

Cette sentence, on le verra, n'amènera pas une réconciliation. En
décembre 1806, Dandolo dut quitter Zara exprès pour aller rendre une
visite à Marmont, qui était à Spalato [2] ; mais d'autres sujets de discorde
avaient surgi entre eux, et en première ligne l'affaire de la conscription.

La Con-
scription.

On n'a pas oublié combien de difficultés avait rencontrées le gouvernement autrichien quand il avait voulu lever des soldats en Dalmatie [3]. En
1805, on avait formé à grand'peine un régiment qui fit la campagne d'Italie
et qui, réduit par les désertions à moins d'un millier d'hommes, fut incorporé en 1806 dans l'armée italienne. Le vice-roi, qui l'avait inspecté à
Bergame, écrivait que c'était un corps composé de beaux hommes absolument dépourvus d'instruction militaire [4].

Le 31 mai, Napoléon signa à Saint-Cloud un décret portant création
d'une légion dalmate ; le recrutement de 2.700 hommes, qui devaient la
compléter, devait être assuré par les soins du Provéditeur au moyen d'engagements volontaires, et si les volontaires manquaient, par voie de
tirage au sort entre les hommes de 18 à 30 ans. Le décret fixait la durée
du service à cinq ans ; il réglait jusqu'aux menus détails de l'uniforme [5].

Une commission centrale à Zara, vingt commissions de district, devaient
assister le Provéditeur ; le général Milossevich était envoyé en Dalmatie
pour présider à la formation du nouveau corps qui devait être placé sous
les ordres du colonel italien Orfengo [6].

1. A. N., AFiv. 1713. | 2. R. D., 6 et 20 déc. 1806. | 3. Voir p. I, c. V. | 4. A. G.
Le vice-roi à l'Empereur, 8 mai 1806. | 5. Z. L., Imprimés, 1806; Militari, rub. 6,
n° 627. | 6. Z. L., 1806; Militari, rub. 6, n° 674.

Le décret royal du 30 juin, promulgant le décret impérial, fut envoyé le 5 juillet à Dandolo, qui le publia le 27 [1], en annonçant que les opérations du recrutement commenceraient le 15 septembre ; au lieu d'une commission centrale, il en institua deux, à Zara et à Spalato.

Milossevich arriva le 1er août : il s'imaginait trouver déjà réuni à Zara un noyau de volontaires, mais il n'en était rien ; les Dalmates se refusaient énergiquement à repondre à l'appel, et, plutôt que de se laisser enrôler, commençaient à se mettre en insurrection [2]. Dans les îles du Quarnero et dans les communes voisines de la Bosnie, tous les jeunes gens passaient en Autriche ou en Turquie [3] ; dans les villes, on invoquait les anciens privilèges et l'on demandait des dispenses générales [4] ; les pandours se réclamaient de l'usage vénitien qui exemptait de toute charge et corvée tous les membres de leur famille. Enfin, tous protestaient, parce que les juifs étaient soumis comme les autres au service, dont jusque là ils avaient été exclus [5].

Déjà, en avril, une dizaine de villages de la vallée de la Kerka s'étaient soulevés pour ne pas payer de dîmes [6] ; pendant le siège de Raguse, les paysans du comté de Spalato s'étaient révoltés à l'instigation des agents russes [7]. En août, ce fut d'abord dans le district d'Almissa que l'annonce de la conscription détermina du désordre : deux chefs de villages, rendus responsables des troubles, furent arrêtés et conduits à Almissa [8] ; mais une bande armée pénétra dans la ville qui n'avait que dix hommes de garnison, et mit les prisonniers en liberté : il fallut envoyer une compagnie de ligne et 60 pandours commandés par le colonel Danese pour rétablir l'ordre [9].

A la fin d'août, l'agitation gagna le comté de Spalato et les Castella ; les soldats français avaient commis quelques excès : un prêtre brutalisé à Castel Stafileo avait tué son aggresseur et s'était enfui à Brazza [10] ; et ce fait n'était pas isolé : partout, à la tête de l'opposition, on commençait à voir les prêtres, et les religieux surtout ne pardonnaient pas aux Français l'occupation de leurs couvents et la profanation de leurs églises.

L'agitation prenait de telles proportions que Dandolo ne crut pas pouvoir différer plus longtemps son départ pour la tournée qu'il avait annoncée. Le 6 septembre, il quittait Zara par mer, et arrivait le 7 à Sebenico [11]. Il

Marginal notes: Premiers soulèvements. — § II. Voyage de Dandolo. Sebenico.

1, R. D., 9 août 1806. | 2. Z. L., 1806. Police, R. 30. | 3. Z. L., Voyage de Dandolo. — Scupoli à Dandolo, 4 sept. | 4. Z. L., 1806. Milit., rub. 6. | 5, Z. L., Voyage de Dandolo, 17 sept. | 6. Z. L., 1806. Police, rub. 2 et 3. — R. D., 30 août 1806. | 7. A. G. 1806. Molitor au vice-roi, 19 mai. | 8. A. G., id., 31 juillet. | 9. Z. L., 1806. Police, r. 2. | 10. Z. L., Voyage de Dandolo ; 97, 118. | 11. R. D., 11 octobre. Les papiers du voyage de Dandolo forment un dossier à part avec protocole spécial. Au retour, Dandolo adressa à Milan un rapport général d'où sont tirés la plupart des renseignements qui suivent.

réunit les notables et « leur parla, dit-il, avec autant de douceur que de fermeté » : il calma ainsi les plus agités.

Scardona. Le 8, il visita Scardona qu'on lui représentait comme un foyer de rébellion ; il avait eu la précaution de s'y faire précéder par une compagnie d'infanterie envoyée de Zara ; il parla aux mécontents de Scardona et revint à Sebenico. Il faut dire que, si son succès avait été complet, c'était qu'il avait annoncé l'ajournement du tirage au sort; on comprend donc qu'il eût été le bienvenu. Mais, dans sa candeur, Dandolo trouva une autre cause au succès de son expédition; il écrit à l'Empereur, de Spalato : « Sire, la « haute dignité que les Vénitiens attachaient à la charge de Provéditeur « est encore en vénération auprès de ces peuples. J'en avais prévu les bons « effets et j'en ai tiré parti. Une renommée avantageuse me précédait : celle « de mon dévouement à V. M. J'ai parlé et agi d'après ces dispositions, « et quoique dénué du prestige d'une pompeuse représentation, j'ai eu le « bonheur de réussir... Votre auguste nom à la bouche, votre portrait, « que je répandais, à la main, j'ai conjuré l'orage, je l'ai dissipé. Sans « force, sans faste, je n'étais escorté que de l'affection du peuple... ; » il oublie la compagnie d'infanterie qu'il avait cru prudent d'envoyer l'attendre à Scardona. Puis, ne perdant pas une occasion de lancer un trait à Marmont, il ajoute : « Ma correspondance avec le général en chef atteste « la parfaite résignation avec laquelle je me prête à le servir, là même où « mon cœur et ma raison répugnent. »

Dandolo avait hâte d'arriver à Spalato : « Aussi, après avoir distribué de « beaux portraits très animés et ressemblants de Sa Majesté et de son « auguste épouse en médaillon gravé, ouvrage exquis de Rosaspina, je « partis assez content et me transportai à Traù où je débarquai le matin « du 20 septembre. »

Traù. A Traù, le mécontentement était beaucoup plus prononcé qu'à Sebenico; les sardars et officiers de pandours n'osaient pas se risquer dans la campagne; les curés faisaient dire que, s'ils venaient visiter le Provéditeur, on brûlerait leur maison pendant leur absence. Dandolo annonça l'ajournement de la conscription et promit aux pandours la dispense qu'ils réclamaient pour tous les membres de leur famille atteints par la loi. Ayant ainsi désarmé à force de concessions une partie des mécontents, il obtint des renseignements précis : on lui apprit qu'un soulèvement général était préparé pour le 12 septembre; tous les Dalmates de religion grecque étaient en relations avec les Russes et les Grecs de Cattaro, qui pensaient que Marmont, ayant une insurrection derrière lui, ajournerait son projet d'expédition sur les Bouches et y renoncerait peut-être définitivement.

Spalato. Dandolo en savait assez; il se rendit, le 12, à Spalato et fit assembler tous les pandours du comté; signalons en passant cette tendance de Dandolo à s'appuyer sur le corps indigène qui, selon lui, devait suffire à assurer la tranquillité, pendant qu'il affectait de traiter les soldats français comme des intrus. Dans la nuit du 13 au 14 septembre, 400 hommes du Borgo-Grande, faubourg de Spalato, allèrent trouver les pandours au couvent de Paludi et les désarmèrent sans rencontrer aucune résistance [1]. L'*arambassà* Viscovich ayant reproché à ses hommes leur conduite, la foule se mit à sa poursuite en criant qu'il fallait lui couper la tête. En ce moment, une patrouille française, qui accourait au bruit, tomba à la baïonnette sur les mutins qui se débandèrent et disparurent en laissant quelques-uns des leurs aux mains de la garde.

Dandolo eut un accès d'indignation, et, renonçant ce jour-là à ses principes de mansuétude, il lança une proclamation véhémente, où il rappelait aux Spalatins les scènes sanglantes de juin 1797 et le meurtre du colonel Matutinovich; suivaient les noms de vingt et un individus qu'il condamnait, sans autre forme de procès, à huit ans de travaux forcés. Sur les vingt et un condamnés, neuf purent démontrer leur innocence et furent relâchés, mais une commission militaire, nommée par Marmont, reprit l'enquête, et neuf autres inculpés, dont un religieux franciscain, furent condamnés à dix et seize ans de fers [2].

La conscription ajournée d'abord au 30 septembre, fut renvoyée ensuite à une date indéterminée [3]; ce ne fut pas sans de longs pourparlers et de vifs tiraillements; au cours des discussions, Ismaëlli, président de la commission du recrutement de Zara, donna sa démission de toutes ses fonctions officielles et se retira dans l'île de Lesina, sa patrie; le gouvernement perdit en lui le plus distingué peut-être de ses auxiliaires.

Marmont tira de là un grief de plus contre Dandolo, qu'il accusera plus tard d'avoir entravé le recrutement de la légion, alors qu'il n'avait fait que constater les obstacles alors insurmontables qui s'y opposaient.

Dandolo passa dix jours encore à Spalato, s'occupant avec activité à réorganiser les hôpitaux, les prisons, les écoles qu'il trouvait dans un état déplorable. Nous reviendrons tout à l'heure sur les mesures qu'il prit et qui font l'éloge de ses talents et de son cœur.

Il est temps de revenir avec Dandolo au siège du gouvernement et d'étudier à fond les réformes qu'il tentera d'introduire dans l'administration centrale, ainsi que dans les différents services de la Justice, des Finances, des Cultes, de l'Instruction publique, de l'Industrie, du Commerce, de l'Agriculture.

1. Z. L., Voyage de Dandolo, 88, 279. | 2. Z. L., *Ibid.*, 279. — A. G, 1806, nov. | 3. Z. L., *Ibid.*, 178, 281.

§ III. L'administration de Dandolo. L'administration de Dandolo en Dalmatie a laissé d'excellents souvenirs et il est aisé de le comprendre. Laissons de côté l'homme susceptible, vaniteux et jaloux, et ne voyons en lui que la probité, l'activité et l'amour du bien. Peut-être le souvenir de ses vantardises nous fera-t-il placer des points d'interrogation auprès de quelques-uns des résultats qu'il publie, mais il est impossible de nier ses précieux talents administratifs, financiers et agronomiques, et si quelques-unes de ses idées sont démodées, ne cessons pas pour cela d'admirer l'habileté avec laquelle il les développe.

Sources. Tous les papiers de l'administration de Dandolo sont conservés à Zara dans un ordre parfait; les dossiers sont classés chaque année sous une vingtaine de titres : *Acque e Strade* (Travaux publics), *Arti, Culti, Finanze, Magistrati*. Chaque titre occupe un certain nombre de cartons où les pièces sont classées sous des rubriques méthodiques. En y ajoutant les cartons des rapports de police, les archives secrètes et quelques autres objets particuliers, on trouve pour quatre années 250 cartons contenant 15.000 dossiers et peut-être 50.000 pièces sans parler d'une volumineuse série de documents imprimés.

Nous avons de plus, à Zara, les manuscrits originaux des rapports adressés chaque année à l'Empereur et au vice-roi : ils sont à la Bibliothèque Paravia et forment quatre grands cahiers de 300 pages chacun.

Les quatre premières années du *Regio Dalmata* fournissent en outre une foule de documents, arrêtés, rapports, mémoires relatifs à l'administration provinciale [1].

Avec l'aide de tous ces documents, il nous sera facile de tracer un tableau de l'organisation administrative, judiciaire et financière de la Dalmatie entre 1806 et 1809. Nous y ajouterons un aperçu des questions relatives aux cultes, à l'instruction, au commerce, à l'agriculture.

Il y a là une œuvre qui mérite d'appeler l'attention et qui honore son auteur.

Les délégués. L'administration provinciale ne put être organisée avant la fin de l'année 1806. Le pays fut divisé en quatre districts; à la tête de chacun desquels était placé un *Délégué* ayant des attributions analogues à celles des sous-préfets [2]. Par arrêté du 4 décembre 1806, G. Kreglianovich-Albinoni fut nommé délégué à Zara; c'était un homme instruit, auteur d'un

---

1. Tullio Dandolo, dans ses *Ricordi* (3 v. 8°, Assisi 1867-8), a publié un grand nombre de lettres de son père et ces lettres, choisies avec l'intention de faire voir que Dandolo fut odieusement persécuté par Marmont, nous fournissent des passages tellement écrasants pour la réputation d'homme de bon sens qu'avait V. Dandolo, qu'un autre éditeur que son fils eût pu être traité de faussaire ou de mystificateur. — Tullio fut un écrivain fécond en qui s'éteignit la famille; son fils unique, Henri, avait été tué, à 20 ans, à la porte Saint-Pancrace, en combattant les Français, en 1849. | 2. Z. L., 1806. Magistrati, rub. 2, 1807, 1808, *ibid.*

ouvrage estimable sur l'histoire de la Dalmatie : il était sincèrement dévoué à la France. A Spalato fut envoyé G. D. Garagnin que l'entrée des Français avait amené aux honneurs, ainsi que son frère, en ce moment en mission à Paris. A Sebenico fut nommé le Dr Pinelli, homme de bien qui avait servi fidèlement l'Autriche et était le grand promoteur de la vaccine en Dalmatie. Le délégué de Makarska, Georges Beros, était rempli de talents, mais c'était un traître : en 1807, il fut l'un des chefs de l'insurrection, il réussit d'abord, par son adresse, à écarter de lui jusqu'au plus léger soupçon; mais dans la suite il fut convaincu d'avoir trempé dans la révolte, et fut condamné à mort. Lorsqu'en 1808, Marmont appellera G. D. Garagnin à la charge d'administrateur de Raguse, Kreglianovich lui succédera à Spalato et le Dr Pinelli viendra à Zara. A Makarska, Beros sera remplacé par G. Gavallà, qui aura l'honneur d'être le dernier défenseur du drapeau français à la tour de Norin, en février 1814.

Au dessous des délégués étaient les vice-délégués [1], au nombre de treize d'abord : cinq aux îles du Quarnero, trois aux îles Orientales, cinq en terre ferme à Traù, Scardona, Knin, Sinj et Imoski. Le nombre des vice-délégués fut graduellement élevé à dix-huit, moins pour répondre à des nécessités réelles que pour donner satisfaction aux réclamations de villes déchues, comme Nona et Almissa, dont il fallait ménager les susceptibilités.

Les vice-délégués.

Dans les communes rurales, il ne fallait pas songer à établir des municipalités ni à nommer des maires, comme dans les villes; on se borna à donner le nom d'*anziano* (maire) à un individu choisi parmi les pères de famille qu'on savait attachés au régime nouveau [2] ; les *anziani* furent chargés, en principe, de la tenue des registres de l'état civil, mais en pratique ce fut le curé, seul habitant de la commune qui ne fût pas totalement illettré, qui eut à tenir ces registres, et nous verrons que, soit par défaut d'instruction, soit par mauvaise volonté, les curés ne feront pas ce travail.

Les Anziani.

Pour qui connaît Dandolo, il est facile de comprendre que l'administration, en dépit de l'institution des délégués et vice-délégués, était complètement centralisée à Zara dans les bureaux de la Provéditure.

Le rapport annuel de 1807 nous en fait connaître la savante organisation [3].

Administration centrale.

1re division. Intérieur, divisé en cinq bureaux :

1° Tutelle administrative des communes; 2° biens ecclésiastiques; 3° assistance publique; 4° travaux; 5° ressources publiques comprenant :

1. Z. L., 1806-7-8. Magistr., rub. 3. | 2. Z. L., 1807. Magistr., rub. 11. | 3. Z. C., Rapport de Dandolo pour 1807.

l'agriculture, le commerce, la navigation, les ports, l'industrie, les arts et métiers, les foires et les subsistances.

2e division. Justice.

3e division. Finances, avec les trois bureaux des impôts directs, des impôts indirects et des domaines.

4e division. Instruction publique.

5e division. Affaires militaires.

6e division. Comptabilité, divisée en six sections[1].

Ces bureaux occupèrent un nombre croissant d'employés : un rapport de 1809, fait au moment de la retraite de Dandolo, relève 14 employés supérieurs et 34 adjoints, rédacteurs, copistes, comptables, archivistes, protocolistes et drogmans. Il faut ajouter que tout ce personnel qui faisait la besogne d'une dizaine d'employés autrichiens, était maigrement payé. Les dépenses de la Provéditure s'élèvent, pour l'année 1808, à 304.000 livres, et sont évaluées, pour 1809, à 314.000. Comme Dandolo prenait pour sa part 60.000 livres, il reste pour 48 employés 234.000 livres, soit une moyenne de 800 livres pour les employés supérieurs et de 400 pour les employés inférieurs. Dandolo était peu aimé de ce personnel mal payé pour travailler beaucoup, mais c'est avec ses secrétaires généraux qu'il eut les difficultés les plus graves. Scupoli, qu'il avait amené avec lui, partit en 1807 à la suite de désaccords, ce qui ne l'empêcha pas d'être nommé préfet à Bologne. Son successeur, Angiolini, ne cessa de contrecarrer le provéditeur : en 1808, comme Dandolo avait rédigé un long mémoire contre Marmont, Angiolini s'empressa d'en faire une copie qu'il envoya au général. Instruit de cette coupable indiscrétion, Dandolo dénonça son secrétaire au vice-roi, dans une lettre du 13 décembre 1808, et le 26 février suivant, Angiolini était avisé de sa révocation[2]. Il eut pour remplaçant Villata qui, nommé le 1er avril, n'arriva que le 20 mai, à la veille des évènements qui devaient désorganiser les services civils.

Les Pandours. Comme auxiliaires des administrations locales, Dandolo disposait du corps des pandours, ou *Forza territoriale*. L'organisation en était, en 1806, à peu près celle que nous avons décrite au chapitre V de la première partie. Dandolo entreprit de transformer les pandours et d'en faire une milice qui serait à la fois gendarmerie et garde nationale. Dans un rapport spécial, qui n'a pas moins de 298 pages[3], le provéditeur développa tout un plan de réorganisation : « il faut relever le prestige des *sardars* tombés en discrédit pendant la période d'occupation autrichiénne ; pour cela, il faut accroître leur autorité et en diminuer le nombre : au lieu

1. Z. C., Rapport de 1807. | 2. Z. L., 1809, Magistr., rub. 1. | 3. Z. L., 1807, Magistr. rub. 12. Lettre de Dandolo à Marmont, 1er janvier 1807.

de 60, n'en garder que 32, mais donner aux *sardars* et aux colonels des lieutenants. Il faudra augmenter la paie des officiers et des pandours, et leur donner des chevaux pour qu'ils fassent aussi bonne figure que les pandours bosniaques et les *serezans* croates. Aux îles, où la force territoriale n'existe pas, il faut là créer, nommer deux colonels ; les pandours auront, au lieu de chevaux, des barques et des rameurs, pour le bien du service. On aurait ainsi partout une milice choisie, fidèle au gouvernement. » Et Dandolo n'ajoutait pas que le provéditeur aurait une milice nationale, capable de tenir en respect les soldats du général Marmont : c'était son arrière-pensée, et il la laisse deviner lorsqu'il insinue malhabilement « que la Dalmatie, gardée par les pandours, n'aurait plus à entretenir une coûteuse armée d'occupation ; que désormais l'effectif de l'armée « dite régulière » pouvait se trouver réduit à 200 hommes ». C'était une botte portée à Marmont, mais le coup était trop direct pour ne pas être immédiatement paré.

Dandolo ajoute qu'en cas de guerre, les pandours formeront un magnifique bataillon, tout entraîné, et qu'on pourra ainsi renoncer au système souverainement impopulaire de la conscription.

Un projet qui avait pour fin dernière la suppression de la conscription et de l'armée régulière ne pouvait avoir l'agrément de Napoléon ; aussi Dandolo ne le demanda-t-il pas, se berçant du vain espoir que le fait accompli serait reconnu après succès. Marmont ne fut même mis au courant que le 1ᵉʳ janvier 1807, c'est-à-dire le jour où l'institution commença à fonctionner. Il y avait 6 colonels, 32 *sardars* ou chefs de compagnie, et 1.800 Pandours. Dandolo demandait au général de donner des ordres pour que ses colonels, sardars et autres officiers obtinssent des troupes régulières les honneurs dus à leur grade ; il appuyait cette réclamation sur les textes relatifs à la gendarmerie et à la garde nationale, et il ajoutait : « J'ai voulu habituer les Morlaques à respecter l'uniforme royal en l'unissant au costume national. » En fait, les pandours, vêtus à la mode du pays, n'avaient comme uniforme que les galons distinctifs de leurs grades.

Dandolo ajoute, en communiquant à Marmont le nouveau règlement du 26 décembre 1806, que c'est intentionnellement que ce règlement ne parle pas du Code de discipline militaire ; quant aux anciennes pénalités, prison et bâton, il les a supprimées, estimant que le moyen d'enseigner à ces gens la douceur, c'est de leur en témoigner.

Marmont n'avait pas à faire d'observations au sujet d'un règlement qui lui était simplement communiqué au moment de sa mise en vigueur : il lut, haussa les épaules et défendit à ses troupes de saluer les officiers de cette milice nouvelle.

Quant à Dandolo, il triomphait : il croyait avoir sous la main une garde prétorienne, ne relevant que de lui, et avec laquelle il se flattait de maintenir l'ordre en Dalmatie sans les régiments français, malgré eux, et au besoin contre eux. Il ne tarda pas à reconnaître son erreur : en 1807, quand une partie du pays se souleva, les pandours et leurs officiers restèrent pour la plupart inactifs ou prirent le parti des rebelles. L'institution était condamnée : les 1.200.000 livres que Dandolo avait inscrites au budget de 1808 furent réduites en haut lieu à 600.000 dont 350.000 devaient servir à payer des gendarmes français, et, pour 1809, le crédit affecté aux pandours tombe à 72.000 livres.

Le seul résultat obtenu fut de ranger parmi les mécontents tout ce qu'il y avait dans les campagnes d'hommes ayant quelque autorité sur leurs compatriotes. En les payant cher, on n'était pas sûr de leur fidélité ; en ne les payant pas, on pouvait compter sur leurs rancunes.

Le conseil général. C'est presque jouer sur les mots que de compter, parmi les rouages administratifs de la Dalmatie, le Conseil général institué par le décret du 28 avril 1806, et le résident à Milan, créé par décret du 4 septembre de la même année [1].

Les membres du Conseil provincial désignés, en application des lois des 24 juillet 1802 et 5 juin 1804, par un arrêté du 3 octobre 1806, furent convoqués, par un arrêté du 10 octobre, à une session qui devait commencer le 4 novembre 1806 et qui ne s'ouvrit que le lendemain. Bien que les membres eussent été choisis un à un parmi les fidèles, on craignait cependant quelque manifestation inopportune, et l'on s'en tint à deux discours d'ouverture, l'un du Président, le procureur général Giaxich, l'autre de Dandolo, qui distribua aux députés des portraits de l'Empereur [2].

Avant de se séparer, quelques membres demandèrent si le Conseil ne ferait pas bien d'envoyer une députation à l'Empereur, mais Dandolo fit remarquer que déjà, au mois de mai précédent, le général Molitor avait désigné trois représentants de la Dalmatie qui, partis en juillet [3], n'étaient pas encore de retour.

La députation envoyée à Milan et à Paris. Cette députation avait eu même un voyage semé d'incidents : au moment où le prince Eugène allait la recevoir à Monza, il apprit le soulèvement qui avait éclaté à l'occasion de la conscription ; il accueillit donc les Dalmates d'assez mauvaise grâce, et quand G. L. Garagnin, qui devait le haranguer, ouvrit le papier sur lequel était écrit son discours, le vice-roi le lui arracha presque des mains en lui disant : « Il n'est pas besoin de me

---

1. Z. L., 1806, Mag., rub. 9; 1807, rub. 8 et 9. — A. N., AFiv, 1714. nov. 1806. | 2. R. D., 8 nov. 1806. | 3. R. D., 9 août 1806.

parler des sentiments des Dalmates, leurs actes suffisent pour me les faire connaître. » A Paris, l'Empereur les reçut mieux, mais les apostropha cependant avec quelque vivacité quand ils eurent la hardiesse de demander qu'on retirât les troupes françaises. Malgré tout, on les fêta, on les décora et on les renvoya avec de bonnes paroles.

Leur absence s'était prolongée bien au delà de ce qui avait été prévu, et quand ils rentrèrent, ils réclamèrent une somme de 117.000 livres pour supplément d'indemnité. Mais Dandolo leur opposa une fin de non recevoir formelle : c'était le général Molitor qui les avait désignés et lui n'avait été pour rien dans cette affaire.

Le Conseil général fut convoqué le 22 mai 1807 pour examiner cette question : Dandolo refit tout l'historique de l'ambassade dont l'idée première avait été donnée par le général Brady, avant même que les Français fussent entrés en Dalmatie ; des réunions présidées par Molitor s'étaient tenues les 26 et 30 avril, 5 et 8 mai, et avaient amené la désignation de G. L. Garagnin, de Bajamonti, de Stratico et d'Ismaëlli ; ce dernier s'étant excusé avait été remplacé par Sanfermo, Dalmate résidant à Venise, qui avait demandé à se joindre à ses propres frais à l'ambassade. Le provéditeur était donc absolument étranger à ce qui s'était fait sous l'inspiration du général Brady et par les ordres du général Molitor.

Pour mettre fin à cette scène ridicule de marchandage, Garagnin, Bajamonti et Stratico, qui avaient de la dignité et quelque fortune, renoncèrent à leur réclamation, et le Conseil les récompensa en composant de leurs trois noms la liste de trois candidats qui devait être envoyée au vice-roi pour y choisir le résident de Dalmatie[1]. Ce fut Stratico qui fut nommé et il alla s'installer à Milan avec 8.000 livres de traitement[2] ; mais avec un homme aussi autoritaire que Dandolo à Zara, les fonctions du résident se bornaient à figurer dans les cérémonies, sans être jamais mis au courant des affaires qu'il était censé diriger.

Le résident à Milan.

Le Conseil général ne fut plus réuni à partir de 1807 ; il eut pu rendre des services si l'on avait eu le désir de l'utiliser, mais Dandolo ne daignait pas même en faire un bureau d'enregistrement. D'ailleurs la Dalmatie, qui n'était pas mûre pour le régime représentatif, ne songea pas à réclamer contre la destruction d'une institution dont elle n'avait ni senti le besoin ni peut-être connu l'existence éphémère.

La séparation des pouvoirs administratif et judiciaire était une des réformes qui tenaient le plus au cœur de Dandolo. Aussi une de ses

§ IV. La Justice.

1. R. D., 1807, 27 juin. | 2. R. D., 1807, 11 octobre

premières pensées, en arrivant à Zara, fut-elle de renouveler entièrement l'organisation de la justice en Dalmatie.

Dans ses premiers rapports, il ne se lasse pas de déclamer contre la négligence, l'incapacité et la corruption des magistrats autrichiens : les affaires, dit-il[1], se sont accumulées sans que personne se soit occupé de les faire aboutir ; sur 850 procès criminels commencés, 230 seulement ont été terminés. Les lois varient d'une localité à l'autre : aux îles il y a sept législations différentes ; sur le continent, quatre cantons ont chacun une loi particulière ; dans les autres, on suit la loi vénitienne, avec des modifications empruntées aux statuts particuliers, au droit civil romain et au droit canonique[2].

Les Tribunaux.

On serait porté à ajouter foi aux accusations de Dandolo, si l'on ne constatait que, lorsqu'il procéda, en août 1806, à la réorganisation des tribunaux, il offrit des places à tous les anciens magistrats autrichiens[3]. Grisogono fut nommé président du tribunal d'appel, et, sur les six nouveaux juges, quatre étaient les ex-conseillers Marinovich, Ismaëlli, d'Alughera et Spalatin. Peu après, il fut créé un poste de premier président pour un ancien membre du tribunal de Zara, P. Wrachien, qui abandonnait le service de l'Autriche[4]. Cette nomination amena la retraite de Grisogono, froissé d'être rejeté au second rang par l'introduction de ce nouveau venu ; Ismaëlli rompit avec les Français et d'Alughera mourut. Il n'en est pas moins vrai qu'au début Dandolo ne nomma d'autres juges que ceux qu'il affectait de taxer d'ignorance et de vénalité ; il avait tort, du reste, car parmi ces magistrats se trouvaient nombre d'hommes honorables, savants et prudents, dont le seul défaut était de ne pas vouloir oublier d'un seul coup les lois qu'ils avaient longtemps appliquées, pour adopter la législation française, absolument nouvelle pour eux.

La retraite de Grisogono amena un remaniement du tribunal d'appel : par l'introduction de cinq nouveaux conseillers, le nombre des magistrats qui le composaient se trouva porté à neuf. Le président du tribunal civil de première instance, Giaxich, fut nommé procureur général[5].

Dans la première organisation faite au mois d'août[6], il y avait un tribunal civil de première instance et un tribunal criminel. L'arrêté du 14 novembre 1806 rétablit le tribunal unique à Zara, et en crée un à Spalato, composés chacun d'un premier président, d'un président et de huit juges, avec un procureur et son substitut. Provisoirement, une section du tribunal devait s'occuper d'expédier les affaires en retard ; elle devait envoyer chaque semaine, au provéditeur, un rapport sur ses travaux.

1. Z. L. 1806. Giust. rub. 2. Dandolo au Vice-roi, juillet et octobre. | 2. Z. C. Rapport sur l'année 1807. | 3. R. D. 16 août 1806. | 4. Arrêté du 11 octobre. R. D. 10 janvier 1807. | 5. Arr. du 24 novembre. R. D. 7 décembre 1806. | 6. R. D. 2 août 1806.

Un tribunal fut établi à Sebenico, mais ne commença à fonctionner qu'à la veille du jour où il devait disparaître [1].

A Cattaro, Marmont établit, en 1807, un tribunal pour lequel il demanda à Dandolo trois juges dalmates [2]. Nous reviendrons plus loin sur l'organisation judiciaire de Raguse.

Cette organisation était complétée par la création de vingt-et-une justices de paix auxquelles passait l'autorité assez étendue des *sardars*, dépouillés de leurs fonctions judiciaires, et devenus de simples agents du pouvoir exécutif.

S'il était relativement facile de créer des tribunaux et d'en choisir les juges, il était plus malaisé de renouveler d'un seul coup la législation que ces juges auraient à appliquer.

La législation.

Le décret organique du 28 avril 1806, nommant le provéditeur général, prévoyait la difficulté qu'on aurait à introduire en bloc toute la législation française : elle laissait au provéditeur une grande liberté et s'en remettait à lui pour mettre en activité le Code Napoléon, titre par titre, à mesure qu'il en verrait la possibilité.

En même temps, la question était mise à l'étude et faisait l'objet de plusieurs rapports : voici les conclusions de celui qui fut remis à Molitor, le 12 juin, par le Conseiller Ismaëlli :

La multiplicité des statuts municipaux de Dalmatie forme un dédale de lois, dont beaucoup sont défectueuses et d'autres tombées en désuétude. Mais, bien qu'il importe de substituer le nouveau code à cette masse informe de textes et de coutumes, nuisible à l'ordre social et embarrassante pour l'administration de la justice, il ne pourrait cependant être mis en activité dans toutes ses parties pour trois causes : la grossièreté des habitants, qui restent superstitieusement attachés aux mœurs, usages et préjugés locaux; le manque de lumières des habitants des villes, et l'impossibilité de constituer un corps de magistrats, fonctionnaires et officiers ministériels capable d'appliquer immédiatement une législation toute nouvelle pour eux.

Ismaëlli reconnaissait que les titres du Code qui régissent la propriété pourraient être appliqués sans trop de peine, mais que la difficulté insurmontable à ses yeux était de faire adopter les dispositions relatives aux personnes, à l'état civil, à la capacité des personnes et au mariage. Sur ce dernier point, les idées religieuses de la presque totalité de la population rendraient inapplicables les dispositions du Code Napoléon, qui substituent l'État à l'Église dans la législation matrimoniale. De plus,

1. Z. L. Giust. 1809. rub. 3. | 2. *Ibid*. Giust. 1807. rub. 1. Marmont à Dandolo et arrêté de Marmont portant organisation du district de Cattaro.

l'autorité paternelle et maritale, la condition de la femme faisaient l'objet de coutumes s'éloignant tellement des principes qui avaient dicté la loi française, que ce serait peine perdue de demander, par exemple, le consentement de la mère au mariage de ses enfants, l'établissement de la communauté légale entre époux, à défaut de contrat, ou l'admission de la fille au partage de la succession paternelle.

Deux réformes qu'Ismaëlli regardait comme possibles et nécessaires étaient la suppression des substitutions et fidéicommis pour les biens nobles, et l'abrogation de la loi Grimani, qui rendait inaliénables les terres du *Nuovo Acquisto*, concédées à titre précaire aux habitants de la Dalmatie intérieure[1].

Le rapport d'Ismaëlli, résumant en quelque sorte tous ceux qui avaient été déjà présentés, fut soumis à l'Empereur.

Beaucoup de questions demeurant obscures, des commissaires français et italiens furent délégués pour faire des enquêtes : ce furent, en juin, les cinq conseillers d'État italiens Giovo, Gallini, Fè, Guastavillani et Pallavicini[2]; en septembre, Canova, juge à Mantoue[3]; en novembre, le Conseiller d'État français Abrial[4]. Le tribunal d'appel de Zara tint, en août et en septembre, des assemblées où furent entendus les membres les plus distingués du tribunal[5].

Le 4 octobre, Dandolo avait adressé au Grand-Juge un projet étudié d'organisation intérimaire, rédigé à la suite des conférences qui venaient d'avoir lieu, quand lui parvinrent quatre décrets impériaux datés de Saint-Cloud, 4 septembre[6].

Les décrets de Saint-Cloud.

Le premier abolissait et prohibait les substitutions et fidéicommis.

Le second abrogeait la loi Grimani; ces deux décrets étaient la réponse au rapport Ismaëlli.

Le troisième déclarait le Concordat loi d'État en Dalmatie.

Le quatrième portait que l'application du Code civil serait différée, sauf en ce qui concernait la famille et les partages successoraux.

De ces quatre malencontreux décrets, rendus hâtivement, sans une étude sérieuse des questions, le premier attaquait la noblesse déjà mécontentée par la suppression des corporations nobles et des distinctions entre nobles et bourgeois; le deuxième voulait donner aux paysans de l'intérieur un gage de l'intérêt que leur portait le gouvernement impérial; dans la pratique, cette disposition manqua son but et mécontenta ceux qu'elle prétendait favoriser; le troisième inquiéta le clergé, en lui faisant redouter

1. Z. L., Molitor, juin. 1806. | 2. A. N., AFiv, juin, 1806, Z. L. Arch. secr., II, 246. | 3. A. N. AFiv., nov. 1806. | 4. A. N. AFiv., nov. 1806. Z L., 1806, Giust., rub. 1. | 5. Z. L., 1806. Magistr, rub. 23. | 6. R. D., 18 octobre 1806.

la diminution des sièges épiscopaux et la confiscation des biens ecclésiastiques, il donna donc un aliment nouveau aux préventions qui s'étaient
déjà manifestées ; le dernier resta sans application, par suite du mauvais
vouloir général. De plus, ces quatre décrets bouleversaient l'économie du
projet élaboré par les commissaires italiens et les juges indigènes ; ils ne
firent que porter le désordre dans une organisation que déjà Dandolo
appelait un chaos.

Dans son rapport sur l'année 1806, le provéditeur expose ainsi la
situation : « Il a présenté à tous les hommes de loi le Code Napoléon :
tous l'ont admiré, mais l'ont déclaré provisoirement inapplicable, même
dans les parties que le décret du 4 septembre rendait exécutoires. »

« Comment admettre que la fille qui, non seulement n'était pas dotée,
mais était payée à son père par son futur époux, pût prétendre à une part
de l'hérédité paternelle ? Comment exiger pour les testaments et les contrats des formalités qu'il était matériellement impossible de remplir dans
les villages où le curé même était incapable de rédiger un acte, et où l'on
ne trouverait pas deux témoins sachant signer, alors qu'il fallait plusieurs
jours de voyage pour se rendre au siège du tribunal, et qu'il ne se trouvait de notaires que dans deux ou trois villes du littoral ? » [1]

La réforme des lois pénales était au moins aussi difficile ; autrefois,
le juge unique des supériorités vénitiennes cumulait les fonctions
d'officier de police judiciaire, de magistrat instructeur et de juge ; il
pouvait condamner sans appel à cinq ans de prison. Les Autrichiens
lui avaient donné deux assesseurs, mais avaient maintenu les autres règles ;
le Code Léopold, mis en vigueur en 1798, consacrait le principe de la
procédure par écrit, qui laissait d'autant moins de garanties aux prévenus
illettrés que cette procédure était rédigée en italien, langue inintelligible
alors pour la presque totalité des Dalmates des classes populaires.

Malgré tout, on dut conserver le Code Léopold, en y introduisant
seulement quelques réformes touchant la procédure écrite et les peines à
appliquer : la décapitation fut substituée à la pendaison, la marque fut
supprimée ainsi que la bastonnade dont il était fait grand usage, tant
comme peine principale que comme peine accessoire et comme moyen
d'instruction ; la torture disparut de certains districts, qui gardaient par
privilège leur ancienne procédure [2]. A toutes ces peines sont substituées la
prison et l'amende ; mais Dandolo se trompait s'il croyait avoir satisfait
les justiciables ; ils préféraient de beaucoup une vingtaine de coups de bâton,
une fois reçus, à une privation prolongée de liberté ou au payement d'une
somme qu'ils n'avaient pas ou ne se souciaient pas de donner.

*Fonction-
nement de
la justice.*

1. Z. C., Rapport général de 1806. | 2. R. D., 18 avril 1807.

Pour assurer aux prévenus l'assistance d'un défenseur, Dandolo remania les statuts des avocats, qui durent prêter gratuitement leur appui aux accusés pauvres.

En même temps qu'il règlementait la profession d'avocat et la soumettait à quelques garanties d'honorabilité et de compétence, le provéditeur réformait également le notariat, de façon à faire des notaires des auxiliaires efficaces de l'autorité, pour la mise en pratique de certaines dispositions du Code Napoléon.

Dans son rapport sur l'année 1807, Dandolo constate les progrès qu'il a obtenus et les obstacles qu'il a rencontrés.

Le titre II du L. I du Code Napoléon (Actes de l'état civil) ne peut être appliqué, par suite de l'ignorance générale : là où le curé a toute la bonne volonté désirable, il se trouve en face de gens incapables de pouvoir lui fournir les indications qui devraient figurer dans l'acte.

Les titres V et VI (Mariage et divorce) seront inapplicables tant que la question du Concordat n'aura pas été réglée ; cependant les effets civils du mariage contracté en présence du curé peuvent être assurés par la loi, sauf dans un nombre de cas qu'il énumère, et dans lesquels la difficulté vient de l'opposition existant entre les principes du Code Napoléon et ceux du droit canonique.

Dans la partie relative au contrat de mariage (L. III. T. V), il est difficile d'imposer la communauté légale, à défaut de contrat (art. 1400-1496). Le reste, dit Dandolo, peut être mis en vigueur, moyennant de *légères* modifications substituant les curés aux notaires, les juges de paix aux présidents de tribunaux, en réduisant le nombre des membres des conseils de famille, et en autorisant les conventions verbales là où le Code demande des contrats écrits ; mais, même dans ces diverses parties de la législation, il y a des points où il faut tenir compte des usages et préjugés locaux[1].

Sur deux points précis, des décisions formelles avaient été prises par les décrets du 4 septembre, et, sur ces deux points, il fallut revenir sur ce qui avait été décidé.

La législation successorale devait être réglée par le Code : sur un rapport du Grand-Juge, présenté le 22 avril 1807, fut rendu un nouveau décret, du 15 mai[2], qui faisait à la coutume toutes les concessions sans lesquelles la loi était inapplicable.

Quant au décret abolissant la loi Grimani, on n'avait pas tardé à constater que cette mesure avait des conséquences aussi désastreuses qu'imprévues. Les paysans du *Nuovo Acquisto* étaient jusque-là les simples posses-

---

1. Z. C., Rapport général de 1807. | 2. R. D., 30 mai 1807.—Z. L., 1807. Législ., rub. 3.

seurs précaires de terres dont la loi ne leur garantissait que l'usufruit perpétuel, à eux et à leurs descendants mâles; c'était, comme nous l'avons
dit[1], une mesure très sage prise dans l'intérêt des paysans. Napoléon,
sur le rapport de quelques jurisconsultes à idées absolues, mais mal au
courant des conditions de la classe rurale dans l'intérieur de la province,
avait cru accomplir un acte de justice et de haute libéralité en donnant aux
paysans le droit de pleine propriété sur les terres qu'ils exploitaient; mais
ce droit de pleine propriété impliquait celui de vendre et d'engager, en
garantie d'une obligation, et, à peine le décret du 4 septembre fut-il
promulgué, qu'une bande de spéculateurs se répandait sur les terres du
nouveau domaine; ils amenaient les paysans à céder leurs champs pour
éteindre de vieilles dettes, ou à les engager en garantie d'emprunts usu-
raires qu'on leur faisait contracter. D'autres détenteurs de la terre vendaient à vil prix pour pouvoir émigrer et se soustraire à la loi du recrutement. Ainsi une disposition inspirée par des idées libérales avait pour
conséquence la spoliation des petits propriétaires. Il fallut défaire en toute
hâte ce qui avait été imprudemment fait. Le décret du 15 mai 1807 contenait déjà des réserves sur l'application des lois successorales aux terres pré-
cédemment régies par la loi Grimani. En juin, le Grand-Juge écrivait de
Milan à Dandolo de revenir à la loi abrogée [2]. Un arrêté du 15 octobre[3]
imposa, pour les aliénations entre vifs de terres du *Nuovo Acquisto*, l'intervention d'un notaire et du juge de paix, à peine de nullité, et y joignit un
tel appareil de publications, de délais et de taxes, que les fraudes et sur-
prises devenaient impossibles; les aliénations elles-mêmes devenaient à
peu près irréalisables : c'était le résultat désiré.

  Malgré tout, dans l'espace d'un an, les usuriers et financiers de bas
étage avaient eu le champ libre; nombre de paysans, privés de la protection tutélaire que la loi leur donnait contre leur propre imprévoyance,
avaient été spoliés, et le parti des ennemis de la France s'était grossi de
toutes les victimes d'un acte généreux, sans doute, mais certainemen.
impolitique.

  On trouva les mêmes difficultés pratiques lorsqu'on voulut mettre en
pratique le Code pénal[4] et les règlements concernant la procédure tant
civile que criminelle. Dans son rapport sur 1808[5], Dandolo énumère les
dispositions qu'il a pu faire fonctionner, et le nombre en est minime;
encore doit-il, dans chacun des titres promulgués, exclure de nombreux
articles et en modifier d'autres qui supposent une organisation judiciaire

---

1. P. I, ch. I. | 2. Z. L., 1807, Législation, rub. 3. | 3. R. D., 16 octobre 1807. | 4. Le
Code pénal actuel ne fut promulgué qu'en 1810. La loi pénale alors en vigueur était celle
du 3 brumaire an IV (15 octobre 1795). | 5. Z. C., Rapport général sur 1808.

complète, un personnel nombreux et des justiciables moins arriérés que ceux auxquels on avait affaire.

Il résulte de tout ce qui précède qu'après avoir traité de chaos l'organisation autrichienne, Dandolo n'avait fait qu'augmenter encore la confusion, en ajoutant à la mosaïque législative des lambeaux de lois françaises.

Aussi avons-nous lieu d'être surpris en lisant, dans les rapports de Dandolo, que la justice est rendue en Dalmatie, et même que le nombre des procès en retard diminue rapidement. Dans le *Regio Dalmata* des 23 avril et 31 juillet 1807, 8 janvier et 19 août 1808, on trouve des statistiques judiciaires d'où ressortent des résultats admirables. Dans le premier semestre de 1807, le tribunal d'appel avait expédié autant d'affaires que le tribunal d'appel autrichien en quatre ans et demi ; dans les trois semestres sur lesquels ces statistiques nous renseignent, on relève 410 arrêts du tribunal d'appel, 505 jugements des tribunaux de première instance et, pour 21 justices de paix, 914 sentences rendues en première instance, 2.557 conciliations, et plus de 1.500 affaires terminées en dernier ressort par procédure sommaire.

En étudiant de près ces résultats, on constate que le nombre des affaires criminelles est proportionnellement très restreint. Dandolo relève ce point et en déduit que le nouveau régime a fait disparaître la criminalité ; pendant le dernier semestre de l'administration autrichienne, on avait eu 50 poursuites pour homicide, dans le seul comté de Zara ; c'est plus qu'il n'en est constaté, pendant le premier semestre de 1807, pour la province entière. Il y a là une confusion manifeste entre le nombre des crimes commis et celui des meurtriers poursuivis ; or, sous la domination française, une impunité presque absolue était assurée aux criminels, à cause de l'insuffisance de la police et de la complicité de l'immense majorité de la population, et il est permis de supposer que, si l'on ne put pas traduire cinquante assassins devant les tribunaux, c'est parce qu'on ne put pas les prendre.

Ce point n'est pas le seul sur lequel les statistiques de Dandolo cherchent à faire trompe-l'œil, et les rapports judiciaires de 1810 disent très clairement que sous Dandolo les choses n'allaient ni mieux ni plus mal qu'avant et après. Mais alors le mot d'ordre était de décrier tout ce qu'avait fait le provéditeur, et nous aurions tort d'admettre ces assertions autrement que sous bénéfice d'inventaire, de même que nous n'admettons non plus que sous réserves les résultats donnés par Dandolo.

Les res-
crits.

Quand les juges se trouvaient en face de textes contradictoires ou de cas non prévus par les lois, ils devaient soumettre l'affaire au provéditeur, qui étudiait la question, et surtout la faisait étudier par son beau-frère,

Fr. Rossi, chef de la division judiciaire à la provéditure; sur le rapport de Rossi, Dandolo donnait un *Rescrit* indiquant aux juges quel texte il fallait viser et quelle sentence il fallait rendre. Il existe aux Archives de Zara[1] environ quatre-vingts de ces rescrits, devant servir de direction aux membres des tribunaux. Dandolo avait emprunté cette pratique aux traditions du droit romain, et, bien qu'elle ne semblât pas très conforme aux principes du Code Napoléon, elle ne paraît avoir soulevé aucune réclamation. Entre les mains d'un autre, ce pouvoir proconsulaire eût pu engendrer des abus intolérables, mais Dandolo était un homme juste et intègre ; quand sa vanité personnelle et ses rancunes contre les militaires n'étaient pas en jeu, il était impartial; son conseiller-légiste était un homme instruit, et, à eux deux, ils ont terminé d'une façon satisfaisante bien des affaires destinées sans cela à dormir dans la poussière des greffes. Les Dalmates avaient des idées simples, comme tous les primitifs, et trouvaient tout naturel que celui qui avait l'autorité rendît la justice. Le seul qui eût pu protester eût été Dandolo lui-même, s'il s'était rendu compte que, plus gravement peut-être que les magistrats autrichiens, il violait le principe, sacré pour lui, de la séparation des pouvoirs. Mais ce que personne ne lui reproche, nous ne songerons pas à le lui imputer à crime, surtout si nous tenons compte de sa bonne foi et de ses bonnes intentions.

Dandolo, que nous avons vu préoccupé du sort des accusés, qui leur procure des défenseurs et entoure la justice de garanties jusque-là négligées, ne pouvait être indifférent au sort des prisonniers, tant prévenus que condamnés, et, de ce côté, presque tout était à faire. A Zara et à Spalato, lors de son voyage de septembre 1806, Dandolo avait visité avec horreur les prisons, où accusés et condamnés étaient entassés pêle-mêle; la terre nue n'était pas même recouverte de paille, les fenêtres étaient obstruées par d'énormes barreaux, et, quand ces barreaux étaient en mauvais état, on les recouvrait de planches, qui empêchaient toute ventilation. Enfin, malgré les décisions prises par les gouverneurs autrichiens, on continuait à enfermer les fous dans les prisons, mesure aussi barbare pour les fous que pour les autres détenus.

Dandolo donna des ordres pour l'assainissement des prisons, il fit mettre au moins quelques planches sur le sol et ouvrir quelques jours donnant de l'air et de la lumière[2]. La nourriture des détenus était fournie par le gardien auquel on payait 8 *gazzettes* (10 cent.) par prisonnier et par jour ; cette allocation fut portée à 10 gazzettes, et les gardiens furent soumis, par un arrêté du 14 mars 1807[3], au contrôle des *protecteurs des prisonniers*,

Amélioration du sort des prisonniers.

1. Z. L., 1807, 1808, Législ. rub. 1. | 2. Z. L. Voyage de Dandolo, 286. — 1807, Giust, rub. 11. — R. D., 19 juillet et 2 août 1806. | 3. R. D., 25 mars 1807.

institution dont Dandolo avait trouvé l'idée première en Italie, dans les confréries dites de la Miséricorde.

Les membres de ce collège charitable étaient autorisés à pénétrer dans les prisons pour y exercer une surveillance de tous les jours ; ils devaient veiller sur l'alimentation des prisonniers, recevoir et transmettre leurs plaintes, procurer l'élargissement de ceux qui avaient terminé leur peine ; ils devaient s'offrir aux prévenus pour les défendre devant la justice.

Cette mission humanitaire fut confiée à des hommes ayant une situation honorable et indépendante, mais, malgré certaines faveurs attachées au titre de protecteur des prisonniers, on eut quelque peine à en assurer le recrutement ; l'art. 5 de l'arrêté cité plus haut porte que celui qui a été désigné pour remplir cette charge ne pourra s'en dispenser qu'après avoir fait agréer au tribunal des excuses reconnues légitimes. Il est donc à craindre que l'institution n'ait pas donné tout ce qu'on en attendait, car, en matière d'œuvres de charité surtout, on ne fait bien que ce qu'on fait de bonne grâce. C'est ainsi que, dans ses projets les plus sages, le provéditeur se heurtait à des résistances dont il ne pouvait triompher : il n'en reste pas moins digne des plus grands éloges pour avoir entrepris de faire le bien, même quand le succès n'a pas couronné ses efforts.

§ V. Les Finances. Avant d'en venir à l'étude de l'administration financière de Dandolo, il est nécessaire d'exposer brièvement les phases que la question monétaire venait de traverser depuis la chute du gouvernement vénitien.

La question monétaire. Avant 1797, l'unité monétaire était, en Dalmatie comme à Venise, la livre (*lira*), divisée en 20 sous (*soldi*) ; mais la valeur de la livre dalmate était à celle de la livre vénitienne comme 5 est à 12. Le ducat dalmate valait 6 livres 6 sous ; le réal, 10 livres. Ce qui compliquait la situation, c'est que livre, ducat et réal n'existaient pas : c'étaient des monnaies de compte, et les seules monnaies réelles frappées en Dalmatie étaient le sou (*soldino*) et la gazzette qui valait deux sous dalmates.

Par suite de la relation entre la livre vénitienne et la livre dalmate, une livre vénitienne aurait dû valoir 24 gazzettes, mais à Venise il fallait 40 gazzettes dalmates pour faire une livre, ce qui transformait la relation 2 : 5 en 1 : 4. Au contraire, les monnaies vénitiennes augmentaient de valeur en Dalmatie ; ainsi le thaler (*talaro*) vénitien avait à Venise le cours de 10 livres 3, 4 ou 5 sous, selon le change, et devait passer en Dalmatie pour 11 livres vénitiennes, soit 27 livres dalmates et 5 gazzettes.

Quant aux monnaies d'or exportées de Venise pour les besoins du commerce avec les Turcs, elles étaient l'objet d'un trafic, et leur valeur montait et baissait au gré des spéculateurs.

Les Autrichiens, en occupant la Dalmatie, y introduisirent comme unité idéale le *florin*, qui reçut la valeur de 12 livres dalmates, et comme le florin se divisait alors en 60 *kreuzers*, la livre dalmate valut 5 kreuzers, et la gazzette un demi-kreuzer. La monnaie vénitienne continua à avoir cours selon la relation 2 : 5 entre la livre vénitienne et la livre dalmate. De plus, on introduisit en Dalmatie beaucoup de monnaie autrichienne et de billets dits : *banco-zettel* ou *cédole-bancali*. La monnaie métallique autrichienne se composait de quatre séries : or, argent, cuivre et billon (alliage d'argent, de zinc et de cuivre). L'or et l'argent, très rares, avaient un cours fixé par le change, et par conséquent variable; de même, les banco-zettel, qui perdaient 60 % de leur valeur nominale dans les États héréditaires, n'eurent jamais un cours stable en Dalmatie. Le cuivre était représenté par deux pièces de 1 et 6 kreuzers; le billon, par 8 types ayant les valeurs de 3, 5, 6, 7, 10, 12, 13 et 20 kreuzers. Il faut noter que la pièce en cuivre de 6 kreuzers, qui valait 12 gazzettes, contenait autant de métal que deux gazzettes, ce qui revient à dire qu'à poids égal la monnaie dalmate valait six fois moins que les kreuzers. Les pièces de billon n'avaient pas une plus grande valeur intrinsèque. Aussi, dès le début de l'occupation autrichienne, des spéculateurs se mirent-ils à exporter en Autriche toutes les gazzettes qu'ils purent accaparer : ils réalisèrent en les fondant de gros bénéfices.

Les Français ne trouvèrent donc en prenant possession qu'un numéraire déprécié et des billets dont le cours était soumis à des fluctuations réglées par les agioteurs. Un des premiers actes du général Molitor fut donc de publier le décret du 26 avril 1806, qui devait, pensait-il, mettre fin à la crise : la livre dalmate prenait le cours de 10 sous vénitiens, soit une demi-livre vénitienne; le florin et ses divisions perdaient la moitié de leur valeur nominale, ce qui établissait la parité entre la valeur du kreuzer et de la gazzette, et donnait au florin une valeur de 2 livres vénitiennes 10 sous (2 fr. 50), valeur nominale qu'il a encore aujourd'hui [1].

L'application brusque de cette réforme provoqua de vives réclamations qui n'étaient pas absolument infondées, et nous avons vu que, pendant les premières semaines de l'occupation, les troupes faillirent manquer de pain et de viande, parce que les fournisseurs ne consentaient pas à recevoir les kreuzers pour la moitié de la valeur qu'ils avaient lorsqu'ils avaient acheté les subsistances [2]. On fit d'abord quelques concessions, et le nouveau tarif finit par s'établir.

Mais, pour pouvoir compléter la réforme, il aurait fallu frapper immédiatement une quantité suffisante de bonne monnaie, et interdire la cir-

1. Z. L., 1806. Finanze. rub. 2. — R. D., 2 sept. 1808. | 2. Z. L. Molitor, F. Monnaies.

culation des kreuzers autrichiens ; on craignit de favoriser les spéculateurs qui auraient exporté et fondu la monnaie nouvelle, comme ils avaient fait pour les gazzettes, et l'on se contenta d'utiliser les kreuzers réduits à la moitié de leur valeur nominale. Mais on ne put cependant conjurer complètement la crise, et la valeur de l'or diminua : le sequin vénitien passa, en trente mois, de 35 livres à 23 (11 fr. 60), ce qui revient à dire que, par suite de l'insuffisance de numéraire, le cours de la monnaie de bas aloi s'éleva de 30 %. Telle était la situation en 1809 [1].

Les documents financiers qui sont conservés aux Archives de Zara ne semblent pas l'œuvre de partisans de la réforme monétaire. On y trouve des comptes établis en livres italiennes, vénitiennes et dalmates, en florins autrichiens, en piastres turques, en ongari ragusains [2]. Dans les rapports de Dandolo se trouvent employées successivement et même concurremment la livre italienne et la livre dalmate, ce qui exposerait à de graves mécomptes si la comparaison attentive des pièces ne permettait de discerner l'unité employée. Pour plus de clarté, nous avons converti toutes les sommes en livres italiennes équivalentes aux francs ; nous pensons avoir introduit ainsi un peu de lumière dans une question au premier abord très obscure.

Les documents principaux qui ont été utilisés sont les budgets qui se trouvent soit aux Archives de Zara, soit dans les rapports annuels de Dandolo ; sur chaque article de recette ou de dépense, les archives fournissent des éclaircissements intéressants ; enfin Dandolo a publié dans le *Regio Dalmata*, une suite d'articles sur les impôts de la dîme, de l'*erbatico*, du sel, où il est facile de puiser des indications précieuses : ces remarquables articles sont intercalés au milieu de dissertations philosophico-économiques entièrement dénuées d'intérêt et de violentes diatribes contre l'administration autrichienne, diatribes dont il serait imprudent d'adopter sans examen la plupart des conclusions.

Quoi qu'il en soit des théories chères à Dandolo et de sa haine aveugle contre l'Autriche, il est impossible de ne pas reconnaître que, de même qu'il avait habilement conduit les affaires de son commerce et amassé en vingt ans un opulent patrimoine, de même en gérant les intérêts de la Dalmatie, il se montra financier de grand talent.

Les budgets. Chaque année il envoyait à Milan un projet de budget qui lui revenait approuvé, mais non sans avoir reçu des modifications parfois importantes. Chaque année, dans son grand rapport annuel, il présente en quelques pages (lui si prolixe d'ordinaire !) un aperçu très clair d'une situation

1. Z. L., 1808, Finanze. rub. 8. | 2. La piastre valait 1 fr. 20, l'ongaro, 11 fr. 40, soit presque la valeur du sequin vénitien.

financière qui, en dépit des circonstances toujours difficiles, se solde toujours par un excédent de recettes.

En 1806, les dépenses s'élevèrent à 1.248.000 livres, les recettes à 1.282.000.

En 1807, les dépenses prévues sont de 1.263.000 livres, elles s'élèvent en fait à 1.315.000 livres; les recettes, suivant la même progression, passent de 1.222.000 livres à 1.404.000 livres.

Pour 1808, nous trouvons en prévision 2.200.000 livres de dépenses et 1.991.000 livres de recettes, et l'année se balance avec un excédant de 230.000 livres, les recettes n'étant montées qu'à 1.783.000 livres, mais les dépenses s'étant trouvées réduites à 1.553.000 livres. Pour 1809, les projets portaient 1.894.000 livres de recettes, 1.827.000 livres de dépenses, mais la guerre vint, au milieu de l'exercice, paralyser le mouvement des services publics et l'on n'a des comptes que pour le premier trimestre de l'année.

Sous les Vénitiens, en négligeant, il est vrai, les dépenses occultes et les profits parfois considérables des magistrats, le budget ne dépassait pas 300.000 livres; sous les Autrichiens, on arriva à 600.000 florins qui faisaient environ 1.500.000 livres. Nous voyons, sous Dandolo, les recettes et les dépenses suivre une marche ascensionnelle qui semble marquer un réveil de la prospérité intérieure et du commerce avec le dehors.

Il ne sera pas sans intérêt de parcourir un à un les chapitres de ces budgets modestes, mais dont le pays n'eût pas su porter le poids sans l'habileté du provéditeur.

L'examen des dépenses sera rapide, car nous aurons bientôt à y revenir à l'occasion des services auxquels ces dépenses étaient appliquées.

L'administration générale qui coûtait 296.000 livres aux Autrichiens n'est portée au budget de 1807 que pour 274.000 livres, puis elle remonte à 304.000 en 1808, et, pour 1809, à 314.000. C'est le résultat du développement donné par Dandolo aux bureaux de la provéditure, et peut-être aussi des réclamations pécuniaires du provéditeur qui, chaque année, faisait insérer au budget des sommes assez rondes pour l'entretien du palais et de son mobilier. Mais loin de nous la pensée que Dandolo ait pu s'enrichir aux dépens de la Dalmatie; son fils nous raconte, au contraire, que du million en or porté à Varese en 1798 et caché dans un puits, il ne restait en 1810 que les deux tiers, ce qui donnerait à croire que Dandolo aurait dépensé 300.000 livres de son avoir pendant son séjour à Zara.

Les dépenses de l'instruction publique augmentent d'année en année : 63.000 en 1807, 82.000 en 1808, 100.000 en 1809; celles de la bienfaisance publique demeurent stationnaires; ce n'étaient pas les revenus qui manquaient, mais une bonne organisation. Pour le service de santé, nous

Dépenses.

passons de 18.000 à 46.000 en raison des efforts faits pour propager la vaccine. L'agriculture ne pouvait être indifférente à Dandolo, et les sommes destinées à l'encourager passent de 22.000 à 45.000. Les travaux publics sont pauvrement dotés, au moins en ce qui dépend de Dandolo, car Marmont exécutera avec des ressources propres les fameuses routes qui ont immortalisé son nom en Dalmatie. Les dépenses de justice et de police s'accroissent en raison de la création de fonctions nouvelles. Le corps des pandours devait coûter de grosses sommes, mais cette institution est frappée de discrédit, et, en trois ans, les sommes qui lui sont attribuées descendent de 270.000 à 72.000, après avoir figuré au projet de budget de 1808 pour 1.200.000.

Tout ce budget ne tenait en équilibre qu'à force d'économies et de savantes combinaisons : on conçoit donc le désespoir du provéditeur lorsqu'un ordre du général en chef venait, au nom des nécessités militaires, ajouter tout d'un coup quelques centaines de mille livres à un budget qui n'atteignait pas deux millions et absorber les sommes tenues en réserve pour commencer de grands travaux publics ou développer l'instruction publique. Nous pouvons ne pas partager tous les ressentiments de Dandolo contre Marmont, mais nous nous expliquerons sans peine que les troupes françaises et leurs exigences fussent le cauchemar du provéditeur.

Recettes. L'examen des recettes nous demandera un peu plus d'attention parce que c'est là surtout que se montrent les ressources de l'esprit vraiment fécond de Dandolo.

On peut répartir les recettes de la Dalmatie, de 1806 à 1809, en trois catégories : l'impôt foncier, les douanes et monopoles, les domaines; ces trois sources contribueront, dans une proportion très inégale, à alimenter le budget; mais partout nous constaterons que Dandolo a su tirer de chaque source d'impôts des produits toujours croissants, sauf quand la guerre civile ou la guerre étrangère viennent en tarir quelqu'une.

Impôts fonciers. L'impôt foncier n'avait pas alors en Dalmatie l'extension que nous sommes habitués à lui attribuer; c'étaient seulement les terres du *nuovo* La dîme. et du *nuovissimo acquisto*, concédées par la loi Grimani, qui payaient cette redevance de la dixième partie des fruits. Les terrains du *vecchio acquisto*, les immeubles urbains ne devaient aucun impôt : toute la charge de la dîme pesait sur les paysans de l'intérieur[1].

Rien que par son nom, cette imposition devait faire horreur à un fils de la révolution, comme était Dandolo; mais comme la dîme représentait à elle seule près de la moitié des revenus du pays, il fallut bien la maintenir,

1. R. D. 2 août, 6 septembre 1806; 11 avril, 16 mai 1807; 12 août, 11 nov. 1808.

sauf à en réformer le fonctionnement. Tout d'abord, Dandolo renonça
très sagement au système de la ferme; la ferme avait sans doute des avantages, l'Etat recevait une somme fixe, que la récolte fût bonne ou mauvaise, et il n'avait pas à s'occuper d'entretenir le personnel et les magasins
nécessaires à la perception. Mais le personnel n'en existait pas moins, et,
soustrait au contrôle du gouvernement, exploitait odieusement l'ignorance
du contribuable. Quant au fermier lui-même, il réalisait d'énormes bénéfices, même dans les mauvaises années, et Dandolo comprit que si la dîme
était maintenue, il fallait qu'elle fût perçue directement par le gouvernement, et, en fait, au lieu de 500.000 livres que l'entrepreneur payait aux
Autrichiens, de 200.000 qu'il avait payées à Molitor, Dandolo fit rendre
à cet impôt 950.000 livres en 1807, 1.024.000 en 1808, après avoir soldé
tous les frais de perception, frais considérables en raison du nombre
d'agents qu'il fallait employer.

Il y avait dans chaque paroisse un agent subalterne, le *subassé*, qui devait
prendre note de la valeur des récoltes au moment de la moisson; les *subassés* étaient 462 : au dessus étaient 46 *descrittori* qui établissaient, sur le
rapport des *subassés*, les qualités et les quantités de grains dues par chaque
cultivateur. Le contribuable devait alors transporter à ses frais les grains
décimaux dans un des quarante magasins situés sur le littoral, quelquefois
à quatre jours de marche de son domicile. La rentrée de la dîme était
effectuée par les soins de huit directeurs placés sous la surveillance de six
contrôleurs. Avec les pandours, chargés des escortes, le paiement de la
dîme mettait en mouvement un millier d'employés, autant de paysans et
30.000 bêtes de somme pour porter les 60.000 sacs de grain qui revenaient
bon an mal an au fermier ou à l'Etat. C'était pour le pandour, comme
pour le paysan, une cause de déplacements onéreux, une perte de temps
considérable. Mais, malgré ses efforts pour trouver quelque chose à sub-
situer à la dîme, Dandolo en était réduit à constater les inconvénients du
système existant et les inconvénients plus grands encore de toute autre
organisation. Demander l'impôt en argent était irréalisable : à défaut de
cadastre, on n'eût fait que des évaluations arbitraires contre lesquelles
auraient protesté ceux-là seuls qui se seraient crus lésés; pendant les mauvaises années, il aurait fallu renoncer à percevoir l'impôt, et enfin, si l'on
n'avait pas débarrassé le paysan du surplus de sa récolte au profit des gre-
niers publics, on n'aurait enrichi que les spéculateurs qui auraient parcouru la campagne en achetant les grains à des prix dérisoires. La dîme
subsista donc jusqu'en 1810, et on ne l'eut pas plutôt supprimée à cette
date qu'on se hâta de la rétablir.

Une autre dîme, établie par décret du Sénat du 28 janvier 1768, frap-
pait d'un droit de 5,6 o/o tous les produits de biens concédés aux églises

et monastères; cette taxe était affermée à un entrepreneur qui payait environ 25.000 livres par an[1].

L'Erbatico. L'*Erbatico* était un impôt ayant le caractère d'impôt foncier[2]; il reposait sur le droit qu'avait tout propriétaire de faire pâturer ses bestiaux sur les terrains incultes de la région montagneuse de la Dalmatie intérieure. Pour l'usage de ce droit, il devait payer 5 sous par tête de bœuf ou de vache, 3 sous pour les porcs, 2 sous pour les moutons et les chèvres. Or, il y avait en 1807 66.000 bœufs, 20.000 porcs, 500.000 moutons et 400.000 chèvres assujettis à l'impôt[3]. L'impôt devenait donc une importante source de revenus.

Nous avons vu qu'en 1806, l'entrepreneur Mirkovich obtint de Molitor la ferme de l'*Erbatico* moyennant 35.000 livres. En 1808, Dandolo exigea des conditions moins désavantageuses. En 1804, année d'épizootie, les Autrichiens avaient retiré de l'*Erbatico* 45.000 livres : Mirkovich offrit pareille somme[4], mais Dandolo la refusa, et, en percevant directement l'impôt, en retira 52.000 livres en 1807, 86.000, au lieu de 72.000 prévus, en 1808, et en 1809, 92.000, grâce à un relèvement de la taxe des chèvres dont la dent malfaisante neutralisait tous les efforts faits en vue du reboisement. Ces plus-values étaient simplement dues à la surveillance organisée pour empêcher les paysans, d'une part, et d'autre part les agents de perception de porter préjudice aux intérêts du Trésor.

Douanes et monopoles. La deuxième série d'impôts : douanes et monopoles, devait donner à Dandolo de plus grandes joies et de plus amères déceptions.

Nous ne citons que pour mémoire quelques articles dont le revenu affermé par des contrats à long terme était à peu près insignifiant : monopoles de la poudre, du salpêtre, concession des mines d'asphalte de Vergorac, qui, ensemble, produisaient environ 3.000 livres.

Les tabacs. Le tabac était affermé, depuis 1805, à un entrepreneur vénitien qui payait 15.000 livres. Dandolo le remplaça en 1807 par un hongrois, Schram, qui donnait un prix un peu plus élevé et qui s'engageait à acheter le tabac des cultivateurs dalmates[5]; c'était cela qui touchait le provéditeur, désireux d'encourager l'agriculture, et c'est pour cela seulement qu'il avait changé le titulaire de la ferme. Mais sa combinaison ne réussit pas : le tabac récolté à Verlika et en Poglizza était de qualité très supérieure,

1. Z. L, 1807. Culti, rub. 20 Finanze, rub. 14. | 2. Z. L, 1806. Fin. rub. 27. 1807, rub. 32. — R. D. 1806, 6 sept.; 1807, 27 juin; 1808, 28 octobre. | 3. Il ne s'agit ici que des animaux adultes du Nuovo acquisito : nous donnons au chapitre suivant des indications sur le nombre total des animaux domestiques | 4. Z. L, 1807. Fin. rub. 32. | 5. Z. L. 1806. Fin. rub. 11. — R. D, 31 juillet 1807.

comparable à ceux de Bosnie et d'Albanie; l'entrepreneur ne fit donc que peu d'affaires avec les cultivateurs qui voulaient un prix trop peu rémunérateur pour lui, et il vendit aux consommateurs le tabac détestable qu'il tirait à très bon marché de Hongrie[1].

Les salines furent pour la Dalmatie une véritable mine d'or. Grâce aux mesures prises par Dandolo, les recettes prévues pour 1807 à 650.000 livres s'élevèrent en 1808 à 695.000 et auraient dépassé 700.000 en 1809 sans les évènements militaires[2].

Les salines.

Les calculs de Dandolo allaient même beaucoup plus haut et ses prévisions étaient justes. Le commerce du sel en Dalmatie se montait, année moyenne, à 13.000 *moggia*[3], ce qui donne 24.700.000 livres de sel. Sur cette énorme quantité, 8 millions de livres étaient consommées en Dalmatie et près de 17 millions, formant 85.000 charges de bêtes de somme qui étaient exportées en Bosnie, assuraient un « fret de retour » aux animaux de charge qui apportaient des grains ou d'autres marchandises d'origine turque. Pour satisfaire aux demandes de la Bosnie, la Dalmatie n'avait que les salines de Pago, qui donnaient, en moyenne, 6 millions de livres de sel[4]. Il fallait donc aller demander les 19 millions de livres qui manquaient aux salines des Etats pontificaux, ce qui réduisait le bénéfice à 100.000 livres, vu le prix élevé que demandaient les saulniers italiens. Dandolo vit les énormes profits que pourrait donner la vente du sel, si on arrivait à le recueillir dans le pays en quantité égale aux besoins de la consommation et du trafic. Sur 1827 marais salants existant en 1806, la moitié étaient mal exploités, plus de 200 complètement abandonnés; une impulsion énergique fut donc donnée par le provéditeur à l'industrie saulnière et le produit s'éleva rapidement de : 4.267.000 livres, en 1805, à 5.780.700 livres, en 1806, et, en 1807, au moment où paraît le rapport d'où ces renseignements sont tirés, le produit de huit mois s'élève à 13.408.000 livres, soit le triple de l'année 1805 tout entière. Cette augmentation n'était que le commencement d'un mouvement que Dandolo comptait accélérer; en trois ans, il espérait arriver à 25 millions de livres et s'affranchir de la dépendance des saulniers étrangers; cela permettrait à la branche des sels de donner vers 1812 un produit net de 1.800.000 livres, égal à la totalité du budget actuel de la Dalmatie.

La guerre mit à néant toutes ces espérances et, en 1809, les Autrichiens ayant occupé Pago dès les premiers jours de l'été, s'approprièrent 10 millions de livres de sel, au grand détriment des finances dalmates.

---

1. Z. L, 1806. Fin. rub. 10. | 2. R. D, 2 août 1806, 30 janv., 18 sept. 1807. | 3. Le *moggio* de Venise faisait 1.900 *libbre grosse*, soit environ 850 kilog. | 4. 9 millions en 1803, 5 en 1804, 4 en 1805, 6 en 1806.

Les douanes perdirent aussi beaucoup par suite de la guerre; mais, tandis que les salines ne furent atteintes qu'en 1809, par la guerre continentale, la guerre maritime anéantit complètement, depuis 1806, les recettes qui venaient du transit entre l'Italie et les provinces ottomanes[1]. Les Russes, puis les Anglais furent maîtres de l'Adriatique aussi longtemps que dura l'occupation française en Dalmatie; on pouvait à peine faire passer d'Ancone à Zara ou de Bari à Cattaro quelques barques légères et rapides chargées du service de la poste; on pouvait encore aventurer, en choisissant le moment, quelques navires portant des troupes, des vivres et des munitions; encore fallait-il prévoir que, sur trois, un au moins serait pris par l'ennemi; mais expédier des convois de lourds bateaux chargés de grains ou de bétail était une entreprise irréalisable. Quant aux douanes intérieures tombées en 1805 de 556.000 livres, que recevaient les Autrichiens, à 178.000, elles remontent à 300.000 en 1807 et 407.000 en 1808, et il faut remarquer que cette somme représente la moitié à peine des sources de revenus qui alimentaient les douanes autrichiennes. La cause de cette plus-value n'est pas à rechercher dans l'élévation des droits : au contraire, les objets de première nécessité, pain, vin, viande, furent dégrevés et certaines taxes abusives furent supprimées[2]; mais, et c'est là que nous voyons que l'Empereur avait eu raison de compter sur l'intégrité de Dandolo, la perception, reposant sur moins d'articles, rendit des sommes supérieures par suite de l'épuration du personnel et de la suppression de ces mille privilèges qui, même sous les Autrichiens, exemptaient de toute charge la moitié la plus aisée de la population; la suppression graduelle de ces abus fit grossir progressivement le produit des douanes, et une exploitation en régie, substituée, partout où ce fut possible, à la ferme, contribua encore à améliorer les résultats.

Sur ce point particulier, la vigilance de Dandolo s'exerça avec une grande efficacité : des dossiers entiers sont consacrés à l'étude minutieuse des questions les plus humbles, et une surveillance de tous les instants enveloppe tous les agents de finance. Aussi, grâce à ce contrôle, les désordres sont-ils rares, et, dans une période de trois ans et demi, nous ne relevons de poursuites que contre deux agents infidèles.

Les domaines rendirent, pour les mêmes causes, des produits toujours croissants qui vont de 44.000 à 64.000 et à 96.000 livres. Comme la consistance des immeubles ruraux et urbains dépendant des domaines est toujours la même, c'est à une meilleure gestion que doit être attribuée cette plus-value qui double et au delà, en deux ans, cet article de recettes.

1. Z. L, 1806, Fin. rub. 5. — R. D, 5 février 1808. | 2. R. D, 25 sept., 20 oct. 1807; 8 oct. 1808.

CHAPITRE V

ADMINISTRATION DE DANDOLO (1806-1809)

(*Suite*)

§ I. Affaires ecclésiastiques. Les évêques; le clergé séculier et régulier; les confréries. Plan de réformes. Rupture de Dandolo avec le clergé; Marmont et les Franciscains. Les Grecs; le synode de Zara. — § II. L'instruction publique. — § III. La bienfaisance. — § IV. Les travaux publics. — § V. L'industrie, le commerce et l'agriculture.

Nous avons étudié l'administration de Dandolo en Dalmatie dans ses grandes lignes; nous avons montré les efforts qu'il a faits pour doter la province qui lui était confiée d'une organisation judiciaire et financière. Il nous reste à passer en revue les autres services dont il aura à assurer le fonctionnement : affaires ecclésiastiques, instruction, bienfaisance, travaux publics, industrie, commerce et agriculture.

Pendant l'occupation autrichienne, les affaires ecclésiastiques avaient bien souvent attiré l'attention du gouvernement et l'avaient menacé de bien des déboires; l'église de Dalmatie était, en effet, une puissance avec laquelle il fallait compter, et si son organisation avait des défauts, il était plus facile de les constater que d'y porter remède.

§ I. Affaires ecclésiastiques.

L'influence de l'Église en Dalmatie était immense : le clergé était nombreux; bien qu'ils fussent loin d'être riches, les curés se trouvaient dans une situation fort supérieure à celle des paysans; bien qu'ils fussent loin d'être savants, ils dépassaient de beaucoup le niveau moyen d'instruction de leurs ouailles, étant habituellement les seuls habitants de la paroisse sachant lire et écrire. La foi des Dalmates, pour ne pas être très éclairée, n'en était pas moins vive; ils obéissaient à leurs prêtres avec une confiance aveugle, d'où il suit que si le gouvernement voulait pouvoir compter sur la fidélité des peuples, il devait s'assurer du dévouement des pasteurs.

Dandolo s'efforça donc de gagner les bonnes grâces du clergé. Tout incrédule qu'il fût, il sentait que si les évêques et les prêtres donnaient l'exemple de la soumission ou de la révolte, ils seraient suivis dans l'un et l'autre cas. Aussi voyons-nous d'abord le proviseur témoigner au clergé les plus grands égards; dans sa proclamation du 12 juillet, un paragraphe très flatteur concerne les évêques; puis il adresse une circulaire fort adroite aux curés, et les réponses qu'il reçoit lui donnent lieu d'espérer qu'il va trouver des auxiliaires dévoués et soumis dans les rangs du clergé. L'archevêque de Spalato et les douze évêques ou vicaires capitulaires (deux sièges étant vacants) adressèrent aux fidèles des lettres pastorales, dont quelques-unes méritèrent d'être insérées dans le *Regio Dalmata* [1] : ce sont celles des évêques d'Arbe, Sebenico, Traù, Lesina et Makarska, et il ne faut pas voir dans ces actes une manœuvre courtisanesque inspirée par quelque ambition mesquine ; ces cinq évêques, et en particulier Galzigna d'Arbe, Stratico de Lesina et Blaskovich de Makarska, étaient des esprits élevés et indépendants qui, pour cela même, avaient été traités par les Autrichiens sinon avec hostilité au moins avec méfiance ; ils entendaient Dandolo leur adresser des paroles de respect et de confiance, et ils allaient à lui dans la conviction que les actes du nouveau gouvernement seraient conformes à ses paroles.

Pour répondre aux avances du clergé, Dandolo crut devoir se constituer son protecteur contre les exigences des militaires.

Dans une lettre au commandant de place de Zara, datée du 29 juillet, il protesta contre la « désaffectation » de certaines églises transformées en dépôts de munitions. « Les autorités militaires, écrit-il, n'ont pas le droit « de toucher aux choses les plus augustes et les plus sacrées, sans même « jeter un regard sur les conséquences politiques de leurs actes. » Il réclama aussi l'église de Saint-Michel des Illyriens transformée en hôpital ; avec sa ténacité ordinaire, Dandolo suivit cette affaire pendant six mois, et le 29 janvier 1807, le général Vignolle, chef d'état-major, dut restituer l'église après l'avoir fait restaurer, en mémoire de quoi on y plaça une inscription gravée sur une plaque de marbre et conçue en ces termes :

CATHOLICUM. HOC. D. MICHAELIS. TEMPLUM
FIDELIBUS. LINGUÆ. ILLYRICÆ
RESTAURATUM. RESTITUIT
PUBLICA. MUNIFICENTIA.
NAPOLEONE. MAGNO. IMPERATORE
V. DANDOLO. DALM. PROC.
A. D. MDCCCVII [2]

Malheureusement, en 1807, quand Dandolo arriva à cet heureux résultat, ses relations avec le clergé s'étaient déjà bien refroidies.

La première occasion de mécontentement qui se présenta fut fournie par l'Empereur lui-même. Un des quatre décrets rendus à Saint-Cloud, le 4 septembre 1806, portait que le Concordat deviendrait loi d'État en Dal-

---

1. R. D., 12 et 19 juillet 1806. | 2. Z. L., 1806, Culti., rub. 8 ; 1807, Culti., rub. 24.

matie. Il y avait là une menace pour les libertés religieuses, et Dandolo sentit qu'on allait déterminer ainsi une agitation dont on ne pouvait mesurer toutes les conséquences ; il prit donc sur lui de ne pas publier le décret : la législation vénitienne armait déjà suffisamment l'État à l'égard de l'Église ; les Autrichiens s'y étaient tenus, et il les imita d'abord [1].

Le principal point était d'avoir le droit d'agréer, et pratiquement de désigner les candidats aux sièges épiscopaux, et ce droit appartenait au gouvernement, qui en avait même déjà usé en faveur d'un évêque, celui-là même dont l'attitude avait été la plus démonstrative en faveur des Français. L'évêque de Nona, Scotti, était un vieillard de 75 ans, qui gouvernait depuis 18 ans le diocèse le plus pauvre et le moins peuplé de Dalmatie ; il avait fait au général Molitor, lors de son entrée à Zara, une soumission qui avait attiré sur lui l'attention du gouvernement, et Dandolo lui apportait sa nomination au siège métropolitain de Zara. Scotti passera dans ce siège tout le temps de l'occupation française et restera le dernier partisan de la France dans les rangs du clergé ; il fut sans doute servile, et traité comme tel, mais il le fut jusqu'au bout, ce qui est un mérite peu commun.

La conduite de Dandolo ne tarda pas à paraître suspecte à ceux-là même qui l'avaient le mieux accueilli : il avait fait procéder, dès son arrivée, à une enquête sur la situation de l'Église [2] ; puis, par deux circulaires des 2 et 7 octobre 1806 [3], il avait posé aux évêques des questions qu'ils avaient jugées indiscrètes ; on avait d'abord essayé de n'y pas répondre, comme on faisait au temps des Autrichiens, mais Dandolo n'était pas homme à laisser ses questionnaires s'endormir dans les cartons des chancelleries ; il voulait des réponses : il les obtint et constata ce que les Autrichiens n'avaient pas été sans entrevoir, que des réformes profondes étaient nécessaires.

Le clergé était nombreux et riche, et le nombre des évêques, comme celui des prêtres, lui semblait hors de proportion avec celui des fidèles. Pour 200.000 âmes, il y avait 2 archevêques et 10 évêques (Zara et Spalato ; Arbe, Veglia, Cherso, Ossero Nona, Sebenico, Traù Makarska, Lesina et Curzola), 1.200 églises ou chapelles, 462 paroisses et 1.500 prêtres séculiers, 54 couvents, dont quelques-uns réduits à un très petit nombre de religieux. Or, les couvents les moins nombreux n'étaient ni les plus fervents, ni les moins riches, et, au contraire, les religieux pauvres étaient les plus zélés ; 16 maisons de Franciscains n'avaient pas de biens, et ces religieux desservaient cent paroisses, les plus misérables du pays ; les

Les évêques.

Le clergé.

1. Z. L., 1806, Culti., Rapport du conseiller Pasquali. | 2. Z. L., Rapport du conseiller Pasquali. | 3. Z. L., 1806, Culti., rub. 2.

30 autres couvents d'hommes et de femmes avaient 174.000 livres de revenu.

: Les mêmes disproportions se manifestaient dans le clergé séculier : 139 chanoines avaient 60.000 livres de rente, soit chacun plus de 400 livres, tandis qu'un grand nombre de curés devaient vivre avec 40, 50 et 60 livres par an, ce qui les obligeait à cultiver la terre, comme les autres Morlaques, en dehors des offices, au grand détriment de la dignité de leur ministère.

Les con-frérics. - Enfin, à côté du clergé, et sous sa dépendance, les confréries populaires (*scuole laiche*), en nombre prodigieux : le diocèse de Zara en comptait 197 : 22 dans la ville, 83 dans le comté, 92 aux îles ; et dans les îles du Quarnero la proportion était plus considérable encore. Les confréries avaient été créées sous l'inspiration des Vénitiens sur le modèle des institutions analogues que nous voyons florissantes en Italie, même à l'heure actuelle. C'étaient, dans le principe, ou des associations pieuses (*confraternité*), ou des corporations ouvrières (*scuole*) ; les unes et les autres avaient des saints patrons et une chapelle pour leurs exercices religieux. Les contributions versées par les membres, les dons et legs recueillis, avaient constitué à chacune un patrimoine qui permettait de secourir les membres nécessiteux et d'organiser ainsi de véritables sociétés de secours mutuels. Beaucoup de confréries se vouaient aux œuvres de miséricorde, visitaient les pauvres, les malades, les prisonniers, pourvoyaient aux funérailles des indigents, le tout sous le contrôle de l'autorité ecclésiastique. Mais toutes ces belles institutions avaient fini par déchoir et par sortir de leur destination première. Les administrateurs des biens des confréries gardaient trop souvent pour eux la meilleure part du revenu, quand ils ne dilapidaient pas aussi le capital, et ce qui restait servait à payer les frais du banquet donné aux confrères le jour de la fête patronale. Il était certain qu'une réforme était nécessaire pour ces institutions dégénérées, et qu'on eût mieux répondu aux intentions des fondateurs en réunissant tous ces revenus, même écornés, pour construire et doter des hôpitaux, des hospices, des asiles de vieillards et d'enfants. Le comte de Goëss avait, pendant deux ans, poursuivi la réalisation d'un tel projet : Dandolo reprendra ces tentatives, nous verrons avec quel insuccès.

Le projet du 11 février 1807. Tous les faits qu'avaient révélés les enquêtes servaient à la préparation d'un grand plan de réformes ecclésiastiques que Dandolo soumit à l'Empereur avec un rapport en date du 11 février 1807 [1]. On trouve dans ce projet, à côté de quelques idées justes et pratiques, des dispositions inspirées par le plus pur joséphisme ; Dandolo, ignorant l'histoire de l'Église,

1. Z. C., Rapport général sur 1807.

s'imagine qu'il peut en réformer toutes les institutions sans tenir compte de tout un passé de traditions qui constitue le droit canonique, et sa tentative est condamnée à avorter misérablement.

Le nombre des diocèses était réduit à quatre : un archevêché à Zara et trois évêchés : un aux îles du Quarnero, remplaçant Veglia, Arbe, Ossero et Cherso, Sebenico absorbant Traù et Scardona, Makarska réunissant les circonscriptions insulaires de Lesina et Curzola et faisant disparaître l'antique église de Salone devenue archevêché de Spalato. En donnant un traitement de 60.000 livres à chaque évêque, on réalisait une économie de 50 000 livres. La réduction proportionnelle des chapitres permettait de faire de ce côté 35.000 livres d'économie.

La gestion des biens des menses, séminaires et fabriques passait à l'État, et Dandolo se faisait fort d'en doubler le revenu.

De ce fond, donnant 600.000 livres de rentes, il mettait à part 150.000 livres qui serviraient tant à améliorer la situation des curés qu'à doter les séminaires. Il en existait cinq, dont quatre seraient conservés : celui de Spalato seul pouvait subsister dans l'État où il se trouvait; ceux de Zara, Almissa et Ossero étaient insalubres et trop étroits, on les reconstruirait en transportant celui d'Ossero à Cherso, celui de Priko, près Almissa, à Makarska; les bâtiments affectés au séminaire de Lesina seraient utilisés pour une autre destination, encore que l'évêque actuel les eût construits à ses frais.

On exigerait de tous les clercs un certain temps de séjour au séminaire avant d'autoriser leur promotion dans les ordres. Les évêques ne pouvaient trouver mauvais que le Gouvernement fournît aux aspirants au sacerdoce le moyen de passer quelques années dans un séminaire, puisque c'était ainsi qu'ils pouvaient connaître leurs futurs auxiliaires et leur faire donner la formation qui les préparerait à remplir dignement leurs fonctions; par contre la prétention élevée par Dandolo de leur donner ou de leur refuser la permission d'ordonner leurs sujets était jugée abusive; mais ce qui provoqua la révolte, ce fut le plan d'études que Dandolo voulait introduire dans les séminaires.

Ce que voulait Dandolo, c'était former ce qu'il appelait « un clergé éclairé », et par clergé éclairé, il semble qu'il entendait celui qui aurait été moins soucieux d'obéir au Pape qu'à l'Empereur.

Dans les séminaires créés par le provéditeur, des maîtres choisis par l'autorité civile devaient donner à leurs élèves un enseignement scientifique et littéraire; peu de théologie, on pouvait se borner à la théologie naturelle : l'existence de Dieu, la providence, mais il fallait appuyer sur la morale, sur les devoirs de l'homme envers son souverain, la famille et la société; enfin, un cours d'agronomie devait mettre les futurs curés à même de donner autour d'eux les enseignements agricoles et de placer dans leurs prônes quelques avis salutaires sur la pratique des fumures et la plantation des pommes de terre.

Enfin, tout cet enseignement devait être donné en italien ; la langue nationale devait être proscrite : il faut, dit Dandolo, que le clergé la désapprenne et travaille à *italianiser* les Dalmates.

Tel était le plan d'études que Dandolo croyait pouvoir imposer ; de ces séminaires à la façon de Joseph II et du concile de Pistoie devaient sortir des prêtres comme en voulait Napoléon : des fonctionnaires bien disciplinés qui devaient prêcher aux peuples les bienfaits de la conscription.

Pour ce clergé régénéré, Dandolo prépara une série de règlements dans lesquels il ne cherche plus à dissimuler la main mise absolue de l'État sur l'Église.

L'évêque ne pouvait nommer un ecclésiastique à aucun poste si le sujet n'avait justifié de ses talents par un concours. Mais, pour participer au concours, il fallait y être autorisé par le provéditeur, qui soumettait les postulants à une enquête portant surtout « sur leurs relations avec le gouvernement [1] ». Enfin, pour être certain qu'aucun ecclésiastique ne manquerait aux engagements qu'on lui faisait prendre, Dandolo décida que tout titulaire d'un bénéfice ecclésiastique serait révocable *ad nutum*.

Le provéditeur nommait dans chaque diocèse un fonctionnaire ecclésiastique, qualifié *inspecteur du culte*, qui avait à surveiller la conduite du clergé et l'administration de ses revenus ; c'est entre ses mains que tout ecclésiastique doit prêter serment de fidélité à l'Empereur, c'est lui qui détermine quelle somme on pourra dépenser à l'occasion des fêtes religieuses.

Les religieux sont traités avec plus de rigueur encore que les séculiers ; les vêtures et professions sont interdites ; les communautés exemptes, qui avaient obtenu de Venise la reconnaissance de leurs privilèges, en sont dépouillées : leurs membres dépendront à l'avenir des évêques, au même titre que les prêtres séculiers.

Telle est en abrégé la constitution civile du clergé de Dalmatie : elle montre chez son auteur une profonde ignorance ou un profond mépris du droit canonique et une volonté clairement, naïvement exprimée de faire de l'Église un rouage quelconque de la machine administrative, une espèce de gendarmerie vêtue de noir.

L'Empereur donna-t-il son approbation à l'œuvre de Dandolo ? Rien ne permet de le croire, et aucun document ne nous autorise à affirmer

---

1. Z. L., 1808. Culti., rub. 1. Circulaire du 5 février.

qu'une décision souveraine ait ratifié ces propositions. Quelques-unes, du reste, étaient irréalisables : la réduction du nombre de sièges épiscopaux ne pouvait se faire que par voie d'extinction, et c'est ainsi qu'elle se fit en 1828, lorsque le gouvernement autrichien obtint du Saint-Siège la bulle *Locum Sancti Petri*. La suppression de l'inamovibilité était une mesure tellement contraire au droit ecclésiastique, que pas un évêque n'eût osé se prêter à la mettre en pratique et que Rome n'eût jamais consenti à ce qu'une pareille révolution fût opérée au moyen d'un simple règlement administratif. L'enseignement donné dans les séminaires demeura ce qu'il avait été, parce qu'il ne se trouva pas dans le clergé un seul individu disposé à donner aux élèves l'éducation qui ferait d'eux des « curés philosophes ». Les immunités des religieux ne dérivaient pas, comme Dandolo semblait le croire, de concessions du sénat de Venise, mais d'actes pontificaux qu'on ne peut pas biffer d'un trait de plume. Les seules mesures qui reçurent un commencement d'exécution furent la main mise du Gouvernement sur l'administration des biens ecclésiastiques, ceux des menses exceptés, et la nomination des inspecteurs du culte.

L'administration des biens des fabriques et séminaires fut réellement avantageuse à l'Église et permit d'améliorer le sort des curés de campagne ; la dotation des séminaires fut accrue, mais ce fut l'instruction publique qui en bénéficia, comme nous le verrons tout à l'heure.

Quant aux inspecteurs du culte, on eut d'abord quelque peine à les recruter : tous devaient être ecclésiastiques, sauf l'inspecteur général qui était Rossi, beau-frère du provéditeur[1] ; or, un ecclésiastique honorable avait quelque répugnance à accepter une charge de commissaire de police ecclésiastique devant surveiller et dénoncer ses confrères ; de plus, une semblable mission mettait l'inspecteur dans le cas d'entrer avec l'évêque dans des conflits où le droit ecclésiastique lui eût invariablement donné tort. Pour obtenir l'acceptation de ceux qu'il désirait nommer, Dandolo dut faire rédiger des instructions qui ramenaient les fonctions des inspecteurs à celles d'économe des biens de l'Église[2]. Il ne subsiste dans ces instructions, datées du 31 décembre 1807, aucun article pouvant constituer une source de conflits avec l'autorité épiscopale, et il semble probable que les inspecteurs nommés n'acceptèrent leur titre qu'après avoir pris l'agrément des évêques, en recevant d'eux une délégation pour certaines de leurs attributions qui étaient en réalité un démembrement de la juridiction des ordinaires.

Le principal résultat de la publication du plan de Dandolo fut de découvrir

1. Z. L., 1807, Magistr., rub., 2. | 2. Z. L., 1807, Culti., rub. 7. — R. D. 18 janvier 1808.

ses arrière-pensées, et le clergé, revenant sur les dispositions manifestées au
début lui retire sa confiance. Les évêques, tenus à des ménagements, se renferment dans une abstention systématique d'où ils ne sortiront que lorsqu'une impérieuse nécessité leur imposera quelque acte de déférence.
Les curés, moins surveillés, seront des agents infatigables du parti anti-
français. Paysans par l'origine, par l'éducation, par le genre de vie, ils
exerceront sur les paysans une influence absolue et ce sera toujours pour
leur prêcher la révolte [1].

Les Franciscains, menacés dans leurs immunités et dans leur recrutement, se mirent aussi sur un pied d'hostilité à peine dissimulée. Le P. A.
Dorotich, dont on n'a pas oublié la conduite en 1797, avait rempli depuis
cette époque les fonctions de provincial et allait terminer sa période de
supériorité quand les Français arrivèrent [2]. Son successeur, le P. Glumcevich,
fit d'abord quelques avances au provéditeur, mais bien vite il se montra
extrêmement réservé. Quelques religieux, ayant Dorotich à leur tête, se
lancèrent dans une opposition violente ; plusieurs d'entre eux furent poursuivis devant les cours martiales et furent condamnés, mais tous par contumace.

Dorotich, en particulier, compromis dans le soulèvement de 1807, fut
recherché partout, mais demeura introuvable : on signale sa présence en
Albanie, en Bosnie, en Croatie, parfois même en Dalmatie où il vient
déguisé, mais jamais on ne peut le prendre. En 1809, il suit l'armée autrichienne, puis de 1809 à 1813, il reprend sa vie errante : il sera à Lissa, à
Curzola, à Lagosta à mesure que les Anglais gagneront du terrain et il
reviendra en triomphateur après le départ des Français [3]. C'est une figure
bien pittoresque, sinon édifiante, que celle du P. Dorotich ! On serait
tenté de dire qu'elle n'est pas de notre temps, si l'on ne savait que dans
certaines parties de la péninsule des Balkans le moyen âge dure encore.

Pendant qu'une partie des religieux de Saint-François se mettaient à la
tête des mécontents, le plus grand nombre des membres de l'Ordre se
tenait sur la réserve : Marmont essaya de les en faire sortir.

Dandolo avait ruiné son crédit : c'était à lui de rattacher à la cause
française ces puissants auxiliaires.

---

1. Z. L., 1807, Arch. secr.. Rapport du délégué Kreglianovich. | 2. Pour gagner les
bonnes grâces de Dorotich, Dandolo s'adressa à lui en juillet 1806 pour lui offrir de rédiger lui-même ou de faire rédiger par un de ses religieux la partie slave du *Regio Dalmata*.
Dorotich désigna le P. Pascal Juchich, mais, outre qu'il était fort ignorant, ce Père
ne se contentait pas de l'honoraire de 30 florins par mois. En octobre, Dandolo le remplaça
par un religieux dominicain. *Inde irae!* (Z. L., 1806, Instr. publ., rub. 18.) | 3. La *Storia
dei Frati minori in Dalmazia*, du P. D. Fabianich (Zara, 1863), donne de longs renseignements sur le P. Dorotich, mais est systématiquement muette sur sa carrière de patriote.

J'avais été à même, nous dit Marmont dans ses mémoires [1], de remarquer l'influence des Franciscains : ces moines [2], fort éclairés et infiniment supérieurs sous tous les rapports au reste du clergé de la province, habitent onze couvents. Charitables, zélés dans l'exercice de leurs devoirs, ils desservent un grand nombre de cures. Rien n'était plus utile que de les gagner, car les avoir pour amis, c'est donner au Gouvernement toute la force morale qui leur est propre. Découvrir dans un pays où est la force et la séduire, voilà, pour des conquérants, ce qui constitue l'art de gouverner sans tyrannie... Je fis donc ma cour aux Franciscains : je ne voyageais pas sans aller loger de préférence chez eux, quand un de leurs couvents était à portée... Du temps du Gouvernement vénitien, les moines étaient dans l'usage de choisir un protecteur qu'ils prenaient toujours parmi les nobles Vénitiens. Devenu leur patron, c'était lui qui faisait valoir leurs réclamations, et, pour prix de cette protection, ils priaient pour lui. Me trouvant si bienveillant pour eux, ils m'offrirent cette dignité. Je l'acceptai avec empressement, je donnai à chacun de leurs couvents un portrait de l'Empereur ; mon nom fut prononcé chaque jour dans leurs prières et ils me délivrèrent une pancarte qui, en consacrant cette dignité en ma personne, me donna le droit de mourir dans l'habit de l'Ordre de Saint-François. Je ne crois pas que j'userai de ce privilège, mais un autre avantage plus réel et plus actuel en résulta pour moi : du jour que je fus protecteur des Franciscains, j'eus par cela même plus d'autorité sur l'esprit des paysans dalmates que par le commandement dont j'étais investi et par le nombre de mes soldats.

Pour reconnaître l'honneur que lui faisaient les Franciscains, Marmont leur donna un calice d'argent, qui est encore conservé à Sebenico, et sur le pied duquel on lit une inscription portant le nom du donateur. Au Père Provincial, il offrit un bréviaire magnifiquement relié avec cette inscription : « Le duc de Raguse, commandant en chef de Dalmatie, pro-« tecteur des Franciscains en Dalmatie, au R. P. Jean Glumcevich, pro-« vincial de l'Ordre. Zara, 4 novembre 1808. »

Dandolo dut laisser annoncer, dans le *Regio Dalmata* du 9 décembre 1808, le succès de son rival, mais il s'empressa de le dénoncer à Milan : il représenta cet acte au vice-roi comme une usurpation de pouvoir.

Le vice-roi, continue Marmont [3], prit le nom de l'Empereur pour m'exprimer son mécontentement. La *Gazette de Milan* publia un article assez désagréable pour moi, où il était dit que l'Empereur seul, restaurateur du culte, était protec-

---

1. L. X, p. 120 sqq. | 2. Nous ne reproduisons pas cette expression sans faire remarquer qu'elle est improprement appliquée aux Franciscains. Le titre de *moines* n'appartient qu'aux religieux qui suivent une règle monastique, celle, par exemple, de saint Benoît, de saint Antoine, de saint Basile ou de saint Théodose. En Occident, il n'y a de moines que les Bénédictins, dont l'Ordre se trouve d'ailleurs divisé en un grand nombre de branches (Camaldules, Cisterciens, Trappistes, etc.). Les Franciscains, les Dominicains, les Jésuites ne sont pas des moines et n'ont aucun droit à cette qualification. | 3. Mémoires, l. XI, p. 122.

teur de la religion... Je laissai passer l'orage, je conservai ma dignité, si singulièrement jalousée, et je continuai à profiter du bien qui en résultait pour le
Gouvernement et pour le pays.

Dans le *Regio Dalmata*, du 3 janvier 1809, on lit un communiqué officiel, où il est dit que l'article publié dans le numéro du 9 décembre, au
sujet du général Marmont, doit être considéré comme nul et non avenu,
(*come se in questo foglio non fosse mai stato stampato*). Et Dandolo crut avoir
ainsi enlevé à Marmont une partie de son prestige.

Les Grecs.

Les affaires des chrétiens de rite grec-oriental firent, pendant la magistrature de Dandolo, un pas décisif : ils obtinrent enfin l'évêque que leur
diplomatie s'épuisait depuis deux siècles à faire nommer [1]. Ils n'eurent pas
même besoin de grands efforts pour gagner à leur cause le provéditeur qui,
dès son arrivée, était disposé à leur donner satisfaction [2]. Dandolo, dans
ses réceptions de prise de possession, s'était empressé de comprendre
l'Archimandrite Gérasime Zellich, chef de la communauté grecque [3], et
quand, au mois d'octobre, les évêques reçurent les questionnaires, Zellich,
assimilé pour la première fois aux évêques catholiques, exprima sa gratitude en répondant avec un empressement qui contrastait avec le mauvais
vouloir témoigné par les membres du haut clergé latin. Nous apprenons,
par la lettre de l'Archimandrite, que sa communion comptait 40.000 fidèles
et 112 prêtres ; de plus, dans les couvents de Kerka et de Krupa, il y avait
61 moines théodosiens. Les revenus déclarés par l'église grecque ne s'élevaient qu'à 12.000 livres [4].

Dandolo promit formellement à l'Archimandrite de lui donner satisfaction sur la question de l'évêque ; en attendant, il lui montra sa bienveillance en résolvant en faveur des Grecs certains litiges : les curés catholiques furent notamment privés des droits que Venise leur avait donnés
sur les Grecs, par exemple en ce qui concernait l'élection des curés, les
sépultures, et en général partout où l'on tenait compte de la fiction en vertu
de laquelle les Grecs étaient réputés appartenir à l'Église romaine [5].

L'établissement d'un évêque ne pouvait se faire que par un décret, et,
pendant deux ans, Dandolo représente à l'Empereur tout l'intérêt que
devait avoir cette création [6]. Selon lui, les Dalmates de religion grecque
sont soustraits à l'influence française : que le métropolite auxquels ils vont
demander les ordinations et la juridiction réside à Carlovitz, à Ipek ou à

1. Z. L., Culti., 1806, rub. 4. 1807, rub. 4. 1808, rub. 11. | 2. Z. L., 1806, Culti.,
rub. 2 et 4. | 3. Z. L., Lettre de Dandolo au vice-roi du 12 juillet 1806, déjà citée p. 197.
| 4. Z., 1806, Culti., rub. 4. | 5. Z, L., 1807, Culti., rub. 3. | 6. Z. C., Rapports géné-
raux sur 1806 et 1807.

Cetinje, c'est l'action de l'Autriche, de Constantinople ou du Montenegro qui se substitue à celle de la France ; pour la même raison, il faut créer un séminaire pour eux, sans quoi les clercs iront étudier en Autriche ou en Russie, au risque d'y recevoir une formation qui les rendra hostiles à la politique de l'Empereur.

Quant au candidat à désigner, c'est Gérasime Zellich, qui semblait tout indiqué, mais par la suite il fallut en chercher un autre. Zellich était actif, adroit, relativement instruit, mais ses mœurs étaient déplorables : c'est ainsi que dans la nuit du 27 au 28 avril 1808, il se faisait arrêter par une patrouille pour tapage et rixe dans un cabaret[1].

Mais ces mésaventures ne lui firent perdre ni son activité, ni son influence : le 3 septembre de la même année, il est à Milan pour hâter la signature du décret relatif aux Grecs[2].

Ce décret parut enfin ; il est daté de Saint-Cloud, 8 septembre 1808 : il porte création d'un évêché grec, avec chanoines, grande innovation pour l'Église orientale, et d'un séminaire. Une dotation de 45.000 livres était affectée à ces fondations. Les détails d'organisation étaient confiés à un synode qui devait se réunir à Zara en novembre 1808, sous la présidence de Dandolo[3].

Les Grecs montrèrent une joie sans bornes en apprenant l'émancipation de leur Église, et Zellich publia, le 2-14 novembre, une pastorale où le nom de Napoléon revenait à toutes les lignes, accompagné de protestations d'éternel dévouement[4].

Synode de Zara.

Zellich donnait connaissance du décret impérial et de l'arrêté rendu le 12 novembre par Dandolo pour fixer l'ouverture du synode au 30 du même mois.

Quarante membres, choisis par le provéditeur sur une liste de quatre-vingts noms dressée par l'Archimandrite, s'assemblèrent au jour indiqué dans l'église grecque de Saint-Élie, à Zara.

Dandolo, momentanément chef d'église, ouvrit le synode par un discours qui remplit la première séance. Le soir, il y eut un banquet de 60 couverts et une réception[5].

Les séances ne reprirent, on ne sait pourquoi, que le 10 décembre ; on nomma alors le bureau et on vota des adresses à l'Empereur et au vice-roi ; le 12, on discuta le règlement ; dans les trois réunions tenues le 19, le 21 et le 22, on prit toutes les décisions qui concernaient l'organisation du nouveau diocèse. Puis on nomma une députation qui irait présenter les

---

1. Z. L., 1808. Police, rub. 23. | 2. R. D., 30 septembre 1808. | 3. R. D., 21 octobre 1808. | 4. R. D., 18 novembre 1808. | 5. R. D., 2, 9, 16 décembre 1808.

actes du synode au vice-roi, et l'on se sépara en criant : Vive l'Empereur [1].

La saison avancée empêcha la députation de partir immédiatement pour l'Italie ; ce ne fut qu'au printemps qu'elle se mit en route, mais la guerre avait éclaté : les malheureux députés, pris dans le mouvement de retraite qui suivit la bataille de Sacile, faillirent être capturés par les Autrichiens. Quand ils rejoignirent le prince, celui-ci avait d'autres sujets de préoccupations que le synode grec de Zara : ce n'est qu'en 1810 que fut nommé et installé l'évêque Kraglievich, que nous retrouverons dans la suite de cette histoire [2]. Mais les Grecs, qui avaient su attendre deux siècles sans réussir, se résignèrent volontiers à patienter encore deux ans alors qu'ils avaient gagné leur procès.

La France recueillit-elle quelques fruits des faveurs accordées aux Grecs ? Il est permis d'en douter. En ce qui concerne les Grecs eux-mêmes, la reconnaissance resta quelques mois sur leurs lèvres et beaucoup moins longtemps dans leurs cœurs, ainsi que le prouve leur attitude pendant la guerre de 1809. Quant aux catholiques, ils regardèrent l'acte de Dandolo comme une apostasie, et chaque jour se creusa un peu plus l'abîme qui séparait la Dalmatie du provéditeur.

§ II. Instruction publique. — L'instruction publique était une des branches de l'administration dont Dandolo pouvait le moins se désintéresser. Très instruit, très persuadé de l'importance de l'instruction et de son rôle social, il s'était promis, en venant en Dalmatie, d'essayer de développer par tous les moyens les éléments qu'il y trouverait ; aussi, un des premiers rapports qu'il demanda au conseiller Ismaëlli fut-il celui qui concernait les écoles de tout ordre.

La réponse d'Ismaëlli [3], remise dès le 6 juillet, est affligeante : il n'y a rien ou presque rien ; quelques fondations en ruines, quelques écoles élémentaires dans les couvents, un gymnase à Zara, fermé faute d'élèves, à Traù un collège indépendant de l'administration qui a seul quelque apparence de vitalité. Les familles qui veulent assurer l'éducation de leurs enfants doivent les envoyer en Italie ou en Hongrie ; les plus intelligents ne se décident pas à rentrer dans leur patrie. Les hommes de loi et surtout les médecins ont presque tous fait à Padoue des études tronquées, couronnées par un diplôme spécial qui n'a pas de valeur hors de la Dalmatie, pour laquelle les universités semblent trouver que tout est assez bon, même les fruits secs de leur enseignement.

1. Z. L., 1809, Culti., rub. 28. | 2. Z. L., 1810, XXVIII. n° 2807. | 3. Z. L., 1806, Inst. publ., rapports.

Tout était donc à faire, et cette tâche ne fit pas reculer le provéditeur ; il lui fallut trouver et adapter les locaux, recruter les maîtres et les élèves. L'année scolaire 1806 commençait : on se contenta des ressources dont on disposait, en remettant à l'automne 1807 une réorganisation complète.

Dandolo avait rêvé l'ouverture à Zara d'un Institut national dalmate, établi sur le plan de ceux qui avaient été créés en Italie et qui n'étaient, au nom près, que la résurrection des universités abolies, avec les trois facultés de sciences, de droit et de médecine [1]. Il en parlait encore dans une lettre du mois d'octobre et dans son rapport annuel de 1806, mais ce n'était déjà plus qu'à titre de regrets.

En 1807, Dandolo essaya de mettre en vigueur le programme encyclopédique des écoles centrales, conception bizarre d'un des plus grands utopistes de la Révolution ; ce programme parcourait en huit semestres l'étude successive et incohérente de toutes les sciences : algèbre, analyse des idées et philosophie morale, principes du dessin, belles-lettres, histoire ancienne et moderne, physique, chimie, histoire naturelle, agronomie et droit civil. Les écoles centrales avaient déjà disparu en France, toutefois Dandolo, esprit cultivé, mais un peu faux, s'efforça d'en transporter les méthodes, qu'il regrettait, dans le règlement du Lycée de Zara.

L'Université de France était alors en voie de création, les programmes étaient vagues encore et aucune frontière n'était tracée entre les trois degrés de l'enseignement ; aussi ne faut-il pas s'étonner de voir donner le nom de lycée à ce qui avait la prétention de remplacer une université, et, d'autre part, de voir enseigner dans ce lycée la grammaire et les humanités ; de même, nous trouverons des professeurs de philosophie et belles-lettres dans les écoles dites élémentaires.

Pour cette raison, il nous est impossible de suivre ici la seule méthode qui semblerait rationnelle et qui consisterait à étudier successivement les développements de l'enseignement élémentaire, de l'enseignement moyen et de l'enseignement supérieur.

Nous devrons nous borner à l'examen des mesures générales prises par Dandolo, et nous suivrons ensuite l'ordre géographique pour nous rendre compte de ce qui a été tenté ou exécuté dans chaque localité.

Les règlements élaborés par Dandolo sont nombreux, ils descendent dans les détails les plus minutieux, et, ce qui est plus grave, ils se succèdent avec rapidité, en se contredisant.

Nous laissons donc de côté les règlements provisoires d'octobre 1806 [2], des 1er janvier et 6 mai 1807 [3] pour arriver au règlement organique du

1. Z. L., 1806, Instr. Pub., r. 1, juillet. | 2. R. D., 4, 25 octobre, 8 et 22 novembre 1806. | 3. Z. L., 1807, I. P., rub. 1.

Règle-
ment orga-
nique du 22
juin 1807. 22 juin 1807 [1] qui permettait de profiter, dès la rentrée d'octobre 1807, des résultats d'une année de tâtonnements et d'insuccès.

Le projet comportait dans son ensemble :

1° Le lycée de Zara ;

2° Sept gymnases dans les villes de Zara, Sebenico, Traù, Spalato, Makarska, Veglia et Lesina, c'est-à-dire partout où les tentatives faites pendant la première année n'avaient pas été complètement infructueuses ;

2° Vingt écoles élémentaires de garçons, une à chaque résidence de juge de paix ;

4° Douze écoles élémentaires de filles, une dans chaque ville où résidait un évêque ;

5° Huit écoles d'arts et métiers, qui restèrent sur le papier.

Le programme du lycée était le programme des écoles centrales augmenté de quelques cours juridiques (droit naturel, procédure et droit criminel) et médicaux (anatomie et chirurgie, pathologie et clinique, pharmaceutique).

A la fin des études se passaient des examens ouvrant les carrières de :

Chirurgien mineur et accoucheur, après deux ans d'études ;

Pharmacien, après un an d'études et deux ans de stage professionnel ;

Avocat, après trois ans d'études ;

Notaire, après deux ans d'études ;

Architecte-arpenteur après un an d'études et deux ans de stage.

Au lycée devait être annexé un *convitto* (internat) dont la pension serait de 400 livres ; l'arrêté prévoyait la fondation de dix bourses et de dix demi-bourses.

Le programme du gymnase comporte l'étude des langues italienne et latine, l'éloquence, la géographie, les éléments de l'histoire et les premiers éléments des mathématiques.

Les écoles élémentaires sont de deux degrés : dans les unes, on enseigne les grammaires latine et italienne, les quatre opérations et la civilité puérile et honnête d'après le « *Galateo* » de Monsignor della Casa [2] ; dans les autres, on se restreint à la lecture, à l'écriture et à la numération. L'enseignement religieux ne figure dans aucun de ces programmes.

Telle est l'organisation théorique ; voyons dans quelle mesure la réalité coïncide avec ce plan vaste et original pour le temps où il a été élaboré.

---

1. Z. L., 1807, I. P., rub. 1. — R. D., 17 juin 1807. | 2. Cet ouvrage, composé au xvie siècle dans le plus pur dialecte florentin, est encore inscrit aujourd'hui dans les programmes officiels de l'enseignement secondaire en Italie.

Le lycée fut très solennellement inauguré le 5 novembre 1807 [1], mais on dut se borner à une cérémonie officielle qui eut lieu dans une salle prêtée par les Bénédictins de Saint-Chrysogone : il n'y avait encore ni local, ni élèves. Le recteur était Dom Alleardi, bénédictin ; les professeurs étaient au nombre de sept : Dom R. Zelli, bénédictin, l'abbé Roncevich, Mgr Giuriceo, ancien vicaire capitulaire, l'avocat Mich. Spalatin, les Drs Tomassini, Pinelli et Cariboni [2] ; mais il n'y eut que trois cours pour commencer : Dom Zelli, physicien distingué, commença le cours de philosophie ; Mgr Giuriceo celui des belles-lettres, histoire et géographie ; le Dr Tomassini celui de médecine ; le local était le couvent de Saint-Chrysogone, dont les Bénédictins faisaient cession en se sécularisant.

Pendant l'année, Michel Spalatin ouvrit un cours de Code Napoléon, et le Dr Cariboni un cours d'histoire naturelle ; mais, quelques mois après, Spalatin prit du service comme officier dans le régiment dalmate et Mgr Giuriceo partit pour Sebenico. L'année se termina donc avec trois cours, comme elle avait commencé.

Pour la rentrée 1808, Dandolo recruta des professeurs de physique, de mathématiques, d'agronomie, d'analyse des idées, de dessin et de pathologie ; le plus grand nombre venaient d'Italie, et il existe à ce sujet une volumineuse correspondance de Dandolo avec ses amis de Milan ; chaque fois qu'un nouveau professeur est acquis, sa nomination figure avec commentaires dans le *Regio Dalmata* ; il faut noter surtout l'article qui annonce l'arrivée du professeur de dessin, « jeune artiste, élève de Canova, le Phidias moderne. »

Malgré tout, le corps enseignant était bien médiocre : parmi les indigènes, il y avait des hommes de vrai mérite, mais les uns, comme le Dr Pinelli, délégué politique à Zara, président des commissions de santé, de vaccine, de bienfaisance, étaient trop absorbés ; d'autres, avec un réel savoir, n'avaient aucune pratique de l'enseignement ; quant aux Italiens, ils avaient comme traitement 400 livres et le logement, et il est à supposer que des hommes de talents supérieurs ne se seraient pas expatriés pour des appointements aussi modestes [3].

Cependant, grâce aux bourses, on avait trouvé quelques élèves : en 1807, ils sont 38, 20 boursiers et 18 demi-boursiers ; en 1808, le nombre des élèves ne figure pas dans le rapport annuel ; il est donné avec celui des élèves du gymnase, et les deux établissements réunis en comptent 88 ; il est permis d'en conclure que le lycée ne compta jamais plus de 40 élèves avec une dizaine de professeurs.

1. R. D., 13 octobre, 10 novembre 1807. | 2. R. D., 6 décembre 1807. | 3. Z. L., I. P., 1808-1809. — R. D., 21 juillet, 4 décembre 1807 ; 26 août, 4 et 25 novembre 1808.

Ce qui rendait la tâche difficile, c'était l'âge des lycéens, les aînés ayant à peine dix-huit ans, et leur défaut d'instruction qui obligeait le professeur à remettre au rudiment des auditeurs qu'il devait guider dans les hautes sphères de l'analyse des idées et de l'éloquence. Le lycée tendait à

Situation des gymnases et écoles en 1809. se confondre avec le gymnase, et c'est ce que nous verrons arriver quelques années plus tard.

Outre le lycée et le gymnase, il y avait à Zara des écoles de garçons et de filles avec 66 élèves, mais pas une hors de la ville [1]; Dandolo se proposait d'en créer quatre dans le comté et deux aux îles, quand la guerre éclata.

A Nona, il y avait une école dotée d'une rente immobilière qui rendait 16 sequins, mais le maître n'enseignait plus depuis plusieurs années « parce qu'il était fort âgé ».

Dans le canton d'Obrovac, qui comprenait 34 villages et comptait 16.000 habitants, il n'y avait, en 1809, aucune école.

A Pago, une école de 40 élèves, sans revenus. A Arbe, une école privée, fréquentée par 30 élèves. A Lussin, deux bonnes écoles privées, fondées, l'une en 1784, l'autre en 1803, et entretenues par les habitants. A Cherso, rien. A Veglia, un gymnase qui comptait 31 élèves en 1809 et deux écoles élémentaires avec 67 élèves. Ainsi, dans le groupe des îles du Quarnero, qui formait quatre diocèses et comptait 30.000 habitants, on arrive, au bout de trois ans d'efforts, à réunir 300 élèves dans sept écoles.

Sebenico avait été dotée d'un gymnase qui fut ouvert en novembre 1806, sous la direction et avec les subsides de l'évêque [2]. Ce prélat étant mort le 23 mars 1808, Mgr Giuriceo fut envoyé de Zara pour mettre l'établissement sur un nouveau pied [3]. En 1809, il y avait 106 élèves au gymnase, mais les deux tiers n'y suivaient que les cours élémentaires.

A Traù [4] existait avant l'arrivée des Français, et même avant celle des Autrichiens, le petit collège ecclésiastique de Saint-Lazare; le directeur, l'abbé Scacoz, était un homme éminent, destiné, comme Giuriceo, à gouverner un jour un des principaux diocèses de Dalmatie. Dandolo trouva dans cet établissement le noyau d'un bon gymnase; avec des concessions, de part et d'autre, on s'entendit facilement : le collège, qui n'avait que 800 livres de revenu, vit sa dotation enrichie et fut transféré dans les vastes bâtiments d'un ancien couvent. Un essai d'enseignement supérieur y fut fait en 1807 ; on y donna pendant quelques mois un cours de médecine et un cours de Code Napoléon [5], mais on ne tarda pas à y renoncer.

---

1. Z. L., Arch. secr., 1808. Rapport Nani, du 19 avril. | 2. R. D., 20 mars 1806. | 3. R. D., 18 avril 1808. | 4. Z. L., 1806 ; I. P., r. 8, 1807 ; I. P., r. 9. | 5. Z. L., 1807 ; I. P., rub. 4. — R. D., 31 juillet 1807.

On réussit mieux en créant un *convitto* ; cependant le gymnase de Traù ne compta jamais beaucoup d'élèves; il se contenta d'avoir la réputation d'être la maison la plus sérieusement dirigée de la Dalmatie. En 1809, nous y voyons 85 élèves, mais 37 seulement suivent les classes du gymnase.

A Lesina, l'initiative de l'évêque Stratico avait créé, au temps des Autrichiens, un séminaire qui, transformé en gymnase le 1ᵉʳ janvier 1808, eut jusqu'à 45 élèves [1].

A Spalato, Dandolo avait trouvé, en 1806, deux écoles fondées et rentées de longue date, mais pas de local : les maîtres étaient censés enseigner dans leur propre maison, mais l'un était un vieux prêtre aveugle à qui on avait donné comme retraite ce poste regardé comme une sinécure honorable ; l'autre était notaire et n'avait pas de loisirs à consacrer à l'éducation de la jeunesse [2].

Il fallut tout organiser, et au bout de trois ans il y avait 53 élèves dans les écoles élémentaires et 68 au gymnase, parce qu'on y recevait pour les classes les élèves du séminaire.

L'évêque de Makarska était le seul qui eût montré de l'activité et obtenu des résultats. Il continuait la construction de son séminaire ; il avait dans sa petite ville épiscopale deux écoles et 86 élèves, et, ce qui est plus notable, il avait fondé quatre écoles rurales à Podgorje, Igrane, Imoski et Fort Opus, écoles ayant chacune une moyenne de 15 élèves. Enfin, il avait encore créé à Makarska une école secondaire avec des cours de grammaire et de mathématiques faits spécialement en vue des futurs marins, nombreux parmi ses diocésains [3].

Dandolo voulut prendre, comme à Traù, la fondation épiscopale pour la transformer en gymnase. Mais Blaskovich était un homme tout d'une pièce, auquel il n'était pas facile de faire faire ce qu'il ne voulait pas. On lui députa G. D. Garagnin, qui était son ami particulier, et il fut fait un accord par lequel l'évêque cédait son collège ; le bâtiment commencé pour faire un séminaire servirait de local et serait achevé aux frais du Gouvernement. Mais entre le mois d'octobre, où cet arrangement fut fait, et le mois de novembre, où arrivèrent les maîtres, l'évêque changea d'idée. Les professeurs nommés par Dandolo durent enseigner à leur domicile pendant un mois ; enfin, le malentendu prit fin et la convention s'exécuta. Au bout d'un an, il y avait 31 élèves, et en 1809, 87, dont 53, il est vrai, dans les classes primaires.

1. Z. L., 1807 ; I. P., rub. 4. — R. D., 19 février 1808. | 2. Z. L., Voy. de Dandolo. 18 septembre. — 1807, I. P., rub. 4. | 3. Z. L., 1807 ; I. P., rub. 4. — R. D., 4 mai 1808.

Ces résultats sont bien modestes, dira-t-on. Sans doute, il ne s'agit pas de les comparer avec ceux qu'on obtenait alors en France et en Italie, mais il faut penser que rien n'avait jamais été fait pour l'instruction en Dalmatie sous la domination vénitienne, que les Autrichiens, rencontrant une résistance obstinée, n'avaient pas voulu violenter les populations et avaient laissé l'ignorance ·maîtresse du terrain. Il y avait donc une organisation à créer de toutes pièces, en face d'un clergé habituellement hostile ou tout au moins indifférent. Les ressources dont on pouvait disposer étaient modiques : le budget allouait 33.000 livres en 1807, les revenus de quelques confréries ou couvents supprimés permirent de tripler la somme. Mais pouvait-on faire beaucoup plus avec 100.000 livres? Il est même surprenant qu'avec des ressources aussi restreintes on ait pu subvenir à l'entretien d'une trentaine d'écoles primaires, de 7 gymnases avec 300 élèves, de 2 *convitti* avec 40 boursiers et du lycée. Dandolo mérite d'être admiré en cette occasion pour son activité et sa persévérance, et il ne s'est pas refusé à lui-même les éloges que chacun était prêt à lui donner.

Rien n'est plus plaisant que les discours qu'il prononçait dans les solennités scolaires : un jour, emporté par son éloquence, il montra la Dalmatie, devenue la patrie des lettres et des sciences, le séjour de prédilection des muses. Zara devenait une nouvelle Athènes dont le Périclès était Dandolo lui-même, et dont la Minerve tutélaire était le grand Napoléon.

§ III. La   Rempli de sentiments humanitaires, Dandolo ne pouvait demeurer
bienfaisance. indifférent aux misères de ses semblables, et la vertu qui s'appelle philanthropie chez les uns, charité chez les autres, est une de celles qui caractérisent sa physionomie.

La sensibilité du provéditeur fut grandement impressionnée quand il visita les hôpitaux et asiles de la province. Voici comment, il peint la situation des établissements de bienfaisance de Spalato, dans une lettre privée qu'il fait insérer dans le *Regio Dalmata*[1], après son voyage dans cette ville, en septembre 1806; le style en est un peu ampoulé, mais on pardonnera aux élans d'indignation de cet honnête homme.

Dans tous les temps, et sous tous les gouvernements, Spalato fut une ville importante où résidèrent de savants magistrats, d'éminents prélats, et où ne cessa pas d'affluer un nombreux concours d'étrangers; de tout temps elle s'est honorée aussi de posséder de nombreux établissements de bienfaisance. Aujourd'hui, on en sait encore les noms, on en fait voir les emplacements, on ose vous dire que c'est là qu'ils existent... Je les ai vus! L'horreur, le dégoût, l'angoisse m'ont d'abord rendu stupide, et je me suis écrié : « Quel nom dois-je donner à cette

1. R. D., 11 octobre 1806.

conduite? Insensibilité, inhumanité, barbarie digne d'un peuple sauvage qui, cependant, n'habite pas les rivages africains!

Il y a, à Spalato, une maison appelée la « Pietà » où l'on recueille les enfants nouveau-nés abandonnés. Frémissez, ami; en dix ans, on y a déposé 603 innocentes créatures; les quatre derniers venus respirent encore, mais des 599 autres infortunés, pas un n'est sorti sinon pour être mis en terre. Ne vous en étonnez pas : s'il vous était donné de voir quelle est cette maison, et comment elle est tenue, vous ne demanderiez pas comment il se fait qu'il n'en sorte jamais un enfant en vie, vous comprendriez que, tant qu'elle restera ce qu'elle est, jamais il n'en pourra être autrement. C'est un bouge infect, sans fenêtres, sans air; rien que deux berceaux, ou lits de torture; une femme, rarement deux, pour donner pendant quelques moments un sein tari à cinq ou six petits squelettes moribonds, enveloppés de loques infectes. C'est un antre ténébreux, où il faut pénétrer en rampant pour trouver les victimes innocentes, condamnées à périr misérablement par l'affreux supplice de la faim! Telle est la fidèle peinture de ce qu'ils appellent la Pietà! Non! semblable spectacle ne s'est jamais trouvé sous les yeux de l'Européen civilisé et sensible qui s'aventure parmi les cannibales. On ferait mieux de jeter ces enfants dans la rue, sur le seuil d'une église, d'un couvent ou d'une maison particulière : ils ne seraient pas tous morts, en faisant d'énormes vides dans les rangs d'une population déjà trop clairsemée.

Il y a un hôpital pour les malades. Qui pourra en donner la description? C'est un souterrain, en contre-bas de la rue, humide, autour duquel passe un fossé puant, dont l'odeur est telle qu'on n'ose s'approcher des ouvertures. C'est là qu'on dépose les malades pendant quelques jours, moins pour essayer de les guérir que pour avancer l'heure de leur trépas.

A travers ces *concetti*, on voit transparaître une réelle et profonde émotion. Le provéditeur prit l'initiative d'une souscription [1]; l'évêque, un peu mortifié de s'être laissé devancer, s'inscrivit pour 400 livres; on aménagea une maison décente pour les enfants trouvés; on installa un hôpital dans un couvent désert, et une commission de bienfaisance s'établit pour surveiller à l'avenir le fonctionnement des deux institutions [2].

Ce que Dandolo voit à Spalato, et nous décrit en termes indignés, il le retrouve autre part, et partout il s'empresse de remédier au mal [3]. A l'hôpital de Zara, le service d'infirmiers était fait par les individus condamnés aux galères : un arrêté du provéditeur envoya les forçats aux travaux de fortifications, et désigna des personnes moins suspectes pour soigner les malades [4].

Il ne suffisait pas de créer des asiles, des hôpitaux et des commissions de bienfaisance : il fallait leur trouver des revenus. Les rentes des fonda-

1. Z. L., Voyage de Dandolo, n° 981. | 2. En 1808, la mortalité des enfants trouvés fut de 25 sur 56, soit un peu moins de la moitié. | 3. Z. L., 1806, Benef. Publ., rub. 5. arr. du 26 juillet, rub. 7, arr. du 16 juillet. — Voyage, *loc. cit.* — 1807, B. P., rub. 3. — 1808, B. P., rub. 4, arr. du 25 février. — R. D., 11 juillet, 2 août 1806. | 4. Z. L., 1806, B. P., rub. 2, 3, arr. du 21 août.

tions pieuses s'élevaient à 60.000 livres; une meilleure administration allait les porter à 82.000; mais, quand de cette somme on avait déduit les revenus du Mont-de-Piété, ce qui restait était absolument insuffisant [1]. Le provéditeur fit donc appel à la charité publique, il s'adressa à la vanité des gens, après avoir essayé de toucher leur cœur [2]; mais le pays était pauvre : « Il n'y a pas dans toute la province, dit Dandolo, dix individus ayant 15.000 livres de rente, » et ce n'étaient pas ceux-là qui donnaient le plus généreusement. En trois ans, on recueillit 10.000 livres [3], et les besoins devenaient de plus en plus impérieux. On examina s'il ne serait pas possible de grever quelques impôts de centimes additionnels; on ne put pas y parvenir; Dandolo décida alors que les fonctionnaires abandonneraient 1 °/₀ de leur traitement, et il s'inscrivit en tête de la liste pour 600 livres; par suite du mauvais vouloir général, cette souscription n'atteignit pas 1.500 livres [4]. Aussi devons-nous constater qu'en dépit de tout ce qui avait été dit, il fut fait bien peu de choses, et que, partout où le provéditeur n'exerçait pas une surveillance directe, les désordres se reproduisirent comme par le passé.

Le Mont-de-Piété de Zara était une institution de bienfaisance : sur les revenus des capitaux épargnés, il était accordé des dots aux filles pauvres, des secours aux infirmes et aux pauvres honteux; au temps de sa splendeur, le Mont-de-Piété était aussi une banque populaire faisant des avances gratuites aux artisans et aux petits commerçants [5]. Mais cette institution, florissante sous les Vénitiens, avait beaucoup perdu par suite des révolutions, de la crise monétaire et de l'infidélité de quelques-uns de ses administrateurs. Le revenu assez beau qui lui restait était affecté à des usages déterminés, et, si Dandolo augmenta ses ressources par une sage administration, il ne se crut pas pour cela autorisé à en modifier la destination.

L'hygiène.   C'est à la bienfaisance qu'il semble falloir rattacher les efforts du provéditeur pour propager la pratique de la vaccine. Nous avons dit que les Autrichiens avaient fait dans ce sens des efforts aussi persévérants qu'infructueux; peut-être, cependant, préparèrent-ils la voie à leurs successeurs. Dandolo, assisté des docteurs Pinelli et Cariboni, se mit à l'œuvre, et apporta en cela, comme en tout ce qu'il voulait faire réussir, cette insistance quelque peu persécutrice, sans laquelle on est exposé à ne pas aboutir [6]. Il s'adressa donc aux délégués, aux vice-délégués, aux juges de

---

1. R. D., 9 août 1806, arr. du 15 juillet. — 28 juillet 1807, 27 novembre. | 2. R. D., 20 octobre 1806, 25 septembre 1807. | 3. Z. L., Benef. Pub. 1808, rub. 7. | 4. Z. L., 1808. Magistr. rub. 11. | 5. Z. L., 1806. Benef. Pub., rub. 11. | 6. *Ibid.*, 1806-7-8. Sanità. R. D., 2 août, 16 novembre 1806; 3 janvier, 6 juin, 11 juillet, 4 et 25 septembre 1807; 12 et 26 février, 21 octobre 1808.

paix, aux médecins, aux curés et, suivant le conseil de l'apôtre : *Argue,*
increpa, insta, opportune, importune, il finit par mettre quelques prosélytes
en campagne. Tout curé qui avait fait un prône sur la légitimité et la
nécessité de la vaccine avait les honneurs d'un article élogieux dans le
Regio Dalmata. En octobre 1808, le provéditeur pouvait annoncer que,
depuis deux ans, il avait été vacciné 24.000 individus, dont 5.000 dans le
seul comté de Zara[1].

Au même ordre d'idées se rattachent les précautions prises contre la
peste, et là au moins on ne trouva pas de mauvais vouloir dans la population, qui connaissait par expérience ce terrible fléau. Les lazarets de terre
et de mer, le service de santé dans les ports reçurent des améliorations
notables, et les dépenses du service de la santé montèrent de 22 à
46.000 livres.

Quant aux soins d'hygiène individuelle ou publique, il y eut beaucoup
de circulaires et d'instructions expédiées[2], mais sans grand résultat.
Comme une des causes qu'on attribuait aux épidémies était la mauvaise
qualité de l'eau et du pain, le provéditeur fit une campagne pour obtenir
le creusement de puits et la construction de fours, mais il ne fut pas
écouté, et les Morlaques persévérèrent dans leurs anciens errements. Pendant huit mois de l'année, ils continuèrent à boire l'eau croupie des
mares, et, pendant douze mois, ils mangèrent, au lieu de pain, des
galettes cuites sur un lit de pierres étendues sur les cendres chaudes, et
ces usages nationaux sont loin d'avoir disparu, à l'heure où nous écrivons.

§ IV. Les
travaux pu-
blics.

Tout était à faire, en Dalmatie, comme travaux publics : routes et ponts
faisaient défaut partout. Le cours des rivières était ensablé là où manquait
la pente; la Kerka, dans la vallée du Knin, la Cetina, dans la plaine de
Sinj, la Narenta, à ses embouchures, sortaient, après la moindre pluie,
d'un lit mal tracé, et se répandaient au loin, en créant à perte de vue des
marécages pestilentiels, ce qui était préjudiciable non seulement à la santé
publique, mais aussi à l'agriculture. En effet, les terres submergées pendant une partie de l'année ne produisaient que des roseaux, tandis que,
moyennant un aménagement, même primitif, des eaux, quelques digues et
de simples fossés d'irrigation, on en eût fait la partie la plus fertile de la
Dalmatie.

Malheureusement, ces travaux supposaient une dépense supérieure à
celles que permettaient les budgets de la Dalmatie. Quel que fût l'intérêt
que présentassent ces améliorations, on n'y pouvait songer tant que la

1. Z. L., 1807, Police, Août; R. D., 19 juillet 1806; 18 octobre 1807; Z. L., 1808,
Sanità, rub. 4. | 2. R. D., 12 février, 25 mai 1808.

justice n'était pas organisée, que l'instruction publique était à l'état rudi-
mentaire, et que d'autres services aussi importants demandaient des sacrifices immédiats[1].

On avait cependant reconnu dès la première heure l'utilité de ces travaux[2]. Le 13 juin 1806, le prince Eugène donne l'ordre à Molitor de faire
mettre à l'étude l'endiguement de la Kerka, à Knin[3] : il faut laisser au
fleuve un lit de sept mètres, et reconstruire le pont avec deux ou trois
arches, des culées en éventail et une largeur suffisante pour qu'il puisse y
passer deux pièces de canon et deux hommes de front. On le voit, le vice-
roi pensait moins à favoriser l'agriculture qu'à faciliter les mouvements
de troupes; mais, malgré tout, l'agriculture en aurait profité. L'ingénieur
Zavoreo fit les études préparatoires et rencontra de nombreuses difficultés :
d'abord, en modifiant le régime des eaux, on portait préjudice aux propriétaires des moulins qui s'échelonnent sur la Kerka, en aval de Knin, et
il y eut d'interminables questions d'indemnités à résoudre[4]. Ensuite, il
fallait compter avec la nature : le sol de la vallée de Knin est constitué,
jusqu'à une profondeur inconnue, d'alluvions sablonneuses, et la construction des culées et des piles rendait nécessaires des fondations extrèmement
solides[5]. En 1807, le provéditeur put cependant inscrire 100.000 livres
au budget pour les travaux de la Kerka, mais d'autres besoins furent
jugés plus urgents, et le chapitre fut supprimé. On le rétablit pour 1809,
mais à peine les travaux étaient-ils commencés que la guerre éclata.

Ce qui avait fait retarder l'exécution de ce projet, c'est la construction
des routes, dont la nécessité stratégique était évidente; mais, comme ces
routes furent exécutées par l'autorité militaire, c'est dans le chapitre
suivant que nous en parlerons. Dandolo n'eut à s'occuper que du réseau
secondaire des chemins cantonaux et vicinaux; on en construisit une
dizaine, surtout aux îles[6]; c'est tout ce que permettait un budget qui, en
1807, s'élève à 16.000 livres; à 18.000, en 1808; à 23.000, en 1809.
Encore fallait-il, sur ces sommes, trouver de quoi entretenir et réparer les
anciennes routes, refaire les ponceaux emportés par les pluies d'hiver, et
entretenir les bâtiments publics.

Ce fut Zavoreo qui suffit à la direction de tous ces travaux, avec son
élève et adjoint Paul Tironi, qui fut mis à la disposition de Marmont
quand il fallut faire les grandes routes.

1. Z. L., 1806, Acque e Strade, rub. 1, 5, 6. — 1807 — 1808, ibid. pass. R. D.,
18 octobre 1806 : arrêtés des 6 octobre, 12 octobre 1807, 29 juillet, 5 août 1808. | 2. Z. L.,
Rapport Ismaëlli, juillet 1806. | 3. Z. L., 1806, Acq. e Str., rub. 9. | 4. Z. L., 1806,
Acq. e Str., rub. 10. — 1807, rub. 3 et 9. | 5. Z. L., 1807. Acq. e Str., rub. 3. |
6. Z. L., 1807, Acque e Strade, rub. 9, 10, 14.

L'industrie n'existait pas en Dalmatie, et le commerce sera grandement éprouvé aussi longtemps que durera l'occupation française[1]. La nomination de commissions, la création de chambres de commerce[2] dans les principales villes n'empêcheront pas les Russes et les Anglais de bloquer étroitement les côtes, et de paralyser ainsi toute tentative d'expansion commerciale.

En ce qui concerne l'industrie, Dandolo en est réduit à déplorer l'insouciance et l'entêtement de ses administrés : dans un article du *Regio Dalmata*, il résume ainsi ses griefs, et la liste en est longue[3].

En Dalmatie, il y a de l'argile et on ne fait ni poteries ni briques ; il y a de la silice, et pas de verreries ; du bois en abondance, et quelques misérables charbonniers ; de la pierre calcaire, et pas de fours à chaux ; de beaux marbres que personne ne sait travailler ; du charbon de terre, sans qu'on songe à installer des forges ; du minerai de fer qu'on n'exploite pas. Le nombre des tisserands est insuffisant, qu'on le compare soit à la production de la laine, soit aux besoins des habitants. Il y a des peaux en abondance et pas de tanneries ; on n'utilise pas le marc des olives, quand on en pourrait tirer du savon ; on exporte les chiffons au lieu d'en faire du papier, et le suif, au lieu de fabriquer des chandelles. Il y a quelques grossiers forgerons, quelques menuisiers malhabiles, et pas un charron. Les vases de terre, qui constituent la meilleure partie du mobilier des Morlaques, viennent de bien loin, et, si on les paye à Venise 50 livres le mille, ils reviennent ici à 300, et cependant nous ne manquons ni de bois ni d'argile pour en faire. Il en est de même pour les briques : achetées 36 livres le mille à Ancône, elles en valent 220 à Zara. Tous les objets de fer nous arrivent grevés d'énormes frais de transport et, dans ce pays couvert de forêts, c'est encore de l'étranger qu'il faut faire venir le bois de construction.

Des efforts furent faits pour attirer des industriels : une fabrique de savon, une papeterie, des forges, des scieries, des moulins furent établis, mais sans résultats pratiques. Le paysan misérable et imprévoyant ne pouvait devenir un client pour les industries, même de première nécessité. La brique eût-elle coûté 20 livres le mille, il n'aurait pas eu ces 20 livres pour en acheter, et il se contentait pour habitation d'une cabane constituée par quelques poteaux volés dans le bois voisin, et par des murs en terre battue.

Voici, d'après le rapport remis le 7 juillet 1806 par le conseiller Ismaëlli, quels étaient les objets que la Dalmatie produisait en assez grande quantité pour pouvoir les exporter : vin, eaux-de-vie, rosolio (marasquin), huile, peaux brutes et laines. Par contre, elle devait demander :

Au littoral croate, le bois de construction ;

---

1. Z. L., 1806, Rapport Ismaëlli. — 1807, 1808. Artie Professioni, pass. | 2. R. D., 2 août 1806 ; 24 juin, 1 et 15 juillet 1808. | 3. R. D., 24 juin 1808.

A Trieste, la quincaillerie allemande, le sucre et le café ;

Aux États pontificaux, les toiles, briques, tuiles, poteries et fruits frais ; le poisson salé et les articles de luxe provenant de la foire de Sinigaglia ;

A la Pouille, les poteries et les pâtes alimentaires ;

A la Bosnie, le bétail, le fer, le miel, la cire, la laine, les cuirs préparés ;

A l'Albanie turque, les bois de construction et les grains ;

A la Sicile, les tissus de coton et de soie ;

A Venise, les meubles, les bijoux, les drogues et médicaments, le riz et les bois de teinture.

Le commerce intérieur était insignifiant, en dehors des denrées alimentaires ; le défaut de routes, les octrois établis à l'entrée de chaque ville, et surtout l'absence de besoins chez la population rurale, faisaient qu'en dehors des deux ou trois principales villes, il ne fallait pas essayer de vendre autre chose que des objets d'absolue nécessité. On essaya d'encourager le trafic en supprimant quelques droits, en autorisant la sortie du vin et des bestiaux ; mais la guerre maritime empêcha ces mesures de donner l'effet qu'on en attendait.

Dandolo conçut un moment le projet de créer, à travers la Dalmatie, un courant de transit entre la Hongrie et l'Italie : le 27 janvier 1807, il soumet son projet à l'Empereur [1] :

Votre Majesté sait qu'une immense quantité de produits naturels de la basse Hongrie, du Bannat de Temesvar et de l'Esclavonie parviennent à Karlstadt par eau, en suivant le Danube, la Save et l'Unna ; que, de là, ils continuent leur voyage par terre, soit par la route Caroline, qui mène à Fiume, soit par la route Joséphine, qui conduit à Segna, après environ quatre jours de chemin. En supposant que V. M. se fasse céder une petite portion de la Croatie turque, savoir le cours de l'Unna, avec les forts de Vakup, Ostrovitza, Bihach, Novi et Dubizza et une petite partie de leur territoire ; en supposant de même que V. M. demande que de la Croatie autrichienne on lui cède la petite extrémité comprise entre Corenitza, Ubdina, Plototza et San-Roceo.....

Il s'en suivrait évidemment que les productions des provinces susdites continueraient leur voyage par l'Unna jusqu'à Ostrovitza. Là on les débarquerait, et on les transporterait, en 14 heures seulement, à Obrovatz, sur la rivière Zermagna, dans vos États, à trois lieues de la mer ; ou bien, toujours de ce même point d'Ostrovitza, par terre, en vingt heures seulement, jusqu'à Zara. La ville de Zara deviendrait le riche entrepôt des productions de la Servie, de l'Esclavonie, de la Hongrie.....

Et, plein d'illusions, Dandolo ajoute :

L'Autriche ne pourrait se refuser à ce mouvement naturel du commerce.

1. A. N. AF iv. 1713.

Il paraît qu'on pensa au contraire que l'Autriche trouverait plus *naturel* un mouvement commercial qui amènerait dans un port autrichien des marchandises autrichiennes, et, s'il a été engagé des négociations pour obtenir de l'Autriche et de la Turquie la cession des localités indiquées par Dandolo, on n'en trouve de trace nulle part.

Il fallut se contenter, pour stimuler le commerce, d'établir des foires franches à Zara et dans quelques autres villes, car chacune voulut avoir la sienne[1], mais l'impulsion donnée aux transactions ne fut pas très sensible.

Enfin, il faut le dire, Dandolo avait sur le commerce des préjugés inexplicables chez un homme qui avait fait sa fortune en vendant aux étrangers ses produits pharmaceutiques. Dans son rapport sur l'an 1808 (Ire P. § X), il énonce de bien singulières théories : après avoir constaté la ruine à peu près totale de la marine dalmate, il déclare qu'il s'en réjouit, et voici pourquoi : « La navigation, dit-il, est la ruine de l'agriculture ; « elle exporte les capitaux. A quoi bon construire et armer des navires, « faire même quelque profit, si c'est pour trouver sa patrie ruinée, obligée « de demander à l'étranger toutes les choses qui lui sont indispensables, « jusqu'à du pain ? Et pendant ce temps de beaux champs restent incultes « faute de bras, et aussi faute de capitaux, parce qu'on a été dépenser au « dehors les sommes qui auraient pu enrichir le pays... Aujourd'hui la « Dalmatie reconnaît qu'elle a eu trop de navires, et que par là elle a « laissé échapper le suc vital de sa véritable prospérité[2]. Les marins « mangent du pain sans savoir en produire... » et cette théorie quelque peu paradoxale est appuyée sur des exemples tirés de l'histoire : « Les « Danois seraient autrement riches, s'ils utilisaient chez eux les capitaux « qu'ils envoient aux Indes... » « Les Chinois n'envoient pas de navires « en Europe, et les Européens vont cependant chercher chez eux, « chaque année, pour trente millions de l' « Herbe de Thé » (Erba di « Té) dont on ignorait même l'existence au milieu du XVIIe siècle. »

On voit que Dandolo en était resté au « Labourage et Pâturage » de Sully ; en effet, il était surtout agronome, et c'est du côté de l'agriculture qu'il va tourner ses efforts les plus persévérants. Le rapport que lui remit Ismaëlli, le 7 juillet 1806, lui avait fait connaître les ressources du pays, et lui avait permis de mesurer l'étendue de la tâche qu'il aurait à accomplir.

La Dalmatie, pour une superficie de plus de 1.200.000 hectares, n'en comptait pas même 200.000 qui fussent mis en culture, soit moins d'un

---

1. Z. L., 1807. Comm. rub. 4 et 12. — R. D., 10 janvier 1808. Arr. du 4 déc. 1806 ; 7 octobre 1807 ; 12 août, 9 octobre 1808. | 2. S'accorge che ha levato il succo vitale della vera sua prosperità.

sixième, et les procédés agricoles étaient tellement primitifs que la récolte ne suffisait pas à nourrir les habitants. Telles étaient les conclusions d'Ismaëlli : à ces renseignements donnés par les indigènes, Dandolo voulut en joindre d'autres, fournis par des agriculteurs italiens ; il fit donc venir de Milan, pour se livrer à une contre-enquête, trois spécialistes : le docteur Cariboni, botaniste ; un pépiniériste, Longone, et un jardinier, Orio. Ces trois commissaires parcoururent le pays pendant un mois, et remirent trois rapports que publie le *Regio Dalmata*[1].

L'impression première des trois Italiens est favorable, en ce qui concerne l'avenir, mais confirme les dires d'Ismaëlli pour ce qui est du présent. Ils ont trouvé, dans le voisinage des villes et de la mer, quelques bonnes cultures potagères, de belles vignes, des oliviers en abondance ; mais, dans l'intérieur, agriculture et sylviculture sont dans l'enfance. Là où le sol est bon, le travail de l'homme est insuffisant : de bonnes terres à céréales ne donnent à peu près rien parce qu'elles sont travaillées avec des instruments grossiers, et qu'on néglige complètement de les fumer. Sur les montagnes il y a des bois, mais on les laisse pousser au hasard, on ne nettoie pas les dessous, ce qui empêche les plantes de monter ; faute d'air, les arbres restent rabougris : là où il pourrait y avoir des futaies, il n'y a que des buissons. L'exploitation est imprévoyante ; quand on veut faire une coupe, on taille à blanc le flanc d'une colline, sans réserver de baliveaux ; dénudé et soumis à l'action des eaux pluviales, le sol se ravine, la terre végétale est entraînée dans la plaine, et, si quelque pousse reparaît au printemps, elle est dévorée par les chèvres qu'on laisse vaguer à l'aventure. La conséquence de ces pratiques irrationnelles, c'est que nombre de montagnes sont déboisées, et que les terres entraînées par le ruissellement ont été encombrer le lit des fleuves, lesquels, en débordant chaque année, submergent les meilleures terres et les enlèvent à la culture.

Parmi les moyens à employer, le plus urgent était donc de travailler au reboisement, pour arrêter une cause continue de dommages, et ce fut là une des grandes entreprises de Dandolo.

Le vaste domaine du marquis Manfrin, situé entre Nona et Demonico (V. Ire P. Ch. VI), était à vendre : on l'acheta. Il y avait une grande prairie de 1.000 perches milanaises qui se prêtait d'autant mieux à l'établissement de pépinières qu'on y avait creusé, au temps des Turcs, des canaux d'irrigation qu'on pourrait remettre en état avec assez peu de temps et d'argent. Un arrêté du 20 août 1806 décida qu'il y serait créé une pépinière royale, aménagée de façon à fournir chaque année 50.000 arbres

---

1. Z. L., 1806. Arti e Prof., rub. 5. R. D., 23 août, 11, 18, 25 octobre, 1er novembre 1806.

pour le reboisement, et 20.000 arbres fruitiers destinés à renouveler les espèces sauvages ou abâtardies [1].

Pendant qu'on remettrait du plant dans les parties déboisées, il fallait empêcher les bois qui existaient encore de disparaître, et, avec les habitudes de paresse et d'imprévoyance des Morlaques, ce danger était imminent. Un arrêté du 16 novembre 1806 [2] établit des règlements forestiers : il était défendu d'incendier les bois, sous peine d'amende et de prison; c'était le mode de défrichement le plus usité, parce qu'il était le plus simple, le plus rapide et le plus économique, mais on en voit les dangers. Sous les mêmes peines, il était défendu de couper ou d'arracher des arbres dans les bois de l'État et des communes.

L'exportation des bois de chauffage et de construction était sévèrement interdite, sauf autorisation accordée pour toute demande justement motivée.

Un inspecteur général des forêts et de l'agriculture fut chargé de surveiller tout spécialement le reboisement [3], et Dandolo chargea de ce service G.-L. Garagnin, que sa compétence et son dévouement désignaient pour de telles fonctions [4]. En 1807, Garagnin proposa de remettre en vigueur une des dispositions de la loi Grimani oubliée comme tant d'autres sages mesures inscrites dans cette loi : chaque commune devait réserver dans ses bois un lot proportionné à l'étendue totale de son domaine forestier; on l'entourerait d'un mur pour le défendre des voleurs et des chèvres, et on y ferait chaque année, à frais communs, les façons nécessaires pour le bon développement des arbres; on créerait ainsi, dans chaque commune, un *Bois sacré* qui, avec le temps, serait une source de revenus. Dans un certain nombre de localités, on sembla comprendre cette institution, et les bois sacrés commençaient à grandir quand survint l'invasion de 1809; alors, un peu par insouciance, un peu par haine de l'administration française, on rasa tout. Une perte plus considérable, subie pendant la campagne, fut celle des petits arbres de la pépinière : les soldats autrichiens campés à Nona en firent des fagots, et ce fut un des grands chagrins de Dandolo

1. Z. L., 1806, Agric. rub. 1. | 2. Z. L., 1806, Agric. rub. 13 et 14. | 3. Z. L., 1806, Agric., rub. 4. Arrêté du 1er décembre 1807. *Ibid.*, rapport de Garagnin du 4 août 1808. *Ibid.*, rapport du même du 5 janvier. | 4. Quant à Rados Vitturi, dont nous avons raconté l'histoire dans un précédent chapitre, il avait cherché à manifester son existence, et à justifier l'allocation que Molitor lui avait conservée (Z. L., Mol., mai); il y a deux articles de lui dans le *Regio Dalmata* (21 mars et 11 avril 1807); mais Dandolo ne le jugea pas à la hauteur de sa tâche, et quand, en 1807 (Z. L., 1807, agr. rub. 2), il réorganisa l'Académie littéraire et agronomique de Spalato, il en profita pour supprimer le titre d'inspecteur laissé à Rados, et aussi le traitement y afférent : le titre, il l'échangea pour celui de président de l'Académie; le traitement devint la dotation de l'Académie, en faveur de laquelle cette allocation avait été établie, dans l'origine, par les Vénitiens.

que d'apprendre qu'en quelques jours on avait anéanti le résultat de trois ans d'efforts. Déjà en 1807, un corsaire lui avait enlevé une cargaison de jeunes arbres, et l'avait été vendre à Brazza, alors aux mains des Russes; Dandolo s'en était consolé en disant que ces arbres pousseraient aussi bien à Brazza qu'à Demonico [1]; mais la destruction de la pépinière ne profitait à personne, et ainsi se trouvait retardé le jour où l'on pourrait remettre en forêts quelqu'une des montagnes dénudées de la Dalmatie.

Dans un article paru dans le *Regio Dalmata* du 12 juillet 1808, Dandolo résume la situation passée et présente de la sylviculture dalmate, et, bien que cet article officiel soit inspiré par des tendances intentionnellement optimistes, il n'est pas difficile de voir percer entre les lignes un profond découragement.

L'agriculture ne donnait pas plus de consolations au provéditeur, qui résume dans un article du *Regio Dalmata* [2] tout ce qu'il a tenté pour introduire quelques améliorations; il est obligé de constater que les récoltes continuent à être insuffisantes chaque année, et qu'il faut faire venir du blé de Bosnie, de Croatie et de Hongrie. La culture est toujours aussi primitive : les charrues perfectionnées qu'il a fait venir à grands frais d'Italie sont dédaignées; on dit qu'elles coûtent cher et qu'elles sont fragiles; elles se brisent, en effet, entre les mains de laboureurs maladroits, et l'on ne trouve pas d'ouvriers capables de les réparer. Enfin, et surtout, il faut lutter contre la routine, commune à tous les paysans : nos pères, disent-ils, ont retourné la terre avec un morceau de bois recourbé tiré par huit bœufs, pourquoi ferions-nous autrement qu'eux ? Il en résultait que les labourages étaient superficiels, et que la terre ne rendait pas ce qu'on était en droit d'attendre d'elle; Dandolo estime que, sur une surface égale, on récolte six fois moins qu'en Lombardie. Malgré la surabondance de bétail, il n'y a pas de fumier; les animaux, trop nombreux, sont pour cela mal nourris, on n'a pas de paille pour les litières; souvent il n'y a même pas d'étables; les bestiaux passent la nuit dehors, enfermés dans de misérables enclos, ou vaguant dans la montagne; si l'on n'en vole pas, c'est qu'ils n'ont aucune valeur; la viande ne coûte pas plus cher que le pain, mais aussi elle est d'une qualité détestable.

Nous lisons dans le *Regio Dalmata* du 8 juillet 1808 une comparaison que fait Dandolo entre le bétail de Dalmatie, et celui qu'il élevait en Lombardie : « J'ai à Varese, dit-il, un troupeau de 430 moutons de race « espagnole (mérinos) qui me donnent un revenu net de 30.000 francs « par an, tant par la laine que par la vente de reproducteurs; or, il y

1. R. D., 2 mai 1807. | 2. *Ibid.*, 17 juin 1808.

« a en Dalmatie 11.000.000 de moutons, qui ne rapportent que
« 600.000 livres, c'est-à-dire 20 fois moins. Il ne serait pas difficile
« d'introduire de grandes améliorations en croisant la race et en soignant
« mieux les animaux. » Et, pour passer de la théorie à la pratique, il
profita de l'accalmie qui précéda la guerre de 1809 pour faire venir de
Varese cent béliers qu'il distribua gratuitement aux éleveurs. Beaucoup de
ces précieux animaux furent abattus pendant la guerre, et, cependant,
l'espèce ovine fut sensiblement améliorée, ainsi qu'il résulte des rapports
des années suivantes.

Il y avait en Dalmatie 2 millions d'animaux (les nombres donnés au
chapitre précédent ne se rapportent qu'aux animaux adultes et soumis à
la taxe de pacage). Le tableau publié à la suite du rapport de Dandolo[1]
porte : 1.105.078 moutons, 747.526 chèvres, 133.054 bœufs, 30.488 porcs,
31.286 chevaux et mulets, soit une augmentation de 150.000 têtes sur
l'année 1807, mais ni la valeur ni la qualité ne se modifiaient et, ne
trouvant pas la nourriture suffisante, ces animaux dépérissaient sans donner
aucun profit à leurs propriétaires.

S'il est un point sur lequel les exhortations de Dandolo aient amené un
résultat, ce fut au sujet des pommes de terre. Il organisa, pour répandre
ce tubercule, une véritable croisade; fonctionnaires, curés, pandours
furent invités à faire une active propagande; le *Regio Dalmata* est rempli
d'articles qui vantent les bienfaits de la pomme de terre, et couvrent de
louanges ceux qui ont travaillé à sa diffusion[2]. On institua, en 1808, des
prix de 500, 300 et 200 livres pour les cultivateurs qui auraient obtenu
les meilleures récoltes et, grâce à ces industries, on finit par vaincre les
résistances de la routine.

Enfin Dandolo s'efforce de donner aux Dalmates quelques préceptes
d'économie rurale, en répandant des opuscules composés par demandes et
réponses à leur usage, en offrant ses œuvres[3] à tous ceux qu'il croyait
capables de les lire avec fruit, en encourageant la création d'académies
agricoles, et en publiant, dans le *Regio Dalmata*, une quantité d'articles
fort curieux[4]. Dans trois de ces articles, parus en septembre et
octobre 1807, il résume tous les obstacles qu'il voit au progrès de l'agriculture et, en indiquant les remèdes, il dit aux Dalmates bon nombre de

---

1. R. D., 8 juillet 1808. | 2. Z. L., 1807, agric. rub. 8. — R. D., 4 septembre et
20 novembre 1807, 15 janvier, 25 mars, 4 et 25 mai 1808. | 3. Les huit volumes publiés
par Dandolo avaient pour sujet : I-III *Amélioration de la race ovine*, IV *Pommes de terre*,
V *Engrais*, VI *Dangers du morcellement*, VII *Dangers des biens communaux*, VIII *Nécessité
de créer des industries nouvelles dans le royaume d'Italie*. | 4. R. D., 30 août, 18 et 25 octobre
1806 ; 17 janvier, 21 mars, 11 avril 1807; 26 janvier, 17 et 24 juin, 8 et 22 juillet, 9,
23, 30 septembre, 7, 14, 28 octobre, 11 novembre 1808.

vérités enveloppées dans des phrases habiles, où il leur démontre qu'ils sont imprévoyants, paresseux, superstitieux, gourmands et ivrognes; mais rien ne prouve qu'il les ait convertis.

Dans ses grands rapports annuels, le provéditeur développe ses projets de réforme et ses vues d'avenir : « Vous n'ignorez pas, Sire, que le sol « cultivable de la Dalmatie suffirait non à nourrir, mais à enrichir un « million d'hommes, tandis qu'elle n'a que le quart de cette population, « et qu'elle ne peut les nourrir. Il faut prendre des mesures pour rendre « à la culture les terres abandonnées, et notamment les biens communaux, « qui sont presque tous improductifs. Pour cela, il faut faire appel aux « colons et aux capitalistes des pays voisins et, pour attirer les travailleurs « et l'or étrangers, il faut abolir la dîme pour 30 ans. C'est ainsi qu'on a « colonisé les États-Unis. »

Mais Napoléon ne pouvait alors en venir à ces moyens héroïques : on ne pouvait songer à l'avenir quand le présent n'était pas assuré, et les appels du provéditeur ne furent pas écoutés.

Telle fut l'œuvre de Dandolo comme administrateur; en la parcourant, nous avons oublié les faiblesses de cet esprit généreux; nous ne tenons plus compte de ses prétentions, de ses jalousies et de ses rancunes; nous n'avons plus devant nous qu'un homme intègre, bienfaisant et fidèle, d'une ardeur infatigable, et d'une constance qui méritait un meilleur succès. Si quelques-unes de ses théories reposent sur de faux principes, si des illusions chimériques se rencontrent à côté de vues larges et élevées, nous devons nous incliner devant cet homme qui dépensa généreusement une partie de sa vie et de son patrimoine au service de la cause qu'il s'était promis de faire triompher. Trop rares ont été, dans tous les temps, les hommes de cette trempe pour que nous leur refusions le tribut de notre respectueuse estime. Supposons un moment qu'on ait mis à sa place un administrateur imprévoyant, dépensier, ou simplement un fonctionnaire disposé à faire honnêtement son devoir, mais rien que son devoir, il est impossible de mesurer la profondeur du gouffre financier qui se serait ouvert sous les pieds des Français.

Ce sera le principal titre de Dandolo à notre admiration.

CHAPITRE VI

MARMONT (1806-1809)

Parti en toute hâte de Vienne, à l'annonce des graves évènements qui s'étaient produits à Raguse, Marmont apprit en arrivant à Zara, le 21 juillet, que la situation s'était modifiée, grâce à l'intervention opportune de Molitor; il n'en continua pas moins sa route vers Raguse, d'où il écrit à l'Empereur, le 30 juillet[1], pour lui soumettre ses vues quant à l'attitude à prendre vis à vis des Russes et des Monténégrins qui, retranchés entre Ragusa-Vecchia et Castelnuovo, n'entendaient pas laisser le passage libre à l'armée française. La flotte russe continuait à croiser dans les environs : le 5 juillet, trois petits bâtiments de la marine italienne, l'*Henrici*, le *Marengo* et la *Tremenda*, avaient été surpris dans la baie de Saint-Georges par une frégate et deux bricks russes : les équipages avaient gagné la terre, et les navires avaient été pris par l'ennemi[2]. Depuis, une frégate et quelques petits bâtiments s'étaient établis à Ragosniča, le seul point du littoral dalmate devant lequel il n'y ait pas d'île, et, s'abritant dans un excellent mouillage, montaient la garde de manière à rendre absolument impossibles les communications entre le nord et le sud de la Dalmatie.

§ I. Arrivée de Marmont.

Au moment où Marmont prenait ses dispositions d'attaque, un officier arriva, le 3 août, porteur d'une dépêche qui annonçait la conclusion de la paix. Un traité avait été signé à Paris, le 20 juillet, par le Conseiller d'Oubril, et l'évacuation de Cattaro par les Russes allait s'opérer pacifiquement. L'amiral russe et le Conseiller Sankovski, à qui Marmont communiqua cette nouvelle, prétendirent n'en être pas informés; ce ne fut qu'au bout de cinq jours qu'ils en reconnurent l'exactitude, tout en faisant remarquer que le traité n'était pas exécutoire parce qu'il n'était pas encore

Le traité d'Oubril.

---

1. A. G., juillet 1806. — Marmont, dans ses Mémoires, dit être arrivé seulement le 2 août à Raguse; nous relèverons souvent de tels manques de mémoire, et de plus graves. | 2. A. G., juillet 1806.

ratifié[1]; néanmoins les hostilités furent suspendues, et les Russes, évacuant le comté de Canali, rentrèrent à Castelnuovo[2].

Lauriston se rendit dans cette place pour entamer avec l'amiral les pourparlers préparatoires à l'évacuation et à la remise entre ses mains du territoire des Bouches; au bout de quelques jours, il crut constater que les Russes cherchaient à gagner du temps : « J'ai reçu du général Bellegarde, « lui disait Siniavin, sommation de remettre Cattaro aux troupes autri- « chiennes, le traité signé à Paris porte que je dois remettre les Bouches « aux troupes françaises; il y a là une difficulté dont j'ai demandé la « solution à Pétersbourg, et je ne puis agir avant d'avoir reçu de nou- « velles instructions... D'ailleurs, les habitants ne veulent pas se soumettre, « et il faut du temps pour les convaincre et les disposer à vous recevoir. »

Marmont soupçonnait, au contraire, que les Russes voulaient livrer les Bouches aux Anglais, comme les Autrichiens les avaient livrées aux Russes, et que, les Anglais n'étant pas prêts, on amusait les Français pour donner à la flotte de Malte le temps d'arriver. Pour éviter ce malheur, il fallait se mettre en mesure d'entrer à Cattaro le jour même où les Russes en sortiraient. Marmont réunit donc à Ragusa-Vecchia et à Molonta des vivres, des munitions, de la grosse artillerie; et comme il était maître de la Punta d'Ostro, qui commande l'entrée des Bouches, il se mit en devoir d'y construire une batterie avec laquelle il saurait bien empêcher les Anglais de franchir le détroit. Comme les hostilités étaient suspendues, il transporta par mer le matériel nécessaire, et, en cinq jours, on construisit une batterie qui balayait la passe[3]; on eut soin de faire savoir à l'amiral Siniavin que ce n'était pas contre lui que ces armements étaient dirigés, que cette batterie était défensive et non offensive; d'assez mauvais gré, les Russes laissèrent terminer le travail.

Pendant ce temps, Marmont s'occupait d'organiser son armée qu'il avait trouvée en un fâcheux état : les hôpitaux encombrés, 200 à 250 décès par mois[4], des services d'approvisionnements insuffisants, des vivres de mauvaise qualité[5], les employés en lutte les uns contre les autres, en venant même aux voies de fait[6]. En quelques semaines, la main de cet admirable organisateur eut donné à tous les services une tout autre tournure.

Marmont s'occupa aussi d'établir une meilleure répartition de ses effectifs et de combler les vides que l'épidémie y avait faits. Il renvoya en Italie presque tous les dépôts (celui du 79e resta à Traù), il versa dans les 1er et 2e bataillons les hommes du 3e bataillon des 5e, 23e, 79e et 81e dont il renvoya les cadres en Italie et, gardant les compagnies de voltigeurs et de

---

1. A. G., 1806, août. | 2. A. G., 1806, août. — W. S., Corr. Timoni, 3, 6, 11 août. | 3. W. S., Corr. Tim., 24 août. | 4. A. G., 11 juin. | 5. Ibid., 30 juillet | 6. Ibid., 10 août.

grenadiers de ces quatre bataillons, il s'en fit un bataillon d'élite de 900 hommes.

Le général Jalras, suppléant Molitor, commandait à Zara; il avait sous ses ordres le 8ᵉ léger, dont deux bataillons étaient à Zara et le troisième à Sebenico, Dernis et Knin. A Spalato, le général Guillet, avec le dépôt du 79ᵉ; à Makarska, le général Gilly, avec un bataillon du 81ᵉ; l'autre bataillon du 81ᵉ aux îles, un bataillon du 60ᵉ à Stagno, pour garder les communications avec Raguse. La légion dalmate s'organisait à Zara, sous la direction du général Milossevich et du chef de bataillon italien Orfengo [1].

Le reste des troupes était concentré à Raguse, où Marmont était avec Lauriston, commissaire chargé de la prise de possession, et les généraux Vignolle, chef d'état-major, Aubrée, commandant de l'artillerie, de Maureillan, commandant du génie, Teste, Launay, Soyer et Delzons. Il disposait de 11.000 hommes, sans compter l'artillerie [2] :

2 Bᵒⁿˢ du 5ᵉ de ligne.......	1.200
2 — du 11ᵉ —	1.800
2 — du 23ᵉ —	1.200
1 — du 60ᵉ —	700
2 — du 79ᵉ —	1.500
2 — du 18ᵉ léger...........	1.800
1 — d'élite..............	900
	9.100

Il fallait de plus compter sur 1.800 hommes de troupes italiennes : un bataillon de carabiniers et un bataillon de vélites de la garde royale qui étaient attendus, ainsi que les chasseurs de Brescia; le dernier corps arriva réduit à 300 hommes; il avait eu 200 déserteurs entre Trieste et Fiume, et il fallait peu compter sur ce qui restait.

Marmont se proposait de laisser 600 hommes à Raguse, autant à Castelnuovo, et, avec les 10.000 qui lui resteraient, attaquer les Monténégrins aussitôt après le départ des Russes [3]; mais les Russes ne partaient pas et, le 9 septembre, on apprit que, le traité n'étant pas ratifié par l'empereur Alexandre, les hostilités reprenaient.

Quand la flotte russe recommença à croiser autour des îles, Marmont reconnut l'importance particulière de Curzola, qui commande un détroit de quelques centaines de mètres, par où l'on entre dans le canal de Brazza : il plaça donc dans cette ville une garnison de 400 hommes du

Reprise des hostilités (septembre 1806.)

1. A. G., 11 juillet. | 2. A. G., 14 juillet. | 3. A. G., Marmont à l'Empereur, 15 juillet.

81e; on garnit l'enceinte, qui était en bon état, de quelques bonnes pièces d'artillerie, on arma le fort Saint-Blaise, qui venait d'être réparé, et on chargea du commandement le chef de bataillon Orfengo, à qui l'organisation de la légion dalmate, provisoirement suspendue, avait fait des loisirs. On pouvait compter que cette position tiendrait en échec toute la flotte russe.

Évacuation de Punta d'Ostro. — La situation de la batterie de Punta d'Ostro était moins bonne : faite pour défendre l'entrée du détroit, elle était enfilée par les navires embossés à l'intérieur du golfe. Marmont fit donc avertir l'amiral Siniavin que, l'éventualité en vue de laquelle cette batterie était construite ne s'étant pas produite, il allait la désarmer, et qu'il comptait bien qu'on lui laisserait enlever son matériel; les Russes y consentirent d'abord, puis refusèrent; il fallut emporter par terre tout ce qui pouvait passer à dos d'homme, et on jeta à la mer les canons qu'il ne fallait pas songer à traîner jusqu'à Raguse. La flottille qui était bloquée à Ragusa-Vecchia réussit à rentrer à Raguse, grâce à une manœuvre adroite, favorisée par un caprice du vent[1].

A mesure que les Français reculaient, leurs ennemis se montraient plus entreprenants; les Monténégrins et Bocquais avaient de nouveau occupé le comté de Canali, les bandes de pillards turcs reparaissaient aux environs de Breno : il semblait que Raguse allât subir un nouveau siège, et que les Russes se disposassent à envahir la Dalmatie.

Bien que ses instructions lui prescrivissent de se tenir sur la défensive, et d'attendre que l'affaire de Cattaro fût réglée par la voie diplomatique, Marmont crut pouvoir, avant d'envoyer ses troupes dans leurs quartiers d'hiver, faire un retour offensif qui montrerait à ses adversaires qu'il fallait compter avec lui. Ce n'était pas tant aux paysans que Marmont en avait qu'aux Russes qui l'avaient joué, sans qu'il pût se rencontrer avec eux sur un champ de bataille.

Bataille de Castelnuovo. — Le 29 septembre[2], le général apprit que les Russes, ayant reçu un nouveau régiment arrivé de Corfou, étaient en forces à Castelnuovo. Il laissa à Ragusa-Vecchia les hommes éclopés et les bagages, et partit avec 5.000 hommes qui n'avaient avec eux que des vivres et des cartouches. Après une marche de nuit retardée par la pluie, on se trouva au lever du jour à Gruda, à peu de distance du pont de Debelibrieg, où l'on savait trouver les Russes[3]. Là, Marmont fit faire à sa colonne un mouvement à gauche et, tout en poursuivant des bandes de paysans qui avaient commencé le feu dès l'aube, il suivit le flanc des coteaux, de manière à tourner la position des Russes qu'il supposait retranchés dans le col, à la

1, A. G., Marmont à l'Empereur, 15 juillet. | 2. A G., Rapport du général Vignolle; tout ce qui suit en est tiré presque textuellement. | 3. Voir la carte VI et le carton.

sortie duquel est le pont de Debelibrieg. Sa conjecture était fondée, et, quand il eut dépassé le col, il vit les Russes qui se retiraient pour reporter leurs positions plus en arrière. Cette manœuvre ayant réussi, Marmont la renouvela le lendemain, et, au lieu de suivre la vallée de la Sutorina pour déboucher sur la baie de Topla et attaquer Castelnuovo par l'ouest, il se dirigea, par Prjevor, Mojdez et Mokrine, vers le plateau de Kameno, qui domine Castelnuovo du côté du nord; il courait ainsi la chance de couper les Russes et de les refouler dans la presqu'île qui se termine à la Punta d'Ostro. Ce plan ne réussit qu'à demi : pendant que la gauche, formée par le 11e et le bataillon d'élite, avançait péniblement, au milieu d'une nuée de paysans, la droite, composée du 79e et des Italiens, ne rencontra aucun obstacle et, se heurtant aux Russes seulement vers le débouché de la vallée, les poursuivit jusqu'aux portes de Castelnuovo, avant que le 11e eût eu le temps de leur couper la retraite.

Le résultat désiré était néanmoins obtenu, et Marmont avait appris aux ennemis qu'il fallait le respecter. Les pertes des Russes furent assez considérables : 350 tués, 6 à 700 blessés, 211 prisonniers; les paysans eurent 400 tués, le double de blessés; on ne leur fit pas de prisonniers, comme de leur côté ils n'en faisaient pas. Le capitaine Gayet, officier d'ordonnance de Marmont, tombé au milieu d'un parti de Monténégrins, eut la tête coupée; en outre, les Français eurent 25 morts et 130 blessés. « La fai-« blesse de cette perte, dit Marmont[1], est due à la vigueur de l'attaque, « et à la célérité des mouvements. »

Le rapport du général Vignolle est d'accord avec le récit de Marmont, et l'historien ragusain Chiudina fournit à peu près les mêmes indications; quant à Milaković, il donne une version qui lui est particulière, et où il introduit une foule de détails nouveaux; il raconte comment les Monténégrins tournent les Français et enclouent leurs canons : or, Marmont n'avait pas d'artillerie; les Monténégrins prennent un général et tout son état-major : c'est un fort grossissement de l'affaire du malheureux capitaine Gayet; les Français ont eu 53 officiers tués, 38 et un général blessés[2], 48 officiers prisonniers (en tout 139), plus 3.000 soldats hors de combat. Les Russes sont aussi fort mal traités par l'auteur monténégrin; pendant

1. Marmont, Mémoires, L. X, p. 19. | 2. Depuis, la marche des légendes a fait mourir ce général, et des gens instruits montrent au voyageur qui arrive à Castelnuovo par mer un petit mausolée qui est « la tombe du général français ». Renseignements pris, il se trouve que cette sépulture est celle d'un Turc de marque, décédé dans la possession turque de Sutorina. Il n'y eut qu'un seul général tué en Dalmatie, c'est Delgorgue. Pour les pertes en officiers tués et blessés, il existe un travail, chef-d'œuvre de patience et d'érudition, où M. Martinien, archiviste-adjoint au ministère de la guerre, a relevé les pertes en officiers faites pendant toute la durée des guerres de la République et de l'Empire : nous y avons eu souvent recours.

toute la bataille, c'est toujours eux qui ont le mauvais rôle : ils sont à chaque phase du combat en retraite, surpris, coupés et finalement sauvés par les Monténégrins. L'auteur leur attribue libéralement 600 tués et blessés ; quant aux prisonniers, les Monténégrins les délivrent. Après tant d'exploits, les Monténégrins devaient avoir subi aussi quelques pertes : Milaković, d'ordinaire si bien renseigné, avoue ingénuement ne pouvoir en établir exactement le chiffre, mais l'évalue à 200 tués ou blessés. Voilà de l'histoire de fantaisie, et il suffit de lire cette page pour être fixé sur le degré de confiance que mérite cet auteur [1].

Marmont ne pouvait pousser au delà de Castelnuovo sans manquer aux instructions qu'il avait reçues ; il voulut, avant de se retirer, donner un dernier avertissement aux Bocquais, et, à titre de représailles, il fit brûler toute la partie de Castelnuovo qui était en dehors de l'enceinte. Les Bocquais, pour arrêter les progrès de l'incendie, firent une vigoureuse sortie pendant laquelle l'escadre russe tirait de toutes ses pièces sur les régiments français : les premiers pelotons furent assez vivement ramenés en arrière, mais Marmont fit avancer la garde italienne, mécontente de ne pas avoir donné dans le combat de la veille, et, après une brillante charge, la sortie fut repoussée. Le lendemain, 3 septembre, la colonne rentrait à Ragusa-Vecchia, après cinq jours d'absence ; les Russo-Monténégrins avaient subi un échec incontestable, et les Bocquais avaient perdu leurs dispositions belliqueuses ; pas un ennemi ne se montra pendant la retraite des Français, et Raguse se vit à l'abri des incursions des pillards [2].

Attitude du maréchal Bellegarde. Il est permis de se demander quel rôle jouaient, au milieu de ces évènements, le maréchal Bellegarde et son corps expéditionnaire. Ce rôle fut absolument nul au point de vue militaire : les troupes autrichiennes stationnèrent d'abord à Lagosta, puis dans l'île de Giuppana ; leur chef, et M. de Lépine, commissaire impérial, étaient en relations suivies avec les Russes et n'eurent à traiter avec les Français que pour leur demander l'évacuation préalable de Raguse ; un moment, Lauriston avait été sur le point d'y consentir, moyennant la cession immédiate des Bouches. Lorsqu'on apprit qu'un traité avait été signé (c'est le traité d'Oubril, qui ne fut pas ratifié), les Autrichiens voulurent s'entremettre pour recevoir les Bouches des mains des Russes, et Raguse de celles des Français ; on leur fit comprendre que le traité ayant été signé sans le concours de leur maître, ils n'avaient pas à participer à son exécution. Quand on apprit la non ratification du traité et que les hostilités reprirent, les Autrichiens rentrèrent

1. Nous ne reprochons pas à Milaković d'avoir inventé ce qu'il raconte, mais d'avoir recueilli et publié sans aucun contrôle des légendes et traditions populaires, où la mémoire avait moins de part que l'imagination. | 2. W. S., Corr. Tim., octobre 1806.

dans leur attitude de neutralité malveillante. Enfin, par suite d'arrangements pris à Varsovie, entre Talleyrand et le baron Vincent, ils s'embarquèrent, le 30 mars 1809, après un séjour de dix mois aux environs de Raguse et rentrèrent à Trieste[1].

La guerre ayant recommencé, il fallait mettre Raguse à l'abri des Anglais et des Russes. Du côté de la terre ferme, Marmont fit commencer, sur la montagne de Saint-Serge, haute de 412 mètres, la construction d'un fort, le Fort Impérial, à l'endroit même où les Russes avaient installé leurs batteries pendant le siège; le corps de place fut réparé et armé d'une puissante artillerie et, enfin, près du point où se croisent aujourd'hui les routes de Trebinje et de Breno, on construisit une petite redoute qu'on appela fort Delgorgue, en souvenir du général tué en ce même point quelques mois auparavant[2]. Du côté de la mer, Marmont fit commencer des travaux considérables qui devaient doter la marine française d'un port au moins aussi sûr que les Bouches de Cattaro.

Travaux
de défense à
Raguse.

Près de Raguse, dit Marmont dans ses Mémoires[3], et parallèlement à la côte, commence une suite d'îles très rapprochées entre elles, qui forment, avec la terre ferme, un canal de huit lieues de longueur, et d'une largeur de 1.000 à 1.500 toises[4]. Mer intérieure et rade fermée, toutes les flottes imaginables pourraient y être en sûreté contre le gros temps et l'ennemi, et y manœuvrer sans gêne. Au moyen des diverses passes entre les îles, d'une navigation facile mais d'une défense aisée, à cause de leur peu de largeur, on peut entrer et sortir par tous les vents. En face de Calamata (Calamotta), la première de ces îles, est le golfe d'Ombla; il est perpendiculaire à la côte, et forme comme une rivière (c'en est réellement une); sa largeur est de 3 à 400 toises, l'eau y est d'une grande profondeur, et son entrée est défendue par l'île de Daxa, que je fis armer et fortifier avec soin. Le val d'Ombla forme donc une rade intérieure dans laquelle aucune force maritime ne peut pénétrer de vive force; au fond, coule une rivière sortant d'un rocher dont l'eau est si abondante que son action se fait sentir au loin et fort avant dans la mer. Enfin, en se rapprochant de Raguse, et perpendiculairement au val d'Ombla, est le port de Gravosa; la nature l'a creusé, et on peut, comme dans la meilleure darse, y armer et désarmer une grande escadre.

Les Bouches de Cattaro étaient sans doute un emplacement autrement propre à une station maritime; les inconvénients signalés par Marmont étaient cependant réels : il n'y avait à Cattaro qu'une seule passe très difficile à franchir avec un vent de sirocco, et très facile à bloquer par un ennemi peu nombreux; à Raguse, il y avait quatre passes, espacées sur

1. W. S. Corr. Tim., 27 mars et 5 avril 1807. | 2. A. G., Rapport Vignolle, 22 octobre 1806. | 3. L. X, p. 20. | 4. Voir la carte IV.

une longueur de 9 à 10 milles marins; ce n'était qu'avec une flotte nombreuse qu'on en pouvait bloquer toutes les issues [1].

Le plan adopté par Marmont comportait un système de onze batteries qui, en croisant leurs feux, devaient rendre l'entrée infranchissable; sur ces onze batteries, on en construisit seulement quatre, une sur l'île de Daxa, une à la pointe sud-est de Calamotta, une dans l'île de Mezzo, tournée vers la passe de Calamotta, et la dernière dans l'îlot de Rudda, gardant la passe de Mezzo, entre l'île de ce nom et celle de Giuppana [2].

Stagno, sur l'isthme de Sabioncello, était un point important qui protégeait la navigation intérieure et assurait la communication entre Raguse et Spalato; on y construisit un fort et des batteries [3].

Répartition des troupes pour l'hiver 1806-1807.Les troupes furent réparties pour l'hiver dans tout le littoral, ainsi qu'il résulte du tableau d'emplacements adressé au ministère le 20 novembre 1806 [4].

DIVISION LAURISTON A RAGUSE

23e de ligne, 2 bataillons, Raguse...............	1.584	off. et sold.
60e de ligne, 2 bataillons, Raguse, Stagno, Mezzo Calamotta...............................	1.890	—
79e de ligne, 2 bataillons, Raguse...............	1.836	—
Chasseurs d'Orient, Raguse....................	77	—
Chasseurs de Brescia, Breno...................	250	—
Artilleurs et ouvriers français, Raguse et Curzola....	264	—
Artilleurs et sapeurs italiens, Stagno et Daxa.......	344	—

DIVISION MOLITOR (Molitor était parti et non remplacé) A ZARA

Garde italienne, 2 bataillons, Spalato............	823	off. et sold.
5e de ligne, 2 bataillons, Zara et Quarnero........	1.336	—
11e de ligne, 2 bataillons, Spalato et Traù.........	1.507	—
81e de ligne, 2 bataillons, Makarska et îles........	1.430	—
8e léger, 2 bataillons, Zara et Dernis.............	1.622	—
18e léger, 2 bataillons, Sebenico et Sinj..........	1.268	—
24e chasseurs à cheval, 2 escadrons, Zara [5]........	231	—

1. A. G., Marmont à l'Empereur, 31 octobre 1806. | 2. Voir la carte IV. Les sept autres batteries ont été construites en 1811; toutes sont abandonnées, et c'est à peine si, la carte à la main, on en retrouve les vestiges. | 3. A. G., Marmont à l'Empereur, 31 oct. 1806. | 4. A. G., novembre 1806. | 5. Marmont (Mém. T. X., p. 24) donne cette situation avec les variantes suivantes : 81e à Zara, 5e à Traù, 11e à Spalato, 8e léger à Makarska, chasseurs à cheval à Sinj. Sa mémoire a dû le tromper; nous verrons bientôt que le 81e n'était pas à Zara, mais partie à Makarska, partie aux îles. Au printemps, le 8e léger devait aller tenir garnison à Traù.

Artilleurs français, Zara........................... 231 off. et sold.
Artilleurs italiens, Traù........................... 211   —

En y joignant l'état-major, la gendarmerie et la réserve d'artillerie, on arrive au total de 15.000 hommes.

Marmont s'occupa avec une grande activité du bien-être de ses hommes : il talonne l'intendance, se fait envoyer un nouvel ordonnateur, Aubernon, à la place d'un fort honnête homme, qui n'avait pas su empêcher les malversations de ses subordonnés. Le service des vivres, celui du casernement, celui des hôpitaux sont réformés, et, grâce à sa sollicitude, le général peut bientôt dire avec orgueil que ses régiments sont redevenus aussi beaux que jamais[1].

L'hiver devait se passer sans incidents; la croisière russe était contrariée par le gros temps, Curzola, Lesina, Brazza avaient été armées et mises à l'abri de coups de main; on comptait sur quelques mois de trêve : ces prévisions furent trompées.

Perte de Curzola (12 déc. 1806).

Le 9 décembre, Siniavin parut devant Curzola avec trois vaisseaux, trois frégates et deux bricks. Orfengo, que Marmont avait nommé, en septembre, commandant de ce poste, écrit : « Il me paraît que les Russes « vont tenter un débarquement; je les attends de pied ferme; toutes mes « dispositions sont prises. V. Exc. peut être assurée de tout notre zèle et « de tout notre dévouement. Ce jour-ci est le plus beau de ma vie, « puisqu'il me met à même de justifier la confiance dont vous m'avez « honoré. » Après cet air de bravoure, le ton baisse un peu : « P. S. On « m'annonce que 1.000 Monténégrins ont débarqué à Blata, que 3.000 « Russes ont pris terre à six milles d'ici, que, en outre des onze batail- « lons qui ont passé dans le canal, cinq autres viennent de Lagosta. « J'attends les sommations et ferai une réponse énergique[2]. » Il est clair que le courage d'Orfengo est ébranlé; des rapports exagérés qu'on lui a faits avec intention l'ont inquiété : il se voit déjà avec 400 hommes obligé de tenir tête à 10.000, peut-être plus... Le 10, il répond à une somma- tion, comme c'était son devoir de le faire; le lendemain, un assaut donné à la redoute avancée est repoussé; mais Orfengo, ne jugeant pas cet ouvrage défendable, le fait évacuer : les ennemis s'y établissent, menacent l'enceinte, et, le 12, Orfengo rend la place, en obtenant que la garnison sera transportée en Italie[3].

Marmont, qui avait mis à Curzola une bonne garnison approvisionnée pour six semaines, préparait une expédition de secours à Spalato, quand

1. Marmont, Mémoires, L. X, p. 3, sq. | 2. A. G., déc. 1806. | 3. A. G., Marmont, 19 déc.; Vignolle, 18 et 21 déc.

vint le surprendre la nouvelle de cet inexplicable capitulation[1]. La perte de Curzola ouvrait aux Russes le canal de Brazza, entre cette île et la côte de terre ferme; les navires ennemis y passaient déjà; il fallut évacuer en toute hâte les positions de Brazza, et deux navires qui ramenaient une partie de la garnison de Milnà furent capturés en vue de Spalato[2].

Orfengo, arrêté à son débarquement en Italie, fut amené à Zara, où il comparut devant un conseil de guerre. Etait-ce un traître? Etait-ce un incapable, doublé d'un fanfaron et d'un lâche? Le conseil pencha vers cette dernière opinion, et ne lui infligea que quatre ans de prison; mais en passant à Trieste, pendant qu'on le reconduisait en Italie, Orfengo échappa aux gendarmes; il alla prendre du service dans l'armée russe qui ne fit pas, ce jour-là, une précieuse acquisition[3].

§ II. Marmont et les Turcs.

Pendant l'hiver de 1806-1807, la flotte de Siniavin fut rejointe par une escadre qui arrivait de la Baltique : l'amiral eut dès lors sous ses ordres onze vaisseaux et onze frégates; mais il convient de remarquer que la Dalmatie n'était pas son unique objectif. Le 30 décembre 1806, le sultan Sélim avait déclaré la guerre à la Russie, et le général Sébastiani se mettait en relations avec Marmont, en vue de concerter une action éventuelle de l'armée de Dalmatie et des forces ottomanes; en attendant, l'ambassadeur demanda des officiers et sous-officiers d'artillerie et de génie pour élever des travaux de défense à l'entrée des Dardanelles et pour instruire les « armes savantes » de l'armée turque. C'est à la présence de ces officiers que le sultan devra le salut de sa capitale, quand, en février 1807, l'amiral Duckworth, ayant forcé le passage des Dardanelles, se présentera devant Constantinople.

Il se créa un mouvement actif de va-et-vient entre le Bosphore et l'Adriatique; la France avait, depuis 1806, un agent, revêtu du titre de consul général, à Travnik, résidence du pacha de Bosnie; ce consul, nommé David, avait très vite acquis une grande influence sur le pacha qui se trouvait être un homme capable de le comprendre[4]; Marmont, de son côté, fit des avances à son voisin, lui fit cadeau de quelques pièces d'artillerie de montagne, et lui envoya des officiers pour instruire ses artilleurs. La paix était donc assurée du côté de la Bosnie, et si, comme on l'annonçait, l'armée russe de Michelson voulait passer de Valachie en Dalmatie pour

Le pacha de Bosnie.

---

1. Marmont, Mémoires, L. X., p. 30. | 2. Z. L., 1806, XV, 6280, XVIII, 6273. — A. G., Marmont, 28 déc. — W. S. Corr. Tim., 14 et 28 déc. | 3. Z. L., 1806, XVII, 6140, 1807, XII, 231, Police VI, 1183. — Marmont, Mémoires, L. X, p. 31, sq. | 4. A. E., Turquie, 214 à 219, 224 et cartons du consulat de Travnik, correspondance de David, malheureusement interrompue par une lacune qui va de janvier 1810 à juillet 1811.

combiner son action avec celle de Siniavin, Marmont était assuré que le pacha lui barrerait le passage.

Les bonnes dispositions du pacha étaient malheureusement loin d'être partagées par les begs bosniaques, parmi lesquels le pacha devait choisir ses officiers, et par les populations de Bosnie et d'Herzégovine : chrétiens ou musulmans, mais avant tout Slaves, les paysans faisaient cause commune avec leurs frères de Dalmatie, s'associaient à eux quand il y avait du butin à faire, nous l'avons vu déjà à Raguse, et donnaient un asile inviolable aux vaincus lorsque la révolte était domptée. A Travnik même, quand le pacha s'éloignait, la situation du consul de France devenait périlleuse, et, plusieurs fois, sa vie et sa famille furent en danger [1].

Marmont était également en relations amicales avec le pacha de Trebinje, et lui envoya, en avril 1807, une colonne commandée par le général Launay, pour ramener dans le devoir les begs insurgés. Nous verrons par la suite plusieurs expéditions analogues.

Le pacha de Trebinje.

Ali-Pacha, de Janina, entra aussi en relations avec Marmont, par l'intermédiaire du consul Pouqueville. Pour le moment, Ali-Pacha se donnait comme ami de la France, et, prétextant que ses sentiments lui avaient valu l'inimitié des Russes, il faisait demander des secours en hommes, en armes, en munitions et en argent. Ces réclamations ne furent pas prises en grande considération : le 6 mars 1807, Berthier écrivait à Marmont : « L'Empereur ne comprend rien au verbiage de M. de Pouqueville : « Ali-Pacha n'a besoin d'aucun secours ; 3.000 Russes à Corfou ne peuvent « l'attaquer dans ses montagnes. Veut-il quelques barils de poudre? « quelques boulets? Vous pouvez les lui donner. Le roi de Naples lui a « envoyé 8 pièces de canon et des munitions; vous pouvez lui envoyer « un officier d'artillerie et quelques canonniers, mais il faut qu'il vous « en fasse directement la demande et sans intermédiaire. »

Le pacha de Janina.

Les choses en demeurèrent là, et, par la suite, Marmont eut à se féliciter de n'avoir accordé qu'une confiance très limitée à toutes les protestations d'amitié du pacha de Janina. Il y avait, d'ailleurs, à l'armée de Dalmatie, des officiers qui avaient pris part, en 1798-99, aux opérations de l'armée des îles Ioniennes, et qui pouvaient dire ce que valait la parole d'Ali-Pacha.

L'hiver et le printemps de 1807 se passèrent sans que la paix fût troublée en Dalmatie. Russes et Français conservèrent leurs positions; on put

§ III. Les routes.

1. C'est une lecture attrayante que celle des correspondances de David ; on y voit un homme énergique, adroit, dévoué à son pays, qui, vivant au milieu d'une population fanatiquement hostile, défend son existence tout en servant efficacement les intérêts dont le soin lui est confié.

cependant réoccuper aux îles quelques points que les Russes ne gardaient pas[1]; la raison en était que Siniavin avait conduit presque toutes ses forces dans l'Archipel, en ne laissant dans l'Adriatique d'autres bâtiments que ceux qui étaient incapables de faire campagne; les corsaires Bocquais suffisaient pour entretenir le blocus, et quelques navires anglais venaient de loin en loin promener leur pavillon en vue des côtes dalmates.

Les communications maritimes n'en étaient pas moins fort difficiles et devaient l'être aussi longtemps qu'une flotte française ne viendrait pas faire la police de l'Adriatique. Marmont résolut donc de profiter du calme relatif dont il jouissait pour créer des voies de communications terrestres.

La Dalmatie n'avait pas eu de routes sous les Vénitiens, qui faisaient tous les transports par mer; pour les relations avec la Bosnie, il y avait comme voies de pénétration des sentiers praticables pour les bêtes de charge, de Zara à Knin, de Spalato à Klissa et Sinj. Les Autrichiens construisirent, comme nous l'avons vu, la route d'Ostrovica à Scardona et Traù, et celle de Sebenico à Knin par Dernis; il ne manquait qu'un tronçon de quelques milles pour faire communiquer Sebenico avec Scardona, Knin et Zara; enfin les Autrichiens avaient réuni Knin à Gospić par une route qui traversait le territoire du régiment de la Lika, et ils se proposaient d'en construire une autre, beaucoup plus directe, mais d'une exécution plus difficile, qui, en franchissant la chaîne du Vellebit, eût mis Zara à trois jours de Zengg[2].

En résumé, au sud de la Kerka, les routes parallèles au littoral n'existaient pas, et les routes venant en Bosnie n'étaient que des pistes sur lesquelles les bêtes de somme elles-mêmes ne passaient qu'au prix de beaucoup de temps et de peine[3].

Marmont s'attribue, dans ses Mémoires (L. X), tout le mérite du tracé des routes entreprises en 1807; il ne nomme même pas celui dont les longues et patientes études avaient préparé l'exécution du travail. Depuis plus de dix ans, ce tracé était fait sur le papier par l'ingénieur Zavoreo, et c'est sous sa direction que s'étaient exécutés les tronçons construits par les Autrichiens, ainsi que nous avons eu déjà l'occasion de le dire. Le mérite de Marmont, et il est immense, est d'avoir fait passer ces projets dans l'ordre des réalités, d'avoir exécuté ces routes avec ordre, avec économie, et surtout avec une incroyable rapidité.

Pour mettre de son côté toutes les chances de succès, le général avait besoin du concours, ou au moins de la neutralité de l'autorité civile : il y aurait des expropriations, des réquisitions de travailleurs et de pandours

---

1. A. G., 1, 4, 18. | 2. Voir Ire P. Ch. V. | 3. Voir la Carte VII.

qui pourraient amener des conflits et paralyser la marche du travail. Marmont résolut donc de faire des avances au provéditeur; les relations étaient d'ailleurs beaucoup moins tendues alors que six mois auparavant : en décembre 1806, Dandolo était venu, par ordre supérieur, à Spalato, pour faire une visite au général en chef, et la glace s'était un peu rompue. Marmont annonça qu'il irait à Zara pour rendre sa visite au provéditeur et prendre part aux fêtes données pour l'anniversaire de l'entrée des troupes françaises, le 17 février 1807. Il fit, en effet, à Zara, un voyage de dix jours, prit part, aux côtés du provéditeur, aux solennités religieuses et mondaines, aux concerts, dîners, bals donnés en son honneur; le 15 février, il y eut jusqu'à une chasse à courre[1] et, dans toutes ces circonstances, Marmont se montra gracieux avec tous, et galant avec Madame Dandolo, à qui il promit l'épaulette de sous-lieutenant pour son jeune frère; il fut surtout plein d'attentions pour le provéditeur à qui il confia ses projets de travaux; il mena la chose avec tant d'entrain que, lorsque le 20 février le général Delort fit la demande officielle pour obtenir 900 terrassiers, 30 maçons et les pandours, Dandolo accorda tout sans difficulté, et, le 22 février, publia une proclamation[2] pour engager les populations à donner leur concours à une entreprise qui serait pour elles un bienfait d'une valeur incalculable.

Assuré de la coopération du provéditeur, Marmont pouvait se mettre à l'œuvre. Il a raconté longuement, dans ses Mémoires, comment il organisa ses ateliers; nous retenons seulement ici quelques fragments du rapport qu'il adressa, le 16 juin 1807, à l'Empereur[3] :

Sire, privé du bonheur de faire la guerre pendant le printemps, j'ai cherché à rendre utile mon séjour en Dalmatie. L'impossibilité de communiquer par mer depuis que l'ennemi infeste les canaux intérieurs, la nature des communications par terre, qui rendent la défense de la Dalmatie presque impossible, m'a fait former le projet d'exécuter les routes que V. M. a ordonnées. Les troupes de V. M. sont animées du meilleur esprit, prêtes à entreprendre tout ce qui est utile, dans l'espoir de plaire à V. M.; elles ont accueilli avec empressement ce projet; pour en rendre l'exécution plus prompte et plus facile, j'y ai joint un certain nombre de paysans; indépendamment que cette saison morte pour la campagne les rendait disponibles, les employer, en leur donnant du pain et une légère somme, a été dans cette circonstance une chose d'humanité. Les Morlaques sont, comme tous les barbares, sans prévoyance; après avoir bu et mangé sans mesure pendant six mois de l'année, depuis la fin de l'hiver jusqu'à la récolte, ils éprouvent une disette et des besoins dont on ne peut se faire une idée sans l'avoir vu, et c'est une chose rigoureuse de dire que la moitié de la population vit, pendant quatre ou cinq mois, avec des herbes et du lait de

1. R. D., 28 février 1807. | 2. R. D., 7 mars 1807. | 3. A. G., juin 1807.

chèvre. Une ration de pain est alors d'un grand prix pour eux, c'est donc ce que j'ai accordé aux Morlaques avec 5 sols; j'ai donné à chaque soldat 10 sols, c'est-à-dire ce qu'il lui faut pour vivre un peu mieux et remplacer les effets qu'il consomme.

La première route commencée fut celle de Knin à Spalato; les divers régiments fournissaient des compagnies de travailleurs, et trois ateliers de 300 paysans furent établis sous la surveillance des pandours. Marmont sut mettre de l'émulation parmi ses soldats, en annonçant que chaque régiment aurait son nom gravé sur une plaque de marbre dans la partie de la route qu'il aurait exécutée[1]; cela suffit pour donner aux hommes une ardeur prodigieuse, et, en six semaines, la route était achevée. Ce premier succès engagea Marmont à continuer : cette fois, c'est lui-même qui écrit directement à Dandolo, de Spalato, le 26 mars[2] :

Mon cher provéditeur, l'empressement que montrent les troupes pour faire tout ce que je désire et tout ce qui est honorable m'a décidé à donner plus d'extension au projet que j'avais formé; en conséquence, je vais faire exécuter non seulement la route de Spalato à Sign, mais celle de Traù à Sebenico[3]. Les troupes feront de 10 à 15 milles, en partant de Traù et de Sebenico; le milieu de la route devra être fait par les paysans, attendu qu'il exigerait des déplacements de troupes qui seraient embarrassants. On est dans ce moment occupé à faire le projet; vers le 15 avril, les travaux commenceront; je voudrais donc que, pour cette époque, vous ordonnassiez la réunion de 600 paysans, à Boraïa et à Verpolje, à la disposition du général Tirlet... Je désire également qu'immédiatement après le travail qui s'exécute depuis la Cetina jusqu'aux frontières de Bosnie, et qui va se terminer, vu qu'il offre peu de difficulté, il soit fait une réunion de paysans dont le nombre et le lieu de rassemblement seront déterminés quand je serai sur les lieux pour exécuter la route depuis la frontière de Bosnie jusqu'à Vergoratz; par le moyen de cette route, on aura une communication carrossable jusqu'à la Narenta.

J'ai écrit au général Lauriston de prescrire au Sénat de Raguse de faire une route depuis Raguse jusqu'aux frontières de Dalmatie[4]; par ce moyen, il ne serait pas impossible qu'avant trois mois il y eût une communication carrossable entre Zara et Raguse; je ferai alors un pont de bateaux sur la Narenta.

Non seulement le provéditeur accorda tout ce qui lui était demandé, et lança une deuxième proclamation datée du 11 avril[5], mais il écrivit, dès le 1er avril, à Marmont[6] :

1. Ces plaques ont été posées, mais les Autrichiens les ont détruites en 1815 ; on en voit encore quelques-unes qui ont été seulement martelées, et la tradition seule en conserve le texte, très déformé, à ce qu'il nous a semblé. | 2. A. G., mars 1807. | 3. Il s'agissait non de construire la route à neuf, mais d'améliorer celle que les Autrichiens avaient faite quelques années auparavant. | 4. Cet ordre ne fut pas exécuté, par suite des résistances du Sénat, qui trouvait que l'État de Raguse n'était déjà que trop accessible. | 5. R. D., 11 avril 1807. | 6. A. G., avril 1807.

Cher et digne général, la gloire ne résiste aux outrages du temps que lorsqu'elle est fondée sur de grandes actions et sur des établissements d'une utilité aussi générale que permanente... Vous allez ajouter aux titres que vous avez déjà et vous assurer ainsi ceux dont vous jouirez devant la postérité...

Profitant de ces bienveillantes dispositions, Marmont obtint l'entretien par l'État de toutes les routes nouvelles, et la création d'un service de relais de poste, plus des indemnités, à la charge de la caisse civile, pour les officiers de pandours.

Les routes avaient de quinze à vingt pieds de largeur, et étaient complètement empierrées ; en certains points, il avait fallu faire des murs de soutènement de dix-huit à vingt pieds de hauteur. Quand Marmont envoya à l'Empereur le rapport cité plus haut, les travaux duraient depuis trois mois et demi ; la route de Knin à Klissa, et de Klissa à Spalato était finie ; de même celles de Traù à Sebenico et de Trilj en Bosnie ; la réfection totale de la route de Salone à Traù demandait encore un mois de travail, celle de Sinj à Raguse, trois mois. Mais les graves évènements qui venaient de se produire avaient suspendu les travaux, qui ne furent repris que l'année suivante, et terminés qu'en 1811.

La dépense n'avait pu être considérable, puisque le terrain n'était pas payé et que le travail était fourni par corvées ; il fut versé aux soldats et aux paysans 120.000 francs ; en y joignant les rations de pain, cela fait une somme de 150.000 francs pour près de 120 kilomètres de routes ; la dépense revenait à 1 franc 25 par mètre courant. La vente d'une cargaison de contrebande, dont le produit fut affecté aux routes, donna 44.000 francs, des souscriptions volontaires recueillies surtout à Spalato, par les frères Garagnin, s'élevèrent à 20.000 francs ; pour le reste, 86.000 francs, il fallut bien faire appel à la caisse du gouvernement, ce qui mettra fin aux bons rapports du provéditeur avec le général. Mais au commencement du mois de juin les choses n'en étaient pas encore là ; Dandolo célèbre l'achèvement prochain des routes par une troisième proclamation encore plus hyperbolique que les précédentes. On plaçait les plaques de marbre annoncées, Marmont signalait à la bienveillance de l'Empereur les généraux de Maureillan et Tirlet, le colonel Bachelu, du 11ᵉ, comme s'étant particulièrement distingués ; des récompenses sont distribuées aux officiers de pandours, et Danese, qui avait été le collaborateur infatigable de Maureillan dans la direction générale, est l'objet d'un décret du vice-roi, lui conférant une médaille d'or[1]. Tous étaient dans la joie : les soldats, fiers de l'œuvre utile à laquelle ils venaient d'attacher leur nom, les

1. R. D., 13 juin 1807.

Morlaques, un peu surpris de voir sortir de terre, sous leurs mains, ces routes dont on parlait depuis si longtemps. Le héros de toute cette entreprise fut sans contredit Marmont, à l'initiative duquel le pays était redevable de cet immense bienfait ; partout il fut l'objet d'ovations : la ville de Spalato décida de faire frapper une médaille en son honneur [1], et, depuis ce moment, il est pour les Dalmates l'objet d'une admiration presque superstitieuse ; il devient un personnage légendaire : César, dans les Gaules, Trajan, en Pannonie, n'ont pas laissé un souvenir plus profond ; toute œuvre gigantesque qu'on voit de l'Hémus aux Carpathes est nécessairement le pont, l'arc ou le palais de Trajan : de même, aujourd'hui, en Dalmatie, Marmont est réputé, dans l'esprit des simples, l'auteur d'une foule de monuments dont il n'a peut-être pas même connu l'existence ; la route qui va de la Narenta à Raguse porte officiellement le nom de Marmont. Enfin, il circule parmi les Morlaques une sorte d'apologue : *Marmont est monté à cheval et a dit : Qu'on fasse les routes ; et, quand il en est descendu, les routes étaient faites.*

§IV. Campagne de 1807. Les hostilités suspendues pendant l'hiver reprirent au printemps 1807, dès que la flotte russe fut revenue de l'Archipel, augmentée d'un vaisseau turc, le *Sad-el-Bahr*, pris à Ténédos. Un accord fut fait entre les Russes et les Anglais pour la répartition des croisières ; ces derniers se réservèrent la surveillance du Quarnero et des îles qui en ferment l'entrée ; ils occupèrent de nouveau, et sans trouver de résistance, San-Pietro de'Nembi et Lussin Piccolo [2]. San-Pietro était une importante position maritime, Lussin était un port de commerce très riche ; les armateurs qui avaient eu beaucoup de navires capturés pendant la campagne précédente, et pour qui le blocus était la ruine, reçurent très volontiers les Anglais qui leur promettaient la libre navigation, et ils acceptèrent de faire entrer, nonobstant toute prohibition, les marchandises anglaises dans les ports du littoral autrichien.

Les Russes reprirent leurs opérations sur les îles dites orientales, c'est-à-dire sur le groupe formé par Solta, Brazza, Lesina, Curzola, Lagosta et Lissa [3]. Ils étaient déjà en possession de Curzola et y avaient une forte garnison ; au printemps, les Français évacuèrent Brazza, qu'ils avaient réoccupée pendant l'hiver, et Solta, qu'ils ne pouvaient défendre. Lissa reçut seulement la visite de deux bâtiments russes qui se contentèrent d'emporter quelques vieux canons, et se retirèrent sans paraître se douter de l'importance stratégique de cette île. Lesina était encore aux mains des

---

1. Z. L., XII, 4772. | 2. Z. L., 1807., XV, 6601, XVI, 6230. — Arch. Secr. 254, 293, 312. 486. | 3. Z. L., 1807. Arch sec. 474. A. G., 5 juin.

Français qui avaient mis les ouvrages en état de défense; le général Guillet y était établi avec une assez forte garnison du 81ᵉ de ligne. Le 29 avril, parut devant Lesina le vaisseau russe l'*Asie*, dont le commandant adressa une sommation au général Guillet, pendant que des *trabacoli* amenaient des troupes venant de Curzola. Pour ne pas diviser ses forces, en vue d'un assaut, Guillet évacua la batterie de Santa-Veneranda, qui pouvait défendre l'entrée du port contre un corsaire, mais qui, dépourvue de grosse artillerie, ne pouvait tenir tête à un vaisseau à trois ponts; il concentra donc ses troupes au Fort Espagnol qui domine la ville. Le vaisseau russe prit position à peu de distance de terre et envoya quatre pièces sur l'îlot qui ferme l'entrée du port[1], à quelques centaines de mètres du quai; dès que cette batterie fut armée, commença un bombardement impitoyable, qui mit la désolation parmi les habitants; la ville subit des dégâts considérables, et la *Loggia*, œuvre du fameux Sammicheli, fut gravement endommagée; la garnison, retirée dans le fort, n'eut aucun mal, car ce fort, construit sur une hauteur, n'avait rien à craindre de cette canonnade; mais les Russes souffrirent peu, car pour les inquiéter il eût fallu de la grosse artillerie, et Guillet n'en avait pas; c'est même ce qui avait enhardi les Russes tenus au courant, grâce à la complicité des habitants, de tous les détails de la défense.

Le lendemain, 7 à 800 hommes débarquèrent pour donner l'assaut au fort. Guillet avait reçu pendant la nuit quelques renforts, et une pièce de 24 débarquée à Sokoliča, sur la côte nord, arrivait aussi vite que le permettait l'absence de chemins. La colonne russe se mit à gravir la pente abrupte de la colline Sainte-Catherine, mais, quand elle fut aux deux tiers de la hauteur, les Français sortirent et se mirent à descendre, la baïonnette en avant, avec tant d'impétuosité, qu'au bout d'un instant Français et Russes arrivaient pêle-mêle sur la plage. Les Russes voulaient s'embarquer, les Français les suivaient dans les chaloupes; ils en prirent plusieurs. Beaucoup de Russes furent tués ou se noyèrent, et les autres regagnèrent le vaisseau poursuivis par la fusillade. En ce moment, un boulet de 24 venait atteindre l'*Asie* : c'était le gros canon qu'on avait hissé jusqu'au fort et qui annonçait sa présence. L'*Asie*, se trouvant à son tour, comme l'année précédente, dans un état d'infériorité, dut lever l'ancre et disparut[2].

Les Russes se consolèrent de cet échec en pensant qu'ils ne tarderaient pas à prendre leur revanche : dans quelques jours allait éclater une insurrection préparée de longue main dans de nombreux conciliabules tenus à l'insu des autorités françaises. A la tête du mouvement étaient Zovich, Comte-Grand de Poglizza, Beros, délégué de Makarska, Danese, quelques

1. V. p. 165. | 2. Z. L., 1807, XV, 2119.

fonctionnaires indigènes et beaucoup d'officiers de pandours[1]. Mis au courant des mésintelligences qui divisaient Marmont et Dandolo, ils avaient circonvenu le provéditeur, lui avaient présenté, sous des dehors artificieusement déguisés, les causes du mécontentement de la population : la conscription, l'insolence des militaires, l'occupation des couvents, et Dandolo s'était laissé convaincre. Son entourage n'était composé que de conjurés, qui connaissaient tous ses secrets et lui inspiraient la plus aveugle confiance; en ce moment même, le provéditeur agissait à Milan pour obtenir qu'on décorât de la couronne de fer Danese et Beros, et, devant les réserves formulées par Marmont, écrivait : « Si ces officiers ne sont pas « les plus dignes qu'il y ait en Dalmatie, c'est que je ne connais pas les « hommes », et il avait raison, mais pas dans le sens où il prenait ces paroles. Marmont n'était pas dupe : « Le provéditeur est complètement « dans l'erreur en croyant qu'avec des ménagements et des paroles il « pourra conquérir l'opinion; il a perdu, au contraire, celle dont il était « entouré. A force de plaindre la Dalmatie et de pleurer sur son sort, « il a persuadé aux uns qu'ils étaient malheureux, et à d'autres il a « paru ridicule : à tous, il a paru sans force et sans caractère[2]. »

L'époque choisie pour se mettre en insurrection était le 15 juin, parce que c'était vers cette date que devait avoir lieu le tirage au sort : déjà les cadres de deux nouveaux bataillons de la légion dalmate étaient formés; le 13 avril, le général Milossevich les avait soumis à l'approbation du ministre de la guerre[3], mais il fallait 2.700 recrues, et cet appel allait jeter dans le parti des insurgés tous ceux qui, jusque-là, avaient subi passivement la domination française.

Le plan était habilement conçu : le soulèvement devait commencer, avec l'appui des Russes, sur tout le littoral, de Traù aux bouches de la Narenta; et quand Traù, Spalato, Almissa et Makarska seraient aux mains des insurgés, l'incendie se propagerait, grâce aux pandours, vers l'intérieur, et de là gagnerait le comté de Zara.

Des hommes clairvoyants avaient eu quelques soupçons. Le 3 juin, Garagnin, délégué de Spalato, annonçait que des signes de mécontentement se manifestaient dans le pays[4]; on avait vu, en Poglizza, des émissaires russes, et plusieurs individus que l'on croyait réfugiés en Herzégovine avaient reparu. C'est probablement à la vigilance de Garagnin qu'on dut l'échec de la révolte, car, d'une part, les généraux français, mis sur leurs gardes, étaient prêts à tout évènement, et, d'autre part, les insurgés, se sentant surveillés, n'attendirent pas le jour fixé; le soulè-

1. 7 L., 1807, Police; VI, 781, 810, 877; VII, 902; XV, 3.596. | 2. A. N., AFiv, 1713, 28 nov. 1806. | 3. A. G., avril 1807. | 4. Z. L., 1807, Arch. secr., 366.

vement ne commença pas partout à la même heure, comme il était convenu, et le mouvement fit long feu.

C'est la Poglizza qui s'insurge la première[1] : le 3 juin, jour où Garagnin donnait l'éveil, on vit, vers le soir, l'*Asie*, la frégate la *Strela* (la Flèche) et deux bricks jeter l'ancre sur la côte de Poglizza, près de la baie de Stobreć. Un va-et-vient d'embarcations dura toute la nuit; c'étaient les insurgés qui allaient recevoir leurs dernières instructions.

Insurrection de Poglizza.

- Le 4 juin[2], les Russes débarquèrent à Stobreć un millier d'hommes, Monténégrins et Bocquais, paysans de Brazza et de Solta, et toute la Poglizza se révolta; un détachement du 11e, qui accompagnait un convoi de pain de Spalato à Almissa, fut surpris; le sergent qui commandait fut tué, et sa tête, premier trophée de cette campagne, fut portée triomphalement aux Russes[3].

Le colonel Bachelu, du 11e, vit revenir à Spalato les soldats qui s'étaient tirés de cette embuscade et envoya aussitôt quatre compagnies, avec ordre d'avancer avec prudence et de chercher à faire jonction avec deux compagnies du même régiment, qui étaient en Poglizza et qu'on supposait enveloppées par les insurgés[4]. A Stobreć, la petite colonne trouva les Poglizzains établis derrière les rochers, à droite et à gauche de la route, et, après un combat très vif, elle dut se retirer sur Kamen, après avoir eu un officier tué et plusieurs hommes blessés[5].

Le général Teste commandait à Spalato; il avait près de lui les deux généraux italiens Lecchi et Monfalcone, et on tint conseil. La démonstration de Poglizza parut un piège tendu aux Français; on voulait les faire sortir de Spalato, et la flotte russe, qui croisait à petite distance, viendrait, aussitôt après leur départ, soulever la ville et s'en emparer. On décida donc d'appeler des renforts de Traù et de ne commencer les hostilités que lorsqu'on aurait assez de troupes pour laisser, en sortant, une forte garnison à Spalato : en conséquence, le général Tirlet reçut l'ordre de venir à Salone avec le 8e léger, qui serait remplacé à Traù par un bataillon envoyé de Sebenico.

Le 5 juin, Teste laissa dans Spalato les carabiniers italiens, et, pendant que le 8e léger entrait en Poglizza par Salone, il avança avec les vélites et le 11e de ligne sur Stobreć; la position attaquée vainement la veille fut enlevée, et ses défenseurs se retirèrent vers les embarcations russes, non sans que beaucoup d'entre eux eussent été arrêtés dans leur fuite par le feu des Français; pendant ce temps, le 8e léger avait avancé par Mravinče

Combat de Stobreć.

1. Nous avons suivi pas à pas le prof. Erber dans son travail : *La Contea di Poglizza*, publié dans les années II et III de l'*Annuario Dalmatino*. Voir la carte III. | 2. Z. L., Arch. Secr. 220. Suite de rapports de Garagnin sur l'insurrection de Poglizza. | 3. Z. L., Arch. Secr. 223. | 4. Z. L., Arch. Secr., rapport Garagnin, n. 227. | 5. *Ibid.*, n. 232.

sur Zernoviča, malgré une résistance acharnée[1]. Le soir, la vallée de la rivière de Stobreć formait la limite entre les Français et les insurgés; or, le haut de cette vallée est le cœur de la Poglizza, et la résistance du pays ne pouvait se prolonger. D'autre part, un corps de pandours pénétrait en Poglizza par le nord, en venant des bords de la Cetina[2].

Combat de Strosanac. Le 6, il n'y eut qu'à tirer parti des avantages obtenus la veille; la rive gauche de la rivière de Stobreć était gardée par 400 Russes et 500 insurgés, retranchés à Strosanac, sur la route qui va de Spalato à Almissa, par Postrana et Iesenice. Le général Teste ne commença qu'assez tard son mouvement pour franchir la rivière, mais, au moment où la fusillade s'engageait, on entendit derrière les Russes le bruit d'un combat : c'était le général Tirlet, avec le 8e léger et les pandours qui, ayant remonté jusqu'à la source de la rivière de Zernoviča, avait escaladé la chaîne côtière, haute de 4 à 500 mètres, et tombait par derrière sur l'ennemi que Teste attaquait de face. Les Russes se rembarquèrent sans combattre, les Poglizzains s'enfuirent dans toutes les directions. La révolte avait avorté; les Russes prirent le large[3].

Le même jour, un brick russe avait paru devant les Castella de Traù, et ses embarcations s'étaient approchées des villages à portée de voix; un prêtre de Castel-Stafileo, D. Michel Ivača, en fuite depuis le jour où il avait tué un sergent français, exhorta ses concitoyens à la révolte; mais les Castella étaient occupés par les Français, et personne n'osa bouger. Deux canonnières sortirent de Traù, et, bien qu'on vît arriver une frégate russe, empêchèrent tout débarquement. La frégate se retira suivie par les petits bâtiments[4].

Marmont avait reçu à Zara la nouvelle du soulèvement : en 18 heures, il arriva à Spalato, le 8, pour trouver l'ordre partout rétabli. Il prit avec lui 150 pandours et parcourut la Poglizza, recevant les soumissions et adressant aux chefs et curés de sévères réprimandes; mais la répression ne se borna pas à cela et des mesures rigoureuses furent prises. Une proclamation du provéditeur, du 18 juin, que devait confirmer un arrêté du 21 septembre[5], déclara abolis tous les privilèges de la Poglizza, qui perdait même son unité géographique; son territoire était démembré et rattaché aux cantons limitrophes de Spalato, de Sinj et d'Almissa. De plus, une proclamation de Marmont, du 13 juin[6], condamna à mort quinze des individus les plus compromis, dont le Comte-Grand A. Zovich, cinq des comtes-petits et quatre prêtres, qui, du reste étaient tous en fuite; les maisons de cinq des meneurs devaient être rasées, et sur les ruines serait

1. Z. L., l. c., n. 237. | 2. Z. L., l. c., Rapport du colonel Vidovich, 6 juin. | 3. Z. L., l. c., R. du colonel Vidovich, 13 juin. | 4. Z. L., Arch. Secr. n. 237. | 5. Z. L.,1807, III, 1915. | 6. Z. L., Arch. secr., Rapport Garagnin, n. 241.

planté un écriteau avec cette inscription : *Punition d'un rebelle*; les autres biens des condamnés devaient être confisqués pour permettre d'indemniser les partisans de la France des pertes qu'ils avaient subies. Tous les Poglizzains devaient remettre leurs armes au fort de Klissa, dans un délai de 48 heures. Enfin, une enquête devait être faite pour découvrir les principaux coupables, qui seraient traduits devant une cour martiale. Le 11ᵉ de ligne fut chargé d'occuper militairement le district [1].

A peine l'ordre était-il rétabli en Poglizza que l'insurrection se rallumait sur un autre point : battus, le 6, à Strosanac, les Russes étaient le 8 à Almissa, de l'autre côté de la Cetina; les chefs du pays furent appelés à bord de l'*Asie*, et reçurent l'ordre de livrer immédiatement la ville, sous peine de bombardement. On ne put que gagner quelques heures, ce qui permit à la compagnie du 81ᵉ, qui tenait garnison au château, d'enclouer ses canons, de jeter ses munitions à la rivière et de se retirer sur Makarska. A peine les Russes furent-ils débarqués que l'insurrection éclata et se répandit comme en suivant une traînée de poudre; la compagnie qui se retirait sur Makarska fut attaquée par des paysans conduits par des pandours et perdit quatre hommes; les insurgés commirent des atrocités sur leurs cadavres; un pauvre blessé resté en arrière fut pris, et on décida de l'enterrer vivant; l'intervention d'un pandour, qui était parmi les insurgés, lui sauva la vie. Huit soldats, qui n'avaient pas pu partir à temps d'Almissa, furent faits prisonniers par les Russes, au moment où ils essayaient de passer la Cetina pour se réfugier en Poglizza. Pendant la matinée du 9 juin, il ne cessa d'arriver à Almissa des bandes de paysans portant l'étendard de Saint-Marc, adopté comme signe de ralliement; 140 soldats de l'armée régulière s'établirent dans la ville. Dans la journée, on vit une colonne française qui descendait de Poglizza, s'avançant vers Almissa : c'étaient le 11ᵉ de ligne et les vélites italiens; mais, pour arriver dans la ville, il fallait traverser la Cetina qui est large et profonde, et les insurgés avaient eu soin de ramener toutes les barques sur la rive gauche. Un obstacle infranchissable arrêtait donc les Français; cependant les Russes débarquèrent encore 600 hommes et 200 insurgés, parmi lesquels on reconnut le Comte-Grand de Poglizza, le comte Iovanovich et plusieurs prêtres compromis dans les affaires des jours précédents [2].

La journée du 10 se passa sans combat : les Russes se demandaient comment les Français qu'on voyait à Priko, de l'autre côté de la rivière, s'y prendraient pour la franchir : ils le surent le lendemain. Laissant quelques hommes à Priko, pour cacher leur départ, les Français avaient

Insurrection du primorje de Makarska.

1. Z. L., Rapp. Garagnin, n. 226. | 2. Z. L., Rapport Garagnin, n. 265 et 266.

décampé dès le 9 au soir et, remontant le cours de la rivière, ils l'avaient passée au gué de Duare, six lieues plus haut. puis, fidèles à la tactique qui avait si bien réussi à Stobreć, et, l'année précédente, à Raguse, ils étaient tombés sur l'ennemi du côté opposé à celui par où on les attendait; il y eut un combat furieux qui dura dix heures; le soir, les Français étaient maîtres du château. Les Russes, ayant passé la nuit à rembarquer leur artillerie et leurs auxiliaires, levèrent l'ancre au lever du soleil, pendant que les Français occupaient la ville.

Attaque et bombardement de Makarska. Makarska avait reçu, dès le 5 juin, la visite des Russes, qui avaient tenté un débarquement à Podgora, localité située à deux lieues dans le sud-est. Une sortie du 81e conduite par le colonel Bonté les avait obligés à s'éloigner en laissant un seul petit bâtiment qui cherchait à communiquer avec le Primorje pour en soulever les habitants, mais aucun mouvement ne se produisit. Le 9, le colonel Bonté apprit le débarquement des Russes à Almissa, et, sur le conseil du délégué Beros qui lui garantissait la tranquillité à Makarska, il envoya toutes ses troupes contribuer à l'opération qui devait avoir lieu le lendemain à Almissa; il resta dans la place seul avec deux compagnies [1].

Après leur défaite du 11, les Russes se dirigèrent vers Makarska; la situation était critique pour Bonté, bien qu'il eût reçu deux compagnies parties d'Almissa aussitôt après le combat du 11; Beros le rassurait, le dissuadant de signaler sa position au général Teste, et lui affirmant que pas un village ne se soulèverait; cependant Bonté crut utile, par prudence, de rappeler les deux compagnies de son régiment qui étaient à Imoski, et de convoquer à Makarska les pandours du 4e *riparto* commandés par Danese.

C'est le 15 juin seulement que Bonté apprit que, dès le 12, tout le Primorje était en révolte, qu'à Igrane, Podgora, Drasnice, les pandours avaient déployé le pavillon de Saint-Marc [2], qu'Imoski et Vergorac étaient aux mains des insurgés, et cependant les agents que Beros envoyait chaque jour aux nouvelles revenaient invariablement en annonçant que l'ordre n'était troublé nulle part [3]. La vérité était que partout les pandours du *riparto* de Danese avaient appelé les paysans à la révolte, et que, pour donner à l'insurrection le temps de s'étendre, Beros entretenait le trop crédule colonel Bonté dans une périlleuse sécurité.

On apprit tout alors seulement que, le 16, on vit arriver 25 hommes débandés du 81e : en revenant d'Imoski, ils avaient été surpris par les insurgés et presque tout le détachement avait été massacré; un autre

1. Z. L., Rapports 81 et 84, 5 et 8 juin. | 2. Z. L., Rapport de Grisogono, délégué de Brazza, 12 juin, n. 54. | 3. Z. L., Rapport Beros, 15 juin, n. 95.

détachement venant de Vergorac fut complètement détruit. Le même
jour, on vit à l'horizon une flotte russe de 18 bâtiments, que l'absence de
vent empêchait d'approcher. Bonté, avec 400 hommes, allait avoir à se
défendre contre toute cette flotte, au milieu d'un pays entièrement acquis
à l'insurrection. A la fin du jour, par bonheur, arriva le général Delzons
qui, ayant appris le matin à Almissa la situation critique de la petite garnison de Makarska, avait fait une marche forcée et amenait 3.000 hommes,
mais pas un canon.

Une fois à portée de la place, l'amiral Siniavin envoya une sommation   Combat
de Podgora.
et commença le bombardement, qui dura toute la soirée du 16 et toute la
journée du 17; 900 hommes débarquaient pendant ce temps à Podgora.
Delzons, qui, à cause du canon des Russes, ne pouvait faire suivre à ses
troupes le bord de la mer, dirigea un fort détachement sur Podgora, en
le faisant passer derrière la première ligne de hauteurs, et se posta sur le
mont Strosac, qui domine Podgora et Drasnice; c'est là qu'on attendit
l'attaque des Russes qui avançaient, ayant sur leurs flancs des centaines
de paysans armés qui semblaient voltiger comme des oiseaux sur les
rochers, et qui disparaissaient après avoir lancé un coup de feu trop habilement dirigé. L'attaque des Russes fut repoussée; poursuivis par les
Français jusqu'à la mer, beaucoup se noyèrent en se rembarquant; ils
laissèrent 150 morts et 30 prisonniers sur le champ de bataille. Beaucoup
de paysans périrent aussi dans la déroute, mais les Français ne subirent pas
des pertes moins importantes : trois officiers du 11e furent tués, ainsi que
150 soldats tombés presque tous sous les balles des tirailleurs indigènes [1].

Marmont, arrivé de Spalato à la fin du combat, loua hautement les
habiles dispositions prises par le général Delzons, ainsi que la bravoure de
ses troupes. Le général en chef rentra à Makarska, pendant que Delzons
faisait une tournée pour rétablir l'ordre dans le pays insurgé.

Les Russes continuèrent à tirer sur Makarska les 18, 19 et 20 juin, sans
que ces cinq jours de bombardement avec des boulets ronds eussent causé
autre chose que la mort d'un petit garçon et d'importants dégâts matériels [2]. Le 20, ils essayèrent de débarquer à Tucepi, mais en voyant arriver
les Français, ils se retirèrent après avoir mis le feu à quelques maisons de
campagne appartenant à des habitants qui n'avaient pas pris fait et cause
pour l'insurrection. Le même jour, la flotte russe leva l'ancre et se rendit
à Milnà, dans l'île de Brazza, en emmenant tous les hommes compromis
qu'elle put recueillir [3].

Danese, en apprenant l'insuccès de l'insurrection, passa en Bosnie et de

---

1. A. G., Rapports du général Vignolle, 8 et 19 juin. | 2. Ž. L., Rapport Garagnin.
| 3. A. G., Dépêche de Vignolle, 30 juin.

là en Autriche. Cet homme à l'activité et au dévouement apparent duquel Marmont lui-même avait rendu hommage, s'était vendu aux Autrichiens qui n'avaient pas perdu l'espoir de rentrer en possession de la Dalmatie. En quittant Zara, l'année précédente, le général Brady avait établi toute une hiérarchie d'agents secrets avec lesquels il continuait à correspondre : ceci semble prouvé par une lettre, signée B., écrite tout entière de sa main, comme il est facile de le constater en la comparant avec des pièces signées, qui fut interceptée en avril 1806. Elle paraît adressée à Danese lui-même ; on y trouve ce passage : « Votre silence, au moment de l'arri-
« vée des vainqueurs, m'a déplu ; je me suis demandé plus d'une fois
« s'il était possible que vous aussi ayez changé de sentiments... Il est trop
« vrai que bien d'autres l'ont fait, mais il me semble impossible que
« l'ami D. soit du nombre. Du reste, je connais bien le caractère des
« employés, et qui sait ce qui peut arriver encore sur les bords de la
« Kerka ? Je vous prie de m'écrire souvent : Le frère D. (Dorotich ?)
« n'a qu'à envoyer les lettres à l'ami d'Obrovatz, qui aura les instructions
« nécessaires pour me les faire tenir. Les frais d'envoi seront payés
« chaque fois, et ma gratitude ne finira qu'avec mon existence. Ci-joint
« un chiffre. Fiume. B. »

Nous retrouverons les agents autrichiens à l'œuvre, au moment où commencera la campagne de 1807. Quant à Danese, il reviendra en Dalmatie, comme officier autrichien, en 1809 et en 1813.

Le géné-
ral Launay à
Klobuk. — Pendant que les Russes et les Français en venaient aux mains sur la côte de la Dalmatie, le général Launay était appelé à renouveler son expédition du mois d'avril dans le pachalik de Trebinje. Les rebelles, appuyés cette fois par les Montégrins et les Russes, bloquaient la place de Klobuk. Parti de Raguse le 10 juin, Launay faisait sa jonction le 12 avec les troupes du pacha, auxquelles la présence des Français donna une telle ardeur que, sans attendre les renforts que devait amener Hadji-Bey, d'Utovo, ils se jetèrent sur l'ennemi et le mirent en fuite : un détachement de 150 Russes fut enveloppé par les cavaliers qui se mirent à leur couper la tête ; c'est alors seulement que les Français, jusque-là simples spectateurs, entrèrent en action, mais pour sauver la vie à ces malheureux. Le général Launay racheta les 70 survivants, à raison d'un louis par homme. « Les Turcs, ajoute Marmont, au désespoir de les avoir vendus, venaient
« offrir au général Launay trois et quatre louis pour les ravoir ; mais on
« comprend que le général ne se prêta pas à ce trafic, et que les prison-
« niers conservèrent la vie[1]. »

1. A. G., Rapport Vignolle. — Marmont, Mémoires. L. X. p. 53. — Marmont porte à 400 le nombre des Russes délivrés.

Il n'est pas sans intérêt de rapprocher la conduite chevaleresque des Français de celle des Russes, qui, à pareil jour, lancèrent à la poursuite des soldats français isolés des bandits qui rapportaient en triomphe les têtes sanglantes de leurs victimes.

Du 20 juin au 20 juillet, les hostilités restèrent suspendues : les Russes avaient fait des pertes sensibles, les Français devaient faire rentrer les pays insurgés dans l'obéissance. La répression fut sévère : Marmont voulait dompter les Dalmates en faisant preuve d'énergie et de justice, et l'énergie domina quelquefois : un homme de Castel Stafiléo avait tué un soldat : le conseil de guerre le condamna aux galères ; en vertu de ses pouvoirs de général en chef, Marmont cassa l'arrêt et fit fusiller l'homme. Pendant ce temps, les salles voûtées du lazaret de Spalato, transformées en prison, se remplissaient. On y compta bientôt trois cents individus, qui allaient avoir à répondre de leurs actes devant la cour martiale.

Le 20 juillet, on apprit que la paix était signée, depuis le 8, à Tilsit, entre la France et la Russie [1]. Une dépêche de Berthier à Marmont lui annonçait que les Bouches de Cattaro allaient être consignées aux troupes françaises, mais il fallut attendre quelques jours avant que la remise pût s'effectuer, parce que l'amiral Siniavin n'avait pas encore reçu ses instructions. Marmont, redoutant toujours une trahison, avait hâte d'être mis en possession, et dans ses dépêches, il donne la plus fâcheuse interprétation aux lenteurs de Siniavin [2]. Enfin, le 16 août, les Français furent avisés que tout était prêt pour les recevoir. Lauriston fit son entrée aux Bouches à la tête de forces imposantes : deux bataillons du 23ᵉ, un bataillon du 79ᵉ, une compagnie et demie d'artillerie et un détachement du génie, en tout 2.500 hommes. A la même époque, les îles Ioniennes étaient remises à César Berthier, les îles Dalmates au général Guillet.

§ V. Paix de Tilsit.

Les Russes évacuent les Bouches, les Français en prennent possession.

Siniavin prit avec cinq vaisseaux la direction de Gibraltar pour regagner la Baltique. Le général Bariatinski, avec le reste de la flotte, gagna Trieste où il débarqua 4.740 hommes [3], qui devaient retourner en Russie en traversant l'Autriche ; après le débarquement, les Russes remirent leur flotte à la marine française [4] ; elle se composait de deux vaisseaux de 84, *Orël* et *Sad-el-Bahr*, pris à Ténédos ; un vaisseau de 74, *Asia* ; un de 64, *Prascovia* ; deux frégates, *Legkoë* et *Astrol* ; six transports et trois bricks. On crut d'abord pouvoir former avec ces quatorze bâtiments une flotte capable de

1. A. G., Marmont, 22 juillet 1807. | 2. A. G., Marmont, 14 août. | 3. A. G., Vignolle. 24 août : les forces russes consistaient en 3 bataillons du régiment de Vitepsk, 1 bataillon du régiment de Koslovo, 1 bataillon du régiment de Kolivan, 2 bataillons du 13ᵉ régiment de chasseurs, 2 bataillons du 14ᵉ régiment de chasseurs et 130 artilleurs. | 4. A. M., Camp. 1809. BB⁴ 290 et 327.

tenir tête aux Anglais, mais quand les ingénieurs examinèrent les navires pour les remettre en état, ils constatèrent qu'ils étaient presque tous hors d'état de reprendre la mer ; il y avait des années qu'ils naviguaient sans pouvoir se réparer, et ils étaient au bout de leurs services. La gabare *Diomède* et la frégate *Legkoë* purent seules être réarmées [1] ; on espéra pouvoir tirer partie du *Sad-el-Bahr*, mais on y renonça ; quant aux autres, on s'était décidé à les démolir. On comprit que si les Russes les avaient généreusement abandonnés, c'est qu'ils les savaient incapables de faire une longue et difficile traversée.

En quittant la Dalmatie, les Russes avaient recommandé à la clémence de Marmont les individus compromis [2] ; quelques-uns des plus notables, comme le Comte-Grand de Poglizza, accompagnèrent Siniavin en Russie ; les autres furent abandonnés à leur destinée ; la Russie se contenta d'intercéder pour eux auprès de Napoléon [3], et Tolstoï, ambassadeur de Russie à Paris, présenta plusieurs requêtes à l'Empereur qui s'empressa d'y donner suite ; déjà, le 8 septembre 1807 [4], le ministre de la guerre Clarke avait donné l'ordre de n'inquiéter aucun Monténégrin ni Bocquais pour faits antérieurs à l'occupation.

Le déploiement de forces fait à Cattaro eut pour résultat la soumission immédiate des Bocquais ; les leçons qu'ils avaient reçues portaient pour un moment leurs fruits.

Organisation des Bouches de Cattaro. Par un arrêté de Marmont, le pays de Cattaro reçut une administration calquée sur celle des autres parties de la Dalmatie, à cela près que le pouvoir central était réuni au commandement militaire ; on nomma un délégué à Cattaro, des vice-délégués à Budua et à Castelnuovo ; des juges de paix à compétence étendue furent placés dans ces trois villes en attendant la création du tribunal, qui fut installé au mois de novembre suivant. Les finances devaient être régies par les lois et usages de Dalmatie ; on recruta des pandours placés sous l'autorité d'hommes dévoués ou réputés tels, et on forma les cadres d'un bataillon de garde nationale. Enfin, la direction de la marine réclamait des équipages pour les bâtiments que l'on armait à Venise : une levée de 600 marins s'effectua sans que personne osât manifester la moindre résistance.

§ VI. La cour martiale de Spalato. A son retour de Cattaro, Marmont eut à s'occuper du procès des individus arrêtés pour participation à l'insurrection : il constata que l'esprit public demandait l'apaisement et le pardon ; il y avait eu assez de sang

1. A. G., 12 juillet 1808. | 2. A. G., 17 juillet 1807. | 3. Marmont, Mémoires, l. XI. Corr. Lettre de Champagny, du 8 mai 1808. — Z.L., 1808. XI, 14 887. | 4. A. G., septembre 1807.

versé; pendant les jours qui avaient suivi la défaite des insurgés, on avait procédé à un grand nombre d'exécutions sommaires[1], mais le 23 juin, une proclamation de Marmont avait promis l'oubli à tous ceux qui rentreraient dans le devoir[2]. Les paysans avaient donc regagné leurs villages et la commission nommée par l'autorité militaire avait réparti 36.000 francs d'indemnités entre les victimes de l'émeute; le surplus du produit des confiscations avait été versé dans la caisse du provéditeur[3].

Il semblait donc que tout dût être fini; l'amnistie accordée, à la demande des Russes, aux habitants des îles et des Bouches ne permettait guère de laisser les gens de la Poglizza et du Primorje sous le coup de la répression; les officiers généraux, qui le sentaient, se récusaient les uns après les autres quand on leur demandait de présider la Cour martiale, et le provéditeur exploita habilement cette disposition pour jeter le discrédit sur l'armée.

Beros venait d'être arrêté : pendant deux mois, il avait pu donner le change à ceux qui le soupçonnaient; de même que, pendant l'insurrection, il trompait les officiers par de faux renseignements, de même il chercha à égarer l'instruction en lui indiquant de fausses pistes. Ce jeu dangereux ne lui réussit pas jusqu'au bout; ses intrigues furent démasquées et il fut déféré au tribunal militaire; son arrestation fut l'occasion ou le prétexte que prit Dandolo pour intervenir au débat.

Beros était fonctionnaire; il dépendait du provéditeur seul, et les tribunaux militaires n'avaient pas de compétence pour le juger, pas plus que pour juger les pandours dont le cas était identique. Dandolo déclara donc, le 25 septembre, les réclamer au nom de l'Empereur, *au nom des lois et règlements*; les officiers chargés de l'instruction répondirent ne pas savoir à quelles lois et à quels règlements le provéditeur faisait allusion; ils dirent qu'ils agissaient en vertu de l'art. 2 du t. IV de la loi du 21 brumaire an V et des art. 1, 2 et 3 du décret impérial du 17 messidor an XII.

Dandolo ne se contenta pas de cette réponse; il avait écrit à l'Empereur, le 12 août, en proposant sa démission; au vice-roi le 22; au grand juge le 26; il écrit encore au vice-roi le 26 septembre, à Regnault de Saint-Jean-d'Angely le même jour[4], dénonçant toujours avec véhémence la conduite des militaires :

Voyant que les commissions faisaient des enquêtes, des arrestations, condamnaient et faisaient fusiller les condamnés, brûler leurs maisons et confisquer leurs biens, je crus de mon devoir d'office de m'adresser à mon délégué (Garagnin) pour avoir au moins le nom des individus compromis, prévenus ou con-

1. Z. L., 1807, Arch. sec. 220. | 2, Z. L., Imprimés et 1807, XVIII, 11340. | 3. Z. L., Rapports Gavalà, 3 juillet et 20 septembre 1807. | 4. Tullio Dandolo. *Ricordi*.

damnés. Il était, ce me semble, très naturel que moi, centre du Gouvernement et protecteur des droits de chaque Dalmate, je pusse fournir les lumières à la décharge des sujets que S. M. m'a confiés.

... Le délégué m'a refusé net la communication demandée. Voilà le magistrat suprême du pays désobéi, mis dans un état de dépendance à l'égard d'un pouvoir exceptionnel qui a légalement cessé d'exister en vertu d'un décret d'amnistie ! C'est priver le magistrat des moyens de faire son devoir, c'est s'opposer aux intentions de S. M. qui m'a placé ici pour veiller aux intérêts du peuple dalmate ! (Lettre au vice-roi.) Le Procureur royal près le territoire de Spalato me demande conseil sur la manière de se conduire en face d'une violation du droit très grave : l'adjudant de place est allé, sans prévenir les autorités compétentes, prendre un accusé aux prisons criminelles pour le transporter dans la prison de la commission militaire... (Lettre au grand juge). Il n'y a en Europe que la Dalmatie qui présente le spectacle d'une cour martiale ! Les faux calculs d'une politique mal entendue changent des ombres en corps pour frapper des coups inhumains. Grand Dieu ! quel acharnement ! Voilà comment on obtient l'amour des peuples ! C'est un triste remplaçant de l'amour que l'épouvante ! (Lettre à R. de Saint-Jean-d'Angely.)

Malgré les récriminations de Dandolo, la Commission se réunit dans l'église des Dominicains, sous la présidence du colonel Bachelu, le 1er octobre, et tint séance pendant quatre jours sans désemparer [1]. Le plus grand nombre des inculpés avait été relâché : il ne restait que trente-quatre prévenus, dont dix contumaces. Presque tous étaient des fonctionnaires qui avaient manqué à leurs serments ou des individus accusés d'actes de cruauté, tels J. Aglinovich qui avait, à la tête d'une bande, arrêté, dépouillé, maltraité et livré aux Russes deux chirurgiens militaires, ou l'*Arambassa* Bacich, qui avait voulu enterrer vivant un blessé français.

Le jugement rendu et publié le 4 octobre porte condamnation à mort de quinze accusés, dont six contumaces : on y voit Beros et Bacich parmi les présents, et parmi les défaillants, Danese et son lieutenant Ivulich. Deux accusés étaient condamnés, l'un à cinq, l'autre à dix ans de fers, et les dix-sept autres étaient acquittés. Aucun des condamnés à mort ne fut exécuté. Aussitôt la sentence rendue, parut un aide de camp de Marmont porteur d'un ordre de sursis d'exécution : la commission refusa de déférer à cet ordre, le jugeant contraire à la loi, mais le général Delzons, requis de fournir le peloton d'exécution, refusa à son tour, et, comme les sentences prononcées par les cours martiales doivent être exécutées dans les vingt-quatre heures, il se trouva que, les vingt-quatre heures écoulées, les condamnés eurent la vie sauve ; on les transporta à Cattaro, puis en France ; en 1811, leur peine fut commuée, et en 1814 on leur rendit la liberté.

1. A. N., AFiv. 1713. Le dossier du procès.

L'acte de clémence de Marmont, suspendant l'effet d'une condamnation capitale, motivée par des faits aussi graves qu'indiscutés, fit une grande impression dans les masses et augmenta le prestige du général en chef.

Ce qui fut moins honorable pour l'armée, ce fut la conduite du géné- *Le général ral Guillet chargé de reprendre possession des îles orientales, après le îles. départ des Russes. Le 20 août à Solta, le 24 à Brazza, il y eut des individus fusillés sans jugement, et ces exécutions sommaires n'étaient pas seulement des actes de répression barbares; c'étaient surtout des moyens d'intimidation qui permettaient au général d'appeler ensuite devant lui les notables et de les rançonner. Nous avons sur ce point des données positives dans le journal du chanoine Doimi[1] de Lissa :

En août entrèrent dans le port (de Lissa) quatre grosses canonnières qui débarquèrent le délégué de Spalato, G. D. Garagnin, avec son chancelier; le général Guillet l'accompagnait avec son aide de camp, son médecin et 200 soldats commandés par un capitaine. Ils venaient prendre officiellement possession de l'île et y établir une administration régulière.

Le médecin était un singulier personnage; un carnet à la main, il allait chez les principaux habitants et les intimidait en leur disant que beaucoup de partisans des austro-russes avaient été dénoncés. Il leur donnait à entendre qu'il était l'agent officieux du général Guillet, que le général était collectionneur d'antiquités, et qu'en lui offrant quelque pièce rare, on le ramènerait certainement à des dispositions plus indulgentes. Pendant ce temps, quatre ou cinq individus étaient arrêtés et mis aux fers à bord de la canonnière *Comacchiese* ; et alors les cadeaux de pleuvoir entre les mains de l'officieux médecin ; entre autres objets, il reçut une collection de médailles, un petit cerf en or, un autre en argent, une chèvre en argent, des camées, des monnaies, des bagues antiques ; tout ce qui avait quelque valeur dans ce pays passa en sa possession.

Le général Guillet entendit dire qu'il y avait dans la maison Doimi quatre tableaux anciens : il s'y rendit avec son médecin et se fit donner d'abord une cornaline montée en brillants et deux des tableaux ; il aurait emporté les autres, qui étaient des portraits de famille, si deux vieilles dames (les sœurs du chanoine) ne s'étaient jetées à ses genoux pour le supplier de les leur laisser.

Un des prisonniers conduits à bord de la canonnière paya sa liberté au prix de 15 sequins ; on relâcha de même les quatre autres dépouillés de leur argent et de leurs objets précieux ; ils reçurent en échange du médecin une paternelle mercuriale et le conseil de se mieux comporter à l'avenir.

A Comisa, l'autre localité de l'île, le capitaine alla arrêter deux individus qui durent payer une rançon de 100 sequins chacun.

Guillet retourna à Spalato, n'emmenant qu'un prêtre, D. G. Bakotich, de Castel Badessa, qui comparut devant la cour martiale et fut déclaré innocent à l'unanimité, dans le jugement du 4 octobre.

1. Ce journal, dont le manuscrit original est à la Bibliothèque du gymnase de Zara, a été publié dans le « Dalmata » de Zara, en septembre et octobre 1886.

Garagnin, aussitôt rentré à Spalato, dénonça à Marmont la conduite de Guillet : au premier bruit d'enquête, le médecin disparut; quant à Guillet, Marmont l'obligea à restituer en sa présence les sommes et objets extorqués, puis le renvoya en France. Napoléon, sur le rapport du général en chef, priva de son grade l'officier prévaricateur, qui dut solliciter pour vivre un emploi infime dans les douanes [1].

§ VII. Projets de Napoléon sur l'Orient. · L'année 1808 fut une année de paix profonde en Dalmatie, et cependant l'armée la passa toute entière à se préparer à la guerre.

En communiquant à Marmont la nouvelle de la paix de Tilsit, par sa dépêche du 8 juillet 1807, expédiée le jour même où le traité fut signé, Berthier donnait au commandant de l'armée de Dalmatie des instructions qui faisaient prévoir une prochaine entrée en campagne. Des ordres étaient envoyés pour qu'au mois de septembre, les huit régiments de Marmont fussent portés au complet de 1.260 hommes par bataillon, ce qui devait donner pour 18 bataillons plus de 22.000 hommes [2].

Occupez-vous essentiellement, ajoutait le major général, d'obtenir des renseignements que vous enverrez directement à l'Empereur par des officiers sûrs.

1° Géographiquement et administrativement ce que vous pourrez obtenir sur la Bosnie, la Macédoine, la Thrace, l'Albanie et la Grèce.

2° Quelle population turque, quelle population grecque? Quelles ressources ce pays offrirait en habillements, vivres, argent, pour une puissance européenne qui posséderait ce pays?

Un second mémoire sera un mémoire militaire. Si deux armées entraient à la fois, une par Cattaro et la Dalmatie dans la Bosnie, l'autre par Corfou dans la Grèce, quelle devrait être la force de toute arme pour la réussite ? Quelle espèce d'arme est la plus avantageuse? Comment passerait-on l'artillerie ? Comment pourrait-on se remonter? Comment se recruterait-on ? Quel serait le meilleur moment pour agir ?

Puis, comme regrettant d'avoir confié un grand secret, Berthier ajoute : « Tout ceci, général, ne doit être regardé que comme un calcul hypothétique... » Mais Marmont ne pouvait s'y tromper : les révolutions de Constantinople, faisant d'un jour à l'autre passer l'influence des amis de la France aux partisans des Anglais, avaient refroidi l'ancienne bienveillance de Napoléon pour les Turcs. La chute récente du sultan Sélim n'avait eu d'autre cause que l'amitié que ce prince avait montrée pour les Français et la faveur avec laquelle étaient reçus leurs conseils; si ceux qui gouvernaient au nom de son successeur ne s'étaient pas déclarés

---

1. R. E., AFiv. 1713. — Z. L., Arch. sec., 1807, 1158, 1292. — Marmont, Mémoires, l. X, p. 60 sq. | 2. Les situations au 1er janvier 1808 donnent seulement 14.959 hommes d'infanterie française. (A. G.).

ouvertement contre la France et avaient continué la guerre contre les Russes, c'est à l'énergie de Sébastiani qu'il fallait l'attribuer, et une autre révolution pouvait précipiter la politique ottomane dans le sens des intérêts anglais. Le rapprochement intime qui s'était produit entre l'empereur Alexandre et Napoléon, sur le radeau du Niémen, avait déterminé dans l'esprit de ce dernier un revirement complet au sujet de la Turquie, et Marmont avait reçu l'ordre de se tenir sur la réserve : « Tenez-vous tou- « jours, lui écrivait Berthier, dans la meilleure amitié avec le pacha de « Bosnie, mais néanmoins vous resterez dans une situation plus froide et « plus circonspecte que devant [1]. »

L'idée d'un partage des Etats ottomans commençait à prendre corps, et parfois les deux empereurs se laissaient aller à faire de grands partages de provinces, dans les entretiens intimes si bien racontés par M. Vandal :

Napoléon les montrait du doigt sur la carte et taillait le domaine respectif des deux puissances dans les possessions diminuées de la Turquie! La Russie ambitionnait depuis un siècle les principautés moldo-valaques et les occupait militairement aujourd'hui ; elles constitueraient son lot. Au besoin, si l'on franchissait le Danube, une portion de la Bulgarie pouvait partager le sort des principautés. Quant à la France, elle trouvait hors de ses possessions d'Illyrie matière à s'étendre, et Napoléon indiquait tantôt l'Albanie et la Bosnie, qui donneraient plus d'épaisseur et de consistance à la Dalmatie, cette mince province allongée sur la côte adriatique, tantôt l'Albanie, l'Épire, la Grèce qui la prolongeaient au sud. Toutefois, si les deux souverains prévoyaient d'idéales conquêtes, ils n'en déterminaient pas rigoureusement la valeur et l'étendue ; ils ne traçaient point de frontières [2].

Si l'intégrité de l'Empire ottoman pouvait échapper au danger qui la menaçait, c'était par une coopération effective de la Turquie à la gigantesque expédition que les empereurs se proposaient quelquefois de diriger vers l'Inde, pour y atteindre au cœur les intérêts du commerce anglais, en reprenant l'itinéraire d'Alexandre le Grand.

Dans l'un et l'autre cas, l'armée de Dalmatie était aux avant-postes et devait être la première à entrer en Bosnie par Travnik et Mostar, pendant que l'armée de Corfou, venue du royaume de Naples, marcherait soit sur Salonique, soit sur la Grèce.

Préparatifs de Marmont.

C'est en vue de ce rôle important que Marmont va se préparer lui-même et préparer ses soldats.

Il commença par faire continuer les routes dont l'insurrection de juin 1807 et la marche sur Cattaro avaient arrêté les travaux ; il s'occupa ensuite de mettre en état de défense toutes les places fortes de Dalmatie et

Travaux de défense.

1. Berthier à Marmont. Mémoires, l. X. Correspondance, page 108. | 2. A. Vandal, *Tilsit et Erfurt*, p. 76.

d'Albanie. A Zara, il fit construire une batterie rasante pour défendre l'entrée du port et le ravelin qui complète l'ouvrage à cornes [1] du côté de la terre. Klissa, Knin, le fort de San-Nicolo, Raguse, Castelnuovo et Cattaro furent armés et approvisionnés de façon à pouvoir soutenir un siège ; au contraire, on déclassa Budua, le fort de la Trinité près de Cattaro, et Stagno qui avait beaucoup perdu de son importance depuis le jour où l'achèvement des routes avait permis d'aller par terre de Raguse à Spalato [2]. L'enceinte de Traù et celle de Spalato furent démolies. « Je ne « puis garder ces places faute de monde, disait Marmont, et si l'ennemi y « entre, il me faudra trois mois de siège pour l'en déloger [3]. » Pour ménager les susceptibilités des habitants, on déclara que le démantèlement était fait pour des raisons d'hygiène et d'embellissement ; sur les anciens glacis on créa des promenades [4].

L'armée, grossie au printemps 1808 de nouvelles recrues, atteignait l'effectif de 20.000 hommes ; il est vrai que les deux bataillons de la garde italienne allaient quitter la Dalmatie ; la bonne intelligence n'avait jamais régné entre eux et les Français. Les Italiens se plaignaient d'avoir été traités avec peu de considération, tant pendant l'expédition de Castelnuovo que pendant l'insurrection de Poglizza ; ils accusaient les généraux français de leur avoir assigné des postes de seconde ligne où ils n'avaient jamais eu à se signaler ; à quoi les Français répliquaient que les Italiens n'avaient jamais montré le désir d'aller là où il y a des coups à recevoir ; pour manifester leur mécontentement, les officiers, généraux en tête, avaient refusé de faire partie du tribunal militaire de Spalato. De plus, ils prétendaient, comme troupe d'élite, au privilège de tenir la droite chaque fois qu'ils étaient réunis avec les régiments français qui n'étaient que de la troupe de ligne.

Enfin, ils déclaraient que la garde royale devait servir sous les ordres du vice-roi ; quand on les avait envoyés en Dalmatie, c'est qu'il était question que le prince y vînt lui-même pour se mettre à leur tête ; mais il n'était pas venu, il ne devait vraisemblablement pas y venir ; leur place était donc autre part. Toutes ces querelles étaient envenimées par Dandolo qui prenait en toute occasion le parti de ses compatriotes. Les Italiens furent donc renvoyés en Italie au commencement de 1809 ; on garda les chasseurs de

Difficultés de Marmont avec les troupes italiennes.

1. Voir les ouvrages indiqués en rouge sur la carte II. | 2. Z. L., 1808, X, 2.230, 6.089, 12.933. | 3. Z. L., 1808, XII, 3.285. | 4. Celle de Spalato a disparu quand on a commencé la construction des Procuraties, et il est question de la restaurer ; la rue qui passe en cet endroit vient de recevoir le nom de rue Marmont. Celle de Traù existe encore, quoique assez négligée ; elle est ornée d'un petit temple circulaire en marbre, « hommage de la reconnaissance des Traurins envers le général Marmont, » dans lequel devait être placé un buste de l'Empereur ; ce petit édifice, d'un style assez imparfait, menace ruine.

Brescia, devenus 1er bataillon du 3e léger italien, et on le plaça à Cattaro, c'est-à-dire aussi loin que possible de Zara et du providéteur.

L'administration militaire italienne faillit faire payer cher à Marmont ses prétendus dédains. Le ministère de la guerre français ayant réclamé au Trésor italien les dépenses faites pour l'entretien des troupes italiennes et une quote-part dans les dépenses faites pour travaux, le ministère italien refusa de verser ces sommes en alléguant des irrégularités de comptabilité et en insinuant des accusations plus graves. Le 7 mars 1808, le ministre de la guerre Clarke adressa à Marmont une remontrance sévère et l'invita à justifier de l'emploi d'une somme de 473.282 francs. Napoléon lui écrivit de Bayonne, les 8 et 16 mai, deux lettres brèves et cruelles où il lui exprimait tout son mécontentement. Marmont atterré, mais fort de son bon droit, tint tête à l'orage : dans un lumineux rapport du 30 mars au Ministre, dans une longue lettre du 15 juin à l'Empereur, il montra que toutes les dépenses en cause avaient été faites suivant les ordres de l'Empereur ou du vice-roi, ou qu'elles avaient été imposées par une nécessité impérieuse. Dans une dépêche du 26 septembre, le Ministre se fit un devoir de reconnaître que les explications étaient satisfaisantes et le Trésor italien fut mis en demeure de verser les sommes dont il était redevable [1].

L'insurrection de juin 1807 avait encore une fois empêché de procéder aux opérations du recrutement ; un décret du 9 décembre 1807 ordonna la levée de 1.750 conscrits, ce qui permettrait de former le second bataillon de la légion dalmate. Des mesures sévères furent prises pour prévenir tout désordre et Dandolo crut de son devoir d'élever la voix pour réveiller chez ses administrés l'esprit militaire un peu endormi [2] :

La légion dalmate.

> Jeunes Dalmates, tous les peuples sujets du *Grand* lui ont fourni à l'envi des soldats. — Le *Grand* les a menés à la victoire, la guerre a été terminée et la paix est assurée pour longtemps. — Vous n'avez pas été appelés à temps pour rivaliser de valeur avec vos frères de France et d'Italie, mais, si vous n'avez pas pu vous signaler sur les champs de bataille, vous vous montrerez digne du *Grand* en courant avec ardeur vous enrôler sous ses étendards immortels. Au bout de quatre ans, vous maudirez la loi qui vous renverra dans vos foyers, mais votre chagrin sera tempéré par le légitime orgueil que vous éprouverez en vous sentant plus dignes de la bienveillance souveraine, de l'estime de vos compatriotes et de l'amour de vos familles.

Ces paroles entraînantes, l'action de la gendarmerie et le souvenir tout récent des exécutions sommaires produisirent leur effet, et, pour la première fois depuis trois ans, les opérations du recrutement marchèrent à

---

1. Ces six pièces sont reproduites par Marmont à la suite du livre X de ses mémoires.
| 2. R. D., 15 janvier 1808.

peu près régulièrement. Le 12 janvier, on put expédier 300 conscrits à Venise pour le 1ᵉʳ bataillon, qui était alors à Mantoue; 1.100 autres, destinés à former le 2ᵉ bataillon, furent assez rapidement réunis à Demonico [1].

Dandolo, assiégé par les personnes influentes qui sollicitaient des dispenses, écrivait à Milan sans relâche, présentant, selon son habitude, un seul côté de la question, celui qui était favorable à sa cause. Le Gouvernement finit par se préoccuper de ces plaintes : il ordonna une enquête et prescrivit la suspension des opérations du recrutement; étourdi de ce demi-succès, Dandolo annonça avec éclat le licenciement de la légion [2]; les militaires protestèrent [3] et le provéditeur dut faire insérer dans le *Regio Dalmata* [4] une note reconnaissant que le licenciement d'une troupe constituée ne pouvait être prescrit que par les autorités militaires, lesquelles n'avaient reçu aucun ordre à ce sujet.

Les opérations reprirent et les conscrits, après cette fausse joie, durent s'acheminer tristement vers Cattaro au mois de mai [5]. Malgré les précautions prises pour empêcher les désertions, notamment en transportant les conscrits par mer jusqu'à Stagno, 180 légionnaires disparurent chemin faisant après avoir fait usage de leurs armes contre leurs officiers qui cherchaient à les retenir [6].

Dandolo ne supporta pas sans ressentiment l'affront qu'il s'était attiré, il faut bien le dire, par sa précipitation. Pour la dixième fois, il offrit sa démission, on la refusa et il la reprit, non sans donner libre cours à ses rancunes contre Marmont : le 5 avril 1808, il écrit à l'Empereur :

La paix avec la Russie, en faisant cesser la guerre sur le continent, me consolait et j'espérais m'en ressentir... Que vous dirais-je, Sire? la guerre a cessé pour tout le monde, excepté pour moi. Le général Marmont se plaît à la continuer contre le gouverneur civil de la Dalmatie. J'ai demandé cent fois au général pourquoi il contrariait de la sorte un homme qui, se bornant à l'exercice des devoirs qui lui étaient imposés par ses attributions, n'avait garde de toucher à celles d'autrui (ici Dandolo se fait quelque peu illusion). Cent fois je lui ai fait sentir que j'aurais préféré d'être en prison sous la sauvegarde des lois que provéditeur général exposé à voir entraver, renverser ce dont il était à moi de juger et de répondre. Je n'en ai reçu que la seule réponse tranchante : que j'avais à me plier aux circonstances..... Marmont sait que ni à Campo-Formio, ni à Milan, je n'ai donné preuve de la souplesse qu'il me conseille vis-à-vis de plus fort que lui.., et c'est même là ce qui a valu au prisonnier Dandolo la bienveillance du général Bonaparte [7].

Ces lettres restèrent sans réponse : on connaissait Dandolo et on le pre-

1. R. D., 22 janvier. | 2. R. D., 29 janvier. | 3. A. G., Vignolle, 7 février. Marmont, 16 février. | 4. R. D , 12 février. | 5. A.G., Marmont, mai. | 6. A. G., Marmont, 22 mai 1808. | 7. Tullio Dandolo. *Ricordi.*

nait tel qu'il était, avec ses incomparables qualités comme avec ses insupportables défauts.

Quant à Marmont, il vivait heureux au milieu de ses soldats, assurant leur instruction d'abord, puis leur bien-être et leurs distractions. Il donnait des fêtes de toute sorte : concerts, bals, spectacles [1] ; il avait pour principe que, pour gagner la Dalmatie, il suffisait de savoir se faire bien venir des dames. Les officiers lui venaient en aide ; on sait que les soldats de Napoléon avaient de grandes prétentions sur ce chapitre, et le brave colonel du 11ᵉ n'était pas sans raison connu dans l'armée sous le surnom du *beau Bachelu*. Marmont, qui avait aussi la prétention d'être un « bel officier », ne demeurait pas en arrière ; il nous raconte lui-même [2] que, pendant son séjour à Zara, il faisait à Mᵐᵉ Dandolo une cour tellement assidue que le providéditeur en prit ombrage : ce fut un grief de plus, alors qu'il n'en manquait déjà pas.

Terminons ce que nous avons dit de l'organisation militaire en signalant la création de trois bataillons de garde nationale sur lesquels on comptait pour défendre le pays dans le cas où l'armée régulière serait appelée à entrer en campagne. Les évènements montrèrent ce qu'il fallait attendre des « soldats-citoyens » de Dalmatie.

Pour préparer la marche en avant de son armée et pour répondre aux instructions reçues de Berthier, Marmont chercha à nouer des relations étroites avec ses voisins de Montenegro, de Bosnie et d'Albanie. §VIII. Relations avec les Monténégrins.

Le Vladika avait tout d'abord manifesté les dispositions les plus pacifiques à l'adresse de la France [3]. Quand Marmont alla, à la fin d'août 1807, inspecter les Bouches, il eut avec le Vladika une entrevue très amicale [4].

« Je lui demandai pourquoi il nous avait fait la guerre ; il me répondit
« que, placé sous la protection de la Russie, comblé de ses bienfaits, il
« avait cru de son devoir de lui obéir ; mais aujourd'hui le nouvel état
« de choses changeait sa condition et lui imposait d'autres devoirs. Il
« m'assura que le peuple du Montenegro vivrait en bon voisin, ne donne-
« rait lieu à aucune plainte et qu'il ambitionnerait de posséder les bonnes
« grâces de mon souverain. »

Cette entrevue fut, on le voit, très cordiale et pour deux raisons : la première, c'est que les Monténégrins, sérieusement éprouvés par les pertes faites depuis quelques mois et abandonnés par les Russes, ne se sentaient

---

1. Il y a, dans la correspondance du lieutenant Sallantin, d'intéressants détails sur la vie de garnison en Dalmatie de 1807 à 1809. | 2. Marmont, Mémoires, l. IX, p. 385. | 3. Lauriston à Marmont, 10 août. Mémoires de Marmont, l. X, Corresp., p. 109. | 4. Marmont, Mémoires, l. X, p. 58.

pas en mesure d'entamer seuls une guerre contre les Français; le Vladika ne connaissait pas les intentions de Marmont, il fallait le désarmer en faisant montre de dispositions pacifiques; la deuxième raison de l'accord survenu entre le Vladika et Marmont, c'est que celui-ci, bien que dans son esprit l'entente dût revenir à une main mise sur le Montenegro, s'était bien gardé d'aborder aucune question brûlante et s'en tint pour la première fois à des généralités banales.

Quand les pourparlers commencèrent sérieusement quelques mois après, Marmont était porteur des propositions de l'Empereur qui voulait à tout prix obtenir la soumission des Monténégrins et revenait fréquemment sur ce sujet dans sa correspondance. Il ne s'agissait pas d'amener les Monténégrins à se reconnaître sujets de l'Empire français : l'Empereur voulait seulement un acte où ils se placeraient sous sa protection. Le Vladika éludait toujours la réponse et se contentait d'assurer que, s'il fallait faire la guerre aux Turcs, la France pouvait compter sur son concours; enfin, poussé à bout, il déclara ne pouvoir donner aucune réponse sans avoir reçu des instructions de Pétersbourg.

Marmont fut également battu sur un autre point : l'Empereur lui avait ordonné d'envoyer au Montenegro un consul qui, voyant toute chose de près, pourrait tenir le général au courant des intrigues dont Cetinje était le théâtre.

Marmont désigna pour ce poste le lieutenant dalmate Tomich, qui fut agréé, mais sous la condition formelle qu'il résiderait à Cattaro. C'est dans les mêmes termes que sera agréé, en 1810, le colonel Viala de Sommières, qui ne put visiter le Montenegro qu'en disant qu'il voulait en étudier les plantes et qui fit, comme botaniste, le voyage qu'on ne lui permettait pas de faire comme diplomate.

A partir de juin 1808, les relations avec le Montenegro deviennent de plus en plus tendues[1]; de Russie venaient des excitations, sourdes encore, contre la France; l'Autriche, qui se préparait à la guerre, envoyait ses agents à Cetinje; on y signale à plusieurs reprises la présence de Danese et du P. Dorotich.

En août 1808, le district bocquais de Braïci s'insurge, et 3 à 400 Monténégrins descendent au secours des révoltés. Le général Delzons, chargé de les réduire, est repoussé le 22 août, avec des pertes sérieuses, et doit revenir avec un millier d'hommes pour avoir raison de l'émeute.

Le Vladika, à l'instigation duquel on savait que le mouvement avait éclaté, fit dire à Marmont qu'il n'avait pu retenir ses compatriotes et adressa ses excuses avec force protestations de dévouement; mais ni

1. Z. L., Cattaro, juillet 1808.

Marmont, ni le général Clauzel, qui commandait alors à Raguse et à Cattaro, ne furent dupes de ces belles paroles.

Marmont fit un plan d'expédition au Montenegro : avec 8.000 hommes, il se chargeait d'arriver à Cetinje, et là on dicterait aux fiers montagnards les volontés de l'Empereur. On affaiblirait le pays en formant un régiment monténégrin qu'on enverrait en Espagne, et, si cela ne suffisait pas, on transporterait quelques centaines de familles dans les Pays-Bas. Mais Napoléon jouait alors une grosse partie ; il sentait l'amitié de la Russie lui échapper ; il était revenu d'Erfurt déçu et inquiet, et voulait éviter tout ce qui pourrait aggraver une situation déjà extrèmement délicate. Marmont reçut l'ordre d'ignorer les menées des Monténégrins.

Du côté de l'Albanie, on fit quelques tentatives pour reconnaître le terrain. Corfou et les îles Ioniennes étaient fortement occupés ; on y avait réuni une prodigieuse quantité d'approvisionnements [1] ; la division navale de l'amiral Gantheaume avait reçu l'ordre de se diriger sur Corfou et déjà les frégates *Flore* et *Danaé*, commandées par le capitaine de vaisseau Descorches, commençaient à croiser dans l'Adriatique pour protéger les communications contre les bâtiments anglais dont le nombre n'avait pas cessé d'aller croissant depuis le départ des Russes [2].

Relations avec l'Albanie.

Marmont s'efforça de prendre et de conserver le contact avec l'armée de Corfou destinée à marcher parallèlement à la sienne ; pour cela, il fallait avoir la facilité de passer de Budua à Butrinto par Antivari, en traversant les pachaliks de Scutari et de Berat. Le pacha de Berat y aurait probablement consenti, mais Ibrahim, pacha de Scutari, était un ennemi déclaré de la France ; il refusa l'autorisation.

Il fallut charger Sébastiani de demander à Constantinople un firman qui autoriserait le passage d'un corps de 600 hommes et de plusieurs convois [3] ; mais la lettre de Marmont parvint à l'ambassadeur dans un moment critique : il venait, le 12 février 1808, de communiquer au Divan la dépêche du 15 janvier où la Porte était invitée par l'Empereur à renoncer à demander plus longtemps l'évacuation des principautés par les Russes ; en se voyant abandonnés par la France, les Turcs avait montré une violente exaspération ; les amis de la France étaient consternés, ses ennemis triomphaient en voyant se réaliser leurs plus sinistres prédictions. Sébastiani lui-même s'était emporté et avait représenté au ministre des affaires étrangères, dans les termes les plus vifs, toute l'insécurité de l'alliance russe et le discrédit que l'abandon des Turcs allait jeter sur la diplomatie française ; il faut dire que deux mois avant, il avait été chargé de

---

1. Corresp. de Napoléon, 13504, 13534. | 2. A. G., Rapport Vignolle, 18 mars 1808. A. M., 1808, BB⁴, 272. | 3. A. E, Turquie, 215-216.

rassurer pleinement la Porte, et de lui promettre la retraite prochaine des Russes; on ne pouvait tomber dans une plus flagrante contradiction. Il est facile de comprendre dès lors que, lorsque Sébastiani parla du firman relatif à l'Albanie, on lui ferma la bouche en lui demandant si, en, échange il garantirait l'évacuation des principautés [1].

Après avoir donné cours à son indignation, Sébastiani se mit néanmoins à l'œuvre : avec sa connaissance des choses de l'Orient, il savait qu'il n'y a pas dans ce pays de situation inextricable dont on ne puisse se tirer avec avantage. Le 26 février, il annonce qu'il a gagné les chefs des janissaires, que le Reis-Effendi, vendu aux Anglais, a été déposé, et que son successeur, homme sans caractère, en a passé par où il a voulu; deux officiers français, accompagnés d'officiers turcs, vont partir pour organiser une correspondance le long de la mer, entre Cattaro et Butrinto; ils seront porteurs de lettres pour les pachas. Mais voici que le 5 mars tout est renversé : les janissaires se sont soulevés et le caïmacan dévoué à la France a été étranglé. Pour comble de malheur, Sébastiani, malade et usé par la lutte avec les Turcs, quitta Constantinople le 27 avril, en laissant comme chargé d'affaires Latour-Maubourg qui n'avait ni son expérience ni son autorité [2].

Cependant, sans attendre le firman, Marmont avait commencé à envoyer des officiers sur la côte d'Albanie; le bataillon du 3e léger italien devait se mettre en marche à la fin de mars, pour escorter un convoi de poudre; en avant étaient partis l'adjudant-commandant Bailleul et trois officiers italiens. Les quatre voyageurs et leur suite étaient arrivés à Antivari quand, sous un prétexte inconnu, ils furent assassinés; il fallut faire rétrograder le convoi et suspendre l'ordre de départ donné au bataillon italien [3]. En même temps, on apprenait que le pacha de Janina avait fait arrêter le consul Pouqueville et décapiter deux de ses agents [4].

Le pacha de Scutari, s'attendant à des représailles, se prépara à la résistance; il réunit 3.000 hommes à Antivari et se réconcilia solennellement avec les Monténégrins; mais, tout en se disposant à la guerre, il essayait de donner le change à l'opinion : il se déclara prêt à fournir toutes les réparations qu'on lui demanderait, s'il était prouvé que les officiers n'avaient pas été les agresseurs; et il produisait un certificat de Bru, consul de France à Antivari, attestant que les Turcs avaient été provoqués avant de prendre les armes [5].

Rien n'était plus facile que de tirer un *casus belli* de ce grave incident; mais le moment n'était pas opportun et l'affaire fut enterrée, ou, si l'on aime mieux, engagée dans l'impasse des réclamations diplomatiques.

1. A. E., *l. c.* | 2. A. E., *l. c.* | 3. A. G., Vignolle, 25 mars 1808. | 4. A. G., Marmont, 5 mai 1808. | 5. A. G., Marmont, 5 avril et 8 mai 1808.

L'ambassade de Constantinople fut chargée de saisir le Divan d'une plainte contre le pacha; l'Empereur fit écrire de Bayonne, le 11 mai, à Mouhib-bey, ambassadeur ottoman à Paris, et à Latour-Maubourg, chargé d'affaires à Constantinople.

Mais, le 28 juillet, une nouvelle révolution éclata dans laquelle périrent le sultan Mustafa et son prédécesseur Sélim; Mahmoud, encore enfant, monta sur le trône et le pouvoir se trouva entre les mains du grand vizir Baïraktar; il fallut reprendre *ab ovo* toutes les négociations.

Le 31 août, Latour-Maubourg présenta un *ultimatum* : la Porte répondit cette fois, mais par une fin de non recevoir; dans un exposé fait sur les rapports d'Ibrahim-Pacha, il était représenté que les officiers français avaient pénétré dans la forteresse sans la permission du commandant, qu'ils avaient refusé de tenir compte des observations que les gardiens leur avaient faites et que « ce qui avait suivi devait être regardé comme « un incident imprévu », que le pacha « avait nommé sur le champ un « *mubachir* (juge d'instruction) pour arrêter ceux qui se trouveraient « compromis, mais qu'ils s'étaient tous évadés du pays [1] ».

Le 15 novembre et jours suivants éclata une nouvelle révolution qui vint interrompre indéfiniment les pourparlers. Baïraktar périt dans la lutte, et dès lors la Turquie se trouve lancée dans l'orbite de l'Angleterre [2].

Le bataillon des chasseurs d'Orient, dont nous avons signalé la belle conduite lors de la levée du siège de Raguse, était appelé à jouer un rôle important dans une expédition au pays ottoman. Tombé à 170, puis à 131 hommes [3], il se composait de Grecs et de Syriens, et on ne le conservait que pour en faire le noyau d'une légion grecque où on enrôlerait les hommes de bonne volonté qu'on trouverait dans les pays ottomans. Le colonel Nicoli Papaoglou alla, à cet effet, faire plusieurs tournées en Grèce et jusqu'à Constantinople, mais sans aucun succès; on fit aussi appel aux Albanais catholiques, en offrant des grades à quiconque amènerait un certain nombre de volontaires, mais il ne semble pas que ces démarches aient réussi. Le bataillon comptait 147 hommes, dont une trentaine d'officiers, lorsqu'on les expédia à Corfou au début de 1809 [4].

L'action de la France en Bosnie eût la bonne fortune de ne pas être contrariée par le pacha. Nous avons dit plus haut que Marmont avait eu des relations très amicales avec Kosrew-Mehemet-Pacha; le consul David avait une grande influence sur lui, et, en mai 1807 [5], il annonce que tout est prêt pour l'entrée de l'armée française en Bosnie : les officiers

Relations avec la Bosnie.

1. A. E., Turquie, 217, 31 août. | 2. Traité du 5 janvier 1809. Martens, Supp[t]., t. V, p. 160. | 3. A. G., Situations au 1er octobre 1808. | 4. A. G., Situations au 1er janvier 1809. | 5. A. E., Turquie, 214.

qui se rendaient à Constantinople, entre autres Sorbier et Foy, étaient traités avec de grands égards par le pacha, mais, si le pacha était favorable, les Bosniaques ne l'étaient aucunement.

Les ennemis de la France avaient habilement exploité les bruits d'invasion française, et quand le pacha fut parti pour prendre part aux opérations militaires en Serbie, la situation du consul devint très pénible : il écrit le 28 mai : « On m'isole de plus en plus ; les ouvriers ne veulent plus travail-
« ler pour moi ; les Turcs et les chrétiens me refusent tout, les uns par
« aversion et les autres par crainte ; les hommes que j'ai employés une
« fois ne le sont plus par personne. L'évêque et les moines catholiques
« m'ont fait prier plusieurs fois de ne pas aller chez eux et se gardent bien
« de venir chez moi. Toute ma circonspection, tout l'argent que j'ai
« répandu, tout mon empressement à servir les Turcs pour leurs affaires
« dans les États de S. M., toute ma fermeté en certaines occasions, enfin
« toute la faveur du vizir n'ont pu vaincre le sentiment ennemi dont le
« pacha lui-même est victime[1]. »

Le 12 juin, quand parvint à Travnik la nouvelle de la déposition du sultan Sélim (29 mai 1807), le vizir était absent, et pendant trois jours la vie du consul, de sa femme et de ses enfants fut en danger. 600 artilleurs, envoyés par Marmont à Constantinople, étaient partis de Travnik le 12 au matin ; le consul les fit aussitôt rejoindre et, avertis des évènements qui se produisaient, ils reprirent le jour même le chemin de la Dalmatie[2].

Le retour de Mehemet-Pacha rendit un peu de sécurité au consul, mais le pacha lui-même était menacé dans sa situation et les Bosniaques demandaient à grands cris sa destitution ; en effet, le pacha fut rappelé à Constantinople : à raison de ses talents, de ses protections et peut-être pour l'attirer au milieu de ses ennemis, on le nomma capitan-pacha[3].

Mais, se défiant du « bloc enfariné », Mehemet ne mit aucun empressement à quitter Travnik ; il y était encore en janvier 1808 quand il reçut sa nomination comme gouverneur de la Macédoine[4].

Son départ fut salué avec joie par les Bosniaques : « Allah a jeté un
« regard de bonté sur nous, disaient-ils, en nous délivrant d'un traître qui
« s'entendait avec les infidèles pour leur livrer le pays qu'il devait défendre
« contre eux[5]. »

Pendant l'intérim, le Caïmacan Suleiman fit à David des déclarations menaçantes : « Je sais, dit-il, que l'armée française doit être considérable-
« ment augmentée en Dalmatie ; on y parle d'une expédition dans l'Inde et

1. A. E., Turquie, 214, 28 mai 1807. | 2. A. E., loc. cit., 17 juin. | 3. A. E., Turquie, 215, 13 sept. 1807. | 4. A. E., Turquie, 216, janvier 1808. | 5. Kosrew devint plus tard grand vizir ; il était capitan-pacha quand il périt à bord d'un vaisseau incendié par Canaris pendant la guerre de l'indépendance grecque.

« l'armée qui la ferait traverserait la Bosnie… On est persuadé ici que ce
« projet n'est qu'un prétexte pour obtenir avec plus de facilité l'entrée
« dans notre province, dont les Français s'empareront quand ils auront les
« forces suffisantes[1]. »

Le successeur de Kosrew-Mehemet, Ibrahim-Pacha, venait de Salonique;
il avait été grand vizir en 1804. « Il passe, dit David[2], pour un caractère
faible; » ce fut donc avec autant de surprise que de joie que le consul
trouva les dispositions les plus bienveillantes et reçut les promesses les
plus formelles de protection dans des circonstances qui ne permettaient
pas de les dédaigner[3]. La nouvelle du massacre d'Antivari, connue le 2 mai
à Travnik, mit tous les Bosniaques en effervescence, à tel point que
David jugea prudent de conduire sa famille à Spalato. Quand il revint à
Travnik, l'agitation durait encore, et le pacha ne pouvait empêcher les
manifestations les plus hostiles contre les Français dont l'entrée en Bosnie
était jugée imminente[4]. Mais quand on vit que le Gouvernement français
laissait impuni l'outrage qu'il avait reçu, l'insolence des begs ne connut
plus de bornes et, devant les actes de violence qui se multipliaient, David,
cédant à un sentiment facile à concevoir, abandonna Travnik pour se
réfugier à Zara.

On n'approuva pas à Paris cette retraite dictée par le sentiment de la
conservation personnelle plus que par celui du devoir, et l'on adressa au
consul une réprimande au reçu de laquelle il regagna son poste déserté[5].

La situation était loin d'être favorable : « Les Turcs, écrit-il, me
« regardent comme un espion qui prépare l'invasion de leur pays, et ils
« méditent de me couper la tête ou tout au moins de me faire périr en
« brûlant ma maison. Ils immolent impitoyablement tous les déserteurs
« qui passent de ce côté et qu'ils regardent comme des espions subal-
« ternes. Cependant l'un d'eux, officier de la garde italienne, a sauvé sa
« vie, mais il est caché chez des Franciscains et n'ose plus en sortir[6].

Pendant ce temps, le consul d'Autriche, installé depuis peu à Travnik,
jouissait de la faveur populaire : c'était M. de Mittheiser, lieutenant-colonel
du génie; il répandait l'argent à pleines mains, était bien vu de tous,
entretenait des relations suivies avec les Franciscains et faisait courir toute
espèce de fausses nouvelles défavorables à la France[7].

Le pacha Ibrahim montrait dans ses entretiens intimes avec le consul
des dispositions très sympathiques, mais, en dehors de cela, il n'y avait

1. A. E., Turquie, 217, 15 mars 1808. | 2. A. E., Turquie, 217, 30 janvier 1808. |
3. A. E., Turquie, 217, 8 avril 1808. | 4. A. E., l. c., 28 juin. | 5. A. E., Turquie, 217,
13 sept. 1808. | 6. A. E., Turquie, 217, 24 nov. 1808. | 7. A. E., Turquie 217, 9 et 22
décembre. — 218, 8 janvier 1809.

rien à attendre de lui, et la disgrâce de son prédécesseur lui rappelait qu'il ne fallait pas aller ouvertement contre les passions des Bosniaques.

Ce qui empêcha le prestige des armes françaises de disparaître entièrement, ce fut l'appui énergique donné à plusieurs reprises par les Français à leur fidèle allié, Hadji beg, d'Utovo. Nous avons déjà parlé des deux expéditions du général Launay en 1807 [1]; en 1808, Hadji-beg était bloqué depuis six mois par ses frères, quand Launay alla le ravitailler [2]. Le 20 septembre, le général Deviau retourna avec un bataillon du 79e pour protéger l'entrée dans Utovo de vivres et d'auxiliaires; il y eut un combat à Popovo, où fut tué Omer-beg, un des frères d'Hadji-beg [3]; une fois ravitaillé, Hadji-beg se brouilla avec ses alliés qui le laissèrent dans la place seul avec 50 hommes [4], et les Français n'étaient pas alors en mesure de le secourir. Toutes ces démonstrations avaient en elles-mêmes peu d'importance, mais elles montraient aux quelques amis de la France que son appui serait acquis le jour où il serait nécessaire. C'est ce qui permettra à David d'organiser une assez importante diversion sur le flanc des Autrichiens pendant la campagne de 1809.

§ IX. Annexion de Raguse.

L'année 1808 avait vu disparaître les derniers restes de l'indépendance de Raguse.

Depuis le mois de mai 1806, les Français occupaient cette ville et son territoire, et, par le commissaire placé à côté du Sénat, avaient la haute main sur l'administration financière, puisque aucune somme ne pouvait sortir des caisses publiques sans un bon signé de lui.

Dans la proclamation que Lauriston avait publiée, le 29 mai 1806, en entrant à Raguse [5], il avait déclaré prendre possession de la ville et du territoire de Raguse, mais en donnant aux Ragusains certaines garanties d'indépendance : « Je déclare, disait-il, que l'intention de S. M. I. est de « respecter l'indépendance et la neutralité de cet État... je promets de « respecter les lois, les coutumes... le gouvernement existant est maintenu, il remplira les mêmes fonctions et aura les mêmes attributions. »

De ces promesses formelles, la première avait été violée dès le premier jour comme nous l'avons vu. Qu'allait-il rester des autres ?

Le 3 août 1806, on apprit à Raguse que la paix était signée; il s'agissait du traité d'Oubril que le tsar ne ratifia pas. L'occupation devait, aux termes de la proclamation de Lauriston, durer jusqu'à la paix; pendant quelques jours donc, les Ragusains crurent leur délivrance prochaine, bien qu'ils ignorassent les termes du traité et les intentions de l'Empereur; il les

---

1. P. 267 et 280. | 2. A. G., avril et juin 1807. | 3. A. G., nov. 1808. — 217, nov. 1808. | 4. A. E., 219, octobre 1809. | 5. P. II. ch. II, p. 172.

auraient connus qu'ils ne se seraient pas réjouis. Voici ce que Napoléon écrivait au prince Eugène le 21 juillet : « Vous ferez observer au général « Lauriston que si j'ai dit dans le traité que je reconnais l'indépendance de « Raguse, cela ne veut pas dire que je doive l'évacuer; au contraire : « quand les Monténégrins se seront retirés chez eux, j'entends organiser « le pays, puis l'abandonner s'il est nécessaire, mais en gardant la position « de Stagno. »

Le 24 août, on apprit que la guerre recommençait et la désolation se répandit dans Raguse. Pour faire un peu revenir l'opinion, on régla les indemnités promises aux victimes du siège [1]; on se montra même assez large, car ces indemnités étaient payées par l'Autriche, rendue responsable de toutes les conséquences de l'entrée des Russes à Cattaro. Le total des indemnités s'éleva à 9 millions de piastres ou 13 millions de francs [2].

Cette première satisfaction pécuniaire engagea le Sénat à faire de nouvelles tentatives pour rentrer en possession des 600.000 francs prêtés en 1798 et inutilement réclamés depuis huit ans. Un Ragusain, le comte A. de Sorgo, était à Paris; on lui donna mission d'aller comme ambassadeur complimenter l'Empereur de ses récentes victoires; il devait ensuite s'occuper des affaires de la République et surveiller à la fois les intérêts de son indépendance et ceux de sa créance [3].

Six mois se passèrent sans autre incident que le refus rapporté plus haut du Sénat de contribuer aux travaux des routes.

Enfin, la paix fut signée le 8 juillet 1807, à Tilsit, et l'empereur Alexandre dut abandonner Cattaro à Napoléon. La Russie semblait devoir se désintéresser de ce qui se passerait désormais dans la Méditerranée, et les Ragusains s'étaient trop souvent réclamés des Turcs pour que la Russie prît très ardemment leur défense.

Dans sa dépêche du 8 juillet 1807 à Marmont, déjà citée, Berthier indique en deux lignes les destinées de Raguse : « Raguse doit décidé-« ment rester réunie à la Dalmatie; vous devez, en conséquence, en « faire continuer les fortifications. »

Le 13 août, en allant à Cattaro, Marmont traversa Raguse et, quand les délégués du Sénat vinrent le complimenter, il leur répondit avec une grande affabilité, mais glissa dans la conversation ces paroles : « *Vous allez* « *être des nôtres.* » L'un des députés le priant de s'expliquer plus clairement, il ajouta que « dans les circonstances présentes ils ne pouvaient

---

1. W. S., Corr., Timoni, 7 septembre 1806. | 2. *Ibid.*, 28 décembre. | 3. Le comte de Sorgo se fixa à Paris et publia, en 1839, deux opuscules intitulés *Fragments sur l'histoire et la littérature de la république de Raguse; Sur la ville et l'ancienne république de Raguse.* 8o, chez Mme Porthmann (*Glinbich Dizionario biografico*, etc., p. 283).

« rester libres; le député lui observant de plus que cet état ne pouvait sub-
« sister sans navigation, le général répondit qu'appartenant au grand
« Empereur, S. M. trouvera moyen de les soulager. Le lendemain, le
« général Marmont dit aux susdits députés qui vinrent le voir qu'il
« n'était chargé que de prévenir la République de son sort à venir, et
« que, jusqu'à l'arrivée de ceux qui seraient chargés de l'organisation
« du nouveau gouvernement, celui de Raguse pourrait conserver ses
« fonctions[1] ».

On comprend la consternation que les confidences de Marmont jetèrent
dans les esprits. Dans une dépêche confidentielle du 24 août[2], Timoni
donne des détails sur la façon dont les Français entendaient le maintien
provisoire des institutions existantes; il énumère tout ce que la République
a perdu et ce qu'elle a souffert : « l'agriculture ruinée, la marine réduite
à l'inaction, les finances publiques dilapidées, les particuliers écrasés de
réquisitions, les couvents transformés en casernes, l'invasion des juifs,
fournisseurs de l'armée, l'institution d'une loge maçonnique et d'un club
et, par dessus tout, l'aveuglement du peuple et de la bourgeoisie qui
reçoivent les Français à bras ouverts. »

En effet, presque tout ce qui n'était pas aristocratie ou clergé appelait
une révolution qui mettrait fin à l'oppression d'une oligarchie jalouse;
aussi, en parlant de la consternation des Ragusains, nous n'entendons
parler que de la caste noble, la seule qui eût eu part jusque-là à la direction
des affaires publiques.

Aussitôt après le départ de Marmont, il fut tenu une assemblée secrète
du Sénat, où il fut décidé de prendre toutes les mesures possibles pour
éviter la catastrophe annoncée; une supplique à l'empereur d'Autriche fut
rédigée et expédiée par un messager qui partit de la ville sous un déguise-
ment.

Le secret de cette délibération fut mal gardé, car, le 29 août, en revenant
de Cattaro, Marmont demanda aux sénateurs qui le visitèrent pourquoi ils
avaient tenu une séance hors la présence du commissaire impérial et quelle
était cette expédition mystérieusement faite à l'étranger[3], mais il ne fit
cette fois aucune allusion à l'incorporation de Raguse à la Dalmatie. Les
sénateurs, croyant trop vite ce qu'ils désiraient avec tant d'ardeur, en
vinrent à croire que le général avait parlé à la légère ou bien qu'ils avaient
fait un mauvais rêve[4].

Cependant, le 4 novembre, on réclama 300 marins pour la flotte de
Venise; un sénateur fut chargé d'aller à Zara pour exposer à Marmont les

---

1. W. S. Corr. Timoni, 16 août. | 2. Ibid., 24 août. | 3. Ibid., 1er septembre 1807.
| 4. Ibid., 18 septembre.

raisons pour lesquelles les Ragusains étaient dans l'impossibilité de répondre à cette réquisition. « De tout temps Raguse avait manqué de marins (!) et leurs navires devaient embarquer un tiers de matelots étrangers ; pour le moment, beaucoup de navires pris et poursuivis par les Russes étaient encore dans des ports lointains ; les transports de vivres absorbaient tout le reste des gens de mer. »

De cette réquisition il résultait que d'ores et déjà Raguse était traitée en possession française, et que les paroles de Marmont n'avaient pas été prononcées au hasard. On dépêcha quelques nobles chez Lauriston pour tâcher de savoir quelque chose ; Lauriston les reçut fort bien, avec cette rondeur qui le faisait aimer de ses ennemis mêmes, mais il évita toute réponse formelle. « Mais enfin, dirent les délégués, que penser de ces « paroles du général Marmont : *Vous allez être des nôtres?* — Ces paroles, « répondit Lauriston visiblement embarrassé, ces paroles... il ne les a « pas tirées de son bonnet de nuit [1] ! »

On en était réduit aux conjectures, mais à tout évènement on décida de faire auprès de la Sublime Porte une démarche suprême : le consul Kiriko avait été chargé plusieurs fois de plaider les intérêts de la République au Divan, mais on venait d'apprendre que, cédant à la pression exercée par le général Sébastiani, Kiriko avait fait disparaître l'écusson ragusain suspendu devant sa maison et qu'il invitait les capitaines de navires à substituer le drapeau tricolore à celui de saint Blaise. Kiriko fut donc relevé de ses fonctions et le sénateur Ant. Natali fut chargé d'aller le lui notifier ; il devait, en outre, se présenter chez le Grand Vizir, le Reis-Effendi et le Kiaja, et les mettre au courant de ce qui se préparait contre la République, « la plus ancienne et la plus fidèle tributaire de la Porte [2]. »

La question du pavillon, déjà tranchée à Constantinople, se posa le 21 décembre à Raguse [3]. Le général Laurison fit parvenir au Minor Consiglio un billet où il lui faisait savoir que les navires ragusains auraient à prendre, dans le délai de trois jours, des patentes italiennes, sous peine d'être saisis à la sortie du port. Le Sénat répondit que, se trouvant depuis plusieurs siècles sous la protection de l'Empire ottoman, il ne croyait pas pouvoir faire un tel changement sans avoir consulté la Porte.

Ce fut le dernier acte de Lauriston : chargé, comme commissaire impérial, de recevoir Cattaro des mains des Autrichiens, puis des Russes, il avait enfin accompli sa mission et rentrait en France. Il faut ajouter que, dans sa proclamation de 1806, Lauriston avait garanti aux Ragusains leur indépendance et ne voulait pas être l'exécuteur d'une mesure qui allait mettre

---

1. W. S., Corr. Timoni, 5 octobre 1809. | 2. R. P., Pregadi, novembre. | 3. A. G., déc. 1807.

en doute la valeur de sa parole; c'est même sans doute aux résistances de Lauriston qu'il faut attribuer les atermoiements que nous venons de constater. Lauriston partit le 23 décembre 1807, et dès lors les évènements vont se précipiter.

Le 26 décembre, une affiche du colonel Godart annonça que tout capitaine qui ne prendrait pas le pavillon italien serait emprisonné. Le 30 décembre arriva le général Launay, et le 2 janvier le général Clauzel prit le commandement de Raguse, en remplacement de Lauriston.

Le 6 janvier, on hissa les couleurs italiennes au *stendardo* de la place, où, depuis le 26 décembre, celles de saint Blaise avaient cessé de flotter; le même jour, le Sénat fut mis en demeure de fournir 150 marins; comme réponse, le Sénat décida d'envoyer le comte J. Caboga en mission auprès de l'Empereur; le 8 janvier, Clauzel fit défense à Caboga de partir. Les 14, 23, 29 janvier, des messages pressants avaient été envoyés à Natali, ambassadeur à Constantinople[1], et les sénateurs font à Timoni des avances significatives lui disant : « *Consul! ou Ragusains ou Autrichiens*[2]. »

Le 24 janvier, arriva Marmont allant à Cattaro; il désirait garder l'incognito, et ce fut en vain que trois députations se présentèrent à sa porte. Il finit par faire dire qu'il recevrait les députés à son retour de Cattaro.

Pendant l'absence de Marmont, il arriva des nouvelles rassurantes : le pacha de Bosnie, à qui on avait envoyé une ambassade et des présents, paraissait bien disposé; Antoine de Sorgo écrivait de Paris qu'on lui avait assuré que l'indépendance de Raguse n'était pas menacée. Mais ce furent précisément ces démarches multipliées à Travnik, à Constantinople, à Vienne et à Paris qui hâtèrent le dénouement; à Constantinople, Sébastiani se trouvait précisément en faveur et les Turcs lui faisaient part jour par jour des démarches de Natali; le 28 janvier, l'ambassadeur écrit qu'il a demandé l'arrestation de ce factieux qui depuis a disparu[3].

Le pacha de Travnik était encore Kosrew-Mehemet-Pacha; « ayant « reçu des ambassadeurs et des cadeaux, dit Marmont, il garda les cadeaux, « se moqua d'eux, et m'avertit de leur démarche[4]. »

Le 30 janvier, Marmont revint à Raguse; il fit assembler le Sénat, ayant à lui faire, dit-il, une intimation. Voici comment Timoni raconte cette séance solennelle[5] :

Le Conseil s'étant formé en moins d'une heure, le colonel Delort s'y porta, suivi du consul Bruère, du commissaire des guerres, du commandant de place, de l'interprète Vernazza et de deux autres officiers. Après avoir pris place à côté du recteur, le colonel lut au Sénat un écrit où le gouvernement de Raguse était

1. R. P., Pregadi, janvier 1808. | 2. W. S., Corr. Timoni, janvier 1808. | 3. A. E., 218. | 4. Marmont, Mémoires, l. XI, p. 118. | 4. W. S., Corr. Timoni, 8 février 1808.

inculpé de peu de loyauté, d'avoir indisposé le pacha de Bosnie, d'avoir cherché à produire une fermentation parmi le peuple; que l'intimation faite au mois d'août précédent par M. le général Marmont n'ayant produit aucun effet, il était nécessaire de prévenir les suites ultérieures. Après quoi, le colonel tira un autre papier de sa poche contenant ce qui suit : « Le général en chef, comman- « dant de la Dalmatie, ordonne ce qui suit : La république de Raguse a cessé « d'exister, le Gouvernement et le Sénat sont dissous ainsi que les tribunaux. « M. Bruère est nommé administrateur provisoire de l'État de Raguse. » Les séna- teurs commencèrent par garder le silence ; le comte J. Caboga prit la parole enfin et dit au colonel que ni le moment ni la circonstance ne lui permettaient d'en- trer dans une longue justification, qu'en ce qui le concernait, il avait la conscience pure et nette, et qu'il prenait sur lui de répondre de la loyauté de tous ses col- lègues. Le Sénat était prêt à se soumettre à la volonté divine manifestée par l'organe de S. M. Napoléon le Grand.

Pendant ce temps, des détachements de troupes prenaient possession du palais, de la secrétairerie, de la trésorerie, de la douane, où furent posés les scellés.

Le soir, les citoyens de Raguse donnèrent un grand bal pour célébrer la disparition du gouvernement oligarchique [1].

Le lendemain, Marmont partit pour Spalato.

La soumission des sénateurs n'était qu'apparente, et ils continuèrent pendant quelques semaines à intriguer; mais Napoléon n'admettait pas qu'on résistât à ses ordres. Il écrivait, le 20 février, à Marmont : « Faites « arrêter trois des mécontents et faites saisir les registres du Sénat; faites « leur bien connaître que le premier qui tiendra une correspondance avec « l'étranger sera considéré comme traître et passé par les armes [2]... » Clarke, ministre de la guerre, renouvelait cette invitation le 7 mars [3], et le 18 février l'Empereur écrivait de nouveau à Marmont : « Je reçois votre « lettre du 1er février, j'approuve tout ce que vous avez fait relativement « au Sénat de Raguse, mais ce qu'il y a de mieux, c'est que vous envoyiez « en surveillance à Venise ou à Milan dix des principaux meneurs, afin de « préserver ces malheureux d'excès qui pourraient les conduire à l'écha- « faud [4]. »

Les nobles ragusains reçurent communication de ces ordres et ces- sèrent toute agitation patente, mais ils ne renoncèrent pas à leurs espé- rances, ainsi que nous aurons à le voir dans la suite de cette histoire.

Au mois de mars 1808, Marmont apprit que l'Empereur, pour lui donner une marque éclatante de distinction, l'avait compris dans une pro- motion d'officiers généraux qui recevaient le titre de duc; et, tandis que

Marmont créé duc de Raguse.

1. R. P., 1808, 18 mars. Rapports Clauzel et Garagnin. | 2. Marmont, Mémoires, l. XI. Corresp., p. 161. | 3. *Ibid.* | 4. *Ibid.*

pour plusieurs, comme pour Soult, créé duc de Dalmatie, le titre n'avait aucune relation avec les services antérieurs, Marmont, devenu duc de Raguse, comprit que l'Empereur voulait récompenser le pacificateur de la Dalmatie, le vainqueur de Castelnuovo et le conquérant de Raguse. Peut-être ce dernier titre de gloire est-il celui duquel Marmont tenait le moins à se vanter : en fait, dans ses Mémoires [1], il commet un singulier anachronisme en racontant que c'est à la fin de 1807 qu'il fut fait duc, et par conséquent avant les évènements que nous venons de raconter.

Est-ce un manque de mémoire, ou lui répugnait-il de rattacher le souvenir d'une haute récompense à celui d'une mission qu'il ne regardait pas comme un de ses plus grands titres de gloire ?

Organisation de Raguse. G. D. Garagnin fut nommé administrateur de Raguse et de Cattaro; entièrement indépendant du provéditeur, il relevait directement de Marmont.

Jamais Garagnin et Dandolo n'avaient pu s'entendre : celui-ci était autoritaire et celui-là indépendant; Garagnin, comme délégué à Spalato, avait fait preuve de qualités éminentes : sa prudence, sa clairvoyance, son calme, ses talents administratifs et peut-être l'animosité que Dandolo manifestait à son égard, le désignèrent à Marmont quand il fallut faire choix d'un homme sûr pour organiser et diriger la nouvelle administration de Raguse.

En ce moment, Garagnin était en mission extraordinaire à Makarska, pour ramener un peu d'ordre dans ce malheureux district au lendemain de l'insurrection dont le délégué Beros avait été l'un des chefs. Ce n'est donc que le 14 mars que Garagnin prit possession de son nouveau poste [2], et aussitôt arrivé, il se mit à l'œuvre pour préparer le règlement organique qui fut promulgué par arrêté du 30 mai 1808 [3].

Cet arrêté réglait l'organisation administrative, judiciaire et financière du pays.

Le territoire était divisé en trois districts : Raguse, Stagno et les îles ; les huit principales communes recevaient le droit d'élire un maire; des juges de paix étaient établis aux trois chefs-lieux, et les tribunaux de première instance et d'appel institués à Raguse se composaient par moitié de nobles et de bourgeois.

Les rentes des fondations pieuses, se montant à 15.290 ducats [4], étaient respectées, mais devaient être administrées par une commission de bienfaisance. Le collège, transformé en lycée (le lycée Marmont), était laissé

---

1. Marmont, Mémoires, l. X, p. 70. | 2. R. P., 1808, mars. | 3. R. P., 1808, juin. | 4. Le ducat valait environ 11 francs.

sous la direction des Pères des écoles pies et recevait une dotation de 14.000 ducats de rente, à prendre sur les fonds des couvents supprimés.

Raguse avait un conseil de 18 membres (6 nobles, 6 bourgeois et 6 plébéiens), un podestà, ou maire, et ses quatre adjoints [1]; la municipalité recevait une dotation de 8.000 ducats de rente.

Les finances publiques, bien qu'éprouvées par les derniers évènements, étaient encore florissantes ; des capitaux considérables étaient déposés à Vienne et dans diverses banques d'Italie ; on aurait leurs revenus pour suppléer à l'insuffisance du produit des douanes qu'il fallait prévoir pour tout le temps que durerait encore la guerre maritime.

La flotte anglaise avait, en effet, paru sur le littoral dalmate dès le départ des Russes, en 1807, et avait commencé à faire la chasse aux bâtiments de commerce. Au printemps de 1808, la flotte de Gantheaume arriva à Corfou ; elle se composait de vingt-trois navires, auxquels se joignirent un vaisseau et quatre frégates provenant de la marine vénitienne et qui venaient de sortir de l'arsenal de Venise [2]. Les Anglais dans l'Adriatique.

Un moment, les Anglais durent laisser les communications libres, mais, la flotte française ayant regagné le bassin occidental de la Méditerranée, ils reprirent bientôt leurs courses, protégeant les allées et venues d'une flotte de contrebandiers et de corsaires qui venaient se ravitailler à S. Pietro de'Nembi et à Lussin.

En juin 1808, une frégate anglaise engagea un combat assez vif avec une goëlette et deux bricks de la marine italienne. La goëlette put s'échapper, mais les bricks furent capturés [3]; cet échec ouvre la trop longue série des désastres maritimes que les Anglais feront subir aux flottes française et italienne de 1810 à 1812.

L'île de Lissa recevait souvent la visite des croiseurs anglais ; le journal du chanoine Doimi, cité déjà plus haut, signale, en 1807 et 1808, le passage du vaisseau *Magnificent*, des frégates *Unity* et *Amphion*, des corvettes *Aichhorn* et *Volage* [4], et de nombreux corsaires maltais.

Les Anglais se fournissaient à Lissa de vivres frais, et frappés de l'excellente situation de cette île, ils l'adoptèrent comme point de relâche ; c'est là que leurs bâtiments prirent l'habitude de venir se réparer et réparer leurs prises avant de les diriger sur Malte ; mais il n'y eut pas encore occupation proprement dite ; ce n'est que deux ans plus tard qu'ils y créeront

1. Le maire était le comte Sorgo, ancien ambassadeur à Paris ; les adjoints étaient deux nobles, Savino et Slatarich, et deux bourgeois, Trojani et Androvich. | 2. A. M.; Camp. 1808, BB⁴ pass. | 3. A. M., Camp. 1808, BB⁴ 172. | 4. Z. L., 1808, XVIII, 138; XX, 1038; XV, 12071.

une station permanente et un entrepôt qui donnera à l'île une extraordinaire, mais passagère prospérité.

Telle fut l'œuvre de Marmont pendant les quatre années qu'il passa en
Dalmatie : ce furent quatre années bien remplies. Guerre étrangère et
guerre civile, travaux publics, préparatifs militaires et négociations diplomatiques nous ont permis de voir dans le duc de Raguse le soldat, l'administrateur et l'homme d'État, et la rapidité avec laquelle les évènements se
succèdent le fait voir tour à tour et parfois en même temps exceller dans
chacun de ces emplois.

Il nous reste à voir la plus belle page de cette histoire : la campagne de
Croatie en 1809 ; nous allons l'étudier dans le prochain chapitre.

CHAPITRE VII

LA CAMPAGNE DE 1809

§ I. Préparatifs militaires ; forces des Français et des Autrichiens. — § II. Déclaration de guerre ; les Autrichiens prennent l'offensive ; combat de Kravni-Brod ; échec de Marmont ; révoltes en Dalmatie. — § III. Attaque de la Croatie autrichienne par les Bosniaques. — § IV. Marmont traverse la Croatie (14-28 mai 1809) et rejoint la grande armée. — § V. Invasion de la Dalmatie par les Autrichiens ; siège de Zara. — § VI. La paix ; retraite des Autrichiens ; état de siège ; amnistie.

Le 14 janvier 1809, Napoléon écrivait de Valladolid au vice-roi d'Italie pour lui donner ses instructions en vue d'une guerre contre l'Autriche, et, le 27 janvier, le prince s'adressait à son tour au duc de Raguse pour lui indiquer ce qu'il avait à faire si la guerre éclatait [1].

§ I. Préparatifs de guerre.

L'armée de Dalmatie devait former deux divisions, de quatre régiments chacune, dont l'effectif était évalué à 16.000 hommes. Dans le cas où l'armée entrerait en Autriche, il fallait laisser en Dalmatie le moins de monde possible ; Zara, Raguse et les Bouches de Cattaro étaient les seuls points qui devaient être mis en état de défense ; pour les garder, il n'y avait qu'à laisser le bataillon italien à Cattaro, le bataillon dalmate et un bataillon français à Raguse, un autre bataillon à Zara, quelques artilleurs avec de bons officiers ; à ces éléments pourraient se joindre quelques bataillons de garde nationale. Il fallait pourvoir les places de huit mois de vivres et de munitions.

Forces des Français.

Marmont devait pouvoir se porter en avant à la tête de 16.000 hommes et attaquer, par son flanc gauche, l'armée autrichienne qui chercherait à défendre la ligne de l'Isonzo.

Le 14 mars, Marmont avait pris toutes ses dispositions ; il avait écrit à l'Empereur, dès le 5 février [2], pour rectifier certaines données que supposait établies la lettre du vice-roi : il n'avait pas 16.000 hommes à mettre en ligne ; ses effectifs au 1er janvier donnaient, il est vrai, 18.180 hommes, mais de ce nombre il fallait déduire le bataillon italien, le bataillon dalmate, un bataillon français de 1.500 hommes pour Cattaro et un autre de même force pour Raguse, 400 artilleurs, les officiers d'administration, l'état-major ; il lui restait donc tout au plus 13.000 hommes et en déduisant les malades et les indisponibles, 12.000 environ. Le vice-roi avait supposé

1. Marmont, Mémoires, l. XI. Correspondance. | 2. A. G., février 1809.

qu'on pourrait notablement réduire l'effectif des deux bataillons français parce qu'il comptait sur la garde nationale, et Marmont disait que tout ce qu'il pouvait espérer des gardes nationaux et pandours, c'est qu'ils ne passeraient pas à l'ennemi.

Marmont expose ensuite les mesures qu'il a prises pour assurer le transport des vivres et des munitions ; il a fait une levée de 2.000 petits chevaux du pays, et l'on a construit des caisses légères qu'on pourra charger sur ces animaux ; quand les provisions seront dépensées, les chevaux serviront au transport des blessés [1].

Outre les places indiquées dans les instructions qu'il avait reçues, Marmont avait mis en état de défense Knin, Klissa et le fort Saint-Nicolo. Le colonel d'artillerie Mangin devait commander à Cattaro, le général Deviau à Raguse et le général Poitevin de Maureillan à Zara.

L'armée était réunie dans le quadrilatère Obrovac, Knin, Benkovac, Dernis, gardant le cours de la Zermanja et menaçant les cols qui conduisent en Croatie ; le gros des troupes était à Ostrovica, au centre du quadrilatère.

Forces des Autrichiens

De leur côté, les Autrichiens étaient sous les armes en Croatie [2]. Le général Stoissevich avait sous ses ordres 10.000 hommes, dont 4.000, il est vrai, faisant partie de la landwehr, étaient des vieillards et de tout jeunes gens, mal armés, mal équipés, mal instruits ; les derniers froids de l'hiver remplirent les hôpitaux de malades avant que les hostilités eussent commencé.

Marmont, dans ses Mémoires [3], attribue aux Autrichiens 25.000 hommes ; cette estimation est, comme on le voit, exagérée. Il dit qu'il avait devant lui 18 bataillons, 3 escadrons ; et, des documents autrichiens ayant une origine officielle [4], il résulte qu'il n'y avait sous les ordres de Stoissevich, au printemps 1809, que 2 bataillons de la Lika, 1 d'Ottochatz, 1 d'Ogulin, 2 du Banat, 4 de la Landwehr, 1 escadron de chevau-légers « Hohenlohe » et un de *Serezans*, cavaliers croates connus des soldats français sous le nom de *Manteaux rouges*.

Les Autrichiens étaient donc un peu moins nombreux que les Français,

1. Marmont, dans ses Mémoires (l. XII, p. 218), raconte que son convoi le suivit jusqu'au Danube : « Mes petits chevaux de bât donnèrent à mon corps d'armée une physionomie particulière quand il se trouva encadré dans la grande armée. Mes approvisionnements de guerre étaient si complets en partant de la Dalmatie, qu'après la campagne, après la bataille de Wagram et les deux combats de Znaïm, quand l'armistice fut conclu, il me restait encore des munitions apportées de Zara. » | 2. W. K., 1809, F. 13, n° 47. | 3. Marmont, Mémoires. l. XI. | 4. Vaniček, *Specialgeschichte der Militärgrenze*, t. IV, p. 123. — Schwicker, *Geschichte der Militärgrenze*, p. 291.

mais ils pouvaient compter sur le concours de la population de la Dalmatie; ils avaient formé un corps franc de 1.400 hommes avec tous les déserteurs passés en Croatie[1]; on y avait joint quelques bandes de brigands qui, sous l'œil tolérant des autorités autrichiennes, attaquaient, dépouillaient et égorgeaient les voyageurs, courriers et soldats isolés qui se rendaient d'Italie en Dalmatie par la voie de terre[2]; un des chefs de bande était le fameux Barzillo qui, après des exploits devenus légendaires, avait été pris, jugé, condamné à mort, gracié par Lauriston, et qui avait repris son métier avec plus d'audace que jamais.

Dans le pays même, les Autrichiens avaient une foule d'agents dévoués qui préparaient un soulèvement général[3]; d'un rapport du 29 janvier, adressé au Ministère de la guerre à Vienne, il suit que, déjà à cette époque, une vingtaine de Dalmates, *capovillas*, curés ou pandours, promettaient de réunir chacun cent volontaires, et dès lors ils recevaient un subside mensuel de 10 à 50 florins; on verra que tous s'efforcèrent de gagner honnêtement cet argent[4].

Enfin, dans les îles de Quarnero, les habitants n'attendirent pas la déclaration de guerre pour marquer leur hostilité envers la France; pendant la deuxième moitié du mois de mars, on enleva le gouvernail à tout navire chargé de provisions à destination de Zara[5].

C'est le 11 avril qu'on reçut la nouvelle des premières hostilités. Dandolo et Marmont lancèrent chacun une proclamation, le provéditeur dès le 15, le général le 23[6].

§ II. Déclaration de guerre.

Soldats, disait Marmont, voici trois ans que nous gémissons dans l'oisiveté; depuis trois ans, malgré nos ardents désirs, nous n'avons pu prendre part aux prodigieux faits d'armes qui ont émerveillé l'Europe.

Enfin, nos désirs sont exaucés: un vaste champ s'ouvre devant nous.

Une puissance que vous avez tant de fois vaincue ose reprendre les armes: de nouvelles victoires répondront à cette folle audace.

Soldats, nous endurerons de grandes fatigues et de grandes privations, mais vous les supporterez avec courage, parce que la constance avec laquelle vous les surmonterez n'est pas moins nécessaire que la valeur qui se déploie sur le champ de bataille. Vous serez dignes de vous-mêmes, dignes soldats du plus grand des empereurs.

Soldats, le grand Napoléon vous regarde: vous aurez part aux récompenses dont il aime à combler ses armées, parce qu'elles le méritent.

Soldats, nous nous mettrons bientôt en marche, et si nous nous élevons à la

1. W. K., 1809, F. 12, nos 46 et 47. | 2. R. D., 19 août, 7, 14 octobre 1808. | 3. Z. L., Arch. secr., 31 octobre 1808. | 4. W. K. F. 7, no 11. | 5. W. K., F. 2., nos 1, 3, 4, 7; F. 3, no 19. | 6. Z. C., Imprimés. — R. D., 21 avril (Proclamation de Dandolo). — 28 avril (Proclamation de Marmont).

hauteur de notre destin, nous formerons bientôt l'aile droite de la Grande Armée. Préparez-vous à combattre.

De mon quartier général d'Ostrovizza, le 23 avril 1809.

Les Autrichiens prennent l'offensive. Ce furent les Autrichiens qui prirent l'offensive dans les derniers jours d'avril. Le général Stoissevich, parti de Graĉac le 20, passa la frontière et s'établit le 26 à Priveĉ, point où la Zermanja fait un coude brusque, et, cessant de couler du nord au sud, prend la direction de l'est[1]; il y avait là un pont, Kravni-Brod, qui était la clef de la position et qui fut mis en état de défense.

Pendant ce mouvement du centre de l'armée autrichienne, les ailes avançaient rapidement; la gauche, sous le capitaine Gerstorf, partait de Drenovac, et par Golubić tournait la position de Knin pour se répandre dans la vallée de la Cetina; le 28 avril, Verlika fut surprise; la garnison se composait de pandours qui s'enfuirent en laissant leurs officiers aux mains de l'ennemi[2]. A droite, les Autrichiens sortirent par toutes les passes de la chaîne du Vellebit, le capitaine Novich sur Ervenik et Xegar, le major Slivarich sur Obrovac, le capitaine Bersich sur Starigrad[3]; et les trois attaques furent couronnées de succès; les deux rives de la Zermanja, de Kravni-Brod à la mer furent bientôt au pouvoir des Autrichiens; de Starigrad, ils passèrent à Castel Venier et poussèrent jusqu'à Islam un poste avancé qui menaçait les communications de Marmont avec Zara.

Le général en chef envoya la brigade Soyez pour dégager sa gauche, mais Soyez fut repoussé; le commandant Jardet, du 18e léger, s'étant engagé avec trois compagnies dans Obrovac, fut fait prisonnier avec plus de 200 hommes et le reste de la brigade se retira sur Ervenik. Le récit que Marmont donne de ce fait d'armes[4] se trouve contredit par l'examen des lieux et par le rapport adressé le 5 mai au ministre de la guerre par le chef d'état-major Delort[5].

Le mouvement fait par le général Soyez n'était d'ailleurs destiné qu'à détourner l'attention de l'ennemi; devant s'engager à travers la Croatie, Marmont devait s'attendre tôt ou tard à perdre ses communications avec Zara; il voulait, comme il nous l'apprend lui-même, diviser ses ennemis avant de frapper un grand coup sur la position de Kravni-Brod : la brigade Soyez fut donc ramenée en arrière après s'être montrée sur la Zermanja et alla occuper la droite de la ligne française.

1. Voir les cartes du théâtre de cette campagne, pl. VIII. | 2. Z. L., Arch. secr., 162. | 3. Z. L., *ibid*, 723. — W. K., F. 5, n. 69. | 4. Marmont, Mémoires, l. XI, p. 138. | 5. A. G., Rapport Delort, mai 1809. Nous allons faire de nombreux emprunts à ce rapport dans les pages qui vont suivre; nous avons aussi consulté avec profit les lettres adressées à sa famille par le lieutenant Sallantin, du 11e de ligne, qui prit part à tous ces combats. Nous devons communication de ces lettres au fils du lieutenant Sallantin, conseiller à la Cour de cassation.

Le 30 avril, toute l'armée de Marmont se porta en avant : pendant que lui-même dirigeait une attaque de front sur la position de Kravni-Brod, la brigade Soyez, gravissant les pentes du Debelo-Brdo, à la gauche des Autrichiens, cherchait à occuper le village de Bender, au pied du mont Kita, position qui n'était défendue que par trois compagnies; une fois maîtres de Bender, les Français prenaient à revers le pont et ses défenseurs.

Combat de Kravni-Brod : échec de Marmont.

L'attaque du pont fut extrêmement vive, mais les Autrichiens ne se laissèrent pas entamer. Marmont comptait sur le mouvement tournant de Soyez; s'il réussissait, les ennemis devaient abandonner précipitamment la position qu'ils défendaient avec tant d'acharnement, et s'ils ne se retiraient pas rapidement, ils étaient à sa discrétion. Mais le général Stoissevich avait été averti à temps de la manœuvre des Français et avait envoyé une colonne de ses meilleures troupes chargée d'attaquer par le flanc le général Soyez avançant à la tête de sa brigade. Le 11e et le 18e léger marchaient péniblement vers Bender sur un terrain extrêmement accidenté, en repoussant devant eux les trois compagnies autrichiennes qui reculaient en bon ordre, quand les mamelons de Velika Strana, situés à leur gauche, se couvrirent de tirailleurs autrichiens que suivaient deux colonnes, lesquelles, fondant sur les Français à la baïonnette, leur firent essuyer des pertes importantes et les obligèrent à reculer. Soyez, blessé, continua à diriger sa brigade et, revenu à la position de Debelo-Brdo d'où il était parti, il s'y établit solidement et arrêta la marche des Autrichiens qui menaçaient de tourner la division qui attaquait Kravni-Brod. Une tempête de pluie et de neige mit fin au combat; la journée n'avait pas été heureuse pour Marmont, et malgré toutes les explications qu'il donne dans ses Mémoires, il faut reconnaître qu'il avait voulu forcer le passage et ne put pas le forcer.

Cependant son échec était réparable, puisqu'il avait conservé toutes ses positions; il est probable que, dès les premiers jours de mai, il eût renouvelé son attaque, si le 30 avril au soir il n'avait appris que, le 16 avril, le prince Eugène s'était fait battre à Sacile par l'archiduc Jean. Dans ces conditions, Marmont, même vainqueur, ne pouvait songer à s'aventurer en Croatie pour tomber avec 10.000 hommes en plein pays ennemi, sans espoir de pouvoir rejoindre l'armée d'Italie. Il fallut donc suspendre les hostilités en attendant les nouvelles; l'armée française recula sur Kistanje, Dernis, Scardona et Zara [1] en conservant son avant-garde à Knin.

De leur côté, les Autrichiens retirèrent leurs postes avancés et se contentèrent d'occuper sérieusement le cours de la Zermanja; ils s'y trouvèrent dans une situation assez difficile : la neige tombée le 30 avril avait rendu impraticables les passes du Vellebit, les réquisitions françaises

1. Z. L., Arch. secr. 205. — W. K., F. 5, n. 17, 18.

avaient déjà enlevé tout ce qu'il y avait dans le pays de vivres et d'animaux ; ils furent donc privés de subsistances jusqu'à l'arrivée des convois qui arrivaient lentement de Gospić, arrêtés par le mauvais temps qu'avait amené ce dernier retour offensif de l'hiver. C'est à cette raison qu'il faut attribuer l'attitude de Stoissevich qui aurait pu, en profitant de la retraite des Français, marcher derrière eux et lancer ses colonnes à travers le pays prêt à se soulever.

Marmont, condamné à l'inaction, s'occupa à réprimer les premiers mouvements insurrectionnels qui s'étaient dessinés dès qu'on avait appris l'approche des Autrichiens. Le 60ᵉ de ligne fit une longue marche à travers l'intérieur pour faire rentrer dans l'ordre les villages insurgés ; le général chercha à réorganiser les pandours : au début de la guerre, il en avait formé deux bataillons, de 500 hommes chacun, dont l'un était cantonné à Dernis et l'autre à Verlika ; ce dernier n'avait opposé aucune résistance lorsque le capitaine Gerstorf avait paru à la tête d'un peloton de cavalerie ; les uns avaient passé à l'ennemi, les autres, après avoir pillé les caisses publiques, étaient allés à Dernis et avaient soulevé l'autre bataillon, et enfin, se dirigeant vers Sinj, avaient commencé à appeler le pays à la révolte : le 60ᵉ de ligne en ramena un certain nombre, et Marmont, après s'être contenté de les réprimander, leur accorda une amnistie et leur rendit leurs armes [1].

Dans le Quarnero, le lieutenant-colonel Peharnik prit possession de Veglia le 6 mai, de Cherso le 8, de Lussin le 9 ; il y avait à Lussin une petite garnison, d'une compagnie d'infanterie italienne, commandée par un capitaine ; après 24 heures de résistance, cette garnison se rendit à discrétion [2]. Arbe s'était soulevée dès le 2 mai, et les fonctionnaires avaient été invités à continuer à administrer l'île au nom de l'Autriche ; sur leur refus, on les avait mis en prison ; ils furent délivrés par les Autrichiens qui occupèrent l'île le 9 [3], Pago reçut les Autrichiens le 10, et le 11 il y eut un *Te Deum* solennel ; à raison de l'importance des salines, Pago reçut une garnison de 500 hommes [4].

Un des chefs de l'insurrection de Quarnero était un aventurier qui se faisait appeler le comte Mascarelli [5] ; c'était un personnage peu estimé des Autrichiens eux-mêmes, mais éminemment propre à la mission qu'il s'était donnée : revêtu d'un uniforme couvert de broderies et chamarré de décorations, il exhibait une commission de « chef de l'insurrection de Dalmatie et Albanie », et, par ses discours autant que par son costume, il faisait une grande impression sur les âmes simples des paysans et marins.

1. Z. L., F. XVI, 6006, 6896. — W. K., F. 5, n. 7. | 2. Z. L., Police, 220. | 3. Z. L., F. XVII. 10274, Arch. secr., 318. | 4. Z. L., Police, Dossier « Pago ». | 5. Z. L., Arch. secr., 258.

Mascarelli se disposait à propager l'insurrection dans l'archipel de Zara, quand il se laissa prendre par une canonnière française qui l'emmena à Zara [1]. Dandolo voulait le faire fusiller et le général de Maureillan eut beaucoup de peine à lui faire comprendre que les lois de la guerre ne le permettaient pas.

La prise de Mascarelli empêcha les Autrichiens de poursuivre leurs conquêtes dans les îles et d'exécuter un projet de débarquement dans le Primorje de Makarska; les Anglais arrivaient d'ailleurs et se chargeaient de bloquer la Dalmatie par mer.

Dans l'intérieur de la Dalmatie, en dépit des démonstrations militaires, les agents autrichiens circulaient librement, grâce à la complicité de la population. Le P. Dorotich put faire impunément une tournée en passant à Verlika, Sinj, Almissa, Makarska et Brazza, où il s'embarqua sur un navire anglais.

Toutes ces excitations à la révolte semblent légitimer les représailles que Marmont exerça en excitant contre les Autrichiens les Croates ottomans.

Lors du traité de Sistova (1791), l'Autriche avait restitué à la Porte les territoires occupés par ses troupes en Serbie, et en échange, elle avait obtenu une rectification de frontières en Croatie; la nouvelle ligne ne fut définitivement arrêtée que le 28 septembre 1799, dans la convention de Dubiča; les Autrichiens reçurent un peu moins de 50 kil. carrés, sur la rive droite de l'Unna, avec la forteresse de Czettin. Les Croates des régiments de la Lika, d'Ottochatz et de Sluin s'y installèrent et chassèrent les habitants, musulmans pour la plupart, qui se réfugièrent sur le territoire turc, en demandant vainement l'indemnité que le traité de Sistova avait prévue et mise à la charge du gouvernement ottoman.

§ III. Les Bosniaques attaquent l'Autriche.

La misère de ces émigrés avaient ému les begs bosniaques, et il fallait bien prévoir que ceux-ci profiteraient de la première occasion qui se présenterait pour reprendre Czettin et son territoire.

Cette occasion, la guerre de 1809 la fit naître; 100.000 hommes des régiments croates avaient été appelés sous les drapeaux et il ne restait plus dans les territoires militaires que les habitants incapables de porter les armes. D'après les conseils de Marmont, à qui le ministre avait prescrit « d'appeler l'attention des Autrichiens en Croatie », le consul de France en Bosnie, David, prépara un mouvement qui se produisit dans les derniers jours d'avril [2].

1. R. D., 16 juin. | 2. A. G., Dépêche de Marmont, du 4 mai.

« Les Croates ottomans, écrit David, ennemis de leurs voisins et tou-
« jours armés contre eux, ont envahi la Croatie autrichienne,.. Ils ont
« pris par escalade la forteresse de Czettin, et par surprise celle de Dres-
« nick. M. de Mittheiser (consul autrichien), ayant remarqué qu'un des
« principaux begs de la Croatie ottomane me venait voir souvent, me
« témoignait de l'amitié et recevait de moi de petits présents, en a conclu
« que les Français avaient payé les chefs de ce pays pour faire cette diver-
« sion ; mais les Croates ottomans n'avaient pas besoin de notre argent
« pour haïr les Autrichiens [1]. »

Les représentations que fit le consul d'Autriche au pacha de Travnik
n'eurent aucun succès ; le pacha, dévoué à la France, répondit qu'il
n'avait aucun moyen d'action, et pendant ce temps, il écrivait au consul
que 16.000 hommes s'étaient réunis près de Raguse sous le commandement de l'aga de Mostar, ennemi des Français, et que c'était lui qui les
avait empêchés d'entrer sur le territoire français [2].

Il est probable, en effet, qu'Ibrahim-Pacha avait désavoué l'aga, mais ce
qui avait agi plus efficacement encore, c'était la nouvelle des victoires de
Marmont et surtout celle des succès remportés par Napoléon sur le
Danube, succès qui ouvraient aux Français la route de Vienne et déterminaient la retraite de l'archiduc Jean. La défaite de Sacile était réparée,
le prince Eugène marchait sur Vienne et Marmont pouvait aller le
rejoindre.

§ IV. Tra-
versée de la
Croatie par
Marmont
(14-28 mai).

Depuis le 1ᵉʳ mai, le général Stoissevich n'avait pas quitté ses positions ;
ses forces s'étaient vues diminuées de deux bataillons qu'il avait fallu
envoyer en Croatie pour défendre la frontière ; de plus, beaucoup de soldats, sachant leurs foyers et leurs familles menacés, avaient déserté. Il est
vrai que, d'autre part, deux nouveaux bataillons étaient venus se joindre à la
petite armée ; cependant Stoissevich s'obstina à rester sur la défensive.
Une fois, cependant, le 8 mai, il s'était aventuré au delà de la Zermanja
pour surprendre le camp d'Ostrovica ; mais, après avoir marché toute la
nuit, il fut découragé par les rapports de son avant-garde et regagna ses
positions.

Le 11 mai, Marmont ayant appris que l'armée d'Italie se remettait en
marche, se décida à faire un nouvel effort pour s'ouvrir un passage. Le
14, il reprenait contact avec l'ennemi [3].

1. A. E., Turquie, 218, 6 mai. | 2. A. E., *ibid.*, 8, 16, 17 mai. | 3. Pour le récit de la
campagne qui va commencer, nous avons puisé dans les rapports de Marmont et du chef
d'état-major Delort, qui sont à Paris, aux Archives de la Guerre.

La division Clauzel était à droite, s'appuyant sur Knin, la division Montrichard à gauche, en face de la position de Kravni-Brod. Les Autrichiens se formèrent également en deux colonnes : une, établie dans les fortes positions situées au dessus de Kravni-Brod, soutiendrait le choc des assaillants ; l'autre, dispersée le long du cours inférieur de la Zermanja, attendrait la retraite des Français pour passer le fleuve, vers Ervenik, couper la ligne de communication avec Zara et repousser l'armée de Marmont vers la Dalmatie continentale où, avec l'aide des paysans insurgés, elle serait détruite ou obligée d'entrer sur le territoire ottoman.

Le 15 mai se passa en escarmouches : les adversaires se tâtaient : le 16, de grand matin, Clauzel se mit en marche, et le mouvement qui avait manqué le 30 avril réussit complètement ; après six heures de combat, la division Clauzel était maîtresse de toutes les hauteurs et la position de Kravni-Brod tombait ; ses défenseurs se retirèrent vers le haut de la vallée en laissant le passage de la rivière au général Montrichard. *Combat du mont Kita (16 mai).*

Le général Stoissevich, retenu du côté d'Ervenik par une attaque simulée, était revenu vers Kravni-Brod en entendant le canon ; il tomba au milieu de la division entière de Montrichard et fut pris par l'escadron du 24e régiment de chasseurs qui constituait à lui seul toute la cavalerie de l'armée de Dalmatie. Le 11e régiment de ligne, qui avait dressé une embuscade, prit d'un coup près de 500 Croates.

Rebrovich, colonel du régiment de la Lika, prit le commandement des forces autrichiennes et rétrograda par Pribudić sur Popina ; les détachements à qui la retraite était coupée se répandirent dans la vallée de la Zermanja pour profiter des passages du Vellebit et regagner la Croatie ; ceux de l'aile gauche traversèrent le territoire ottoman et rejoignirent le colonel Rebrovich à Gospić. Celui-ci, après avoir évacué Popina dans la nuit du 16 au 17, se retira sur Gračac, où il pensait pouvoir plus facilement se ravitailler ; l'avant-garde française le suivit à courte distance en enlevant tous les traînards. Rebrovich commettait une faute irréparable : on passe de la vallée de Zermanja dans celle de Gračac par un défilé dont la traversée ne dure pas moins de deux heures ; un ennemi moins démoralisé n'aurait pas hésité à défendre ce passage.

Le 17, l'armée française était devant Gračac : la route était barrée, à une heure de la ville, par une redoute appuyée sur un coude de la rivière. Marmont passa avec la division Clauzel par des sentiers de montagne qui l'amenèrent en arrière de la redoute, que ses défenseurs durent évacuer ; ils se retirèrent en bon ordre, faisant de fréquents retours offensifs sur la division Montrichard qui les suivait ; l'action, commencée à 4 heures, dura jusqu'à 11 heures du soir, grâce au clair de lune, et alors, vaincus par la fatigue et la faim, les Croates entrèrent dans la ville après avoir mis sept heures à *Combat de Gračac (17 mai).*

reculer de trois kilomètres. Dans ce combat, Marmont reçut une balle dans la poitrine, mais sa blessure était légère, et avant la fin de la lutte cet homme de fer remontait à cheval. Le colonel Minal, du 23ᵉ, reçut sept blessures, dont aucune n'était mortelle.

Le 18 au matin, Gračac, évacué pendant la nuit, fut occupé, et Marmont donna 48 heures de repos à ses troupes qui avaient marché et combattu pendant trois jours consécutifs; il fallait attendre le convoi et l'artillerie qui n'étaient encore qu'à Popina. De Gračac, Marmont renvoya en Dalmatie un bataillon du 60ᵉ qui l'avait suivi, et mit sous sa garde un long convoi de blessés et de prisonniers qui devait être conduit à Zara [1].

Le 20 mai, on se remit en route et, sans rencontrer d'autre résistance que celle des éclaireurs ennemis, on arriva à Medak, à moitié chemin entre Gračac et Gospić.

Ici, Monseigneur, dit le colonel Delort dans son rapport au ministre de la guerre, je dois entrer dans quelques détails sur la nature du pays, sur le terrain que nous avions à parcourir et sur les obstacles qui se présentaient à nous pour entrer à Gospich.

De Medak à Gospich, en suivant la grande route, il faut passer la Lika sur le pont de Bilaj, puis une autre rivière sans nom [2] qui passe au bas de la ville et va se jeter dans la Lika, puis une deuxième fois la Lika, à une lieue plus loin que Gospich pour arriver à Ottochatz. En laissant la Lika à gauche, et en évitant Gospich, on abandonne la grande route et on se jette dans un pays plat, traversé par la Plocze [3], rivière profonde, encaissée, sinueuse, qui tombe dans la Lika par la droite et qui a un pont au village de Barletta [4]. Votre Excellence a déjà pressenti que M. le Duc ne se hasarderait pas avec six pièces de campagne et trois de montagne à effectuer trois passages de rivière contre un ennemi renforcé la veille de deux bataillons du Banat et de toute la population armée du pays que nous avions parcouru, et disposant de dix-huit pièces de canons [5].

Bataille de Gospić (21 mai).

Le 21 mai, les Français quittèrent Medak et s'avancèrent vers le pont de Bilaj, feignant d'en vouloir forcer le passage; ce pont était défendu par deux batteries de quatre pièces; de plus, il était miné et derrière on voyait de fortes colonnes prêtes à charger. Quant au pont de Barlete, sur la Jadova, il était coupé. Le général Montrichard déploya ses troupes devant le pont de Bilaj, pendant que Clauzel envoyait des éclaireurs sur sa droite à la recherche d'un gué de la Jadova; ce gué fut trouvé, et Clauzel allait le franchir, quand, passant la Lika sur trois points à la fois, les Autrichiens se jetèrent sur la division Montrichard et l'attaquèrent avec fureur. Il fal-

Z. L., Arch. secr., 244, 276. | 2. Cette rivière s'appelle la *Novčiča*. | 3. Plocze, ou plutôt Poljice, est le nom de la plaine; la rivière est la *Jadova*. | 4. Barlete. | 5. Voir la carte (pl. vııı).

lut que Clauzel détachât d'une de ses brigades le 11e de ligne pour soutenir la droite de Montrichard qui faiblissait ; les Autrichiens furent enfin rejetés sur la rivière, mais seulement à 6 heures du soir ; le combat avait été des plus acharnés ; les deux généraux de brigade de la division Montrichard, Launay et Soyez étaient grièvement blessés, Soyez pour la deuxième fois depuis le commencement de la campagne. Pendant la nuit, Clauzel fit rétablir le pont de Barlete.

Ici, Monseigneur, dit Delort, j'oserai faire remarquer à Votre Excellence la position critique de M. le Duc ; l'ennemi avait été battu dans trois grandes affaires, mais son obstination à défendre chaque position rendait croyable ou plutôt vraisemblable l'arrivée prochaine du général Knesevich avec 10.000 hommes de renfort. L'ennemi perdait beaucoup de monde, mais chaque jour de retraite lui donnait tous les hommes du pays qu'il parcourait en se retirant. Il consommait tous les vivres ou les emmenait avec lui ; l'armée de M. le Duc vivait sur les huit jours de vivres portés dans le sac des soldats.

L'armée autrichienne évacuait ses blessés avec les transports du pays ; l'armée française avait à sa suite, ou plutôt au milieu d'elle, près de 800 blessés (?) portés en brancard. Si l'ennemi était résolu à tenir dans les positions qui lui restaient encore, nul doute que nous eussions été arrêtés dans notre marche et complètement détruits.

Marmont couronna la première partie de sa campagne par une manœuvre merveilleuse. Le 22 au matin, toute son armée passa la Jadova à Barlete, et semblant dédaigner Gospić, Marmont se dirigea dans la direction d'Ottočac ; les Autrichiens laissaient ainsi leur ennemi prendre les devants, se ravitailler à Ottočac, et à Ottočac s'ouvrait la route de Karlstadt où étaient les magasins de toute la région ; de plus, de Karlstadt, Marmont pouvait faire sa jonction avec les Turcs. Il fallait donc à tout prix empêcher Marmont d'arriver le premier à Ottočac, et sur la rive opposée de la Lika, on vit de longues colonnes sortir de la ville en cherchant à gagner les Français de vitesse. C'est ce que Marmont attendait : par un rapide mouvement de flanc, il se retourna sur Gospić, où il entra en faisant prisonniers un millier de Croates restés pour la garde de la ville. On trouva à Gospić des magasins abondamment pourvus, et le général français fut délivré du souci que donne la pensée d'avoir sous ses ordres 10.000 braves gens qui demain n'auront plus un morceau de pain à manger. On compléta les vivres pour huit jours, et on installa dans la ville les blessés les plus grièvement atteints, en les recommandant à l'humanité des autorités et de la population.

La situation de Marmont était meilleure que les jours précédents ; il était sorti du défilé qu'il avait suivi pendant huit jours, et devant lui s'ouvraient plusieurs routes ; pour les défendre toutes, les Autrichiens devaient

Prise de Gospić (22 mai).

Combat de Lesić (24 mai).

diviser leurs forces, et il suffisait qu'ils en laissassent une libre pour que les Français en profitassent.

Le 24, l'armée française se dirigea sur Lesić qu'elle occupa après une

Prise d'Ottočac (25 mai).

heure de combat; le jour suivant, elle entrait dans Ottočac; sans la lenteur inexcusable de Montrichard, tout le corps autrichien que Marmont avait devant lui devait mettre bas les armes; l'ennemi put s'échapper et

Entrée à Zengg (27 mai).

s'établit sur la route de Karlstadt, qu'il fallait protéger contre les Français; la route de Zengg n'était, au contraire, défendue que par quelques partisans; ce fut celle que prit Marmont : le 27, après deux jours de marche, il

Arrivée à Fiume (28 mai).

était dans cette ville, et le 28 à Fiume.

L'obstacle était surmonté, et en quatorze jours, après sept combats, Marmont trouvait ouverte devant lui la route qui lui permettait de faire sa jonction avec l'armée d'Italie. Il laissa à Fiume ses blessés, parmi lesquels les généraux Launay et Soyez, et se dirigea sur Laybach.

Marmont a réduit, les Autrichiens ont exagéré les pertes que l'armée de Dalmatie subit entre le 14 et le 28 mai. Les situations fournies au Ministère par chaque colonel[1] permettent de déterminer exactement le nombre des hommes mis hors de combat pendant ces quatorze jours.

Pertes des Français.

L'effectif des sept régiments d'infanterie et de l'escadron de chasseurs, ainsi que des détachements de l'artillerie et du génie, était, au 1er mai, de 11.517 hommes. De Gračać, 500 blessés furent envoyés à Zara, avec le bataillon du 60e. Il restait donc 11.000 hommes. — Le 1er juin, à Fiume, les effectifs donnent 9.664 présents sous les armes. L'armée de Dalmatie avait donc perdu 1.953 hommes : 163 tués, 311 prisonniers et 1.479 blessés, dont plus d'un mourut sans doute, qui restaient dans les hôpitaux de Zara, de Gospić et de Fiume.

C'est une perte de près du sixième de l'effectif; sur les sept généraux, cinq furent atteints, dont trois légèrement, par le feu de l'ennemi.

Marmont rejoint la grande armée.

A Laybach, l'armée de Dalmatie reçut des renforts importants, notamment de la cavalerie, dont elle était à peu près dépourvue; elle eut à livrer deux combats, l'un sur la Drave, l'autre à Graz, avant d'arriver à Vienne pour prendre une part, assez effacée il est vrai, à la bataille de Wagram; puis, mise en tête de l'armée, elle poursuivit les Autrichiens et contribua efficacement au succès des combats de Znaïm.

L'Empereur ne se montra avare ni d'éloges ni de récompenses envers les chefs de cette vaillante petite armée. Bertrand, Bachelu et Plauzonne furent faits généraux, et Marmont obtiendra enfin ce bâton de maréchal qu'il s'était promis de gagner à la pointe de son épée. De plus, l'Empereur

1. Aux Archives de la Guerre.

allait lui donner une nouvelle preuve de sa confiance en le faisant, après la paix, gouverneur général des provinces illyriennes.

Quel avait été le sort de la Dalmatie après le départ de Marmont? Derrière Marmont, le cercle s'était refermé, et la province, dégarnie de troupes, se voyait condamnée à une prochaine invasion.

§ V. Invasion de la Dalmatie par les Autrichiens.

Dans une lettre adressée le 13 juin au vice-roi, Dandolo se désespérait de cet abandon. « La Dalmatie est donc le rebut, la scorie de l'Empire ? Deux « mille hommes ne sont rien dans la grande armée et nous préserveraient « ici de désastres incalculables[1]. » Dandolo se trompait : deux mille hommes suffisent parfois pour décider le sort d'une bataille, et, vaincu sur le Danube, Napoléon eût dû de toute manière renoncer à la Dalmatie, tandis que ses victoires obligèrent les Autrichiens à sortir non seulement de la Dalmatie, mais de la Croatie et de la Carniole.

Dandolo, admirable administrateur en temps de paix, joua pendant la guerre un rôle assez ridicule. Comme certain personnage de la comédie italienne, il passe des rodomontades à la terreur panique, se répand en larmes et en imprécations, puis, quand tout est fini et bien fini, il sort de sa cachette en disant bien haut que le succès est le prix de sa bravoure.

Pendant la première période de la guerre, Dandolo commença par seconder fort utilement Marmont dans la réquisition de 2.000 bêtes de charge, et pour la levée de 1.000 pandours; il adressa même aux pandours plusieurs proclamations destinées à les électriser. Au fond, Dandolo en revenait toujours à son système, qui était qu'en temps de paix comme en temps de guerre, les pandours devaient constituer l'unique force armée de la Dalmatie; si donc les pandours s'enrôlaient volontiers et se battaient bien, Dandolo avait démontré la moitié de sa thèse. Nous savions déjà ce qu'il fallait attendre des pandours en temps de paix; nous avons vu qu'à l'apparition d'un peloton de cavaliers autrichiens, les 1.000 pandours s'insurgèrent, passèrent à l'ennemi, et, en dépit de toutes les amnisties, allèrent former un des corps de l'armée d'invasion.

Le 18 avril, la direction du génie demanda à la provéditure les fonds nécessaires pour achever les travaux de défense de Zara. On n'a pas oublié avec quelle activité, avec quel amour, Dandolo conduisait les finances dalmates dans les voies de l'équilibre budgétaire; rien ne pouvait le contrister plus qu'une demande d'argent : « J'exposai au général en chef l'impos- « sibilité où j'étais de fournir cette somme, et je lui demandai de créer « un gouvernement militaire qui saurait, par des expédients « solda-

1. Tullio Dandolo, *Ricordi.*

« tesques » (*sic*), trouver les fonds demandés[1]. » Marmont trouva la mesure prématurée, mais la proposition de Dandolo est à retenir et pourra lui être opposée quand il voudra protester contre l'établissement de l'état de siège.

Le 30 avril, Dandolo reçoit le premier la nouvelle de la défaite du prince Eugène à Sacile, et c'est lui qui en fait part à Marmont dans une lettre qui révèle un complet accablement moral ; il annonce que les Français ont perdu 20.000 hommes, que le régiment dalmate « est anéanti » ; il termine en disant : « Le quartier général est sur le Mincio, « mais à quoi bon, puisque nous n'avons plus d'armée d'Italie. » Voilà les exagérations dictées par la peur, mais voici la bravoure qui reparaît : « Le préfet d'Istrie a été massacré » (fausse nouvelle) ; « quant à moi, « dussé-je subir le même sort, je démasquerai les scélérats qui ne feignent « d'être attachés au gouvernement que pour le bouleverser. »

Le 5 mai, l'espoir lui revient : « Vive Napoléon! il vient de détruire « l'Autriche plus tôt que nous ne l'aurions cru ! »

Ces extraits, que nous pourrions multiplier indéfiniment[2], car, à cette époque, Dandolo a écrit un prodigieux nombre de lettres sur ce ton, montrent le phénomène singulier d'un homme positif et pratique, mais impressionnable au point que le sang-froid, le caractère, la dignité même, lui font absolument défaut dans les circonstances difficiles. Il convient cependant de dire que de telles circonstances étaient bien faites pour démoraliser les gens les plus calmes. Il n'y avait plus d'argent, les sels de Pago venaient d'être saisis par les Autrichiens, les douanes ne rendaient plus rien ; sur mer, les Anglais ; en Croatie, les Autrichiens, et, en Dalmatie, l'insurrection !

Cependant l'impression que firent coup sur coup les nouvelles de la victoire d'Eckmühl, de la retraite de l'archiduc Jean et du passage victorieux de Marmont à travers la Croatie amena une détente, et les menées insurrectionnelles semblèrent s'arrêter. Knesevich, donné comme successeur à Stoïssevich, avait à réorganiser complètement son armée que les désertions et les sept combats livrés à Marmont avaient réduite de moitié. Il se passa donc six semaines sans que la tranquillité fût troublée, sinon par quelques corsaires que Dandolo, dans ses proclamations, appelait des pirates, et les insurgés indigènes, que le proviso traitait de brigands et d'assassins. Un moment, Dandolo, voyant la garnison de Zara assister impassible à leurs allées et venues, alla trouver le général de Maureillan[3]

1. Lettre au vice-roi, citée par Tullio Dandolo. | 2. Voir notamment la série des proclamations de Dandolo dans le *Regio Dalmata* : 10 mai (*R. D.* du 12), 13 mai (*R. D.* du 19), 23 mai (*R. D.* du 26), 18 juin (*R. D.* du 23), 18 juillet (*R. D.* du 21), et les lettres publiées par Tullio Dandolo. | 3. Dandolo au vice-roi, 30 mai (Tullio Dandolo, *Ricordi*).

pour lui demander « 300 fusils et des balles » ; lui, Dandolo, formerait un corps franc, à la tête duquel il irait combattre les assassins ! Maureillan, qui doutait des aptitudes militaires du provéditeur, ne déféra pas à son désir ; il jugeait d'ailleurs imprudent de lancer ainsi dans le pays une troupe à laquelle les Autrichiens auraient pu contester la qualité de belligérants, et enfin, il avait des raisons pour craindre que le plus grand nombre des volontaires levés par Dandolo n'allassent grossir les rangs des insurgés.

Dandolo se montra très piqué du manque de confiance que lui montrait Maureillan[1] et dut se contenter d'inonder la province de proclamations ; il crut même à l'efficacité de cette arme : les Autrichiens n'avaient pas encore fait un pas, et le provéditeur en trouve la raison dans la sagesse des mesures qu'il a prises : « Ce qui me réconforte, écrit-il, c'est que je « puis dire que, sans troupes, sans forces, absolument abandonné, j'ai « ramené l'ordre dans cette province horriblement agitée aussi longtemps « qu'elle a été occupée militairement. »

Bientôt Dandolo en vint à se sentir rempli de l'esprit prophétique : le 8 juin, il écrit à Marmont : « *C'est un pressentiment intime qui, me rendant* « *prophète, me fait prédire que, le 28 juin, la puissance autrichienne sera* « *écrasée[2] !* »

La confiance que sa vision de l'avenir inspirait à Dandolo ne fut pas de longue durée. Le 5 juillet, l'avant-garde autrichienne se montrait sur tous les points du cours de la Zermanja. Le 13, Knesevich quittait Gračac, poussant ses têtes de colonnes jusqu'à Palanka, près de Kravni-Brod. La cavalerie s'avança en reconnaissant le pays jusqu'à Kistanje sans rencontrer un seul soldat français. Cette disparition complète de l'ennemi inquiéta fort le général autrichien qui, redoutant quelque piège, n'avança qu'avec une extrême prudence. Le 19, il porta son quartier général à Kravni-Brod[3], d'où il envoya 3.000 hommes investir Knin : on essaya même d'un siège, mais, avec des canons de montagne, on ne pouvait rien contre une forteresse perchée sur un roc inaccessible ; on dut se contenter de la bloquer[4].

Blocus de Knin.

Le 20 juillet, Knesevich marcha sur Ostrovica et ensuite sur Demonico. A l'annonce de l'approche des Autrichiens, l'insurrection reprenait ; le 17 juillet, Scardona se prononça en faveur de l'Autriche ; le major Hrabowsky s'y rendit de Knin, y entra le 21 juillet, et, à la place des fonctionnaires français qui s'étaient retirés à Sebenico, il nomma un gou-

---

1. Dandolo au min. de l'intérieur Aldini, 10 juin (*Ibid.*). | 2. Cette lettre, reproduite d'après la minute, est publiée par Tullio Dandolo, fils du provéditeur. le dernier qu'on puisse accuser d'être un mystificateur. | 3. W. K. F. 13, n. 47. | 4. Z. L., Arch. secr., 487.

vernement provisoire à la tête duquel il plaça le P. Dorotich, revêtu du
titre de commissaire général militaire[1].

Le même jour, 21, le capitaine Millenberg poussa jusqu'à Sebenico; la
compagnie laissée pour garder le fort San-Nicolo s'était établie sur les remparts de la ville et tira pendant deux heures en faisant subir aux assaillants
une perte d'une cinquantaine de tués ou blessés; vers le soir, les Autrichiens
entrèrent dans la place, grâce à la connivence des habitants, et les Français
se retirèrent au fort[2] dont le blocus fut confié aux volontaires dalmates
soutenus par une compagnie du régiment « Reisky[3]. »

· Le 30 juillet, les Autrichiens entrèrent à Traù, qui ne fut pas défendu,
et, à cette nouvelle, Spalato se souleva[4]; le 2 août, après un simulacre de
résistance fait par une partie de la garde nationale, Millenberg entra
triomphalement, à la tête d'une centaine de volontaires et de 47 soldats
du régiment « Reisky ». Les officiers français avaient pu se réfugier à Klissa.

Le 11 août, les Autrichiens se présentèrent devant Lesina; le commandant de place français fit savoir à l'officier qui les conduisait qu'un armistice, signé à Znaïm, ordonnait la cessation des hostilités, et, voyant que
l'ennemi ne tenait pas compte de cette communication, il l'appuya de
quelques coups de canon; les Autrichiens se retirèrent. Le 15 août, la
population célébra avec enthousiasme la fête de l'empereur Napoléon;
mais, par un curieux revirement, elle se souleva le lendemain et arbora
le drapeau autrichien; toute l'île fit cause commune avec les insurgés, et
le délégué dut lui-même substituer le drapeau autrichien au drapeau italien
pour ne pas être massacré. La ville de Lesina fut occupée, le 19, par les
paysans, qui pillèrent les maisons des partisans de la France; dans celle
de l'abbé Bonicelli, inspecteur du culte, on brûla la riche bibliothèque que
lui avait laissée son oncle, le savant Mgr Stratico, dernier évêque de
Lesina[5]. Ces scènes de pillage durèrent trois jours et ne furent arrêtées
que par l'arrivée d'un navire autrichien.

Dans l'intérieur, tout le pays, de Verlika à Sinj, s'était soulevé le jour
où les Autrichiens avaient passé la frontière. A Sinj, l'énergie du podestà
et du juge de paix Cattalinich empêcha les mécontents d'agir, et le flot
insurrectionnel s'arrêta là pour le moment. La Poglizza et le Primorje de
Makarska s'insurgèrent le 25 juillet. Le général Deviau fit alors sortir de
Raguse 150 hommes du 60e de ligne et autant de pandours dont la seule
apparition fit cesser les manifestations séditieuses. Le capitaine Guyard,
qui commandait cette petite troupe, crut pouvoir s'avancer jusqu'à Spalato;

1. Z. L., Arch. secr., 454, 464. | 2. Z. L., Rapport général sur l'insurrection. —
Arch. secr., n. 439. — F. XVII 10.143. | 3. W. K. F. 13, n. 47. | 4. Z. L., Rapport
général l. c. d'où sont tirés presque tous les détails qui vont suivre. (V. p. 328.) | 5. Z. L.
F. XIV, 2.338.

il appela à lui les pandours d'Imoski et de Duare, et un détachement de la garde nationale de Sinj, et dès que sa colonne arriva en vue de Spalato, les insurgés l'évacuèrent. Mais, le surlendemain, ils reparurent avec quelques centaines de paysans armés; Guyard, dont presque tous les pandours avaient déserté, se retira à Klissa, d'où il envoya la garde nationale de Sinj faire une reconnaissance dans la vallée de la Cetina; cette opération fut malheureuse : les gardes nationaux furent surpris et dispersés; le 13 août, Guyard fut bloqué dans Klissa, et Sinj occupé, le 14, par les insurgés[1]. Les partisans assez nombreux que la France avait à Sinj durent fuir pour échapper à la fureur des paysans : les uns allèrent rejoindre le capitaine Guyard à Klissa, les autres passèrent en Bosnie où le consul s'occupa de leur procurer un asile[2].

Enfin, au milieu de tous ces désordres, les nobles ragusains reprirent leurs intrigues[3]. L'aga de Mostar, gagné par eux, publia un faux ordre du pacha ordonnant une levée contre les Monténégrins, et, une fois à la tête de quelques milliers d'hommes, il se faisait fort d'entrer à Raguse, quand le pacha de Travnik, complètement dévoué à la France, désavoua l'aga, licencia les troupes qu'il avait réunies, et fit alors seulement part au consul du danger que Raguse avait couru[4].

Pendant que les envahisseurs se répandaient jusqu'à Sinj et Spalato, le général Knesevich entreprenait le siège de Zara[5]. Siège de Zara.

Nous avons laissé les avant-postes autrichiens à Benkovac, le 23 juillet; ce jour-là, l'ennemi s'avança jusqu'à Demonico et prit un convoi de 60 bœufs avec les hommes qui cherchaient à le faire entrer dans Zara. Le 24, la ville fut mise en état de siège et, le 25, plusieurs sorties furent faites pour retarder l'investissement. Le 26, se présenta un parlementaire « qui somma le général de Maureillan de rendre la place, lui donnant « l'assurance que la garnison serait traitée favorablement, et qu'en cas de « refus, après le troisième coup de canon tiré, on ne recevrait plus de « proposition et que la garnison serait passée au fil de l'épée. » « M. le « Gouverneur répondit au parlementaire qu'il ne pouvait acquiescer à « une pareille demande sans se déshonorer aussi bien que la garnison; « que la menace... etc. ferait redoubler d'ardeur au soldat, et que, quand « même le gouverneur le voudrait, la garnison l'en empêcherait[6]. » Le parlementaire se retira et les hostilités continuèrent le 26 et le 27. La flot-

1. W. K. F. 13, n. 11. | 2. A. E., Turquie 219; 21, 24, 26 août, 12 septembre. | 3. A. E., ibid., 9, 11, 12, 30 août, 12 septembre. | 4. A. E., Turquie 219, 11 août. | 5. A. G., Rapport de ce qui est arrivé devant Zara, depuis le mois de juillet jusqu'au 18 août 1809, faisant connaître les évènements qui se sont succédé avant et après que l'armée autrichienne eut bloqué la même place. | 6. A. G., Mémoire cité plus haut.

tille italienne, composée de six grosses canonnières et de six barques armées, cherchait à maintenir libre le canal de Zara, dans lequel aucun bâtiment ennemi ne s'était montré depuis un mois.

Le 28, un nouveau parlementaire autrichien se présenta et annonça la conclusion d'un armistice; il fut convenu que les hostilités cesseraient de part et d'autre et que le lendemain on arrêterait les termes d'une convention. Pendant que cette convention se discutait, la flottille autrichienne arriva; elle se composait d'une dizaine de petits bâtiments et commença à capturer les barques qui, à la nouvelle de l'armistice, apportaient à Zara des vivres et du vin. On fit savoir au commandant de la flottille que l'armistice était signé, mais celui-ci répondit qu'étant sous les ordres du comodore anglais, commandant les forces britanniques, il n'avait pas à *Armistice.* tenir compte d'un armistice auquel les Anglais n'avaient pas adhéré; il y eut donc un engagement assez vif entre les Autrichiens et la flottille italienne, qui était sortie pour reprendre les prises faites par l'ennemi; deux *trabacoli* furent ramenés dans le port de Zara. Le lendemain 30, le commandant de la flottille adhéra à l'armistice. Il était stipulé dans la convention particulière signée entre Maureillan et Knesevich que Zara, Knin, Klissa et San-Nicolo seraient ravitaillés de cinq en cinq jours, que les Autrichiens ne dépasseraient pas le cours de la Cetina et ramèneraient en arrière de cette rivière les corps de partisans qui opéraient au delà de Sinj.

De nombreuses contestations se produisirent au sujet de l'exécution de cet armistice : nous avons vu qu'au mépris des conventions, les Autrichiens occupèrent Sinj le 14 août et Lesina le 19; cela fut connu à Zara à la fin du mois et de vives réclamations s'élevèrent; de plus, quand, le 28 juillet, le parlementaire avait proposé d'arrêter les bases d'une convention, il avait affirmé que déjà les Autrichiens occupaient Traù et Spalato, et l'on sait que ces villes ne furent occupées l'une que le 30 juillet, l'autre que le 2 août; Dandolo releva ce dernier point dans un article paru le 18 août dans le *Regio Dalmata*, et il le fit dans les termes les plus violents. Knesevich crut devoir adresser à Maureillan une protestation, et, visant toute la série des articles de Dandolo à l'adresse de ses soldats[1], il réclama notamment contre l'appellation de *chefs de brigands et d'assassins* que le provéditeur ne cessait d'appliquer à ses officiers; il ajoutait que, si les Autrichiens étaient entrés à Sinj le 14, c'est que le 9, le capitaine Guyard était entré à Spalato, ce qui n'était pas moins contraire à la convention : on n'avait fait que repousser une attaque faite en violation de l'armistice. Knesevich reconnaissait enfin que Spalato n'eût pas dû être occupé la

1. R. D., 5, 12, 19 mai, 16, 23 juin, 7, 21 juillet, 11, 18 août 1809.

première fois que le capitaine Millenberg y était entré ; il promit que cet officier serait puni et fit remettre en liberté vingt-quatre soldats français qui avaient été pris à Spalato et à Salone, le 2 août.

L'armistice fut employé par Maureillan à compléter les travaux de défense de Zara, par Knesevich à organiser les volontaires qui se présentaient en foule à son camp. Le colonel, Danese, qui était rentré en Dalmatie à la suite des Autrichiens, divisa les volontaires en 18 centuries, donnant un effectif de 2.160 hommes ; on forma de plus une centurie de cavalerie et deux compagnies de canonniers, qui se chargèrent de défendre Sebenico et Spalato. L'armée régulière fut complétée par l'arrivée de quelques escadrons de hussards, et enfin un matériel de siège fut expédié de Porto-Re et de Carlopago[1].

Pendant que Knesevich enrégimentait une partie des insurgés, les autres continuaient leur marche en avant. La Poglizza, qui s'était calmée à l'apparition du capitaine Guyard, rentra en insurrection quand celui-ci fut enfermé dans Klissa ; Almissa, Duare, Imoski reçurent les insurgés, et Makarska se vit entourée de bandes menaçantes. La compagnie d'infanterie, qui y était de garnison, se voyant hors d'état de résister à des milliers d'agresseurs, s'embarqua, le 11 octobre, pour rentrer à Raguse ; mais une tempête jeta les navires sur la côte de Lesina où ils faillirent faire naufrage ; les habitants de l'île s'étaient rangés sur le rivage et saluaient les bâtiments français par une fusillade continuelle, pendant que des embarcations armées cherchaient à leur couper la retraite. C'est à grand'peine que les Français purent échapper à tant de périls réunis[2].

Les insurgés entrèrent le 17 octobre à Makarska ; en sorte que les Français n'eurent plus, au nord de la Narenta, que quatre places où ils étaient strictement bloqués.

C'est le 4 novembre que les Autrichiens apprirent que la paix était signée depuis le 14 octobre. Le traité de Schönbrünn restituait à la France la Dalmatie et lui cédait la Croatie, l'Istrie autrichienne, Trieste, la Carniole et un certain nombre de cantons de la Carinthie, de la Styrie et du Tyrol. §VI. Traité de Schönbrünn.

Les Autrichiens, qui avaient remporté en Dalmatie des avantages continuels, étaient exaspérés de recevoir l'ordre de battre en retraite ; quant aux Dalmates, ils se voyaient livrés aux vengeances du vainqueur et leur désespoir ne connut pas de bornes. Ils conjurèrent Knesevich de rester avec eux et de continuer la guerre ; sur le refus du général, ils le menacèrent de tourner leurs armes contre lui, et enfin, comprenant que la lutte ne pouvait se prolonger, ils se dispersèrent dans les provinces turques ou passèrent à bord des bâtiments anglais.

Knesevich crut cependant prudent de rester dans le pays jusqu'à l'arrivée des régiments français; c'était le seul moyen d'empêcher une insurrection analogue à celle de Cattaro en 1806[1]. Ce n'est que dans les derniers jours de novembre que Kneseyich put emmener sa petite armée[2] qui, si elle avait peu souffert du feu de l'ennemi, avait été décimée par des maladies épidémiques et des fièvres paludéennes contractées en campant sans abri dans des localités malsaines, à l'époque la plus chaude de l'année. L'autorité française reçut à Nona le soin de 300 malades, qui ne pouvaient encore suivre la retraite de leur corps[3].

Retraite des Autri-chiens.

Les Anglais n'avaient pris qu'une part très restreinte aux opérations; ils s'étaient contentés de s'établir à Lissa, et, encore cette fois, l'occupation ne fut-elle que temporaire; leurs vaisseaux et leurs corsaires venaient seulement y relâcher et y entreposer des munitions ou des marchandises de contrebande.

Une seule fois, le 1er décembre, la corvette la *Volage*, poursuivant un navire de commerce, entra derrière lui dans le port de Spalato, et ouvrit le feu tant contre le navire que contre la ville. La garde nationale prit les armes, et voulant faire oublier aux Français toutes ses infidélités passées, attaqua l'Anglais avec bravoure. Deux canons du bâtiment marchand furent descendus à terre et mis en batterie dans une position si dangereuse pour la corvette que celle-ci abandonna son ancre et prit le large avec d'assez fortes avaries. L'ancre fut relevée et gardée comme un trophée; quand les Anglais s'emparèrent de Spalato en 1813, on offrit de leur restituer cette ancre, mais le comodore Hoste répondit que les Spalatins devaient la garder, qu'en attaquant leur ville le commandant de la *Volage* avait violé les instructions qui lui prescrivaient de respecter le littoral et, à plus forte raison une ville ouverte, et qu'en rentrant à Malte on l'avait traduit devant une commission militaire et privé de son commandement[4].

L'état de siège.

La retraite des Autrichiens et le retour des Français, ramenés par les généraux Clauzel et Bertrand, rétablirent complètement le calme en Dalmatie et mirent fin à toutes les manifestations insurrectionnelles. En attendant la mise en vigueur des lois du nouveau gouvernement des provinces illyriennes, dont la Dalmatie devait faire partie, l'état de siège, proclamé à Zara, le 24 juillet, fut étendu, le 5 novembre, à toute la province, et le général de Maureillan fut nommé gouverneur par intérim.

1. W. K. F. 18, n. 24. | 2. W. K., F. 13, n. 26, a. | 3. Z. L., 1809, Police, 854, 1810, *ibid.*, 143. | 4. Cattalinich, *o. c.* p. 152.

Dandolo protesta contre l'établissement de l'état de siège : il y voyait
une mesure arbitraire menaçant les Dalmates d'une répression violente et
le privant, lui provéditeur, de toute autorité ; il contesta donc la légitimité
de la mesure qui, après la guerre terminée, faisait passer le pays sous l'autorité
militaire ; il écrit dans ce sens à Maureillan, le 6 novembre, au vice-roi,
le 8[1]. Tant qu'avait duré la guerre, il s'était borné à remplir les colonnes
de son journal de philippiques à l'adresse des Autrichiens ; après la cessation des hostilités, c'est contre Maureillan que se tourna son besoin de
haïr, qui est, chez bien des gens, une manifestation de la faculté affective ; il
ne comprit pas ou ne voulut pas comprendre que l'institution du gouvernement illyrien rompait tout lien entre la Dalmatie et le royaume d'Italie, que,
par conséquent, sa mission allait prendre fin, et que l'état de siège, établi
par Marmont, devait seulement faciliter la transition. Le 6 novembre, il
signifie à Maureillan qu'il reste en fonctions, et la raison qu'il en donne,
c'est que le décret du 14 octobre, créant les provinces illyriennes, ne parle
d'aucune modification à l'administration de la Dalmatie ; « donc, jusqu'à ce
« que S. M., qui m'en a chargé, annonce par de nouveaux décrets des
« dispositions nouvelles, je poursuivrai mon service. »

Dans sa lettre du 8 novembre au vice-roi, il conclut ainsi : « Voici
« comment, en employant des voies détournées, par le ministère de
« subalternes, au nom de nécessités imaginaires, l'envie me dépossède de
« l'administration civile de la Dalmatie au profit du gouvernement mili-
« taire. »

Maureillan, en vertu des pouvoirs que lui conférait le décret créant l'état
de siège, avait nommé une commission civile, chargée d'assurer, sous son
contrôle et sa responsabilité, le fonctionnement des services administratifs ; cette commission se composait des cinq chefs de division de la provéditure ; c'était, en fait, la provéditure, sans le provéditeur. Dandolo vit
dans cette mesure une manœuvre dirigée contre sa personne, et, le
14 novembre, il écrit de nouveau au vice-roi pour lui donner connaissance
de la lettre qu'il adresse le même jour à Maureillan[2].

« Monsieur, vous avez créé une commission composée de fonction-
« naires, qui tous sont mes subalternes, à part l'officier qui les préside ;
« cette commission m'adresse cinq lettres pour me demander communi-
« cation des instructions que le gouvernement italien m'a données au
« sujet des hommes et des choses de Dalmatie.

« Je vous préviens que je n'ai aucune réponse à faire à ces demandes,
« ni aux demandes analogues que pourrait me faire cette commission.
« On n'a qu'à s'en rapporter au texte des règlements.

1. Tullio Dandolo, *Ricordi*. | 2. Tullio Dandolo, *Ricordi*.

« Sur ce, et vu l'attitude prise par la commission, je vous signifie, Monsieur
« le Baron, que mon intention est de ne plus correspondre avec vous. »

Jusqu'en janvier 1810, Dandolo, qui avait tant de fois jeté sa démission
à la tête de l'Empereur et du vice-roi, se cramponne à son titre de provéditeur, et encore que sa nomination de sénateur[1] ait dû lui faire comprendre que ses pouvoirs avaient pris fin, il écrit au ministre d'État
Aldini, président du Sénat italien[2], des lettres furibondes où il dénonce
avec amertume les persécutions dont il se croit victime.

L'amnistie.
La répression redoutée par Dandolo fut cependant aussi bénigne que
possible. Si l'on avait voulu poursuivre tous les coupables, c'est la population presque tout entière qu'il aurait fallu faire passer en jugement.
Marmont ordonna donc à Maureillan de proclamer une amnistie générale,
ce qui fut fait le 10 novembre[3].

En étaient exceptés un certain nombre d'individus, presque tous en
fuite, qui, à raison de faits d'une gravité exceptionnelle, devaient comparaître devant une cour martiale. De plus, les fonctionnaires qui avaient
eu la faiblesse de continuer leurs fonctions au nom de l'empereur d'Autriche, furent destitués.

Une enquête préalable avait été faite au mois d'octobre pour savoir
quels étaient les individus les plus compromis. Cette enquête avait été
conduite avec une grande dextérité : des commissions parcoururent tout
le pays, avant même que l'évacuation fût achevée, pour évaluer les dégâts
causés par la guerre et recevoir les demandes d'indemnités. Il est assez
facile d'avoir des renseignements en s'adressant à des gens à qui l'on
promet de l'argent; les commissions surent donc exactement quels
désordres avaient été commis, et le nom des individus qu'on accusait d'en
être les auteurs[4].

La cour martiale se réunit à Sebenico, du 22 mars au 1er avril 1810,
sous la présidence du colonel Mihal, du 23e de ligne. Elle aboutit à vingt-
deux condamnations dont sept à mort, et dix-sept prévenus furent condamnés par contumace.

La ville de Scardona, qui avait donné le signal de la révolte, fut condamnée à être détruite de fond en comble, puis on l'autorisa à se racheter
moyennant une amende de 100.000 francs.

Aucun des condamnés à mort ne fut exécuté et, à l'occasion du mariage
de Napoléon avec Marie-Louise, presque tous les Dalmates qui subis-

1. Décret du 10 octobre 1809. | 2. Tullio Dandolo, *Ricordi*. | 3. Z. L., Commissaire
général, 1809-1810, n. 1374. | 4. Z. L., 1809, F. II, rub. 12, n. 32. Toute cette enquête
forme un énorme dossier, dont le résumé en 80 pages in-f° a servi à rétablir l'ordre des
faits exposés plus haut.

saient une peine, à Cattaro ou en France, obtinrent une commutation ou même une grâce complète.

Il faut dire que ces mesures de clémence étaient justifiées par l'attitude repentante des Dalmates. La crainte d'abord, puis la reconnaissance, empêchèrent, pendant quelques mois, tout retour de l'esprit insurrectionnel. Quand les régiments revinrent dans leurs anciennes garnisons, la population leur fit fête ; on eût cru que jamais les Dalmates n'avaient oublié leurs devoirs de fidélité.

Mais ces démonstrations étaient-elles sincères ? Fallait-il croire que les Dalmates acceptaient enfin, sans arrière-pensée, la domination de Napoléon ? Pouvait-on espérer que le pays, entrant docilement dans les intentions de son souverain, allait accepter enfin la civilisation et le progrès ?

C'est ce que nous aurons à étudier dans la troisième partie de cette histoire.

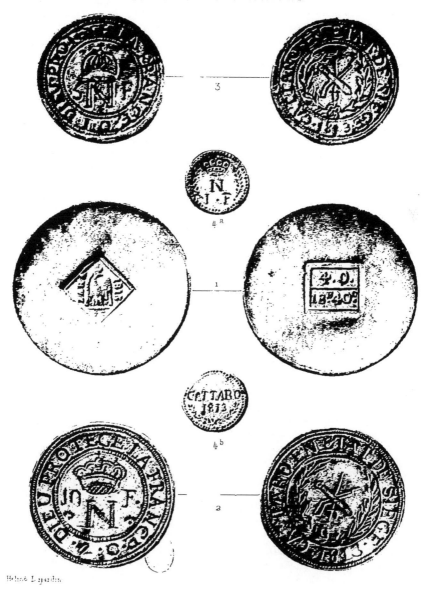

1. Zara   2. 3. 4. Cattaro

TROISIÈME PARTIE

CHAPITRE Ier

LES PROVINCES ILLYRIENNES
(1810-1813)

§ I. Marmont créé maréchal et gouverneur des provinces illyriennes. — § II. La Dalmatie en 1810. Départ de Dandolo. — § III. Organisation provisoire; le mémoire Garagnin. — § IV. Députation illyrienne à Paris. — § V. Le général Bertrand, gouverneur général. Les fonctionnaires; le rapport Pellenc; le *Télégraphe officiel*. — § VI. Junot. — § VII. Fouché.

Napoléon avait suivi attentivement les mouvements de Marmont, depuis son départ de Zara jusqu'à son arrivée dans l'île Lobau : il avait admiré les beaux faits d'armes de sa petite armée, et si, quelquefois, dans le courant de juin 1809 (19, 25 et 28), il lui écrit ou lui fait écrire par son major général des lettres où il lui reproche brutalement ses fautes[1], il faut s'en prendre surtout à la hâte qu'il avait de se voir rejoint par tous ses contingents avant de livrer la bataille décisive du 4 juillet.

§ I. Marmont créé maréchal.

Huit jours après Wagram, l'armistice était signé à Znaïm (12 juillet). L'armée de Dalmatie s'était couverte de gloire : Napoléon en fit venir le chef, et, après avoir commenté avec lui les évènements militaires des jours précédents, « il entra, dit Marmont[2], dans le détail de ma campagne de « Croatie; s'occupant à en faire la critique, il me demanda le motif « de mes diverses opérations.... Ses conclusions m'étaient favorables, et « mes réponses le satisfaisaient, mais il semblait prendre à tâche de me « trouver en faute, et de le chercher avec ardeur. Ma conversation, en me « promenant avec lui devant sa tente, dura plus de deux heures et demie. « Il y rentra pour travailler avec Berthier. »

Marmont quitta l'Empereur mécontent et inquiet; il était en train de faire la confidence de ce long examen qu'il venait de subir au général Delort, son chef d'état-major, quand un aide de camp du major général entra et lui remit sa nomination de maréchal d'Empire.

Quelques jours après, la paix n'était pas encore signée; l'Empereur eut encore une conversation avec le nouveau maréchal; il lui parla des provinces qu'il avait l'intention de se faire céder par l'Autriche, et c'est alors qu'il lui fit connaître le vaste projet dont il préparait l'exécution : entre

1. Marmont, Mém. L. XII. Correspondance. | 2. Marmont L. XII. P. 254.

Marmont
gouverneur
des provin-
ces illyrien-
nes.
l'Italie et les Pays Autrichiens, il comptait former avec toutes les provinces slaves de son empire une principauté jouissant d'une certaine autonomie : ce serait une position avancée du côté de l'ennemi, une frontière toute militaire, comme l'étaient au moyen âge les margraviats, et il ajouta en riant : « Et c'est vous qui serez le margrave! »

Cette communication flatta singulièrement Marmont dont l'ambition et la vanité allaient se trouver largement satisfaites. Vice-roi d'Illyrie! Aussi bien il ne devait être ni le premier ni le dernier des généraux de Napoléon qui aurait à échanger pour un sceptre son bâton de maréchal, et tout devait dépendre de la manière dont l'Empereur voudrait étendre ou limiter les pouvoirs du gouverneur de ses nouvelles provinces illyriennes.

Une organisation provisoire avait été établie dès le jour du traité de Schönbrünn, et un haut fonctionnaire civil avait été envoyé à Laybach, la nouvelle capitale, avec le titre d'*intendant général*. Il était trop tôt, d'ailleurs, pour songer à règlementer l'administration d'un pays qui était encore parcouru par les armées et soumis à l'autorité militaire.

Le 2 novembre, le prince Eugène se contenta d'ordonner, de son quartier général de Villach, que tous les anciens fonctionnaires et employés autrichiens resteraient provisoirement chargés des services publics, et qu'ils prêteraient serment à l'Empereur des Français, le premier dimanche de décembre 1809 [1].

§ II. La
Dalmatie en
1810.
En Dalmatie, on se demandait avec une certaine anxiété quel sort était réservé à la province; on ignorait si elle serait rattachée aux nouvelles conquêtes de Napoléon ou si elle continuerait à dépendre du royaume d'Italie. Le régime militaire de l'état de siège, proclamé depuis le 5 novembre, ne facilitait pas la diffusion des nouvelles.

Enfin, le 1er janvier 1810, le pays étant pacifié et rassuré, l'état de siège fut enfin levé; le général de Maureillan confia l'administration provisoire à un employé nommé Psalidi, lequel prit le titre de commissaire du gouvernement. Cette désignation offensa profondément le provéditeur Dandolo, qui avait espéré et cru, par conséquent, jusqu'au dernier moment, que ce serait à lui que le pouvoir serait remis; cédant à son orgueil froissé, Dandolo se jeta dans une folle campagne d'opposition et de dénigrement de parti pris; tous les mécontents s'étaient groupés autour de lui, et certains employés de la provéditure affectèrent de ne pas reconnaître la nouvelle administration; ce ne fut que le dernier jour du mois, quand ils se présentèrent pour toucher leur traitement, qu'on les invita à opter entre la soumission ou la retraite; ils se soumirent [2].

1. L. R., C. 32. | 2. Z. L., 1810, R. 7.

Quant à Dandolo, il s'était enfin résolu à partir; le 29 janvier, il quittait Zara, et la veille il avait remis solennellement au podestà quatre cahiers contenant les manuscrits autographes de ses rapports à l'Empereur; il déclara en faire don à la ville de Zara pour être déposés à perpétuité aux archives communales comme souvenir de ce qu'il avait fait pour la Dalmatie. Ces manuscrits ont été précieusement conservés; ils sont aujourd'hui à la bibliothèque Paravia. C'est le meilleur plaidoyer qui puisse être présenté en faveur d'un homme qui, sincèrement, voulut et chercha le bien, sans savoir toujours le trouver. Il y eut des côtés bien mesquins dans son caractère, comme il y en eut de très nobles. Il y a toujours des petitesses dans l'homme, même dans le grand homme [1].

Départ de Dandolo.

Marmont, rentré à Paris avec l'Empereur, reçut des instructions détaillées pour procéder sans retard à l'organisation de l'Illyrie. Provisoirement, l'Empereur l'investissait de pleins pouvoirs et lui donnait l'autorité souveraine; cette décision est formulée dans un décret du 25 décembre 1809 [2]. Quant aux mesures à prendre pour l'administration à donner aux Provinces, Marmont sentit, dès qu'il se mit à l'œuvre, combien il allait rencontrer de difficultés; en effet, la prétendue unité des Provinces illyriennes était abolument factice.

§ III. Organisation provisoire.

La nouvelle Illyrie s'étendait du nord au sud-est sur une étendue de 250 lieues [3]; ses frontières allaient du Tyrol au Pachalik de Scutari, et il s'en fallait de beaucoup que ses habitants fussent tous de même race : les Slaves, qui formaient l'immense majorité, appartenaient aux trois rameaux slovène, croate et dalmate; de plus, dans le Nord, plusieurs cantons pris au Tyrol et à la Carinthie étaient allemands; enfin, sur tout le littoral, de Trieste à Raguse, où la civilisation italienne avait laissé de fortes empreintes, la langue italienne était sinon celle du grand nombre, au moins celle de tout homme à qui son instruction pouvait donner quelque influence; ainsi, bien que les funestes divisions de races n'eussent pas encore éclaté, on les trouvait déjà partout en germe, et l'on allait en hâter inconsciemment l'éclosion.

Avant de se former une opinion définitive sur la nature des réformes à

1. Dandolo fut appelé, comme sénateur du royaume d'Italie, à remplir plusieurs missions délicates. En 1810, il fit partie de la députation qui assista au mariage de l'Empereur. La révolution de 1814 mit un moment sa vie en danger; il rentra dans la vie privée, se retira à Varese et y mourut, le 12 décembre 1819, âgé de 61 ans. Cf. Cav. Compagnoni, *Memorie storiche relative al conte Vincenzo Dandolo 1820*, et Math. Bonafous, *Éloge historique de Vincent Dandolo*, Paris, Bouchard-Huzard, 1840. (Pâle traduction de Compagnoni.) Cf. aussi Tullio Dandolo, *Ricordi*, 3, in-8° Assise, 1867-8. | 2. Décret de Trianon, n° 5162 *Bulletin des Lois*, t. 265, p. 85. | 3. Voir la carte IX.

introduire, Marmont voulut recourir à l'expérience d'hommes dont il avait pu naguère apprécier la sagesse et le sens politique. Un de ces conseillers était G.-L. Garagnin, frère de l'administrateur de Raguse. Dans un long et curieux mémoire du 4 décembre, Garagnin développe un projet complet d'organisation [1]. Selon Garagnin, l'Illyrie devait être divisée en neuf départements : 1° Isonzo, chef-lieu Goritz ; 2° Alpes Noriques, chef-lieu Villach ; 3° Sources de la Save, chef-lieu Laybach ; 4° Timavo, chef-lieu Trieste ; 5° Arsia, chef-lieu Fiume ; 6° Haute-Save, chef-lieu Karlstadt ; 7° Kerka, chef-lieu Zara ; 8° Cetina, chef-lieu Spalato ; 9° Narenta, chef-lieu Raguse.

Cette division était faite de manière à morceler les anciennes provinces, pour étouffer toute tendance particulariste ; la Carniole était répartie entre les cinq premiers départements avec des cantons de la Styrie, de la Carinthie, du Tyrol, du Frioul, de l'Istrie, le territoire de Trieste et celui d'un des six régiments croates ; un autre régiment et le littoral croate contribuaient à former le département de la Kerka avec l'antique Liburnie ; enfin, l'ancien État de Raguse était associé avec l'Albanie vénitienne au sud, l'île de Curzola et la vallée de la Narenta au nord, ce qui juxtaposait aux 40.000 Ragusains 40.000 autres administrés étrangers aux préjugés qui avaient régné dans la ci-devant République. Comme population, les neuf départements avaient presque tous un peu plus de 200.000 habitants ; les trois derniers seulement, ceux qui étaient formés par la Dalmatie, ne devaient avoir respectivement que 140, 148 et 80 mille habitants, mais cette division était imposée par la conformation du territoire.

Un autre moyen que Garagnin jugeait devoir être très efficace pour l'assimilation rapide des Illyriens était la suppression des régiments-frontière, dont l'existence lui semblait un défi jeté aux idées modernes. Pour Garagnin, les Croates enrégimentés aux frontières étaient « des malheureux qui, en échange de l'usufruit de maigres champs, se soumettaient à perpétuité à la tyrannie du militarisme, eux, leurs femmes et leurs descendants » ; il était urgent de faire de « ces victimes du despotisme » des citoyens libres, payant librement à la patrie l'impôt du produit de leur travail et l'impôt de leur sang. Cette mesure revenait à renouveler, en Croatie, l'œuvre du décret du 4 septembre 1806, abolissant la loi agraire

---

1. Nous devons un souvenir particulier de gratitude au comte Fanfogna et à ses fils, les comtes G.-L. et G.-D. de Fanfogna-Garagnin de Traù, qui, après nous avoir autorisé à faire des recherches dans leurs précieuses archives de famille, ont pris la peine de copier pour nous quelques-unes des pièces les plus importantes ; nous devons aussi des remerciements à M. l'abbé Sillobricich, qui les a assistés dans cette ingrate besogne. Il est aisé de travailler sur des documents préparés par des hommes intelligents et instruits, mais il n'est pas donné à tout le monde d'avoir de tels collaborateurs !

des Vénitiens. Nous verrons que ce projet ne devait pas recevoir de l'Empereur un accueil très favorable.

L'organisation surannée des régiments-frontière devait faire place à celle d'une garde nationale comprenant tous les hommes capables de porter les armes; nombreuse et bien instruite, elle donnerait facilement des détachements actifs pour remplir les fonctions des anciens pandours qu'il convenait de supprimer, afin de mettre un terme aux abus de pouvoir dont ils ne cessaient de se rendre coupables. Des escadrons de milice à cheval seraient chargés de tous les services qui demandaient de la mobilité, comme, par exemple, la surveillance constante de la frontière, et l'escorte des voitures de poste.

Garagnin a bien soin de ne pas faire remarquer que son projet implique l'abolition de la conscription et de l'enrôlement des Illyriens dans les troupes régulières, mais il insiste sur ce point qu'en cas d'invasion ou de péril pour l'État, on pourrait mettre en ligne de nombreux bataillons, dont on n'aurait pas eu à supporter l'entretien dispendieux pendant toute la durée de la paix; Garagnin ne semble pas se douter que ces troupes ne pourraient être ni instruites sérieusement, ni préparées aux fatigues de la guerre; cela suffira pour faire rejeter toute cette partie du projet; Marmont savait, en effet, que la volonté de l'Empereur était d'assujettir tous ses sujets à la loi du recrutement.

Nous devons passer sur les parties du rapport qui traitent de l'organisation du pouvoir central; nous laissons aussi de côté ce qui est dit de la police, des cultes, de l'instruction, des travaux, du commerce, de l'agriculture, de la bienfaisance, de la santé; si grande que soit l'expérience de l'auteur sur plusieurs de ces points, si sages que soient ses conclusions, nous n'y trouvons rien d'assez original pour être rapporté en détail; nous nous arrêterons seulement à deux points : l'organisation judiciaire et celle des finances.

Garagnin demande la création de deux cours d'appel, à raison de l'énormité des distances; il place dans chaque département un tribunal civil et criminel, ayant au dessous de lui les tribunaux inférieurs, de nombreux juges de paix à compétence très étendue. Aucun magistrat ne pouvait exercer ses fonctions dans le département d'où il était originaire, et, pendant dix ans, aucune des magistratures supérieures ne devait être confiée qu'à des Français ou peut-être à des Italiens. Réforme
judiciaire.

Cette organisation supposait la mise en activité du Code Napoléon, dont la promulgation intégrale devait précéder toute autre mesure : Garagnin ne faisait de réserves que contre la complication des procédures et l'élévation des frais de justice, et l'on sait que ces deux points sont, en effet, ceux sur lesquels on a, de tout temps, adressé le plus de critiques aux lois napoléoniennes.

Réforme financière.

Enfin le système financier de Garagnin était radical : il consistait à supprimer les anciens impôts, et à ne pas en établir de nouveaux; voici comment il l'entendait : on se contenterait pendant quelques années de développer les revenus des salines et des douanes, d'améliorer la gestion des biens du domaine, et d'établir avec soin un cadastre d'après lequel on pourrait, au bout de quelques années, établir un impôt foncier équitablement réparti; le pays profiterait de ces quelques années de répit pour retrouver la prospérité que la guerre lui avait fait perdre; en attendant, on ferait des économies, par exemple en confiant plusieurs emplois au même titulaire qui ne recevrait qu'un seul traitement.

Ces projets sont jugés irréalisables.

On trouve formulés habilement dans ce projet tous les *desiderata* du peuple dalmate; en somme, il revenait à exonérer le pays de la conscription et des impôts directs; mais, dans les conditions où la France créait les Provinces illyriennes, ces vœux se trouvaient en opposition absolue avec les volontés de l'Empereur, qui demandait beaucoup de soldats pour faire la guerre, et beaucoup d'argent pour entretenir ces soldats; le projet Garagnin était donc condamné, et la Dalmatie, au nom de qui il avait parlé, allait voir s'inaugurer pour elle un régime bien différent de celui qu'elle désirait.

Sort réservé à la Dalmatie.

Pendant quatre ans, on avait fait à la Dalmatie une position à part; pour elle on avait suspendu l'application des lois de l'Empire, on avait usé de concessions sans nombre, et, pour répondre à tous ces égards, les Dalmates avaient opposé une résistance sourde, mais invincible, à toutes les tentatives faites pour améliorer leur condition. Le temps des ménagements était passé, et, puisque la dictature paternelle des Marmont et des Dandolo ne les avait pas maintenus dans l'obéissance, c'était le droit commun qu'on allait leur appliquer, le droit commun avec sa rigidité parfois barbare, parfois absurde, et l'on essayerait des moyens de rigueur avec ces enfants réfractaires que la douceur n'avait pas réussi à assouplir.

Désormais l'histoire de Dalmatie n'existera plus; attachée comme un poids inutile à la remorque des provinces plus peuplées, plus riches et plus dociles du nord, elle suivra passivement; ses administrateurs ne seront plus des hommes de valeur s'ingéniant à lui faire porter sans fatigue le poids des charges publiques : on enverra dans ce pays ingrat des débutants inexpérimentés ou des commis à courte intelligence, qui chercheront à administrer la Dalmatie comme un département de Normandie ou de Bourgogne, et n'arriveront qu'à molester des populations dont ils n'auront pas même essayé de comprendre les misères et les besoins.

La première organisation des Provinces illyriennes fut toute provisoire, et demeura cependant en vigueur pendant plus d'un an : c'est une période de tâtonnements. De temps à autre, un arrêté du gouverneur général donnait une forme définitive à quelqu'un des services publics, mais tout restait sous l'autorité directe et absolue du maréchal, qui ne manquait pas d'inscrire, en tête de ses arrêtés, la formule : « En vertu des pouvoirs qui nous ont été concédés par le décret du 25 décembre 1809. »

Pendant une partie de l'année qu'il passa en Illyrie, Marmont entreprit de visiter tous les pays qu'il avait à gouverner; il eût désiré parcourir la Dalmatie, visiter Raguse, où il était certain de recevoir un accueil particulièrement enthousiaste, mais, retenu par la préparation de ses arrêtés organiques, il dut rester dans le Nord; il se contenta de recevoir à Trieste les députés que les provinces du Sud envoyaient à Paris. La députation avait pour président le préfet de l'Istrie, Cafalati, et comme vice-président, Mgr Ricci, coadjuteur de l'évêque de Laybach; chacun des régiments croates envoyait un délégué; Zara était représentée par Michel Spalatin, qui avait déjà une fois été envoyé à Paris, et qui venait de passer quatre ans dans les fonctions effacées de résident dalmate à Milan; Spalato envoyait l'avocat Bajamonti, qui, pendant l'invasion de 1809, avait montré une fidélité que les fonctionnaires eux-mêmes n'avaient pas su tous imiter : il était destiné à devenir président de la cour d'appel de Raguse, pendant que Spalatin irait comme premier président à Laybach[1]. Cattaro avait pour député un certain comte Zanovich, dont le nom a déjà été prononcé au cours de cette histoire[2]. La députation de Raguse se composait d'un noble et d'un bourgeois : le comte Giorgi, qui devait prendre les fonctions de recteur de la République le jour où l'ancienne constitution fut supprimée, et Androvich, partisan convaincu de la France, appelé par l'arrêté de Marmont, du 31 janvier 1808, aux fonctions de membre du tribunal suprême composé jusque-là exclusivement de sénateurs.

Les députés illyriens passèrent six mois à Paris (juin-décembre 1810); ils assistèrent aux fêtes du mariage de l'Empereur, et Cafalati eut la douleur de perdre sa femme et sa fille, victimes de l'incendie qui éclata pendant le bal du prince de Schwarzenberg; lui-même eut les deux pieds brûlés et demeura impotent toute sa vie. Les autres députés eurent la vie sauve, et rentrèrent en 1811, décorés qui de la Légion d'honneur, qui de la Couronne de Fer.

Mais ce ne fut pas uniquement en réceptions et en fêtes que les Illyriens

§ IV. Voyage de Marmont.

La députation illyrienne à Paris.

1. Décret imp. de Compiègne du 14 sept. 1811. | 2. Voy. 1re Partie, pages 45 et 69.

employèrent le temps de leur séjour à Paris. A diverses reprises, ils furent reçus par l'Empereur et par ses ministres, et ils eurent à donner leur sentiment sur l'organisation qu'on se préparait à imposer à leur pays.

Les officiers croates eurent de longues conférences avec les ministres de la guerre et de la justice. Le cadre de cette étude ne nous permet pas d'entrer dans quelques détails sur l'historique des régiments-frontière; il nous suffira de dire que plusieurs conseillers de l'Empereur opinaient pour la suppression de cette institution, et nous avons vu que Garagnin, dans le mémoire analysé plus haut, demandait qu'on fît disparaître ce qu'il appelait un legs du moyen âge, bien que l'organisation fût, à proprement parler, l'œuvre du prince Eugène de Savoie.

Marmont défendit au contraire ce qu'il appelait une pépinière de soldats. Dans ses lettres des 13 janvier, 6 février, 9 et 15 mai, 26 juin [1], il plaide sa cause avec autant d'énergie que d'adresse; il montre à l'Empereur combien peu de ressources lui donneront les autres provinces au point de vue du recrutement, et lui fait voir que les six régiments croates compenseront largement le déficit en mettant sur pied 20.000 hommes exercés le jour où éclatera une guerre. Mais, pour cela, il faudra laisser aux Croates toutes leurs institutions, la co-propriété familiale (*zadruga*) sur laquelle repose tout le système, les tribunaux militaires fonctionnant dans chaque compagnie, et l'exemption de tout impôt autre que les douze francs payés chaque année par le soldat pour l'entretien de son uniforme. L'Empereur entra si bien dans les vues du maréchal que non seulement il maintint intégralement l'organisation des Croates, mais songea même à créer deux régiments de plus en Dalmatie, avec Dernis et Imoski comme chefs-lieux; seulement les conditions n'étaient plus les mêmes qu'en Croatie: depuis le décret du 4 septembre 1806, les paysans étaient propriétaires de leurs terres; d'après le Code civil, ils devaient les partager à leurs héritiers par portions égales; ils pouvaient les vendre et quitter le pays s'ils trouvaient trop pesante l'obligation militaire: on dut donc s'en tenir pour la Dalmatie aux pandours et à la garde nationale.

§ V. Départ de Marmont remplacé par le général Bertrand. — Le décret d'organisation des Provinces illyriennes fut signé à Trianon, le 15 avril 1811. Nous consacrerons tout un chapitre à l'examen de cet important document; nous n'en signalerons ici que certaines conséquences, dont la plus grave est la retraite de Marmont.

Parti de Trieste le 25 janvier [2], pour passer en France un congé d'un mois, Marmont fut appelé à prendre part aux dernières discussions rela-

---

1. Marmont, Mémoires, L. XII, Correspondances. | 2. T. O., 26 janvier 1811.

tives à la rédaction du décret ; sa connaissance des lois et des mœurs du pays donnait un grand poids à son opinion. Mais, au dessus des points de détail, il y avait la question de principe sur laquelle l'opinion de l'Empereur était faite. Le décret renversait la brillante conception du « margraviat », État militaire gardant les frontières de l'Empire : l'esprit centralisateur et autocratique de Napoléon avait réduit l'Illyrie à n'être plus qu'un groupe de départements ; le gouverneur général en venait à être à peine au-dessus d'un préfet ; réduit à un métier d'employé, il relevait des ministres, était assisté de conseils, ne signait rien que sur la proposition de tel ou tel de ses subalternes. Enfin, à côté du gouverneur se dressait la personnalité encombrante de l'intendant général ; c'était la résurrection du dualisme, qui avait fait tant de mal à la Dalmatie pendant quatre ans. Marmont ne voulut donc pas occuper un poste qu'il ne jugeait pas digne d'un soldat ; il sollicita un commandement actif, reçut celui de l'armée de Portugal [1], et ce fut le général Bertrand qui fut chargé d'aller mettre en activité le décret du 15 avril [2].

Une autre perte que fit la Dalmatie, par suite de ce décret, fut celle de G.-D. Garagnin, administrateur de Raguse : ne pouvant accepter la situation diminuée qui lui était faite, Garagnin remplit cependant, pendant plus de six mois, les fonctions d'intendant provisoire ; puis, à l'arrivée de son successeur, il se retira dans sa famille, à Traù ; il fut appelé peu après à Laybach, comme membre de la commission de liquidation qui devait remplir des fonctions analogues à celles de la Cour des comptes.

Au reste, le nouveau gouvernement le vit avec satisfaction s'éloigner de Raguse : ce qu'on allait demander aux nouveaux intendants, ce n'était ni l'âge, ni l'autorité, ni la prudence, mais la docilité : il fallait adapter les lois françaises à un pays qui n'était pas à même de les comprendre, et cela il fallait le faire coûte que coûte, sans avoir égard aux considérations de temps et de personnes. Or, cette besogne ne pouvait être confiée qu'à

1. Marmont resta en Espagne jusqu'en 1813, il y fut malheureux et perdit la grande bataille des Arapilles, près de Salamanque. Commandant d'un corps d'armée en Saxe, il fit des prodiges de valeur à Lutzen, à Mœckern, à Hanau. On connaît son rôle lors de l'arrivée des alliés devant Paris, en 1814. Il se rallia à la monarchie des Bourbons, et quitta la France pendant les Cent-Jours. Louis XVIII et Charles X lui donnèrent de nombreuses marques de confiance. Après 1830, il dut s'expatrier, fit de longs voyages en Orient, et, après avoir vécu longtemps à Vienne, vint s'établir à Venise où il mourut en 1852.
2. Le général Bertrand, né à Châteauroux en 1773, sert dans la garde nationale, puis dans le génie ; Bonaparte l'attache à sa personne, jusqu'au jour où il l'envoie en Dalmatie. Nommé par un décret du 25 mars 1811, il arrive le 9 avril à Trieste. Après les événements de 1815, il fut l'un des fidèles qui furent autorisés à partager la captivité de Napoléon à Sainte-Hélène. Condamné à mort en 1816, il est gracié et réintégré dans les cadres en 1821 ; élu en 1830, député de l'Indre, il mourut en 1844.

des jeunes gens ne doutant de rien, et croyant qu'on mène les peuples
avec les principes qu'on vient d'apprendre à l'école. De plus, il fallait des
étrangers, qui ne fussent mêlés en rien aux coteries de caste ou de clocher.
C'est pourquoi les intendants des provinces illyriennes furent choisis dans
le corps des auditeurs au conseil d'Etat; plusieurs montrèrent de grands
talents; ils avaient de beaux noms, de la fortune, des connaissances
variées, et une certaine fatuité qui leur tenait provisoirement lieu d'expérience. Ils se mirent à l'œuvre avec une ardeur juvénile, et, certainement,
si l'Illyrie avait été capable de recevoir des institutions calquées sur celles
de la France, nul mieux qu'eux n'eût été apte à les lui adapter de gré ou
de force.

Ce que nous disons des intendants peut s'appliquer aussi à un certain
nombre de fonctionnaires français transplantés en Illyrie. Il faut cependant mettre à part deux catégories d'hommes : d'abord les fonctionnaires
d'une haute valeur, unissant les capacités professionnelles à l'élévation de
l'esprit, à l'intégrité et à la dignité des mœurs; ensuite les individus tarés
qu'on envoyait en disgrâce dans ces postes peu enviés, et qui se signalaient
par les scandales de leur vie, et souvent par les infidélités de leur gestion :
tel ce haut fonctionnaire des douanes, arrêté à Cattaro pour avoir favorisé
la contrebande; tel ce procureur général de Raguse, qui disparaît après
avoir détourné, en trois mois, une somme de 50.000 francs. Mais, malheureusement, pour les premiers, heureusement, pour les seconds, de tels
fonctionnaires étaient rares, et presque tous les employés français étaient
de braves gens, à idées mesquines, enfermés dans les règles d'une bureau-
cratie inintelligente, hors d'état de comprendre que les Provinces illyriennes étaient incapables de profiter et de se réjouir des bienfaits de l'administration parfaite, mais compliquée, dont on les avait dotées. Nous
aurons l'occasion de rencontrer sur notre chemin plusieurs de ces administrateurs, et nous trouverons sur la plupart d'entre eux de curieux renseignements, dans un rapport conservé aux Archives nationales[1], et dont
l'auteur, le conseiller Pellenc, avait reçu la mission de faire, dans l'été
1811, une enquête discrète sur l'organisation des services publics en
Illyrie[2].

Le rap-
port Pellenc.

Pellenc dessine d'un crayon alerte la physionomie de tous les employés

1. AF_{IV}. 1713. | 2. Pellenc, ancien secrétaire de Mirabeau, avait émigré; il rentra
en France en 1809; le long séjour qu'il avait fait à Vienne lui avait permis d'acquérir une
connaissance très approfondie des institutions autrichiennes, et la diplomatie impériale
eut fréquemment recours à ses lumières. De l'enquête, dont le dossier est conservé aux
Archives nationales, on peut conclure que Pellenc était un des meilleurs agents secrets
que la France ait jamais possédés à l'étranger. Plusieurs historiens voient au contraire en
Pellenc un émissaire autrichien; les deux situations ne sont pas incompatibles.

et personnages marquants, à commencer par les gouverneurs généraux : Marmont lui inspire une grande admiration : « On ne peut, dit-il, citer « aucun projet utile à ce pays, sans qu'on ne dise aussitôt qu'il l'a conçu, « préparé ou tenté. Il en aimait les habitants, il s'en est fait aimer, et sa « mémoire leur sera toujours chère. Il accordait un peu facilement sa con- « fiance, mais tout instrument devenait bon entre ses mains. » Ce qui avait contribué à faire chérir Marmont, c'était sa munificence ; brouillé avec sa femme, n'ayant pas d'enfants à pourvoir, il dépensait sans compter les larges revenus que lui donnait ses charges et sa dotation, et tout autour de lui on suivait son exemple. « Pour la première fois, dit Pellenc, Lay- « bach eut une cour ; outre son palais et ses fêtes, Marmont avait une « maison de campagne avec des terres et un grand parc, dans lequel il « employait une quantité de journaliers ; sa table était magnifique, il avait « de nombreux domestiques, cent chevaux et des meutes. » Le maréchal invitait à ses chasses l'aristocratie du pays et réconciliait insensiblement ceux qui semblaient devoir être les derniers à reconnaître les faits accom- plis.

Marmont et Bertrand.

Le général baron Bertrand n'avait ni le goût des munificences, ni les moyens de s'y livrer ; son traitement était sensiblement inférieur à celui de son prédécesseur, et ses goûts bourgeois lui inspiraient même quelque répulsion pour les cérémonies d'apparat : c'est ce que Pellenc insinue dis- crètement. Le maire de Laybach alla plus loin et lui reprocha d'avoir meublé sa résidence de Trieste au détriment du palais de Laybach, de telle façon que, lors du voyage du prince Eugène, on ne trouva ni draps, ni couvertures pour sa suite [1].

Néanmoins, Bertrand sut se faire aimer, et quand il partit, « tous « regrettèrent cet homme doux, affable, incapable, dit Pellenc, de com- « mettre une injustice. »

Heureux dans le choix des deux premiers gouverneurs, Napoléon avait été moins bien inspiré dans la nomination des intendants généraux de finances.

Dauchy, nommé le 14 octobre 1809, avait reçu, par le décret du 25 décembre, la mission d'exercer, sous l'autorité du gouverneur, tous les pouvoirs autres que ceux qui se rattachaient aux services de la guerre et de la justice, et son administration fut désastreuse. Il avait cependant de beaux états de services : en Piémont et en Toscane, il avait montré une grande capacité en réorganisant les finances de ces deux pays, et il avait été récompensé par le titre de conseiller d'État. Pellenc dit, avec de grands

Les inten- dants géné- raux.

1. L. C., F. XLVIII.

ménagements, que « l'âge l'avait affaibli » et qu'aux effets de l'âge se joignaient souvent ceux de l'ivresse, en sorte qu'il n'était « ni aimé, ni considéré ». Circonvenu par un secrétaire « arrogant, grossier, sans égard pour personne », il laissait tout aux mains de cet individu, et au grand préjudice du bien des provinces.

Lors de sa nomination, il avait cru que la Dalmatie et Raguse n'étaient pas comprises dans son intendance, et jamais il ne voulut traiter ces deux provinces sur le même pied que les autres ; jamais les instructions n'étaient envoyées, jamais les crédits n'étaient ouverts en temps utile. Ce fut l'époque la plus malheureuse pour la Dalmatie [1].

Enfin, Dauchy était, comme tant d'autres fonctionnaires civils, l'ennemi naturel des militaires, et Marmont crut un moment qu'il allait avoir un nouveau Dandolo à ses côtés. Dauchy lui déclara brutalement la guerre, menaça de destitution un intendant qui avait été trois fois dans une semaine chez le gouverneur général [2] ; mais il n'était ni aussi adroit, ni aussi honorable que Dandolo, et, le 10 juin, il recevait un successeur, le conseiller d'État baron de Belleville [3].

Succédant à un homme grossier et violent, Belleville fit d'abord la meilleure impression ; autant son prédécesseur était irascible, autant il était onctueux et prévenant ; c'était de plus un homme d'esprit, instruit et distingué. Mais il tomba dans les excès opposés à ceux qui avaient perdu son prédécesseur ; « doué d'une médiocre prudence, dit l'impitoyable Pel-
« lenc, il promettait tout par faiblesse et ne tenait rien par indécision. »
Ne voulant indisposer personne, il accordait sur toute requête des remises d'impôts, des délais de payement indéterminés, et les caisses étaient vides ;
« on ne pouvait payer personne, ni les fonctionnaires, ni les magistrats,
« ni les professeurs, ni même les modestes pensions des invalides.
« Enfin, disait-on, il était très mal entouré ; les subalternes indignes qui
« le dominaient le rendirent rapidement impopulaire : à la fin de son
« administration, il était haï généralement. »

Il rentra en France en août 1811 et remplit avec distinction la charge de directeur des postes.

Son successeur, le comte de Chabrol, n'était que maître des requêtes au Conseil d'État [4] ; la malignité de Pellenc voit en lui « un esprit plus sage
« et plus juste que profond et élevé » ; mais ce jugement, quoique mal

---

1. A. N., AFIv., 1713. Dossier Dauchy. | 2. *Ibidem.* Rapport du ministre de la guerre, duc de Feltre, à l'Empereur, 14 février. | 3. Décret de Saint-Cloud, n° 5551. *Bulletin des Lois*, t. 292, p. 467. | 4. André-Jean, comte de Chabrol de Crouzol, né à Riom en 1771, destiné à l'état ecclésiastique, fut emprisonné avec sa famille pendant la Terreur. Auditeur au Conseil d'État en l'an XI, puis maître des requêtes, il présida la Commission de liquidation des finances de Toscane. Nommé, en mars 1811, 3e président de chambre

fondé, n'est pas aussi défavorable qu'on pourrait le penser d'abord. Chabrol n'était pas un esprit à grandes théories; la phraséologie, l'idéologie odieuse à Napoléon, lui étaient inconnues; c'était un homme peut-être un peu terre à terre; mais admirablement propre aux fonctions qu'on lui avait confiées; Pellenc loue sa sagesse, son calme, sa modération; que fallait-il de plus pour surveiller attentivement les détails d'une administration en voie de formation, pour prendre chaque jour des décisions destinées à créer des précédents, à prévenir ou à trancher des conflits? Ajoutons que Chabrol avait quarante ans à peine et qu'il fut toujours modeste; jamais, même quand il eut à porter seul l'administration des sept provinces, nous ne le verrons se prévaloir de son titre d'intendant général pour obtenir l'obéissance; son bon sens, sa droiture suffisaient pour le faire respecter.

Une autre figure sympatique, mais plus austère, est celle du conseiller à la Cour de cassation Coffinhal, frère du conventionnel qui fut vice-président du tribunal révolutionnaire. Homme de robe, étranger aux passions politiques, Coffinhal fut, en qualité de *commissaire de justice*, investi de tous les pouvoirs judiciaires en Illyrie. « S'il était possible, dit Pellenc, qu'un « homme fut exempt d'erreurs et de passion, on dirait que c'est lui. » Séparé de sa femme, restée à Paris, et de son fils, capitaine de génie, Coffinhal vivait très retiré à Laybach, tout absorbé dans sa tâche d'organisateur de la justice; investi d'un pouvoir presque discrétionnaire, cet homme de bien, digne héritier des nobles traditions de la magistrature française, donna quelque uniformité aux législations disparates qu'il trouvait en Illyrie, et tant qu'il fut chargé des nominations dans la magistrature, il n'y entra que des hommes respectables et honorés. Il déplorait seulement que les nécessités budgétaires ne lui permissent pas d'attirer à lui des magistrats français dont la science eût suppléé à l'inexpérience des juges indigènes, trop souvent étrangers à la loi qu'ils devaient appliquer et interpréter.

Coffinhal partit en 1812 pour Rome, chargé d'une mission analogue à celle dont il s'était si honorablement acquitté à Laybach.

Nous avons vu Pellenc rendre justice au mérite de Coffinhal, et ce n'est pas une fois en passant que cet homme clairvoyant, mais un peu

Les fonctionnaires.

à la Cour de Paris, il part en août suivant pour l'Illyrie. Pendant la Restauration, il fut préfet du Rhône, directeur général de l'enregistrement en 1820, pair de France et ministre de la marine en 1824, ministre des finances dans le ministère Polignac en 1829. Démissionnaire en mai 1830, il se retire de la politique après la Révolution de juillet, et meurt en 1836. Son frère cadet, Chabrol de Volvic, prit part, comme ingénieur sortant de l'École polytechnique, à l'expédition d'Égypte, puis fut préfet de Napoléonville (Pontivy), préfet de Montenotte et préfet de la Seine de 1812 à 1830.

médisant, accorde des éloges. Voici quelques-unes des notes qu'il donne sur les principaux fonctionnaires :

« Le trésorier général Ferino, digne et excellent homme; tout le monde « s'en loue ». Il faut dire qu'il était chargé de payer, rôle dans lequel il est facile de se faire bien venir. Le receveur général, chargé de faire payer, était « détesté du public, mal vu des employés », d'ailleurs il s'occupait peu de son emploi; « il est toujours à la chasse, dit Pellenc; sa besogne « est bien faite par son secrétaire. »

« L'ordonnateur Aubernon est un homme de mérite; il n'y a que « des éloges à lui faire, ainsi qu'aux commissaires des guerres Burel et « Germain. » M. Delaville-Leroulx, directeur des tabacs, était « estimé »; M. d'Etilly, directeur des Postes, était « honnête et actif ». M. Lionnet, intendant du Trésor, « excellent homme de qui on ne saurait dire trop « de bien. » A M. Gallois, directeur de l'enregistrement, Pellenc reconnaît « de l'ordre, de l'activité, de la probité, et une science profonde ».

Plusieurs personnages de la société de Laybach ont aussi leur silhouette dans la galerie : le prince d'Auersperg, « grand seigneur, courtois et fidèle, » le baron Zoïs, « riche, savant et bienfaisant », le baron Codelli, maire de Laybach, « le Caton de l'Illyrie ».

Enfin, nous trouvons comme commissaire de la haute police, M. Toussaint, ancien chef d'escadron autrichien. Comment ce Français arriva-t-il à occuper un emploi élevé dans l'armée impériale ? Quels services lui valurent, après 1809, l'emploi qu'il occupait ? C'est un point sur lequel il n'est permis de faire que des conjectures.

A côté des hommes à qui Pellenc ne marchande pas les louanges, il s'en trouve beaucoup d'autres auxquels il reproche leur médiocrité, leur incapacité ou leur indignité; nous n'avons rien à en dire, ou bien nous aurons seulement à faire allusion, dans le chapitre suivant, aux fautes graves qu'ils ont commises et dont l'Illyrie a subi les conséquences.

Les journaux. Nous devons une mention au journal officiel du gouvernement de Laybach. L'arrêté instituant la censure avait ordonné qu'un journal serait publié par les soins de l'Intendance[1]; le 28 juillet 1810, un prospectus fut lancé pour annoncer la prochaine apparition du *Télégraphe officiel des provinces illyriennes*. Ce journal devait avoir quatre éditions, française, italienne, allemande et slave; il devait paraître deux fois par semaine et contenir, outre les actes publics, « toutes nouvelles qui pourront influer « sur l'esprit des lecteurs et sur les intérêts du commerce. »

On répète au public, disait ce prospectus, que les nouvelles de France rapportées dans ce *Télégraphe* auront le mérite extraordinaire de précéder de plu-

1. Marmont, Mémoires, t. XIV, p. 435.

sieurs jours l'arrivée du courrier ordinaire, par l'heureuse circonstance que cet
établissement nouveau, jouissant des auspices favorables de S. E. M. le Maréchal
d'Empire, duc de Raguse, gouverneur général des provinces illyriennes, recevra
directement de son illustre Mécène les nouvelles de France qui lui parviennent
tous les jours par une estafette, à huit jours de date de Paris, et c'est précisément cette rapidité qui autorise l'éditeur à nommer cette feuille un *Télégraphe*.

Le *Télégraphe* commença à paraître régulièrement le 3 octobre 1810; il
ne semble pas que l'édition slave ait jamais existé [1]. La rédaction de la
partie française fut confiée successivement à MM. Beaumes et Paris,
employés de l'Intendance; ce fut une simple feuille de nouvelles qui par-
tagea l'honneur des communications officielles avec l'*Osservatore Triestino*;
il ne faut pas essayer d'y trouver autre chose.

En 1813, le *Télégraphe* commence une vie nouvelle; un jeune écrivain
français, Charles Nodier, avait été envoyé en 1812 à Laybach [2], où il fut
nommé bibliothécaire de la ville, malgré une très vive opposition de la
municipalité; à ces fonctions se joignirent celles de directeur du *Télégraphe*;
dès lors, tous les articles, même les nouvelles les plus impudemment
fausses, prennent ce caractère aimable que donne une plume élégante, et
au milieu des arrêtés, des articles : « On nous écrit de Malte », ou « de
Copenhague », on trouve de charmantes variétés sur l'Illyrie, qui pro-
mettent à la France un écrivain célèbre.

Le général Bertrand avait voulu, aussitôt après son entrée en fonctions, *Tournée*
visiter les provinces de son Gouvernement, et telles étaient les distances, *de Bertrand*
qu'il lui fallut six mois pour achever sa tournée. Il commença par la *vinces.*
Carinthie et la Carniole, puis, après la fête de l'Empereur, partit pour
l'Istrie où sévissait encore le brigandage; un arrêté du 24 mars avait établi
une juridiction spéciale : une commission militaire, qui siégeait en perma-
nence; les individus pris les armes à la main par les colonnes de troupe
de ligne qui parcouraient le pays, étaient jugés sommairement et exécutés
sans délai; les cadavres des suppliciés devaient rester sur le lieu de l'exécution, sans qu'il fût permis de leur donner la sépulture; les villages où
les crimes avaient été commis étaient responsables pécuniairement. Il
fallut deux ans de ce régime pour rendre quelque sécurité à cette malheureuse province.

1. Il n'existe nulle part, croyons-nous, de collection complète du *Télégraphe*; le Musée
« Rudolphinum », de Laybach, n'en a que des numéros dépareillés; à la Bibliothèque du
Gymnase de la même ville, il manque trois numéros, et plusieurs fois le numéro français
qui manquait a été remplacé par le numéro de l'édition allemande. Voir sur ce journal
l'étude que nous avons publiée dans le *Bulletin critique* du 15 novembre 1888. | 2. L. C.,
6 juin 1812 : sa nomination; 6 janvier 1813 : son installation et tous les pourparlers qui
ont eu lieu entre ces deux dates, F. LXXIV.

De l'Istrie, Bertrand passa en Croatie et inspecta minutieusement les six régiments ; les officiers supérieurs ayant tous émigré en Autriche, un seul colonel, Slivarich (fait général en 1812), était indigène ; les autres étaient des officiers français ; français aussi ou dalmates, les adjudants-majors et quelques officiers subalternes ; d'où était né un certain mécontentement qu'il fallait calmer. Bertrand promit aux Croates que, dès qu'ils connaîtraient bien le nouveau service, dès que, suivant l'expression pittoresque de Marmont, ils auraient pris une « peau française », on les replacerait sous la conduite de leurs compatriotes.

Ce qui avait aussi mécontenté, c'est que chaque régiment avait dû mobiliser un bataillon, et que ces six bataillons avaient été envoyés fort loin : à Raguse, à Cattaro, à Goritz, à Palmanova. Bertrand leur fit comprendre qu'ainsi le voulait le métier de soldat[1].

En septembre, le Gouverneur entra en Dalmatie ; il visita chaque ville ; il arriva ainsi, le 28 octobre, à Raguse, d'où il alla passer quelques jours à Cattaro[2]. Il était accompagné de sa femme, qui fit bravement ce long voyage à cheval, les voitures ne pouvant encore circuler sur les routes au delà de Spalato[3]. Partout Bertrand fut fêté par les fonctionnaires et la fraction de la société qui s'était ralliée à la France, mais ses devoirs et ses goûts d'officier du génie le portaient surtout à aller inspecter en grand détail les travaux de défense qui se faisaient sur le littoral, et à passer en revue les compagnies de canonniers garde-côtes sur lesquels on comptait pour tenir à distance les croiseurs anglais.

La tournée de Bertrand prit fin avec l'automne de 1812 ; le 2 décembre, il rentrait à Trieste pour célébrer l'anniversaire d'Austerlitz qui était aussi celui du couronnement. Dès lors, il se consacra aux devoirs de son commandement ; mais, en 1813, une nouvelle charge lui fut imposée : l'organisation en Frioul d'une division de réserve qui, à la nouvelle des premiers désastres de Russie, devint une armée dans laquelle on incorpora tout ce qu'il y avait d'éléments disponibles en Italie et en Illyrie. Quand cette armée dut se mettre en campagne, Napoléon choisit Bertrand lui-

1. Les Croates eurent, par la suite, à aller beaucoup plus loin encore ; en 1812, chaque régiment dut fournir un bataillon, et les trois régiments de marche ainsi formés furent envoyés à Paris, où, pendant quelques jours, ils excitèrent la curiosité des badauds ; puis ils partirent pour la grande armée. Un des régiments resta en Prusse ; les deux autres arrivèrent à Moscou et prirent une part très honorable à plusieurs batailles : à la Moskova, un carré croate soutint très solidement plusieurs charges de cavalerie ; à Maloiaros-lavetzk, ils se battirent héroïquement sous les ordres du général Delzons, qui fut tué à à leur tête. | 2. R. P., 1811, octobre 3553. | 3. C'est en 1830 qu'on vit la première voiture à Raguse ; elle appartenait à un colonel, arrivé par mer ; à la première inspection des routes, il fit remiser sa calèche dans un hangar, où elle dormit pendant tout le séjour de son maître à Raguse.

même pour la conduire en Saxe, et désigna un autre général pour lui succéder dans les provinces illyriennes.

Ce général était Junot, duc d'Abrantès, qui, à la suite d'une grave blessure, se trouvait dans l'impossibilité, momentanée, espérait-on, de reprendre un service actif à la tête des armées. Junot arriva à Trieste le 25 mai et voulut, comme ses prédécesseurs, inaugurer son gouvernement par une inspection générale de toutes les provinces. Après avoir visité les régiments croates, il se rendit à Zara, mais là ses forces le trahirent, et, au lieu de pousser jusqu'à Cattaro, il rentra à Trieste. Atteint d'une maladie étrange, il prend en horreur le séjour de cette ville et harcelle l'Empereur de lettres pour lui demander la permission de quitter une résidence dont le climat lui est nuisible : c'est seulement à Goritz, dit-il, qu'il pourra se bien porter [1]. Puis les fâcheux symptômes s'accentuent : M. Séguier, consul de France à Trieste, écrit le 27 juin au vice-roi [2] : « M. le Duc, à la « suite d'une attaque d'apoplexie dont il a éprouvé le coup à Trieste, « n'est malheureusement plus reconnaissable. Il entre d'un moment à « l'autre dans des accès de violence des plus alarmants, sa tête n'est plus « à lui ; les accès passés, il tombe dans un abattement où il est incapable « de rien faire, même de signer... » En juillet, Junot eut une dernière crise ; il se promenait en voiture avec quelques officiers : tout à coup il monte sur le siège, et, quittant la route, il lance l'attelage sur les pentes escarpées qui mettent Trieste au fond d'un entonnoir. Heureusement la voiture se brisa avant d'arriver au fond de quelque précipice [3]. Dès lors, le délire du pauvre général fut continuel ; on dut le garotter, et dès les premiers jours de juillet on le renvoya en France sous l'escorte de la gendarmerie. Conduit dans sa famille, à Montbard, il mourut, le 29 juillet 1813, des suites d'une chute qu'il fit, en voulant s'échapper de la chambre où on le gardait enfermé [4].

Le général Danthouars prit, par intérim, les fonctions de gouverneur, en attendant l'arrivée du successeur de l'infortuné Junot.

§ VI. Junot gouverneur général.

1. A. G., Juin 1813. | 2. *Ibid.* | 3. Czcernig (Fr. von), *Geschichte der Triest Stäts-Kirchen und Germeine steuern*, Trieste, 1872. Kandler (P.), *Storia del Concilio de' Patrizi di Trieste*, Trieste, 1858. — Mainati, *Cronache istoriche sacro-profane di Trieste*, 7 vol., Venise, 1817-1822. | 4. Andoche Junot, né en 1771, partit comme volontaire en 1792 et se fit remarquer par sa valeur au siège de Toulon par Bonaparte, qui le prit comme aide de camp quand il partit pour l'Égypte. Général de division en 1801, gouverneur de Paris en 1804, ambassadeur à Lisbonne en 1805, il fut chargé, en 1807, du commandement de l'armée du Portugal, et après l'occupation de ce pays en devint gouverneur avec le titre de duc d'Abrantès. L'année suivante, il se laissa battre par Wellington à Vimeiro et dut signer la capitulation de Cintra, ce qui lui attira la disgrâce de l'Empereur. Il prit part cependant aux guerres d'Espagne et de Russie, et fut ensuite envoyé comme gouverneur général en Illyrie.

§ VII. Fouché gouverneur général.

Napoléon n'avait pas alors de militaire à immobiliser dans des fonctions administratives, mais, ayant sous la main le duc d'Otrante, il le nomma gouverneur de l'Illyrie, par décret donné à Dresde le 17 juillet 1813 [1]. Fouché quitta Dresde le surlendemain, 19, et, passant par Prague et Vienne, arriva le 29 juillet à Laybach.

La situation était critique ; les négociations de Prague étaient à la veille d'échouer ; une invasion était imminente ; cependant Fouché affecta de ne pas avoir l'air de s'en douter et entreprit de remettre un peu d'ordre dans l'administration désorganisée par la maladie de Junot. Assisté de M. Chassenon, ancien intendant à Goritz, comme secrétaire, et du général Fresia, commandant militaire, il se lance dans une correspondance fiévreuse avec tous les intendants qui jamais n'avaient reçu une pareille quantité de lettres, d'arrêtés, de circulaires et de questionnaires [2]. L'ancien ministre de la police ne pouvait pas négliger cette branche de l'administration, et pendant quelques semaines, la Carniole connut le régime de la loi des suspects. Enfin Fouché constata qu'en dépit de la mise en vigueur du Code pénal français, la cour de Laybach n'avait pas fait construire de guillotine, et il y avait à la prison un condamné à mort. On fit un marché avec un entrepreneur de transports pour faire venir de Capo d'Istria la funèbre machine qui avait servi lors de la répression du brigandage ; un volumineux dossier des archives de Laybach renferme toutes les pièces relatives à cette affaire [3]. La guillotine arriva enfin, mais les amis du condamné lui firent parvenir du poison, et, quand on vint le chercher pour l'exécution, il était mort.

Invasion des provinces illyriennes.

Pendant ce temps, les Autrichiens avaient passé la frontière ; le 19 août, ils entrent à Villach et le prince Eugène se retire sur Adelsberg ; le 22, Neustadt est occupé. Dans une lettre adressée au maire de Laybach et insérée dans le *Télégraphe*, Fouché déclare que, si l'ennemi ose avancer, il sera repoussé [4] ; mais le 26, il quitte Laybach pendant la nuit pour se retirer à Trieste. Cependant les troupes françaises opèrent un retour offensif : Villach est réoccupé ; les Autrichiens, qui étaient entrés à Laybach, en sont chassés par le général Pino. Mais on apprend alors que toute la Croatie est au pouvoir de l'ennemi : la population s'est soulevée, Contades, intendant de Karlstadt, a été arrêté par les paysans et livré pieds et poings liés au général Knesevich ; Fiume est menacé, la Dalmatie va s'insurger. Pour ne pas être coupé, le prince Eugène évacue Laybach et Villach le 30 août et se retire en Frioul pour garder les passages des Alpes Juliennes [5].

1. Nᵒ 9432. *B. des Lois*, t. 514, p. 73. | 2. A. N. AFiv. 1713. Rapports Chassenon, octobre 1813. | 3. L. C., F. V. | 4. T. O., 22 août 1813. | 5. *Dernière campagne de l'armée d'Italie sous les ordres d'Eugène Beauharnais*, par le chevalier S., témoin oculaire,

Trieste fut investi le 16 septembre. La veille, Fouché avait publié un dernier arrêté édictant des mesures de rigueur contre les habitants qui avaient émigré en pays autrichien, puis il avait gagné Venise. Le 16 septembre, les troupes françaises repassèrent l'Isonzo, en laissant à Trieste une petite garnison qui se défendit trente-trois jours[1].

Si l'on ne tient pas compte des faibles garnisons qui vont bientôt être assiégées dans les places de Dalmatie, on peut dire qu'à partir du 16 septembre 1813 la France a perdu les provinces illyriennes.

Nous n'avons à apprécier ni le rôle du duc d'Abrantès ni celui du duc d'Otrante. L'un ne resta que deux mois en fonctions, et dès le jour de son arrivée il ressentait les attaques du mal qui devait lui faire perdre la raison et la vie ; l'autre fut gouverneur pendant sept semaines d'un pays envahi par l'ennemi. Nul ne peut en aussi peu de temps et dans de telles conditions donner la mesure de ce qu'il vaut.

Revenons donc en arrière, et, en parcourant le décret du 15 avril 1811, étudions les réformes que Napoléon voulait introduire en Illyrie.

Paris, 1817. *Précis historique des opérations militaires de l'armée d'Italie en 1813 et 1814*, par le chef d'état-major de cette armée (le général Vignolle), Paris, 1817.

1. O. T., 13 octobre 1813. — Kandler, *op. cit.* ; Mainati, *op. cit.* ; Caprin. *Nostri nonni*. Trieste, 1888.

CHAPITRE II

LE DÉCRET ORGANIQUE DU 15 AVRIL 1811

Le décret du 15 avril 1811, portant organisation de l'Illyrie, ne compte pas moins de 271 articles et remplit un volume entier du Bulletin des Lois [1]. Nous allons en parcourir les 18 titres en étudiant, à l'occasion de chacun d'eux, les mesures prises en attendant la publication du décret et celles qui sont venues par la suite en modifier quelques dispositions. Nous verrons ensuite comment ce mécanisme délicat a pu fonctionner dans les provinces de Dalmatie et de Raguse, mais nous devrons laisser de côté tout ce qui a trait à la vie intime des autres provinces qui se trouvent hors du cadre de cette étude : pour en parler, il nous faudrait d'abord entrer dans de longues et encombrantes explications préliminaires, absolument étrangères au sujet.

TITRE I. — DU GOUVERNEMENT DES PROVINCES ILLYRIENNES (ART. 1-3)

TITRE II. — DU GOUVERNEUR GÉNÉRAL (ART. 4-28)

Le décret impérial modifiait notablement les intentions premières de l'Empereur au sujet du gouvernement de l'Illyrie. Il ne s'agissait plus d'un gouverneur ayant une situation comparable à celle d'un vice-roi, mais d'une commission de gouvernement de trois membres : le gouverneur, l'intendant et le gouverneur de justice [2], munis de pouvoirs inégaux, mais n'agissant qu'après avoir dû se mettre d'accord sur l'opportunité des mesures à prendre. C'est cette question de principe, avons-nous dit, qui amena la retraite de Marmont.

Les attributions de gouverneur général restaient assez restreintes : il n'exerçait d'autorité directe que sur les troupes de ligne, la gendarmerie et

1. Tome 369 *bis*. | 2. Art. 1.

la garde nationale [1] et sur la police politique [2]. Il ne nommait directement qu'un seul fonctionnaire, le secrétaire du Gouvernement [3].

L'Empereur nommait sur sa proposition les magistrats, intendants, subdélégués [4], les maires de Laybach, Trieste, Karlstadt, Zara et Raguse [5], et les officiers des régiments croates [6]. Pour les autres emplois, le gouverneur n'avait qu'à approuver les nominations faites par l'intendant [7] ou à signer les nominations qui lui étaient proposées par les chefs de services [8].

La correspondance du grand juge avec le commissaire de justice, du ministre des cultes avec les archevêques et évêques, du ministre de la police avec ses agents passaient par ses mains [9], mais l'intendant, le directeur général des ponts et chaussées, les directeurs de l'enregistrement, des domaines, des forêts, des postes, correspondaient directement avec le ministre des finances [10], le trésorier et le payeur avec le ministre du Trésor [11] et l'intendant avec le ministre de l'intérieur [12].

En somme, le gouverneur général n'était qu'un commandant militaire, un directeur de la haute police, et n'exerçait sur les autres branches de l'administration qu'un contrôle dépendant du plus ou moins de bonne volonté de ceux qui devaient être contrôlés.

Quand Fouché, qui n'était pas militaire, succéda à Junot, le général Fresia prit le commandement des troupes et la police devint le seul département placé sous les ordres directs du gouverneur.

TITRE III. — DE L'INTENDANT GÉNÉRAL DE FINANCES (ART. 29-36)

L'intendant général était le véritable chef des services administratifs et financiers. C'est par lui que les intendants et les directeurs correspondaient avec les ministres [13].

C'est lui qui prépare et rédige les règlements, instructions et projets d'arrêtés qui seront présentés à la signature du gouverneur [14]; c'est lui qui en assure la publication, la promulgation, l'exécution [15]. Il a le droit de requérir la gendarmerie « et même plus ample main forte, s'il est « nécessaire, pour l'exécution de ses ordres et ordonnances, ce qui ne « pourra lui être refusé [16]. »

Enfin, l'intendant est chargé des relations extérieures, et notamment de la correspondance avec les consuls de Bosnie et d'Albanie [17].

Pour toutes ces affaires, l'intendant est assisté d'un conseil composé des chefs des différents services placés sous ses ordres, mais ce conseil n'a que voix consultative [18]. L'intendant est donc plus puissant que le gou-

1. Art. 4. | 2. Art. 15-18. | 3. Art. 8. | 4. Art. 7. | 5. Art. 13. | 6. Art. 6. | 7. Art. 10 et 11. | 8. Art. 12 et 13. | 9. Art. 22, 26, 27. | 10. Art. 23. | 11. Art. 24. | 12. Art. 22. | 13. Art. 29, 30. | 14. Art. 31. | 15. Art. 32. | 16. Art. 33. | 17. Art. 36. | 18. Art. 34.

verneur; une seule disposition semble devoir rendre à celui-ci sa prépondérance; l'article est ainsi conçu : « L'intendant général devra travailler
« régulièrement avec le gouverneur général ; il devra mettre sous ses yeux
« les résultats de la correspondance, et sous aucun prétexte ne devra lui
« tenir rien de caché [1]. »

Mais ces prescriptions vagues devaient rester lettre morte si l'intendant
était un Dauchy et le gouverneur un Junot. Tout dépendait du choix de
l'intendant, et avec Chabrol aucun des inconvénients qui étaient à
craindre ne se produisit, mais grâce à l'homme et non grâce à la loi.

TITRE IV. — DU COMMISSAIRE DE JUSTICE (ART. 37-43)

Tous les services judiciaires étaient réunis dans les mains du commissaire, depuis la Cour d'appel jusqu'aux justices de paix; il avait aussi
dans son ressort la police non politique [2], la surveillance des prisons [3], des
greffes et dépôts d'actes civils [4]. C'est sur son rapport qu'étaient nommés
les magistrats, et nous avons eu l'occasion de dire au chapitre précédent
que, grâce à la haute intégrité de celui qui remplissait cette charge, les
intentions du législateur furent absolument réalisées.

TITRE V. — DU RECEVEUR GÉNÉRAL ET DU TRÉSORIER (ART. 44-58)

C'est ici que nous pouvons étudier la nouvelle organisation des services
financiers : nous voyons appliquer, pour la première fois en Illyrie, la
séparation absolue des recettes et des dépenses; deux hiérarchies, analogues au double réseau de l'appareil circulatoire de l'organisme
humain, sont juxtaposées sous la dépendance du receveur et du payeur, et
les fonds, centralisés dans une caisse, sont versés dans l'autre sous le contrôle de l'intendant, sorte de cœur du mécanisme financier, sans l'action
duquel aucun mouvement de fonds ne peut s'effectuer [5].

Le receveur a sous ses ordres les receveurs des contributions, les receveurs des régies, les percepteurs, là où il en est établi [6].

Le trésorier a ses préposés dans chaque province [7], et nul payement ne
peut être fait sans un mandat en règle délivré par les intendants de provinces, les commissaires des guerres ou les chefs d'administration de la
marine [8].

Nous aurons à examiner plus loin la nature des recettes et des dépenses
effectuées; il n'est question ici que du personnel chargé des opérations. La
difficulté était de trouver dans le pays des comptables capables et fidèles;
des instructions furent rédigées pour tracer minutieusement à chacun les

1. Art. 29 2°. | 2. Art. 42. | 3. Art. 38. | 4. Art. 39. | 5. Art. 48. | 6. Art. 46. |
7. Art. 51. | 8. Art. 55-58.

règles auxquelles il aurait à se conformer [1], et comme garantie de fidélité on demanda des cautionnements.

Dès avant le décret organique, cette matière avait été règlementée par un décret impérial du 27 février 1810, complété par une circulaire du ministre du Trésor du 31 mars de la même année. Il fallut, en 1811, rappeler aux comptables de deniers publics l'obligation de constituer leur cautionnement; l'arrêté du 24 septembre 1811 [2] ne fut, paraît-il, pas appliqué, car le 17 décembre un autre arrêté [3] donnait aux percepteurs un délai de quatre mois pour se mettre en règle avec la loi. Ces difficultés font voir que l'administration ne trouvait pas aisément des hommes disposés à la seconder et que les candidats qui se présentaient étaient de condition bien modeste, vu la peine qu'ils avaient à fournir un cautionnement qui, pour les postes inférieurs, dépassait rarement quelques milliers de francs. Malgré tout, le service s'organisa, et on ne relève pas de plaintes graves contre la négligence ou l'improbité des agents subalternes. Si le système financier ne donna pas ce qu'on en attendait, c'est à d'autres causes qu'il faut s'en prendre.

TITRE VI. — DU PETIT CONSEIL (ART. 50-59)

Ce conseil était composé du gouverneur, de l'intendant, du commissaire de justice et de deux membres de la cour de Laybach [4]; il avait des attributions nombreuses et variées.

C'était un conseil proprement dit quand il s'agissait de préparer et de discuter « les règlements de haute police et de grande importance »; dans ce cas, il n'avait que voix consultative, le gouverneur demeurant libre, après l'avoir entendu, de prendre, d'accord avec l'intendant seul, une décision contraire à l'avis de ses autres conseillers [5].

Le conseil était un tribunal administratif, connaissant des appels interjetés contre les décisions des tribunaux administratifs inférieurs [6].

Le conseil était une cour de cassation pour tous les procès où le capital engagé n'était pas supérieur à 200.000 fr.; « au cas contraire, l'appel (le mot *recours* serait plus juridique) sera porté à la cour de cassation de l'Empire [7]. »

Le conseil était un tribunal des conflits, réglant les questions de compétence, de conflit entre deux cours, ou deux tribunaux appartenant à des ressorts différents; c'est lui qui ordonnait les renvois,

1. L. R., Imprimés. Instructions du 1ᵉʳ février 1811. | 2. T. O., 22 octobre 1811. | 3. T. O., 29 janvier 1812. | 4. Art. 59. | 5. Art. 60 1º. | 6. Art. 60 2º, 244, 245. | 7. Art. 60 4º.

d'affaires d'une cour à une autre pour cause de sûreté publique ou de suspicion légitime[1]; c'est lui encore qui recevait les recours en grâce et décidait s'il y avait lieu d'ordonner la suspension de l'exécution et de transmettre le mémoire au grand juge pour être soumis au conseil privé[2].

Enfin, le petit conseil devait tracer aux tribunaux les règles à suivre pour juger les affaires antérieures à la mise en activité des lois françaises[3].

Dans un certain nombre de conflits d'attribution ou de compétence, le commissaire de justice était délégué pour prononcer[4]; il était alors pourvu de deux assesseurs, anciens magistrats[5].

TITRE VII. — DE L'ORGANISATION CIVILE (ART. 63-115)

SECTION I. — Division territoriale (art. 63-83).

Le décret du 14 octobre 1809, en créant les Provinces Illyriennes, avait divisé le pays en sept provinces : six provinces civiles et une province militaire, la Croatie. Les provinces civiles étaient la Carniole, chef-lieu Laybach, la Carinthie, chef-lieu Villach, l'Istrie, chef-lieu Trieste, la Croatie civile, chef-lieu Karlstadt, la Dalmatie, chef-lieu Zara, la province de Raguse et Cattaro, chef-lieu Raguse.

Le décret du 15 avril maintint cette division[6], sauf quelques remaniements. Les îles dalmates du Quarnero, Arbe, Veglia, Cherso et Ossero furent rattachées avec leurs dépendances à la Croatie civile, tandis que Pago resta à la Dalmatie[7]. L'île de Curzola fut attribuée à la province de Raguse, et, en 1811, le canton de Fort Opus, situé entre la Narenta et le territoire turc de Klek, fut enlevé au district dalmate de Makarska pour être incorporé au district ragusain de Stagno-Curzola.

Chaque province se divisait en districts et cantons. La Dalmatie comptait cinq districts : Zara, Sebenico, Spalato, Makarska et Lesina, dix-sept cantons et quatre-vingt-cinq arrondissements communaux; Raguse comprenait trois districts : Raguse, Cattaro et Curzola (puis Stagno), dix cantons et trente-cinq arrondissements communaux[8].

SECTION II. — Des intendants (art. 84-88).

SECTION III. — Des subdélégués (art. 89-90).

L'administration de chaque province devait être confiée à un inten-

---

1. Art. 241. | 2. Art. 60 5°. | 3. Art. 60 3°. | 4. Art. 249, 240. | 5. Art. 246. | 6. Art. 64. | 7. Art. 68. | 8. La division en cantons et arrondissements communaux fut

dant [1] assisté d'un secrétaire [2]; et dans chaque chef-lieu de district où l'intendant ne résidait pas, il devait y avoir un subdélégué [3].

Les intendants avaient les mêmes attributions que les préfets des départements de l'Empire; à ce titre, ils étaient chargés de procurer et surveiller l'exécution des lois et règlements relatifs aux points ci-après :

1° Répartition et recouvrement des contributions de tout genre et des centimes additionnels ;

2° Domaines, eaux et forêts, pêche et chasse ;

3° Entretien et réparation des routes ; manière d'y pourvoir ;

4° Hospices et établissements de bienfaisance ;

5° Exercice et police des cultes ; administration des biens et revenus affectés à ce service ;

6° Instruction publique à tous les degrés ;

7° Administration sanitaire ;

8° Administration et police des ports de commerce ;

9° Administration des provinces, districts et communes ;

faite par arrêté du 30 novembre 1811 (Arch. de Zara). Du tableau annexé à l'arrêté résulte que la population de la Dalmatie se répartissait ainsi :

Provinces.	Districts.	Cantons.	Comm.	Population.			
	Zara.....	Zara............	6	15.543			
		Obrovac.........	8	18.260	47.131		
		Sainte-Euphémie.	4	10.166			
		Pago............	1	3.162			
	Sebenico..	Sebenico........	6	20.211			
		Scardona........	3	5.375	55.599		
		Knin............	11	30.013			
Zara........	Spalato....	Spalato.........	5	15.867		218.480	
		Traù...........	7	17.022			
		Almissa.........	3	7.349	70.120		
		Sinj...........	8	19.199			
		Brazza.........	4	10.683			
	Lesina	Lesina.........	5	9.547	13.817		
		Lissa.........	2	4.270			
	Makarska..	Makarska.......	4	12.062			287.534
		Imoski.........	6	14.420	31.813		
		Fort Opus......	2	5.331			
	Raguse....	Raguse........	6	12.899			
		Ragusa-Vecchia..	3	5.103			
		Meleda	1	896	31.037		
		Slano.........	4	5.420			
		Sabioncello.....	4	5.761			
Raguse.....		Lagosta........	1	958		69.054	
	Cattaro ...	Cattaro........	8	20.830			
		Castelnuovo.....	2	6.460	31.570		
		Budua.........	2	4.280			
	Curzola ...	Curzola	4	6.447	6.447		
			120	287.534			

1. Art. 73. | 2. Art. 74. | 3. Art. 75.

10° Prisons, bagnes, maisons de correction et de force;

11° Levée d'hommes pour le service militaire de terre ou de mer;

12° Police générale, judiciaire ou militaire;

13° Partie contentieuse de l'administration [1].

L'intendant exerçait la même juridiction contentieuse que les préfets de l'Empire [2]; il était assisté d'un receveur et d'un payeur, placés sous sa dépendance, mais subordonnés au receveur général et au payeur général.

Enfin, tout autour de l'intendant se déployait une couronne de chefs de service : ingénieur des ponts et chaussées, directeur de l'enregistrement et des domaines, conservateur des hypothèques, directeur des contributions directes et indirectes, inspecteur des forêts, inspecteur des douanes, inspecteur de la loterie [3]. La loi prévoyait la possibilité de faire cumuler plusieurs de ces emplois par le même agent, mais, dans la pratique, il y eut plus souvent dédoublement que cumul, et, chaque chef de service ayant sous ses ordres une phalange d'employés, le *fonctionnarisme* sévit avec fureur sur ce malheureux pays.

Le conseil, formé par la réunion de tous les hauts fonctionnaires, assistait l'intendant et exerçait au besoin la juridiction attribuée aux conseils de préfecture par les lois des 28 pluviôse an VIII et 19 fructidor an IX, alors en vigueur.

Le subdélégué exerçait dans son district, et au degré inférieur, toutes les fonctions relatives aux mêmes objets sous la direction et le contrôle de l'intendant.

C'était le conseil d'Etat qui fournissait à l'Illyrie des secrétaires et des intendants; les jeunes auditeurs allaient chercher dans ce pays la consécration de la pratique pour des études que plusieurs d'entre eux venaient seulement de terminer; nous pouvons citer les noms de Victor de Broglie, Heym, Fargues, Arnault, de Charnage, Paris, de la Moussaye, de Breteuil, Petit de Beauverger, Rouen des Mallets, Robinet, de Contades, Rougier de la Bergerie, Baillarger de Lareinty. Pendant la première année, on avait placé des auditeurs au conseil d'Etat jusque dans des sous-intendances, comme à Goritz ou à Adelsberg; après le décret de 1811 qui remplaçait les sous-intendants par des subdélégués, on leur confia seulement les six intendances et le poste de secrétaire général du Gouvernement à Laybach; cette mesure était dictée par des nécessités budgétaires. M. de la Bergerie, à Zara, avait 18.000 fr. de traitement; les subdélégués venant de France n'auraient pu recevoir moins de la moitié, et, en choisissant ces fonctionnaires parmi les indigènes, on put les satisfaire avec des appointements allant de 3.500 fr. (Spalato) à 1.500 (Curzola). Ces subdélégués rendirent

1. Art. 84. | 2. Art. 86. | 3. Art. 17.

d'ailleurs autant et plus de services que les auditeurs; c'étaient des
hommes riches comme Grisogono, de Brazza, et Caboga, de Curzola, ou
profondément attachés à la France comme Santo, de Spalato, et Gavalà,
de Makarska, et l'on pouvait compter sur leur expérience, leur dévouement,
leur connaissance du pays et leur influence personnelle. A Cattaro seulement il y eut un subdélégué français, à raison des difficultés exceptionnelles
que présentait ce pays qu'on pouvait croire chaque jour à la veille de
s'insurger.

M. de la Bergerie, intendant de Dalmatie, succéda, le 16 mars 1810,
au commissaire provisoire Psalidi, et il devait rester à Zara jusqu'au dernier jour de l'occupation française, en décembre 1813. C'est probablement
de tous les intendants celui qui trouva la situation la plus difficile, et c'est
peut-être lui qui apportait le plus d'inexpérience juvénile dans les délicates
fonctions auxquelles on l'avait appelé. Il trouvait une grande partie des
amis de la France encore sous l'émotion qu'avait produite, quelques
semaines avant, la retraite de Dandolo; d'autre part, Psalidi se cramponnait
à ses fonctions et était, de plus, soupçonné d'infidélités dans sa gestion.
Une autre cause de mécontentement était le non-remboursement d'un
emprunt à court terme contracté pendant le siège par le général de Maureillan; une partie des bons d'emprunt (40.000 fr. sur 250.000) avait été
remboursée, mais, sous l'empire de nécessités urgentes, avait été remise
en circulation; le gouvernement de Milan, au nom duquel Dandolo avait
garanti l'emprunt, se refusait à rembourser deux fois cette somme; les
autorités françaises se déclaraient étrangères à l'opération. Il s'en suivit
un procès qui était encore pendant en 1821, et les habitants de Zara, lésés
dans leurs intérêts pour avoir eu confiance dans le crédit de la France,
faisaient mauvais visage au nouvel intendant.

Enfin, comme instruction complémentaire, la Bergerie reçut un arrêté
de Marmont[1] lui prescrivant d'énormes réductions de dépenses; on y lisait :
« Art. 10. Tout emploi non compris dans le projet de budget ci-joint
« est supprimé. Art. 11. Ponts et chaussées. Toute dépense est différée
« jusqu'à présentation d'un budget spécial. Art. 12. Eaux et forêts. En
« 1810, une somme de 1.000 fr. sera employée en encouragements à
» l'agriculture et 4.000 fr. à la remise en état de la pépinière de Demo-
» nico. Art. 14. Toutes autres dépenses sont supprimées, » et ainsi de
suite. La Bergerie crut devoir suivre l'exemple qui lui était donné, et, par
un arrêté du 11 avril[2], congédia d'un trait de plume quarante employés
de la provéditure; il est certain que Dandolo avait multiplié le personnel au delà des besoins, et que Psalidi avait profité de son passage à la

1. Z. L , 1810, mars. | 2. Z. L., 1810, avril.

tête du gouvernement pour caser quelques-uns de ses parents et amis. Mais la mesure prise par la Bergerie n'en fut pas moins fort impolitique; ce que pouvait le gouverneur, qui était très haut et très loin, n'était pas possible pour l'intendant qui était en contact immédiat avec ses administrés. De plus, la mesure, comme toutes les mesures radicales, dépassa le but : il se trouva, par exemple, que, par suite du renvoi des trois drogmans, il n'y eut plus personne à l'intendance qui fût capable de traduire une pièce rédigée en slave, et il fallut reprendre sans retard un des drogmans licenciés. Cette période correspond avec celle des querelles entre Marmont et Dauchy, et la direction générale elle-même subit des flottements préjudiciables au bien de toute l'administration.

Le décret du 15 avril fit faire un pas de plus dans la voie des économies : l'intendant de Zara, qui avait au début 12.000 fr. de traitement et 15.000 francs de frais, fut réduit à 8 et 10.000 fr., et, à coté des questions d'argent, le malheureux intendant se vit bien d'autres soucis. Après les vexations de Dauchy qui lui reprochait ses relations trop fréquentes avec Marmont et le menaçait de le destituer[1], vinrent les reproches de Belleville qui le rendait responsable des retards apportés par les commissions locales à la confection des rôles de contributions[2], puis les réprimandes de Chabrol lui demandant compte de prétendus abus qui s'étaient introduits dans la gestion des hôpitaux[3]. La Bergerie, qui n'était probablement pas le modèle des administrateurs (sans cela fût-il resté indéfiniment à Zara?), se contenta de se plaindre de l'ignorance, de l'incurie, de la mauvaise volonté des habitants[4]. Dans son rapport général sur l'année 1812[5], auquel nous ferons plus tard quelques emprunts, il se montre découragé, et, sans avouer qu'il n'est pas à la hauteur de sa tâche, il laisse aller les choses, comme il voyait faire aux indigènes dont la nonchalance l'avait gagné à la longue.

Raguse était gouvernée, depuis le 15 mars 1808, par G.-D. Garagnin, et sous cette main ferme et douce, l'ex-république et les Bouches de Cattaro traversèrent sans désordre toute la période de l'invasion autrichienne.

L'administrateur n'était pas sans inquiétudes; « les Bouches, écrit-il, « en novembre 1809, sont dans un état de vertige[6]. » Cependant le feu qui couvait n'éclata pas, et, malgré les intrigues des nobles, Raguse vécut en paix pendant près de deux ans sous le régime de l'arrêté du 31 mai 1808. En septembre 1808, Garagnin avait reçu de Marmont les pouvoirs les plus étendus en vue d'une rébellion probable : il n'usa de ses pouvoirs

1. A. N. AFiv, 1714. | 2. Z. L., 1811. | 3. Z. L., 1812. | 4. Z. L., 13 janvier 1812. | 5. Z. L., 1813. | 6. R. P., novembre 1809.

que pour faire remettre en liberté les bavards et les étourdis qui s'étaient fait arrêter comme suspects.

L'administration de Dauchy n'exerça pas de perturbation sensible sur le gouvernement de Raguse ; la distance qui séparait cette ville de Laybach amortit l'effet des violences de l'intendant ; Garagnin avait d'ailleurs une situation et un prestige qui ne permettaient pas à Dauchy de le traiter comme un simple auditeur au Conseil d'État.

Le décret de 1811 eut pour conséquence, nous l'avons dit, la retraite momentanée de Garagnin, mais le nouvel intendant, Rouen des Mallets, qui arriva seulement le 5 décembre 1811 [1], se trouva au milieu d'une administration ayant pris un bon pli et n'eut qu'à conserver les traditions de son prédécesseur pour que tout suivît une marche satisfaisante. Notons cependant, à la louange du jeune intendant, qu'il sut réprimer la tentation de bouleverser tout ce qui avait été fait avant lui : c'est ainsi que procèdent d'ordinaire les successeurs, surtout quand ils sont jeunes, à l'endroit de ce qui a été établi par leurs prédécesseurs.

Des Mallets remplit avec distinction la charge d'intendant de Raguse pendant six mois seulement. Appelé au poste d'intendant de Carniole, il remit, le 23 juin 1812, les services à M. de Lareinty [2], qui devait quitter Raguse seulement le 4 février 1814, deux jours après les soldats français compris dans la capitulation du 28 janvier.

Ce qui rendait exceptionnellement difficile l'administration de la province de Raguse, c'est qu'en dépit des intentions centralisatrices du Gouvernement, on n'avait pu lui donner encore aucune homogénéité. Sur deux points, elle était coupée par des bandes de territoire turc, barrière un peu idéale, il est vrai, et de plus le pays se composait de trois contrées ayant des traditions différentes et soumises à trois régimes distincts dont aucun n'était le droit commun.

L'ancien territoire de Raguse gardait quelques privilèges, comme l'exemption de toute contribution foncière ; de plus, on y trouvait une aristocratie ombrageuse, même quand elle était ralliée, et une bourgeoisie qui, pour être profondément attachée à la France, n'était pas cependant sans lui créer de fréquents embarras. Au nord, Curzola et le canton de Fort Opus, terres dalmates, payaient la dîme au lieu de l'impôt foncier, ce qui nécessitait une organisation compliquée de recenseurs et de collecteurs. Enfin, au sud, les Bouches étaient dans un état d'insurrection latente, et se refusaient à rien payer ; les communes fidèles envoyaient des députations pour demander très humblement d'être déchargées de l'impôt :

1. R. P., janvier 1816. | 2. R. P., juin 1812.

c'était le petit nombre ; les autres recevaient les agents du fisc et les garnisaires à coups de fusil.

En juin 1812, une expédition commandée par le général Pacthod avait amené le payement d'une partie des contributions en retard ; mais on ne pouvait pas mettre 5.000 hommes en mouvement chaque fois qu'il fallait opérer une recette de 40.000 francs.

Nous verrons d'ailleurs que l'expédition Pacthod avait un autre but beaucoup plus important.

Nous laissons de côté les sections IV et V du titre VII.

La section IV traite de l'organisation de la Croatie militaire ; c'est une question attrayante, bien qu'elle n'ait plus aujourd'hui qu'un intérêt rétrospectif, mais nous nous sommes imposé de ne pas dépasser les frontières de la Dalmatie. Quant à la section V, compétence et procédure contentieuse de l'autorité administrative, elle roule sur des matières qu'un historien n'a pas le droit de traiter et qu'il doit abandonner aux jurisconsultes.

SECTION VI. — *De l'administration municipale* (art. 107-115).

Les municipalités, ou administrations de troisième classe, comme on disait alors, en mettant les provinces au premier rang et les districts au deuxième, n'avaient encore reçu aucune organisation générale quand parut le décret de 1811.

Pendant la période précédente, on avait nommé, dans les villes, des municipalités et des *podestà*, ou maires ; quant aux campagnes, on avait dû se contenter de désigner des *anziani* qui avaient été chargés de tenir les livres de l'état-civil ; puis comme aucun des *anziani* ne savait lire, on avait demandé aux curés de tenir ces livres, et devant le mauvais vouloir général on avait tout abandonné.

Une des causes qui semblaient devoir rendre impossible toute organisation communale, c'est que dans une grande partie de la Dalmatie il n'y avait pas de villages.

Le long du littoral, des causes physiques avaient amené le groupement des habitations ; dans l'intérieur, d'autres causes en avaient amené la dispersion : chaque paysan concessionnaire d'un lot de terre avait construit sa chaumière au milieu de ce lot ; l'église paroissiale elle-même était isolée dans les terres qui lui appartenaient et comme perdue au milieu de la campagne.

Aussi, quand il faudra créer dans tout le pays une délimitation des communes, la tâche semblera inexécutable. Mais la loi inflexible ne raisonnait pas avec ces impossibilités.

Il fut donc établi que chaque commune aurait son conseil municipal, son maire, ses adjoints et au besoin son commissaire de police. Les chefs-lieux de provinces et les villes épiscopales devaient avoir un maire et quatre ou deux adjoints, selon la population [1]; les communes ayant plus de 400 âmes, un maire et un adjoint, celles qui avaient une population inférieure à 400, un syndic et son suppléant [2]; les maires et syndics recevaient une partie des attributions des juges de paix. Les conseils municipaux devaient être composés de 20, 16 ou 12 membres, suivant la catégorie [3]. Tous les maires, adjoints, syndics, suppléants et conseillers étaient nommés par le gouverneur, sur la proposition de l'intendant [4], sauf les municipalités de Zara et de Raguse dont l'Empereur s'était réservé la nomination.

Il y avait en Dalmatie vingt localités environ susceptibles de recevoir, sans trop d'efforts, une telle organisation. Pour le reste du pays, on dut recourir à un subterfuge en créant des arrondissements communaux, immenses circonscriptions qui constituèrent les communes administratives. C'est ainsi que 4.450 habitants de la haute vallée de la Kerka et des montagnes à cinq ou six lieues à la ronde, constituèrent la population de la commune de Knin, et que la bourgade d'Imoski se trouva devenir le centre d'une commune de 5.344 habitants venant immédiatement après Spalato, Sebenico et Makarska, avant Raguse qui n'en comptait que 5.174. Il y eut ainsi 85 communes en Dalmatie et 35 entre Raguse et Cattaro.

On pouvait se demander à quoi pouvait servir cette division arbitraire ; il était certain qu'on n'obtiendrait pas des paysans qu'ils fissent 50 ou 60 kilomètres pour présenter un enfant nouveau-né à l'officier de l'état-civil, pas plus qu'ils n'iraient demander au maire, suppléant du juge de paix, de franchir une semblable distance pour venir faire une apposition de scellés après décès.

La raison déterminante de cette organisation était une raison fiscale, comprise dans les deux courts articles qui forment la deuxième partie de cette section : « Art. 112. Les budgets des communes sont dressés par les « maires ou syndics. Art. 113. Les budgets inférieurs à 10.000 fr. sont « réglés par l'intendant ; ceux qui dépassent cette somme le seront par le « conseil d'État sur le rapport de l'intendant général. » Or, un budget se compose de recettes et de dépenses : que les communes eussent des recettes, c'était encore incertain ; qu'elles eussent à faire certaines dépenses, dites obligatoires, c'est ce qui ne faisait aucun doute ; la loi les mettait à leur charge, elles devaient y subvenir, et si les ressources manquaient, on les trouverait. A un maire qui, en 1811, protestait de ne

---

1. Art. 101. | 2. Art. 108. | 3. Art. 110. | 4. Art. 13.

pouvóir trouver dans sa commune rurale les moyens de construire une maison d'école et une habitation pour l'instituteur, on répondait [1] en énumérant toutes les recettes auxquelles sa commune avait droit. « Mais, « dit-il, les *centimes additionnels* ne nous donneront pas plus de 30 francs, « la *remise sur les patentes* rien, puisque nous n'avons aucun patenté; les « *amendes de police*... je ne saurais imaginer les fautes que ces pauvres « gens pourraient commettre pour être condamnés à des amendes, cepen-« dant prévoyons 50 fr.; les *maisons et usines communales*, les *biens ruraux*, « les *pensions et rentes foncières non éteintes* sont toutes choses que nous igno-« rons; les *octrois*, il n'en existe pas; le *droit de poids et mesures* : on devrait « interpréter cet article de manière à obliger le Morlaque à présenter les « mesures dont il se sert pour les faire étalonner en payant une certaine « somme, mais dans ce cas (ici le pauvre maire se trompe, ignorant que « la vérification doit être renouvelée), ce ne serait plus qu'un revenu « extraordinaire... évaluons-le 20 fr., mais que sans retard on nous dise « où cette opération se fera, par les soins de qui, sur quel type, sous « quelles sanctions; les *actes de l'état civil*, quand on en tiendra, pourront « donner 60 fr.; *revenus extraordinaires*, 100 fr. Au total 270 fr. Quand « nous aurons payé 180 fr. pour le traitement du vicaire, il nous restera « 70 fr. pour bâtir une école. »

. La loi fut cependant mise en vigueur; en 1812, la commune de Raguse versa :

1 o/o sur les octrois............................Fr.	174	23
1 o/o des recettes ordinaires pour le dotation des invalides.	30	38
2 o/o — pour la moitié du traitement de l'intendant..............	60	76
2 o/o — pour l'entretien des prisons...	60	76
1 1/2 o/o — pour bourses dans les lycées...	45	57
$\frac{4}{15}$ (9 7/8 o/o) — pour la masse de casernement.	202	41
1 o/o — pour le service de santé......	30	38
Total......	665	25 [2]

Quand on voit ce que produisit le prélèvement sur les recettes de la ville la plus riche de la province, on se demande si tout l'argent recueilli, centime par centime, sur les maigres budgets communaux, suffisait pour payer un seul des nombreux employés chargés d'assurer le service de ce seul chapitre du budget général. Ces deux exemples font voir combien il est absurde de vouloir appliquer aux petits organismes les moteurs faits

1. R. P., février 1813. | 2. Z. L., 1811.

pour actionner de puissants engins. A-t-on jamais songé à faire marcher une montre au moyen d'une machine à vapeur ?

Toutes ces subtilités fiscales ne servirent qu'à rendre l'administration française odieuse aux Dalmates qui profiteront de la première occasion pour manifester leur rancune.

TITRE VIII. — DU COMMERCE (ART. 116-118)

L'art. 116 décidait la création d'une chambre de commerce à Raguse ; un conseil général du commerce, créé par décret du 27 juin 1810 [1], devait se réunir à Laybach ; des conseils de prud'hommes, des chambres consultatives des arts et manufactures [2] seraient établis là où la demande en serait faite [3].

La question du commerce était la question vitale pour la Dalmatie, Raguse et Cattaro ; les Anglais l'avaient compris : ils savaient que s'ils bloquaient étroitement les ports de l'Adriatique, ils porteraient à l'influence française un coup plus sensible qu'en débarquant une armée entière. Depuis 1806, le commerce n'existait plus, les flottes marchandes avaient disparu ; beaucoup de navires avaient été pris, d'autres avaient pourri dans les ports, d'autres se livraient à la piraterie ou à la contrebande, et la fortune publique subissait une crise terrible. A Raguse en particulier [4], l'ex-république avait coutume de placer ses fonds en les confiant à des négociants qui armaient des navires et pouvaient payer un gros intérêt à l'État, tout en s'enrichissant. Les finances ragusaines avaient ainsi vu s'éteindre leur principale source de revenu, quand les bâtiments, gages de créance, avaient été enlevés par les Russes ou par les Anglais. Il était certain qu'en agissant de la sorte les Anglais amèneraient les Dalmates à maudire les Français, et à soupirer après le jour qui les verrait disparaître.

Nous indiquerons au chapitre suivant les efforts faits par Napoléon pour délivrer le littoral de l'Adriatique des vexations des Anglais.

Ce n'était pas, du reste, les seuls intérêts des Dalmates qui étaient en jeu : Fiume et Trieste avaient dû à leur annexion à la France de voir tarir en un jour la source de leur richesse ; malgré les statistiques frelatées de l'intendant Arnault, malgré les articles faits sur commande par le *Télégraphe officiel* et l'*Osservatore Triestino*, le port était vide et le commerce était mort.

Napoléon reprit alors, en le rendant pratique, un projet que Dandolo lui avait présenté, on s'en souvient, en 1807 [5]. La mer étant fermée,

1. L. R., 1810. | 2. A. 117. | 3. A. 118. | 4. Rapport Garagnin, sept. 1810. | 5. Voir IIe P., Ch. V, p. 250.

c'était à travers la péninsule des Balkans qu'il fallait amener les produits de l'Orient[1]; seulement Dandolo pensait à la voie du Danube, de la Save, de l'Unna et d'un canal venant déboucher dans la Kerka, et Napoléon voulut seulement utiliser la voie de terre. A Kostajniča, sur la frontière croate, on construisit un lazaret, de vastes magasins, et Trieste fut déclarée entrepôt libre des cotons de l'Orient[2]; on arriva ainsi à rendre quelque apparence de vie au commerce agonisant de Trieste; quant à la Dalmatie, on ne pouvait rien essayer, on n'essaya rien et la disparition des fortunes, coïncidant avec l'établissement du nouveau régime fiscal, permit aux Dalmates de dire que les impôts français avaient ruiné le pays.

TITRE IX. — PRISONS ET ÉTABLISSEMENTS DE BIENFAISANCE (ART. 119-120).

Cette rubrique est attristante : les criminels et les malheureux sont associés comme si c'était un crime d'être orphelin, malade, infirme et abandonné, de demander des secours à l'État au lieu de lui payer des impôts. Le législateur a quelquefois de ces cruautés inconscientes.

Empressons-nous donc de citer, pour dissiper cette fâcheuse impression, l'arrêté signé à Goritz, le 10 septembre 1812, par le général Bertrand[3] :

« Art. 1. — Des commissions de bienfaisance sont établies dans les « principales communes de l'Illyrie, à l'effet de connaître les besoins des « familles indigentes de leur arrondissement et de leur faire distribuer des « secours.

« Art. 2. — Ces commissions sont chargées de l'honorable fonction « de recevoir et de distribuer, dans une juste proportion, à titre de « secours à domicile, le produit des droits perçus au profit des pauvres, « ainsi que le produit des charités et dons volontaires qui pourront leur « être adressés.

Suivent plusieurs articles où est exposée la manière de former ces commissions dont les évêques et curés sont appelés à faire partie. Puis sont énumérés les moyens de recueillir l'argent : droit de 10 °/₀ sur les spectacles, troncs, quêtes à domicile.

« Art. 13. — Le soulagement des indigents est recommandé à toutes « les âmes sensibles et charitables; les commissions de bienfaisance ne « sont établies que pour régler avec connaissance de cause la distribution « des secours accordés par la générosité publique. »

Bertrand faisait ouvertement profession d'athéisme; mais, en lisant ces dispositions si profondément empreintes de l'esprit de charité, on ne peut s'empêcher de songer à la parabole du bon Samaritain.

1. L. R., C. 33. | 2. L. R., C. 34. — Marmont, Mém. L. XIV, p. 424. | 3. L. R., C. 36

Malheureusement, des commissions de charité ne suffisent pas. Combien de fois en avons-nous vu fonder depuis le début de cette histoire! Si nous en revenons à la réalité, nous nous retrouvons en présence des mêmes misères, tant de fois signalées et flétries, et les impitoyables administrateurs se plaignent de ce que coûtent toutes ces bouches inutiles.

« Comment, Monsieur, écrit Chabrol à la Bergerie [1], les enfants assis- « tés reviennent à 10 fr. 23 ; c'est beaucoup trop. L'hôpital de Zara, pour « 14.967 journées de malades, a coûté 13.407 francs : cela met la journée « à 0, 903. A Spalato, la journée est réglée à 0, 560, à Sebenico, à 0, 384. « Il faut que la journée soit réglée partout à 0, 60. »

L'intendant répond, le 23 janvier, en donnant des explications : « Il n'y a pas de gaspillage, mais les nourrices des enfants trouvés ne se contentent pas de ce qu'on leur paye, et viennent déposer les enfants devant la porte de l'hospice. Il n'y a pas de commission de charité : l'unique membre qui reste de la commission nommée par Dandolo ne suffit pas; il faudra reconstituer la commission. »

Et, en effet, on la reconstitua, car la Bergerie, dans son rapport sur l'année 1812, se loue de son zèle et des résultats obtenus.

A Raguse, la maison des enfants trouvés, l'hôpital qui existait avant l'occupation, et les autres fondations pieuses jouissaient d'un revenu de 15.290 ducats. Par l'arrêté du 31 mai 1808, Marmont affecta une rente de 23.470 fr. 15 aux établissements de bienfaisance, et un assez fort revenu à la commission chargée de distribuer des secours aux indigents.

Garagnin, dans son rapport du 17 septembre 1810, expose comment il a pu grossir ces revenus que la misère croissante rend insuffisants, en y joignant les rentes de quelques confréries supprimées.

Enfin, le mont-de-piété de Raguse dotait les jeunes filles au moment de leur mariage; la mesure fut généralisée en 1812, et, dans toutes les villes de l'Illyrie, on couronna des rosières; une des conditions requises était d'avoir un frère ou un cousin sous les drapeaux.

TITRE X. — DES PONTS ET CHAUSSÉES (ART. 121-126)

Une hiérarchie d'ingénieurs et d'inspecteurs, des règlements pour l'établissement des plans, mais pas de travaux, sinon ceux que demandait le génie militaire. Un crédit d'un millon de francs fut affecté aux travaux de la Kerka, mais cette somme fut reportée d'exercice en exercice sans qu'on fît rien ni à Knin, ni dans les marais de Sinj, ni à l'embouchure de la Narenta.

1. Z. L., 6 janvier 1812.

On fit des forts et des routes. A Raguse, on compléta le système de défense commencé par Marmont, en élevant des batteries sur les îles qui enveloppent la rade, et sur le mont Saint-Serge, qui domine la ville, on acheva le fort impérial : le drapeau tricolore y fut déployé, pour la première fois, le 15 août 1812[1], après cinq ans de travail. On fit aussi quelques parties de la route de Sinj à Castelnuovo qui était restée inachevées, notamment sur le territoire de Klek; les Turcs avaient longtemps refusé toute autorisation de travailler, mais un nouveau pacha s'y prêta au contraire de très bonne grâce.

Tous ces travaux étaient exécutés d'après la méthode suivie par Marmont pour les premières routes; mais, quand l'administration veut règlementer ce qui se faisait d'enthousiasme, il en résulte que rien ne se fait plus de bon cœur. Les paysans étaient régulièrement de corvée quinze jours et libres un mois, et étaient remplacés immédiatement par d'autres; c'était donc plus de cent jours par an qu'on leur demandait. Nul n'était exempt; les marins de Lagosta et de Meleda durent aller travailler à des routes où ils ne devaient jamais circuler. Des centaines de mulets furent employés pendant deux saisons à monter sur le mont Saint-Serge les matériaux du fort : chaque ouvrier ou muletier recevait un pain et 30 centimes par jour : aussi y eut-il beaucoup de réfractaires; des ateliers entiers désertèrent, et, dans certaines localités, il fallut établir des garnisaires dans toutes les maisons pour obliger les récalcitrants à se rendre au travail.

Comme toute besogne faite de mauvais gré, ces travaux furent mal faits et coûtèrent fort cher. Les Archives de Raguse (1811 et 1812) accusent une dépense de 50 à 60.000 francs par mois, et les routes neuves furent emportées aux premières pluies. Certains ingénieurs paraissent encore être ceux à qui ce travail ait le plus profité[2].

TITRE XI. — DE L'INSTRUCTION PUBLIQUE (ART. 127-130)

L'instruction publique est une des parties de l'administration sur lesquelles le gouvernement français déploya le plus d'activité. En 1810, Dandolo léguait à ses successeurs une organisation assez complète composée d'un lycée, sept gymnases et une trentaine d'écoles élémentaires[3].

Le lycée de Zara avait été fondé en 1807; son organisation était copiée sur celle des anciennes écoles centrales et, en réalité, c'était une université à qui il ne manquait que le nom, ce qui importe peu, et les étudiants, ce qui est beaucoup plus grave.

En 1810, l'enseignement littéraire était représenté par deux cours :

1. *Diario* Stulli. | 2. R. P. 1811, 24 juin, 1.928, 1er septembre, 2.826. | 3. Cf., p. 238.

belles-lettres et philosophie; les sciences, par un cours de mathématiques, deux cours d'agronomie, un cours de physique et un cours de chimie. Deux professeurs enseignant l'un le Code Napoléon, l'autre le droit criminel, constituaient la branche juridique, et l'enseignement médical comportait également deux cours : anatomie et chirurgie, pathologie et clinique. Venaient ensuite le dessin, la calligraphie, l'enseignement religieux et militaire. Vingt bourses et vingt demi-bourses assuraient à chaque professeur un modeste contingent d'auditeurs. Les dépenses, montant à 59.275 francs, étaient en partie assurées au moyen d'une dotation constituée sur les biens des monastères supprimés, et administrée par une commission de notables zaratins.

Les gymnases de Zara, Sebenico, Traù, Spalato, Veglia, Lesina, et Makarska étaient plutôt des écoles primaires; si dans les deux premiers nous trouvons six professeurs, le personnel enseignant des autres se composait de trois ou deux maîtres. A Veglia, Lesina et dans l'école élémentaire de Citta-Vecchia, on enseignait un peu de géométrie et de mathématiques aux fils de marins; il y avait un professeur de philosophie à l'école dite élémentaire de Scardona, un professeur d'histoire à Makarska, mais en somme l'enseignement restait à un niveau extrêmement modeste, quoique très supérieur à tout ce qui avait été obtenu jusque-là.

Les quatre séminaires de Zara, d'Ossero, de Priko (Almissa) et de Spalato avaient leurs ressources propres et relevaient de l'autorité épiscopale, qui s'était affranchie du joug que Dandolo avait un moment essayé de lui faire accepter.

Outre les classes primaires établies dans les gymnases, il subsistait encore quelques-unes des écoles élémentaires créées à la demande de Dandolo, et le plus grand nombre était aux îles, ce qui indiquerait une plus grande aptitude à l'instruction chez les insulaires, ou plutôt une plus grande force de résistance au progrès chez les habitants de la Dalmatie intérieure.

Raguse avait aussi son lycée, l'ancien collège des jésuites, dont les superbes bâtiments et la vaste église dominent la ville ; les jésuites avaient été remplacés par les piaristes, et, en 1806, le collège occupé par les Français était devenu l'hôpital militaire, mais, en 1808, Marmont, rempli de sollicitude pour la ville de Raguse, décida la réouverture du collège; il rendit aux religieux l'église et les établit dans un couvent abandonné qui était contigu; il assura le fonctionnement de l'institution par la constitution d'une rente de 23.476 fr. 15 et la fondation de vingt bourses d'élèves pensionnaires. Les professeurs de ce collège étaient des hommes éminents, à la tête desquels il faut citer le célèbre Père Appendini; les programmes, à la différence de ceux du lycée de Zara, n'avaient rien d'encyclopédique :

on enseignait le latin et le grec, le français, l'italien et le slave, l'histoire et le dessin : la réputation du vieil établissement fut bientôt rétablie.

Telle était la situation en 1810.

Marmont créa un inspecteur général de l'instruction publique, et appela à ces fonctions un ex-bénédictin, l'abbé Zelli, qu'il avait connu et apprécié à Zara, et avec lequel il raconte, dans ses Mémoires, qu'il étudia la physique et la chimie pendant l'hiver 1808-1809[1]. Zelli, nommé en juin, inaugura ses fonctions par la publication de remarquables circulaires qui montrent en lui un homme fort au courant des questions pédagogiques. En même temps se préparait un vaste plan de réorganisation de tous les services de l'instruction publique ; ce plan fut publié et promulgué par l'arrêté du 4 juillet 1810[2].

Il était créé une école primaire de garçons par commune, et une école primaire de filles par canton ; des écoles d'arts et métiers à Zara et Laybach, vingt-cinq gymnases, dont huit en Dalmatie, ceux qui existaient, un à Raguse et un à Cattaro. Les lycées de Raguse et de Zara étaient conservés, ainsi que le séminaire de Spalato, assimilé aux lycées. (Art. 1 à 7.)

Dans les écoles primaires, on devait apprendre à lire et à écrire dans la langue du pays ; de plus, on enseignerait les éléments de l'arithmétique et le catéchisme « approuvé par l'autorité civile ». (Art. 23.)

Dans les gymnases, le programme comprenait : les éléments des langues française, italienne et latine, l'arithmétique, le système des poids et mesures et le catéchisme. (Art. 24.)

Dans les lycées, la grammaire et la rhétorique des langues française, italienne et latine, de manière que les élèves puissent expliquer les auteurs classiques, les éléments de l'histoire et de la géographie, les mathématiques, la morale et la physique. (Art. 25.)

Au séminaire de Spalato, le programme était complété par des cours d'histoire ecclésiastique et de théologie dogmatique et morale. (Art. 23.)

Le lycée de Zara devra être organisé, dit l'art. 8, en école centrale pour procurer aux élèves des autres établissements un complément d'instruction. L'enseignement complémentaire du lycée de Zara comprenait (Art. 27) toutes les matières inscrites au programme de Dandolo et devait conduire à des examens qui ouvriraient les professions de médecin, chirurgien, pharmacien, arpenteur, ingénieur, architecte et homme de loi. (Art. 44.)

Le lycée de Zara fut solennellement inauguré sous sa nouvelle forme, la troisième depuis quatre ans, le 15 novembre 1810.

Cette organisation qui, pour la Dalmatie au moins, n'était que la con-

1. Marmont, Mém., L. XI, p. 124. | 2. T. O., 10 octobre. O. T., 16 octobre 1810.

sécration du *statu quo*, fut profondément bouleversée par le décret du 15 avril.

L'art. 127 supprimait, par simple prétérition, le lycée de Zara, et un arrêté de Bertrand, en date du 12 novembre[1], supprima tous les gymnases pour y substituer quatre écoles secondaires à Zara, Traù, Sebenico et Cattaro, avec six professeurs à Zara et trois dans les autres écoles. Le séminaire de Spalato était conservé; le lycée de Raguse était agrandi par la multiplication des bourses dont le nombre était porté à 60, en attendant qu'il s'élevât à 100.

Ces mesures radicales avaient pour cause la raison d'économie et aussi l'insuffisance notoire de la plupart des maîtres; si l'on y trouvait des hommes de grand mérite, comme les abbés Aleardi, à Zara, Giuriceo, à Sebenico, Scacoz à Traù, il n'y manquait pas de non valeurs, et les chaires de l'école centrale étaient devenues des sinécures permettant de donner un supplément de traitement à un employé de l'intendance, comme était le professeur de droit criminel, ou à des médecins, membres de commissions sanitaires.

L'amour-propre des Zaratins n'en fut pas moins vivement blessé par une suppression qui coïncidait avec l'extension donnée au lycée de Raguse, Raguse de tout temps rivale détestée de toutes les villes de la Dalmatie.

La mauvaise humeur des Zaratins les poussa à élever un conflit dans lequel, il faut le dire, ils n'avaient qu'un tort, celui de vouloir lutter avec plus fort qu'eux. Le lycée avait reçu une dotation; or le lycée était supprimé et la direction des domaines prétendait se mettre en possession des biens de la dotation; la commission administrative protesta, et son président, le juge G. Parma, rédigea un long mémoire plein de bons arguments tirés du décret du 11 décembre 1808 rendu à Madrid, de la décision prise par le Sénat de Venise, en 1787, après l'incendie du couvent Saint-Demetrius, et de la bulle de saint Pie V, instituant et dotant le couvent de Saint-Michel d'Uljan, moyennant certaines conditions qui allaient cesser d'être remplies. Le 16 septembre 1812, l'intendant fut chargé de notifier à qui de droit l'arrêt du petit conseil ordonnant l'incorporation; par compensation, l'État prenait à sa charge toutes les dépenses relatives à l'enseignement.

En 1813, les rapports des intendants la Bergerie et Lareinty, et du subdélégué Santo, de Spalato, constatent que l'enseignement secondaire est en progrès : les corps professoraux, produits d'une sélection, sont capables et dévoués; on ne leur reproche qu'une chose, c'est de négliger l'enseignement de la langue française; mais il faut dire, à la décharge des

---

1. T. O., 4 janvier 1812.

La Dalmatie de 1797 à 1815. 24

maitres, qu'ils ignoraient à peu près tous cette langue dont l'usage ne s'était jamais répandu en Dalmatie.

Les écoles primaires perdirent au contraire du terrain : la raison, nous l'avons indiquée plus haut : ces écoles étaient mises à la charge des communes pour les bâtiments d'école et le logement du maître, et les instituteurs devaient se suffire au moyen des rétributions payées par les familles ; or les familles ne se souciaient pas de faire instruire leurs enfants, même gratuitement ; d'où l'absence absolue de résultats.

Pour hâter l'assimilation des Illyriens à la France, on prit une mesure qui, avec le temps, eût pu donner de bons résultats. Deux cents bourses furent mises à la disposition du gouverneur pour envoyer des jeunes gens étudier en France. L'École des Arts et Métiers de Châlons et le Prytanée de La Flèche en reçurent le plus grand nombre, et quelques-uns s'y firent remarquer par leur application et leurs succès, qu'enregistra régulièrement le *Télégraphe officiel de Laybach*. Ce journal[1] nous donne même des extraits du discours prononcé à la distribution des prix par le directeur des études de La Flèche : après avoir signalé parmi les principaux lauréats le jeune Kruxich, de Zara, l'orateur s'écria : « Illyriens, vos succès nous donnent « le droit de déclarer que vous n'êtes pas indignes de la faveur que Sa « Majesté vous a faite. Nés sur les confins de la Grèce, vous semblez vous « ressentir de cet heureux voisinage ; que votre valeur égale vos talents « et l'on pourra se demander si, du haut de vos montagnes, vous ne « découvrez pas le Pinde et les Thermopyles ! Soit que vous descendiez « de ces fameux Esclavons qui subjuguèrent la moitié de l'Europe, soit « que votre origine remonte jusqu'aux illustres conquérants du Granique « et de l'Hydaspe, je vois toujours en vous les enfants de la Grèce. »

TITRE XII. — DES MINES (ART. 131-134)

Ce titre avait beaucoup d'importance à cause des grands gisements de plomb de Bleiberg et surtout des mines de mercure d'Idria ; mais, la Dalmatie ne possédant pas de mines, nous ne nous arrêterons pas à cette question.

TITRE XIII. — DE LA HAUTE POLICE (ART. 135-142)

La police politique était mise directement sous les ordres du gouverneur, et trois arrêtés des 25 mai, 30 juin et 24 juillet 1810[2] avaient réglé les questions relatives aux étrangers, aux ports d'armes et à la presse. Ces

1. T. O., 28 janvier 1813. | 2. L. R., C. 35, et O. T., 11 juin et 25 août 1810.

dispositions sont simplement visées dans les articles 136 à 138. De plus, le décret organique prévoyait l'organisation, en Illyrie, d'une légion de gendarmerie[1]. L'institution des pandours ne pouvait se relever du discrédit où elle était tombée ; les pandours, institués à Raguse en 1808, furent supprimés en 1811[2] ; on conserva ceux de Dalmatie et de Cattaro en cherchant à leur donner les qualités qui leur manquaient : vêtus de beaux uniformes, ils devaient s'efforcer de ne pas les compromettre ; bien payés, ils seraient, pensait-on, moins portés à rançonner leurs administrés. Cependant, comme ils persistaient à faire cause commune avec les malfaiteurs, la gendarmerie française eut à surveiller à la fois et les criminels et la gendarmerie indigène ; à titre d'essai, on compléta chaque brigade française en y introduisant un Dalmate ; on espérait qu'il prendrait, par le contact, les qualités de cette troupe d'élite.

Les chefs d'escadron étaient appelés à faire fonctions de prévôts[3] et avaient, en cette qualité, la présidence des cours prévôtales[4] chargées de réprimer la contrebande, les rébellions à main armée, les vols commis sur les grandes routes, la fabrication et l'émission de fausse monnaie, et autres crimes demandant une répression prompte et exemplaire[5].

La législation concernant les étrangers fut plusieurs fois modifiée : au début de l'année 1812, les relations avec l'Autriche étant devenues amicales, on se relâcha de la sévérité première ; les passeports furent accordés plus libéralement, et les étrangers exerçant un art ou une profession utile furent même encouragés à s'établir en Illyrie[6] ; mais, dès la fin de la même année, les rapports se tendirent de nouveau, et l'arrêté du 7 décembre referma les frontières un moment entr'ouvertes[7].

Les règlements relatifs au port d'armes devaient être appliqués avec une grande largeur en Dalmatie et surtout à Cattaro. Dans ces pays, les armes étaient alors une partie intégrante du costume masculin. « Les hommes, « écrit le lieutenant Sallantin, dans une lettre à sa famille, du « 25 novembre 1807, portent habituellement une couple de petits cou- « teaux, longs de deux pieds et plus, en croix sur la poitrine, deux « pistolets d'arçon, et un fusil derrière le dos. » Et cet arsenal n'était pas inutile : il fallait toujours être prêt à se défendre contre les Croates, les Bosniaques, les Monténégrins, les voleurs de bestiaux, les contrebandiers ; quand les Anglais commencèrent à s'approcher du littoral, il fallait pouvoir être en mesure de repousser une tentative de débarquement ; on dut donc accorder largement et gratuitement des ports d'armes ; et les arrêtés des 17 mai 1810 et 14 juin 1811 sur le dépôt des armes entre les mains des

---

1. Art. 140. | 2. R. P., 1811, 9 février, 488. | 3. Art. 140-141. | 4. Art. 218-220. | 5. Art. 221-236. | 6. Arrêté du 9 février 1812. L. C., D. VI. F. LXX. | 7. L. C., l. 6.

garde-magasins du génie[1] ne furent jamais exécutés sur les côtes de l'Adriatique, ni sur la frontière turque. Il en résulta que les Morlaques restèrent armés et que, lorsqu'ils voyaient passer un officier ou un soldat français, ils ne résistaient pas, si le lieu était écarté, à la tentation de tirer dessus comme sur une pièce de gibier; ils croyaient, en le faisant, accomplir un acte méritoire.

TITRE XIV. — DES CULTES (ART. 143-149)

L'ordre de choses existant était maintenu : archevêchés, évêchés, chapitres, séminaires, paroisses, continuaient à exister[2], les couvents étaient supprimés par prétérition, les confréries l'étaient formellement[3], et leurs biens confisqués.

Un arrêté, supprimant les dîmes[4], avait fait disparaître un des principaux revenus des menses épiscopales et capitulaires, un crédit annuel de 100.000 francs était ouvert pour les indemniser[5]. Le calendrier français devait être suivi pour ce qui concerne les fêtes conservées ou supprimées[6].

Le décret du 4 septembre 1806, faisant du Concordat une loi d'État en Dalmatie, était, dès le premier jour, tombé en désuétude, mais l'autorité n'était pas pour cela désarmée vis à vis du clergé : l'évêque d'Arbe, Galzigna, avait fait bon accueil aux Autrichiens en 1809 : on l'envoya, en avril 1810, dans un couvent de Raguse[7]; le 21 mai, il écrivait pour faire sa soumission et demander sa grâce[8], mais ce ne fut que le 2 octobre qu'un ordre de l'Empereur mit fin à son exil[9].

Toute nomination était suspendue depuis cinq ans, et les rangs de l'épiscopat s'éclaircissaient : les sièges de Nona, Sebenico, Spalato, Lesina, Curzola étaient vacants; l'évêque de Traù, octogénaire et infirme, résidait à Zara; le fougueux évêque de Makarska, Blaskovich, était âgé de 85 ans; les archevêques de Zara et de Raguse, l'évêque de Scardona, affaiblis par l'âge, étaient incapables de résistance; l'évêque de Veglia avait dû se soumettre, et les biens des diocèses vacants allaient grossir les revenus des domaines.

Le clergé inférieur n'avait pas été traité avec moins de rigueur : le 8 octobre 1810, tous les ecclésiastiques de Raguse avaient été invités à prêter serment de fidélité à l'Empereur; cette cérémonie s'était accomplie en Dalmatie sans incident; à Raguse, les opposants résolurent de faire une manifestation retentissante : quinze prêtres, sur deux cents, refusèrent le

1. L. R. C. 35. | 2. Art. 143. | 3. Art. 149. | 4. Arr. du 15 novembre 1810. | 5. Art. 144. | 6. Art. 148. | 7. R. P. 1810, 1er avril. 973. | 8. *Ibid.*, 1489. | 9. *Ibid.*, 3.009 et 3.078

serment : quatre dominicains, huit franciscains et trois séculiers ; ils furent aussitôt arrêtés. Les franciscains, deux dominicains et un séculier signèrent aussitôt une pièce où ils demandaient pardon du scandale qu'ils avaient causé, et se déclaraient prêts à prêter le serment qu'ils avaient d'abord refusé. Après cinquante jours de détention, on les mit en liberté, le 24 décembre ; les quatre réfractaires, Pères Giaime et Rozaver, abbés Lallich et Mitrovich, furent exilés à Trebinje [1].

Le gouvernement sentait cependant qu'en usant de rigueur avec les prêtres il perdait tout espoir de se rattacher les populations. On étudia donc les moyens à prendre afin d'améliorer la misérable situation des curés : pour arriver à faire à chacun d'eux un revenu annuel de 500 francs, il fallait compter sur une dépense de 60.000 francs, et encore devait-on réduire d'un cinquième le nombre des paroisses [2] ; l'état des finances fit ajourner cette mesure et, en 1812, on en venait à proposer, comme économie, la suppression des séminaires, « parce qu'il y avait déjà trop de prêtres [3]. »

L'abolition des confréries et corporations, et la confiscation de leurs biens fut une mesure aussi impolitique que les vexations à l'adresse du clergé ; les membres de ces associations, appartenant en grande partie à la classe populaire, n'avaient pas eu encore de raisons spéciales d'en vouloir au gouvernement français ; en voyant supprimer les confréries, ils en conclurent qu'on ne les avait pas trompés en leur disant que les Français étaient les ennemis de leur religion. Cette suppression ne se fit d'ailleurs pas sans résistance. Quand les agents des domaines se présentèrent à Lagosta pour enlever les livres et l'argenterie des confréries, les femmes, armées de bâtons, se jetèrent sur eux et, pendant plusieurs jours, l'autorité ne put rétablir l'ordre [4]. Les hommes, que la crainte de la cour prévôtale avait tenus en respect, montrèrent leur mécontentement d'une autre manière : depuis deux ans, ils avaient repoussé bravement toutes les tentatives des Anglais et des corsaires ; dès lors, ils ne se défendirent plus, et nous verrons que, lorsque les Anglais viendront prendre possession de l'île, ils seront reçus en libérateurs.

Le clergé évita, par prudence, toute manifestation publique d'hostilité, mais l'administration ne se faisait aucune illusion sur ses véritables sentiments ; confidents et conseillers des familles, les prêtres ne pouvaient que combattre le régime nouveau, et prêcher tout bas la croisade contre les étrangers persécuteurs et spoliateurs. Les religieux de Saint-François, que Dandolo et Marmont avaient ménagés et flattés à l'envi, étaient traités avec autant de rigueur que les autres, et ceux d'entre eux qui avaient été les

1. *Diario* Stulli. | 2. Z. L., avril 1811. | 3. Z. L., novembre 1812. | 4. R. P., 1811, 17 août, 1763.

amis de la France abandonnaient son parti; pour n'en citer qu'un exemple, le Père Rebich, dont Marmont parle comme lui étant dévoué, se mettra à la tête des insurgés en 1813, et c'est lui qui préparera la défection de la garnison du fort San-Nicolo.

Le clergé grec-oriental combattait de toutes ses forces l'influence de la France, et, moins que personne, cependant, les Grecs avaient des raisons pour le faire. N'était-ce pas, en effet, Dandolo qui avait reconnu le premier à leur confession une existence légale, et qui avait fait nommer leur premier évêque? Mais les Grecs, qui étaient surtout nombreux du côté de Cattaro, se trouvaient sous l'influence monténégrine, et c'est eux qui se montrèrent les plus acharnés à la résistance. En 1810, le clergé grec de Pastrovich tout entier refusa le serment[1], et il fallut laisser cette provocation impunie, faute de moyens pour en obtenir réparation.

L'évêque grec Kraljevich, sacré et installé en 1810, fut invité à transférer sa résidence de Sebenico à Castelnuovo, pour mettre son autorité au service de la France; n'ayant rien à refuser au gouvernement à qui il devait d'être ce qu'il était, il se transporta aux Bouches avec son vicaire général, l'archimandrite Zellich, celui qui avait failli être évêque, et à l'activité duquel les Grecs avaient dû leur victoire. Kraljevich et Zellich se remuèrent beaucoup; leur zèle leur valut la permission de transformer en églises grecques un certain nombre d'églises dont furent dépouillées les communautés catholiques, mais quand il fallut modifier les sentiments de la population, ils se trouvèrent désarmés, et n'arrivèrent qu'à attirer sur eux les haines populaires. Un archimandrite monténégrin, nommé Vucetich, en résidence à Risano, contrecarrait toutes leurs démarches : c'était lui le véritable vicaire général des Bouches, dont le vladika Pierre était le véritable évêque. Vucetich en vint à déposer contre l'évêque ami des Français une plainte infamante[2] et Kraljevich retourna découragé à Sebenico; mais, signalé comme traître, il devait être, quelques années plus tard, l'objet d'une tentative d'assassinat, à la suite de laquelle il se retira à Venise.

Kraljevich est le seul prêtre que la Bergerie, dans son rapport de 1812, déclare digne de louanges : « Les prêtres de la communion grecque, dit-il, « sont les plus dissolus, mais leur évêque est énergique; » seulement l'énergie ne suffisait pas, et la question religieuse demeurera, tant du côté des Grecs que de celui des Latins, une des causes de désaffection qui précipiteront le dénouement.

1. R. P., 1810, 31 octobre, 3.331. — 3 novembre, 3.395. | 2. R. P., 1812, 18 mars, 3.395.

TITRE XV. — DES FINANCES (ART. 150-183)

SECTION I. — De la dette. — SECTION II. — Des pensions (art. 150-156).

Avant de régler le budget ordinaire, le Gouvernement avait à liquider tout un passé de dettes et de créances; de plus, l'Autriche et Venise lui léguaient une foule de pensionnaires et de retraités que la paix de Schœnbrünn mettait à sa charge. Il fallait tout d'abord introduire de l'ordre dans les titres antérieurs à 1810.

Dès le 29 avril 1810, l'intendant Dauchy avait pris un arrêté à ce sujet, et à plusieurs reprises son successeur Belleville avait essayé de régler une situation qui, loin de s'éclaircir, semblait, au contraire, se compliquer chaque jour. Les débiteurs de l'État avaient été invités à révéler sans retard leurs obligations sous peine de voir majorer leur dette d'une grosse amende, s'ils la dissimulaient; de fortes primes étaient promises aux dénonciateurs. Quant aux créanciers de l'État, il n'était pas nécessaire de les contraindre à se déclarer, mais il fallait examiner ensuite la valeur de leurs réclamations avant d'y faire droit.

L'intendance se déclara incapable de mener seule à bonne fin cet énorme travail, et l'art. 150 du décret organique décida l'envoi à Laybach d'une commission dite « de liquidation », composée d'un maître des requêtes et de deux auditeurs au Conseil d'État.

MM. de Las Cases [1], de Balbe et Chambaudoin furent nommés par décret du 10 juin, et le 17 juillet ils entrèrent en fonction. Ce n'est que le 29 février 1812 qu'ils purent terminer leur travail, et le 31 mars fut rendu sur leur proposition l'arrêté clôturant les exercices antérieurs à 1810 [2].

L'examen des archives de Laybach, de Zara et de Raguse suffit pour convaincre de l'activité que déploya la commission; il n'était pas besoin, disions-nous, de contraindre les créanciers de l'État à se présenter; cela n'est pas exact, car il faut compter sur les ignorants et les indifférents, sur tous ceux qui n'ont pas compris ce qu'ils avaient à faire, sur ceux qui ont perdu ou égaré leurs titres, sur ceux qui ne veulent pas s'en dessaisir. Le délai de rigueur avait beau être reporté d'échéance en échance, il y avait toujours des retardataires et la commission fit preuve d'une grande longanimité.

Mais une fois la dette éclaircie, il fallait la rembourser.

Un décret du 26 décembre 1811, modifié par un autre décret du 26 mars 1812, décida la création de rescriptions, gagées sur les immeubles domaniaux, qui devaient être réparties entre les créanciers dont les titres avaient

1. Las Cases est le futur compagnon de Napoléon à Sainte-Hélène, auteur du fameux Mémorial. | 2. L. R., C. 35.

été vérifiés ; or, ces rescriptions ne représentaient que des sommes rondes : on voulut obliger les créanciers à verser des soultes en argent; ce moyen détourné de contracter un emprunt fit une fort mauvaise impression [1].

Le bon fonctionnement de la commission et les services qu'elle avait rendus engagèrent l'Empereur à en prolonger l'existence. Elle eut à examiner les créances ayant une origine postérieure à 1810 et les écritures des comptables de l'État; la commission de liquidation se transformait en une délégation de la Cour des comptes [2]. Les attributions de la commission devaient s'accroître encore en 1813 : l'arrêté du 30 janvier lui confia l'examen des comptabilités communales, et celui du 20 avril la chargea d'examiner les titres des individus qui demandaient à être pensionnés par le Gouvernement.

La commission avait perdu, en 1812, son chef, Las Cases, rappelé à Paris, mais elle avait été complétée par l'adjonction de deux membres, Lichtemberg, grand propriétaire foncier de Carniole, et G.-D. Garagnin, que rendait disponible la nomination de Rouen des Mallets à l'intendance de Raguse.

SECTION IV [3]. — *Des dépenses (art. 162).*

L'article unique relatif aux dépenses contient le budget de 1811; nous n'en donnons qu'un résumé, mettant en regard les propositions faites par l'intendant Belleville le 15 octobre précédent :

	Propositions.	Budget arrêté.
Justice	459 [4]	400
Finances et pensions.	996	1.200
Trésor.	257	200
Intérieur.	1.597	800
Cultes.	427	527
Marine.	3.715	1.000
Guerre et régiments croates.	13.629	{ 3.437 { 2.400
Police et réserve.	120	63
Total.	21.200	10.027

D'un travail présenté à l'Empereur, au début de 1810, par le duc de Gaëte, il résulte que les prévisions s'élevaient, pour les dépenses à 16.500.000; pour les recettes à 23.000.000.

1. L. C. D. II, F. LXX. | 2. Arrêté du 30 avril 1812. L. R., C. 36. | 3. Nous avons cru pouvoir, pour la clarté de l'exposition, intervertir les sections III et IV. | 4. Les sommes sont exprimées en milliers de francs.

L'Empereur avait indiqué les mesures à prendre pour porter l'excédent des recettes de 6.500.000 à 13.000.000 [1].

Mais tous ces calculs reposaient sur des évaluations faites à la légère, et il fallut réduire de beaucoup les dépenses pour arriver, non pas à un excédent, mais tout au plus à l'équilibre.

La plus grosse différence se relève dans le budget de la guerre : l'économie de plus de 6.000.000 provient de ce fait que l'effectif des troupes stationnées en Illyrie avait été réduit, comme nous le verrons plus loin.

La marine illyrienne étant à peu près supprimée, on inscrivait à ce titre une économie de plus de 2.500.000.

Les 800.000 fr. économisés sur le budget de l'intérieur viennent du report, sur un autre exercice, d'un million affecté à de grands travaux d'utilité publique, tels que ceux de la Kerka.

Les Finances sont majorées de plus de 200.000 fr., par suite de l'évaluation erronée faite par Belleville des pensions à la charge de l'État.

Les Cultes offrent une augmentation de 100.000 fr. représentant l'indemnité inscrite en compensation des dîmes supprimées.

La Justice et le Trésor voyaient leurs budgets légèrement réduits, parce qu'on espérait supprimer un certain nombre de tribunaux et d'emplois de finances.

En somme, le budget, qui avait été de 21 millions, tombe à 10. Il nous reste à voir comment seront opérées ces recettes de 10 millions et en particulier comment on fera rendre à la Dalmatie 1.330.910 fr., à Raguse 455.368 fr., à Cattaro 93.271 fr.. sommes portées dans les évaluations de recettes dressées par M. Jonquières, chargé de ce travail [2].

SECTION III. — *Des contributions directes (art. 157-161).*

Dès la première organisation des provinces illyriennes, il avait été arrêté qu'elles seraient soumises au même régime fiscal que le reste de l'Empire; on ne prévoyait pas que l'introduction de ce mécanisme compliqué serait difficile dans un pays accoutumé à ne payer que des droits en nature ou des droits de consommation. Les paysans de Dalmatie et même de Carniole étaient faits à cette idée qu'une partie de leur récolte devait revenir de droit au seigneur, propriétaire effectif, ou à l'Empereur, propriétaire éminent; ils admettaient aussi que celui qui se procurait une jouissance quelconque en faisant un achat, ou réalisait un bénéfice en vendant le produit de son travail, devait laisser une part à l'État sous forme de droit de vente ou d'entrée. La conception de l'État créancier-né de chacun de ses administrés, n'était pas encore familière à ces esprits un peu

1. A. N., AFIV, 1713. Avril 1810. | 2. A. N., AFIV, 1713. Octobre 1810.

primitifs, et l'annonce de l'établissement des contributions dites directes causa quelque émoi.

On n'établit d'abord que l'impôt foncier sur la terre et les propriétés bâties [1] et l'impôt des patentes [2]. La contribution personnelle ne fut introduite que l'année suivante [3] et celle des portes et fenêtres devait entrer en vigueur en 1813; le retard apporté à la confection des matrices, le mécontentement général, qu'il ne fallait pas braver au milieu de circonstances politiques extrêmement graves, firent ajourner l'établissement de ce dernier impôt à 1814, et l'invasion en empêcha le recouvrement.

Aux impôts directs venaient s'ajouter les centimes additionnels : l'article 157 en établissait deux pour fonds de non-valeurs, plus les centimes représentant les frais de perception et les centimes communaux; le tout ne devait pas dépasser 10 o/o du principal. Cette prescription fut méconnue, car nous trouvons, en 1812, 17 centimes (non-valeurs 2, perception 5, communaux 5, dépenses fixes et variables 5), et en 1813, 37 centimes (non-valeurs 2, perception 5, communaux 5, cadastre 3, dépenses fixes et variables, 22), soit une majoration d'impôts de plus d'un tiers [4].

Telle était l'organisation théorique, mais, dans les provinces qui nous intéressent, nous ne la trouverons appliquée nulle part : ce sont trois régimes exceptionnels que nous verrons fonctioner à Zara, à Raguse et à Cattaro.

Les Dalmates, aussitôt après la publication de l'arrêté de 1810 sur l'impôt foncier, avaient protesté et demandé le maintien des dîmes. Outre la routine et la crainte de l'inconnu, il y avait des raisons assez spécieuses qui les portaient à réclamer : le numéraire manquant, le commerce d'échanges était à peu près seul à se pratiquer dans l'intérieur; mieux valait prendre les denrées qu'il faudrait sans cela acheter aux intermédiaires pour l'entretien des troupes. Marmont accorda donc aux Dalmates le maintien des dîmes [5]; mais c'était seulement dans le *nuovo* et le *nuovissimo acquisto*, l'intérieur, que les dîmes étaient perçues; le pays allait donc se trouver divisé en deux zones soumises à deux régimes différents; pour faire régner l'égalité, on soumit aussi le *vecchio acquisto* au régime de la dîme qu'il n'avait jamais connu [6]; on autorisa seulement les contribuables à se libérer en argent, s'ils le préféraient, mais à condition qu'ils en fissent la demande avant le 1er janvier, en y joignant des pièces établissant quel avait été le revenu de leurs terres pendant les cinq dernières années, afin de donner les éléments nécessaires pour fixer la somme à payer en équivalence de la dîme.

1. Arrêté du 16 juillet 1810. | 2. Arrêté du 17 juillet 1810. | 3. Arrêté du 10 décembre 1811. | 4. Z. L., 1812, 1813. Rapports financiers. | 5. Arrêté du 20 décembre 1810. | 6. Arrêté du 10 décembre 1810.

Egalement pour établir l'uniformité, les dîmes ecclésiastiques furent incorporées aux recettes publiques, sauf indemnité aux ayants-droit.

Ainsi établies, les dîmes furent affermées : une comptabilité régulière ne pouvait s'accommoder de produits pouvant, suivant les années, varier dans la proportion du simple au triple. Les dîmes furent donc divisées en 150 lots qu'on mit aux enchères, et l'on eut de ce côté un revenu fixe d'environ 600.000 fr. qui laissait une belle marge aux adjudicataires, puisque sous Dandolo la dîme du *Nuovo Acquisto* seul avait donné en régie 900.000 fr. en 1807, et plus d'un million en 1808.

Quant aux centimes additionnels, ils étaient partout payables en numéraire ; or, il se produisit à ce sujet des réclamations sérieusement fondées : cinq centimes étaient portés comme frais de perception, mais ces frais étaient à la charge des fermiers des dîmes, et l'Etat encaissait à ce titre des sommes qui ne correspondaient à aucune dépense. De plus, les paysans se croyaient, en payant la dîme, libérés de l'obligation de porter leur argent au percepteur ; or, les centimes leur furent réclamés en espèces, en sus de la dîme, et il leur fallut faire parfois de véritables voyages, vu l'éloignement des centres de perception, pour verser des sommes souvent insignifiantes.

Cette réclamation fit l'objet d'un rapport du directeur des contributions, rapport dont les conclusions sont favorables aux réclamants [1] : « C'est « une erreur, dit-il, d'avoir pris la dîme pour l'évaluation en principal « de la contribution foncière. En effet, en Dalmatie, les frais de culture « représentent au moins la moitié de la récolte, et l'habitant qui paye « un dixième du produit brut paye en réalité plus d'un cinquième du « produit net. Or, dans l'intérieur de l'Empire, principal et centimes « n'excèdent pas le dixième. Donc, en Dalmatie, dont la misère est « connue, on ne devrait pas considérer l'évaluation de la dîme comme « le principal de l'impôt, et les centimes devraient être pris *en dedans* et « non *en dehors* de cette évaluation. » Une réforme dans ce sens devait fonctionner à partir de 1814.

L'impôt des propriétés bâties (*casatico*) restreint aux villes, ne provoqua pas de grandes réclamations ; il était d'ailleurs établi avec modération ; au lieu d'en faire un impôt de répartition, on avait établi les matrices en calculant le vingtième du produit moyen des immeubles pendant les dix dernières années, ce qui en faisait un impôt de quotité ; les contrôleurs eurent pour instructions de se faire représenter les baux ; or, il n'en existait pas ; ils se contentèrent donc des déclarations qu'on voulut bien leur faire et qu'ils ne pouvaient contrôler, ce qui amena souvent des estima-

1. Z. L., 1812.

tions dérisoires. Pour toute la Dalmatie, cet impôt ne donna, en 1812, que 58.000 fr.

L'impôt personnel de trois journées de travail provoqua beaucoup de protestations : l'évaluation de la journée, fixée à 3 francs, était excessive ; de plus, le payement de cette contribution n'exemptait pas des innombrables corvées à faire pour l'achèvement et la réparation des routes : il y avait double emploi, et l'impôt ne fut pas payé sans résistance.

Quant aux patentes, comme on n'avait imposé que les métiers, en exemptant les professions, cet impôt ne rendit presque rien, l'industrie n'existant pour ainsi dire pas en Dalmatie.

Raguse avait conservé le privilège de remplacer l'impôt foncier par un droit de consommation ; on établit cependant des matrices pour permettre le recouvrement des centimes. L'impôt personnel fixé, en 1811, à 12.000 fr., fut porté, en 1812, à 35.000 [1], puis réduit à 26.000 [2].

La contribution sur les immeubles est, en 1811, de 5.000 fr., en 1812 de 8.000 [3]. Les droits de consommation qui remplaçaient l'impôt foncier s'élevaient, centimes compris, à 103.000 fr., soit 69.000 fr. en principal.

Le canton de Fort Opus et Curzola restaient, même après leur réunion à la province de Raguse, soumis au régime décimal.

Quant aux Bouches de Cattaro, on procéda très irrégulièrement par voie d'accommodements amiables.

En 1811, le général Bertrand conclut une transaction [4] arrêtant à 60.000 fr. les contributions arriérées de 1808, 1809 et 1810. Pour 1811, l'impôt fut réduit à 50.000 fr. [5], plus 4.500 d'impôt personnel.

La rentrée de cet impôt fut des plus laborieuses.

L'intendant Lareinty et le subdélégué Robinet recevaient de Laybach des mises en demeure d'avoir à faire payer [6]. Les communes paisibles comme Perasto et Dobrota envoyaient des députations pour exposer leur misère ; les Grecs, notamment dans la Zupa, refusaient péremptoirement, et jamais on ne put obtenir que des menaces jusqu'au jour où le pays fut occupé militairement.

Pour nous rendre compte de la manière dont fonctionnait le service des contributions directes, écoutons les doléances du subdélégué Santo, de Spalato, dans son rapport sur 1812, la dernière année normale de l'occupation française [7] :

---

1. Arr. du 15 juillet 1811. R. P., 1811, 2 octobre, 3199. | 2. R. P., 1811, 12 novembre, 3706. | 3. R. P., 1812, 25 décembre, 44192. | 4. Z. L., 7 novembre 1811. | 5. Avis de l'intendant général du 25 décembre 1811. | 6. R. P., 1812, 7 janvier, 89. — 9 janvier, 110. — 20 janvier, 275. — 22 janvier, 288. — 9 mars, 1029. | 7. Z. L. Santo à la Bergerie, janvier 1813.

Les recouvrements se sont opérés avec beaucoup de frottements et de difficultés : l'innovation en matière d'impôt toujours mal accueillie, même des
peuples civilisés, l'état presque sauvage de ce peuple non accoutumé à en payer,
sa misère extrême occasionnée par de mauvaises récoltes et particulièrement par ·
l'obligation d'acquitter les dîmes arriérées que l'incurie des agents décimaux
avait laissé s'accumuler pendant deux ans, telles sont les causes des obstacles qui
se multiplient sous les pas des percepteurs.

Ces percepteurs, pour la plupart, sont ignorants et sans intelligence ; ils n'étu-
dient pas les lois, ils ne savent pas les appliquer ; la routine seule les guide et
aucun d'eux n'apporte dans ses fonctions cette persévérance qui doit aller jusqu'à
l'obstination : aussi les versements périodiques dans la caisse du receveur ne
s'opèrent-ils presque jamais aux termes indiqués.

La répartition qui, lorsqu'elle est faite avec impartialité et discernement, facilite la rentrée des contributions au point qu'elles coulent comme de source, a
laissé jusqu'ici beaucoup à désirer. Les membres des commissions communales
sont en général bornés, dirigés par des intérêts personnels, et n'ont qu'une
notion très imparfaite des facultés de chaque contribuable ; il en résulte de
grands inconvénients auxquels Son Excellence a beaucoup remédié en créant,
par un arrêté du 17 novembre, une commission centrale de répartition.

Les contrôleurs des contributions ont si mal formé les matrices des rôles des
centimes additionnels aux dîmes de 1812, que plusieurs propriétaires payent une
imposition plus forte en centimes qu'en principal, ce qui est ridicule. A la vérité
il n'existe dans ce pays aucun cadastre parcellaire ; le propriétaire le plus souvent
ne connaît ni les limites ni les produits de ses terres, il se livre à la merci de
ses colons qui lui rendent des comptes résultant de leur degré de probité. Cet
état de choses ne facilite pas l'assiette des contributions.

J'ai parlé plus haut de la misère du peuple agriculteur ; je croirais manquer à
mon devoir si je n'en présentais pas à vous, Monsieur l'Intendant, l'affligeant
tableau. Le Morlaque, pour acquitter l'arriéré de la dîme, a vendu jusqu'aux
bestiaux nécessaires à la culture de ses champs, jusqu'aux grains destinés à les ·
ensemencer ; d'habiles agioteurs ont spéculé sur sa misère pour l'accroître et le
ruiner de fond en comble. Je ne puis faire un pas sans entendre les gémisse-
ments de ces misérables...

Si, malgré mon inhabileté, il m'est permis de hasarder quelques réflexions sur
le système des contributions, je dirai, qu'en le transportant de France en Dalmatie, il fallait lui faire subir un bien plus grand nombre de modifications, car
je crois que les institutions doivent être fondées sur les ressources et l'industrie
du pays qui les reçoit ; et quel contraste entre les Français et les Dalmates ! Les
premiers payent des contributions foncières très fortes parce qu'en France l'agriculture est presque un art ; en Dalmatie, elle est à peine un métier. Dans
l'Empire, l'impôt sur les portes et fenêtres est une espèce de loi somptuaire qui
atteint les particuliers possesseurs de superbes hôtels et de grandes maisons ;
dans cette province, les habitants n'ont que de très humbles demeures : aussi
ce dernier impôt ne rendra presque rien au Trésor, fera murmurer et supposer
au Gouvernement des intentions qu'il est loin d'avoir.

Si donc, au lieu de plusieurs petites impositions qui tombent à faux, on en établissait une bonne qui portât sur les ressources et l'industrie de ce peuple, le Gouvernement obtiendrait un bien meilleur résultat, sans mécontenter personne ; pour cela, je pense qu'il faudrait établir des patentes, et que les négociants, les marchands, tous ceux qui exercent une profession quelconque y fussent généralement soumis.

J'ai lieu de penser, d'après les informations que j'ai prises, que cette imposition réussirait dans mon arrondissement.

SECTION V. — *Des contributions indirectes* (art. 163-183).

§ 1. — Enregistrement et domaines (art. 163-166).

L'arrêté établissant le timbre parut le 15 juillet 1810 ; la régie des domaines fut organisée définitivement le 28 octobre de la même année.

Le décret du 15 avril se contentait de viser les lois de l'Empire relatives au timbre, à l'enregistrement et aux hypothèques [1], et les trois administrations demeurent d'abord réunies dans la même main ; mais, par la suite, les fonctionnaires se multiplient sans que pour cela les recettes suivent la même progression. Des arrêtés du 28 décembre 1811, 13 janvier et 20 août 1812 [2], il résulte qu'il y avait dans l'intendance de Zara vingt-deux employés principaux de ce seul service, sans compter les agents subalternes : un directeur général, deux inspecteurs, un conservateur des hypothèques, trois vérificateurs, un receveur en chef et onze receveurs d'arrondissement, un receveur du timbre extraordinaire, un garde-magasin du timbre, un timbreur.

Le conservateur des hypothèques était en même temps receveur de l'enregistrement des actes judiciaires ; il avait deux employés sous ses ordres [3], et, pendant le premier semestre de 1813, ils avaient opéré 754 fr. de recettes [4].

L'enregistrement et le timbre avaient donné, en 1812, 127.000 fr., somme notablement inférieure aux prévisions, mais suffisante pour couvrir les frais de personnel et d'imprimés [5]. Le subdélégué de Spalato estimait qu'en 1814, quand seraient mises en vigueur toutes les dispositions relatives au régime hypothécaire, on arriverait à recouvrer 180.000 fr.

En attendant, l'administration s'ingéniait à trouver de nouveaux articles à imposer : les cartes à jouer [6], les catalogues de librairie [7], la musique [8] ; et la recherche des contraventions était faite par certains employés d'une manière si maladroite et vexatoire, que le directeur de l'enregistrement et du timbre est obligé d'adresser à son personnel une circulaire pour le rappeler à des procédés empreints d'un zèle moins excessif [9].

1. Art. 163. | 2. Z. L., 1811 et 1812. | 3. Z. L., Rapport de la Bergerie, août 1813. | 4. *Ibid.* | 5. Z. L., Rapport de la Bergerie, 26 décembre 1812. | 6. Arrêté du 6 octobre 1811. | 7. Arrêté du 25 août 1812. | 8. Arrêté du 7 avril 1812. | 9. L. R., C. 36.

L'administration des domaines fut remise en Dalmatie à des hommes probes et intelligents, et les produits s'élevèrent en deux ans de 160 à 260.000 fr., par le seul fait d'une meilleure gestion [1]. De plus, la suppression des confréries ajouta 15.000 fr. au revenu annuel, sans parler de quantités considérables d'or et d'argent provenant des vases sacrés, reliquaires, chandeliers, etc., des chapelles des confréries. L'argent sera employé pendant les sièges de Zara et de Cattaro pour frapper des monnaies obsidionales.

En 1811, les bénéfices vacants, administrés jusque-là par un économat spécial, passèrent sous la direction des domaines, ce qui faisait prévoir la suppression des bénéfices et la confiscation des biens sur lesquels ils étaient rentés [2].

En 1812, le domaine extraordinaire, comprenant les revenus de bénéfices vacants, apporte un contingent de 95.000 fr. à la caisse commune [3].

Enfin, le droit de 10 o/o sur les legs et donations faits en dehors de la ligne directe fut établi, par l'arrêté du 12 mai 1812, en Dalmatie. Il y avait deux ans que cette taxe, établie par une ordonnance de Marie-Thérèse, de 1759, avait été remise en vigueur dans les provinces du Nord.

§ II. — Forêts (art. 167-171).

La conservation des forêts et le reboisement des montagnes avaient été l'objet de toutes les sollicitudes de Dandolo.

Le gouvernement illyrien reprit cette tâche, mais en y apportant une rigidité qui contrastait avec les procédés de persuasion chers au provéditeur.

Il fut absolument interdit de couper du bois sans l'autorisation des ingénieurs des ponts et chaussées [4]. Cette défense fut appliquée avec une sévérité sans exemple : pour un arbre coupé, pour quelques fagots recueillis à l'entrée de l'hiver dans les bois particuliers, des paysans, des nobles, des supérieurs de couvent, furent mis en prison. Quand un propriétaire voulait couper un arbre lui appartenant, il devait rédiger une demande énonçant l'essence de l'arbre, son diamètre, sa hauteur et l'emploi qu'on en voulait faire [5].

Le décret du 15 avril prescrivait la préparation d'une règlementation nouvelle [6]; une hiérarchie forestière fut établie par un arrêté du 24 juillet 1811.

L'inspecteur nommé par la Dalmatie était G.-L. Garagnin, frère de l'ad-

1. Z. L., Rapp. de la Bergerie sur 1812. | 2. Z. L., 15 avril 1811. | 3. Z. L., 26 août 1813. | 4. Arrêté du 5 juin 1810. | 5. R. P., 1810-1811, pass. | 6. Art. 168.

ministrateur de Raguse, et sylviculteur distingué; on plaça sous ses ordres un certain nombre de gardes qui mirent moins d'entraves que les ingénieurs à l'exploitation rationnelle des forêts. Quant au reboisement, on ne put s'en occuper faute de fonds; on se borna à quelques arrêtés sur la restriction du droit de pâture [1] et sur les dégâts commis dans les forêts de l'État [2]. Dans les domaines communaux et particuliers, la conservation fut laissée à l'initiative des maires et des propriétaires, ce qui ne contribua pas médiocrement à précipiter la destruction des richesses forestières de la Dalmatie.

Quant aux produits, ils sont nuls : le rapport adressé pour 1812 au ministre des finances [3] explique ce résultat négatif par les dégâts faits pendant la dernière guerre.

§ III. — Douanes (art. 172-175).

Le décret des Tuileries du 28 novembre 1810 [4] avait réglementé les douanes organisées par un arrêté du 30 mars 1810.

Le décret du 15 avril détermine qu'à part les droits de barrière, payés à l'enregistrement, la régie des douanes doit percevoir tous les droits qui sont acquittés par le commerce de terre et de mer [5].

Un tarif fut publié [6] avec la nomenclature des innombrables articles qui étaient sujets aux droits, exempts ou prohibés; certains de ces articles suggèrent des réflexions malicieuses : parmi les marchandises dont la sortie est prohibée, on trouve la suie de cheminée, les machines à faire les bas, la garance (que la Dalmatie ne produisait pas) et le beurre frais. Dans tous les tarifs de douane, il y a de ces dispositions dont la fin reste un mystère pour les profanes. Une mesure dont les causes sont plus faciles à retrouver est la modicité des droits qui frappaient les grains de Hongrie et les bestiaux de Bosnie destinés aux ports italiens : c'était une prime offerte aux navigateurs qui tenteraient de forcer le blocus. Les métaux bruts étaient interdits à l'entrée : c'était une mesure protectrice de l'industrie française qui exportait en Illyrie des métaux travaillés.

Les denrées coloniales étaient sévèrement prohibées, ainsi que toutes les marchandises anglaises.

Il ne suffisait pas d'établir des prohibitions et de frapper d'un droit les marchandises entrant et sortant; il fallait aussi entretenir des agents pour empêcher la contrebande; il n'en manquait pas : outre les préposés des douanes, les pandours étaient chargés de la surveillance des côtes et des

1. Arr. du 15 juin 1812. L. R., C. 36. | 2. Arr. du 27 septembre 1812. *Ibid.* | 3. A. N. AFiv., 1713. | 4. L. R., c. 38. | 5. Art. 172. | 6. L. R., C. 38.

frontières ottomanes, mais le service était mal fait; les pandours et même les douaniers passaient pour être de connivence avec les contrebandiers, et en 1811, un inspecteur des douanes de Cattaro fut mis en prison pour ce fait.

Une réorganisation complète fut jugée nécessaire : le directeur visita le pays pendant l'année 1811 et sa conclusion fut que le personnel était insuffisant ; aux 93 agents existants, il pensait qu'il fallait en adjoindre 500 autres, moyennant quoi il se faisait fort de couper court à toute tentative de contrebande [1]. Le remède fut jugé pire que le mal : 600 agents ne pouvaient coûter beaucoup moins de 600.000 fr., et les douanes de Dalmatie devaient donner 150.000 fr. au plus; on en avait évalué le produit à 204.284 fr. en 1809, et on n'avait perçu que le quart de cette somme. A ce projet qui demandait un personnel dispendieux, on en préféra un autre qui supprimait le personnel et les douanes elles-mêmes; un décret de Saint-Cloud [2] mit la Dalmatie, l'Istrie, la Croatie, Raguse et Cattaro en dehors des douanes de l'Empire; la seule réserve faite par le décret était relative aux marchandises anglaises que le pacte du blocus continental n'autorisait pas à laisser pénétrer, mais la surveillance des côtes fut établie d'une manière tellement insuffisante qu'on voyait bien que l'interdiction n'était maintenue que pour la forme. Dès lors, la contrebande fut tacitement autorisée; on fit seulement courir de temps en temps le bruit que la peste était à Lissa ou à Malte, ce qui permettait d'exercer toutes les rigueurs de la police sanitaire sur les capitaines de navires qui disaient trop ouvertement venir des îles anglaises. On réprima ainsi administrativement les imprudences de langage des marins qui se vantaient de leurs relations avec l'ennemi, et on leur évita la cour prévôtale dont ils eussent été justiciables.

Quand, au contraire, les contrebandiers procédaient discrètement, choisissaient des points écartés pour débarquer et ne débarquaient pas de trop grandes quantités de contrebande anglaise, l'autorité fermait les yeux; à quoi bon molester inutilement la population alors qu'on était dans l'impossibilité de la surveiller efficacement? Le subdélégué de Spalato ajoute [3] que si la contrebande n'avait pas fait gagner quelque argent aux pauvres gens, ceux-ci eussent été incapables de payer leurs impôts, tandis qu'ainsi ils les payaient, et même assez exactement, comme s'ils eussent voulu faire preuve de zèle vis-à-vis de l'administration et lui fermer les yeux sur leurs infidélités.

1. Z. L., 1811. | 2. 17 novembre 1811. T. O., 8 février 1812. | 3. Z. L., Rapport cité plus haut.

§ IV. — Sels et tabacs (art. 176).

Le décret ne contenait que cette disposition : « Notre ministre des « finances nous fera un rapport sur la vente des sels et la ferme intéressée « des tabacs, » ce qui semble annoncer l'intention de procéder à un remaniement général; cependant rien ne fut innové en ce qui touche les sels; les arrêtés des 26 mars, 16 et 20 avril et 18 mai 1810 continuèrent les traditions de Dandolo; on releva seulement les prix; le sel acheté en Italie coûtait 3 sous la livre au lieu de 2 ; on le revendit 4, au lieu de 3, aux indigènes, et 8, au lieu de 5, aux Turcs [1].

Les saulniers de Pago et de Stagno, ainsi que ceux d'Istrie, fournissaient annuellement 13.000 moggia de sel [2], soit plus de 11 millions de kilogrammes, et le bénéfice annuel des deux provinces de Dalmatie et de Raguse s'élevait à 700.000 fr., représentant le tiers des recettes prévues au budget et la moitié des recettes effectuées [3]. Les travaux faits à Stagno sous l'administration de Garagnin avaient permis de remettre en valeur beaucoup de marais salants abandonnés, ce qui contribua à rétablir l'équilibre financier gravement compromis par les mécomptes que nous avons signalés.

Si rien ne fut changé à l'administration des sels, l'organisation des tabacs fut complètement bouleversée et la ferme remplacée par la régie.

En 1810, on avait fait des marchés [4] avec l'ancien adjudicataire Schram, de Fiume. Or, ce spéculateur passait pour vendre trop cher des produits plus que médiocres; un décret de l'Élysée déclara son contrat caduc [5], et créa la régie des tabacs en Illyrie, en chargeant M. Delaville-Leroulx de l'organiser. Sous cette direction, les produits de la régie s'élevèrent, pour sept mois de 1811, à 3 millions, dont une petite partie, il est vrai, dans les provinces dalmates, à cause de la contrebande effrénée qu'y ont fait de tout temps les Bosniaques et les Albanais.

Le décret de l'Élysée montrait quelque sollicitude pour les cantons illyriens qui cultivaient le tabac, et prenant en considération les intérêts de l'agriculture italienne, ordonnait qu'on achèterait en Italie le tiers du tabac consommé en Illyrie.

La régie des tabacs fut chargée en même temps du débit des poudres et salpêtres dont le monopole avait été confirmé par deux arrêtés de 1810 [6]; deux autres arrêtés de 1812 opèrent la fusion de ces deux services [7].

1. R. P., 1812, 26 octobre, 4488. | 2. 1 moggio = 19.000 libbre grosse de Venise; 1 libbra grossa de Venise = 0ᵏ 447. | 3. A. N., AFiv, 1713. | 4. Arrêtés des 27 juin et 9 juillet 1810 (L. R. C. 34). | 5. Décret du 14 mars 1811 (L. R., *ibid*). | 6. Arrêtés des 15 juillet et 17 décembre 1810 (L. R., C. 36). | 7. Arrêtés des 5 août et 15 décembre 1812 (T. O., 22 mars 1813).

§ V. — Postes (art. 177-178).

Le décret organique ne prescrit rien en ce qui concerne les postes, mais sous l'impulsion du directeur, M. d'Etilly, de nouveaux progrès furent introduits chaque année; l'interruption presque constante des communications maritimes avait amené la création de services de terre traversant la Croatie pour aboutir à Constantinople et à Salonique aussi bien qu'à Zara et à Cattaro. Cette dernière ville finit, quand la route et le pont sur la Narenta eurent été achevés, par n'être plus qu'à cinq jours de Zara et à huit de Cattaro, en été, le service se faisant partie en voiture, partie à cheval; en hiver, les neiges causaient des retards qui doublaient souvent la durée du trajet. Un service de chevaux et de voitures de poste fut également mis à la disposition des voyageurs. M. d'Etrevilliers, nommé conseiller à la Cour de Raguse en 1813, mit seulement vingt jours pour venir de Paris [1]; ce voyage fut longtemps cité comme exceptionnellement rapide.

En même temps que le service s'améliorait, les dépenses commençaient à être couvertes par les recettes, et, en 1812, les postes d'Illyrie donnaient pour la première fois un revenu net de 150.000 fr. [2]

§ VI. — Loterie (art. 179).

Jamais Dandolo n'avait autorisé l'établissement de la loterie à Zara, et, quand il faisait partie de la municipalité provisoire de Venise, il s'était déjà élevé contre cette institution dont les revenus étaient prélevés, disait-il, « sur le pain de la souffrance et le fruit du crime. »

Marmont raconte dans ses Mémoires [3] qu'il supprima les jeux qu'il trouva établis en Illyrie; mais il ne dit pas qu'un arrêté du 20 août 1810, modifié quant aux chances de gain par un arrêté du 27 octobre 1810, les rétablit et qu'ils fonctionnèrent jusqu'à la fin de la domination française.

On a dit que c'était un impôt légitime, parce qu'il est essentiellement volontaire, mais il faudrait prouver que la volonté des pauvres gens est libre quand, stimulés par l'attrait d'un gain énorme, ils jettent le plus clair de leurs maigres salaires sous la roue de la fortune.

La loterie donna, en 1811, 6.500 francs de bénéfices, et, en 1812, grâce à la modification des tarifs de payement, 240.000 francs [4].

§ VII. — Monnaies (art. 180).

Les Français trouvèrent en circulation, quand ils occupèrent l'Illyrie,

1. *Diario* Stulli | 2. A. N., AFiv. 1713. Rapport au ministre des finances sur 1812. | 3. Marmont, Mémoires, L. XIII, Corr., p. 418. | 4. A. N. AFiv. 1.713. Rapport au ministre des finances sur 1812.

deux monnaies : l'une en papier, les *Banco-Zettels* ou *Cedole bancali* de Vienne, monnaie fiduciaire extrêmement dépréciée, et l'autre en billon qui, grâce à son titre très inférieur à sa valeur réelle, n'offrait pas beaucoup plus de garanties que le papier. L'invasion de 1809 avait inondé la Dalmatie de ces monnaies de mauvais aloi, et l'administration française entreprit de les refouler dans les pays autrichiens. On se souvenait de la crise provoquée, en 1806, par la brusque révolution monétaire tentée par le général Molitor; on profita donc de l'expérience acquise et l'on procéda par réductions successives.

Pour les *Banco-Zettels*, on fixa d'abord leur valeur réelle au quart de leur valeur nominale [1], puis, un mois après, au cinquième [2], puis au sixième [3] et enfin on les prohiba [4].

Pour les monnaies de billon et de cuivre, les arrêtés cités plus haut avaient commencé à en réduire graduellement la valeur; cette mesure fut continuée par les arrêtés des 15 mars, 28 juin et 2 novembre 1810; et le taux fixé, en novembre 1810, s'éloignait si peu de la valeur intrinsèque du métal qu'il ne restait plus de marge aux spéculateurs pour des agiotages frauduleux.

§ VIII. — Octrois (art. 181).

Les octrois étaient des taxes municipales; à Raguse seulement, les droits de consommation étant considérés comme l'équivalent de la contribution foncière, les octrois étaient perçus pour le compte du Trésor; la ville de Raguse avait conservé une partie de ses anciens revenus, qui lui permettaient de faire face autrement aux dépenses que les autres villes n'eussent pu solder sans percevoir les taxes établies sur les denrées et matières premières qui pénétraient dans leur enceinte.

L'octroi ne fut pas une taxe impopulaire en Dalmatie, parce qu'il avait de tout temps été perçu, et, comme les tarifs français étaient plus modérés que ceux de Venise, on constata un abaissement dans le prix des objets de première nécessité; malheureusement, la stagnation du commerce causa un tel appauvrissement que ce bienfait passa inaperçu.

Que faut-il penser de l'organisation financière établie par le décret du 15 avril et par les dispositions antérieures qu'il codifie? Nous ne reviendrons pas sur ce qui a été dit plus haut des contributions directes; quant aux contributions indirectes, il faut mettre à part les régies et monopoles et les douanes qui sont des impôts intelligibles pour les nations les moins

---

1. Arrêté du 25 nov. 1809 (L. R., C. 35). | 2. Arrêté du 25 déc. 1809. (*Ibid.*) | 3. Arrêté du 10 janvier 1810. (*Ibid.*) | 4. Arrêté du 14 avril 1810. (*Ibid.*)

civilisées, si toutefois ils ne sont pas levés avec un luxe de formalités et de rigueurs qui en fasse un instrument de persécution. Restent les droits de timbre, enregistrement, hypothèques, etc...; ils supposent l'établissement d'une législation très parfaite, ou du moins très compliquée, ce qui n'est pas la même chose, dont tous les contribuables doivent avoir une légère notion. Or, cette législation, transplantée brusquement en Dalmatie, trouvait un terrain qui n'était nullement préparé pour la recevoir; si, dans les classes instruites, il se rencontra quelques hommes d'élite dont l'esprit était assez ouvert aux problèmes juridiques pour qu'ils pussent s'assimiler rapidement les grandes idées du Code Napoléon, dans la classe moyenne, au contraire, on ne put recruter aucun avocat, aucun officier ministériel, aucun maire, aucun secrétaire de mairie. Les gens du peuple se contentaient d'opposer une résistance d'animaux rétifs à toutes les innovations utiles ou non; ils s'y seraient prêtés, sans doute, si l'on avait eu des maires, des instituteurs, des hommes de loi pour leur expliquer la raison d'être, parfois fort sage, des règles nouvelles qui leur étaient tracées; mais, aucun initiateur ne s'étant chargé de cette tâche, les préjugés s'enracinèrent et les fonctionnaires français ne furent regardés que comme des intrus dont le seul emploi était de réclamer de l'argent.

TITRE XVI. — DE L'ADMINISTRATION DE LA JUSTICE (ART. 184-257)

Ce que nous venons de dire nous amène naturellement à la question de l'introduction, en Illyrie, du Code Napoléon et des autres lois françaises.

Pendant la première période d'occupation (1806-1809), on s'était ingénié à choisir parmi les lois françaises celles qui pourraient être appliquées immédiatement, et l'on se réservait de préparer le terrain pour la promulgation des autres. En 1811, on décida de procéder autrement et d'imposer en bloc à l'Illyrie toute la législation française. Nul ne songea qu'il fût possible de gouverner l'Illyrie avec ses propres lois, celles qui avaient leur fondement dans l'histoire, dans les traditions, et jusque dans la configuration physique du pays; ainsi cependant avaient fait les Romains, ne donnant que petit à petit, par concessions individuelles, le droit d'être régi par la loi romaine; ainsi feront un jour l'Angleterre et la Russie, et l'on sait avec quel succès! Mais qui aurait osé dire et même penser, dans l'entourage de Napoléon, que le corps des lois françaises n'était pas adapté à tous les temps et à tous les pays? Les juristes, par admiration pour leur œuvre, les administrateurs, par esprit de centralisation, les courtisans, sans savoir pourquoi, n'admettaient pas qu'un seul article du Code ne pût pas être utilement applicable aux pays arriérés comme la Dalmatie.

Tous commettaient une erreur d'optique : et, ayant devant les yeux le magnifique monument juridique auquel Napoléon avait donné son nom, ils ne voyaient rien en dehors de cette œuvre, et croyaient avoir devant eux la synthèse de toute la science du droit ; cependant ils se trompaient.

Un homme d'État a dit qu'il ne savait pas ce qui avait le plus fait pour la gloire de Napoléon, d'Austerlitz ou du Code ; le Code est, en effet, une compilation de tous les principes juridiques qui composaient le patrimoine de la science du droit en France depuis dix générations ; de tous ces éléments dissociés, un génie créateur a formé une œuvre d'ensemble en faisant disparaître des coutumes vieillies et en y introduisant quelques-uns des principes au nom desquels s'était faite la Révolution. Mais cet ensemble était celui des lois françaises, il était appelé à régir les enfants de la France ; et vouloir brutalement revêtir des étrangers d'un vêtement trop large ou trop étroit pour leur stature, c'était s'exposer à fausser le jeu d'un instrument délicat, en voulant lui faire produire un travail auquel il n'était pas propre. A-t-on pu appliquer le Code Napoléon aux Arabes d'Algérie ; à quoi arriverait-on, si on voulait l'appliquer aux races diverses de nos possessions lointaines ? Les insuccès de 1811 doivent nous servir de leçon et nous mettre en garde contre des fautes analogues.

La question de principe étant posée, il serait d'un médiocre intérêt d'en étudier minutieusement l'application ; qu'il nous suffise de retracer à grands traits l'organisation judiciaire que le décret de 1811 donna à l'Illyrie.

Au bas de la hiérarchie sont les juges de paix munis des pouvoirs nécessaires pour juger les affaires de moindre importance confiées en France aux tribunaux ; ils ont de plus la mission d'amener à conciliation ou à transaction les plaideurs qui veulent porter une contestation devant la justice[1].

Les tribunaux de première instance composés d'un président, de deux juges et de trois suppléants sont établis à Zara, Spalato, Raguse et Cattaro[2]. Ce n'est que la consécration de ce qui existait antérieurement au décret.

Un tribunal de commerce existait à Raguse ; le décret l'y maintient, et donne les règles qui en déterminent la composition et la compétence[3].

Zara et Raguse partagent avec Laybach l'honneur d'avoir une cour d'appel ; ces cours sont composées d'un président, quatre juges et deux suppléants[4].

Les articles 209 à 214 parlent de la justice correctionnelle ; ils ne présentent qu'une seule particularité, c'est que les capitaines de pandours sont appelés à faire les fonctions de ministère public devant le juge de paix jugeant correctionnellement.

Les articles 215 à 228 sont relatifs à la justice criminelle. Nous consta-

1. Art. 184-187. | 2. Art. 188-196. | 3. Art. 197-198. | 4. Art. 199-208.

tons que l'institution des cours d'assises est passée sous silence; les crimes et délits sont jugés par les tribunaux ordinaires, comme ils le sont aujourd'hui dans la plupart des colonies françaises[1]; les cours prévôtales jugent sans appel ni recours les vagabonds et gens sans aveu, les étrangers et les individus poursuivis pour rébellion, contrebande, brigandage et autres crimes commis contre la sûreté publique[2]. Un arrêté de 159 articles, publié le 25 septembre 1811, règle toutes les questions relatives à l'instruction et la procédure des affaires jugées par les cours prévôtales[3].

Enfin, les commissions militaires jugent les crimes d'embauchage, d'espionnage, les attentats contre la tranquillité du pays et les manœuvres tendant à détacher les Illyriens de l'obéissance et de la fidélité qu'ils doivent à leur souverain[4].

Le chapitre des officiers ministériels fait espérer une organisation qui ne vint pas, faute de trouver des hommes capables pour occuper les charges.

Nous passons divers chapitres relatifs à l'organisation judiciaire de la Croatie militaire, aux questions de compétence, conflits, etc..., et nous arrivons à l'article 250 annonçant, pour le 1er janvier 1812, la mise en activité des codes français. En attendant, le droit d'asile, les servitudes personnelles étaient abolis, ainsi que toutes les lois contraires au présent décret[5]. Par mesure transitoire, les anciens tribunaux devaient fonctionner avec leur procédure jusqu'à l'installation des nouveaux, sous cette réserve que les jugements criminels seraient toujours motivés et ne seraient rendus qu'après des débats publics, où l'accusé serait assisté d'un défenseur choisi par lui ou nommé d'office par le président[6]. Les curés ou pasteurs étaient préposés à la tenue des registres de l'état civil pour le cas fréquent où le maire serait incapable de le faire[7], et le maire était substitué au juge de paix pour les questions de scellés et d'inventaires[8].

La disposition de l'article 250, sur la mise à exécution des lois françaises, fut complétée par le décret donné à Anvers, le 2 octobre 1811; ce décret, qui compte 50 articles, se compose de trois parties : les dispositions relatives à la promulgation et à l'application des nouvelles lois, les dérogations au droit commun reconnues nécessaires par l'organisation encore insuffisante de certains services, comme les municipalités et les compagnies d'officiers ministériels, et enfin les dispositions spéciales et transitoires.

On ne pouvait songer à imposer l'usage de la langue française; l'emploi des diverses langues du pays fut autorisé[9], sauf pour les affaires portées

1. Art. 216-217. | 2. Art. 218-226. | 3. T. O. 18 octobre 1811. | 4. Art. 227-228. | 5. Art. 251, 252, 255. | 6. Art. 256, 257. | 7. Art. 253. | 8. Art. 254. | 9. Décret d'Anvers, art. 32.

devant le petit conseil et la Cour de cassation ; dans ces deux cas, les pièces devaient être accompagnées de traductions certifiées[1]. De même les pièces présentées à l'enregistrement devaient être accompagnées de traductions[2] ; cet article souleva de nombreuses réclamations, et eut pour effet de multiplier les transactions faites en fraude de l'enregistrement ; on ne pouvait cependant procéder autrement ; les indigènes ne connaissaient pas le fonctionnement des lois et ne pouvaient être employés qu'à des travaux matériels ; les Français ignoraient les langues du pays et ne pouvaient transcrire des actes qu'ils ne comprenaient pas. Le remède eût été, si l'on tenait à maintenir l'enregistrement, d'avoir des employés français sachant au moins l'allemand ou l'italien. Les Anglais demandent à leurs fonctionnaires coloniaux la connaissance de langues indigènes autrement difficiles à apprendre ; mais les Français ont longtemps dédaigné de parler une autre langue que la leur, et, d'après les rapports de Pellenc, un seul des intendants, M. de la Moussaye, savait l'allemand. Pouvait-on demander aux subordonnés d'en savoir plus long que leurs chefs?

Le Code pénal et le Code de procédure furent promulgués en septembre 1811 et janvier 1812, avec quelques modifications, et le texte complet des lois françaises de l'Illyrie, avec une traduction italienne en regard, fut adressé aux magistrats de tout ordre, moyennant une somme de soixante francs, qui fut imputée sur leur traitement, ou inscrite au budget des communes, pour les maires. Il paraît certain que beaucoup de fonctionnaires se contentèrent d'en examiner les couvertures, et que les intendants reçurent plus d'une lettre analogue à celle qu'on va lire, et qui est tirée des archives de Zara[3] :

PROVINCES ILLYRIENNES

Selve, canton de Zara, le 25 mars 1813.

A Monsieur l'Intendant de Dalmatie, auditeur au Conseil d'État.

Aujourd'hui me parvient la collection des lois formant quatorze volumes, envoi que m'annonçait votre dépêche du 6 de ce mois ; le paquet me parvient sans autre explication.

J'ai reçu l'envoi, c'est certain ; mais quant à en prendre ample connaissance, c'est très incertain. Je ne sais pas très bien lire, ma vue est mauvaise, et je dois passer mes journées, avec une partie de mes nuits, à gagner ma vie et celle de mes nombreux ascendants et descendants.

1. *Ibid.*,art. 34. | 2. *Ibid.*, art. 33. | 3. Z. L., 1813.

Cependant je m'y appliquerai de bonne volonté, autant que les circonstances me le permettront.

Je prends cette occasion, Monsieur l'Intendant, etc.

BERNETICH, *podestà*.
SUPPIVICH, *secrétaire*.

TITRE XVII. — DU SERVICE DE LA GUERRE (ART. 258-264)

Les cinq premiers articles de ce titre sont consacrés à l'armée régulière, le sixième à la garde nationale et le dernier à la conscription.

Après la conclusion de la paix, l'armée de Dalmatie devenue, en juillet, 11e corps, puis, en janvier, armée d'Illyrie[1], avait été renvoyée dans les provinces illyriennes.

L'Illyrie était divisée en quatre arrondissements militaires : le général Claparède commandait le premier à Laybach ; le deuxième, formé de la Croatie militaire, eut successivement plusieurs chefs, dont le général Delzons ; le troisième, comprenant la Dalmatie, Raguse et Cattaro, fut d'abord sous les ordres du général Montrichard ; le quatrième, ayant Trieste pour chef-lieu, eut pour chef le général Narbonne.

Montrichard fit son entrée, le 10 janvier 1810, à Zara ; il publia, le 2 février, un ordre déclarant son arrondissement divisé en six sections ; les quatre premières étaient placées sous les ordres du général Bertrand de Sivray, l'ancien colonel du 8e léger ; les deux autres, Raguse et Cattaro, sous ceux du général Deviau[2].

Or, soit que le pays fût épuisé par la guerre, soit que les exigences de l'intendance eussent augmenté, l'ensemble des provinces se trouva dans l'impossibilité d'entretenir les troupes qui, pendant quatre ans, avaient pu vivre en Dalmatie.

Le 5 janvier 1810, il fallut renvoyer en Italie presque toute la cavalerie et évacuer les blessés étrangers au corps d'armée[3]. Le 10 février, un ordre de l'Empereur réduisit à une division les troupes stationnées en Illyrie[4]. Cette division devait se composer des 8e et 18e régiments légers, des 60e et 79e régiments de ligne, des 8e et 25e régiments de chasseurs à cheval et de troupes du génie et de l'artillerie. Les 5e, 11e, 23e et 81e de ligne devaient aller tenir garnison en Frioul[5].

Un décret impérial, donné aux Tuileries le 12 février[6], modifia l'organisation établie un mois avant. Les 2e et 4e arrondissements étaient sup-

1. Ordre du jour du 7 janvier. R. D., 28 janvier 1810. | 2. R. D., 13 février 1810. | 3. A. G., janvier 1810. | 4. A. G., février 1810. | 5. A. G., juin et août 1810. | 6. R. D., 1er avril 1810.

primés, et les régiments croates devaient fournir des garnisons à Laybach, Trieste et Goritz; seulement, comme l'organisation des Croates subit de longs retards, le départ des 5ᵉ et 81ᵉ de ligne fut retardé jusqu'en mai, et celui du 11ᵉ, jusqu'en décembre. A la même époque partirent le 60ᵉ et le 79ᵉ, désignés pour rester, et que remplaça en Dalmatie le 23ᵉ, désigné pour partir[1].

A cette occasion, on opéra aussi de grandes réductions dans le personnel des états-majors : Montrichard fut mis en non activité, Claparède et Narbonne avaient été appelés, ainsi que Deviau, à d'autres emplois; ce furent deux généraux de brigade, Plauzonne et Bertrand de Sivray, qui commandèrent à Laybach et à Zara. Le général Delzons restait à Karlstadt comme inspecteur des régiments croates[2].

Au 1ᵉʳ janvier 1811, l'effectif des troupes françaises occupant l'Illyrie ne se montait plus à 6.000 hommes. Le 18ᵉ léger était à Laybach, le 8ᵉ léger à Zara, le 23ᵉ de ligne à Raguse et Cattaro, le 2ᵉ bataillon du 2ᵉ léger italien à Raguse, les chasseurs à cheval à Laybach; en outre, quatre bataillons croates de 1.000 hommes étaient en garnison entre Trieste et Cattaro[3]. Mais le service des garnisons n'absorbait pas 3.000 hommes, et nous verrons que Marmont, s'il avait alors exécuté son projet d'expédition au Montenegro, aurait eu 7.000 hommes à faire marcher, mais Marmont pensait avoir besoin de 15 bataillons et renonça à son projet.

La campagne contre la Russie demandait des troupes nombreuses, et, pendant l'année 1811, les 8ᵉ et 18ᵉ légers allèrent rejoindre la grande armée; ils furent remplacés par quatre bataillons de conscrits réfractaires qu'on ne pouvait conduire à l'ennemi. Napoléon avait songé d'abord à envoyer ces réfractaires aux colonies, et l'on avait formé sur le littoral ou aux îles des régiments destinés à ce service, ou tout au moins au service de « garnison » à bord des bâtiments de la flotte; plus tard, on renonça à la lutte sur mer; le régiment de la Méditerranée, devenu le 4ᵉ léger italien, passa de l'île d'Elbe en Dalmatie; chemin faisant, il perdit par désertions le cinquième de son effectif (152 hommes sur 756 composant le 2ᵉ bataillon envoyé à Cattaro[4]).

Le général Claparède, un moment nommé à Raguse, fut remplacé par le général Pacthod, qui apaisa aux Bouches un commencement d'insurrection, en juin 1812, puis partit à son tour pour rejoindre l'armée de réserve que Bertrand organisait en Italie; après un intérim, tenu par le général Gauthier, commandant à Cattaro, ce fut le général Montrichard, remis en activité, qui vint prendre le commandement, le 18 avril 1813[5].

1. A. G., décembre 1810. | 2. A. G., janvier. | 3. A. G., janvier 1811. | 4. A. G., avril 1812. | 5. *Diario* Stulli.

Le 23ᵉ de ligne avait rejoint, en février 1813, l'armée de réserve[1]; il ne se trouvait donc plus de soldats français en Dalmatie, hors 200 artilleurs et 200 gendarmes; les garnisons étaient fournies par les Croates et trois bataillons du 4ᵉ léger italien (le 4ᵉ bataillon était à Trieste).

Le général Collaërt, qui avait succédé à Bertrand dans le commandement de Zara, fut appelé sur le théâtre de la guerre et remplacé le 1ᵉʳ avril 1813 par le général baron Roize[2].

Ce sont les généraux Roize, Montrichard et Gauthier que nous trouverons en Dalmatie au moment de la dernière invasion autrichienne.

La garde nationale devait, selon les intentions de l'Empereur, contribuer à la défense du littoral le jour où les Anglais viendraient l'attaquer. Divers arrêtés[3] avaient créé des compagnies de fusiliers et de canonniers garde-côtes; le général Montrichard avait été chargé de cette organisation, mais presque partout elle était restée sur le papier.

En 1812, un arrêté de janvier appela tous les hommes de 18 à 50 ans et forma les cadres de 38 compagnies; une taxe d'exemption permettait de couvrir les frais d'équipement, mais cette taxe n'avait pas été portée assez haut, et tout le monde s'exempta.

Un nouvel arrêté, du 27 février 1813[4], supprima toutes les exemptions et donna aux autorités le droit de mettre la garde nationale sur pied de guerre, moyennant la ration et la solde de l'armée régulière.

Enfin, l'assimilation complète de la garde nationale à la troupe de ligne fut décrétée, par un arrêté de Fouché le 1ᵉʳ septembre 1813[5]. Mais alors l'invasion commençait et les gardes nationaux qui, jusque-là, avaient refusé tout service, prirent les armes et passèrent à l'ennemi.

Nous aurons cependant à signaler, dans les chapitres suivants, quelques faits d'armes où gardes nationaux et canonniers firent leur devoir; mais, en dehors de ces cas isolés, le concours prêté par la garde nationale fut nul.

Quant à la conscription, elle donna lieu aux mêmes désordres que par le passé; un arrêté du 27 novembre 1810 avait réglé, dans les plus minutieux détails, le fonctionnement de ce service; mais cet arrêté chargeait les maires de dresser les listes, et, tant par ignorance que par mauvais vouloir, les maires ne préparèrent rien; le recrutement se fit cependant, mais par des moyens empiriques et arbitraires.

Ce qui rendait le poids du recrutement intolérable, c'était la fréquence des appels; le 26 août 1811, Bertrand écrit à l'Empereur[6]. « Il s'est fait

1. A. G., mars 1813. | 2. A. G., avril 1813. | 3. Arrêtés des 17 mars, 19 avril, 19 août 1810. | 4. Z. L., 1813. | 5. T. O., 12 septembre 1813. | 6. A. G., août 1811.

« beaucoup de levées dans ces provinces : la levée de 400 marins, ordon-
« née en 1810, n'a été achevée qu'en mars; on a levé depuis 1.500
« conscrits en Dalmatie, et 4.260 pour le régiment illyrien[1]; on lève
« aujourd'hui 150 ouvriers et 360 marins; au mois d'octobre, on lèvera
« 1.000 conscrits et 550 marins; cette succession fatigue nécessairement
« le pays; » et, en février 1812, Bertrand écrit encore[2] : « J'ai reçu l'ordre
« de la levée; ces 1.290 hommes compléteront 9.900 pour les années
« 1809 à 1811 ! »

Aussi les émigrants passent-ils en masse en Turquie; des colonnes
mobiles sont lancées, en septembre 1811, et reprennent 300 réfractaires[3],
mais au prix de quels efforts! La garde nationale, les Croates et les pandours étaient de complicité avec les fugitifs; tout l'odieux des poursuites
et des exécutions retombait sur les troupes françaises, qui étaient cependant seules à pouvoir faire cette chasse. Quand, en janvier 1812, on
annonce à Bertrand le prochain départ des 8e et 18e régiments légers, il
répond que la conscription et la rentrée des impôts ne peuvent marcher
sans soldats français. « Qu'on m'envoie des bataillons de conscrits, mais
« de conscrits français, sans quoi je suis complètement désarmé[4]. »

« De toutes les lois françaises, écrit l'intendant la Bergerie[5], il n'y en
« a pas de plus difficile à appliquer que celle de la conscription : on a dû
« renoncer à renvoyer les conscrits à domicile après le tirage; on les garde
« jusqu'à la révision, sauf à relâcher ceux qui sont exempts. Malgré cela,
« en 1812, sur 400 appelés dans le district de Zara, 267 se sont enfuis. »
Sur la classe entière de 2.137 jeunes gens, 610 sont réformés, exemptés
ou ajournés, 950 sont présents et il y a 597 déserteurs[6].

Le subdélégué de Spalato disait de son côté[7] : « Pour avoir les conscrits,
« il faudrait pouvoir les surprendre dans leur lit, avant qu'ils fussent aver-

---

1. Le régiment illyrien était l'ancienne légion dalmate, qui continuait, sous ce nouveau
nom, à servir dans l'armée italienne. La légion était réduite, en 1810, à 1.600 hommes
déguenillés que Delzons réorganisa à Goritz; le corps fut reconstitué (Cf. A G., Procès-
verbal d'organisation du Royal-illyrien, créé par décret du 16 novembre 1810, signé du
chef d'état-major Barré, aide de camp du général Narbonne). On lui donna pour chef le
colonel Schmitz, et on le porta à 5 bataillons. En mars 1811, les trois premiers bataillons étaient à Palmanova, d'où ils furent dirigés sur Laybach; les 4e et 5e bataillons étaient
à Goritz sous la garde de deux compagnies du 8e léger; pour rendre plus difficiles les désertions, on transféra le dépôt à Trévise, où il y eut cependant 1.234 déserteurs en 3 mois, puis
à Turin. Les bataillons qui marchèrent restèrent en garnison sur les communications de la
grande armée, et comme les désertions continuaient, l'Empereur prononça, le 20 novembre
1814, la dissolution du régiment. Les trois bataillons stationnés à Mayence, Hochheim
et Turin furent désarmés et envoyés à l'île d'Oléron pour être incorporés au 2e régiment
colonial et être employés comme pionniers; à la fin de la guerre, 2.000 Dalmates furent
dirigés sur Gênes et remis aux Autrichiens le 5 mai 1814. (Arch. administratives de la
guerre.) | 2. A. G., 1812, février. | 3. A. N. AF IV, oct. 1811. | 4. A. G., 1812, 24 jan-
vier. | 5. Z. L., Rapport sur 1812. | 6. Z. L., 1813. | 7. Z. L., 1813.

« tis; cette méthode est opposée aux intentions de la loi, mais les lieux et
« les personnes le sont bien plus à celles de la France. »

Une fois mis en route, les conscrits devaient être escortés par de gros
détachements de troupes de ligne.

Nous avons vu plus haut les destinées du régiment illyrien; celles des
hussards croates sont identiques. L'histoire du régiment de hussards
croates n'appartiendrait pas à celle de la Dalmatie, si ce corps n'avait
été levé grâce aux offrandes « volontaires » perçues dans toute l'étendue
des provinces illyriennes.

Le 4 janvier 1813, Napoléon, qui avait perdu presque toute sa cavalerie
dans le désastre de Russie, avait ordonné à ses sujets de lui offrir
« d'enthousiasme » des cavaliers montés et équipés. Les provinces illyriennes eurent à former, pour leur part, un régiment de hussards. Pour
régler le mouvement de cet enthousiasme de commande, la contribution
fut répartie par les percepteurs, ce qui n'empêchait pas les corporations,
tribunaux, loges maçonniques et municipalités de souscrire à part pour
l'achat de chevaux et l'équipement de cavaliers.

Les hussards croates furent formés provisoirement à Karlstadt, sous les
ordres du colonel Pruès. Nous les trouvons, le 6 septembre 1813, à
Crémone, le 24 novembre, à Lyon, où le corps est dissous le 25; les
cavaliers, désarmés et démontés le 26, sont envoyés à Dijon où ils arrivent
le 1er décembre, puis à Nevers le 30 décembre, et enfin à Bourges où ils
sont formés en bataillon de pionniers, comme le régiment illyrien dont
ils suivent le sort, après en avoir imité l'indiscipline[1].

TITRE XVII. — DE LA MARINE (ART. 260-270)

Ce titre ne contient que des dispositions administratives. En 1812, on
voulut organiser l'inscription maritime, mais les évènements empêchèrent
le décret de recevoir son exécution.

Voici donc achevée l'étude de ce décret, qui résume en quelques pages
tout ce que la France a tenté pour faire de l'Illyrie une province française.

Le dessein était peut-être téméraire, tout au moins par les moyens qui
furent employés.

Nous disions plus haut qu'au régime mitigé, suivi pendant les quatre
premières années, on avait voulu substituer le système de l'assimilation
absolue de l'Illyrie aux départements français. Ce système a été expérimenté et il est condamné non seulement par les faits, mais par l'aveu de
ceux-là mêmes qui devaient le faire accepter des populations.

1. Arch. administratives de la Guerre.

Dans son rapport sur 1812, l'intendant de Zara conclut par ces paroles empreintes de quelque découragement : « Les lois de l'Empire sont peut-« être trop rigoureuses pour ce pays; c'est un fait dont S. M. semble « avoir été elle-même persuadée lorsqu'elle ordonna, par son décret du « 29 avril 1806, qui nommait un provéditeur en Dalmatie, qu'elle serait « régie par les lois les mieux adaptées aux circonstances locales et au « bien-être de ses habitants. »

Ce qu'il eût fallu à la Dalmatie en 1806, c'était un autre chef : des deux que Napoléon lui avait donnés, l'un était un soldat, l'autre un savant; l'un ignorant des problèmes juridiques et économiques, l'autre ayant sur ces questions des idées fausses et d'absurdes préjugés, tous deux aveuglés par une admiration irraisonnée pour l'œuvre de l'Empereur, tous deux convaincus que le Code civil, injecté à doses graduées, amènerait les Dalmates à réaliser l'idéal du parfait contribuable et du parfait conscrit : c'était tout ce qu'on leur demandait.

Or, Marmont et Dandolo se sont trompés, comme se sont trompés, par la suite, Dauchy, Belleville, Coffinhal et tous leurs collaborateurs. Ce qu'il fallait à la Dalmatie, ce n'étaient pas les lois françaises, modifiées à regret selon les nécessités et les impossibilités locales; ce qu'il lui fallait, c'était la loi nationale, toute empreinte de ses traditions historiques et religieuses, la loi nationale, modifiée sans doute là où il le fallait, mais surtout codifiée.

L'œuvre de codification des lois dalmates eût produit une législation nouvelle, conforme à l'état actuel de la civilisation dalmate, propre à favoriser le développement de cette civilisation.

Mais on crut devoir sacrifier à l'uniformité, idole des centralisateurs, et de même qu'un Dalmate et un Normand, habillés en soldats, se ressemblaient en tout point, on crut qu'on pourrait faire endosser à toute cette province des mœurs nouvelles en la mettant sous le régime du Code Napoléon. L'erreur était grossière et eut des conséquences cruelles; elle était de nature à créer entre les deux peuples une haine inoubliable. Il n'en a rien été; les torts ont été reconnus à la longue et excusés de part et d'autre; la Dalmatie demeure reconnaissante à la France du bien qu'elle lui a fait et de celui qu'elle a voulu lui faire.

CHAPITRE III

OPÉRATIONS MILITAIRES ET NAVALES
(1810-1813)

§ I. Affaires de Croatie (mai 1810 et mai 1812). — § II. Les Bouches de Cattaro; projets sur le Montenegro; insurrection de Pastrovich. — § III. Les Anglais en Dalmatie. Forces comparées des marines anglaise et franco-italienne. Dubourdieu; première tentative sur Lissa (oct. 1810). Bataille navale de Lissa (13 mars 1811); naufrage de la *Flore* (nov. 1811); combat du 29 novembre 1811; prise du *Rivoli* (févr. 1812). — § IV. Occupation par les Anglais de Lissa, de Lagosta, de Curzola, de Meleda, de l'archipel de Raguse et de Lesina.

Les opérations militaires des années 1810 à 1812 ont pour théâtre soit la frontière de Croatie, soit celle du Montenegro; et, pendant toute cette période, la guerre maritime se continue avec acharnement de Trieste à Cattaro : ce sont les Croates ottomans, les insurgés des Bouches et les Anglais que les Français vont avoir à combattre.

On n'a pas oublié qu'en 1809 les Croates ottomans, mécontents de la rectification de frontières faite en 1799, avaient profité de l'éloignement des soldats croates pour rentrer en possession des territoires dont ils se prétendaient injustement dépouillés[1]. Marmont et le consul David les avaient alors secrètement encouragés; à la fin d'août 1809, les places de Czettin, Vakup et Bihać avaient été enlevées et, depuis lors, les Croates ottomans occupaient paisiblement le pays dont ils s'étaient emparés. § I. Affaires de Croatie.

Le traité de Schönbrünn, en donnant à la France la Croatie militaire, créa au maréchal Marmont une situation particulièrement délicate : il devait, comme gouverneur de l'Illyrie, réclamer aux Croates ottomans des territoires que, comme général de l'armée de Dalmatie, il leur avait conseillé de conquérir, et il avait à réfuter les arguments que lui-même leur avait fournis pour légitimer cette invasion. La position du consul à Travnik était encore plus difficile : chacun des begs de la Croatie turque pouvait lui rappeler les termes dans lesquels il avait conseillé l'expédition et David ne se sentait pas capable de retourner ses positions assez prestement pour ne pas éviter le reproche de mauvaise foi; plutôt que de se contredire et de jouer un rôle qu'il jugeait indigne de lui, le consul préféra rester fidèle à ses anciens protégés, au risque d'entrer en lutte avec Marmont, qui se montra extrêmement offensé de cette résistance. « Il ne vou-

1. IIe P., Ch. VII., p. 313.

« lait pas comprendre, dit-il dans ses Mémoires[1], que souvent la politique
« commande des actes réprouvés par la stricte équité, et défendus à un
« homme privé; que les devoirs varient suivant les circonstances. » Cette
morale relative n'était pas le fait de David, qui écrivit à Paris et à Constantinople pour sauver ses protégés[2]. Mais, si les Bosniaques étaient les
clients du consul, les Croates annexés à la France étaient ceux du gouverneur, qui pensait qu'en prenant leur défense, il trouverait un moyen de
cultiver sa popularité et de prouver à ces nouveaux Français l'efficacité de
la protection de la France[3].

Marmont commença par obtenir de la Porte un firman prescrivant aux
begs d'évacuer le pays illégitimement conquis. Ce firman ne devait servir
absolument de rien, et Marmont était convaincu que les Bosniaques n'en
tiendraient aucun compte; il y comptait même, car il pourrait alors pénétrer en Turquie non pas en ennemi du sultan, mais en vengeur de son
autorité et en exécuteur de ses ordres.

Quand le firman arriva, on était déjà au printemps de 1810; les lenteurs
de la diplomatie avaient permis d'atteindre la saison propice à une action
militaire; Marmont concentra donc vers la frontière deux bataillons français, quatre bataillons croates, 800 chevaux et vingt pièces de canon, en
tout à peu près 6.000 hommes[4].

Campagne
de Marmont
en 1810. Les Bosniaques étaient assemblés au nombre de 10.000 environ sur
l'Unna; le déploiement de forces françaises intimida l'un des begs, le capitaine de Vakup, qui restitua immédiatement le terrain envahi par ses
vassaux; mais les autres begs tinrent bon, et quand le pacha de Travnik
vint leur notifier solennellement le firman impérial, Roustan-beg et
Hassan-aga lui déclarèrent, au nom de leurs compatriotes, qu'ils refusaient
d'en tenir compte. Le pacha avait joué le petit rôle qui lui avait été confié :
il se retira; il y avait longtemps qu'il était fixé sur le degré d'influence
qu'il possédait près des begs.

Le lendemain, 5 mai, les Bosniaques envahissaient le territoire de
Vakup, évacué par l'un des leurs au mépris des droits qu'ils prétendaient
tous avoir; dès lors, Marmont avait tout ce qu'il lui fallait pour couvrir
sa responsabilité : rébellion aux ordres du sultan et provocation. Le
6 mai, il abordait l'armée des begs, qui fut mise en fuite à coups de
canon, et abandonna avec précipitation les gros villages d'Isacić et de
Glokot. Cette première victoire avait jeté la démoralisation dans les rangs

1. Marmont, Mémoires, L. XIII, p. 342. | 2. Nous avons dit plus haut qu'il y a une
lacune de deux ans dans les correspondances de David, conservées aux affaires étrangères, et
cette lacune comprend précisément les années 1810 et 1811. | 3. Marmont, *l. c.* | 4. A. G.,
14, 16, 19, 28, 29 avril, 5, 12, 25 mai 1810. Marmont, Mémoires, L. XIII, p. 349 sq.
Corresp. 3, 9, 12 mai.

des begs; pour en augmenter l'effet, Marmont ordonna de piller les deux villages occupés après le combat, villages qui ne comptaient pas moins de 1.500 maisons, puis, le lendemain matin, il les fit incendier; par ce moyen, il épouvantait les Bosniaques et satisfaisait les Croates, en leur permettant d'assouvir leur vengeance, « car, dit-il, s'il est bon et utile de servir les « intérêts des siens, on se les attache bien plus en servant leurs « passions[1]. »

Quoi qu'il y ait à penser des procédés et maximes de Marmont, il faut reconnaître que l'effet attendu ne tarda pas à se produire. Le 7 mai, le maréchal se présenta devant Bihać, et, sans lui donner le temps d'ouvrir le feu, les chefs ennemis vinrent lui apporter leur soumission.

Restait la place de Czettin qui, en 1790, avait arrêté, pendant un mois, Dewins et 2.500 Autrichiens; l'année précédente, les Bosniaques y étaient entrés par surprise, mais cette fois la garnison veillait : c'était un siège à faire, pour lequel il fallait un immense matériel qu'on devrait aller chercher fort loin; il faudrait entretenir sur pied toute une armée dans un temps où une stricte économie était recommandée par l'Empereur et imposée par les circonstances. Marmont paya d'audace et se dirigea sur Czettin en menaçant le pays des plus épouvantables ravages si la place faisait la moindre résistance : le 9 mai, quand les Français arrivèrent devant Czettin, ses défenseurs étaient partis depuis la veille, en laissant leurs canons en batterie sur les remparts et les magasins remplis d'immenses approvisionnements. En douze jours, la campagne s'était terminée, et les régiments croates rentraient en possession des terres qui leur avaient été enlevées.

Le 15 mai, Marmont reçut une dépêche de l'Empereur, de laquelle il était facile de conclure que les démarches de David avaient été fructueuses : il était défendu à Marmont de faire intervenir les troupes françaises en Croatie, il fallait laisser les Croates vider eux-mêmes leur différend avec leurs voisins et congénères. Ces ordres arrivaient trop tard, et on ne peut le regretter, car la brillante campagne de Marmont avait vivement impressionné les Turcs, qui devaient rester paisibles pendant trois années entières; quant aux Croates, ils éprouvèrent la plus grande admiration pour ce grand général dont le nom seul faisait tomber les places réputées inexpugnables, et l'on crut pouvoir dès lors compter sur leur fidélité.

En 1813, les Croates ottomans, profitant de la désorganisation des provinces illyriennes, essayèrent une fois encore de reprendre le territoire contesté. Dans la nuit du 30 avril, ils surprirent et massacrèrent la petite

1. Marmont, Mémoires, L. XIII, p. 355.

garnison de Czettin, et, dès le 1er mai au matin, ils se répandaient dans les campagnes voisines pour piller les villages.

Hostilités
en 1813.

Le général Jeanin, qui commandait à Karlstadt, n'avait alors sous la main que le régiment de hussards croates dont nous avons parlé au chapitre précédent. Le régiment était déjà monté et équipé, mais n'avait pas encore reçu ses armes; de plus, le colonel Pruès étant absent, le commandement revenait à l'historien Cattalinich qui, de juge de paix à Sinj, était devenu officier de la garde nationale, capitaine au régiment dalmate, adjudant-major aux chasseurs illyriens et major aux hussards croates. Cattalinich ordonna à ses hommes de se répandre dans la ville et de recueillir toutes les armes qu'ils trouveraient; ils revinrent bientôt, pourvus qui d'un sabre ou d'une paire de pistolets, qui d'une masse d'armes ou d'une hallebarde; quelques-uns avaient trouvé des fusils; cette troupe bariolée devait ressembler aux bandes du moyen âge. Ainsi armés tant bien que mal, les hussards se mirent en route et marchèrent avec une telle promptitude que les pillards dispersés dans la campagne furent surpris et taillés en pièces. Czettin fut investi; quelques jours après, Jeanin amena quelques compagnies croates et la place fut bloquée; comme elle n'était pas approvisionnée en vue d'un siège, elle dut capituler au bout d'un mois. On voit, par ce trait qui ne manque pas de pittoresque, que les hussards croates, quand ils le voulaient, c'est-à-dire quand ils y trouvaient leur compte, étaient d'excellents soldats [1].

§ II. Agitation aux Bouches de Cattaro.

Les Bouches de Cattaro étaient dans un état de fermentation continuelle, qui faisait redouter à chaque instant l'explosion d'une insurrection. Or, la cause de cette agitation, c'était au Montenegro qu'il fallait la chercher. Depuis longtemps, nous l'avons vu, le Vladika avait oublié les serments faits au lendemain de Tilsit, et Napoléon n'avait pas renoncé à son projet de dompter, une fois pour toutes, ces terribles montagnards [2]. En 1811, il donna à Marmont l'ordre de préparer un projet d'expédition : ce projet se

Projets contre le Montenegro.

trouve aux Archives de la guerre à Paris [3]; il consiste à marcher sur Cetinje avec trois colonnes parties de Cattaro, de Budua et de Trebinje; mais, pour l'exécuter, il fallait pouvoir circuler librement sur le territoire d'Herzégovine et, en 1811, les relations entre la France et la Porte ne permettaient pas d'y songer; de plus, il fallait quinze bataillons, et on ne les avait pas [4]; enfin, le transport de douze pièces d'artillerie et de 300.000 rations demandait un rassemblement de bêtes de somme qui, outre qu'il aurait été fort dispendieux, aurait ouvert les yeux aux Monté-

1. A. G., 1813, mai. — Cattalinich, *Memorie storiche etc.*, p. 168 sq. | 2. Cf. IIe P., c. VI., p. 293. | 3. A. G., mars 1811. | 4. Cf. p. 394.

négrins sur les intentions de leurs voisins. On renonça donc à l'expédition, et les Monténégrins, ayant su quelque chose des projets des Français, devinrent plus audacieux en voyant qu'on n'osait pas les attaquer.

Le bataillon croate, en garnison à Cattaro, était presque tout entier composé de soldats de religion grecque, et les agents du Vladika en profitèrent pour y semer l'indiscipline; il fallut le renvoyer à Raguse et faire venir un bataillon de la Lika, dont quelques compagnies étaient catholiques, et ce furent ces compagnies qu'on mit dans les positions situées à la frontière monténégrine.

En 1812, le projet d'expédition sur Cetinje fut repris par le général Bertrand; d'après un rapport du général Delzons [1], il fallait 12.000 hommes dont 6.000 Français au moins; l'idée nouvelle que nous trouvons dans ce rapport est celle-ci : le principal corps aurait passé par la Krivoscie, région montagneuse qui se développe en un quart de cercle concentrique aux Bouches, de Castelnuovo à Perasto : c'est par là que Delzons pensait pouvoir atteindre le plateau monténégrin. On trouva au projet de nombreux inconvénients; le chemin proposé par Delzons devait être fort difficile; on n'y connaissait que des sentiers impraticables aux bêtes de somme, et la population ferait certainement cause commune avec l'ennemi; de plus, on n'avait pas, à cette époque, 12.000 hommes à aventurer : le général Bertrand établit, dans un rapport joint à celui de Delzons [2], qu'en réduisant au strict minimum toutes les garnisons d'Illyrie, il ne peut réunir que 3.000 Français, 700 Italiens et 4.000 Croates d'une fidélité douteuse. Le projet d'aller attaquer les Monténégrins chez eux fut définitivement écarté, mais on crut cependant nécessaire de faire une démonstration militaire qui relèverait un peu le prestige des armes de la France, et précisément une occasion ne tarda pas à se produire.

Le canton de Pastrovich, entre Budua et le Montenegro, était depuis longtemps en état de révolte ouverte : tous les prêtres avaient refusé le serment, et la commune n'avait pas, depuis deux ans, consenti à payer le moindre impôt. Le 12 février 1812 [3], le général Gauthier envoya une compagnie du 23ᵉ, une compagnie croate et un détachement de pandours pour ramener les hommes compris dans une levée de marins : les paysans résistèrent à la colonne, qui dut se replier sur Budua; or, avec les paysans, on avait vu de nombreux Monténégrins; c'est ce dont s'autorisa le général Gauthier pour écrire au Vladika et lui demander des explications. Le Vladika les fournit sans difficulté [4] : « Il avait été absent et il ignorait tout; « il donnerait des ordres pour défendre aux Monténégrins de se mêler « de ce qui ne les regardait pas. »

1. A. G., 12 décembre 1811. | 2. A. G., 12 déc. 1811. | 3. *Ibid*. | 4. A G., 12/24 mars 1812.

« Vous m'apprenez, ajoutait le Vladika, avec une pointe d'ironie, que
« par votre présence les troubles ont cessé, et vous joignez à cette nou-
« velle des observations sur l'égarement des esprits, causé par les instiga-
« tions secrètes des ennemis de la France. Je suis charmé, Monsieur, que
« tout ce qui a eu lieu de fâcheux soit pacifié, et je vous remercie des
« conseils que vous avez eu la complaisance de me donner à cette occa-
« sion. »

Cette réponse, pleine de déférence dans la forme, était fort insolente au
fond, et montrait que la France pouvait regarder les Monténégrins comme
ses ennemis irréconciliables ; du côté des Turcs, la situation ne s'annonçait pas meilleure : le nouvel aga de Mostar, ami de la France, venait
d'être étranglé et son fils empoisonné. On jugea nécessaire de frapper un
coup retentissant.

Expédi-
tion du géné-
ral Pacthod
aux Bou-
ches. Au mois de juin, le général Pacthod réunit aux Bouches deux bataillons du 23ᵉ, deux bataillons italiens et deux bataillons croates, et marcha
sur Pastrovich : chemin faisant, il reçut la soumission des villages qui
s'étaient insurgés à la nouvelle du premier échec des Français, trois mois
avant. A Ivanovich, des délégués de Pastrovich se présentèrent ; ils ne
furent par reçus et, en les congédiant, on leur remit la liste des individus
qui devraient se constituer prisonniers si on voulait que les villages du
district ne fussent pas réduits en cendres et la population exterminée.
Pacthod entra à Kuljače, et on lui remit tous les prisonniers qu'il avait
demandés ; il en choisit trois, dont un pope monténégrin, et les fit fusiller ;
leurs têtes furent exposées le lendemain à Budua ; les autres prisonniers
furent conduits comme otages à Raguse. Cet exemple rétablit le calme
pour quelques mois [1].

On ne sut que plus tard combien cette démonstration avait été opportune : au mois de novembre suivant, le pacha de Travnick prit à part le
consul David et lui dit [2] :

Je veux vous faire une confidence : c'est qu'il y a quatre mois vos affaires ont
été sur le point d'aller fort mal de ce côté ; tandis que les Anglais et les Russes,
aidés par Ali-Pacha, tentaient d'entraîner la Porte dans une alliance contre l'empereur Napoléon, ils préparaient une expédition sur la côte d'Illyrie. Ils avaient
l'assurance de révoltes en leur faveur non seulement à Cattaro et en Dalmatie,
mais en Croatie même où ils ont beaucoup de partisans. L'évêque du Montenegro descendit dans le même temps à Niksich, où il eut des conférences secrètes
avec plusieurs habitants de Cattaro, qui sont des agents russes.

Il parait que le général, qui commandait à Cattaro, eut quelque soupçon de

---

1. A. G., juin 1812. | 2. A. E., Turquie 225. — Une copie de cette dépêche est aux
archives de la Guerre.

cette trame, car j'ai su qu'il avait fait fusiller plusieurs individus (c'est l'expédition Pacthod). Je crus même que votre ambassadeur (Andreossy nommé à Constantinople) avait pénétré quelque chose, en voyant qu'il s'arrêtait si longtemps en Illyrie. (Andreossy avait dû attendre ses passeports à Laybach.) J'aurais bien dû vous avertir, mais, ne sachant quel parti prendrait la Porte, je fus forcé de ne vous en parler que par allégories.

Il semble donc résulter de cette communication qu'il s'en fallut de peu que la Dalmatie ne fût arrachée à la France dès 1812. Ce qui empêcha le soulèvement d'éclater, ce fut l'action énergique de Pacthod aux Bouches et surtout celle du chargé d'affaires La Tour-Maubourg qui, en ramenant la Turquie à l'alliance française, empêcha, sans peut-être s'en douter, la mise à exécution du plan dont Ibrahim-Pacha vient de nous révéler l'existence.

§ III. Les Anglais et la Dalmatie.

Cependant l'Angleterre ne désarmait par dans l'Adriatique et faisait au contraire chaque jour de nouveaux progrès.

On se souvient qu'en 1807, après la paix de Tilsit, les Anglais avaient repris le blocus abandonné par les Russes; ils étaient même venus devant Trieste et avaient essayé d'incendier les bâtiments russes cédés à la France. Depuis lors, ils n'avaient cessé de croiser de Venise à Corfou, sans que la France pût reprendre l'empire de cette mer dont les deux rives lui appartenaient.

Forces de la marine anglaise.

Ce qui assura l'écrasante supériorité des Anglais, ce fut d'abord le nombre de leurs navires. Les archives[1] et les ouvrages spéciaux[2] nous donnent les noms de vingt-deux bâtiments anglais qui opérèrent dans l'Adriatique, de 1809 à 1813, et nous ne pensons pas que cette liste soit complète[3]; nous allons voir ce que la France, l'Italie et l'Illyrie avaient pu y opposer. Ensuite ce qui faisait la force des Anglais, c'était la capacité de leurs officiers et l'entraînement de leurs équipages. Si la cohésion est nécessaire pour les troupes de terre, cette qualité est encore plus indispensable pour les troupes de mer, et l'était particulièrement à une époque où les manœuvres jouaient un rôle prépondérant dans la stratégie nautique; il fallait que les commandants eussent dans la main tout leur monde : or, les équipages anglais, après des campagnes qui duraient des années

1. Arch. de la marine. Arch. de Zara. Journal Doimi. *Osservatore Triestino.* | 2. W. James. *Naval History of G. B.* London 1837. T. V et VI Ralfe. *Naval Chronology of Great Britain,* London 1820. | 3. Cinq vaisseaux : *Achilles, Eagle, Leonidas, Magnificent, Victorious;* trois vaisseaux rasés (ou grosses frégates) : *Amphion, Apollo, Cerberus;* neuf frégates : *Active, Alceste, Alcmène, Bacchante, Belle Poule, Havannah, Orlando, Topaze, Unity;* trois corvettes : *Aichhorn, Kingsfisher, Volage;* deux bricks : *Sarracen* et *Weazel.*

entières, avaient acquis une solidité incomparable : les navires français étaient, pour le plus grand nombre, armés depuis peu, commandés par des officiers qui ne connaissaient ni leur bâtiment ni leur équipage ; les marins français, recrutés parmi les pêcheurs d'Italie ou d'Illyrie, n'étaient pas instruits et ne pouvaient pas s'instruire en naviguant, puisque la mer n'était pas libre ; ajoutons que beaucoup étaient enrôlés de force et servaient à contre-cœur.

Pour toutes ces raisons et d'autres encore, il arrivera qu'à nombre égal, et même avec des forces inférieures, les Anglais auront toujours le dessus.

Forces de la marine franco-italienne.

La France ne disposa jamais, dans l'Adriatique, de plus de sept frégates. Au printemps 1808, toute la flotte de Gantheaume se trouva un moment à Corfou, mais elle s'éloigna bientôt, en laissant aux îles Ioniennes la frégate *Uranie* et quelques bricks ; le littoral dalmate resta donc sans défense pendant toute la guerre de 1809. Le 13 mars 1809, les frégates *Flore* et *Danaé* vinrent remplacer à Corfou l'*Uranie*, qui alla à Ancône, et les bricks, qui gagnèrent Venise, non sans que deux d'entre eux eussent été pris par les Anglais[1].

Voici quelle était la situation dans l'Adriatique, au début de 1810 ; nous citons un rapport de Meuron, consul à Ancône, au duc de Rovigo[2] :

Les Anglais, depuis la paix de Vienne et l'établissement du gouvernement illyrique, ont augmenté du double leurs forces navales dans l'Adriatique, et ils y ont appelé une infinité de corsaires et de petits armements particuliers qui désolent le cabotage des barques des royaumes d'Italie et de Naples, et mettent les plus grands obstacles à nos communications avec Corfou et la Dalmatie.

Lorsqu'ils virent les hostilités commencées par l'Autriche, redoutant les chances de la guerre pour leur commerce de denrées coloniales, dont Trieste et Fiume leur servaient d'entrepôts, ils occupèrent, aidés par les Autrichiens, l'île d'Ossero (Lussin) située à trente lieues d'Ancône, au nord-est ; les ports de cette île sont vastes et sûrs, et présentent un abri dans tous les temps aux bâtiments de guerre de toute force comme aux bâtiments marchands.

Les évènements de la guerre ayant tourné à l'avantage des Français, les Anglais profitèrent de leur établissement dans cette île pour y réunir leurs convois qu'ils dirigeaient sur Fiume et Trieste, et qu'ils rappelaient ensuite de ces deux places avec les chargements qu'ils n'avaient pu vendre ou qu'ils n'avaient pu faire passer en Hongrie par Fiume. Il nous fut impossible de leur porter obstacle ou préjudice ; nos corsaires ne purent leur enlever un seul bâtiment.

Après la conclusion de la paix, les Anglais ont porté leur point d'union à l'île de Lissa, située à 50 lieues d'Ancône ; cette île a deux bons ports ; par sa position, les Anglais dominent avec leurs petits corsaires tout le littoral des Abruzes

---

1. Cf. IIe P., c. VI, p. 305. | 2. A. M. Camp. 1810, II. BB⁴, 305.

et les bâtiments marchands « venant dehors le golphe » y passent à très petite distance.

C'est dans cette île que viennent relâcher les navires expédiés de Malte, chargés de provisions de guerre; c'est là qu'on envoie toutes les prises que les petits corsaires et les bâtiments de guerre font dans le golphe, et de là on les expédie à Malte. Les habitants trouvent leur compte à tout cela : les uns vont avec leurs petites barques sur les côtes de la Pouille et apportent des comestibles pour les petits armements; les autres, passant dans les îles voisines, se portent, en qualité d'Illyriens, partout où il leur plaît et servent d'espions aux Anglais. En général, les habitants de toutes les îles de la Dalmatie sont peu attachés au nouvel ordre de choses; leur misère et leur position les obligent à servir les Anglais qui leur procurent des avantages momentanés. Ceux-ci leur vendent les barques dont ils ne peuvent se servir et les marchandises qu'ils ne se soucient pas de faire transporter à Malte; et, par une de ces singularités difficiles à expliquer, les acheteurs de ces barques et des marchandises sont reçus dans toute la Dalmatie, dans les ports d'Italie et du royaume de Naples sans la moindre difficulté.

Il y a longtemps qu'on a fait remarquer ces inconvénients au gouvernement italien. Il semblerait que, dans le moment actuel, on serait dans le cas de devoir faire occuper cette île (Lissa) par une force suffisante française, d'autant plus que les îles peu distantes de Lesina et Curzola le sont par nos troupes.

L'Empereur, après avoir pris connaissance de ce rapport et de rapports analogues, rendit un décret, qui créait deux divisions navales dans l'Adriatique.

La division illyrienne ne pouvait être très importante, vu l'état délabré des finances du gouvernement de Laybach; on lui attribuait le vaisseau *Sad-el-Bahr* et la frégate *Legkoë*, qu'on croyait encore pouvoir réparer; une demi-galère autrichienne l'*Entreprise*, un ancien transport russe le *Diomède*, une goëlette américaine, confisquée pour contrebande, l'*Elisabeth*, bon navire, et le petit brick français *Simplon*, cédé à la marine illyrienne. En attendant que le vaisseau et la frégate pussent prendre la mer, cette division, assez hétérogène, complétée par quelques canonnières et barques armées, eut à garder la côte d'Istrie, de Trieste à Pola et de Pola à Porto-Re, au fond du Quarnero; en attendant un accroissement qu'elle ne reçut jamais, pour raison budgétaire, elle se contenta de surveiller les contrebandiers et d'escorter les convois menacés par les corsaires. Les réparations du *Sad-el-Bahr* et de la *Legkoë* ne furent jamais exécutées; en 1811, le *Simplon* fut rendu à la marine italienne, et l'*Entreprise*, au moment de tomber aux mains des Anglais, fut brûlée par son équipage, le 23 septembre 1813.

La division italienne devait avoir une histoire plus longue, plus glorieuse, sinon plus heureuse.

Formée en août 1810, elle devait comprendre : trois frégates françaises :

l'*Uranie*, qui était à Ancône, la *Flore* et la *Danaé*, qui étaient à Corfou ; deux frégates italiennes, la *Favorite* et la *Corona*, les corvettes *Caroline* et *Bellone*, les bricks *Princesse de Bologne, Princesse Auguste*[1], *Iena, Mameluck, Mercure* et *Leoben*.

La *Flore* et la *Danaé* restèrent à Corfou jusqu'en février 1811, et, à cette époque, furent relevées dans cette station par les frégates *Pomone* et *Pauline* et la flûte *Persane*, arrivant de Toulon. Elles se mirent alors en route avec le brick *Leoben*, qui s'échoua sur la côte d'Albanie, et fut incendié après un combat avec les Anglais. La *Flore* et la *Danaé*, commandées par les capitaines Villon et Péridier, rejoignirent Ancône seulement le 5 mars 1811.

Le capitaine Dubourdieu.

La division franco-italienne avait été placée, le 6 août 1810, sous les ordres du capitaine de vaisseau Dubourdieu, qui commença, dès le 8, à faire sortir son escadre, pour exercer ses officiers et ses marins. Le 29 septembre, étant au large avec la *Favorite*, l'*Uranie*, la *Corona*, la *Bellone* et le *Mercure*, Dubourdieu donna la chasse à deux bricks anglais, qui semblaient vouloir gagner Lissa ; ne sentant pas encore ses marins assez dans sa main, il ne crut pas devoir les suivre pour ne pas tomber sur une forte division ennemie avec laquelle il aurait fallu engager le combat ; il rentra donc à Venise.

Première tentative sur Lissa.

Le 17 octobre, l'escadre reprit la mer avec les mêmes bâtiments, auxquels s'était adjoint l'*Iéna* ; à bord avait pris passage un bataillon du 3ᵉ léger italien, commandé par le colonel Giflengo, aide-de-camp du viceroi. Le 20 octobre, Dubourdieu était devant Lissa et constatait qu'on ne l'avait pas trompé en lui disant que la flotte anglaise s'était éloignée : il n'y avait pas un bâtiment de guerre dans le port ; l'escadre française y entra sous pavillon anglais, mais aussitôt après avoir jeté l'ancre, elle déploya les couleurs françaises que chaque bâtiment appuya d'un coup de canon : ce fut un véritable sauve-qui-peut dans la ville : le port était rempli de corsaires et de prises ; les équipages des corsaires et les trafiquants de toute sorte prirent la fuite vers la montagne, pendant que 500 hommes mettaient pied à terre et commençaient à piller les magasins où étaient déposées les marchandises anglaises.

Dubourdieu écrivit que les Anglais perdirent ce jour-là vingt millions ; le chiffre semble fort exagéré : le chanoine Doimi dit dans son journal que les Français renvoyèrent à Spalato trois prises et brûlèrent trois navires ennemis : deux corsaires et un contrebandier sicilien chargé de

1. Certains documents parlent des bricks *Aurora* et *Lodola* (Alouette), mais il nous semble que ces deux bâtiments ne sont autres que la *Princesse de Bologne* et la *Princesse Auguste* sous les anciens noms qu'elles avaient portés d'abord, et que certains marins persistent à leur conserver.

porcelaine anglaise. L'Empereur exprima d'ailleurs son mécontentement dans une lettre écrite, le 4 novembre, au prince Eugène : « Je suis mécon-« tent que Dubourdieu n'ait pas emmené les seize corsaires qu'il a « trouvés à Lissa et qu'il ait abandonné l'île. » En effet, au bout de quelques heures, Dubourdieu avait rembarqué précipitamment ses troupes et pris le large : il avait été averti qu'on voyait à l'horizon six voiles anglaises et il ne se sentait pas de force à leur livrer bataille.

Les Anglais résolurent, après ce coup de main, de ne plus jamais abandonner Lissa, qu'avec un peu plus de résolution les Français auraient pu leur enlever le 20 octobre. Ils installèrent dans le port deux péniches où ils laissèrent quelques soldats de marine et quatre cadets chargés de la police du port et de la comptabilité des prises. Ils multiplièrent aussi le nombre de leurs corsaires; à la fin de l'année, les bâtiments illyriens capturés, rangés bord à bord le long du quai, occupaient une longueur de 250 pas géométriques[1].

Si l'hiver n'arrêta pas les corsaires, il suspendit les manœuvres et les sorties des navires franco-italiens, et Dubourdieu profita de ce temps de répit pour aller à Milan recevoir du vice-roi des instructions pour une expédition décisive sur Lissa; il rend compte de cette conférence au ministre de la marine, le 24 février 1811[2] : « S. A. I., qui m'honore d'une « confiance absolue, m'a donné les pouvoirs nécessaires pour tout disposer « à Ancône. L'*Uranie*, qui n'est bonne à rien, sera renvoyée à Venise « pour détourner l'attention... » Le départ devait avoir lieu aussitôt après l'arrivée de la *Flore* et de la *Danaé*, attendues de Corfou; ces deux frégates parties, on l'a vu, le 23 février, restèrent à Gravosa du 26 au 2 mars; le 5 mars, elles entraient à Ancône et l'escadre recevait l'ordre d'appareiller, mais un fâcheux incident vint tout arrêter : le capitaine Péridier, de la *Flore*, était plus ancien de grade que Dubourdieu et refusa de servir sous ses ordres; il y eut une scène publique et scandaleuse; Péridier s'opposa à l'embarquement de ses poudres et Dubourdieu fut dans l'obligation d'adresser à Paris une plainte, qui aura pour sanction le rappel et le remplacement de Péridier; mais, quand cette réponse viendra, les évènements auront marché à grands pas. Le général Barbou, gouverneur d'Ancône, et le colonel Gifflengo, qui devait commander les troupes de débarquement, s'interposèrent enfin entre les deux capitaines de vaisseau et amenèrent une réconciliation provisoire.

Le 11 mars, les troupes furent embarquées à la tombée de la nuit, et on mit à la voile à 11 heures du soir par une petite brise de l'ouest; le

1. Journal Doimi. | 2. A. M. C. 1811. 19. BB⁴; 327.

12, au jour, on était à sept lieues d'Ancône dans l'est-sud-est et le soir
on reconnut l'île de Lissa[1].

L'escadre française comptait neuf bâtiments :

Frégate *Favorite*, de 44 canons, portant le guidon de Dubourdieu, chef
d'escadre, commandant : le capitaine de vaisseau de la Meillerie.

Frégate *Flore*, de 44 canons, commandant : le capitaine de vaisseau
Péridier.

Frégate *Danaé*, de 44 canons, commandant : le capitaine de vaisseau
Villon.

Frégate *Corona*, de 44 canons, commandant : le capitaine de vaisseau
Pasqualigo.

Corvette *Bellona*, 32 canons, commandant : le capitaine de frégate Duodo.

Corvette *Carolina*, 32 canons, commandant : le lieutenant de vaisseau
Buratovich.

Brick *Princesse Auguste*, 16 canons, commandant : le lieutenant de vaisseau Bolognini.

Brick *Princesse de Bologne*, 10 canons, commandant : l'enseigne de vaisseau Rogiat.

Chebeck *Eugène*, 5 canons, commandant : l'enseigne de vaisseau de
Rosanquest.

Les équipages et troupes de débarquement s'élevaient à 2.655 hommes.

D'après l'ordre donné au départ, on devait faire le branle-bas de combat
aussitôt après l'appareillage, et marcher vers Lissa en deux colonnes, en
se réglant sur l'allure des mauvais marcheurs ; quand on rencontrerait
l'ennemi à forces égales, on engagerait le combat ; il fallait tirer, non à
démâter, c'était une funeste méthode à laquelle la marine française commençait à renoncer, non pas à couler non plus, mais en plein bois pour
démonter les batteries, puis aller à l'abordage.

La première faute commise fut de ne pas se conformer à l'ordre de
bataille indiqué : « On marchait, dit l'officier autrichien, plutôt en échiquier. » On resta la nuit en panne, à trois ou quatre milles de Lissa :
les bricks s'avancèrent en reconnaissance, vers trois heures du matin ; la
Princesse de Bologne rentra sans nouvelles, mais la *Princesse Auguste*, ayant
rencontré des pêcheurs les avait appelés à raisonner, et ils avaient affirmé

---

1. Il ne manque pas de récits de la bataille de Lissa : outre ceux qui sont imprimés, il
y a le rapport de l'officier de détail de la *Favorite*, Fabre, du commandant Villon, de la
Danaé, du commandant Pasqualigo, de la *Corona* (A. M. *loc. cit.*), du colonel Gifflengo
(T. O. du 24 avril 1811), d'un anonyme, officier de la marine autrichienne, qui servait à
la bataille de Lissa comme lieutenant de vaisseau italien (Gaz. de Zara, 1832, n° 68), du
chanoine Doimi, de Lissa, qui déclare n'avoir rien vu, et enfin un récit anonyme de pro-
venance anglaise conservé à la Bibliothèque franciscaine de Raguse.

qu'il n'y avait dans le port de Lissa aucun bâtiment anglais. Dubourdieu donna donc à la voix l'ordre d'arriver dans le port, pendant que la *Caroline* resterait à croiser au large pour surveiller l'horizon ; cette manœuvre allait s'exécuter quand, grâce au jour qui paraissait, on vit, dans le sud-est, quatre bâtiments anglais.

Le combat se présentait dans des conditions exceptionnelles : le temps était beau, le vent modéré et régulier, et, sans tenir compte des bricks et du chebeck, on avait sur les Anglais la supériorité de deux bâtiments.

Dubourdieu modifia donc les ordres donnés pendant la nuit : la *Princesse de Bologne* entrerait seule dans le port de Lissa et le reste de l'escadre se formerait en bataille pour attaquer les Anglais ; bien que l'*Eugène* fût chargé de répéter les signaux, ces ordres furent mal compris, sans doute parce que le vent faisait flotter les pavillons dans le sens de la ligne de vue ; bref, les Anglais avaient été virer à égale distance entre Lesina et Lissa, et avançaient déjà en ligne serrée du nord-est au sud-ouest, que les bâtiments français étaient encore dispersés et faisaient des efforts infructueux pour prendre leur ordre de combat ; pour comble de malheur, le vent était presque tombé au lever du soleil, ce qui empêchait les navires français de regagner rapidement leurs distances [1].

Les Anglais approchaient, rangés dans l'ordre suivant : l'*Amphion*, vaisseau rasé de 60 canons commandé par le commodore Hoste ; l'*Active*, frégate de 44 canons, commandant Gordon ; la *Volage*, corvette de 22 canons, commandant Hornby ; le *Cerberus*, vaisseau rasé de 60 canons, commandant Wisby [2].

Dubourdieu commit alors la faute qui devait assurer la victoire aux Anglais : au lieu d'attendre les retardataires, il donna le signal de forcer de voiles et se jeta sur la ligne anglaise : ce commandement allait avoir pour conséquence d'augmenter encore les distances qui séparaient les navires français, et de les mettre aux prises l'un après l'autre avec les ennemis : c'est le combat des Horaces et des Curiaces renversé.

Dubourdieu commettait un acte de folie, mais il ne voulait pas que Péridier, son rival, pût l'accuser d'avoir perdu par son indécision l'occasion de remporter la victoire ; il sentait qu'en se jetant seul au devant des Anglais, il sacrifiait son navire, mais par là il arrêtait l'ennemi et donnait au reste de l'escadre le temps d'arriver ; se dirigeant donc sur l'*Amphion*, le plus gros bâtiment ennemi, il chercha à l'aborder, laissant les trois autres anglais aux prises avec cinq bâtiments de même force à peu près.

Un peu avant 9 heures du matin, la *Favorite* était à portée de pistolet

1. Voir la carte, planche X : 1ʳᵉ position. | 2. Les Anglais avaient 985 hommes d'équipage.

des ennemis : elle reçut la décharge des quatre bâtiments et se jeta sur l'*Amphion* ; mais l'*Amphion* vira de bord pour éviter l'abordage, et pendant que la *Favorite* virait à son tour, et péniblement parce que son gréement avait été atteint par la première bordée anglaise, elle reçut à la fois la bordée de l'*Amphion* et celle de l'*Active* qui, balayant le pont de bout en bout, firent d'effroyables ravages ; Dubourdieu se trouva au nombre des morts : il était 9 h. 10. Quelques instants après, la *Flore* entrait dans le combat, et faisant la même manœuvre, voulut aborder l'*Active*, qui esquiva la rencontre ; en passant entre l'*Active* et l'*Amphion*, la *Flore* fut également saluée par deux décharges générales : Péridier tomba, un bras emporté ; son lieutenant était tué, et la *Flore* désemparée s'écarta du théâtre du combat sous la conduite de l'officier de détail. On a même prétendu que cet officier, s'exagérant les pertes subies et les avaries faites au bâtiment, amena son pavillon ; mais on dit aussi que si le pavillon tomba, c'est qu'un projectile en avait coupé la drisse ; dans tous les cas, les Anglais ne firent rien pendant toute la durée du combat pour prendre possession de la frégate, et le commandant de la *Danaé* put légitimement l'emmener avec lui à la fin du combat.

Les Anglais se trouvaient de nouveau énergiquement attaqués. La *Favorite* rentrait dans le combat par le sud et la *Bellona* arrivait par le nord-est ; pendant que l'*Amphion* et l'*Active* tenaient tête à la *Favorite*, la *Bellona* attaqua le *Cerberus*, et un heureux coup de canon, brisant le mât de hune du vaisseau, l'obligea à se laisser dériver pour réparer cette importante avarie ; la *Volage*, qui restait seule en face de la *Bellona*, reçut alors une décharge tellement meurtrière qu'elle amena son pavillon.

A 10 heures 1/2 les chances semblaient donc s'égaliser : le *Cerberus* était hors de combat, la *Volage* prise ; la *Danaé* arrivait enfin et les deux derniers bâtiments anglais qui luttaient contre la *Favorite* allaient être attaqués par les deux autres navires français. Le commandant de la *Danaé* commit alors une faute impardonnable : voyant devant lui la *Bellona* enveloppée de fumée, il la prit pour le *Cerberus* et lui lâcha à bout portant toute sa bordée ; le pont de la *Bellone* fut balayé, ses pièces démontées et le commandant Duodo eut les deux jambes coupées ; au même moment, le lieutenant était tué. Duodo jugea que la lutte n'était plus possible, puisque toute son artillerie était hors de service, et il donna l'ordre d'amener le pavillon.

La *Favorite*, aux prises avec l'*Amphion* et l'*Active*, leur avait d'abord victorieusement tenu tête, mais à 11 heures, le commandant la Meillerie fut tué et le colonel Gifflengo, aux mains de qui les règlements voulaient que passât le commandement, ordonna à l'officier de manœuvres d'abandonner la lutte et de chercher à se réfugier dans le port de Lissa.

A 11 heures, il restait donc en ligne : du côté des Anglais l'*Amphion*, l'*Active* et le *Cerberus* qui venait de réparer son mât de hune, et du côté des Français la *Danaé* et la *Corona* qui entrait dans le combat, suivie de près par la *Caroline*.

Les six navires que le vent et le courant portaient sur les brisants de Lissa virèrent de bord, les Anglais restant sur le vent, et recommencèrent le combat en marchant vers le nord-est[1].

Cette dernière partie de la bataille dura quatre heures : la *Corona* perdit son mât de hune, puis son mât de misaine, et enfin le feu prit à son bordage de tribord ; mais la fumée du combat était tellement épaisse que d'abord on ne s'en aperçût pas : ce fut le commandant de la *Caroline*, qui soutenait le combat contre le *Cerberus*, qui le voyant, passa devant la *Corona*, et l'avertit qu'elle avait le feu à bord ; pendant qu'on éteignait l'incendie, la *Caroline* tint tête à l'*Active* et au *Cerberus* ; puis la *Corona* reprit sa place de bataille, mais elle ne manœuvrait plus, son équipage était décimé : à 4 heures elle amena.

Le commandement était passé au commandant de la *Danaé* Villon qui, jugeant inutile de continuer la lutte, donna à la *Caroline* le signal de la retraite ; comme la *Flore* était toujours en panne, sans que les Anglais, faute d'embarcations, eussent pu l'amariner, Villon appela à lui la *Flore*, et les trois frégates allèrent, à la tombée de la nuit, se réfugier dans le port de Lesina.

Dès le matin, la *Princesse Auguste* ayant eu un boulet dans son gouvernail, avait pris le vent arrière et était rentrée à Spalato ; la *Princesse de Bologne* et l'*Eugène* l'y rejoignirent dès qu'on put prévoir l'issue définitive du combat.

Quant à la *Favorite*, elle s'était échouée, à midi, sur les brisants de Lissa, en voulant doubler la pointe de Smokova, au nord-est de l'île : Gifflengo fit transporter ses blessés, au nombre d'une centaine, à bord de l'*Eugène* et de la *Princesse de Bologne*, qui les conduisirent à Spalato ; puis l'équipage débarqua et, gagnant le port de Lissa désert, s'empara des bâtiments qui s'y trouvaient et gagna Lesina pendant la nuit.

Avant d'abandonner la *Favorite*, on y avait mis le feu, et elle sauta au bout de quelques heures ; on entendit l'explosion de Spalato, et même, dit-on, de Raguse.

Les Anglais rentrèrent pendant cette même nuit avec leurs prises qu'ils remorquaient péniblement faute d'un nombre suffisant d'embarcations et d'hommes valides. La *Bellona* entra à minuit dans le port ; la *Corona* était encore au large quand le feu mal éteint reprit, et on crut qu'elle allait sauter avec tous les malheureux qu'elle transportait ; on se rendit encore

1. Voir pl. X., 2e position.

une fois maître de l'incendie. Après des réparations sommaires, la *Bellona* et la *Corona* furent expédiées à Malte, mais elles furent trouvées dans un tel état qu'on renonça à les réarmer et qu'elles furent vendues ; l'*Amphion* et la *Volage* durent aller en Angleterre pour y être réparés.

Les Anglais avaient fait d'énormes pertes : Hoste fut blessé ; sur les 254 hommes d'équipage du *Cerberus*, il en restait 26 intacts après le combat (rapport de l'officier autrichien). Le manuscrit anonyme de Raguse donne les pertes suivantes : tués, 50 ; blessés grièvement, 152, dont 11 ne survécurent pas, ce qui fait un cinquième de l'effectif.

Les Franco-Italiens eurent environ 200 morts et 500 blessés. Dubourdieu, la Meillerie et trois lieutenants furent tués ; Peridier perdit un bras ; Duodo, amputé des deux jambes, mourut le surlendemain du combat. Pasqualigo, commandant de la *Corona*, fut blessé ; quand il voulut rendre son épée au commodore Hoste, celui-ci la refusa, disant que celui qui savait si bien s'en servir était digne de la garder. On l'envoya à Malte, d'où il écrivit plusieurs lettres fort curieuses [1], et au bout de quelques mois les Anglais lui rendirent la liberté.

Le 15 mars, l'*Aichhora*, restée à Comisa pendant la bataille, fut envoyée en parlementaire à Lesina pour demander la remise de la *Flore* ; on lui répondit qu'en supposant qu'elle eût amené, ce qui n'était pas prouvé, les Anglais avaient négligé d'en prendre possession et que le commandant de la *Danaé* avait été dans son droit en la reprenant ; que d'ailleurs la *Volage* était dans le même cas et qu'il ne semblait pas que le parlementaire anglais vînt en proposer la consignation.

Cette démarche des Anglais inquiéta le commandant Villon qui ne savait pas quelles étaient les forces dont disposaient encore les ennemis ; la rade de Lesina ne lui sembla pas sûre, et, profitant du premier vent favorable, il conduisit les trois frégates à Gravosa pour les réparer.

Racontons, pour terminer ce long récit, deux épisodes héroïques de ce combat mémorable.

Un des cadets établis à Lissa, pour y faire la police du port, appartenait au vaisseau l'*Amphion* : désespéré de voir ses camarades se battre pendant qu'il restait à terre, il se jeta à la mer et gagna son navire à la nage, non sans avoir essuyé la fusillade de la *Favorite* et reçu une balle dans la jambe. Aussitôt à bord, il se fit panser et courut à son poste de combat : on le nomme Farell ou Farewell.

Le capitaine de vaisseau Epron, envoyé à Raguse pour diriger les réparations des frégates, raconte un autre trait dans une lettre particulière adressée à l'intendant Arnault, de Trieste : « Un nommé Legrand, jeune

1. Aux Archives de la Marine (*loc. cit*).

« pilotin à bord de la *Flore*, se trouvait employé à la mousqueterie pen-
« dant le combat de Lissa. Lorsque le commandant fut blessé et le second
« tué, l'officier qui prit le commandement ordonna d'amener le pavillon :
« ce jeune homme dont le poste n'était pas éloigné s'y opposa en mena-
« çant de brûler la cervelle à qui exécuterait l'ordre, et la frégate se bat-
« tit encore. Comme ce rapport ne peut être fait officiellement sans
« perdre quelqu'un, on n'en parle pas [1]. » Cette anecdote prouve que si
la *Flore* n'amena pas son pavillon, elle ne fut pas loin de le faire.

Le combat naval de Lissa et son issue fatale pour la marine franco-
italienne eurent un immense retentissement, et on chercha à expliquer,
par diverses causes extrinsèques, la victoire des Anglais; on accusa le capitaine Péridier de s'être tenu hors du combat pour amener la défaite de son
ennemi Dubourdieu, mais, si, à Ancône, Péridier s'était rendu coupable d'un
grave manquement à la discipline, il eut pendant le combat une attitude
irréprochable, et l'examen des faits met à néant une accusation calomnieuse; en effet, la *Flore*, conduite par Péridier, engagea le combat aussitôt après la *Favorite* que montait Dubourdieu, et quand la *Flore* se retira
de la lutte, Dubourdieu était mort, ce qui eût donné à Péridier le commandement de toute l'escadre, si sa grave blessure ne l'eût empêché de
l'exercer. On a prétendu que les Italiens s'étaient tenus ou avaient été
tenus à l'écart : ce qui est vrai, c'est qu'ils arrivèrent les derniers, mais
parce que leurs navires, mauvais marcheurs, ou peut-être mal manœuvrés,
ne purent arriver plus vite; une fois engagées dans la lutte, la *Corona*, la
Bellona et la *Caroline* se battirent héroïquement. On a multiplié les accusations contre Dubourdieu qui, étant mort, ne pouvait plus se défendre; sa
manœuvre pour engager le combat a été certainement malheureuse, mais
on a eu tort d'insinuer que cette manœuvre était inspirée par des raisons
mesquines d'amour-propre ou de rancune nationale indignes d'un brave
officier qui, s'il pécha, pécha par un excès d'intrépidité, de *furia francese*.

La vraie raison de la victoire des Anglais est la supériorité de leurs officiers, de leurs marins et de leurs navires : la bravoure individuelle des
Dubourdieu, des Duodo, des Pasqualigo ne pouvait donner aux bâtiments
des qualités de marche et aux équipages des qualités d'instruction qui
leur manquaient. La France n'a pas tenu rigueur à Dubourdieu de son
désastre, et, en donnant son nom à un croiseur, elle a montré qu'elle ne
désavouait pas ses enfants, même malheureux.

L'année 1811, si tristement inaugurée, devait être encore fertile en
désastres. Les croisières anglaises gardaient strictement les îles et le litto-

1. A. N., AFiv., 1713, août 1811.

ral, et tout navire qui s'aventurait hors des ports était la proie des corsaires; Lissa devenait l'*emporium* où se concentraient toutes les prises, et c'était sur Lissa que devait se faire une nouvelle tentative. L'Empereur ordonna de reconstituer à Venise l'escadre à moitié détruite et entièrement dispersée : la *Flore*, la *Danaé* et la *Caroline* réussirent à forcer le blocus de Gravosa, grâce à une diversion de la flottille qui attira l'attention des Anglais sur Lesina [1]. Parties de Gravosa le 20 septembre, elles arrivèrent le 8 octobre à Trieste en faisant même quelques prises chemin faisant. De Trieste, la *Flore* se mit en route pour Venise, et le 25 novembre elle était devant la passe de Malamocco, battue par le gros temps; de terre, on ne

Perte de la *Flore*.

vit pas ses signaux, et la croyant anglaise on la laissa s'échouer; on a parlé d'incurie ou de malveillance : rien n'est moins prouvé; mais la frégate fut entièrement perdue et 72 hommes de son équipage se noyèrent en gagnant la terre [2].

Combat du 29 novembre.

Enfin la division devait être renforcée par trois navires : les frégates *Pauline* et *Pomone* et la *Persane*, flûte ou gabarre, que la frégate *Thétis* venait de remplacer à Corfou. Pendant que ces trois bâtiments cherchaient à rejoindre Venise, ils rencontrèrent entre Lissa et la côte d'Italie trois navires anglais : l'*Amphion*, vaisseau rasé de 60 canons, l'*Alceste* et l'*Unity*, frégates de 44 canons; le combat eut lieu le 29 novembre et se termina par la prise de la *Pomone* et de la *Persane*; la *Pauline* ayant démâté l'*Amphion* qui lui tenait tête, put s'échapper, mais avec le feu à bord, et elle sauta en vue d'Ancône. Le capitaine Gordon, de l'*Amphion*, grièvement blessé, fut conduit à Lissa, où il subit l'amputation; après l'opération, il se fit donner sa jambe coupée et l'embrassa en disant gaiement : *Adieu, ma jambe!* Il continua son service après guérison : c'est lui qui commandera la marine anglaise au siège de Zara, en 1813.

A la fin de 1811, les forces navales françaises se réduisaient à trois frégates : *Thétis* à Corfou, *Danaé* à Trieste, *Uranie* bloquée à Ancône par les Anglais. Le brick *Simplon*, coulé par les Anglais le 5 mai sur la côte d'Istrie, avait été relevé aussitôt après, et partageait la captivité de l'*Uranie* à Ancône. En dehors de ces frégates, il y avait la *Caroline*, jugée hors de service et cinq bricks; enfin, il y avait sur les chantiers ou en armement à Venise de nombreux bâtiments neufs : les frégates *Ebe* et *Teti*, les vaisseaux *Arcole*, *Lombardo*, *Duquesne*, *Montenotte*, *Royal-Italien*, *Castiglione*, ce dernier prêt à être lancé; les vaisseaux *Régénérateur* et *Mont Saint-Bernard*, qui étaient à l'eau depuis l'hiver, et le vaisseau le *Rivoli* qui aurait pris la mer en novembre 1811 sans le double désastre de la *Flore* et de l'escadre venant de Corfou.

1. *Diario* Stulli, septembre 1181. | 2 A. M., 1811, BB⁴, 326 et 327.

Les Anglais fortifiaient Lissa : en mars 1811, ils avaient construit sur l'îlot qui barre l'entrée du port deux batteries et une caserne pourvue de citernes où s'étaient installés les cadets avec une petite garnison ; l'îlot prit le nom d'île Hoste qu'il porte encore en l'honneur du vainqueur de Lissa. Pendant tout l'hiver 1811-1812 on déblaya le terrain pour la construction d'ouvrages plus importants dans l'intérieur de l'île.

Le 26 février, une panique se produisit à Lissa[1] : on signalait le *Rivoli* suivi d'un autre vaisseau ; la batterie Hoste se prépara à tirer, mais on reconnut bientôt que le *Rivoli* arrivait prisonnier du *Victorious* qui venait de s'en emparer. Voici ce qui était arrivé :

Prise du Rivoli.

Le *Rivoli*, complètement armé, avait quitté Venise le 20 février, sous le commandement du capitaine de vaisseau Barré, avec 732 hommes d'équipage. Le 21, il avait franchi la passe de Malamocco sur des chameaux[2] à cause de son fort déplacement ; le 22, avant le jour, il appareilla de conserve avec les bricks *Iena*, *Mameluk* et *Mercure* pour se rendre à Trieste : cette sortie avait pour objet d'exercer l'équipage et de faire connaître aux officiers les aptitudes du vaisseau qui n'avait pas encore été à la mer. Au bout de quelques heures, on vit apparaître les Anglais qui, prévenus de la sortie prochaine du *Rivoli*, avaient trois vaisseaux en croisière dans le fond de l'Adriatique entre Pola et Ancône. Le vaisseau anglais le *Victorious* était accompagné du brick *Weazel*. Le *Rivoli* chercha à fuir, et pendant un moment le brouillard l'enveloppa, le dérobant à la vue des ennemis ; mais, quand le brouillard se dissipa au milieu de la nuit, le *Victorious* était à petite portée de canon ; le combat s'engagea près de Pirano, en Istrie, à 3 heures 1/2 du matin. Au bout d'un quart d'heure, un coup de canon du *Weazel* fit sauter le *Mercure*, et les deux autres bricks, *Iena* et *Mameluk*, s'éloignèrent pour rentrer à Trieste.

On se battit six heures, à portée de pistolet, mais dans des conditions inégales ; par cette nuit sans lune, les canonniers des navires anglais chargeaient et tiraient leurs pièces dans l'obscurité, et les Français avaient dû allumer des fanaux dans les batteries, ce qui donnait à l'ennemi des points de mire pendant que les Français tiraient au hasard. Le *Weazel*, malgré ses proportions exiguës prenait une part active au combat : caché derrière le *Victorious* pour charger ses pièces, il sortait de sa retraite pour lâcher toute sa bordée, et retournait se mettre à l'abri.

1. Journal Doïmi. | 2. Les *chameaux* sont des espèces de chalands hermétiquement clos qu'on coule en les remplissant d'eau et qu'on amarre sous un navire qu'on veut relever ; avec des pompes on épuise l'eau et les chameaux, en revenant à flot, soulèvent le navire ; c'est le principe des docks flottants. L'opération faite pour le *Rivoli* était particulièrement délicate, car le modèle des chameaux qui ont servi à lui faire franchir la passe de Malamocco est exposé au Musée de marine à Paris (salle après celle de Lapeyrouse), ce qu'on n'eût pas fait s'il se fût agi d'une opération courante.

A 9 heures 1/2 du matin, le *Rivoli* avait perdu ses trois mâts, il avait 40 boulets dans sa coque et cinq pieds et demi d'eau dans sa cale; deux de ses canons de 36 avaient éclaté et mis 60 hommes hors de combat : tous les officiers, tous les premiers et seconds maîtres étaient tués ou blessés; le capitaine Barré dut amener son pavillon. Les Anglais avaient 160 hommes hors de combat; sur 732 hommes de l'équipage français, il y avait 144 tués et 260 blessés qui furent presque tous débarqués à Pirano ou envoyés à Spalato; 420 prisonniers furent conduits à Lissa.

Dans son rapport daté de Lissa, 2 mars, le capitaine Barré dit qu'il n'a eu qu'à se louer des marins romains, chioggiotes et triestins; « les autres Illyriens, ajoute-t-il, se sont mal conduits et 150 d'entre eux ont pris du service chez les Anglais en arrivant ici [1]. »

§ IV. Occupation des îles.

Prise de possession de Lissa.

Pendant l'année 1812, les Anglais occupèrent définitivement Lissa, où jusque-là ils n'avaient qu'un petit détachement de soldats de marine. Le 24 avril, les vaisseaux *Eagle* et *Apollo* entrèrent dans le port, suivis de la frégate *Havannah* et de quatre transports. A 3 heures débarqua sir G. D. Robertson, gouverneur de l'île, avec un nombreux état-major; puis vinrent les troupes : deux compagnies du 35e régiment anglais, de 130 hommes chacune, avec le drapeau britannique, une compagnie suisse de 260 hommes, une compagnie corse de 280 hommes et une compagnie calabraise de 300. Après avoir été passées en revue, les cinq compagnies rentrèrent sur les transports. Le gouverneur retourna sur le vaisseau après avoir choisi des locaux pour l'installation des services d'administration.

Le 27, le gouverneur posa la première pierre du fort Saint-Georges, qui devait dominer la ville, et l'on commença en même temps trois grosses tours qui devaient recevoir les noms de Bentink, Wellington et Robertson; des télégraphes optiques, construits sur les deux points culminants de l'île, Saint-André (298m) et Hum (585m), furent reliés à la tour de Comisa d'une part et aux ouvrages de Lissa de l'autre; une quantité d'ouvriers terrassiers et maçons vinrent d'Italie, d'Istrie et de Dalmatie, et tous les travaux furent achevés en peu de mois.

L'île reçut une organisation civile : la police générale fut confiée au capitaine Barbier, commandant de la compagnie suisse, qui fut aussi président du tribunal d'appel; ce tribunal et le tribunal de première instance furent composés par moitiés d'indigènes et d'immigrés. Les tribunaux devaient juger selon le droit vénitien et le statut particulier de Lesina, avec la procédure autrichienne et les règlements de Dandolo pour les mineurs, les affaires ecclésiastiques et les instituts de bienfaisance.

1. A. M., 1812, BB⁴, *pass.*

Les recettes du gouvernement se composaient : 1° du revenu des domaines ; 2° de 6 o/o des loyers payés par les étrangers ; 3° d'un impôt sur les cafés et les billards (13 cafés payant 10 colonnates ¹ et 6 billards payant 8 colonnates) ; 4° des droits de santé, de port, de tonnage et d'ancrage ; 5° des amendes ; 6° d'un droit d'un trentième sur les marchandises importées ou exportées ; 7° d'un droit d'un dixième sur les produits de la pêche ; 8° de patentes (6 ou 8 colonnates) imposées aux commerçants.

Le personnel supérieur de l'administration civile fut pris dans l'état-major anglais ; les emplois subalternes furent donnés à des soldats ou marins invalides, ou à des déserteurs ; les deux huissiers du tribunal d'appel étaient un déserteur croate et un ancien gendarme français, le Languedocien François.

Lissa prit rapidement un développement incroyable : en deux ans, la population passa de 4 à 11.000 habitants ; les corsaires y amenaient à chaque instant d'énormes chargements et des convois entiers ; les denrées qui coûtaient si peu étaient vendues à des prix dérisoires : l'huile valait 4 colonnates le baril, le blé 1 colonnate 1/2 le staio ². Les marchandises affluaient : on y vendait du sucre et du café, des conserves, de la bière, du vin, du rhum, des draps, des étoffes de soie, du velours, des broderies d'or et d'argent, de la parfumerie, des bijoux, de l'horlogerie, de la coutellerie. Il vint s'y établir des tailleurs, des cordonniers, des menuisiers, des forgerons, des orfèvres, des confiseurs, des pâtissiers, venant presque tous d'Italie. Les loyers des maisons avaient décuplé, les magasins et les boutiques manquaient et des industriels avaient tiré à terre de vieilles barques où l'on trouvait à acheter de la morue, du tabac turc et des cigares de la Havane (*cigari finissimi per uomini e per signore* ³).

Il ne faut pas croire cependant que toutes les expéditions anglaises eussent été couronnées de succès. Nous avons raconté comment, en 1809, la *Volage*, qui attaquait Spalato, dut filer son cable et se retirer en perdant son ancre.

En décembre 1810, les habitants de Lagosta prirent un corsaire sicilien qui conduisait avec lui un bâtiment de Raguse chargé de grains ⁴. Les 4, 5 et 6 janvier 1811, un brick et un chebeck anglais firent des tentatives infructueuses pour débarquer à Curzola ⁵. Le 16 mars, à Lagosta, le corsaire français l'*Intrépide* s'empara d'un corsaire maltais ⁶. Le 19 mai, le chebeck *Eugène* et une canonnière commandés par l'enseigne de vaisseau de Rosanquest contraignirent à la retraite un chebeck et une canonnière ennemis

1. La colonnate valait environ 6 francs. | 2. Cela mettrait l'huile au prix de o fr. 20 la livre et le blé à 5 fr. le quintal. | 3. Journal Doimi. | 4. T. O., 6 janvier 1811. | 5. T. O., 23 février 1811. | 6. T. O., 8 mai 1811.

dans la passe de Meleda, en vue d'une escadre anglaise [1]. Le 19 juillet, une tentative de débarquement à Cherso fut empêchée par un détachement de Croates du régiment de Sluin [2]. Le 16 avril 1811, les Anglais avaient débarqué à Melada et pillé les magasins du gouvernement ; ils passèrent ensuite à Kudiča, dans l'île d'Uljan, pour y exercer les mêmes ravages ; un détachement amené de Zara par le capitaine Poivre, les obligea à se rembarquer après avoir perdu plusieurs hommes [3].

Le 22 mai, le capitaine Radimir, de Cattaro, accompagnait un convoi de bâtiments bocquais, quand sept barques de corsaires l'attaquèrent ; il soutint une lutte acharnée, mit 27 ennemis hors de combat, perdit 10 hommes sur 11 dont se composait son équipage et se sauva à la nage ; pendant le combat, le convoi qu'il escortait avait pu prendre de l'avance et fut sauvé [4]. Radimir fut décoré pour ce fait [5].

Le 27 mai, à Eso, dans l'archipel de Zara, la garde nationale reprit un bâtiment enlevé par un corsaire [6].

En 1813, un bâtiment italien allant d'Ancône à Zara avec un envoi de fonds, fut surpris, dans les environs de Melada, par des barques ennemies ; il y avait à bord un Dalmate qui avait passé plusieurs années en France, comme domestique d'un général ; en voyant approcher les Anglais, le Dalmate s'improvise capitaine et lance à tue-tête les commandements de la manœuvre de l'artillerie : les marins le comprennent à demi-mot et amènent aux sabords deux canons de bois, toute l'artillerie du bateau, mais cela fut suffisant pour déterminer chez les assaillants quelques minutes d'hésitation pendant lesquelles le bâtiment prît de l'avance, ce qui lui permit d'arriver sain et sauf à Zara [7].

Un bateau de Sebenico avait été pris par les Anglais et, la nuit venue, on jeta l'ancre, la prise étant attachée par un cordage au corsaire. Le patron dalmate établit sur une planche un fanal semblable à celui de son bateau, il attacha à la planche le cordage de l'Anglais, et, profitant de la nuit obscure, il mit silencieusement à la voile ; ce n'est que le matin que le capitaine anglais constata la substitution faite par son artificieux prisonnier [8].

A partir de 1812, le rôle de la marine franco-italienne est terminé ; l'expérience du *Rivoli* montrait le péril qu'il y avait à mettre en face de l'ennemi des navires n'ayant pas fait leurs preuves. La *Thétis* était bloquée à Corfou, l'*Uranie* à Ancône d'où elle ne sortit que le 14 janvier 1814, pour être obligée, le 18, à entrer à Brindisi ; le 1er février, le préfet napoli-

---

1. T. O., 29 juin. | 2. O. T., 29 août. | 3. T. O., 16 mai 1812. | 4. T. O., 14 juin. | 5. R. P., 1812, 29 août, 3520. | 6. T. O., 14 juin 1812. | 7. *Giornale del assedio di Zara*, publié par le professeur Vit. Brunelli, p. 13. | 8. O. T., 8 août 1812.

tain ayant ouvert le port aux Anglais qui croisaient au large, le capitaine Margollé brûla sa frégate pour qu'elle ne tombât pas aux mains de l'ennemi [1]. Le sort de la *Danaé* avait été plus terrible encore : le 5 septembre 1812, à 11 heures du soir, elle sauta tout à coup dans le port de Trieste, sans qu'on ait vu le feu à bord; pas un homme de l'équipage n'échappa; la catastrophe fut attribuée à la malveillance ou à la trahison, sans qu'aucun argument sérieux ait encore corroboré l'une ou l'autre hypothèse [2].

En 1813, le gouvernement déclara que la peste était à Lissa; on espérait ainsi ralentir les relations entre les Dalmates et cette île, mais le subterfuge était grossier et personne n'en fut dupe; pendant cette année, la marine illyrienne n'était même plus en état d'escorter les convois; on publia un avis pour l'annoncer, et les patrons, qui jusque-là ne pouvaient sortir qu'en convoi et escortés, furent libres de s'aventurer en mer à leurs risques et périls. La mer appartenait donc aux Anglais; ils vont modifier leur tactique et entreprendre, avec la complicité des habitants, la conquête des îles du littoral.

Le gouverneur de Lissa, Sir Duncan Robertson, entra en campagne à la fin de janvier 1812, avec une frégate, un brick et six petits bâtiments placés sous les ordres du contre-amiral Freemantle, et ce fut sur Lagosta que fut dirigée la première attaque, le 22 janvier. La garnison, commandée par le capitaine italien Barbieri, se composait de 50 Italiens et de 50 Croates : Barbieri se renferma dans le fort qui domine l'entrée du port. Les Anglais, sachant que les Français avaient deux mois de vivres, s'attendaient à faire un long siège, quand, le 28 janvier, Barbieri demanda à capituler [3]; la seule excuse qu'il put donner était que la population avait bruyamment fêté les Anglais et que la garnison ne semblait pas disposée à se défendre. Mais le commandant lui-même était-il décidé à faire son devoir? Il ne le montra pas.

Prise de Lagosta.

Maîtres de Lagosta, les Anglais passèrent à Curzola : la ville n'avait ni garnison ni vivres; le général Pacthod, apprenant que les Anglais étaient à Lagosta, avait fait passer à Curzola le colonel Viala de Sommières en lui disant que, s'il croyait possible de tenter la défense, on lui enverrait un détachement qui irait l'attendre à Stagno. Viala était à peine arrivé à Curzola que les Anglais parurent; il n'était plus possible de faire traverser le détroit aux troupes qui attendaient à Stagno qu'on les appelât; il fallut organiser la défense avec les moyens dont on disposait, soit l'équipage d'un corsaire français et quelques gardes nationaux de bonne volonté; c'est avec cette garnison que Viala tint tête aux Anglais pendant trois jours.

Prise de Curzola.

1. A. M., 1814, BB⁴, 383. | 2. Des recherches faites en 1889 ont permis de retrouver quelques restes du malheureux navire; on les a réunis au musée. | 3. A. G. Pacthod à Gauthier, 8 février 1812.

Le 4 février, 300 hommes débarquèrent avec 4 pièces de canon; la garde nationale de Blata, qui venait au secours de Curzola, fut repoussée. Dans ces conditions, Viala demanda à capituler; les Anglais, honorant sa bravoure, le renvoyèrent en Dalmatie sans engagements, lui et sa garnison. Pacthod raconte plaisamment sa sortie au général Gauthier dans une lettre intime [1] : « Ils sortirent de la place avec les honneurs de la guerre; il a « défilé à midi du 4, lui, commandant en chef, M. Vincent, commandant « de place, madame son épouse avec bagages et basse-cour, un garde « d'artillerie, un canonnier et une vingtaine d'hommes du corsaire, tam- « bour battant, drapeaux déployés et mèches allumées... il y a de quoi rire « tout seul. Le reste de la garnison est resté dans ses pénates; ils étaient « tous habitants de Curzola. »

Lesina et Meleda attendaient leur délivrance, mais les Anglais ne voulurent pas attaquer Lesina qui avait une forte garnison. A Meleda, les habitants étaient travaillés par les nobles ragusains qui commençaient à relever le drapeau de leur antique indépendance. Les fonctionnaires français furent frappés en avril d'une véritable excommunication : on rompit toutes relations avec eux; on refusait de leur vendre ni pain, ni viande, ni poisson; pris par la famine, ils s'en retournèrent à Raguse et les Anglais, arrivant en ce moment, donnèrent à Meleda, comme à Lagosta, un gouvernement présidé par un noble ragusain; ces gouverneurs remirent en vigueur les lois et usages abolis par les Français.

Curzola, qui n'avait pas dépendu de Raguse avant 1811, reçut un gouvernement particulier ayant quelque analogie avec celui qui fonctionnait à Lissa. Sous ce titre : « *Otok Korčula pod Engleskom Vladom,* » un savant dalmate, M. Vuk Vučetić-Vukasović, a publié dans le *Bullettino d'Archeologia e Storia Dalmata* [2] une série d'articles sur les lois que les Anglais ont données à Curzola. Le gouvernement nouveau fut installé par le contre-amiral Freemantle le 14 février 1813, et dura 29 mois, jusqu'au 15 juillet 1815. Freemantle nomma une commission de six notables qu'il présida, puis dont la présidence fut dévolue au capitaine Lowen. Cette commission eut à prononcer souverainement sur toutes les questions administratives et financières; c'est le livre de ses décisions, ou *risoluzioni,* que M. Vuk Vučetić-Vukasović a publié.

La justice était rendue par un juge de paix; les appels étaient soumis à la commission du gouvernement. Les communes, au nombre de huit, avaient des chefs nommés par la commission et responsables devant elle de la paix de leur circonscription [3].

Pour la police, on forma une compagnie de garde nationale soldée;

---

1. A. G., 8 février 813. | 2. Juin 1888-Mai 1889. | 3. Risoluz. 4, 5, 6, 11, 12.

aucun volontaire ne s'étant présenté pour s'enrôler, Lowen répartit le contingent de 40 hommes entre les communes [1] et la compagnie fut mise sur pied. En août 1813, l'île reçut comme garnison deux compagnies siciliennes et Lowen, sans dissoudre la garde nationale, fit décider seulement que, vu l'état des finances, on ne la payerait plus [2]. La garnison sicilienne, arrivée de Lissa, occupa le fort Saint-Blaise, situé au dessus de la ville, où des réparations importantes avaient été exécutées en vertu d'une décision prise le jour même de l'installation du gouvernement nouveau [3]; des ouvriers et des matériaux avaient été réquisitionnés [4] et une imposition extraordinaire de 3.000 colonnates (18.000 fr.) avait fourni les ressources nécessaires [5].

Les finances furent réorganisées, on maintint tous les anciens impôts, sauf la dîme qui fut remise sur le pied où elle fonctionnait au temps des Vénitiens ; elle était restreinte au vin, au blé et aux agneaux ; les trois quarts de la dîme allaient au trésor public ; l'autre quart, divisé en huit parties, était attribué au vicaire capitulaire et aux chanoines pour six parts et pour deux à la cathédrale [6]. Pour suffire aux dépenses extraordinaires, on établit quelques impôts nouveaux : droit sur le bois de construction [7], sur le bois à brûler [8], taxes de port [9], patentes [10], et malgré toutes ces charges, les habitants ne se plaignaient pas : c'est qu'on avait respecté leur religion ; le vicaire capitulaire avait été réintégré dans la plénitude de ses fonctions [11], le couvent de Saint-Nicolas avait été rendu aux religieux franciscains [12], les confréries rétablies [13], l'hôpital et les fondations pieuses libérés des charges dont la fiscalité française les avait écrasés [14]. On avait aussi rétabli les lois de Venise avec le statut propre à l'île de Curzola, et ces concessions suffisaient pour faire accepter volontiers quelques impôts supplémentaires. Ces surcroîts de charges ne furent d'ailleurs que temporaires : à mesure que l'aire de l'influence anglaise s'élargissait, le commerce retrouvait son ancienne vitalité ; les recettes des douanes augmentaient et avec elles la prospérité financière. En 1815, le 8 janvier, fut prise la 125e résolution tendant à répartir une gratification de 50 colonnates entre les paysans requis l'année précédente pour exécuter des travaux de viabilité.

Cette période de deux années fut l'âge d'or de Curzola ; les Anglais qui y séjournaient, dépensaient beaucoup d'argent, et la ville put, grâce à ses ressources croissantes, consacrer quelques sommes à des travaux d'embellissement ; elle en fit du reste honneur à Lowen en lui élevant un monument sur lequel on lit les inscriptions suivantes :

1. Rizoluz. 58. | 2. R. 86. | 3. R. 7. | 4. R. 43, 46, 57. | 5. R. 41. | 6. R. 41, 47, 81. | 7. R. 94. | 8. R. 114. | 9. R. 77. | 10. R. 102. | 11. R. 33. | 12. R. 32. | 13. R. 92. | 14. 62 et 93.

LIBERTATE. FRUENS
HOC. GRATI. ANIMI
TESTIMONIUM
COMTAS. CORCYRENSIS
POSTERIS. TRADENDUM
DESSIGNAVIT
MDCCCXV.

PETRO. LOWEN
CUIUS. FŒLICIBUS. AUSP.
HOC. CIVIBUS. SOLATIV̌
VIAQUE. HÆC. CURRIBUS. APTA
INCOLIS. OMNIB̃
COMODO. ET. UTILITATI
CONSTRUCTA.

Après cette première campagne menée à bonne fin, les Anglais en entreprennent une seconde.

Occupation de l'archipel de Raguse. A l'ouest de Raguse s'étend cette chaîne d'îles que Marmont avait fortifiées pour en faire l'enceinte inexpugnable de la rade de Gravosa [1]. Les îles d'Olipa, Giuppana, Rudda, Mezzo et Calamotta étaient l'objectif que les Anglais avaient visé : les ouvrages n'étaient pas sérieusement armés et les Croates qui les gardaient ne se battraient probablement pas. En effet, le 12 mai, deux coups de main tentés sur Olipa et Rudda réussirent : une vingtaine de Croates qui les occupaient se laissèrent prendre ; ils allèrent grossir le bataillon que les Anglais organisaient à Lissa avec des prisonniers et des transfuges [2].

Le général Montrichard fit réoccuper par des soldats italiens l'île de Rudda que les Anglais avaient évacuée après avoir détruit la batterie [3].

Le 18 mai, les Anglais revinrent à la charge et attaquèrent Rudda et Mezzo. Les 19 soldats italiens qui travaillaient à remettre la batterie de Rudda en état n'essayèrent même pas de se défendre. Le commandant de Mezzo reçut, au contraire, les assaillants par un feu très nourri qui les obligea à la retraite, mais ne les empêcha pas de bloquer l'île pendant un mois, ainsi que l'île voisine de Giuppana.

Le 18 juin, le commandant Calaman, qui commandait Giuppana, se laissa surprendre pendant la nuit ; il put gagner la terre ferme avec 40 hommes, mais un officier et 38 soldats italiens furent fait prisonniers [4].

La situation de la garnison de Mezzo n'était pas moins critique.

Le général Montrichard écrivait, le 20 juin, au général Gauthier à Cattaro [5] : « Mezzo sera peut-être rendue quand vous recevrez cette lettre, grâce « aux coquins qui sont passés à l'ennemi, mais le reste de la garnison, com- » mandé par le brave Tock (sous-lieutenant au 4ᵉ léger italien), se bat en « déterminé... quel dommage qu'un si brave homme ne soit pas secouru ! « mais la chose est de toute impossibilité. »

Stulli, dans son *Diario*, raconte que sur 50 hommes du 4ᵉ italien,

1. Voir la carte IV. | 2. A. G., Montrichard, mai 1813. | 3. *Ibid.* | 4. A. G., Montrichard, juin 1813. | 5. A. G., juin 1813.

15 avaient déserté le 18; avec ce qui lui restait, Tock alla s'enfermer dans le fort de la Montagne, au dessus du village de Mezzo. Les Anglais occupèrent donc le fort de Sainte-Marie, situé au bord de la mer, et le lendemain allèrent placer une batterie sur un sommet d'où ils dirigèrent sur le fort de la Montagne un feu plongeant. Tock, ne pouvant se défendre, obtint la capitulation la plus honorable; il fut renvoyé à Raguse avec sa troupe, et le commandant anglais Blake écrivit au général Montrichard qu'à raison de sa brillante conduite, le sous-lieutenant Tock était dégagé de sa promesse de ne pas servir pendant le reste de la guerre [1].

Sur les 30 hommes de Tock, 14 avaient demandé à ne pas retourner à Raguse et s'engagèrent dans l'armée anglaise.

A la suite de ce dernier fait d'armes, le cercle se referme autour de Raguse, et, pendant qu'un gouvernement s'établit à Giuppana et à Mezzo sous la présidence du comte Natali, les derniers avant-postes de la place succombent et l'île de Calamotta doit être évacuée.

Dans le Sud, les Croates repoussent, le 11 octobre, une attaque des Anglais sur Ragusa-Vecchia, mais deux jours après ils passent à l'ennemi, et le comte Biagio-Bernardo Caboga est installé comme gouverneur par les Anglais dans les conditions que nous aurons bientôt à exposer [2]. Le même jour, la défection des Croates amène l'abandon de l'île de Daxa, qui est à l'entrée même du port de Gravosa [3].

Le 13 octobre, le bataillon croate formé à Lissa avait été débarqué à Stagno; la garnison se composait de 11 Français et d'un détachement de pandours; ceux-ci s'emparèrent de la personne du commandant et le forcèrent à capituler [4].

Raguse était bloquée; nous verrons dans un des chapitres suivants les péripéties du siège qu'elle aura à soutenir.

Depuis plusieurs mois, l'île de Lesina était menacée par les Anglais : déjà le 27 août 1812 [5], le directeur de l'enregistrement écrit au receveur des domaines : « Tout indique, Monsieur, que l'ennemi se propose d'envahir « les provinces; en vous annonçant cette fâcheuse nouvelle, j'ai pour but « de vous engager à prendre toutes les précautions, tant pour la sécurité « de vos propres intérêts que pour celle des intérêts dont vous êtes « chargé. »

Ce n'est cependant que le 11 novembre 1813 que l'escadre de Hoste parut dans le port de Lesina. Le feu de l'ennemi et l'attitude menaçante de la population obligèrent le commandant à faire rentrer la garnison dans les forteresses; au fort Napoléon, de construction toute récente, il envoya

Prise de Lesina.

1. A. G., juillet 1813. | 2. IIIᵉ P., ch. VI. | 3. R. P., 1813, 14 octobre. 7352. | 4. A. G. 1813, novembre. | 5. Z. L., 1814. 634.

trois compagnies croates; au fort Espagnol, une compagnie croate et deux compagnies italiennes.

- Un sergent croate souleva la garnison du fort Napoléon qui encloua ses canons et voulut assassiner le commandant; celui-ci se retira blessé au fort Espagnol, mais, trouvant le reste de ses troupes prêt à se mutiner, il capitula; les Anglais le reconduisirent en Italie, moyennant l'engagement de ne pas servir pendant un an; ses soldats s'enrôlèrent pour combattre la France[1].

Enfin, une division anglaise avait opéré dans le Nord, autour de l'Istrie et dans le Quarnero. Fasana, Rovigno, Dignano, Carlopago et Fiume avaient été visitées, mais nulle part les Anglais ne s'étaient établis; ils pillaient les caisses et cherchaient à désorganiser méthodiquement les services publics, puis ils se retiraient sans faire aucun mal à la population qu'ils entendaient ménager.

Bientôt apparaîtront les Autrichiens qui, prenant contact avec les Anglais sur les bords du Quarnero, commenceront à envahir la Dalmatie par terre pendant que leurs alliés, les suivant par mer, leur prêteront assistance quand la réunion de leurs efforts sera jugée nécessaire.

. C'est l'histoire de cette campagne qu'il nous reste à étudier.

1. W. K. F II. n. 31, 31 a, 47 a, 47 c.

CHAPITRE IV

ZARA ET KLISSA (1813)

C'est le 18 août 1813, au lendemain de la rupture des négociations de Prague, que les Autrichiens pénétrèrent dans les Provinces illyriennes ; ils passèrent la Save sur trois points, à Agram, à Sissek et à Petrinia ; le lendemain, ils entraient à Karlstadt que le général Jeanin venait d'évacuer ; Jeanin avait été accompagné dans sa retraite par une population en fureur qui massacrait tous les traînards et cherchait à piller son convoi ; nous avons dit quel fut le sort de l'intendant Contades ; un chef de bataillon fut blessé et un capitaine précipité du haut d'un pont dans la Kulpa.

§ I. L'invasion.

Fiume fut évacué le 23 août ; les premiers coureurs ennemis parurent le 4 septembre en vue de Trieste, qui capitula le 14 octobre.

C'est alors seulement que les Autrichiens se tournèrent vers la Dalmatie, et le général Tomassich fut chargé de l'occuper ; cet officier général quitta Gospić le 23 octobre avec un bataillon de la Lika qui abandonnait le service de la France, un escadron de hussards et un détachement de l'insurrection hongroise ; trois jours après, il fut rejoint par un bataillon du 1ᵉʳ régiment du Banat et une centaine de cavaliers croates ; c'est donc avec 2.800 hommes, dont 2.400 ex-soldats français, que Tomassich entreprendra la conquête de la Dalmatie et la terminera en moins de trois mois [1] : Zara capitulera le 5 décembre, Klissa le 18, Raguse le 28 janvier 1814 ; Knin, Sebenico, Traù, Spalato se rendront sans résistance. Quant aux Bouches, les Monténégrins avaient déjà commencé à les révolutionner, et le 5 janvier 1814 Cattaro ouvrira ses portes aux Anglo-Monténégrins.

Les forces autrichiennes.

Pour repousser ces attaques, les généraux français avaient huit bataillons s'élevant à 6.000 hommes, mais deux bataillons de pandours et trois bataillons de croates avaient déjà commencé à passer à l'ennemi ; les trois bataillons du 4ᵉ régiment léger italien avaient perdu par les désertions la moitié de leur effectif, et le reste n'était pas d'une fidélité à toute

Les forces françaises.

1. W. K., 1814, F. 15, n, 2.

épreuve ; il y avait, en outre, entre Knin et Budua, 140 gendarmes français, 200 artilleurs français et italiens et les marins de la flottille.

Nous serons bien près de la vérité en disant que l'armée française ne
comptait pas 500 hommes décidés à se défendre.

Ne pouvant tenir en rase campagne avec des troupes aussi peu sûres,
les généraux français décidèrent de s'enfermer dans les places fortes et
d'attendre que les évènements qui se passaient dans l'Europe centrale
eussent fixé les destinées de la Dalmatie. Les Autrichiens ne trouvèrent
donc, en franchissant la frontière, aucune résistance, et ils arrivèrent
devant Knin sans avoir vu un soldat français.

Prise de Knin (30 octobre).

Il y avait à Knin une petite garnison de pandours sous les ordres du
capitaine français Damarey ; à l'approche de l'ennemi, celui-ci fit fermer
les portes et se prépara à la défense : une sommation faite le 28 octobre
fut accueillie par un refus catégorique, et l'on pouvait supposer que Knin,
ou tout au moins la forteresse bâtie sur un rocher escarpé, arrêterait les
Autrichiens, mais, dans la nuit du 29 au 30, les Pandours s'insurgèrent et
firent entrer les Autrichiens dans la ville. Damarey gagna la forteresse avec
les officiers et artilleurs français et s'y enferma ; sommé de nouveau de se
rendre, il demanda vingt-quatre heures pour réfléchir, et, ayant constaté
qu'il était absolument impossible à une vingtaine d'hommes de défendre
la forteresse, il capitula le 30 au soir. On le renvoya en Italie, moyennant
la promesse de ne pas servir pendant la durée de la guerre ; les soldats conservèrent leurs bagages et les officiers leurs épées [1].

§ II. Siège de Zara.

Le général Roize avait à Zara 900 Croates de la Lika, 300 Italiens du
4e léger et 70 artilleurs [2] ; les 17 bâtiments de la flottille avaient alors
300 hommes d'équipage ; la garde nationale comptait deux compagnies de
150 hommes chacune, plus la compagnie d'élite composée de propriétaires
et d'employés. Enfin, dès la proclamation de l'état de siège, le général

La garni-
son.

avait rappelé toutes les brigades de gendarmerie détachées dans le district,
ce qui lui fournissait une troupe d'élite composée d'une centaine d'hommes
tant à pied qu'à cheval, d'une bravoure et d'une loyauté au dessus de tout
éloge. Les Croates et les Italiens n'auraient pu être conduits sans une
violente jalousie de nationalité qui les divisait et les empêchait de se

---

1. W. K., 1813, F. 10, n. 4-10. | 2. Nous avons eu, pour étudier l'histoire de ce
siège, d'excellents matériaux : le *Giornale dell' Assedio di Zara*, publié par le professeur
Vitaliano Brunelli, de Zara, d'après des mémoires inédits conservés à la Bibliothèque du
Gymnase de Zara (Zara, 1880), les rapports conservés aux Archives de la Guerre à Vienne
et les rapports du général Roize, du commandant d'armes et du commandant de la
marine, qui sont aux Archives de la Guerre à Paris. En dépit de leurs provenances diverses,
ces documents sont presque toujours d'accord.

concerter pour une révolte : le commandant les tenait en respect les uns par les autres.

« La garde nationale était, dit le professeur Brunelli, pleine de bonne
« volonté, d'enthousiasme, d'endurance et de zèle, mais elle pouvait peu
« pour la défense, n'ayant pas l'habitude du feu, ayant à songer aux
« intérêts et au salut de nombreuses familles [1]. »

Deux mille hommes, dont deux cents fidèles, voilà ce que Roize avait pour défendre Zara ; son état-major était excellent. Le colonel Gond, commandant d'armes, le commissaire des guerres Germain, faisant fonction de commissaire de police, le chef de bataillon Piquet, directeur de l'artillerie, le chef d'escadron Rigade, commandant des gendarmes, le lieutenant de vaisseau La Chadenède, commandant de la flottille, firent tous leur devoir. La ville avait depuis longtemps son approvisionnement de siège, et les lenteurs des Autrichiens permirent d'introduire dans la ville beaucoup de bétail sur pied et de viande fraîche. Enfin le maire, le comte Borelli de Vrana, prit, le 1er novembre, un arrêté qui, en fixant le *maximum* du prix des denrées, empêchait les manœuvres de certains spéculateurs.

Le 25 octobre, alors que les Autrichiens étaient encore en Croatie, on vit entrer dans le canal une frégate anglaise, l'*Alceste*, commandée par le capitaine Blake ; elle jeta l'ancre près de Punta-Amica. Des gendarmes envoyés en reconnaissance sur ce point du littoral, surprirent quelques marins qui venaient de débarquer avec un officier et les amenèrent prisonniers à Zara. L'officier était porteur d'une lettre du commodore Hoste au général Tomassich ; la lecture de cette lettre apprit à Roize que Zara ne tarderait pas à être assiégée et que, si les Anglais étaient les premiers au rendez-vous, les Autrichiens ne tarderaient pas à les rejoindre. L'officier anglais fut renvoyé à son bord.

Le 26, la frégate fut rejointe par un brick qui se mit à croiser dans le canal pour empêcher les barques de l'île d'Uljan de porter des vivres dans Zara ; les navires à destination de la ville étaient capturés par des barques armées qui circulaient dans le canal.

C'est contre ces barques que furent tirés les premiers coups de canon, le 31 octobre ; le brick était parti le matin, et un bateau chargé de vivres, ayant voulu en profiter pour forcer le blocus, fut arrêté par le calme plat et pris par les Anglais qui, lui donnant la remorque, s'efforçaient de le conduire sous le canon de la frégate.

Douze bâtiments de la flottille sortirent de Zara et se dirigèrent à force de rames sur les Anglais ; c'était dimanche, les habitants profitant du beau

Arrivée des Anglais.

[1]. La suite de ce récit fera voir que si la prudence de la garde nationale de Zara n'avait pas de limites, son dévouement en avait, comme son enthousiasme.

temps faisaient leur promenade sur les remparts et s'assemblaient curieux d'assister sans danger à un combat naval. Retardés par leur prise, les Anglais perdaient du terrain et les projectiles commençaient à les atteindre; ils abandonnèrent donc leur proie, qui fit son entrée à Zara au milieu des applaudissements. Encouragées par ce premier succès, quelques péniches et canonnières françaises se lançaient à la poursuite des embarcations anglaises, quand on vit la frégate se mettre en mouvement tirée par quatre barques. La poursuite fut abandonnée et les Français rentrèrent se mettre à l'abri du canon de la place. Ce fut la seule journée glorieuse du siège : les revers allaient commencer.

Le 1ᵉʳ novembre, la brigade de gendarmerie de Benkovac rentra; les Autrichiens avançaient, et, sans attendre leur arrivée, les paysans avaient assiégé la caserne en proférant contre les gendarmes des menaces de mort; c'était un officier autrichien qui les avait calmés et avait permis aux gendarmes de se retirer.

Arrivée des Autrichiens.

Le 2 novembre, les éclaireurs autrichiens parurent sur les hauteurs de Babindub, en vue de Zara, et le 3, on vit une troupe assez nombreuse s'établir sur les coteaux de Malpaga, à un mille de la place. Le général Roize, voulant reconnaître les forces de l'ennemi, fit sortir les 40 gendarmes à cheval, commandés par le chef d'escadron Rigade, et les fit soutenir à gauche par 40 gendarmes à pied, à droite par une compagnie italienne qui occupa Borgo-Errizzo, à un kilomètre de Zara, au bord de la mer. La reconnaissance trouva, en avant de Malpaga, un parti de cavalerie hongroise, l'aborda et la repoussa jusqu'à Babindub; mais, voyant un corps de 600 hommes d'infanterie qui cherchait à le déborder, Rigade renonça à aller plus loin; il revint sur Zara, pendant que les deux détachements de soutien suivaient son mouvement.

Cette escarmouche coûta aux gendarmes trois hommes blessés et aux hongrois une vingtaine, disent les rapports français.

Les rapports autrichiens, au contraire, enregistrent une grande victoire [1]. Nous n'avons pas à revenir sur ces contradictions plus faciles à comprendre qu'à éviter : aussi bien le général Roize n'avait pas la prétention de repousser les Autrichiens, il ne s'en reconnaissait pas les moyens; il voulait seulement savoir s'il avait devant lui des insurgés dalmates ou des soldats réguliers, et la reconnaissance du 3 novembre lui apprit que c'était bien l'armée autrichienne qui s'avançait sur Zara.

Le soir du 3, se présenta un parlementaire porteur d'une sommation : « Je ne voulus, dit Roize, recevoir ni le parlementaire ni la mission dont il était porteur. »

1. W. K., 1813, F. 10., n. 11, 11 a.

Le 4 novembre, la frégate quitta le mouillage de Punta-Amica pour aller jeter l'ancre en face de Borgo-Errizzo, occupé par les Autrichiens, et dès le soir le canon commença à retentir, jetant l'effroi dans la population, pendant que presque chaque nuit des ennemis se glissaient jusqu'au pied des remparts et se fusillaient avec les sentinelles. La place répondait de son mieux, mitraillant les enfants perdus qui s'avançaient à portée et lançant des obus dans la direction des pièces ennemies. La municipalité publia des avis touchant les mesures à prendre en cas d'incendie; des postes de pompiers furent disposés près des points menacés et des escouades de femmes furent chargées de faire la chaîne. Mais pendant cette canonnade qui dura treize jours, du 4 au 20, les dégâts furent insignifiants; quelque boulet perdu tombait de loin en loin dans la ville sans faire grand mal, et petit à petit la population commençait à s'aguerrir. La fête de Saint-Martin fut célébrée, le 12 novembre, par une procession à la *Madonna di Castello*, où fut commencé un *Triduum* solennel, présidé par l'archevêque, pour demander à Dieu la fin des épreuves de la guerre.

Le général Roize était presque le seul à ne pas partager la sécurité universelle : cette furieuse, mais inoffensive canonnade, ces alertes nocturnes ne l'inquiétaient pas; ce qui le préoccupait, c'étaient les allées et venues du brick anglais qui, par deux fois, avait disparu et deux fois était revenu s'ancrer tout près de terre à Borgo-Errizzo. Sans aucun doute, il avait été chercher de la grosse artillerie à Fiume ou à Lissa, et l'assiégeant préparait des batteries pour bombarder la ville : en attendant, il cherchait à distraire l'attention avec des batteries volantes, mais quelque chose de plus sérieux se préparait; à cause des plis de terrain, il était impossible de savoir où se construisaient les batteries, et par conséquent on ne pouvait rien essayer pour les surprendre.

Un autre sujet d'inquiétude pour Roize et l'intendant la Bergerie était le manque d'argent : marins et soldats, ne recevant plus leur solde, désertaient en masse la nuit et même le jour, et les fournisseurs refusaient de livrer les vivres.

Il n'était pas possible de recourir à un emprunt : on en avait fait un en 1809 et on ne l'avait pas intégralement remboursé; par suite, toute confiance avait disparu.

L'intendant songea alors à un expédient : il y avait, dans les magasins des domaines, de nombreux objets d'or et d'argent provenant des églises et chapelles plus ou moins légitimement supprimées; l'argent, fondu et mis au titre légal, donna 64.000 onces de métal qui servirent à frapper une de ces monnaies que les numismates appellent *monnaies obsidionales*. Dans la cuisine du palais du Gouvernement, et au moyen des fourneaux qui avaient servi à l'abbé Zelli pour faire de la chimie avec Marmont, on fabriqua des disques du poids d'une, deux et quatre onces; sur une face, on imprima *Zara 1813* avec l'aigle impériale; sur l'autre les inscriptions : 1. 0. — 4^F 60 c.; 2. 0. — 9^F 20 c.; 4. 0. — 18^F 40 c.; sur la tranche, étaient imprimées les lettres S. B. — M. F. — S. P., initiales de trois orfèvres qui garantissaient le titre et le poids; un orfèvre juif avait fabriqué des coins assez artistement exécutés[1]. On mit ainsi près de 300.000 fr. d'argent en circulation, ce qui permit de parer aux besoins les plus urgents de la garnison.

Le 17 novembre, on finit par reconnaître l'emplacement des batteries ennemies; pendant douze jours les travaux avaient été habilement dissimulés, et bien que le sol fut presque exclusivement formé de roches, la mine n'avait pas joué une seule fois; tout s'était fait au pic. Maintenant que les ouvrages étaient achevés, les travailleurs ennemis ne se cachaient plus; on les voyait distinctement garnir les escarpes de terre et transporter leur matériel. Il y avait quatre batteries disposées concentriquement autour de l'ouvrage saillant de la place.

C'était le moment d'opérer une sortie nocturne pour détruire les travaux des assiégeants. Roize réunit donc son conseil de défense et lui proposa le plan suivant : le chef de bataillon Guibert, avec 200 Italiens, se porterait sur la batterie centrale, et sur celle de droite (à gauche de la place), le chef de bataillon Lemaïch conduirait les Croates sur la grande batterie de gauche, et le lieutenant de gendarmerie Pancrazzi sur celle de Borgo-Errizzo. Interrogés tour à tour, les membres du conseil donnèrent leur avis : le chef de bataillon Guibert dit qu'il ne répondait que de sa personne; il était prêt à faire son devoir, mais il faisait observer que par la désertion journalière qui s'était manifestée depuis un certain temps dans son bataillon, il ne pouvait avoir aucune espèce de confiance dans ses soldats qui tous, conscrits réfractaires, assez mauvais sujets et commençant d'ailleurs à avoir des intelligences avec l'ennemi, ne feraient rien hors de la place. Le commandant croate Lemaïch était tout dévoué à la France; il avait été promu chef de bataillon pendant le siège pour sa belle conduite, mais il déclara qu'il avait la certitude que les soldats croates, au lieu de marcher sur les batteries, se rendraient directement au camp ennemi. Il fallut donc renoncer au projet, parce qu'on ne pouvait opérer à Borgo-Errizzo avec les gendarmes, si l'ennemi n'était occupé sur les autres points de la ligne d'investissement. On se contenta donc de tirer nuit et jour sur les batteries pour en retarder l'armement.

Le bombardement. Le dimanche 21 novembre, le temps était radieux et les habitants se promenaient sur les remparts, profitant de ce que le feu des ennemis

1. Voir la gravure placée en tête de la IIIe partie.

avait cessé. A deux heures, la brise qui soufflait de l'est apporta jusqu'à la ville l'écho d'une musique militaire ; on se pressait pour jouir de ce concert inattendu qu'on devait à la galanterie des assiégeants, quand, aux accents du *God save the king*, on vit flotter le drapeau anglais et toutes les batteries du siège se mirent à tirer à la fois. Les premiers projectiles arrivèrent au milieu des curieux, et ce fut un sauve qui peut général ; chacun rentra dans sa maison, mais en entendant les boulets fracasser les tuiles et défoncer les terrasses, en voyant les bombes éclater en lançant des gerbes de projectiles meurtriers, les malheureux Zaratins sortirent affolés et allèrent s'abriter dans les caves et les magasins voûtés où ils se trouvaient protégés contre la pluie de fer qui tombait sur la ville. Le feu, suspendu à 9 heures du soir, reprit à minuit et dura sans interruption le 22, le 23, le 24 et une partie du 25 ; le 25, au matin, une pluie torrentielle obligea les assiégeants à cesser le feu.

Les dégâts étaient déjà considérables ; plusieurs incendies avaient éclaté, mais avaient été éteints grâce aux mesures de prévoyance prises par la municipalité. Le Podestà, payant de sa personne, malgré son grand âge et son énorme corpulence, fut sur pied pendant ces quatre jours, se montrant partout où sa présence était utile ; plusieurs fois il faillit être atteint par les projectiles.

Le corps de place avait beaucoup moins souffert que la ville ; il était manifeste que l'ennemi voulait intimider, exaspérer la population et la pousser à quelque extrémité ; et le résultat était obtenu : la peur et l'imagination aidant, les récits les plus absurdes circulaient et s'accréditaient dans la population civile ; la démoralisation augmenta encore quand on vit le bombardement reprendre de plus belle le 26 et durer encore deux nuits et un jour sans arrêter un instant.

« L'ennemi, dit le général Roize, beaucoup mieux instruit que moi par
« ses espions de tout ce qui se passait dans la place, fut sans doute
« informé très exactement des incidents fâcheux qui se passaient et en tira
« la déduction qu'il pouvait essayer de me sommer de nouveau. » En effet, le 28 au matin, parut un parlementaire qui venait, non pas sommer le général de se rendre, mais demander qu'on cessât de tirer sur la villa Bellafusa, qui servait d'hôpital, et sur laquelle on tirait, en effet, sans relâche, croyant que le quartier-général ennemi y était installé. On fit une convention pour le respect réciproque des hôpitaux ; le parlementaire offrit un armistice de deux jours ; Roize en demanda un de deux mois qui ne fut pas accordé et les négociations furent rompues.

En offrant ces deux jours d'armistice, les assiégeants comptaient que ce délai permettrait aux habitants civils de sortir de leurs retraites et d'obliger le gouverneur à capituler; ce calcul était fort juste, et pendant les quelques heures qu'avait duré la suspension des hostilités, une députation s'était déjà présentée au général pour lui demander de mettre, en capitulant, un terme aux calamités du siège; Roize répondit que son devoir était de résister à outrance; le podestà le pria alors de demander à l'ennemi de respecter au moins les habitations des citoyens inoffensifs; Roize lui fit sentir qu'une semblable requête n'avait aucune chance d'être accueillie et congédia la députation. Les fonctionnaires se présentèrent à leur tour, porteurs d'une pétition analogue; il n'est pas rare de voir dans un siège la population civile se livrer ainsi à des manifestations parfois sottes et toujours inopportunes.

Le bombardement reprit, le dimanche 28 novembre, pour durer sans interruption jusqu'au samedi 4 décembre; on avait ouvert aux habitants des casemates inoccupées où ces malheureux s'étaient entassés pêle mêle pendant que les projectiles balayaient les rues.

Cependant le mécontentement allait croissant, et les suggestions des civils aidant, il éclata une émeute militaire qui aurait pu avoir les plus effroyables résultats.

Révolte
des Croates.

On avait depuis longtemps à se défier des Croates; dès le premier jour de l'investissement, on avait pris sur un déserteur trois lettres adressées par trois capitaines croates à leurs camarades qui servaient dans les rangs autrichiens, et où ils proposaient d'introduire les assiégeants dans Zara. Ces officiers, arrêtés, n'avaient pas nié leur dessein, et le général Roize, voulant faire preuve de clémence, s'était contenté de les renvoyer aux avant-postes ennemis et de les remplacer, à la tête de leur compagnie, par des officiers sur lesquels il croyait pouvoir compter.

Le 2 décembre, à 6 heures du soir, les Croates qui étaient dans l'ouvrage à cornes prirent les armes et voulurent s'emparer des batteries gardées par les Italiens; on se battit un moment dans l'obscurité, puis, voyant que les pièces étaient bien défendues, les Croates défoncèrent une poterne et se décidèrent à gagner la campagne et le camp ennemi. Le général, averti de ce qui se passait, s'était porté au bastion dit de la citadelle, qui commandait l'ouvrage à cornes, et quand les Croates se précipitèrent vers la poterne pour s'enfuir, un coup de canon tiré du bastion les obligea à reculer; ils se laissèrent désarmer sans résistance et enfermer dans leurs casernes.

Il n'était que temps que cette première échauffourée se terminât, car presque au même moment l'autre moitié des Croates, casernée dans la ville, se soulevait à son tour. Le plan des conjurés (car il y avait conjuration) était de s'insurger tous à la fois, et seule une cause fortuite avait fait devancer par une partie des Croates l'heure choisie pour la mise à exécution du complot. Les Croates de la ville se dirigèrent tumultueusement vers le bastion Santa-Maria où se trouvaient les principaux dépôts de munitions et qu'ils savaient n'être occupé que par la garde nationale; or, contrairement à leurs prévisions, les mutins se virent salués par deux volées de mitraille qui les obligèrent à rentrer dans leur caserne en laissant morts et blessés sur le terrain; s'ils avaient persévéré, ils entraient dans le bastion sans coup férir, car après avoir déchargé leurs pièces, les artilleurs qui croyaient les gardes nationaux d'accord avec les Croates, s'étaient enfuis en emportant la clef du magasin à munitions.

Enfermés dans la caserne des *Quartieroni*, les Croates commencèrent à tirailler par les fenêtres contre les bastions; la nuit se passa ainsi.

La situation du général Roize était critique : il disposait de 200 Italiens, 80 gendarmes, 50 artilleurs éparpillés pour le service des batteries, des patrouilles et de l'incendie.

Les Croates, bien que réduits par la désertion à 700, étaient donc deux fois plus nombreux que le reste de la garnison; de plus, sous leur caserne étaient les prisons où se trouvaient 200 individus accusés de brigandage, d'espionnage ou de désertion : c'étaient des recrues toutes désignées pour le désordre. Si les Croates avaient réussi à se répandre dans la ville et à s'emparer de quelque partie de l'enceinte, Zara devenait le théâtre d'un carnage épouvantable; ce malheur fut évité, probablement parce qu'il ne se trouva pas parmi les Croates un seul officier assez entreprenant pour diriger le mouvement.

On se mit à parlementer : un premier envoyé, Daniel Addobati, revint sans avoir rien pu obtenir; l'adjudant-major du régiment dalmate, Napich, ayant voulu ramener les mutins au repentir en leur montrant toute l'indignité de leur conduite, ne réussit qu'à les exaspérer; il tombèrent sur lui à coups de sabre; Naprich, criblé de blessures, mourut deux jours après.

Au matin, le général fit installer quatre pièces de canon qui enfilaient les quatre faces de la caserne, et voyant que la lutte n'était pas possible, les Croates entrèrent en pourparlers; Roize les autorisa à sortir de la place avec armes et bagages, et, le 3 décembre, ils gagnèrent le camp autrichien, les officiers en tête.

Aussitôt après leur départ, une nouvelle défection se produisit : « La « garde nationale me déclara formellement et impérieusement, dit Roize, « qu'elle n'était plus en fonctions et ne voulait plus servir; cette signifi-« cation fut faite par les officiers qui parurent, dans le principe, disposés à « se dévouer, mais qui, par crainte ou pour tout autre motif, ne firent « rien pour retenir leurs subordonnés. »

Le trésor était vide; demander un emprunt dans de telles circonstances eut été provoquer la guerre civile; les marins menaçaient de se révolter et quelques-uns, employés au service de l'artillerie sur les remparts, avaient insulté et même maltraité les officiers. Le général Roize réunit donc pendant la nuit du 3 décembre son conseil de défense, qui déclara à l'unanimité que la place n'était pas tenable et qu'il fallait entrer en négociations.

Capitulation de Zara. La capitulation, discutée le 4, fut signée le 5 par le commandant Picquet, représentant le général Roize, le major Turszky, représentant le général Tomassich, et le capitaine Cadogan, muni des pleins pouvoirs du commodore Hoste [1].

Les Français demandaient à être reconduits par mer à Chioggia avec armes et bagages; ils obtinrent seulement d'être ramenés par terre aux avant-postes français en s'engageant à ne pas servir jusqu'à parfait échange; les officiers conservaient leur épée. Le général et son état-major, ainsi que l'intendant, seraient rapatriés dans un port d'Italie; « cette faveur, » dit une clause que la courtoisie des alliés ajouta aux propositions faites par Roize, « cette faveur est un témoignage d'estime que MM. les Comman-
« dants des forces assiégeantes se plaisent à donner aux troupes de la gar-
« nison de Zara pour leur valeureuse défense. »

Les sept articles de la capitulation contiennent un grand nombre de clauses concernant le matériel militaire abandonné à l'Autriche; enfin, des dispositions étaient prises pour sauvegarder les intérêts et la sécurité des Dalmates qui avaient servi la France et avaient ainsi conquis des droits à une pension; ces droits furent garantis par un engagement que l'Autriche tint à honneur d'observer dans sa lettre et dans son esprit.

Si la capitulation n'eût pas été signée, Zara allait subir une attaque de vive force, trois nouvelles batteries étaient construites vers le nord de la ville; le feu des sept batteries de terre, combiné avec celui de la frégate, aurait épuisé les défenseurs et les Croates devaient, par une nuit obscure, escalader l'enceinte au moyen d'échelles qui étaient déjà confectionnées : on avait promis aux Croates vingt-quatre heures de pillage.

Le 6 décembre, 300 Autrichiens entrèrent dans l'ouvrage à cornes, et des commissaires, escortés par un piquet de hussards, vinrent prendre possession des magasins de munitions et subsistances. La valeur de ces approvisionnements, de l'artillerie et de la flottille se montait à 12 millions de francs. Le 7, des commissaires civils se firent remettre les services financiers et administratifs : c'étaient l'ancien conseiller Retzer et l'ancien secrétaire du gouvernement Rechkron, qui avaient résidé à Zara jusqu'en 1806; ils reçurent les services des mains des employés de l'intendance; le 8, les Anglais prirent livraison de la flottille et commencèrent à renflouer plu-

1. Le texte de cette capitulation et les divers projets qui précédèrent le texte définitif sont aux Archives de la Guerre à Paris (décembre 1813).

sieurs bâtiments qui avaient été coulés pendant le bombardement; le 9, les postes français furent relevés, et les Autrichiens prirent la garde à neuf heures du matin; à dix heures, la garnison sortit en armes par la porte de terre ferme; elle se composait de 48 gendarmes à pied, 200 fantassins italiens, 26 gendarmes à cheval et 32 artilleurs, en tout un peu plus de 300 hommes[1]; ils déposèrent leurs armes sur le glacis et prirent aussitôt le chemin de Fiume. Aux termes de la capitulation, les blessés et malades furent envoyés par mer en Italie avec les hommes restés en arrière pour la remise des magasins.

Les alliés firent leur entrée le même jour : en tête, un bataillon de Croates précédé par la musique, puis le général Tomassich, ayant à sa droite le capitaine Cadogan et à sa gauche le général Milutinovich, et suivi d'un brillant état-major; puis un second détachement de Croates, avec l'étendard impérial, les canonniers anglais, armés du mousqueton, les marins anglais, armés de piques et commandés par Gordon, le capitaine à la jambe de bois; enfin un dernier détachement de Croates. On remarqua la belle prestance et l'équipement irréprochable des Anglais et l'on était frappé de voir combien ils contrastaient avec les Croates, vêtus d'uniformes déguenillés et portant sur leurs visages les traces des fatigues et des privations endurées pendant six semaines de siège en plein hiver.

Le général Tomassich, après avoir passé ses troupes en revue, alla rendre visite au général Roize, qui resta deux jours encore dans la ville en attendant que le vent permît au brick anglais d'appareiller; c'est à Zara qu'il rédigea le rapport au vice-roi d'où sont extraits les détails qu'on vient de lire.

Le 12 décembre, les généraux Tomassich et Milutinovich quittèrent à leur tour Zara pour continuer la campagne.

Pendant le siège de Zara, presque toute la Dalmatie avait été occupée par les Autrichiens : au 8 décembre, Klissa, la Tour de Norin, Raguse et Cattaro étaient les seuls points qui restassent au pouvoir des Français. § III. Sou lèvement général.

Le 27 octobre, Tomassich avait lancé de Knin une proclamation[2] pour annoncer qu'il était nommé gouverneur de la Dalmatie; il y disait que rien ne serait modifié au régime existant, à part les charges excessives qu'il avait ordre de faire disparaître; que tous les fonctionnaires et employés resteraient en place pourvu qu'ils ne montrassent pas d'hostilité au gouvernement. Enfin, pour ménager à l'autorité la porte de sortie que Rukavina n'avait pas su laisser entr'ouverte en 1797, il annonçait qu'à la paix,

1. Les marins de la flottille, presque tous Illyriens, furent licenciés. | 2. Z. L., 1813. Imprimés.

le pays recevrait une organisation nouvelle, ce qui donnait à entendre qu'on se proposait à Vienne un remaniement complet des hommes et des choses.

Pendant que le gros de l'armée autrichienne se dirigeait vers Zara, un corps de partisans, soutenu par quelques soldats réguliers, s'avançait vers l'intérieur de la province; à leur tête était le colonel Danese, qui personnifiait la cause de l'indépendance dalmate; depuis 1809, et surtout depuis le commencement de 1813, il avait déployé une activité infatigable; on l'avait signalé en Bosnie, à Scutari, aux îles; en avril, il avait été trouver l'amiral Freemantle à Lissa pour l'engager à débarquer près de Makarska, où tout était prêt pour une insurrection; les Anglais, qui se souvenaient de l'échec subi par les Russes en 1807, dans des conditions analogues, avaient refusé tout concours, et Danese était retourné en Autriche; il revenait maintenant avec une commission de colonel autrichien, et à sa voix tous les Dalmates allaient prendre les armes pour chasser les Français. Il entra, le 31 octobre, à Scardona, et le lendemain à Sebenico; à l'approche de l'ennemi, le commandant français se réfugia au fort San-Nicolo avec ses troupes, qui se composaient de 25 Italiens, 20 Croates et 40 gardes nationaux[1]. Le Père Rebich, supérieur des Franciscains, reçut à bras ouverts Danese, l'ami et le compagnon d'exil du Père Dorotich, et il lui dit qu'il se chargeait d'obtenir la reddition du fort; or, ce fort, situé à l'issue du canal qui met le port de Sebenico en communication avec la mer, est un ouvrage triangulaire qui n'est réuni à la terre que par une étroite chaussée; il était impossible de le réduire autrement que par la famine ou par une trahison; en fait, dans la nuit du 2 au 3 novembre, la garnison se souleva à l'instigation de l'officier qui commandait les Croates; le commandant français, menacé de mort, sauta dans le fossé et

Prise du fort Saint-Nicolo. quand, le matin du 3, les portes furent ouvertes aux Autrichiens, on releva dans le fossé le corps inanimé de l'officier français; il respirait encore et on le porta à l'hôpital; la garnison reçut une gratification de 14 sequins, et l'on promit au Père Rebich, auteur de la révolte, de le nommer évêque[2].

Le 6 décembre, Danese entra à Traù[3]; une partie de la population le reçut avec joie, mais il y avait un certain nombre de nobles et de bourgeois qui tenaient pour la France et qui affectèrent de s'abstenir de toute manifestation.

Quand les Autrichiens arrivèrent à Salone, le 7, il y avait cinq jours que Spalato était au pouvoir des Anglais.

Evacuation de Spalato. La place de Spalato était commandée par le chef de bataillon Bouil-

1. W. K., 1813, 7, 11, n. 1. | 2. W. K. 1813, F. 11, n. 9, 10. | 3. W. K., 1813, F. 11, n. 23.

lerot; ancien capitaine au 60ᵉ de ligne, Bouillerot avait été l'un des défenseurs de Zara en 1809; depuis, il avait été commandant d'armes à Sinj où il s'était fait beaucoup aimer; la ville de Sinj lui avait offert une médaille d'or avec une très flatteuse inscription. Mais que pouvait Bouillerot devant le mouvement de révolte qui s'accentuait chaque jour? Il savait que les Croates avaient fait défection dans toute la région qui va de la Narenta à Budua; depuis le 22 octobre, ses communications étaient interceptées avec Zara et, le 29, il apprit que l'ennemi s'était avancé jusqu'à Verlika; les pandours de Sinj s'étaient retirés à Klissa. Bouillerot renonça donc à défendre Spalato, et résolut d'aller s'enfermer à Klissa avec les quelques hommes dont il disposait [1]. Dans la nuit du 29 au 30 octobre, il encloua ses canons, noya ses poudres, et fit jeter à la mer tout ce qu'il ne pouvait sauver; il disposa de ce qu'il put réunir de moyens de transport pour le matériel de l'hôpital, et donna à ce sujet des instructions formelles à l'économe de cet établissement. Le colonel de la garde nationale, Capogrosso, fut rappelé de l'île de Brazza et chargé de défendre Spalato contre les bandes de malfaiteurs, qui profiteraient sans doute de la retraite des Français pour essayer de commettre quelques déprédations.

Pendant cette même nuit, le subdélégué Boynest, qui avait succédé depuis peu à Santo, provoqua une réunion de toutes les autorités. « Quand elles furent réunies, dit le rapport de Bouillerot, il déclara offi-« ciellement qu'il renonçait à ses fonctions et en chargeait le Podestà. « Je lui demandai si son intention était de se retirer à Klissa avec nous; « il répondit d'abord oui, et, au dernier moment, me dit : si, à cinq « heures du matin, je ne suis pas là, vous ne m'attendrez pas; il n'est pas « venu : il a préféré se faire prendre par l'ennemi que de venir contribuer « à la défense du fort. »

Le 30 octobre, Bouillerot partit avec les garnisons de Spalato et de Salone : 140 pandours, commandés par le chef de bataillon Grisogono, 19 soldats du 4ᵉ léger italien, sous les ordres du sous-lieutenant Porro, 9 gendarmes avec le lieutenant Frémon, 7 artilleurs italiens et le lieutenant Sartorio; 28 employés civils et militaires français se joignirent à eux; on trouva à Klissa 110 pandours et 7 soldats du régiment dalmate : en tout 320 hommes, sans compter les officiers. L'inspecteur des douanes avait reçu l'ordre de rejoindre le fort avec ses préposés, mais au lieu d'obéir, il s'embarqua avec tout son personnel et gagna l'Italie.

Bouillerot trouva les approvisionnements de la place en mauvais état; ils étaient calculés pour 100 hommes pendant 40 jours, mais une partie

---

1. Tout ce qui suit est écrit d'après le journal du siège de Klissa, tenu par Bouillerot (30 oct.-30 déc. 1813) et le registre des délibérations du conseil de défense. (A. G. 1813, décembre.)

avait été consommée; on eut le temps de faire amener du blé, du sel et du riz. Le payeur rejoignit, le 31, avec sa caisse, mais elle était à peu près vide, le général Roize s'étant fait envoyer peu avant tous les fonds disponibles; des détachements de pandours allèrent à Almissa et à Makarska pour recueillir l'argent que pouvaient renfermer les caisses publiques : la somme rapportée fut insignifiante; heureusement que vint à passer le quartier-maître des pandours, Adelman; il portait la solde à Knin, et l'on requit les fonds dont il était détenteur. En mettant tout ensemble, Bouillerot eut à sa disposition, pour les besoins du siège, une somme totale de 2.282 fr. 67.

Capitulation de Spalato. Le 2 novembre, le commodore Hoste se présenta devant Spalato, et, à la première sommation, le colonel Capogrosso et le podestà signèrent une capitulation [1] qui déclarait le Gouvernement français aboli et remplacé par celui de l'Autriche; la garde nationale était désarmée, et le podestà restait en fonctions jusqu'à l'arrivée des Autrichiens. Une clause odieuse portait que les employés civils, natifs de France, seraient considérés comme prisonniers de guerre et embarqués sur la frégate anglaise [2].

Hoste débarqua à Spalato 600 Croates venant de Stagno et de Raguse; le 2 novembre, les pandours, qui occupaient à Salone les avant-postes de la garnison de Klissa, furent attaqués et mirent aussitôt bas les armes.

Siège de Klissa. Vers le nord, l'ennemi avançait aussi; pour soutenir les 32 pandours qui étaient à Sinj, Bouillerot envoya, le 31 octobre, 60 pandours et 5 gendarmes conduits par le capitaine Bassich, qui avait ordre de pousser jusqu'à Verlika. Cette reconnaissance rencontra bientôt des bandes insurgées, et, après un court engagement où trois gendarmes furent tués, les pandours prirent la fuite. Bassich rentra presque seul à Klissa, le 4 novembre. Sur 250 pandours de la garnison, 141 avaient déserté dans l'espace de cinq jours, et parmi eux un officier, le lieutenant Kernpotich, ancien commandant d'armes à Sinj.

---

1. O. T., 1814. | 2. Le négociateur de la capitulation fut François Matutinovich, adjudant-major de la garde nationale; cet individu était le fils du colonel Matutinovich, massacré à Spalato, le 15 juin 1797, dans les circonstances que nous avons rapportées (Ire P., Ch. II); les orphelins recueillis par l'Autriche avaient été d'abord élevés à Vienne; en 1810, Napoléon avait réclamé l'honneur de s'occuper d'eux, en souvenir de leur père assassiné comme partisan des Français. François, placé à l'Ecole militaire de Pavie, y avait terminé ses études; mais, quand on avait voulu le nommer officier, il avait allégué des infirmités qui ne lui permettaient pas de servir activement, et, après plusieurs avatars, il était devenu capitaine de la garde nationale. Il usa alors de son influence pour conclure une capitulation aussi dure que possible pour la France et les Français. Après s'être fait élever aux frais de la France, il avait ensuite refusé de la servir, et finissait par la traiter en ennemie. L'Autriche l'employa aux douanes, puis dans le service de la santé, et enfin comme commissaire de police; le caractère violent qu'il tenait de son père l'empêcha toujours d'arriver à se fixer dans une situation définitive.

Bouillerot ne constatait pas sans le plus vif chagrin que tout espoir était désormais perdu de voir arriver le matériel de l'hôpital; on n'avait ni vivres pour les malades, ni médicaments, ni linges à pansements : le pharmacien descendu à Spalato le 1er novembre, pour en hâter l'arrivée, n'était pas revenu, et l'examen des caisses envoyées par l'économe de l'hôpital fit voir que cet homme, Français de nom et de naissance, mais marié dans le pays, avait préparé de longue main sa trahison[1]. Il n'y avait rien dans ces caisses qui pût servir aux malades et aux blessés, et, le médecin ayant aussi manqué à l'appel, la condition de ces malheureux fut particulièrement pitoyable; c'est une des raisons qui contribuèrent à développer la désertion dans les rangs de la garnison.

Le 4 novembre, Bouillerot assembla les pandours qui lui restaient et, après avoir fait lire les articles concernant les déserteurs, il leur déclara que ceux qui voudraient quitter Klissa étaient libres de partir : quatre hommes sortirent des rangs et furent congédiés, les autres jurèrent de servir fidèlement. Mais combien furent parjures! le journal de Bouillerot en fait foi : « 5 novembre. Quatre pandours ont déserté. — 6 novembre. « Sept pandours, de service hors du fort, ont déserté. — 7 novembre. « Le sergent de garde, chargé de porter le mot d'ordre au poste avancé, « a déserté avec son bagage. — 8 novembre. Deux pandours ont déserté, » et ainsi tous les jours.

Il faut, le 14, renoncer à occuper le poste extérieur dont les défenseurs passaient chaque nuit à l'ennemi, et, le même jour, on interdit toute communication avec le village : aux endroits où il était le plus facile de sauter le mur, on mit des factionnaires italiens; le résultat fut que, dans la nuit, un sergent déserta avec onze pandours et les deux factionnaires chargés de les empêcher de passer. Le 15, les officiers font des rondes toute la nuit, et cependant un pandour déserte avec deux Dalmates. On prend le parti de ne confier aux pandours que le service de jour; la nuit, on les enferme dans leur caserne, et les Italiens font le service avec les gendarmes; mais les Italiens désertent aussi, et avec eux un gendarme : c'était, il est vrai, un Dalmate; il se tua en sautant dans le fossé.

Pendant ce temps, l'ennemi avait avancé : le 11, le village fut envahi et les insurgés pillèrent les maisons des partisans de la France : « C'était le « cas, dit Bouillerot, de faire une sortie; on eût fait un massacre terrible « de tous ces pillards, mais faire sortir les pandours, c'était s'exposer à ne « pas les voir rentrer. » L'ennemi s'enhardit donc et finit par s'établir à demeure dans le village; par les fenêtres, on tirait sur le fort.

1. Nous ne nommerons pas ce traître, parce que son fils a réhabilité son nom; entré d'abord au service autrichien, il fut ensuite congédié et végéta jusqu'à sa mort dans des emplois infimes.

Le 20 novembre, on vit des travailleurs sur le mont Tupé qui domine le fort de 300 mètres, à une distance de 250 : l'ennemi y construisait une batterie ; on put suivre les travaux sans pouvoir cependant les contrarier, à cause de la disposition du terrain. Danese, qui venait d'être fait général-major, avait le commandement des assiégeants, forts de 15 à 1.600 hommes, paysans et transfuges ; un nommé Miocini, ancien agent civil du génie français, dirigeait la construction de la batterie, et les transports étaient faits par des paysans réquisitionnés ; on vit le podestà de Spalato à la tête des ouvriers.

Le 10 décembre, une pièce de onze commença à tirer sur le fort : Bouillerot ripostait de son mieux avec les deux pièces de cinq, qui pouvaient seules atteindre la batterie et, le lendemain, la pièce ennemie fut démontée ; mais, le 12 au matin, le feu reprit avec deux pièces et dura jusqu'au 14 au soir. En ce moment, la forteresse de Klissa était à peu près ruinée ; des trois enceintes, les deux premières, dont les parapets n'étaient pas crénélés, avaient dû être abandonnées ; dans la troisième, des pans de murs entiers s'étaient écroulés, les logements et magasins étaient démolis, et le nombre des blessés augmentait sans cesse ; enfin, le seul aide-major venait d'être atteint d'un coup de feu. Le drapeau parlementaire fut hissé, et le conseil de défense consulté donna l'avis suivant :

« 1º L'ennemi est établi avec de l'artillerie de gros calibre sur une « hauteur d'où il domine le fort dans toute son étendue, sans qu'il soit « possible de l'en débusquer.

« 2º La garnison est réduite à 47 hommes, dont 36 sont continuel- « lement employés à garder les postes.

« 3º La presque totalité des projectiles des deux pièces qui tirent « contre la batterie ennemie est épuisée.

« 4º L'enceinte est presque totalement détruite ; les magasins à vivres « sont fortement endommagés, ceux à poudres sont en ruines.

« 5º L'hôpital manque de médicaments, de viande et de vin.

« 6º Sur 250 pandours, il n'en reste que 29 ; le reste de la garnison « murmure, et ce mécontentement pourrait avoir des suites fâcheuses si « les privations qui lui sont imposées continuaient.

« 7º Enfin la reddition de Zara ôte tout espoir de recevoir des secours « et va au contraire donner à l'ennemi de nouveaux moyens d'attaque.

« Toutes ces considérations ont porté le conseil à croire qu'il est « nécessaire que M. le commandant se ménage une capitulation. »

Capitulation de Klissa.

Cette capitulation, négociée le 15 par le payeur Falcon, capitaine de la compagnie de volontaires, et Adelman, quartier-maître des pandours, fut signée par Danese le 16. La garnison devait sortir le 28 décembre avec les honneurs de la guerre, les officiers gardant leur épée, les sous-officiers, leur sabre, et devait se rendre en Italie pour reprendre le service actif.

Le 26, Danese fit savoir que le général en chef n'avait pas ratifié la capitulation, et qu'il exigeait que la garnison fût conduite prisonnière en Autriche. Falcon et le chef de bataillon Grisogono se rendirent à Spalato pour demander compte à Danese de la violation d'un engagement signé par lui; mais au lieu de Danese ils trouvèrent Milutinovich, qui arrivait de Zara avec 2.500 hommes et un matériel de siège. Les réclamations des Français ne furent pas admises, et, à leur retour à Klissa, le conseil fut convoqué pour examiner si l'on devait regarder la capitulation comme rompue et reprendre les hostilités. Pendant l'armistice, les désertions avaient continué, et il ne restait que 30 hommes à leur poste; le bois manquait, il restait 120 kilos de viande et 260 boulets. « Dans ces condi- « tions, conclut le procès-verbal, le conseil est d'avis de faire dire à « M. le général Milutinovich que nous nous en tenons aux conditions « établies, et que, s'il y fait quelque violation, son gouvernement nous en « fera justice. »

Le 30 décembre, les assiégés sortirent de Klissa et les soldats déposèrent les armes; les Italiens et les Dalmates furent licenciés et les employés civils embarqués pour l'Italie. Les officiers et soldats français furent envoyés en Autriche au nombre de *onze*.

Pendant le mois de décembre, toute la Dalmatie avait été occupée par les Autrichiens jusqu'aux environs de Raguse. Sur un point seulement, ils trouvaient une résistance acharnée mais inoffensive[1].

Le chef de bataillon de pandours Nonkovich avait abandonné Makarska avec quelques hommes énergiques : Gavalà, subdélégué de Makarska, Furlani, juge de paix, et un détachement de pandours, moins attachés peut-être à la France qu'à la personne de leur chef.

Ces braves se renfermèrent à la tour de Norin, sur les bords de la Narenta, le 16 décembre, et s'apprêtèrent à se défendre. Le 30, le major autrichien Marojevich, se disant commandant de l'avant-garde, adressa une sommation à Nonkovich, et reçut la réponse suivante : *Résistance de la tour de Norin.*

« Monsieur, vous servez votre maître, et je sers le mien. Vous êtes « militaire, dites-vous, vous connaissez donc les devoirs de notre état; la « défense de la tour de Norin a été confiée à mon honneur et à ma foi, et « le décret du 14 décembre 1811 m'impose l'obligation rigoureuse de la « défendre jusqu'à épuisement de mes ressources; j'ai consulté mon « conseil de défense; il est d'accord avec moi, et d'accord aussi avec toute

---

1. Les documents relatifs à la défense de la tour de Norin sont tirés des archives de la famille Nonkovich ; c'est à M. le professeur Brunelli que nous devons d'en avoir eu connaissance.

.« la garnison. L'empereur d'Autriche a l'âme trop haute pour demander
« une trahison.

« Je vous prie de faire savoir aux malandrins et aux déserteurs qui sont
« avec vous que s'ils s'approchent, sous un prétexte quelconque de la
« Tour, ils seront passés par les armes. Quant à vous, Monsieur, qui
« êtes militaire, j'aurai toujours grand plaisir à correspondre avec vous. »

Répondant à cette invitation, le major écrit le 2 janvier 1814 à Nonkovich une lettre en mauvais italien où il lui apprend que toute la Dalmatie
est conquise; la lettre se termine par ce défi : « Si vous avez le courage
« d'accepter la bataille, sortez, et vous serez satisfait, comme l'a été toute
« l'armée française ; *ella sarà servitta, come già fù servitta tutta l'armata*
« *francese.* »

Nonkovich répond le même jour : « Je reçois votre lettre et les jour-
« naux que vous me communiquez. Je connais la situation de la Dalmatie
« et celle de notre armée, mais tout cela ne me donne pas le droit de
« manquer à l'honneur ni de revenir sur la question de reddition. »

Le 18 février 1814, il y avait vingt jours que la tour de Norin était le
seul point de la Dalmatie où flottassent encore les couleurs françaises.
Après 63 jours de siège, Nonkovich et ses compagnons forcèrent la ligne
d'investissement et passèrent en Bosnie en emportant le glorieux drapeau
qu'ils n'avaient pas voulu livrer à l'ennemi.

CHAPITRE V

RAGUSE (1813-1816) [1]

§ I. L'insurrection ragusaine; attitude des Anglais; blocus de Raguse. — § II. Arrivée des Autrichiens; agitation des Ragusains; assemblée du 17 janvier. — § III. Bombardement et capitulation de Raguse (27 janvier 1814). Entrée des Autrichiens à Raguse; désarmement des insurgés. — § IV. Dernière lutte des nobles ragusains contre l'Autriche.

Jusqu'ici, nous avons vu les Français en présence d'alliés qui agissent avec efficacité parce qu'ils savent s'entr'aider; les Autrichiens de Tomassich, les Anglais de Cadogan, les insurgés de Danese, poursuivent d'un commun accord un résultat bien déterminé, l'expulsion des Français, et leur concorde les conduit au succès.

Les partis en présence.

Il n'en sera plus de même à Raguse et à Cattaro. Est-ce parce que les Anglais convoitent quelques-unes des belles îles du littoral dalmate? En tout cas, un refroidissement se manifeste dans leurs sentiments à l'égard des Autrichiens, et leur coopération est loin d'être aussi efficace qu'elle l'avait été à Zara; on sent une jalousie sourde, les Anglais se réjouissent ouvertement des insuccès de Milutinovich, et s'il y a une réconciliation et une action commune à la dernière heure, les rancunes n'en persistent pas moins.

Comme si ce vent de discorde devait pénétrer partout, ni les deux chefs anglais, Hoste et Lowen, ni les deux généraux autrichiens, Tomassich et Milutinovich, ne sont absolument d'accord entre eux, et l'unité de direction manque visiblement autant chez les Anglais que chez les Autrichiens.

---

1. Nous avons eu la bonne fortune de trouver, pour la rédaction de ce chapitre, des documents de première main. D'abord, le récit du soulèvement de Raguse, par le marquis Bona, l'un des chefs du parti aristocratique, publié par M. le professeur G. Gelcich dans l'*Archiv für œsterreichische Geschichte*, sous le titre : *Ein Gedenkbuch der Erhebung Ragusa's in den Jahren 1813-1814*, Vienne, 1882. Ensuite le *Diario* (journal) de Biagio Stulli, un des principaux membres du parti bourgeois et français de Raguse. Ce journal inédit est en la possession de M. le capitaine A. Kasnačić, qui a eu l'amabilité d'en faire à notre intention une copie enrichie de notes et d'éclaircissements; la haute compétence historique du capitaine Kasnačić sur les questions relatives à l'histoire de son pays, n'a d'égale que l'obligeance avec laquelle il aime à faire part des résultats de ses recherches; son manuscrit a été pour nous d'un immense intérêt. La difficulté est de mettre d'accord deux documents contemporains, mais émanant de deux sources dont les tendances sont contradictoires. Nous avons suivi là-dessus M. le professeur Erber qui a montré, dans ce travail difficile, autant de patience que de sagacité.

A côté des alliés nous trouverons l'insurrection ragusaine; mais tandis que les insurgés dalmates ne demandaient qu'à se replacer sous le joug aimé de François d'Autriche, les nobles de Raguse visent à restaurer l'ancien gouvernement oligarchique; si la bourgeoisie s'est nettement séparée d'eux, ils ont pour eux les paysans qui ne voient pas qu'ils combattent pour le rétablissement de leur servitude. En général, les Ragusains regardent d'un mauvais œil l'intervention des étrangers; ils l'acceptent cependant parce qu'ils savent que seuls ils n'auront jamais raison des Français. Enfin, parmi les insurgés même, deux partis vont se former, et celui qui aura le premier arboré le drapeau de l'indépendance finira par être appelé traître à la patrie.

La garnison française aurait eu beau jeu en face d'alliés aussi divisés, si elle avait été composée d'éléments moins hétérogènes : elle se composait d'artilleurs français et de deux bataillons d'infanterie, l'un italien, l'autre croate, bien commandés, mais animés tous deux d'un esprit déplorable et déjà diminués de moitié par les désertions [1]. Malgré tout, cette garnison ainsi composée eût pu tenir longtemps et infliger de grandes pertes à l'ennemi, si elle avait eu un autre chef que le général Montrichard. Cet officier, déjà mis en retrait d'emploi pour les malversations dont il s'était rendu coupable quand il commandait une division dans le royaume de Naples, avait failli compromettre, par son impéritie, le succès de la campagne de Marmont en 1809, et nous verrons que son attitude à Raguse n'est pas pour infirmer les jugements sévères que Marmont porte sur lui à plusieurs reprises dans ses Mémoires.

§ I. L'insurrection ragusaine.

Nous avons vu, à la fin du chapitre III [2], que les Anglais, après s'être emparés successivement de toutes les îles du littoral ragusain, y avaient rétabli les anciennes lois et avaient créé des gouvernements provisoires à la tête desquels ils avaient mis les nobles ragusains. La prise de Stagno avait déterminé le soulèvement de tout le pays situé à l'ouest de la rivière d'Ombla, et la défection des Croates qui devaient défendre Ragusa-Vecchia avait rompu toute communication entre Raguse et le pays situé à l'est du golfe de Breno.

Les Anglais encouragent les insurgés.

Une proclamation du capitaine anglais Lowen, datée de l'île de Mezzo, 10 octobre [3], appela tous les habitants aux armes : « Voici, disait ce très « important document, que les forces anglaises et autrichiennes se dirigent « vers ce pays *pour lui rendre la liberté et l'indépendance!*... Souvenez-vous « que vous portez un nom glorieux et combattez, comme ont fait les Espa-

---

1. A. G., Montrichard au ministre, 7 septembre et 11 octobre 1813. — Le major Sèbe, 12 septembre. | 2. p. 422. | 3. R. P. Papiers relatifs aux évènements de 1813-1814.

« gnols et les Russes, *pour recouvrer votre indépendance!*... » A cette proclamation en était jointe une autre du maréchal Hiller aux habitants de l'Illyrie, mais, comme Hiller ne parlait pas d'indépendance, et pour cause,
ce fut la proclamation de Lowen que les Ragusains répandirent ; ne conte-
nait-elle pas une promesse formelle de rétablir l'ancien gouvernement ?

Le comte Biagio-Bernardo Caboga et le marquis François Bona, prétextant une invasion imminente des Monténégrins dans le comté de Canali,
appelèrent les paysans aux armes [1], et quand ils eurent assemblé un millier
d'hommes, ils constatèrent que, même avec trois mille, ils ne prendraient
pas Raguse d'assaut ; le concours effectif des Anglais leur était indispensable.

Or, ce concours, il fallait le solliciter, et nul ne se souciait de faire cette
démarche dont chacun prévoyait les conséquences possibles ; tous les
nobles se renvoyaient de l'un à l'autre l'honneur de se présenter au commandant anglais. Il faut ajouter qu'en ce moment là les évènements n'en
étaient pas encore arrivés à un point tel qu'on ne pût redouter la victoire
finale des Français, et c'était s'exposer à de terribles représailles que d'aller appeler les Anglais au secours de l'insurrection. Enfin, tous comprenaient quel danger il y avait à attirer les étrangers, et personne ne voulait
prendre la responsabilité personnelle d'un acte qui pouvait avoir pour suite
la ruine des espérances du parti. On se décida à envoyer une députation populaire, et, comme Lowen était retourné à Lissa, c'est au commodore Hoste, qui opérait alors aux Bouches de Cattaro, qu'on envoya
vingt-cinq paysans avec un mémoire concluant à une demande d'appui
adressée aux puissances coalisées ; les réserves les plus formelles étaient
faites en faveur de l'antique indépendance de Raguse. Hoste reçut le
mémoire, le lut et ne donna pas de réponse.

En présence de cet insuccès, B.-B. Caboga, renonçant à tout ménage-
ment, se déclara, et, le premier, prononça bravement les mots de révolution et d'indépendance qui jusque-là n'avaient été murmurés que dans
le secret des conciliabules.

L'autorité française n'était pas encore absolument impuissante, et des
gendarmes furent envoyés de Raguse pour arrêter celui qui appelait ses
compatriotes à la révolte ; Caboga s'enfuit aux Bouches, auprès de Hoste,
qui le renvoya à Ragusa-Vecchia après lui avoir promis assistance et en
lui donnant comme escorte quelques barques armées sous les ordres d'un
lieutenant. Le 28 octobre, un détachement de marins anglais prit terre à
Ragusa-Vecchia et déploya le drapeau anglais. Le lieutenant Mac-Donald
fit afficher une ordonnance de Hoste portant que les lois françaises étaient
abolies et remplacées par les anciennes lois de Raguse ; Caboga recevait le

1. Z. L., 1814, 1, 296.

titre de commandant provisoire de Ragusa-Vecchia. Le déploiement du drapeau anglais avait mécontenté les nobles, la nomination de Caboga les irrita : ils prétendaient choisir leurs chefs eux-mêmes, et Caboga commença à devenir suspect.

Cependant on fit taire les jalousies et on prit, d'accord avec Caboga, les mesures jugées nécessaires pour le rétablissement des anciennes institutions; mais un nouvel incident vint envenimer la situation. Dans une assemblée présidée par le marquis Bona, on proposa d'écrire pour notifier à la Porte la restauration de la république de Raguse; on pensait confier cette mission à un Ragusain, nommé Michel Bosgiovich, qui était drogman de la légation prussienne à Constantinople; on lui recommanderait de dire bien explicitement que la République se replaçait sous la suzeraineté de la Porte à laquelle elle avait été violemment soustraite cinq ans auparavant. Caboga parla contre cette mesure; il y voyait un manque d'égards et une marque de défiance envers les Anglais. Cela suffit pour faire dire que Caboga s'était vendu aux étrangers, et, comme Lowen était revenu dans les eaux de Raguse, on lui envoya demander la permission d'arborer l'étendard de Saint-Blaise et une reconnaissance formelle de l'indépendance des Ragusains. Lowen, mécontent de l'intervention de Hoste et de l'envoi du lieutenant Mac-Donald, répondit que seul l'amiral Freemantle, qui était à Trieste, pouvait prendre une résolution aussi grave. Le marquis Michel Bona fut donc envoyé près de l'amiral anglais.

Pendant quelques jours la situation ne changea pas : les nobles voulaient marcher sur Raguse; Caboga, qui avait probablement reçu les instructions de Hoste à ce sujet, demandait qu'on attendît les secours promis par le commodore. Enfin, le 15, Hoste arriva à Ragusa-Vecchia, et, après avoir blâmé Lowen pour avoir parlé de l'indépendance de Raguse, il fit plus : il la reconnut en fait en faisant arborer l'étendard ragusain et en le faisant saluer par sa frégate d'une salve de vingt et un coups de canon. Il invita, de plus, Caboga à appeler ses compatriotes aux armes et à marcher sur Raguse.

Raguse était alors une place forte de premier rang; l'enceinte était imposante, et les Français l'avaient mise en parfait état de défense; les batteries, complétées depuis quelques années, étaient armées d'une artillerie formidable. La porte Ploce était défendue par un ouvrage extrêmement solide, le Ravelin; à la porte Pile, le fort Saint-Laurent couvrait de son feu les approches de tout le faubourg. Le fort Royal, dans l'île de Lacroma, protégeait la rade, et sur la montagne Saint-Serge, le fort Impérial, achevé depuis un an à peine, occupait et défendait la position d'où les Russes avaient bombardé la ville en 1806 [1].

1. A. G., 12 septembre 1813. Rapport du major Sèbe. Voir la carte V.

C'est sur le fort Impérial que fut dirigée l'attaque des insurgés : le 25 novembre, ils marchèrent, sous les ordres de Caboga, à l'assaut de cet ouvrage qu'ils espéraient surprendre, mais quelques volées de mitraille les firent rétrograder; ils s'établirent à Bergatto, au fort Delgorgue, qu'on avait désarmé et abandonné à raison de la faiblesse de la garnison, et leurs avant-postes s'étendirent jusqu'à Bosanka. De Bergatto, ils envoyèrent couper l'aqueduc par où l'eau arrive dans la place [1].

Quand Montrichard se vit attaqué, il envoya chercher à Gravosa et à Lopad les familles nobles qui y prolongeaient la villégiature; en s'emparant d'otages, il pensait pouvoir intimider les chefs de l'insurrection. Caboga, instruit de cette mesure, essaie d'en empêcher l'exécution; il contourne le mont Saint-Serge et arrive à Gravosa, mais seulement pour voir se retirer dans le lointain la colonne qui avait exécuté les ordres du général. Il la suit, entre avec elle dans le faubourg Pile, mais le canon et la mousquetterie l'arrêtent, et les paysans qu'il conduit mettent au pillage les maisons du faubourg; une autre attaque sur la porte Pile, tentée le 29 novembre, fit voir à Caboga qu'il devait renoncer à enlever la ville de vive force.

Il fallut se résoudre à un blocus; tandis que Hoste avec la *Bacchante* gardait le côté de la mer, les insurgés occupèrent le demi-cercle qui va de Gravosa à Bergatto; leur quartier général était à Gravosa. Blocus de Raguse.

Un parti, conduit par le marquis C. Bona, s'en alla soulever les habitants de Primorje (littoral), et lever des soldats pour l'insurrection. Il fut reçu d'abord avec enthousiasme, mais, au delà de Slano, il apprit que les chefs de villages avaient reçu du général Tomassich l'ordre de prêter serment à l'Autriche, et qu'ils ne laisseraient aucun de leurs administrés s'enrôler sans une autorisation en règle du général autrichien.

Bona revint donc, n'ayant obtenu qu'un demi-succès et préoccupé de l'attitude que prenait l'Autriche; il alla confier ses inquiétudes à Hoste qui, soit qu'il eût été avisé par Tomassich, soit que ces doléances lui révélassent quelles étaient les secrètes aspirations des nobles ragusains, lui signifia que, n'ayant pas d'instructions, il ne voulait pas intervenir dans les affaires des Ragusains; il avait reçu mission de chasser les Français de Raguse, il y travaillait autant qu'il était en son pouvoir, mais, n'ayant pas de troupes de débarquement, il se désintéressait absolument de ce qui se ferait du côté de la terre ferme.

Les Ragusains se réjouirent d'abord de cette réponse : en disant qu'il n'avait pas à intervenir dans leurs affaires, Hoste ne reconnaissait-il pas une fois de plus leur indépendance?

1. A. G., 13 décembre 1813. Rapport du major Sèbe.

Ils se crurent dès lors autorisés à expédier à Fiume des bâtiments battant pavillon de Saint-Blaise et porteurs d'expéditions faites au nom de la République. Ces navires entrèrent à Fiume, mais ils n'en purent sortir qu'avec des expéditions autrichiennes et le pavillon impérial.

Si la réponse de Hoste semblait prêter à équivoque, sa conduite ne laissa bientôt aucune illusion sur ses intentions. A une demande de matériel de siège, il opposa un refus hautain.

Lowen arriva alors avec un chebeck et deux canonnières; Caboga et les nobles le savaient en lutte avec Hoste et se tournèrent vers lui. Lowen s'empressa de répondre à leurs avances; Hoste avait refusé de prendre part aux opérations de terre, Lowen débarqua cinquante hommes; Hoste avait nommé Caboga gouverneur provisoire, Lowen le nomma *commandant en chef des forces insurgées assiégeant Raguse et gouverneur général des provinces de terre ferme de l'état de Raguse.* Seulement, n'ayant ni canons, ni artilleurs, ni munitions, il ne pouvait prêter aux insurgés aucun concours sérieux; les Ragusains durent continuer le blocus en attendant le jour où ils trouveraient un ami qui leur donnerait des canons.

Sortie du 8 décembre.

Montrichard était tenu au courant de ce qui se passait au camp des insurgés; il avait appris que beaucoup de paysans, découragés par la longueur des opérations, étaient retournés dans leurs villages; il n'y avait plus à Gravosa, autour de l'état-major, que 3 à 400 hommes; il résolut donc de les surprendre dans la nuit du 8 au 9 décembre : Gargurich, commandant du bataillon croate, devait, en faisant un mouvement tournant entrer dans Gravosa par la route d'Ombla; Paccioni, commandant du bataillon italien, attaquerait de front, et on courrait la chance de prendre, dans un coup de filet, tous les chefs insurgés.

Non moins bien renseignés que Montrichard, les nobles furent prévenus de la sortie qui se préparait; ils allèrent donc dresser une embuscade au faubourg Pile et attendirent les Français. A minuit, personne ne s'étant montré, ils en conclurent que l'ennemi, sachant son projet éventé, y avait renoncé; ils rentrèrent donc à Gravosa. Vers deux heures du matin la fusillade les tira de leur premier sommeil : deux Croates avaient déserté, aussitôt sortis de la ville, et ils avaient averti les avant-postes qui se retiraient devant la colonne de Paccioni. Quelques instants après, le quartier général, établi à la maison Sorgo, était cerné et assiégé par une compagnie de volontaires de la garde nationale. Si la seconde colonne était arrivée en ce moment, les insurgés étaient perdus, mais les Croates de Gargurich ayant trouvé du vin dans les premières maisons qu'ils avaient occupées, s'étaient mis à boire et à piller; Gargurich ne put arriver au rendez-vous que lorsque déjà le jour commençait à poindre, et les ennemis étaient sur leurs gardes; il dut s'en retourner par où il était venu, et Paccioni, de son côté, donna le signal de la retraite : l'opération était manquée. Il y avait de chaque côté cinq ou six blessés, dont deux grièvement : le comte Natali, qui fut de longs mois à se remettre, et, du côté des Français, l'inspecteur des douanes Thaureau, capitaine de la compagnie de volontaires; recueilli et charitablement soigné par Caboga lui-même à la maison Sorgo, Thaureau mourut dans la journée [1].

Quoi qu'il en soit des vantardises auxquelles les Ragusains se livrèrent à cette occasion, l'affaire n'eut aucune conséquence, et les assiégeants ne purent pas même interrompre les communications entre le corps de place et le fort Impérial ; leur situation était fort pénible, et, bien que l'hiver ne soit pas rigoureux à Raguse, on était dans la plus mauvaise saison de l'année, sans abris, sans vivres, sans médicaments pour les blessés et les malades ; l'autorité des chefs était méconnue, les paysans et les Croates déserteurs rivalisaient d'ardeur pour le pillage, et de leurs navires, Hoste et ses officiers jetaient des regards de mépris sur ces bandits qui s'intitulaient libérateurs de la patrie [2].

Le 3 janvier 1814, le général Milutinovich arriva, à la tête de deux bataillons de la Lika qui avaient pris part au siège de Zara ; il avait été précédé par deux lettres où Tomassich remerciait Caboga et Bona de leur dévouement à la cause commune ; il les qualifiait, le premier *chef des nationaux qui bloquent Raguse*, le second *chef des nationaux du Primorje*; en leur montrant des égards équivalents, il espérait les diviser, ce qui était déjà fait, et se réservait de s'attacher celui qu'il trouverait le plus maniable [3]. Les lettres de Tomassich se terminaient par une invitation à se placer sous les ordres de Milutinovich, et l'on y trouvait enfin l'ordre de ne rien changer aux institutions françaises jusqu'à ce que l'empereur d'Autriche en eût décidé autrement.

§ II. Arrivée des Autrichiens.

Milutinovich, en arrivant devant Raguse, essaya, avant de s'en prendre aux assiégés, de mettre à la raison les assiégeants : il leur manifesta son intention de licencier les bandes de volontaires ou de les incorporer dans les troupes qu'il commandait. Caboga lui répondit que plutôt que de déposer leurs armes, ses compatriotes les tourneraient contre lui ; il fit sentir au général de l'Empereur que son arrivée avec deux bataillons croates ne modifiait pas la situation : sans artillerie, il devait se contenter de bloquer la place, et l'on n'avait pas eu besoin de lui pour la bloquer depuis cinq semaines. Enfin, s'il voulait des vivres, les nationaux lui en procureraient, mais à condition qu'il entrât avec eux dans la voie des arrangements, qu'il reconnût aux insurgés la qualité de belligérants indé-

1. W. K., 1814, 1, n. 12. | 2. W. K., 1814, 1, n. 12. | 3. W. K., 1813, 13, n. 66.

pendants et fit arborer le drapeau ragusain au quartier général entre le drapeau impérial et le drapeau de la Grande-Bretagne. Milutinovich passa par ces conditions qu'il ne pouvait repousser et Caboga fut nommé gouverneur général ; Milutinovich lui confia même la direction du siège pendant une expédition qu'il allait faire sur les Bouches de Cattaro [1].

Nous ne parlerons pas ici de l'expédition de Milutinovich sur Cattaro ; nous aurons, dans le chapitre suivant, l'occasion de dire combien elle était légèrement conçue ; mais ce qui était une imprudence insigne, c'était de laisser Caboga investi de toute autorité au moment où Raguse pouvait capituler d'un jour à l'autre. Quand nous verrons dans quelles conditions les Autrichiens entrèrent à Raguse, nous comprendrons l'énormité de la faute commise [2].

Milutinovich revint de Cattaro le 13 janvier, mécontent de son insuccès et irrité de la conduite des Anglais à son égard. Heureusement pour lui, la division était au camp des Ragusains : on s'était d'abord contenté de taxer Caboga d'ambition parce qu'il avait accepté des Anglais un titre dont personne ne voulait quand il le reçut ; on lui avait ensuite reproché d'user d'une autorité qu'il avait acceptée pour le bien de tous, on avait critiqué sa stratégie, et l'on avait prétendu que, s'il tolérait le pillage, c'était parce qu'il recevait une part de butin. Quand on avait vu Milutinovich lui donner des pouvoirs plus étendus encore que ceux qu'il tenait des Anglais, on l'accusa de trahison et ses « amis » décidèrent qu'il fallait se débarrasser de lui ; on lui donna donc le conseil perfide de prendre, en l'absence du général, des mesures qui lui auraient fait perdre tout crédit, mais cette fois Caboga ne tomba pas dans le piège qu'on lui tendait.

Les nobles résolurent donc de se mettre en insurrection ; ils ne voulaient pas prendre les armes contre Caboga, mais constituer, en dehors de lui, un gouvernement soi-disant régulier, qu'ils feraient reconnaître des puissances. Réunis, au nombre de 46, dans la maison du comte Giorgi, à Ombla, dans la nuit du 17 au 18 janvier, ils décidèrent que le gouvernement de la République était rétabli dans son ancienne forme. Bosgiovich à Constantinople, d'Ayala à Vienne [3], notifieraient cet acte aux gouvernements du Sultan et de l'Empereur. Michel Bona, qui était en mission à Trieste, près de l'amiral Freemantle, se rendrait au quartier général et plaiderait la cause de sa patrie auprès des souverains alliés. Une commission de cinq membres recevait la mission de faire exécuter ces résolutions [4].

L'assemblée du 17 janvier 1814.

1. W. K , 1814, F. 1, n. 18 et 38. | 2. W. K., 1814, 1, n. 36, la lettre où Tomassich reproche vivement à Milutinovich son imprudence. | 3. D'Ayala, qui avait représenté la République à Vienne de 1773 à 1803, avait été destitué dans les conditions que nous avons exposées plus haut (Ire P., C. VII, p. 142). Il était peu présumable qu'il acceptât la mission qu'on voulait lui confier. | 4. W. S., Raguse. 2. B.

La commission se présenta le 18 janvier à Milutinovich, qui entendit avec stupéfaction ses communications; désormais la guerre était déclarée à l'Autriche par les nobles ragusains, mais c'était à coup d'intrigues qu'elle devait se poursuivre. La question était de savoir si les Austro-Anglais seraient les instruments involontaires de la restauration de Raguse ou si les insurgés ragusains se contenteraient de faciliter aux étrangers l'accès de leur capitale; Milutinovich feignit d'approuver tout ce qui avait été fait; quant à Hoste, il n'avait aucune sympathie pour les insurgés, mais il était ravi de voir Milutinovich dans l'embarras; et cet embarras était grand : pour prendre une place armée de 165 canons, il avait trois artilleurs et pas d'artillerie.

Montrichard, on le savait depuis longtemps, ne demandait qu'à capituler, mais encore fallait-il qu'on eût tiré quelques décharges sur la ville pour lui donner un prétexte de le faire.

Comprimant donc toutes ses rancunes et imposant un cruel sacrifice à son amour-propre, Milutinovich se rendit, aussitôt après la visite des délégués, à bord de la *Bacchante*, pour exposer à Hoste qu'il était nécessaire de commencer un siège en règle; on avait déjà construit trois batteries, et, si le commodore voulait bien lui prêter quelques canons et les munitions nécessaires, on commencerait le feu le lendemain. § III. Bombardement de Raguse.

Hoste, qui n'était pas généreux, se donna la mesquine satisfaction de répondre : « Mais, général, il est à supposer que, venant assiéger une « forteresse, vous vous êtes pourvu du matériel nécessaire... » Puis, après avoir donné cours à sa verve moqueuse, il se montra bon prince et promit deux canons et deux mortiers qui furent débarqués le 20; on ouvrit le feu le 21 janvier, après la sommation d'usage [1]; les canons battaient la route qui fait communiquer Raguse et le fort Impérial, les mortiers lançaient dans la ville quelques projectiles inoffensifs.

Dans la nuit du 20 au 21, la garnison fit une sortie sur la batterie; on ne put arriver jusqu'aux canons, mais une vingtaine de Croates furent faits prisonniers par les volontaires de la garde nationale [2].

La nuit suivante, les Autrichiens essayèrent un coup de main sur le fort Impérial; mais, trouvant la garnison prête à se défendre, ils redescendirent à Gravosa [3].

Les Anglais avaient fini par sortir de leur inaction; les 21, 22 et 23, ils firent construire, par les paysans insurgés, une batterie à l'endroit où s'élève aujourd'hui la redoute de San-Giacomo [4]; ils y firent monter dix pièces qui devaient battre le fort Impérial [5].

1. W. K., 1814, F. 2., n. 19. | 2. W. K, 1814, F. 1, n. 44, 46, 60. | 3. W. K., 1814, F. 1, n. 87. | 4. Voir la carte V *bis*. | 5. W. K., 1814, F. 1, n. 87.

Sous prétexte de couvrir cette batterie, Milutinovich fit relever, par un bataillon croate, les insurgés qui occupaient Bosanka et Bergatto ; il voulait surtout les éloigner du point par où l'on entrerait dans la ville dans le cas prochain d'une reddition.

Le 25 janvier, le général Montrichard, sous prétexte de rendre la liberté aux Croates pris dans la sortie du 20, envoya un parlementaire qui, très probablement, fut chargé de proposer une capitulation.

Capitula-
tion de Ra-
guse. Le lendemain 26, un officier autrichien fut reçu dans la place, et après son départ, le général convoqua son conseil de défense pour lui soumettre les propositions des Austro-Anglais ; il y avait dans ce conseil trois hommes énergiques, le major du génie Sèbe, les commandants Paccioni et Gargu-rich, qui représentèrent que l'enceinte était intacte, la population tranquille, les approvisionnements au complet ; on ne se trouvait donc dans aucun des cas prévus par les règlements. Montrichard céda, mais le lendemain il y eut, à son instigation, dit-on, une émeute, émeute fort pacifique : deux cents individus, la cocarde ragusaine au chapeau, vinrent stationner devant la douane et sifflèrent la compagnie italienne qui se disposait à partir pour relever la garnison du fort Impérial ; Paccioni, homme d'un caractère vio-lent, sortit sur la place et voulut haranguer les manifestants : sa voix fut couverte par les huées ; pendant ce temps, une main inconnue arborait le drapeau ragusain sur une des tours de l'enceinte. Cette ridicule démonstra-tion mit le général en règle avec sa conscience qui, on le voit, était fort large, et, quelques heures après, une capitulation était conclue entre le capitaine Leterrier et les représentants des commandants autrichien et anglais : les Austro-Anglais devaient prendre possession de la ville et des forts le 28, à midi ; les paysans n'entreraient que désarmés ; la garnison serait conduite à Ancône et s'engagerait à ne pas porter les armes pen-dant un an ; aucun Ragusain ne serait inquiété pour sa conduite passée. On n'avait pas demandé pour la garnison les honneurs de la guerre[1] !

Caboga avait protesté en voyant qu'il n'était pas admis à signer la capi-tulation ; il se rendit près de Milutinovich pour demander que 200 insur-gés en armes fussent admis à entrer dans la ville avec les troupes autri-chiennes, et ayant eu connaissance de l'article qui lui refusait ce droit, il ordonna au comte Natali de se rendre, avec les paysans qu'il commandait, aussi près que possible de la porte Ploce, et d'entrer, dès qu'elle serait ouverte, pour aller proclamer l'indépendance de la République d'accord avec les citoyens qui avaient arboré la veille l'étendard national.

On vit de la ville le mouvement des insurgés, et ce fut avec une vive appréhension ; on savait que si les chefs n'avaient que des vues patrio-

1. A. G., janvier 1814. — W. K.. 1814, F. 1, n. 87. — O. T., 1er mars 1814.

tiques, les soldats étaient moins désintéressés; s'ils entraient, ce serait pour piller, et ce n'était pas la garde nationale qui pourrait les en empêcher; quant aux troupes régulières, Montrichard, devant l'indignation de Paccioni et de ses amis, avait cru devoir les faire désarmer dès le 27 au soir, pour prévenir une collision.

Milutinovich fut averti de ce qui se passait, et l'on travailla secrètement pendant toute la nuit à déboucher la porte Pile qui avait été murée; le matin du 28, deux compagnies croates entrèrent avec deux pièces de 6 par cette porte, et, à midi, quand on ouvrit la porte Ploce, et que les insurgés se ruèrent sur le pont-levis, ils virent en face d'eux les Croates, la baïonnette au canon, et deux pièces chargées à mitraille pointées sur eux. La partie était perdue; les insurgés se dispersèrent, et quelques heures après, redevenus de paisibles paysans, ils reparurent sans armes, apportant des volailles, des fruits et des légumes qu'ils allèrent vendre sur la place du marché.

En entrant dans Raguse, le général Milutinovich trouva la garde nationale rangée en bataille sur le *Stradone*; il la regarda d'un œil mécontent, et dit en français à l'officier qui le recevait : « Que veulent tous ces gens-là? Qu'ils rentrent chez eux. » Il craignait que la garde nationale prétendît à son tour réclamer en faveur de l'indépendance; il se trompait, car cette garde était recrutée surtout dans la classe des « citoyens » qui auraient tout perdu au rétablissement de l'oligarchie; c'est en haine de l'oligarchie qu'ils s'étaient jetés dans le parti français et si quelques-uns des bourgeois devaient faire mauvais accueil aux Autrichiens, ce devait être par suite de leur attachement à la France et de leur culte pour la personne de Napoléon.

La garde nationale fut donc dissoute et les soldats croates prirent possession de tous les postes. Le 29, le drapeau autrichien fut arboré sur la grande place au *Stendardo* où avaient flotté depuis six ans les couleurs ragusaines, italiennes et françaises. Des détachements austro-anglais occupèrent les forts.

Le 2 février, la garnison française fut embarquée à destination d'Ancône : c'étaient 300 Italiens du 4ᵉ léger, et quelques Français, artilleurs et gendarmes. Deux jours avant, Paccioni avait été conduit prisonnier à bord de la frégate anglaise, comme évadé des pontons de Portsmouth; on prétendit que c'était Montrichard qui l'avait dénoncé pour l'empêcher de faire en France des révélations compromettantes [1].

(marginal note) Entrée des Autrichiens, désarmement des insurgés.

---

1. Paccioni était Corse; son nom et ses exploits sont restés légendaires à Raguse, où quelques vieillards se souviennent encore de l'avoir connu. On dit que Paccioni fut tué en combattant pour l'indépendance de la Grèce.

Montrichard partit au milieu d'un concert de malédictions; qu'il eût vendu la ville, cela importait peu aux Ragusains, mais on l'accusait d'avoir puisé à pleines mains dans les caisses publiques, d'avoir notamment dilapidé le mont-de-piété, et de n'avoir signé une capitulation honteuse que pour obtenir le droit d'emporter, sans être inquiété, le fruit de ses rapines[1].

Les Anglais s'éloignèrent à leur tour, le 4 février, sans prévenir de leur départ; comme part de butin, ils emportèrent quelques canons, une grande quantité de poudre et surtout du tabac; ils s'étaient montrés hautains et insociables; « je suis heureux, écrit Milutinovich, qu'ils se soient contentés de si peu[2]. »

§ IV. Dernières luttes de l'Autriche et des nobles ragusains.
La situation devenait plus nette pour les Autrichiens; ils demeuraient seuls en face des Ragusains, et le nombre des opposants diminuait chaque jour. Le 15 février, les employés civils prêtèrent serment à l'Empereur, roi de Dalmatie, Raguse et Cattaro[3]; le 2 mars, le clergé prêta serment à son tour. Milutinovich, bien qu'il fût de religion grecque, s'était montré plein de déférence pour l'Église catholique; le 2 février, fête de Saint-Blaise, il avait suivi la procession un gros cierge à la main[4], et par ses attentions il avait gagné les bonnes grâces de l'archevêque; ce vieillard affaibli avait publié, le 24 décembre, une pastorale menaçant des censures ecclésiastiques quiconque persisterait dans la rébellion contre la France, et, le 16 février, il rappelait au peuple ses devoirs envers son souverain légitime, l'empereur François.

Il restait encore à occuper les îles qui avaient fait partie de l'ancien État de Raguse, mais le comte Natali, invité à remettre Giuppana, Mezzo Calamotta, répondit que c'étaient les Anglais qui l'avaient nommé gouverneur, alors que les Autrichiens n'étaient pas encore entrés dans la coalition, et qu'il attendrait pour se démettre de ses fonctions que l'amiral Freemantle lui en eût donné l'ordre; or, les Anglais, voulant conserver des gages, ne parlaient pas d'évacuer ces îles, non plus que Lagosta, Meleda, Curzola, Lesina et Lissa.

Les Autrichiens n'étaient pas non plus rentrés en possession de Cattaro; nous verrons qu'après la tentative manquée de janvier, Milutinovich en fit une, aussi infructueuse, en mars, et que ce fut seulement en juin qu'il put rétablir l'ordre dans ce district turbulent.

Il fallut dix-huit mois pour consommer l'annexion de Raguse. Après la

1. En arrivant en France, Montrichard fut mis en disponibilité; mais il reprit du service sous la Restauration et mourut en 1828, pourvu d'un commandement à Besançon. | 2. W. K., 1814, F. 2, n. 19. | 3. W. K., 1814, F. 2, n. 32. | 4. W. K., 1814, F. 2, n. 19.

capitulation, Caboga avait été nommé intendant provisoire, en recevant pour consigne de se conformer en toute chose aux règles administratives établies par le gouvernement français; on fit seulement disparaître quelques fonctionnaires rendus suspects par leur attachement à la France [1] et l'œuvre de pacification commença. Le clergé était conquis, la bourgeoisie acceptait à regret la domination autrichienne, mais l'acceptait pour ne pas retomber sous le joug des nobles, les paysans, contenus par les troupes, étaient rentrés partout dans le devoir. Restait la caste aristocratique, qui se montrait d'autant plus irréductible que le général Tomassich voulait imposer au général Milutinovich une foule de ménagements qui devaient les rendre plus audacieux : « Vous ne devez pas, écrivait-il, user « avec eux des verbes *müssen, sollen*, mais employer *bitten, ersuchen* » ; devant cette modération, qui semblait de la faiblesse, une poignée de Ragusains va engager la lutte contre l'empereur.

On se souvient qu'en janvier 1814, le marquis Michel Bona avait reçu l'ordre de se rendre de Trieste au quartier général pour demander aux souverains alliés la restauration de l'ancien gouvernement de Raguse, mais le manque de ressources l'empêcha de faire ce long et coûteux voyage. Bona se rendit seulement à Vienne, et ce fut à la chancellerie impériale qu'il présenta sa requête; on le reçut très courtoisement d'abord, mais sans rien lui promettre. On apprit alors les démarches faites à Constantinople, et le double jeu des Ragusains qui se réclamaient tour à tour du Sultan et de l'empereur [2]. Aussi, le 4 février, Bona fut-il mandé à la direction de la police, où un agent subalterne lui notifia l'ordre de quitter Vienne dans le délai de huit jours ou au plus de quatorze [3]; Bona voulut protester; pendant plusieurs jours de suite, il alla faire antichambre chez le baron Haager, directeur de la police; toujours éconduit, il se résigna à partir en laissant une protestation, qui est aux Archives d'État à Vienne, et dans laquelle il relève, non sans dignité, l'insulte faite à sa personne et le déni de justice opposé aux revendications de ses concitoyens [4].

Battus à Vienne, les nobles ragusains n'en continuèrent pas moins les hostilités dans leur patrie : une campagne de libelles et de dénonciations fut ouverte contre tous les magistrats qui ne faisaient pas partie de la noblesse : le conseiller Androvich, le procureur Chersa et le juge Casnacich furent sacrifiés et remplacés par trois nobles, sur l'ordre formel de Tomassich. Enhardis par ce premier succès, les nobles reprirent leurs conciliabules et annoncèrent que Raguse allait être déclarée indépendante par le Congrès, au même titre que la république de Cracovie. Les Ragusains n'avaient, hélas! que trop raison d'assimiler leurs destinées à celles de la

Le marquis Bona à Vienne.

1. Z. L., 1814, 1296. | 2. W. K., 1814, F. 2. 53. | 3. W. S. 2. B. 4. | 4. *Ibid.*

Pologne, et, en remontant aux causes de leurs malheurs, on trouverait entre eux et les Polonais plus d'un trait de ressemblance.

Milutinovich n'était pas homme à tolérer ces menées; quand une délégation se présenta à lui pour lui proposer une série de réformes administratives, qui n'étaient qu'un acheminement détourné vers le rétablissement de l'ancienne constitution, le général se fâcha et parla de faire emprisonner tous ceux qui tiendraient des assemblées secrètes; dans son rapport du 4 avril [1], il dénonce les intrigues des nobles et leur correspondance incessante avec Constantinople.

Lorsque Milutinovich alla soumettre Cattaro, en juin, il commit la faute de laisser à Raguse, comme gouverneur intérimaire, un officier hongrois nommé Wittmann, homme de bien, mais incapable. Sous cette autorité débile, les conciliabules recommencèrent de plus belle, et cette fois les opposants réussirent à ramener à leur parti l'intendant Caboga, et à se faire remettre par lui certains papiers précieux, entre autres le texte de la proclamation où Lowen débarquant à Ragusa-Vecchia s'engageait à rendre à Raguse son indépendance; tous ces documents furent envoyés en Angleterre pour être soumis au Congrès par les ministres anglais. De plus, Caboga révéla aux nobles qu'on allait envoyer à Zara une députation des chefs de communes, qui devaient faire leur soumission entre les mains de Tomassich, et lui demander seulement d'obtenir pour le pays quelques adoucissements à la loi militaire. On pensa parer le coup en envoyant sans retard une députation de nobles porteurs d'une protestation; la députation ne partit pas, mais la protestation, on va le voir, parviendra à destination.

On a peine à s'expliquer la défection de Caboga, et si les documents officiels n'en fournissaient la preuve, on serait tenté de croire à une vaste intrigue machinée après coup par ses ennemis pour le perdre. Il est à supposer qu'on lui présenta de fausses dépêches annonçant que l'indépendance de Raguse était admise en principe par les alliés, sauf à produire les pièces dont on le savait détenteur; Caboga, craignant d'être banni et dépouillé de ses biens si jamais l'ancien gouvernement était rétabli à Raguse, avait cédé à la crainte et à l'intérêt, mais sa volte-face ne fut pas de longue durée, et dès qu'il reconnut que ses compatriotes l'avaient joué, il se retourna de nouveau vers l'Autriche, en cachant soigneusement son commencement de défection; ses ennemis en gardaient cependant les preuves et devaient les produire un jour [2].

Le 13 juillet, Milutinovich revint de Cattaro après un triomphe complet, et publia aussitôt l'avis suivant :

1. Z. L., 1814, Archives secrètes. | 2. W. S. Rag. 2. B.

« La chancellerie impériale et royale a bien voulu me faire savoir, par
« une note du 3 janvier, qu'en vertu d'un accord conclu entre les puis-
« sances alliées, les pays compris pendant la domination de Napoléon
« sous le nom d'Illyrie, et, par conséquent, l'État de Raguse, les Bouches
« de Cattaro et les îles qui en dépendent, étaient définitivement attribuées
« à la cour impériale et royale d'Autriche.

« Je notifie cette décision pour que les habitants desdites provinces
« soient instruits de leur sort et s'efforcent de mériter, par une prompte et
« loyale soumission, les effets de la bienveillance de notre auguste sou-
« verain l'Empereur et roi François Ier.

« Par le gouvernement civil et militaire de Dalmatie, Raguse et
« Cattaro.

« Zara, le 7 juillet.
                              « Baron TOMASSICH F. M. L.

« Pour copie conforme.

« MILUTINOVICH, G. M. »

Cette proclamation, qui donnait le coup de grâce aux espérances ragusaines, fut accueillie froidement, mais respectueusement. Un seul noble, le
marquis Fr. Bona, qui voulut soulever les paysans, fut immédiatement
arrêté et incarcéré au fort Saint-Laurent, le 27 août [1].

Le 29 août, le conseil municipal de Raguse fut appelé à se réunir pour
choisir une députation qui irait porter à l'empereur l'hommage de ses
nouveaux sujets. Milutinovich était retourné à Cattaro, et Wittmann le
remplaçait de nouveau; malgré la présence de Wittmann, la séance fut des
plus orageuses. Le comte Pozza Sorgo déclara que si l'on envoyait une
députation à l'empereur d'Autriche, ce à quoi il ne s'opposait pas, il fallait en envoyer une aussi au roi d'Angleterre, dont les troupes avaient
contribué, au moins autant que celles de l'empereur d'Autriche, à chasser
les Français et à rendre à Raguse son ancienne constitution; que d'ailleurs
le marquis Michel Bona était déjà en mission auprès des souverains alliés,
et qu'une nouvelle députation lui paraissait faire double emploi; quand
on mit la question aux voix, dix conseillers sur dix-huit l'acceptèrent; la
minorité se composait des six membres nobles et de deux bourgeois. Ce
vote provoqua une grande émotion, et la désignation des députés fut
renvoyée à une autre séance.

Caboga convoqua de nouveau le conseil pour le 1er septembre; Pozza
Sorgo s'abstint d'y assister et écrivit une longue lettre de protestation, qui
fut annexée au procès-verbal; les membres de la députation furent ensuite

1. W. K. 1814. F. 13, n. 162.

désignés, et on allait se séparer quand on apporta au maire Bosdari un pli cacheté; ce pli fut ouvert, il contenait la protestation solennelle de quarante des nobles qui avaient signé l'acte du 18 janvier. « C'est nous, « disaient-ils, qui, constitués depuis ce jour en conseil souverain, avons « seuls autorité pour parler au nom de notre pays! » Wittmann prit la protestation pour l'envoyer à Zara, et dépêcha une estafette à Milutinovich qui, averti des incidents de la séance du 29, devait être en route pour revenir de Cattaro.

Le lendemain matin, on plaça deux factionnaires à la porte de chacun des signataires de la protestation qui se trouvaient encore dans la ville; dix-huit d'entre eux avaient déja pris la fuite, et s'étaient réfugiés à l'île de Mezzo sous la sauvegarde des Anglais.

A 11 heures, Milutinovich arriva et fit afficher une proclamation où l'acte des nobles était appelé « accès de frénésie ». La population entière, au nom de laquelle les rebelles avaient osé parler, était invitée à signer une contre-protestation pour démentir la calomnie dont elle était victime.

Cette pièce se couvrit de signatures, et le maire Bosdari, se posant en médiateur, demanda à Milutinovich de rendre la liberté à ceux des « pauvres égarés » qui signeraient un serment de fidélité à l'Empereur. Milutinovich y consentit, et les fugitifs furent compris dans cette mesure de clémence, à condition de rentrer dans le délai de huit jours, passé lequel ils seraient bannis et leurs biens mis sous séquestre [1].

Tous les nobles protestataires signèrent l'acte qu'on leur demandait et, le 15 septembre, la population assemblée dans l'église de Saint-Blaise désigna six députés, deux de chaque ordre, qui iraient à Zara jurer fidélité au nom de tous. Après la réunion, Milutinovich retint les nobles et leur adressa une sévère admonition qu'ils écoutèrent en silence.

Le général Tomassich s'empressa d'accorder une amnistie, mais tous les nobles qui occupaient un emploi de justice ou de finance, et qui avaient pris part à la manifestation du 1er septembre furent destitués; la cour d'appel, qui ne comprenait que des nobles depuis la retraite d'Androvich, se trouva supprimée de fait, et le fut en droit le 1er mai 1815 [2].

Caboga devait être poursuivi par le ressentiment de ceux qui l'avaient toujours regardé comme un traître. On fit parvenir au comte de Saurau, le nouveau gouverneur civil de Dalmatie, les preuves indiscutables de son commencement de défection, en juin 1814, et Milutinovich, indigné d'avoir été trompé, demandait qu'on fit un procès de haute-trahison au trop habile intendant. Tomassich étouffa l'affaire, et Caboga fut envoyé à Vienne

1. Z. L., Arch. secr. Rapport de Milutinovich, 26 septembre 1814, 7148. | 2. Z. L., Rapport de Milutinovich, 26 octobre 1815.

pour y occuper un poste dans l'administration centrale, mais la vengeance de ses ennemis le retrouva à Vienne, et, quelques années après, il dut quitter le service à la suite d'une accusation infamante ; il fut exilé dans ses propriétés de Ragusa-Vecchia, et y mourut vers 1850.

Ce n'est que le 3 août 1816 que la Dalmatie et Raguse reçurent une organisation définitive par un rescrit impérial qui nommait Tomassich gouverneur civil et militaire (*statthalter*). C'est à cette époque que Milutinovich quitta Raguse pour aller commander une brigade à Zara et, peu après, une division à Temesvar.

Tout en soumettant l'ancien État de Raguse à la loi commune, l'empereur eut pour ce pays de nouvelle acquisition des égards qui firent plus que les rigueurs pour lui attacher les Ragusains. Jusqu'à sa mort (1835), François Iᵉʳ exempta le pays des contributions foncières et des taxes commerciales, et ce n'est qu'en 1870 que la loi militaire commença à y être appliquée, et encore avec des adoucissements qui en rendent le poids facile à porter.

Instruit par les évènements, l'empereur avait su trouver le moyen de s'attacher cette population indocile qui jamais, depuis trois quarts de siècle, n'a regretté son indépendance. S'il reste encore dans les familles nobles un culte jaloux des grandeurs passées, ce souvenir va en s'affaiblissant chaque jour et bientôt passera du cercle des polémiques mesquines dans le domaine impassible de l'histoire.

CHAPITRE VI

LES BOUCHES DE CATTARO (1813-1815)

§ I. Les Monténégrins envahissent les Bouches (septembre 1813); arrivée des Anglais (octobre); soulèvement général; défection d'une partie de la garnison de Cattaro; union des Bocquais et des Monténégrins. — § II. Siège et capitulation de Cattaro. — § III. Intervention tardive des Autrichiens (janvier 1814); deuxième tentative du général Milutinovich (mars); occupation des Bouches par les Autrichiens (juin). — § IV. Evacuation des îles par les Anglais (juillet 1815). Pacification générale (août 1815).

Nous allons retrouver à Cattaro une situation analogue à celle que les Autrichiens avaient rencontrée à Raguse, mais avec plusieurs circonstances qui en augmenteront la difficulté. D'abord, quand le général Milutinovich se présentera pour la première fois aux frontières des Bouches, la dernière place occupée par les Français aura capitulé, et les Anglais, décidément malveillants pour leurs alliés, ne manifesteront aucun désir de les faire participer aux avantages qu'ils auront été seuls à conquérir. Ensuite la population se sera proclamée indépendante et, cette fois, ce ne seront pas quelques paysans conduits par des chefs peu belliqueux que le général autrichien trouvera entre lui et les Français; derrière les Bocquais se tiendront les Monténégrins, encouragés par les Russes, et conduits par leur vieil évêque Pierre Petrovich, toujours infatigable pour combattre les étrangers, quels qu'ils soient, qui prétendent contrecarrer ses projets. Milutinovich devra entreprendre la conquête des Bouches après qu'elles auront été abandonnées par les Français.

§ I. Les Monténégrins envahissent les Bouches.

C'est le 21 septembre 1813 que le Vladika, obéissant à un mot d'ordre venu de Pétersbourg, renonça à la neutralité malveillante dans laquelle il se renfermait depuis plus de trois ans; les Monténégrins franchirent le confin aux environs de Maini et, le même jour, parurent en vue de Budua. Cette place était dans un état déplorable; on craignait même, en tirant les canons qui garnissaient l'enceinte, de faire écrouler les murailles chancelantes[1]. Cependant le commandant repoussa, comme c'était son devoir, la sommation qu'il reçut le 22, et se prépara à la résistance. Dans la nuit du 22 au 23, une émeute éclata : les Croates du régiment d'Ogu-

Révolte de la garnison de Budua.

1. *Memorie intorno a Budua e Cattaro* (par le chanoine Ant. Koiovich), conservés dans des archives particulières à Raguse.

lin qui composaient la garnison assassinèrent le commandant français, leur capitaine, et le brigadier de gendarmerie ; plusieurs autres personnes furent blessées, et le chanoine Koiovich, auteur de la relation d'après laquelle nous écrivons, reçut deux coups de *handjar* ; plusieurs gradés et agents civils français ne purent échapper à la mort qu'en sautant par dessus le mur d'enceinte. Le pillage succéda aux assassinats ; les maisons des partisans ou des serviteurs de la France furent mises à sac et, le 23 septembre au matin, les Monténégrins occupèrent la ville sans rencontrer aucune résistance.

Après ce premier succès, le Vladika dirigea ses hommes sur Cattaro et, le même jour, il adressait aux Bocquais un énergique appel aux armes :

Slaves ! glorieuses et illustres populations des Bouches de Cattaro, de Raguse et de la Dalmatie !

Voici le moment de prendre les armes contre le destructeur de l'Europe, l'ennemi universel qui a attaqué votre religion, ruiné vos églises, et qui se préparait à vous dépouiller de vos propres biens. Il a foulé aux pieds votre victorieux héroïsme, votre honneur national et celui de vos ancêtres ! Il a détruit vos antiques privilèges, déshonoré nombre de familles, paralysé votre commerce ! Il a mis ses impôts sur le sang de vos veines et jusque sur les cadavres de vos parents ! Quelle injustice n'a-t-il pas commise !

Voici le moment de vous rappeler vos vieilles gloires, les traditions glorieuses, que vous ont léguées vos pères, et que, depuis sept ans bientôt, le tyran foule aux pieds ! Voici l'heure de la vengeance !

Les mères vont voir revenir les fils de qui elles ont été brutalement séparées ; elles vont pouvoir les embrasser en les couvrant de joyeuses larmes ; les exilés vont rentrer et se jetteront dans les bras de leurs frères ; les voies du commerce vont se rouvrir à vos navires et ramener l'aisance au milieu de vous ; vos libertés, vos droits, vos privilèges vont vous être rendus !

Souviens-toi, peuple toujours victorieux et toujours glorieux, combien de royaumes, de principautés, de républiques Bonaparte a asservis, combien de millions d'hommes il a inhumainement sacrifiés, quels flots de sang et de larmes il a fait couler, et apprends que l'empereur Alexandre et ses puissants alliés ont déjà reconquis les royaumes de Prusse et de Saxe, et qu'il s'est attaché aux pas du séducteur et du bourreau de l'Europe.

La Croatie est délivrée, et aussi la Carniole, Trieste, l'Istrie, Fiume et Zengg. Qu'attendez-vous donc, valeureux Slaves de Dalmatie, de Raguse et de Cattaro ? L'ennemi est coupé de ses communications, enfermé dans quelques forteresses. Par terre, l'armée de l'empereur d'Autriche, par mer, celle du roi d'Angleterre, entrent en Dalmatie ; elles ont pris Zara et sont arrivées à Makarska [1]. Vous n'avez donc plus rien à craindre, unissez-vous à vos frères du Montenegro, bloquez dans les villes les tyrans français pour qu'ils y meurent de faim comme ils voulaient vous faire mourir vous-mêmes ; affranchissez de leur présence vos

---

1. Les Autrichiens, on s'en souvient, n'entrèrent en Dalmatie que plus d'un mois après. Le Vladika, employant le style des Prophètes, met le passé pour le futur.

bourgs et vos villages, en attendant que les grandes puissances vous assistent pour expulser définitivement ces bandes sanguinaires.

Je suis là, avec mes Monténégrins, prêt à me porter là où il y aura un danger à courir. La gloire du traître Bonaparte est restée à Moscou et à Smolensk : nous n'avons plus à trembler devant le tyran.

Que tout Bocquais et Ragusain sache que nous entrons en amis pour attaquer l'ennemi commun ; nous sommes les soldats de votre grand protecteur Alexandre Ier, de l'empereur François et de leurs puissants alliés, et quiconque nous traitera en ennemi sera regardé comme l'ennemi du bien public; il sera poursuivi comme traître, ses biens seront confisqués.

C'est du roi d'Angleterre que nous attendons les premiers secours : ses vaisseaux vont bientôt paraitre, et que Dieu nous garde! C'est à Lui que je confie le succès de notre entreprise.

De notre quartier général de Budua, le 12-24 septembre 1813 [1].

PIERRE, évêque.

Cette proclamation fut immédiatement répandue aux Bouches, et nous ne tarderons pas à en voir les effets.

Prise du fort de la Trinité.　　Le même jour, 23 septembre, les bandes monténégrines paraissaient devant le fort de la Trinité, qui défend la route de Budua à Cattaro, et qu'on avait appelé « les Thermopyles des Bouches ». Cette position était défendue par le lieutenant Campagnola et 40 hommes du 4e bataillon du 4e léger italien. Un parti ennemi assez faible s'étant laissé voir aux environs du fort, Campagnola sortit avec une partie de sa troupe, et, voyant les Monténégrins s'enfuir, se mit à leur poursuite, mais, quand il se fut un peu éloigné du fort, de nombreuses bandes sortirent de derrière les croupes rocheuses où elles s'étaient dissimulées; Campagnola enveloppé périt dans cette embuscade avec huit de ses soldats, le reste se replia sur Skaljari et Cattaro, et les Monténégrins, après un combat très court avec les Italiens qui étaient restés au fort, y entrèrent et mirent tout au pillage; un incendie se déclara et gagna la poudrière dont l'explosion éventra complètement une des faces de l'ouvrage. Les Monténégrins se répandirent aussitôt dans les environs de Cattaro et en commencèrent le blocus [2].

Les Bouches de Cattaro forment un golfe profond, qui s'étrangle trois fois à Kobila, à Kombur et aux Catene pour prendre la forme d'un 8 mal dessiné. La passe de Kobila était gardée au sud-ouest par la batterie de Punta d'Ostro, au nord par la batterie de Castelnuovo, à l'est par la batterie de Porto-Rose. Aux Catene, il y avait deux batteries, l'une sur la

1. A. G., 1813, sept. | 2. Mémoire S. Koiovich.

rive méridionale, et l'autre à l'île Saint-Georges, qui se trouve dans l'axe du détroit, du côté de la ville de Perasto. C'est contre la batterie de Porto-Rose et celle des Catene que les Monténégrins dirigèrent leur attaque; la batterie des Catene fut enlevée le 28 septembre; trois canons et quatorze artilleurs italiens restèrent au pouvoir des assaillants. Le 30, les défenseurs de Porto-Rose enclouèrent leurs pièces et passèrent à Castelnuovo.

Voilà à quoi se bornèrent les succès des Monténégrins jusqu'à l'arrivée des Anglais; il y avait une grande fermentation aux Bouches, surtout parmi les Grecs, dévoués au Vladika, mais l'énergie du général Gauthier contint dans le devoir tous ceux qui étaient disposés à y manquer; une conspiration ourdie à Cattaro fut découverte; les auteurs en furent emprisonnés[1].

Le 13 octobre, la frégate la *Bacchante*, commandée par Hoste, jeta l'ancre en face de Castelnuovo; elle était accompagnée d'un brick. La présence des Anglais donna confiance aux habitants, et, le même jour, Dobrota, Perzagno, Perasto et Risano s'insurgèrent. Risano arbora les couleurs russes; le fort de Perasto fut occupé par les Pérastins; le lendemain, les Croates qui devaient défendre l'île fortifiée de Saint-Georges, située à peu de distance de Perasto, menacèrent de mort le commandant français Calaman, et l'obligèrent à capituler; mais, comme Perasto était une commune catholique, ce ne fut pas le drapeau russe, mais le drapeau impérial qui fut arboré sur la ville et à l'île Saint-Georges.

Arrivée des Anglais

Le 14 octobre, les Monténégrins et les Bocquais se disposaient à attaquer Castelnuovo, mais, aux premiers coups de fusil, la garnison croate sortit en masse et fit cause commune avec les insurgés. Le colonel Holevacz, du régiment d'Ogulin, essaya de défendre le Fort Espagnol où il s'était retiré; mais, n'ayant autour de lui que quelques officiers et une poignée d'artilleurs, il se rendit aux Anglais.

Prise de Castelnuovo.

Le commodore Hoste fit aussitôt désarmer la place et les batteries prises les jours précédents; il en fit transporter le matériel à bord de ses navires; puis, le 24 octobre, il alla s'embosser en face de Cattaro et envoya offrir au général Gauthier une capitulation très honorable qui ne fut pas acceptée[2]. Il fallait donc entreprendre un siège en règle : mais il survint en ce moment un incident qui jeta la discorde entre Hoste et le Vladika.

Hoste avait amené avec lui un émissaire autrichien, l'abbé Brunazzi, qui se mit en relations avec le Vladika et lui remit une lettre de l'archiduc François d'Este, qui devait diriger de Lissa les mouvements des troupes

---

1. A. G. 1814. Journal du siège de Cattaro. | 2. A. G. Procès-verbaux du conseil de défense de Cattaro.

autrichiennes; cette lettre était une réponse à l'envoi d'un agent monténégrin, qui était allé à Lissa demander l'appui des Austro-Anglais. Brunazzi, aussitôt débarqué, avait commencé à travailler les communes catholiques; c'était à lui qu'on devait attribuer le soulèvement de Perasto et la prise de l'île Saint-Georges.

Or, les Pérastins avaient vu avec chagrin les Anglais s'approprier les canons de Saint-Georges dont ils se croyaient propriétaires par droit de conquête; Brunazzi obtint que le Vladika écrirait à Hoste pour les leur **Départ des** faire restituer. Hoste répondit, le 24, par une lettre très sèche [1] où il disait **Anglais.** que s'il avait pris les canons, c'était pour armer les batteries qu'il faudrait construire autour de Cattaro; mais que, puisqu'on lui marquait de la défiance, il changeait d'idée; il partit pour Raguse en emportant toute l'artillerie qui devait servir au siège.

Les Monténégrins restaient donc en face d'une place défendue par une forte artillerie, sans un canon pour en faire le siège; ils construisirent néanmoins trois batteries dans l'espoir que, tôt ou tard, les Anglais ou les Autrichiens apporteraient de quoi les armer [2].

Défection La nuit du 28 au 29 octobre, 350 Croates de la garnison de Cattaro **des Croates** prirent les armes, désarmèrent les soldats italiens qui gardaient la porte, **en garnison** et sortirent en emportant trois drapeaux français comme trophée de leur **à Cattaro.** désertion. Gauthier, surpris par cette révolte, n'avait eu que le temps de s'enfermer dans le château Saint-Jean, s'attendant à voir les Croates rentrer dans la ville avec les Monténégrins, mais personne ne se présenta : le matin du 29, on vit les Monténégrins travailler à leurs batteries sans paraître se douter de rien; Gauthier redescendit donc dans Cattaro, referma et barricada les portes, et reprit espoir; le chef de bataillon Mihaïlovich avait retenu 25 Croates, il y avait 300 Italiens, des artilleurs et des gendarmes : c'était peu, mais assez pour garder la place, bien que l'enceinte eût 2.000 mètres de développement.

Que s'était-il passé? Les compagnies d'Ogulin qui avaient déserté étaient composées de Croates catholiques, qui nourrissaient, à l'égard des Monténégrins, une hostilité qu'on avait soigneusement entretenue; aussi, à peine sortis de la place, était-ce à Perasto qu'ils s'étaient rendus, auprès de l'abbé Brunazzi, à qui ils avaient remis les clefs de la ville. Brunazzi se garda bien d'avertir le Vladika et envoya les Croates à Raguse. C'est ainsi que Cattaro, restée douze heures sans défenseurs, échappa aux Monténégrins [3]. Mais le Vladika conserva contre Brunazzi une profonde rancune, et, renonçant aux ménagements envers l'Autriche, n'hésita plus à mettre à exécution un projet qu'il caressait depuis longtemps.

1. Milaković, *op. cit.* p. 231. | 2. W. K., 1813, f. 13, n. 2. | 3. Mémoire Koiovich.

Le 10 novembre, les délégués de toutes les communes des Bouches furent convoqués à Dobrota, et invités à former avec les Monténégrins un pacte fédératif. Les délégués catholiques ne connaissaient pas les fables de La Fontaine [1], mais savaient cependant ce que présageait cette prétendue association ; ils se résignèrent à signer, tout en faisant insérer cette clause que « si les circonstances politiques amenaient l'une ou l'autre des parties « contractantes à être réunie à l'une quelconque des puissances alliées, « le pacte serait rompu de plein droit. »

Sous ces réserves, on créa un gouvernement provisoire composé de neuf Monténégrins et de neuf Bocquais, sous la présidence du Vladika, et ce fut au nom de cette assemblée que les opérations furent continuées contre Cattaro [2].

La réunion du 10 novembre avait fixé les principes : restait à en tirer les conséquences ; dix jours après, un envoyé monténégrin, Sava Flamenac, partit secrètement pour le quartier général des alliés, afin d'annoncer à l'empereur Alexandre que les Bouches et le Montenegro se mettaient sous sa protection, et pour lui demander de faire ratifier ce vœu par les souverains [3].

Mais ces dix jours n'avaient pas été perdus par Brunazzi, et de Perasto était parti Pierre Lukovich, député des communes catholiques, chargé, lui aussi, de se rendre au quartier général pour demander à l'empereur François de prendre sous sa protection les habitants des Bouches menacés par les convoitises monténégrines.

C'est ainsi que presque le même jour les deux ambassadeurs partirent, l'un à l'insu de l'autre ; mais, s'il en partit deux, il n'en arriva qu'un.

Plamenac, en passant à Sebenico, eut l'imprudence de s'ouvrir sur l'objet de sa mission à l'évêque Kraljevich. Kraljevich, personnage plus dévoué à ses propres intérêts qu'à ceux de ses coreligionnaires, s'empressa d'avertir le général Tomassich, et Plamenac n'arriva pas au terme de son voyage [4].

Quant à Lukovich, il fut reçu par l'empereur d'Autriche à Troyes, le 22 février 1814, et François Ier donna à Chaumont, le 4 mars, un rescrit où il annonçait à ses fidèles sujets d'Albanie que bientôt ils verraient la fin de leurs épreuves [5].

Pendant que ces intrigues se déroulaient, le général Gauthier se défendait avec énergie, malgré la désertion des Italiens, qui suivaient l'exemple

Union des Bocquais et des Monténégrins.

§ II. Siège de Cattaro (septembre 1813-janvier 1814).

1. *La génisse, la chèvre et la brebis en société avec le lion* (L. I, F. VI). | 2. Mémoire Koiovich. | 3. Milaković, *op. cit.*, p. 235. | 4. W. K., 1814, F. 2, n. 56. | 5. W. K., 1814, F. 9, n. 86.

des Croates, mais ne partaient que les uns après les autres. Les privations
commençaient à se faire sentir. Pour suppléer à l'absence de numéraire,
Gauthier recourut au même expédient que Roize, et fit frapper, avec
l'argenterie des églises, une monnaie obsidionale. Par les arrêtés des
23, 27 et 29 octobre[1], il ordonna la mise en circulation de 3.800 pièces
de 10, de 5 et de 1 franc, assez grossièrement fabriquées, qui portent sur
une face l'N surmonté de la couronne impériale, et l'indication de la valeur
avec l'exergue : *Dieu protège la France*, et sur le revers l'inscription :
Cattaro en état de siège. 1813. entourant un trophée composé d'un canon,
d'une épée et d'un fusil[2].

Le 29 octobre, le général Gauthier reçut du Vladika la lettre suivante :
« Monsieur le Général, l'amitié et la haute estime dont j'étais toujours
« pénétré pour votre personne m'engagent à une démarche que tous les
« devoirs semblent exiger de moi : sans rappeler tout ce qui s'est passé en
« ma faveur et de mes alliés, dans cette province qui toute est en mon
« pouvoir, excepté le fort que vous occupez, je dois dire, avec cette naï-
« veté (!) que j'ai toujours avec vous, que vous pouvez vous reposer avec
« sécurité sur mon amitié et sur les égards que je vous dois. » Puis, tout
en protestant du regret qu'il a de devoir employer la force, et de l'horreur
que lui inspire l'effusion du sang, il l'avertit que, s'il ne capitule pas sur
l'heure, il ne répond pas des conséquences que pourra avoir ce refus[3].

Gauthier, qui savait très bien que les Monténégrins n'avaient pas un
canon et n'étaient peut-être pas près d'en avoir, répondit énergiquement
à cette lettre doucereuse dont le ton contraste étrangement avec celui de
la proclamation reproduite plus haut. Il ne communiqua pas même la
lettre à son conseil de défense : il le réunit cependant, le 3 décembre,
pour décider la mesure du rationnement, et attendit qu'on vînt à son
secours[4].

Retour des
Anglais.

Les secours ne vinrent pas, mais, à la fin de décembre, Hoste reparut et
se décida à donner l'artillerie nécessaire à l'armement des batteries; dès
lors la situation des Français changea.

Le 2 janvier 1814, Hoste, qui semblait garder toute sa courtoisie pour
les Français, écrivit à Gauthier la lettre qu'on va lire :

Monsieur le Général, soyez persuadé que cette lettre est dictée par l'humanité
seule, et non pas avec l'idée de menaces pour vous détourner de votre devoir.
Je parlerai à Votre Excellence avec cette franchise qui doit toujours caractériser
les militaires.

1. A. G., 1813, octobre. | 2. Voir la gravure placée en tête de la IIIe partie. | 3. A.
G., 1813, octobre. Le texte original est en français. | 4. A. G., Procès-verbaux du con-
seil de défense de Cattaro.

Pourquoi donc ce feu continuel? Pourquoi cette effusion inutile de sang? Vous avez déjà fait tout ce que l'honneur le plus rigide peut demander; vous êtes privé de secours et de la possibilité d'en avoir aucun à l'avenir. Il est dans mon pouvoir maintenant de brider (*sic*) les troupes féroces qui vous environnent; à présent, ils veulent m'écouter, mais je vous jure, sur la parole d'un.homme d'honneur, que dans très peu de temps il n'en sera plus de même, et qu'en poussant les choses à la dernière extrémité, vous aurez à répondre pour toutes les horreurs dans lesquelles une opiniâtreté déraisonnable vous aura entraîné.

Je vous demande donc la reddition de la place de Cattaro et, si cela convient à Votre Excellence, vous pourrez m'envoyer par l'officier qui aura l'honneur de vous délivrer celle-ci les conditions sur lesquelles vous voulez bien vous rendre.

HOSTE,
capitaine de vaisseau et commandant les forces britanniques
au blocus de Cattaro [1].

Gauthier commença par repousser ces avances; puis, sur de nouvelles instances de Hoste, il convoqua son conseil de défense composé du commandant croate Mihaïlovich, du chef de bataillon Favech, commandant les restes du bataillon italien, du capitaine d'artillerie Tousche et du lieutenant de gendarmerie Deprepetit.

Voici la délibération qui fut prise :

Aujourd'hui 3 janvier 1814, le conseil de défense considérant :

1º Que la garnison de la place et du fort Saint-Jean, par suite de la désertion complète des Croates et de la désertion continuelle des Italiens, est réduite à 197 soldats d'infanterie, sous-officiers compris.

2º Qu'il n'y a plus que 10 canonniers pour servir l'artillerie de la place et du fort, consistant en 65 bouches à feu.

3º Que l'enceinte de ces deux points offre un développement d'environ 2.000 mètres, qui ne pourrait raisonnablement être gardé par un si petit nombre d'hommes, et qu'en outre les communications sont très difficiles d'un poste à l'autre.

4º Que les gardes trop faibles pour défendre les côtés de la montagne et la garnison du fort Saint-Jean, composée de dix-huit hommes, ne laissent dans la place que 80 sous-officiers et soldats pour défendre les courtines et les six bastions du corps de place.

5º Vu également la déclaration faite par MM. les officiers du bataillon italien, réunis ce matin chez M. le Général, qu'ils ne pouvaient point répondre de leurs soldats, attendu qu'ils avaient la conviction que leur moral était entièrement détruit, soit par la fatigue qu'ils éprouvaient, vu la nécessité de faire doubler la garde à plus de la moitié de la garnison, journellement inquiétée par le feu de l'ennemi, qui la tenait toujours en alerte sans pouvoir se livrer un seul instant au repos, soit par la crainte que leur inspirait le feu de l'ennemi, qui bat la place de douze points différents qui la dominent ainsi que le fort, et de plus encore

1. A. G., 1814, janvier.

par la ferme persuasion dans laquelle ils sont que l'ennemi doit donner très prochainement une attaque générale, crainte appuyée par les annonces réitérées qui leur sont faites par leurs camarades désertés, qui viennent chaque nuit derrière les rochers pour leur tenir les discours les plus alarmants, les engager à abandonner leur poste et éviter par là le massacre auquel ils seront livrés lorsque les féroces Monténégrins et les insurgés du pays, réunis aux Anglais, exécuteraient le projet, qu'ils avaient formé de donner un assaut à la place, soit enfin que toutes ces raisons, jointes à la persuasion qu'ils ont de retourner dans leur pays ou d'être dégagés de tout service en désertant, avaient réduit le soldat à un abattement d'esprit et à un abandon de lui-même tel qu'il est impossible de réprimer dans les soldats faits, s'il s'en trouvait, et, à plus forte raison, dans des conscrits réfractaires partis de la plus mauvaise volonté et point accoutumés au feu.

6° Vu les rapports de ce jour de M. le Commandant du fort Saint-Jean d'après lesquels il rend compte que l'ennemi a déjà fait tomber une partie du mur de l'enceinte, du côté de Spigliari, que l'escalade est facile par la brèche, que la garnison de 18 hommes n'est pas suffisante pour repousser une attaque de vive force et qu'il est impossible d'y envoyer du renfort sans compromettre les postes d'où l'on retirerait les hommes; que le fort, par conséquent, ne sera pas tenable, attendu que le feu de l'ennemi s'y croise encore de toute part, partant de différentes batteries.

7° Considérant enfin qu'il n'existe plus dans la place ni dans le fort aucun bâtiment casematé pour y mettre les malades et la troupe à l'abri de la bombe.

Vu l'impossibilité de défendre la place et le fort avec un si petit nombre de troupes, qui, par son découragement, serait portée à abandonner ses postes à l'approche de l'ennemi, la question suivante a été posée savoir : Doit-on en venir à une reddition ? La question ayant été envisagée sous tous les aspects possibles, il a été délibéré et convenu à l'unanimité qu'il serait fait des propositions au commandant anglais assiégeant Cattaro afin d'en obtenir une capitulation honorable [1].

Capitulation de Cattaro.

Cette capitulation, le général Gauthier l'obtint le lendemain 4 janvier : les Anglais le renvoyèrent, lui et sa garnison, à Fermo, avec armes et bagages, moyennant l'engagement de ne pas servir jusqu'à échange [2].

§ III. Intervention tardive des Autrichiens (janv. 1814).

Pendant que se traitait la reddition de Cattaro, Hoste avait fait avertir Milutinovich de ce qui se passait, et ce général, quittant aussitôt le siège de Raguse avec dix compagnies, se mit en route pour les Bouches. Le 6 janvier, il arriva devant Castelnuovo; mais il trouva les portes de la ville fermées, et, sur les remparts, des Monténégrins, qui ne dissimulaient pas leurs intentions hostiles. Le 7, le Vladika fit dire à Milutinovich que c'était au nom de l'empereur de Russie qu'il avait occupé les Bouches, et que, si les Autrichiens voulaient user de violence, ils n'arriveraient qu'à

<hr>

1. A. G. Procès-verbaux du conseil de défense. | 2. A. G., 1814, janvier.

exaspérer les Monténégrins, peuple insoumis et grossier, qui se vengerait de cette agression par quelque déprédation ; il le conjurait donc, dans l'intérêt du pays, de suspendre sa marche et d'attendre la décision des princes alliés.

Milutinovich apprit à Castelnuovo que la garnison de Cattaro avait capitulé il y avait déjà trois jours, et que les Anglais avaient promis de consigner cette place aux Monténégrins. Il essaya de décider les communes catholiques à se prononcer en sa faveur ; mais, entourés de Grecs armés, les catholiques se gardèrent bien de fournir un prétexte à ces terribles voisins, qui cherchaient l'occasion de les attaquer ; or, ce n'était pas avec sept cents hommes que Milutinovich aurait pu les préserver du pillage et du massacre. Il fallut donc battre en retraite en laissant aux mains du Vladika une solennelle mais inutile protestation [1].

Milutinovich partit plus aigri que jamais contre Hoste, dont l'accord avec les Monténégrins lui semblait une trahison. L'abbé Brunazzi suivit dans sa retraite la petite colonne autrichienne ; il avait épuisé son crédit, et sa mission était terminée ; il eut pour remplaçant officieux un major autrichien en retraite, nommé Dabovich, qui vivait à Persagno, son pays natal.

Hoste remit Cattaro au Vladika le 12 janvier, et partit pour Raguse, afin de coopérer aux opérations du siège. Le Vladika restait maître absolu des Bouches. Dans une assemblée tenue, le 29 janvier, par 64 délégués des « Provinces confédérées », le pacte d'association fut renouvelé. Il fut établi qu'on attendrait la décision des alliés, mais qu'on ne permettrait pas à de nouvelles troupes de passer la frontière, ni de rien tenter contre l'ordre établi. Le colonel Nikich fut chargé du commandement des troupes. On décida l'exil de Dabovich, dont la mission n'avait pas tardé à être connue, et l'on prit diverses mesures de police destinées à empêcher toute communication entre les catholiques et les Autrichiens [2].

Mais ces résolutions eurent peu d'effet : Dabovich, de Perzagno, le comte Viskovich, de Perasto, ne cessèrent pas de tenir les Autrichiens au courant des évènements, et de préparer un soulèvement contre la domination chaque jour plus insupportable des Monténégrins. Au mois de mars, tout semblait prêt et Dabovich avertit Milutinovich que, le 16 au matin, 2.000 Bocquais dévoués à l'Autriche l'attendraient en armes sous les murs de Castelnuovo ; Milutinovich promit de se trouver au rendez-vous.

Le moment était cependant fort mal choisi : Raguse était loin d'être soumise ; de plus, la peste qui venait d'éclater avait rendu nécessaire la

Deuxième expédition du général Milutinovich (mars).

1. W. K., 1814, F. 2, n. 19. | 2. Mémoire Koiovich.

formation d'un cordon sanitaire, ce qui, d'une part, avait notablement réduit l'effectif des troupes disponibles, et, d'autre part, avait inquiété les Turcs; le pacha de Trebinje et l'aga de Mostar, affectant de voir dans ce déploiement de troupes autre chose qu'une mesure sanitaire, avaient fait des armements, et un conflit était à redouter. Malgré tout, Milutinovich, ne voulant pas décourager les Bocquais fidèles, laissa deux bataillons à Raguse et, avec un bataillon de la Lika et deux compagnies de Sluin, se mit en route pendant qu'un petit convoi d'artillerie prenait la voie de mer.

Quand Milutinovich arriva le jour dit à Castelnuovo, il ne trouva pas un seul des auxiliaires annoncés, mais, en revanche, les Monténégrins l'attendaient plus insolents que jamais. Des troupes de gens armés couronnaient les hauteurs et faisaient mine de vouloir lui couper la retraite; il se retira donc en toute hâte; dans l'état de surexcitation où étaient les Ragusains, l'apparence même d'un échec eût amené sur ses derrières une prise d'armes générale [1].

L'opération était manquée, le Vladika en profita pour faire adresser au général Tomassich par son conseil une sommation de n'avoir plus à intervenir dans les affaires des Bouches. Tomassich répliqua, le 17 avril, par une lettre très fière où il annonçait aux Bocquais l'accueil flatteur fait par l'empereur au délégué qui s'était présenté au quartier général. Il leur apprenait que, sans tarder, il serait pris des mesures efficaces pour assurer leur bonheur; il espérait que, pour marquer leur reconnaissance à leur auguste souverain, ils s'empresseraient de conformer leur conduite aux intentions bienfaisantes de Sa Majesté [2].

Pour appuyer cette déclaration de guerre, on se décida enfin à organiser une expédition sérieuse : deux nouveaux bataillons étaient arrivés à Raguse avec une goëlette de guerre et de l'artillerie de campagne; on allait donc pouvoir envoyer quelques milliers d'hommes contre les Monténégrins. Cependant, presque au moment du départ, une mutinerie des Croates faillit tout compromettre. Les hommes de Sluin, qui avaient déserté le drapeau français pendant le siège de Raguse, avaient surtout en vue, en posant les armes, de retourner près de leurs familles dont ils étaient séparés depuis de longues années; or, au lieu de les renvoyer chez eux, on les avait d'abord gardés au service pour prendre et pour pacifier Raguse, et maintenant on voulait les éloigner encore plus de leurs foyers en les envoyant à Cattaro sans qu'ils sussent quand ils reviendraient. Ils se révoltèrent donc et refusèrent de suivre le général : il fallut recourir à toutes les sévérités du Code militaire autrichien pour les faire rentrer dans le devoir.

1. W. K., 1814, F. 3, n. 37. | 2. Z. L., 1814, Registratura 3. 151.

Enfin le 3 juin, 26 compagnies, donnant un effectif de 3.600 hommes, étaient réunies à Ragusa-Vecchia; quinze bâtiments devaient transporter l'artillerie, les munitions et une partie des troupes [1].

Le plan de Milutinovich était assez compliqué : avec vingt compagnies, il surprenait Castelnuovo et s'en emparait. Six compagnies, embarquées à bord de la flottille, arrivaient au même moment à Porto Rose du côté opposé du premier détroit; elles occupaient aussitôt cette position d'où elles allaient prendre à revers la batterie des Catene qui défendait le dernier détroit. Pendant ce temps, le principal détachement avait avancé de Castelnuovo sur les Catene, la flottille qui l'avait précédé à ce point lui faisait franchir le détroit, d'où on marchait sur Cattaro par Perzagno et Mula, pendant que le major Dabovich, parti de Porto Rose, débarquait à Saint-Stefano et enlevait Budua [2].

Ce plan ne fut exécuté que dans sa première partie, et d'abord une tempête de sirocco obligea la flottille à retarder son départ de trois jours [3]... Il était à craindre que, pendant ce temps, les Monténégrins ne vinssent à être avertis des projets des Autrichiens, ce qui aurait fait manquer encore une fois l'entreprise. On partit seulement le 7 juin : les postes avancés des Monténégrins furent enlevés par l'avant-garde, et lorsque Milutinovich se présenta devant Castelnuovo le 8, à 2 heures du matin, après une marche de treize heures, on n'eut qu'à désarmer les sentinelles à moitié endormies pour pénétrer dans la ville et dans les deux forts qui la défendent. La garnison, éveillée en sursaut, eut à peine le temps de fuir en désordre. {.in-margin}

Occupation des Bouches par les Autrichiens (juin)

Le 8 au matin, Milutinovich déclara aux habitants de Castelnuovo qu'il respecterait leurs personnes et leurs biens, s'ils se tenaient paisibles; il les fit désarmer, et laissant 4 compagnies pour couvrir ses communications, il marcha sur les Catene.

La flottille avait exécuté de son côté le mouvement convenu : la batterie de Porto Rose était aux mains des Autrichiens, mais, le vent étant tombé, on ne put songer à gagner les Catene; il fallut jeter l'ancre dans le canal de Kombur; ce n'est que le soir que le vent se leva et permit aux bâtiments de gagner le point où devait s'effectuer le passage; seulement ce retard avait permis à une grosse troupe de Monténégrins et de Risanotes de s'avancer jusqu'à Banić pour disputer le terrain aux envahisseurs : attaqués avec vigueur, ils durent reculer, mais ils ne reculèrent que pied à pied sur Baosić, puis sur Klaćina et Iosića, en se retranchant derrière les petits murs en pierre sèche qui formaient la clôture de chaque pièce de

1. Z. L., 1814, Registr., 17 juin. Rapport à Tomassich. 5545. | 2. Voir la carte VI. | 3. Pour tout ce qui suit, voir le rapport envoyé à Vienne par Milutinovich, le 11 juin (W. K., 1814, F. 6, n. 9).

terre; il était minuit quand Milutinovich arrêta ses troupes à la hauteur du détroit des Catene qu'on devait franchir le lendemain; quelques heures de repos étaient nécessaires à ses soldats qui marchaient depuis trente-six heures et s'étaient battus toute la journée.

Le 9 juin, au lever du jour, la batterie monténégrine qui gardait le passage fut démolie à coups de canon et ses défenseurs se retirèrent; mais alors Milutinovich, renonçant à marcher directement sur Cattaro, préféra aller occuper Perasto où il savait devoir être bien accueilli, cette ville étant acquise au parti autrichien.

Une fois à Perasto, Milutinovich fit appeler les chefs de la grosse commune grecque de Risano : on avait pris une trentaine de Risanotes pendant le combat livré la veille; il menaça de les faire fusiller sur l'heure si leurs compatriotes ne se soumettaient pas. Les chefs de Risano passèrent par les conditions qui leur étaient posées; ils promirent même de garder les sentiers de la montagne qui font communiquer le nord-est des Bouches avec le Montenegro, et de couvrir la colonne autrichienne du côté de l'intérieur.

Milutinovich avait envoyé par mer un détachement chargé d'occuper Perzagno, sur la rive occidentale du golfe, et lui-même, suivant la rive orientale, par Orahovac et Dobrota, arriva vers 4 heures du soir, le 9 juin, aux environs de Cattaro, au moment où y parvenait, par le côté opposé, le détachement qui venait de Perzagno. Il fallut alors engager un combat acharné, qui dura jusqu'à la nuit, avec la partie principale des forces monténégrines; pendant trois heures, les Monténégrins perdirent du terrain, mais à la tombée de la nuit, alors qu'ils étaient presque acculés à l'enceinte de la ville, ils firent un brusque retour offensif, pendant qu'une troupe, établie sur les flancs de la montagne qui est presque à pic, faisait rouler sur les Autrichiens une pluie de pierres et de quartiers de roc. Milutinovich donna le signal de la retraite et établit ses soldats pour passer la nuit du 9 au 10 dans les villages qui environnent Cattaro, pendant que les états-majors s'établissaient à Dobrota et à Perzagno.

Le 10, de grand matin, le combat recommença, et le soir les Monténégrins étaient refoulés dans Cattaro, pendant qu'une colonne de secours qui descendait de Cetinje était rejetée au delà de la frontière. Le 11, la flottille vint prendre position devant la ville et commença à la bombarder; le Vladika fit alors arborer le drapeau parlementaire et demanda à capituler.

Déjà la veille au soir, il avait fait offrir à Milutinovich de lui abandonner tout le territoire des Bouches s'il lui laissait la seule place de Cattaro, et cette proposition n'avait pas été admise. Le 11, le Vladika demanda seulement que les Autrichiens permissent que les couleurs russes flottassent sur Cattaro, à côté des couleurs autrichiennes, jusqu'à ce que les puissances eussent définitivement statué sur le sort des Bouches; Milutinovich, qui savait que cette concession ne pouvait pas avoir de conséquences fâcheuses, céda sur ce point, mais alors le Vladika prétendit obtenir un délai pour évacuer Cattaro, disant qu'il était incapable d'obtenir des Monténégrins qu'ils évacuassent immédiatement la ville. Ici Milutinovich regretta d'être entré dans la voie des concessions, et donna à entendre qu'il n'était pas dupe de ce subterfuge. Alors Pierre Petrovich se mit à la tête de son armée et remonta dans sa principauté [1].

Le major Dabovich, débarqué à San-Stefano pour de là occuper Budua et gagner Cattaro par la Zupa, avait été moins heureux : il comptait soulever les paysans; les paysans prirent en effet les armes, mais contre lui, et le colonel Nikich, au lieu d'être assiégé par lui dans Budua, vint l'assiéger lui-même dans San-Stefano. Manquant de vivres, Dabovich allait se rendre, quand on apprit la capitulation de Cattaro; le colonel Nikich dut donc lever le siège et remettre Budua à Dabovich, puis il rentra au Montenegro par la route de Maini [2].

La pacification des Bouches fut facile : les Monténégrins avaient su se rendre odieux, même à leurs coreligionnaires, pendant les huit mois qu'avait duré leur hégémonie. Le général Milutinovich accorda une amnistie générale pour tous ceux qui s'étaient compromis, et lorsque la proclamation du général Tomassich, datée du 7 juillet, que nous avons citée plus haut, annonça aux Bocquais que leur territoire était réuni à l'empire d'Autriche, le serment de fidélité fut prêté avec enthousiasme.

L'empereur les récompensa en leur octroyant les exemptions déjà concédées aux Ragusains et, le commerce reprenant rapidement son ancienne activité, les Bocquais ne songèrent qu'à bénir le régime qui leur ramenait la fortune et la paix.

Les îles ne furent pas évacuées immédiatement par les Anglais.

En juin 1814, l'archiduc François d'Este avait été chargé d'en obtenir la remise; le 28 juin, on crut qu'un accord était intervenu, car les Anglais avaient fait leurs préparatifs de départ et amené leurs couleurs; les Autrichiens s'apprêtaient à prendre possession, quand un ordre de Vienne vint suspendre les préparatifs de départ [3].

§ IV. Evacuation des îles par les Anglais (juil. 1815).

1. W. K., 1814. F. 6, n. 51. | 2. W. K., 1814. F. 6, n. 6-9. | 3. Citons, comme documents curieux, deux billets du consul anglais Cooper adressés au général Milutinovich; ils sont aux Archives de Raguse; nous en respectons l'italien britannique : 13 juin. *Ho l'onore d'informare V. Exc. mio opinione non possible consegnare le isole Mezzo, Giuppana, Calamotta alli Austrians, fuora ordina dal G.le Campbell Corfù & L.d Clancarty & L.d Stewart Vienna. Sono, etc.* — 19 juin. *Mio opinione, General Milutinovich, è tutto equipaggio returnare presto dal Lesina fuora prendimento del Lissa, Curzola et questo isole Mezzo, Giuppana et Calamotta.*

.Sans avoir sur ce point des documents certains, nous sommes porté à croire que l'Angleterre, ayant obtenu des puissances de garder les îles Ioniennes, les plénipotentiaires anglais cherchèrent à faire passer les îles dalmates, Lissa au moins, comme une dépendance de Corfou. L'été se passa donc, puis l'hiver, sans que les Anglais parlassent de s'en aller.

Au printemps 1815, les puissances étaient d'accord, et le général Milutinovich avait ordre d'aller recevoir les îles que les Anglais s'étaient obligés à évacuer dans les derniers jours de mars. Mais, quand il se présenta devant Lissa, le commandant anglais dit qu'il n'avait pas d'ordres et se refusa à se retirer[1].

La vérité était que Napoléon avait quitté l'île d'Elbe et que la guerre européenne allait recommencer; ce n'est donc que quatre mois plus tard que la bataille de Waterloo permit aux Autrichiens de reprendre leurs projets d'occupation.

Enfin les Anglais se retirèrent: ils évacuèrent les îles de Raguse, le 16 juillet[2], Curzola, le 20, Lesina, le 15[3], Lissa, le 27[4], et le 8 août 1815[5], l'empereur d'Autriche, en donnant l'ordre de remettre sur le pied de paix les troupes de Dalmatie, ferma les portes du temple de Janus.

1. Journal Doimi. | 2. Journal Stulli. | 3. Z. L., 1805. 9028. Proclamation de Milutinovich. | 4. Journal Doimi. — Z. L., 1815. 9755. | 5. Journal Stulli.

CONCLUSION

En Dalmatie, comme ailleurs, l'épopée napoléonienne n'avait produit que de la gloire; elle ne laissait derrière elle que du sang et des ruines. C'est avec un sentiment de tristesse que le lecteur aura suivi les péripéties d'une conquête si laborieusement accomplie, si imparfaitement affermie, si vite et si facilement perdue.

Pour nous, parvenus au terme de notre tâche, nous devons jeter les yeux en arrière et rechercher dans quelle mesure cette étude peut contribuer à l'avancement de la science historique.

En ce qui concerne la Dalmatie, nous croyons avoir précisé les données qu'on possédait déjà sur une période de dix-huit années. Nous avons pu le faire, parce que nous avons eu la faculté de travailler sur une quantité considérable de documents dont personne avant nous n'avait pu tirer parti, dispersés qu'ils étaient entre Raguse, Zara, Laybach, Vienne et Paris. En fait d'ouvrages imprimés, nous n'avons pu utiliser qu'un certain nombre de monographies, de valeur inégale, qu'il a fallu discuter, concilier, coordonner, avant d'en faire usage [1]. Il nous semble donc que le présent travail aura fait avancer d'un pas, pour les habitants de la Dalmatie, la connaissance de l'histoire de leur propre pays.

L'Autriche, la Russie, la Turquie et l'Angleterre se trouvent mêlées pendant des périodes plus ou moins longues aux évènements dont on vient de lire le récit, et les historiens de ces différentes puissances pourront sans doute tirer quelques faits nouveaux de certains chapitres où l'histoire de la Dalmatie vient se confondre avec l'histoire universelle; on ne dédaigne jamais, quand on cherche la vérité, un témoignage impartial et désintéressé.

Mais c'est à l'histoire contemporaine de la France que nous avons conscience d'avoir ajouté quelques pages nouvelles, pages dont nous ne prétendons pas d'ailleurs exagérer l'intérêt.

---

1. Nous exceptons cependant l'excellente histoire du professeur Tullio Erber, terminée il y a seulement quelques mois.

La Dalmatie a été, il est vrai, une des fractions les moins importantes de l'Empire napoléonien et on l'avait longtemps traitée en quantité négligeable ; ce jugement nous a paru susceptible d'être reformé, et nous ne pensons pas qu'il puisse être indifférent aux Français de savoir comment la Dalmatie fut acquise, gouvernée et perdue par la France. Notre histoire militaire s'enrichira de quelques glorieux épisodes, et la physionomie du duc de Raguse, pour ne pas être absolument conforme à celle que nous montrent les Mémoires de Marmont, n'en deviendra pas pour cela moins curieuse à étudier.

On a vu aussi les tentatives faites pour implanter en Dalmatie les mœurs administratives de la France et doter ce pays d'une législation nouvelle ; cette question pourrait prêter à de vastes développements d'où sortirait une théorie générale de la meilleure organisation qu'un peuple colonisateur doit donner à ses possessions lointaines.

Sans être située aux extrémités du monde, la Dalmatie était, en 1797, un pays où la civilisation était encore à l'état embryonnaire. Venise, nous l'avons dit, n'avait pas cru dans ses intérêts de développer les institutions de cette province dans le sens du progrès. L'Autriche y envoya des hommes éclairés, animés des intentions les plus bienfaisantes, pénétrés du désir sincère d'initier les Dalmates aux principes du progrès et de la civilisation ; mais, pour des causes que nous avons analysées, les administrateurs autrichiens se découragèrent ou se ravisèrent, et tout rentra à peu près dans le *statu quo*. Les Français, plus forts ou plus persévérants, entreprirent de modifier les mœurs du pays, et arrivèrent à certains résultats, plus apparents que réels ; le Code Napoléon fut mis en vigueur, au moins dans ses dispositions essentielles, et à partir de 1810 s'établit un régime assez analogue à celui qui fonctionnait dans les autres parties de l'Empire.

Il se trouva cependant que ces réformes ne furent jamais franchement acceptées de la masse de la nation : aussi ne survécurent-elles pas à la crise de 1814. Le gouvernement autrichien se vit dans la nécessité d'abolir en bloc les institutions françaises ; le vent de réaction qui souffla sur l'Europe pendant les quinze années suivantes semblait emporter jusqu'au souvenir de la domination française. Puis, par une lente modification de l'opinion publique, le calme s'est rétabli dans les esprits, on a séparé le bien du mal dans les jugements rétrospectifs ; et les hommes aux vues élevées, qui sont nombreux aujourd'hui en Dalmatie, reconnaissent qu'on s'est trop hâté de confondre dans une commune malédiction tout ce que la France avait fait dans ce pays. Maintenant que les rancunes sont éteintes, on a compris que si les Français ont eu la main ferme, parfois dure, le sentiment qui les inspirait était le désir d'améliorer la condition de leurs sujets ; on l'a compris enfin, et on leur en sait gré. C'est ainsi que souvent l'écolier turbulent, devenu un homme fait, conserve un souvenir de pieuse reconnaissance au maître qui jadis ne lui ménageait pas les remontrances.

La rapide désaffection qui se produisit en Dalmatie à l'égard de la France paraît tenir à bien des causes. Les graves dissentiments qui s'élevèrent, de 1806 à 1810, entre l'élément civil et l'élément militaire, ne contribuèrent pas à donner au peuple la confiance et le respect, principes de l'obéissance ; l'insuffisance de certains administrateurs ne fit qu'augmenter la répulsion qui s'était manifestée.

D'autre part, les croisières anglaises, bloquaient étroitement le littoral, et, en ruinant, en affamant une population, on la rend ingouvernable ; les Anglais savaient bien qu'en agissant ainsi, ils entretiendraient la fermentation au milieu d'un pays déjà mécontent. Mais ce mécontentement préexistait, et il n'est pas possible d'en énumérer toutes les causes ; cependant, si ces causes sont nombreuses, il en est trois que nous pouvons ranger en première ligne.

Ce fut d'abord l'attitude des Français à l'égard du clergé.

La Dalmatie était un pays où le moyen âge durait encore au commencement du XIX⁰ siècle ; le clergé, seul corps où l'on rencontrât un noyau d'hommes instruits, avait sur le peuple une influence absolue ; or, même quand Dandolo et Marmont cherchaient à se faire bien venir des évêques et des prêtres, on sentait bien qu'au fond ils étaient hostiles à l'Église, ou indifférents, ce qui revenait au même vu l'état d'esprit du clergé dalmate. Il en résulta que, même lorsque les Français voulaient tenter une réforme utile, le clergé, guidé par l'esprit de défiance, se hâtait de les dénoncer comme les destructeurs de toute religion, et les paysans prenaient les armes, ou tout au moins se promettaient de les prendre à la première occasion.

Disons d'ailleurs que les Français ne se contentèrent pas de poursuivre les abus et que plusieurs mesures qu'ils prirent en matière ecclésiastique étaient de celles qui ne sont légitimées que par le droit du plus fort.

Le deuxième motif grave de mécontentement était la conscription. Nous avons relevé, sans pouvoir l'expliquer, ce fait surprenant que les Dalmates, après avoir lontemps passé pour un des peuples les plus braves et les plus belliqueux de l'Europe, se refusent tout d'un coup à fournir des contingents ; le pays qui, en 1796, avait envoyé 12.000 *Esclavons* à Venise, ne fournit qu'à grand'peine 1.500 recrues aux Autrichiens en 1798. Sous le régime de la conscription institué par les Français, il se produit presque chaque année une insurrection au moment du tirage au sort.

Pour venir à bout de ces répugnances, il eût fallu procéder comme ont fait les Autrichiens après 1815 : réduire au minimum le nombre d'hommes appelés, ne prendre au besoin que des volontaires, et n'arriver que par degrés au régime du droit commun [1]. Mais, s'il est un point sur lequel Napoléon était intraitable, c'est bien celui-là : les appels se succédèrent sans répit, et beaucoup d'individus qui étaient demeurés d'abord indifférents au nouvel état de choses en devinrent les irréconciliables ennemis quand on voulut les enrôler ou enrôler leurs enfants dans les armées françaises. A incorporer de force les Dalmates, on ne gagna que d'avoir de détestables soldats, qui désertaient dès qu'ils en trouvaient le moyen ; le pays fut peuplé de réfractaires dont les bandes, traquées par les colonnes mobiles, passaient en Bosnie et s'y préparaient à revenir pour expulser les étrangers de leur patrie.

Enfin, ce qui fut pour beaucoup dans l'aggravation d'une situation déjà tendue, ce fut l'introduction maladroite et inopportune d'un corps de législation pour lequel la Dalmatie n'était pas mûre. Nous l'avons dit : la législation d'un peuple est le résultat de ses mœurs, de ses traditions, de son histoire et même de la configuration du sol qu'il habite ; c'est une utopie de vouloir faire entrer de force une société dans le cadre rigide des institutions d'une autre société, et, si parfait que fût le Code Napoléon, il supposait chez le peuple dalmate une éducation préalable qu'avaient reçue, dans une mesure variable, les peuples de l'Europe occidentale, mais qu'on ne rencontrait à aucun degré chez un peuple plus voisin par ses mœurs de l'Orient que de l'Italie. La France était alors trop fière de ses lois pour pouvoir admettre qu'elles ne fussent pas appropriées aux nécessités de tous les temps et de tous les peuples, et il fallut de douloureuses expériences pour faire revenir sur ce préjugé. Pendant que l'Angleterre et la Russie montrent la plus merveilleuse souplesse pour adapter à cent peuples divers des institutions qui se transforment suivant les climats et le degré d'avancement des civilisations auxquelles on les applique, combien de temps a-t-il fallu pour que la France, instruite par ses insuccès, entrât enfin dans cette voie féconde et se résignât à gouverner les peuples avec des lois conformes à leurs caractères nationaux ? Et encore aujourd'hui, ne reste-t-il rien à faire pour détruire les vestiges de l'ancienne routine [2] ?

Le résultat de l'introduction des lois françaises en Dalmatie fut absolument l'opposé de ce qu'on avait espéré : au lieu d'incorporer ces popula-

---

1. A l'heure actuelle, les Dalmates ne font encore qu'un an de service dans les quatre bataillons de Landwehr (no 79 à 82) stationnés à Zara, Sinj, Raguse et Cattaro. | 2. On peut trouver le développement de cette pensée dans le remarquable discours prononcé à la Chambre des députés par M. Jonnart, à l'occasion du budget de l'Algérie (séance du 7 février 1893).

tions dans la masse des sujets de l'Empire, on en fit des révoltés; en attendant l'appel aux armes, les Dalmates se mettent le plus qu'ils le peuvent
en dehors des rouages administratifs dont ils ne comprennent pas et ne
veulent pas comprendre le mécanisme ; ils se tiennent à l'écart, considérant
avec une terreur instinctive cette redoutable machine dont, avec leurs idées
simples et courtes, ils ne voient que deux fonctions : conscription et impôt.

Toutes les grandes pensées, les vues sages, protectrices et prévoyantes
qui ont inspiré les législateurs restent ignorées et méconnues.

Ce qui devait devenir un instrument de civilisation, un gage de paix,
n'est plus qu'un nouveau prétexte de haine, une provocation à la révolte.

Telles sont les pensées qui semblent devoir se présenter à l'esprit de
celui qui achève la lecture de cette étude; telles seraient nos conclusions,
si, en écrivant ces pages, nous avions eu une autre pensée que d'exposer
des faits avec une fidélité scrupuleuse, en laissant les conclusions se
déduire d'elles-mêmes.

Cependant une vérité nous paraît découler assez logiquement de ce qui
précède pour que nous en donnions la formule :

Le droit de conquête, qu'il résulte du droit de la guerre ou de négociations internationales, n'amènera jamais la fusion du peuple conquis dans
le peuple conquérant, si celui-ci ne tient largement compte des mœurs et
traditions du pays qu'il s'annexe; dans ce cas, la fusion s'opèrera et
pourra donner un jour naissance à une race nouvelle qui aura ses tradi-
ditions et ses mœurs propres. Sinon, on pourra exterminer les vaincus et
non les réduire.

Les Français n'ont tenu aucun compte, en entrant en Dalmatie, des
institutions qu'ils y ont trouvées, et c'est pour cela que les Dalmates n'ont
jamais accepté la domination française.

TABLE DES MATIÈRES

DEUXIÈME PARTIE

*

TROISIÈME PARTIE

ERRATA

Page 10	ligne 25,	au lieu de	qualité	lire	quantité.
» 16	» 12	»	avaient supprimé	»	avait supprimé.
» 22	» 30	»	Choggia	»	Chioggia.
» 65	» 34	»	de se voir manifester	»	de voir se manifester.
» 81	» 20	»	maintint	»	maintiendra.
» 97	» 29	»	1801	»	1802.
» 121	note 1	»	du tribut à la Porte	»	du tribut payé à la Porte.
» 123	ligne 27	»	xive siècle	»	xiie siècle.
» 182	» 29	»	le 7	»	le 3.
» 294	» 18	»	Latour	»	La Tour.
» 295	» 3 et 9	»	id	»	id.
» 383	» 37	»	par la Dalmatie	»	pour la Dalmatie.

Les poésies attribuées page 136 au consul François Bruère sont, paraît-il, de son fils, Marc Bruère.

MACON, PROTAT FRERES, IMPRIMEURS

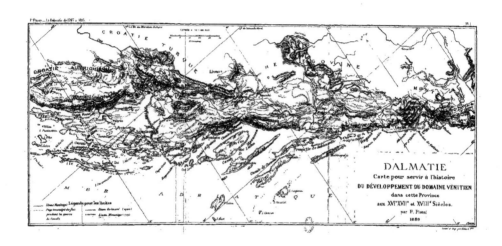

DALMATIE

Carte pour servir à l'histoire

DU DÉVELOPPEMENT DU DOMAINE VÉNITIEN

dans cette Province

aux XVIᵉ XVIIᵉ et XVIIIᵉ Siècles.

par F. Pisani

1889

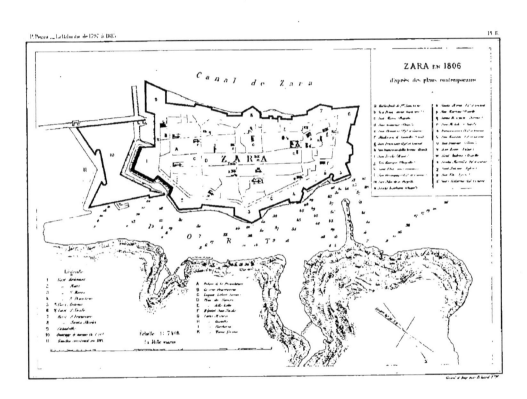

ZARA en 1806

d'après des plans contemporains

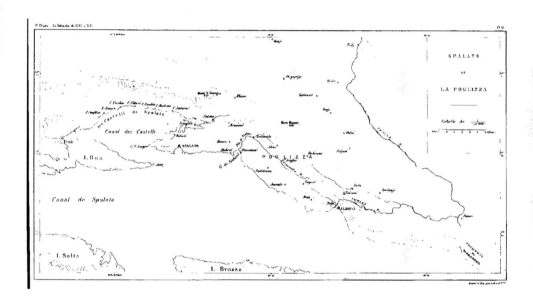

SPALATO
ET
LA POGLIZZA

Echelle de

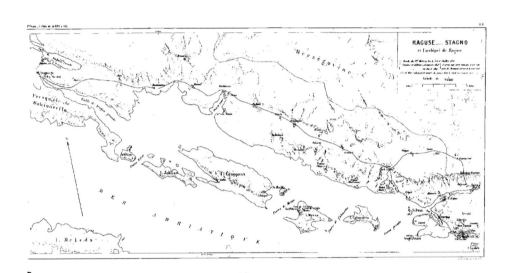

RAGUSE — STAGNO
et l'archipel de Raguse

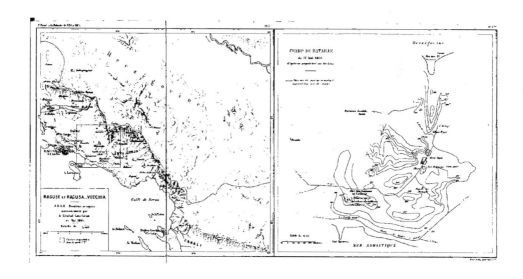

BOUCHES
DE
CATTARO
1797 - 1814

Échelle de 1/150 000ᵐ

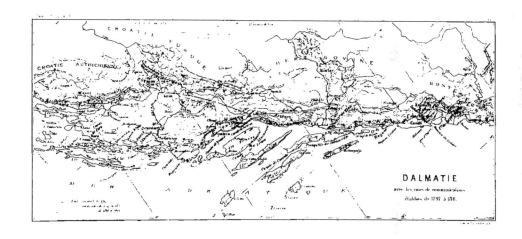

DALMATIE
avec les voies de communications
établies de 1797 à 1811.

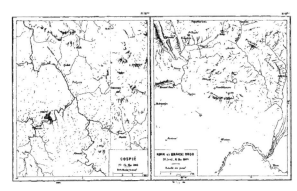

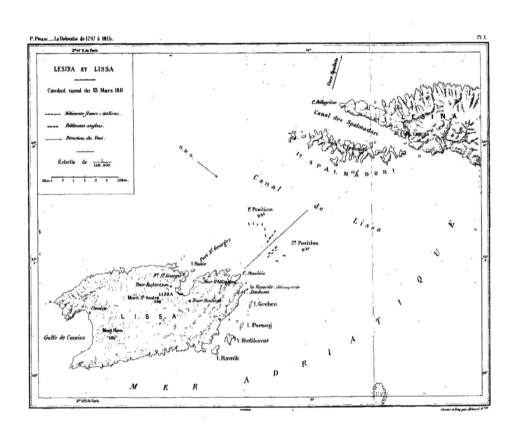

LESINA ET LISSA

Combat naval du 13 Mars 1811

- - - - - Bâtiments franco-italiens.
- - - - Bâtiments anglais.
⟶ Direction du Vent.

Échelle de 1/150.000

MACON, PROTAT FRÈRES, IMPRIMEURS

Made at Dunstable, United Kingdom
2021-07-21
http://www.print-info.eu/